# Götterdämmerung
## über der »neuen Weltordnung«

März 2003
Redaktionskollektiv REVOLUTIONÄRER WEG
unter Leitung von Stefan Engel
Buerer Str. 39, 45899 Gelsenkirchen

VNW – Verlag Neuer Weg GmbH
Alte Bottroper Straße 42, 45356 Essen
Alle Rechte vorbehalten

Götterdämmerung
über der »neuen Weltordnung«

Zuerst erschienen in der Reihe
REVOLUTIONÄRER WEG, Nr. 29–31/2003

Gesamtherstellung: Druckerei Neuer Weg GmbH
Alte Bottroper Straße 42, 45356 Essen
E-Mail: neuerweg@neuerweg.de
www.neuerweg.de
ISBN 3-88021-340-2

Stefan Engel

# Götterdämmerung über der »neuen Weltordnung«

## Die Neuorganisation der internationalen Produktion

Verlag Neuer Weg

# Inhalt

# Götterdämmerung über der »neuen Weltordnung«

Vorwort .................................................................... 9

Einleitung ................................................................ 11

## I. Teil: Wesentliche Veränderungen in der politischen Ökonomie des Imperialismus

1. Die Herausbildung internationaler Monopole ................ 21
2. Die Schlacht internationaler Monopole um den Weltmarkt ........................................................... 41
3. Die Entwicklung der Nahrungsmittelproduktion unter dem Diktat der internationalen Monopole ......................................... 59
4. Die Herausbildung eines internationalen Industrieproletariats ............................... 79
5. Veränderungen der Klassenstruktur infolge der Internationalisierung der kapitalistischen Produktion ........................................ 106
6. Die internationalen Großbanken als Triebkraft der Internationalisierung der kapitalistischen Produktion ........................................ 132
7. Die Rolle der Börse im Prozess der Internationalisierung des Kapitals ................................ 144
8. Die Herrschaft des Finanzkapitals über die Weltwirtschaft .............................................. 160
9. Die Volksrepublik China – eine aufsteigende sozialimperialistische Macht ......................................... 193

## II. Teil: Die Neuorganisation der internationalen Produktion leitet eine neue Stufe in der Entwicklung des Imperialismus ein

1. Der Zusammenbruch der Sowjetunion vor dem Hintergrund der Internationalisierung der kapitalistischen Produktion ............ 209

2. Die fünfte Investitionsperiode des staatsmonopolistischen Kapitalismus in der BRD ............ 231

3. Die Ausbeutungsoffensive als Grundlage der Neuorganisation der internationalen Produktion ............ 240

4. Die Neuorganisation der internationalen Produktion ............ 253

5. Die internationalen Monopole untergraben Rolle und Funktion der Nationalstaaten ............ 279

6. Umfassende Privatisierung staatlicher Betriebe und Einrichtungen ............ 302

7. Die chronische Krise der Staatsfinanzen und die Umverteilung des Nationaleinkommens ............ 319

8. Veränderungen der staatlichen Subventionspolitik am Beispiel der Ruhrkohle AG ............ 335

9. Die Europäische Union als Instrument der internationalen Monopole ............ 347

10. Internationale Organisationsformen des Finanzkapitals ............ 363

11. Die verheerenden Auswirkungen des Neoliberalismus auf die neokolonial abhängigen Länder ............ 386

## III. Teil: Die Neuorganisation der internationalen Produktion verschärft die Krise des imperialistischen Weltsystems

1. Die internationale Strukturkrise auf Basis der Neuorganisation der internationalen Produktion .................. 415

2. Neue Erscheinungen bei der ersten Weltwirtschaftskrise im neuen Jahrtausend .................. 429

3. Wechselwirkung zwischen Überproduktionskrise, Börsenkrise und Bankenkrise .................. 440

4. Die Krise der staatlichen Regulierung .................. 455

5. Der internationale Konkurrenzkampf des Finanzkapitals verhindert wirksame Maßnahmen gegen die globale Umweltkrise .................. 465

6. Die internationale Tendenz zur Auflösung der bürgerlichen Familienordnung .................. 484

7. Eine neue Phase im Kampf um die Neuaufteilung der Welt .................. 500

8. Die chronische politische Krise und die Bekämpfung des »internationalen Terrorismus« .................. 531

9. Die Krise der bürgerlichen und kleinbürgerlichen Globalisierungstheorien .................. 543

### Anhang:

Literaturverzeichnis .................. 579

Liste der Tabellen .................. 588

Liste der Schaubilder .................. 591

# Vorwort

Der Autor Stefan Engel verwendet für den Titel seines Buches ein Gleichnis aus der germanischen Mythologie: In der Götterdämmerung verschlingt das Weltenende die abgelebten Gottheiten einer überholten Zeit und aus dem Weltenbrande erwächst eine schöne neue Erde des Friedens und der üppigen Lebensfreude. Der Vergleich zum Niedergang der heute herrschenden Schicht der Weltgesellschaft und zur Vorbereitung einer neuen, lebenswerten Zukunft ist beabsichtigt! Das Buch entreißt diese Vision der Mythologie, stellt sie auf ein gesichertes wissenschaftliches Fundament.

Großspurig verkündete 1991 der amerikanische Präsident George Bush eine »neue Weltordnung«. Doch hinter der pompösen Ankündigung verbarg sich lediglich der offene Führungsanspruch der einzig verbliebenen Supermacht USA über die ganze Welt.

Der Autor analysiert allseitig, wie aus dieser »neuen Weltordnung« eine von niemandem mehr zu bewältigende Weltunordnung geworden ist. Mit der Neuorganisation der internationalen Produktion als ökonomischem Kern der gesellschaftlichen Veränderungen haben sich eine Vielzahl verheerender Krisen, Kriege und Zusammenbrüche ergeben. Die revolutionären Produktivkräfte drängen nach weltumspannender Entfaltung – und ersticken im Korsett überlebter gesellschaftlicher Strukturen des Imperialismus. Weil das kapitalistische System diese Probleme nicht lösen kann, beschleunigt sich sein Niedergang. Doch in ihm reifen zugleich alle materiellen Vorbereitungen für eine wirklich neue Weltordnung: die revolutionäre Überwindung des imperialistischen Weltsystems in einer internationalen sozialistischen Revolution und die Entstehung der vereinigten sozialistischen Staaten der Welt.

Das Buch besticht nicht nur durch seine erfrischende Streitkultur, sondern auch durch seine streng wissenschaftliche Methode, mit der eine beeindruckende Zahl von Fakten und Materialien untersucht und gedeutet werden. Es vermittelt all jenen eine Perspektive, für die die Götterdämmerung des herrschenden Weltfinanzkapitals nicht das Ende der Geschichte sein soll, sondern der Ausgangspunkt für eine neue Epoche der gesellschaftlichen Entwicklung der Menschheit – ohne Hunger, Ausbeutung und Krieg.

Verlag Neuer Weg                    Essen, 15. März 2003

# Einleitung

Seit der Auflösung der Sowjetunion und ihres Imperiums erleben wir einen atemberaubenden **Prozess der wirtschaftlichen und politischen Neuordnung der Welt**. Unter dem irreführenden Begriff der »Globalisierung« erscheint eine Flut von Veröffentlichungen bürgerlicher und kleinbürgerlicher Ökonomen zu diesem Thema. Aber kaum eine kann einem wissenschaftlichen Anspruch standhalten, vor allem nicht dem, auch die gesellschaftlichen Ursachen dieser Entwicklung allseitig aufzudecken.

Auch in der internationalen marxistisch-leninistischen und Arbeiterbewegung gibt es erst einige wichtige Betrachtungen über einzelne Seiten dieses Prozesses. An einer treffenden und allseitigen Gesamtbeurteilung mangelt es noch. Das kann zu folgenschweren Fehldeutungen der neuen gesellschaftlichen Entwicklungen führen und zu falschen Schlussfolgerungen für den Kampf gegen den Imperialismus und für den Sozialismus.

Das vorliegende Buch unterstreicht die Allgemeingültigkeit der Analysen des Imperialismus durch Lenin und des staatsmonopolistischen Kapitalismus in Deutschland durch Willi Dickhut[1]. Es richtet zugleich sein ganzes Augenmerk auf die neuen Erscheinungen, die wesentlichen Veränderungen im imperialistischen Weltsystem. Sie werden als **Neuorganisation**

---

[1] Willi Dickhut (1904–1992), 1926–1966 Funktionär der KPD. Dann führend am Aufbau der MLPD beteiligt. Unter seiner Leitung wurden die Nummern 1–24 des theoretischen Organs REVOLUTIONÄRER WEG der MLPD erarbeitet.

**der internationalen kapitalistischen Produktion** zusammengefasst.

Politischer Ausgangspunkt für diese Neuorganisation war das Ende der Ära der sozialimperialistischen Sowjetunion, das durch den gescheiterten Putschversuch sowjetischer Militärs im August 1991 besiegelt wurde. Die Weiterexistenz der Sowjetunion und des Rates für Gegenseitige Wirtschaftshilfe (RGW) als ein von der übrigen Welt relativ abgeschotteter Wirtschaftsraum war nicht mehr länger aufrechtzuerhalten. Die wissenschaftlich-technische Umwälzung durch Mikroelektronik und Vollautomation und die Internationalisierung der kapitalistischen Produktion hatten die ökonomische und politische Basis der Supermacht Sowjetunion weitgehend unterhöhlt. Die vollständige Integration der sowjetischen Einflussgebiete in einen einheitlichen Weltmarkt und die relative Angleichung ihrer Produktionsverhältnisse an die weitaus produktiveren des Westens waren zur unmittelbaren ökonomischen Notwendigkeit geworden.

Die anschließenden Umwälzungen in Russland, den übrigen Ländern der ehemaligen Sowjetunion und des ehemaligen RGW hatten freilich keinen allgemein gesellschaftsverändernden Charakter. Die Sowjetunion hatte schon seit dem XX. Parteitag der KPdSU im Februar 1956 ihren sozialistischen Charakter verloren. Mit der Machtergreifung einer neuen Bourgeoisie aus der zentralen Bürokratie der Partei, der Wirtschaft und des Staats degenerierte die Sowjetunion zu einem bürokratischen staatsmonopolistischen Kapitalismus neuen Typs. Dieser hatte nur noch dem Namen nach etwas mit dem Sozialismus gemein.

Die Propaganda vom »Ende des Sozialismus« oder gar vom »Ende der Geschichte« war nur das Triumphgeschrei der westlichen Siegermächte, die den sozialimperialistischen Rivalen im unerbittlichen Konkurrenzkampf besiegt hatten. Sie diente in erster Linie der Manipulation der Unterdrückten und Ausgebeuteten in aller Welt, die in ihrer wachsenden Unzufriedenheit immer mehr nach einer Alternative zur kapitalistischen Gesellschaft suchen.

Gescheitert ist mit der Auflösung der Sowjetunion nicht der Sozialismus, sondern der moderne Revisionismus Chruschtschows, Breschnews und Gorbatschows. Dieser bildete die weltanschauliche Grundlage der Herrschaft der neuen Bourgeoisie in der Sowjetunion und ihres Strebens, den Erzrivalen USA auszustechen und selbst zur weltweit führenden imperialistischen Supermacht aufzusteigen.

Der Bankrott der sozialimperialistischen Supermacht Sowjetunion war Ausdruck der Fäulnis und Zersetzung des imperialistischen Weltsystems im Allgemeinen und des bürokratischen staatsmonopolistischen Kapitalismus sowjetischer Machart im Besonderen. Dieses Scheitern löste eine tiefe Krise des modernen Revisionismus und der mit ihm verbundenen Parteien aus. Sie machte den Weg frei für die internationale marxistisch-leninistische und Arbeiterbewegung, diese negative Entwicklung grundsätzlich aufzuarbeiten und zu überwinden. In einem langwierigen ideologisch-politischen Prozess müssen die Ursachen, Bedingungen und Auswirkungen der revisionistischen Entartung und der Restauration des Kapitalismus in ausnahmslos allen ehemals sozialistischen Ländern restlos geklärt werden. Damit einhergehen muss die Neuformierung der Marxisten-Leninisten in aller Welt auf der Grundlage schöpferischer Schlussfolgerungen für die Zukunft des revolutionären Befreiungskampfs und für einen neuen Aufschwung des internationalen Kampfs für den Sozialismus/Kommunismus.

Die Neuorganisation der internationalen Produktion ist ein vorläufiger Höhepunkt der Internationalisierung der kapitalistischen Produktionsweise. Sie leitete eine **neue Phase der Entwicklung des imperialistischen Weltsystems** ein. Weil einige wesentliche Hemmnisse für die freie Entfaltung des Weltmarkts beseitigt wurden, kam es am Ende des 20. Jahrhunderts zu einem gewaltigen Schub in der Entwicklung der Produktivkräfte. Kein Land der Welt konnte und kann davon unberührt bleiben. Ein nie da gewesener grenzüberschreitender Konzentrations- und Zentralisationsprozess in Industrie, Agrarwirtschaft, Handel und Banken setzte sich in Gang und veränderte tiefgreifend die wirtschaftliche und politische Landschaft.

Der neue, einheitliche und für die internationalen Monopole relativ frei zugängliche Weltmarkt stellt alle herkömmlichen, noch in erster Linie national organisierten Strukturen von Produktion und Austausch sowie die dazugehörigen Formen der Kommunikation, des Wettbewerbs und der Zusammenarbeit radikal in Frage. Es gelingt den Herrschenden jedoch nicht annähernd, in internationalem Maßstab Produktionsverhältnisse und einen funktionierenden politischen Überbau zu schaffen, die dieser Revolutionierung der Produktivkräfte entsprechen.

Bei allen bürgerlichen Lobgesängen auf die angeblich heilsbringende »Globalisierung« wurden freilich die kapitalistischen Macht- und Eigentumsverhältnisse, die gesellschaftliche Grundlage der Veränderungen, nicht angetastet. Im Gegenteil offenbarte die weltweit agierende Schicht des internationalen Finanzkapitals in kaum zu überbietender Deutlichkeit ihr räuberisches und menschenverachtendes Wesen. Sie diktiert mehr denn je den einzelnen Volkswirtschaften und der nicht monopolisierten Bourgeoisie aller Länder ihre Bedingungen.

Die Nationalstaaten wurden gezwungen, ihre Grenzen weit zu öffnen und nationale Schutzmaßnahmen gegen die internationale Konkurrenz aufzugeben. Wie Heuschreckenschwärme fielen die internationalen Monopole in die neokolonial abhängigen Volkswirtschaften Asiens, Afrikas und Lateinamerikas ein. In einem einzigartigen Raubzug eigneten sie sich deren Arbeitskräfte, Rohstoffbasen, staatliche Einrichtungen, lukrative Industrien an und unterwarfen sich ihre Märkte. Die USA konnten als größte imperialistische Wirtschaftsmacht am meisten von diesem neokolonialistischen Raubzug profitieren.

Die reaktionären Regierungen der neokolonialen Länder öffneten dem imperialistischen Finanzkapital zumeist bereitwillig die Tore. Sie hofften auf einen entsprechenden Anteil an der Beute beim Ausverkauf ihrer Länder. Überall mussten jedoch traditionelle Industrien den internationalen Produktionsverbünden der hochproduktiven Monopolindustrie oder den billigen Handelsströmen aus aller Welt weichen. So wurde diesen Ländern oft der letzte Rest ökonomischer Eigenständigkeit und Unabhängigkeit geraubt.

Unter der betrügerischen Propaganda des »Neoliberalismus« setzte ein weltweiter Prozess der Privatisierung und Monopolisierung staatlicher Betriebe und Einrichtungen ein. Rücksichtslos verschlingt dieser oftmals hart erkämpfte soziale Errungenschaften, die über eine lange Zeit sicher erschienen.

Dabei weicht die herkömmliche Rolle des bürgerlichen Staats als zentraler Regulator der nationalen Ökonomie mehr und mehr einem **System der weltweiten Konkurrenz zwischen den Nationalstaaten um die besten Dienstleistungen** für die internationalen Monopole, für ihre optimale Kapitalverwertung und für günstige politische Rahmenbedingungen.

Den Kern der Neuorganisation der internationalen Produktion bildet die **Tendenz der relativen Auflösung der nationalstaatlichen Organisation der Produktions- und Austauschverhältnisse.** An ihre Stelle tritt eine Länder übergreifende Verknüpfung der fortgeschrittensten Produktions- und Austauschweisen unter der Herrschaft des internationalen Finanzkapitals. Eine Welle von grenzüberschreitenden Fusionen und Übernahmen begann die Unternehmenslandschaft neu zu ordnen. Der Konkurrenzkampf zwischen den internationalen Monopolen nahm den Charakter einer **gegenseitigen Vernichtungsschlacht** an.

Zugleich entstand in den Produktionsstätten der internationalen Monopole und den dazu gehörigen Sonderwirtschaftszonen ein **internationales Industrieproletariat,** das in erster Linie in einen weltumspannenden Produktionsverbund eingebunden ist.

Die sprunghafte Entwicklung der Telekommunikation, insbesondere des Internets, bescherte dem internationalen Finanzkapital in der zweiten Hälfte der 1990er Jahre ein außerordentliches Wachstum. An den Börsen sprudelten märchenhafte Spekulationsgewinne. Das ging einher mit gewaltigen Sprüngen in der Arbeitsproduktivität der Lohn- und Gehaltsabhängigen, als in Industrie und Verwaltung die Lean Production eingeführt und eine umfassende Flexibilisierung der Arbeitszeit durchgesetzt wurde. Das führte zu einer neuen Dimension der kapitalistischen Ausbeutung der menschlichen Arbeitskraft. Das internationale Fusionskarussell drehte sich immer schneller, bis es zu Beginn des neuen Jahrtausends im Sumpf einer neuen Weltwirtschaftskrise stecken blieb.

Die Neuorganisation der internationalen Produktion stellt den vergeblichen Versuch dar, die Destabilisierung des imperialistischen Weltsystems aufzuhalten, indem die ganze Welt noch konsequenter dem Diktat des internationalen Finanzkapitals unterworfen wird. Sie konnte jedoch kein einziges Problem des imperialistischen Systems lösen. Im Gegenteil hat sich seine Krisenhaftigkeit verschärft und vertieft. So hat sich eine neue internationale Strukturkrise entfaltet, die zum Schrittmacher einer weltweiten Überproduktionskrise zu Beginn des dritten Jahrtausends wurde. Das System des Neokolonialismus geriet noch tiefer in die Krise. Die globale Umweltkrise hat sich bedrohlich verschärft. Wachsende Massenarbeitslosigkeit, Unterbeschäftigung und Armut, massenhafte Vernichtung der Existenzen von Kleinbauern stellen die Lebensverhältnisse der Massen weltweit in Frage. Die chronische Krise der bürgerlichen Familienordnung ist zu einer internationalen Erscheinung geworden. Die mehr oder weniger ausgeprägten ökonomischen Erschütterungen der Volkswirtschaften verschärfen die latente politische Krise in allen Ländern. Auch die bisher relativ stabilen imperialistischen Staaten blieben davon nicht unberührt. Weil das imperialistische Weltsystem zunehmend aus den Fugen gerät, suchen die Herrschenden immer mehr ihr Heil im Ausbau des staatlichen Gewaltapparats und im Abbau bürgerlich-demokratischer Rechte und Freiheiten.

Die ungleichmäßige Entwicklung hat eine neue Phase des Kampfs um die Neuaufteilung der Welt zwischen den größten internationalen Monopolen und den größten imperialistischen Mächten eingeleitet. Krieg und Reaktion sind die zentrale Botschaft eines überholten Gesellschaftssystems.

Was einst vom US-Präsidenten George Bush großspurig als »Neue Weltordnung« angekündigt wurde, entpuppte sich als **neue internationale politische Unordnung**. Dieser zerstörerische und selbstzerstörerische Prozess hat eine gewaltige, umfassende Dimension angenommen. Der gesetzmäßige Drang nach einer grundsätzlichen Lösung muss freilich innerhalb der engen Grenzen der kapitalistischen Gesellschaftsordnung eine unerfüllbare Illusion bleiben. Ein Ausweg ist letztlich nur in internationalem Maßstab und als revolutionäre Umwälzung zu einem sozialistischen Gesellschaftssystem denkbar.

Das imperialistische Weltsystem ist von einer **allseitigen Verschärfung aller grundlegenden Widersprüche** und wachsender Labilität gekennzeichnet. Das berechtigt, seit Anfang der 1990er Jahre von einer neuen **5. Phase der Allgemeinen Krise des Kapitalismus** zu sprechen.

Die Entwicklung der Produktivkräfte hat offenbar eine **neue historische Umbruchphase eingeleitet**, die in der Höherentwicklung des internationalen Klassenkampfs ihren sichtbaren Ausdruck findet. Die Ausgebeuteten und Unterdrückten der Welt wollen nicht in der kapitalistischen Barbarei untergehen und suchen nach einem gesellschaftlichen Ausweg. In den imperialistischen Zentren ist nach langen Jahren der relativen Ruhe das Klassenbewusstsein der Arbeiterklasse auf breiter Front erwacht. In einer ganzen Reihe der vom Imperialismus neokolonial ausgebeuteten und unterdrückten Länder, insbesondere in Lateinamerika, ging die gesellschaftliche Destabilisierung bereits so weit, dass ein **Prozess der Länder übergreifenden revolutionären Gärung** einsetzte. Eine weltweite »Anti-Globalisierungs«-, Umwelt- und Friedensbewegung kämpft gegen die menschenverachtenden Folgen der Neuorganisierung der internationalen Produktion und der mit ihr einhergehenden politischen Unordnung.

Willi Dickhut hat Anfang der 1990er Jahre die weitsichtige These aufgestellt, dass die Antwort auf die Internationalisierung der kapitalistischen Produktion die **internationale proletarische Revolution** sein muss. Als Grundlage dafür muss das internationale Proletariat seine führende Rolle gegenüber den proletarischen und nicht proletarischen Massen im Kampf gegen den Imperialismus wahrnehmen.

Es bleibt die Aufgabe der Marxisten-Leninisten, die neuen Erscheinungen des imperialistischen Weltsystems allseitig zu analysieren und Antworten zu geben auf die daraus erwachsenden ideologischen, politischen und organisatorischen Fragen des proletarischen Klassenkampfs. Es gilt insbesondere, diejenigen Faktoren der neuen gesellschaftlichen Entwicklung aufzufinden, die Ausdruck beschleunigter materieller Vorbereitung auf eine neue Gesellschaft ohne Ausbeutung und Unterdrückung sind und die den Boden für einen neuen Aufschwung des Kampfs für den Sozialismus/Kommunismus bereiten.

Dieses Buch soll einen Beitrag leisten zur ideologisch-politischen Diskussion und Vereinheitlichung in der internationalen marxistisch-leninistischen und Arbeiterbewegung. Es soll Flagge zeigen und den Weg der internationalen proletarischen Revolution propagieren. Das schließt den weltanschaulichen Streit mit den hauptsächlichen reformistischen, revisionistischen oder abenteuerlichen Theorien und Praktiken ein, mit denen das internationale Proletariat bei der Erfüllung seiner historischen Aufgabe fertig werden muss. Ohne einen Sieg in diesem Vorgefecht auf ideologisch-politischem Gebiet wird die internationale proletarische Revolution auch nicht praktisch siegen.

*Januar 2003* *Stefan Engel*

# I. Wesentliche Veränderungen in der politischen Ökonomie des Imperialismus

## 1. Die Herausbildung internationaler Monopole

**Die Grundlagen der Bildung internationaler Monopole**

Karl Marx analysierte in seinem Werk »Das Kapital« Konzentration und Zentralisation des Kapitals als Gesetzmäßigkeit der kapitalistischen Produktionsweise. Unter **Konzentration im engeren Sinn** verstand er das Wachstum des Kapitals im Prozess der erweiterten Reproduktion. Dies ist »*beschränkt durch den Wachstumsgrad des gesellschaftlichen Reichtums*« bzw. durch das Wachstum der Kapitale in den einzelnen Unternehmen (»Das Kapital«, Erster Band, Marx/Engels, Werke, Bd. 23, S. 654). Im Prozess der **Zentralisation** geht es um die »*Konzentration bereits gebildeter Kapitale, Aufhebung ihrer individuellen Selbständigkeit, Expropriation von Kapitalist durch Kapitalist, Verwandlung vieler kleineren in weniger größere Kapitale*« (ebenda, S. 654). Das geschieht durch Unternehmenszusammenschlüsse oder -aufkäufe. Die Zentralisation schafft kein neues Kapital, sondern verschiebt lediglich die Verfügungsgewalt über bereits vorhandenes Kapital zwischen verschiedenen Kapitaleignern. Sie beschleunigt **den allgemeinen Konzentrationsprozess des Kapitals** über den Wachstumsgrad des gesellschaftlichen Reichtums hinaus.

Konzentration und Zentralisation des Kapitals bilden die Grundlage für die **Herausbildung und Entwicklung von Monopolen** als »*ein allgemeines Grundgesetz des Kapitalismus in seinem heutigen Entwicklungsstadium*« (»Der Imperialismus als höchstes Stadium des Kapitalismus«, Lenin, Werke, Bd. 22, S. 204). Über den Prozess der **Entstehung der Monopole** heißt es im Buch »Der staatsmonopolistische Kapitalismus in der BRD« von Willi Dickhut:

»*Die Konzentration des Kapitals hatte im vorigen Jahrhundert eine solche Entwicklung genommen, daß sie zwangsläufig zum Monopol führte. Diese Entwicklung vollzog sich im Zeichen großen Fortschritts der Technik im letzten Drittel des 19. Jahrhunderts, besonders durch Einführung der Elektroenergie, durch die Erfindung der Dynamomaschine und des Elektromotors, der Dampfturbine und des Verbrennungsmotors.*« (Bd. I, S. 6)

Umfassende Konzentrations- und Zentralisationsprozesse stehen in der Regel in engstem Zusammenhang mit **revolutionären Veränderungen der Produktivkräfte**, machen ihre Verwirklichung oft erst möglich. Umgekehrt zwingen natürlich technische Neuerungen zur verstärkten Anhäufung von neuem Kapital, was den Konzentrationsprozess wiederum beschleunigt.

Nach der Wirtschaftskrise von 1900 bis 1903 waren die Monopole zur **Grundlage des gesamten Wirtschaftslebens** geworden. Lenin erkannte, dass die Herausbildung beherrschender Monopole eine **höhere Stufe der Entwicklung des Kapitalismus** bedeutete:

»*Die Konkurrenz wandelte sich zum **Monopol**. Die Folge ist ein **gigantischer Fortschritt in der Vergesellschaftung der Produktion**. Im besonderen wird auch der **Prozeß der technischen Erfindungen und Vervollkommnungen** ver-*

***gesellschaftet.«*** (»Der Imperialismus als höchstes Stadium des Kapitalismus«, Lenin, Werke, Bd. 22, S. 209 – Hervorhebung Verf.)

Die Monopolbildung darf nicht allein als Anhäufung von Kapital verstanden werden. Vielmehr wurden der vormals freie Markt und die freie Konkurrenz nun der **Alleinherrschaft der Monopole** unterstellt. Darauf wies Lenin hin:

*»Das Herrschaftsverhältnis und die damit verbundene Gewalt – das ist das Typische für die ›jüngste Entwicklung des Kapitalismus‹, das ist es, was aus der Bildung allmächtiger wirtschaftlicher Monopole unvermeidlich hervorgehen mußte und hervorgegangen ist.«* (Lenin, Werke, Bd. 22, S. 211)

Die beherrschende Stellung der Monopole veränderte selbstredend die kapitalistischen Produktionsverhältnisse. Willi Dickhut führte aus,

*»... daß die Monopole die Kommandohöhen der gesamten Wirtschaft der hochkapitalistischen Länder beherrschen. Alle anderen Kapitalisten der nichtmonopolistischen Wirtschaftsbereiche sind von den Monopolen abhängig, entweder direkt als Zulieferbetriebe oder indirekt durch Preisdiktat. Andere werden von den Monopolen aufgekauft und wieder andere in den Konkurs getrieben. Im Monopolkapitalismus sind nicht mehr die Interessen des Gesamtkapitalismus von entscheidender Bedeutung, sondern die des Monopolkapitals.«* (»Der staatsmonopolistische Kapitalismus in der BRD«, Bd. I, S. 15)

Lenin definierte die neue Entwicklungsstufe des Kapitalismus treffend als **Imperialismus** mit folgenden wesentlichen Merkmalen:

*»Der Imperialismus ist der Kapitalismus auf jener Entwicklungsstufe, wo die Herrschaft der Monopole und des Finanzkapitals sich herausgebildet, der Kapitalexport hervorragende*

*Bedeutung gewonnen, die Aufteilung der Welt durch die internationalen Trusts begonnen hat und die Aufteilung des gesamten Territoriums der Erde durch die größten kapitalistischen Länder abgeschlossen ist.«* (Lenin, Werke, Bd. 22, S. 271)

Dem Kapitalismus wohnte von Anfang an eine Tendenz zur Internationalisierung der Produktion inne. Dazu schrieb Karl Marx in seinem Werk »Das Kapital«:

*»Hand in Hand mit dieser Zentralisation oder der Expropriation vieler Kapitalisten durch wenige entwickelt sich die kooperative Form des Arbeitsprozesses auf stets wachsender Stufenleiter, die bewußte technische Anwendung der Wissenschaft, die planmäßige Ausbeutung der Erde, die Verwandlung der Arbeitsmittel in nur gemeinsam verwendbare Arbeitsmittel, die Ökonomisierung aller Produktionsmittel durch ihren Gebrauch als Produktionsmittel kombinierter, gesellschaftlicher Arbeit, die Verschlingung aller Völker in das Netz des Weltmarkts und damit der **internationale Charakter des kapitalistischen Regimes**.«* (»Das Kapital«, Erster Band, Marx/Engels, Werke, Bd. 23, S. 790 – Hervorhebung Verf.)

Ungeachtet aller zerstörerischen Momente sah Lenin in dieser gesetzmäßigen Entwicklung die *»progressive historische Wirksamkeit des Kapitalismus, der die alte Isoliertheit und Abgeschlossenheit der Wirtschaftssysteme (und folglich auch die Enge des geistigen und politischen Lebens) zerstört und alle Länder der Welt zu einem einheitlichen wirtschaftlichen Ganzen vereinigt.«* (Lenin, Werke, Bd. 3, S. 55)

Mit der Herausbildung des Imperialismus nahm diese *»historische Wirksamkeit des Kapitalismus«* eine neue Qualität an. Lenin beschrieb sie im »Vorwort zu N. Bucharins Broschüre ›Weltwirtschaft und Imperialismus‹« so:

*»Auf einer bestimmten Entwicklungsstufe des Austauschs, auf einer bestimmten Wachstumsstufe der Großproduktion, nämlich auf der Stufe, die ungefähr an der Wende des 19. und 20. Jahrhunderts erreicht war, führte der Austausch zu einer solchen* **Internationalisierung der Wirtschaftsbeziehungen und Internationalisierung des Kapitals**, *nahm die Großproduktion einen derartigen Umfang an, daß an die Stelle der freien Konkurrenz das Monopol zu treten begann.«* (Lenin, Werke, Bd. 22, S. 103 – Hervorhebung Verf.)

Der Imperialismus wurde also nicht nur durch den Übergang von der freien Konkurrenz zum Monopol bestimmt, sondern auch **durch die Internationalisierung der Wirtschaftsbeziehungen und des Kapitals.**

Auf dieser Grundlage bildeten sich **internationale Kartelle** heraus. Diese nahmen nicht nur auf dem Binnenmarkt eines Landes, sondern auch auf dem Weltmarkt eine beherrschende Stellung ein. Lenin erkannte in der Herausbildung solcher Kartelle eine neue Stufe der Weltkonzentration des Kapitals und der Produktion:

*»Der Kapitalismus hat längst den Weltmarkt geschaffen. Und in dem Maße, wie der Kapitalexport wuchs und die ausländischen und kolonialen Verbindungen und ›Einflußsphären‹ der riesigen Monopolverbände sich in jeder Weise erweiterten, kam es ›natürlicherweise‹ unter ihnen zu Abmachungen im Weltmaßstab, zur Bildung von internationalen Kartellen.*

*Das ist eine* **neue Stufe der Weltkonzentration des Kapitals und der Produktion,** *eine unvergleichlich höhere Stufe als die vorangegangenen. Wir wollen sehen, wie dieses* **Übermonopol** *heranwächst.«* (Lenin, Werke, Bd. 22, S. 250 – Hervorhebung Verf.)

Der marxistisch-leninistische Wirtschaftstheoretiker Eugen Varga beschäftigte sich von 1925 bis 1928 vornehmlich mit der Untersuchung der internationalen Kartellbildung und schrieb darüber in Vierteljahresberichten der Kommunistischen Internationale (Komintern) zur Wirtschaft und Wirtschaftspolitik. In den 1920er Jahren entstanden zahlreiche internationale Kartelle in der Rohstoffgewinnung und in der Schwerindustrie. Aber viele scheiterten an unüberwindlichen zwischenimperialistischen Widersprüchen und lösten sich nach kurzer Zeit wieder auf. Deshalb war die **Herausbildung internationaler Monopole vor dem II. Weltkrieg** noch keine allgemeine Erscheinung, sondern blieb eine **Besonderheit** der wirtschaftlichen Entwicklung. Varga zog daraus das nüchterne Resümee:

*»Betrachtet man einzelne internationale Trustgebilde, wie z. B. eben den Internationalen Elektrotrust (Trufina), so erscheinen sie von großer Bedeutung: vergleicht man aber die ziffernmäßige Höhe des von jeder einzelnen Bourgeoisie verwalteten Kapitals mit dem Teil, der international verflochten ist, so ist letzterer noch immer ein verschwindend geringer Bruchteil.«* (»Internationale Pressekorrespondenz«, Nr. 12/1928, S. 223)

### Multinationale Konzerne nach dem II. Weltkrieg

Eine neue Stufe der Bildung internationaler Monopole setzte sich auf der Basis der **vollständigen Herausbildung des staatsmonopolistischen Kapitalismus** während des II. Weltkriegs durch. Die Monopole ordneten sich den Staatsapparat vollständig unter und ihre Organe verschmolzen mit denen des Staats. Sie errichteten ihre Herrschaft über die ganze Gesellschaft.

Während des lang anhaltenden Wirtschaftsaufschwungs 1952 bis 1970 nahmen die Monopole den Charakter **multi-**

**nationaler Konzerne** an. Willi Dickhut fasste ihren Charakter und ihre Bedeutung so zusammen:

*»Multinationale Konzerne sind Unternehmen, die über den nationalen Rahmen ihres Landes hinaus in mehreren Ländern mittels Kapitalexport (Direktinvestitionen) Tochtergesellschaften errichtet haben, die als Produktionsstätten, Montagewerke oder Vertriebsgesellschaften nach Weisung und Kontrolle der Muttergesellschaft funktionieren.*

*Die Auswahl der Niederlassungsländer richtet sich nach Marktlage, Niedriglohnkosten, Vorhandensein von Rohstoffen, kurzen und billigen Transportwegen, Investitionsanreizen wie Steuerstreichung oder -ermäßigung, Zollbefreiung bzw. -senkung, niedrige Grundstückspreise usw., wobei der eigene Staat zum größten Teil das Risiko übernimmt.«* (»Der staatsmonopolistische Kapitalismus in der BRD«, Bd. II, S. 135)

Vereinzelt hatte es solche multinationalen Konzerne schon vorher gegeben. Nach dem II. Weltkrieg wurden sie jedoch zum **charakteristischen Merkmal der Weltwirtschaft**. Bereits 1969 schätzte die UNO ihre Zahl auf 7 300. Zusammen mit ihren 27 300 Tochtergesellschaften bestritten sie damals bereits einen Anteil am Welthandel von ungefähr 25 Prozent und einen Anteil an der Weltproduktion von gut zehn Prozent. Willi Dickhut fasste diese neue Entwicklung 1979 so zusammen:

*»Die Internationalisierung der Produktion bedeutet **eine neue Phase im staatsmonopolistischen Kapitalismus**, eine Ausdehnung und gleichzeitig eine stärkere Konzentration der Monopole.«* (ebenda, S. 144 – Hervorhebung Verf.)

Aufgrund der beschleunigten Akkumulation von Kapital bei den Monopolen und einer chronischen Stagnation der Wachstumsraten auf den Binnenmärkten wurde der Drang nach Kapitalexport immer größer. Infolgedessen beschleunigte sich die

Internationalisierung der kapitalistischen Produktion in den 1970er und 1980er Jahren enorm. Willi Dickhut schrieb über diesen Prozess:

*»Die Konzentration des Kapitals nimmt riesige, internationale Dimensionen an, die Geschäftstätigkeit der multinationalen Konzerne orientiert sich an internationalen Maßstäben. Zur besseren Beherrschung des Weltmarktes finden Kartellvereinbarungen, Beteiligungen oder gar* **Verschmelzungen der internationalen Konzerne untereinander** *statt, die die Märkte unter sich aufteilen.«* (ebenda, S. 135 – Hervorhebung Verf.)

In den 1990er Jahren rückte die **Verschmelzung internationaler Konzerne zu weltmarktbeherrschenden Übermonopolen** in den Vordergrund. Der globale Markt für Fusionen und Übernahmen erlebte einen einzigartigen Boom. Hatte das weltweite Volumen aller nationalen und internationalen Unternehmenszusammenschlüsse in den sechs Jahren von 1987 bis 1992 noch insgesamt 2 763 Milliarden US-Dollar betragen, so wuchs es im Zeitraum von 1993 bis 2000 auf durchschnittlich 1 768 Milliarden US-Dollar pro Jahr an. Im Jahr 2000 wurde ein Rekord von fast 37 000 Fusionen und Übernahmen im Gesamtwert von 3 498 Milliarden US-Dollar erreicht. Den Kern bildete der **sprunghafte Anstieg grenzüberschreitender Großfusionen** mit einem Volumen von jeweils über einer Milliarde US-Dollar. Diese umfassten 2000 allein 866,2 Milliarden US-Dollar.

2001 berichtete die UNO-Organisation UNCTAD bereits über 65 000 multinationale Konzerne mit 850 000 Tochtergesellschaften. Die Anzahl der Mutterkonzerne war seit 1969 sprunghaft auf das Neunfache angewachsen, die Zahl der Tochterunternehmen sogar auf das 31-fache. Multinationale Konzerne bestritten bis zum Jahr 2000 70 Prozent des Welthandels und 80 Prozent der weltweiten Investitionen. Bereits 1997 hatten sie ihren Anteil an der Weltproduktion auf über 25 Prozent erhöht. So wie Lenin in den Monopolen den »*Übergang vom Kapitalismus zu einer höheren Ordnung*« aufdeckte (Lenin, Werke, Bd. 22, S. 270), so führte die Herrschaft internationaler Übermonopole über die kapitalistische Weltproduktion zu einer **neuen, höheren Ordnung**. Es kam zu einer umfassenden **Neuorganisation der internationalen kapitalistischen Produktion**.

### Die internationale Produktion im Zentrum der Monopolpolitik

In einem Gespräch äußerte Willi Dickhut 1991 die Einschätzung, »... *daß sich der **Imperialismus heute von der nationalen Produktion zur internationalen Produktion und Politik verändert hat**. Die nationale Seite des Imperialismus entwickelte sich zurück gegenüber der internationalen Seite.*« (Gesprächsnotiz vom 7. Oktober 1991 – Hervorhebung Verf.)

Dagegen behauptete der ehemalige PDS-Bundestagsabgeordnete und führende deutsche Trotzkist Winfried Wolf in seinem Buch »Fusionsfieber oder: Das große Fressen«, dass »*der Anteil, mit dem ›Multis‹ außerhalb ihrer Heimatmärkte produzieren, gemessen an ihren gesamten Umsätzen, weiterhin bescheiden*« sei. (Winfried Wolf, »Fusionsfieber oder: Das große Fressen«, S. 110/111)

Eine konkrete Analyse und Beweisführung für diese völlig irreale These musste er natürlich schuldig bleiben. Tatsächlich betrug im Jahr 2000 der Bestand deutscher Direktinvestitionen im Ausland bereits 572 Milliarden Euro. Deutsche multinationale Konzerne waren an 31 722 Unternehmen im Ausland beteiligt. Sie erwirtschafteten im Ausland einen Umsatz von 1 253 Milliarden Euro. Das war mehr als das

Doppelte des deutschen Exports in diesem Jahr. Immerhin betrug 1999 in Deutschland der Exportanteil am Gesamtumsatz 34,2 Prozent.

Wenn schon nicht durch Fakten, bestach Wolf wenigstens durch eine hartnäckige Ignoranz:

»›Transnational‹ sind die großen, die Welt beherrschenden Konzerne tatsächlich insofern, als sie in aller Herren Länder produzieren lassen, als sich ihre Bosse grenzüberschreitend und oft mit mehreren Pässen ›bewaffnet‹ bewegen und als ›vaterlandslose Gesellen‹ ihre Geschäfte der Belegschaftsreduzierung, der Arbeitsintensivierung, des ›Outsourcings‹, der Privatisierung, sprich: der Profitmaximierung weitgehend staatenübergreifend und Sprachbarrieren bzw. nationale Differenzen ignorierend betreiben. Das allerdings ist **keine neue** Erscheinung.« (ebenda, S. 109/110)

Selbstverständlich war es für die Monopole nicht neu,»*in aller Herren Länder produzieren (zu) lassen*«. Das war seit ihrer Entstehung ein wesentliches Moment ihrer Entwicklung. Aber dass diese Aktivitäten zur **Hauptseite** wurden, dass die internationale Produktion und der Weltmarkt die wirtschaftliche Entwicklung eines jeden Landes maßgeblich bestimmen und dass die Weltwirtschaft heute von internationalen Übermonopolen beherrscht wird, das bedeutet eine **qualitative Veränderung der gesellschaftlichen Entwicklung**.

An der Entwicklung der Auslandsaktivitäten einiger führender internationaler Monopole aus Deutschland wird deutlich, wie sehr heute die internationale Produktion vorherrscht.

Die Spitzenmonopole der **Chemieindustrie**, BASF, Bayer und Hoechst, waren relativ früh zu hauptsächlich auf dem Weltmarkt operierenden internationalen Monopolen geworden. Hoechst fusionierte 1999 mit Rhône Poulenc zu Aventis mit Sitz in Straßburg (Frankreich).

**Schaubild 1:**
**Umsatz und Produktion bei der BASF im In- und Ausland 1980 bis 2000 (in Millionen Euro)**

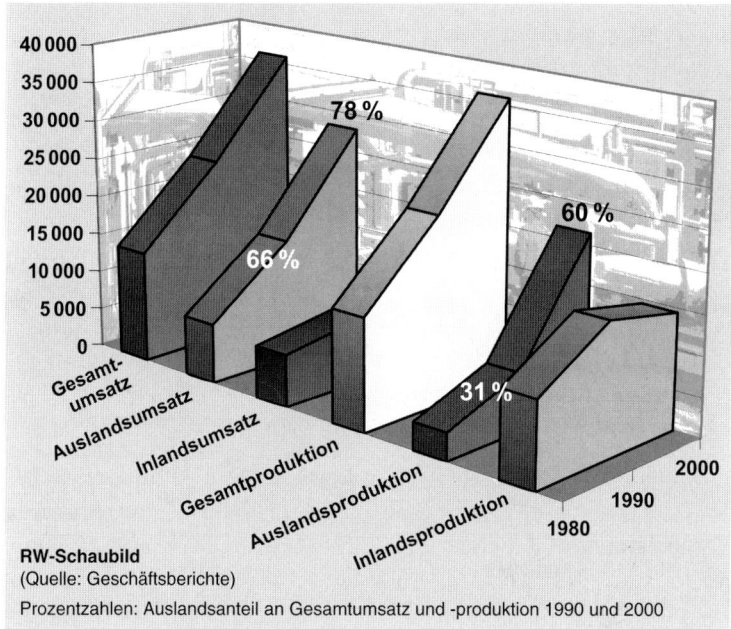

RW-Schaubild
(Quelle: Geschäftsberichte)
Prozentzahlen: Auslandsanteil an Gesamtumsatz und -produktion 1990 und 2000

Schon 1980 betrug der Auslandsanteil am Umsatz bei der BASF 53,3 Prozent und bei Bayer 72,9 Prozent. Dieser Auslandsumsatz wurde bei der BASF bereits 1980 zu etwa 46 Prozent durch Auslandsproduktion erreicht, bei Bayer schon zu 71,7 Prozent. Bis 2000 vervierfachte sich fast der Auslandsumsatz der BASF auf 28 049 Millionen Euro, und der Anteil der Auslandsproduktion am Auslandsumsatz stieg auf 76 Prozent.

Bei Bayer wuchs die Auslandsproduktion von 1980 bis 2000 ebenfalls auf fast das Dreifache und machte im Jahr 2000 bereits über 80 Prozent des Auslandsumsatzes und 69 Prozent der Gesamtproduktion aus. Bei Bayer waren auch die

**Schaubild 2:**
**Umsatz und Produktion bei Bayer im In- und Ausland**
**1980 bis 2000 (in Millionen Euro)**

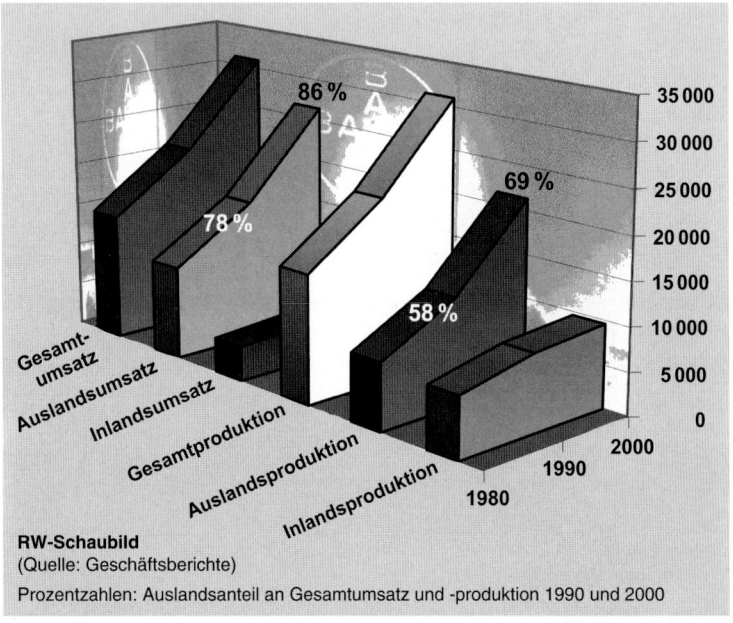

RW-Schaubild
(Quelle: Geschäftsberichte)
Prozentzahlen: Auslandsanteil an Gesamtumsatz und -produktion 1990 und 2000

Beschäftigten mit 55 Prozent mehrheitlich in den ausländischen Betrieben tätig, bei der BASF waren es 47,4 Prozent. Damit produzieren die BASF und Bayer inzwischen hauptsächlich in ihren internationalen Produktionsstätten.

In der **Elektroindustrie** trat diese Entwicklung erst zwischen 1990 und 2000 im Prozess der Neuorganisierung der internationalen Produktion so drastisch hervor.

Siemens hatte 1980 zwar bereits 54,1 Prozent Auslandsumsatz, der sich im Jahr 2000 auf 75,6 Prozent steigerte. Er wurde aber in erster Linie durch Exporte erreicht. Die Auslandsproduktion von Siemens lag 1980 erst bei 21,8 Prozent. Das änderte sich entscheidend in den 1990er Jahren, als sich der Anteil der Auslandsproduktion bis zum Jahr 2000 auf 64,3 Prozent steigerte und damit 85,1 Prozent des Auslandsumsatzes ausmachte. Die Investitionen von Siemens flossen im Jahr 2000 schon zu 57,6 Prozent ins Ausland. Im selben Jahr arbeiteten bereits 59,8 Prozent aller Beschäftigten in ausländischen Produktionsstätten, 1980 waren es erst 31,7 Prozent.

**Schaubild 3:**
**Umsatz und Produktion bei Siemens im In- und Ausland 1980 bis 2000 (in Millionen Euro)**

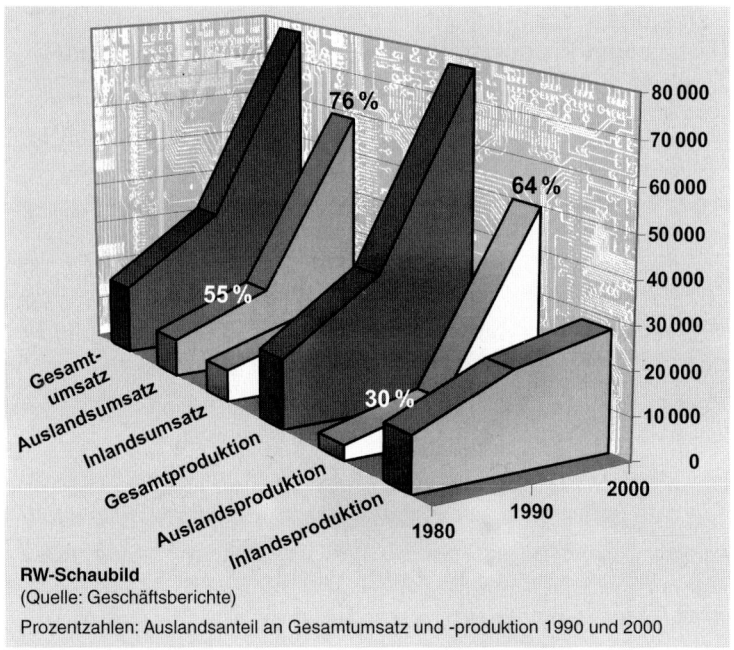

RW-Schaubild
(Quelle: Geschäftsberichte)
Prozentzahlen: Auslandsanteil an Gesamtumsatz und -produktion 1990 und 2000

Auch Bosch steigerte seinen Auslandsumsatz bis 2000 auf 72 Prozent und auch dort erfolgte der entscheidende Sprung in der Auslandsproduktion und der Zahl ausländischer

Beschäftigter zwischen 1990 und 2000. Im Jahr 2000 arbeiteten 53,8 Prozent der Bosch-Beschäftigten im Ausland.

Entscheidende Veränderungen machten auch die großen **Automobilmonopole** durch.

DaimlerChrysler bzw. sein Vorgänger Daimler-Benz hatte zwar 1980 bereits 55,4 Prozent Auslandsumsatz, steigerte diesen jedoch in den 1990er Jahren bis auf 84 Prozent im Jahr 2000. Noch deutlicher stieg die Auslandsproduktion. Hatte sie 1980 erst 14,7 Prozent der Gesamtproduktion ausgemacht, so waren es im Jahr 2000 bereits 68,9 Prozent.

**Schaubild 4:**
**Umsatz und Produktion bei DaimlerChrysler im In- und Ausland 1980 bis 2000 (in Millionen Euro)**

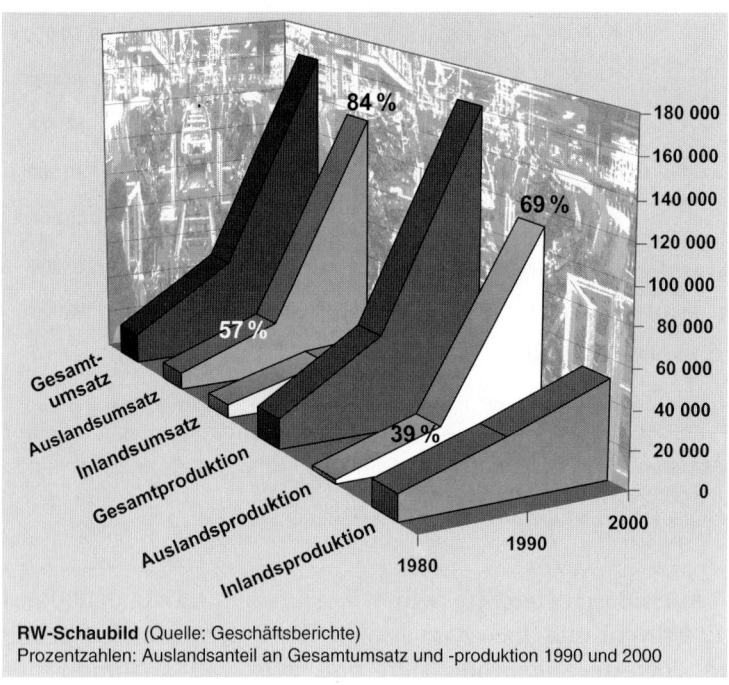

**RW-Schaubild** (Quelle: Geschäftsberichte)
Prozentzahlen: Auslandsanteil an Gesamtumsatz und -produktion 1990 und 2000

Bei VW lag schon 1980 der Auslandsumsatz bei 64,4 Prozent und steigerte sich nur langsam bis 2000 auf 70,6 Prozent.

**Schaubild 5:**
**Umsatz und Produktion bei VW im In- und Ausland**
**1980 bis 2000 (in Millionen Euro)**

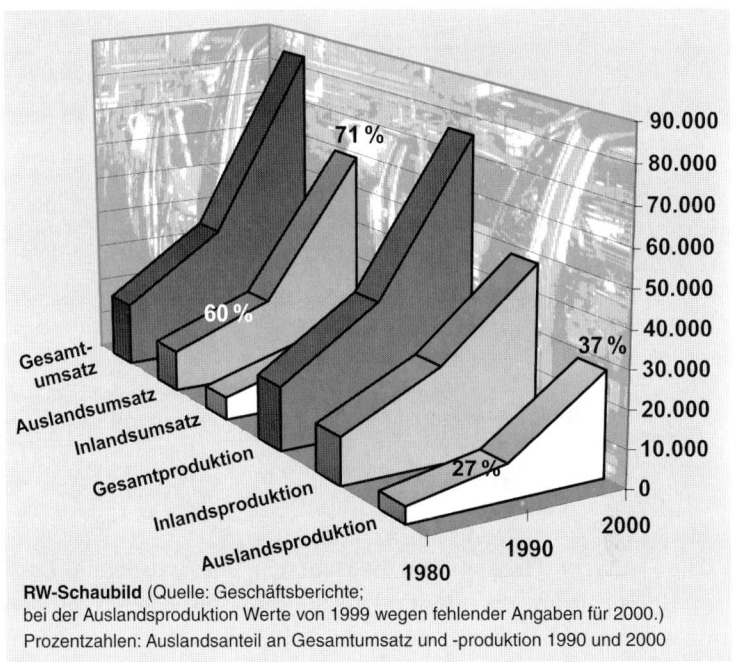

RW-Schaubild (Quelle: Geschäftsberichte; bei der Auslandsproduktion Werte von 1999 wegen fehlender Angaben für 2000.) Prozentzahlen: Auslandsanteil an Gesamtumsatz und -produktion 1990 und 2000

In der **Stahlindustrie** waren die Auslandsaktivitäten früher nicht so stark. 1980 betrug der Auslandsumsatz von Thyssen/Krupp (bzw. damals nur Thyssen) aber schon 43 Prozent und steigerte sich dann von 47,2 Prozent 1990 auf 65 Prozent des Gesamtumsatzes im Jahr 2000. Auch hier war die Entwicklung der Auslandsproduktion ausschlaggebend. 1980 lag sie noch bei 14,7 Prozent, im Jahr 2000 aber schon bei 46,1 Prozent und trug damit über zwei Drittel zum Auslandsumsatz bei.

## Schaubild 6:
## Umsatz und Produktion bei ThyssenKrupp im In- und Ausland 1980 bis 2000 (in Millionen Euro)

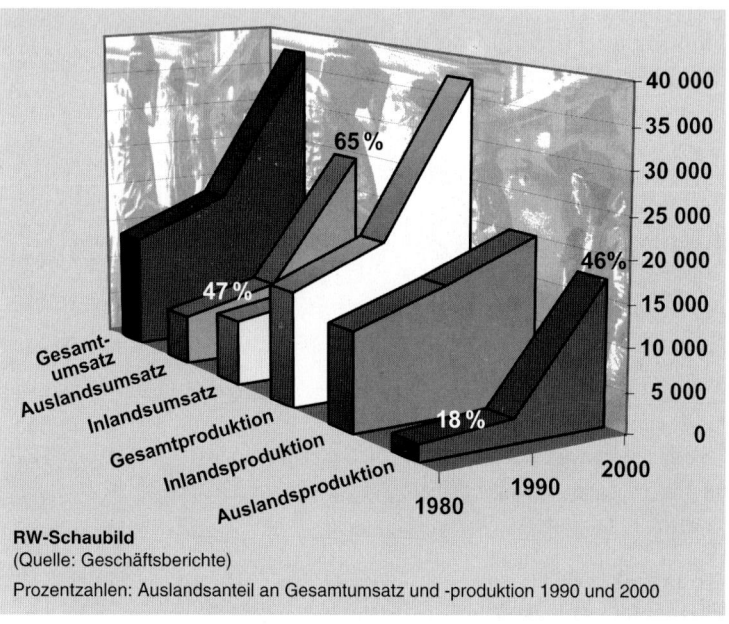

RW-Schaubild
(Quelle: Geschäftsberichte)
Prozentzahlen: Auslandsanteil an Gesamtumsatz und -produktion 1990 und 2000

Die Deutsche Telekom und die Deutsche Post wurden im Lauf der 1990er Jahre privatisiert, als sie erst seit einigen Jahren mit umfassenden Tätigkeiten im Ausland begonnen hatten. Bis zum Jahr 2000 hatte die Telekom bereits 19 Prozent Auslandsumsatz erreicht, der vollständig durch Auslandsproduktion erwirtschaftet wurde. 29,4 Prozent der Beschäftigten arbeiteten im Ausland gegenüber 8,5 Prozent im Jahr 1996, als die Telekom an die Börse ging.

Bei der Post lag der Auslandsumsatz im Jahr 2000 bereits bei 29,2 Prozent und damit 21,8 Prozentpunkte höher als 1990; die Investitionen waren mit 57,4 Prozent Auslandsanteil eindeutig auf weitere internationale Expansion ausgerichtet.

## Schaubild 7:
### Entwicklung des Auslandsumsatzes bei der Telekom 1996 bis 2000 (in Millionen Euro)

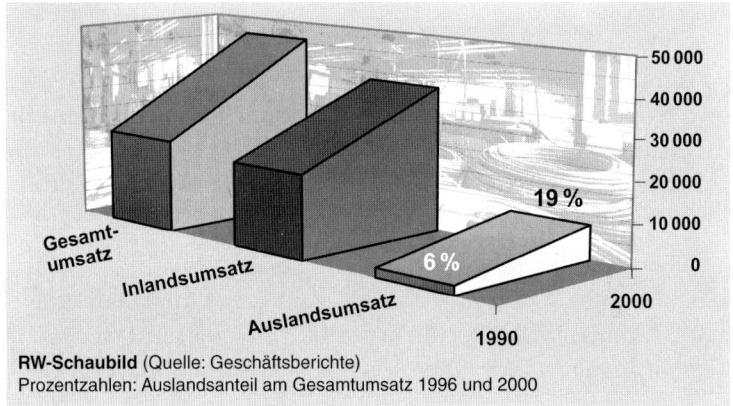

Beim Handelsriesen Metro verdreifachte sich fast der Auslandsumsatz zwischen 1996 und 2000 von 7 107 auf 19 789 Millionen Euro.

## Schaubild 8:
### Entwicklung des Auslandsumsatzes bei der Metro 1996 bis 2000 (in Millionen Euro)

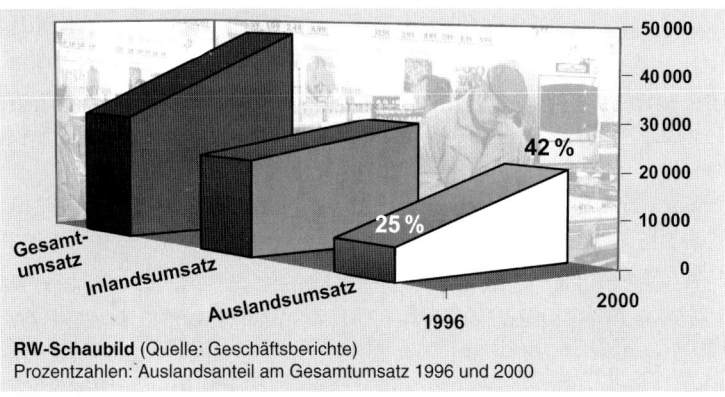

Zusammenfassend zeigen diese Beispiele, wie aus einer Reihe führender deutscher Monopole **internationale Monopole** wurden, für die die **Beherrschung des Weltmarkts oberste Maxime** ist. Eine solche Entwicklung ließ sich in allen imperialistischen Ländern beobachten. Das hatte natürlich gravierende Auswirkungen auf den **Prozess der Produktion und Reproduktion,** der heute **im Wesentlichen nicht mehr im Rahmen nationalstaatlich organisierter Gesellschaften** vonstatten geht, sondern in erster Linie **länderübergreifend** funktioniert.

Solche neuen Entwicklungen sind jedoch in der politischen Ökonomie des Winfried Wolf nicht vorgesehen und können seiner Meinung nach schon allein deshalb niemals eintreten, »*weil Kapital so sehr wie der Fisch das Wasser einen Staat braucht – und sei es ein Weltstaat oder ein einheitlicher EU-Staat. Da es jedoch weder den einen noch den anderen, sondern bisher nur Nationalstaaten gibt, sind die Weltkonzerne schlicht nationale Konzerne.*« (»Fusionsfieber oder: Das große Fressen«, S. 119)

Diese »Beweisführung« stellte die Politische Ökonomie des Marxismus direkt auf den Kopf: Weil das Kapital einen Staat braucht, es aber im Zeitalter des Kapitalismus nur Nationalstaaten gibt und geben kann, kann es nach Wolf'scher Logik auch nur nationale Konzerne geben. Es ist eine Binsenweisheit, dass die Herrschaft des Kapitalismus an Nationalstaaten gebunden ist. Aber der von Marx analysierte revolutionäre Charakter der Produktivkräfte besteht gerade darin, dass er die engen Fesseln der kapitalistischen Produktionsverhältnisse (zu denen maßgeblich die nationalstaatliche Organisation des Kapitals gehört) nicht akzeptieren kann und ständig von Neuem in Frage stellen muss.

Stalin machte darauf aufmerksam, dass die Veränderungen der Produktionsverhältnisse »*... immer mit Veränderungen und mit der Entwicklung der Produktivkräfte beginnen, vor* *allem mit Veränderungen und mit der Entwicklung der Produktionsinstrumente. Die Produktivkräfte sind folglich das beweglichste und revolutionärste Element der Produktion. Zuerst verändern und entwickeln sich die Produktivkräfte der Gesellschaft und dann, in **Abhängigkeit** von diesen Veränderungen und in **Übereinstimmung mit ihnen**, verändern sich die Produktionsverhältnisse der Menschen, ihre ökonomischen Beziehungen. Dies bedeutet jedoch nicht, daß die Produktionsverhältnisse nicht auf die Entwicklung der Produktivkräfte einwirken und daß diese nicht von jenen abhängen. Die Produktionsverhältnisse, die sich in Abhängigkeit von der Entwicklung der Produktivkräfte entwickeln, wirken ihrerseits zurück auf die Entwicklung der Produktivkräfte, beschleunigen oder verlangsamen ihre Entwicklung.«* (»Geschichte der KPdSU [B], Kurzer Lehrgang«, S. 147/148)

In Wirklichkeit wird der sich verschärfende Widerspruch zwischen der nationalstaatlichen Organisation des Kapitalismus und der alle nationalen Grenzen sprengenden international organisierten Produktion und Verteilung zu einem wesentlichen Moment der Destabilisierung des Imperialismus. Doch genau hier liegt wohl die Wurzel des Wolf'schen Realitätsverlusts: Schließlich geht die Politik der PDS von einer Phase der Stabilisierung des kapitalistischen Weltsystems aus, die es durch PDS-Reformen mitzugestalten gelte.

Prompt werden die wildesten Theorien ausgebrütet nach dem Motto, dass *nicht sein kann, was nicht sein darf*. Zu diesen wilden Theorien gehört auch die Ablehnung von Fusionen, da sie angeblich *»keine objektiv notwendigen und schon gar nicht unaufhaltsamen Prozesse der Kapitalentwicklung«* darstellen. (»Fusionsfieber«, S. 247). Nach dieser beiläufigen »Erledigung« des gesetzmäßigen Prozesses der Zentralisation und Konzentration des Kapitals zieht Winfried Wolf den waghalsigen Schluss:

»Scheitern entsprechende Projekte oder werden sie verhindert, dann dreht sich die Welt im gleichen Rhythmus weiter. Geändert hätte sich lediglich, daß es ›unten‹ einige Jobs mehr und ›oben‹ einigen Einfluß weniger gibt.« (ebenda)

Gar nichts dreht sich in dieser Welt, ohne dass es durch Gesetzmäßigkeiten angetrieben wird! Entscheidende Triebkraft der monopolistischen Aktivitäten ist nunmehr der Drang, eine **weltmarktbeherrschende Stellung im internationalen Produktionsverbund** zu erreichen. Anders können heute die für die Monopole **ökonomisch notwendigen Maximalprofite** nicht mehr erzielt werden. Das mag Wolf gut heißen oder nicht. Jedenfalls erfordert es objektiv, das heißt unabhängig vom Willen Einzelner, umfassende Veränderungen im weltweiten Prozess der Produktion und Reproduktion des Kapitals, wie sie beispielsweise in den grenzüberschreitenden Fusionen zum Ausdruck kommen. Diese wiederum erhöhen enorm den Kapitalhunger und die Aggressivität, mit denen die Monopole auf dem Weltmarkt agieren, aber auch die Rücksichtslosigkeit und Menschenverachtung, mit der sie Lohnarbeiter in ihren Betrieben ausbeuten oder sich ganze Volkswirtschaften in den neokolonial abhängigen Ländern unterwerfen.

Durch die Verhinderung von Fusionen Arbeitsplätze »sichern« und den Einfluss der Monopole »begrenzen« zu wollen, wie es Wolf vorschlägt, ist nichts als eine banale Fantasterei! Genauso könnte man fordern, die Monopole sollten auf ihre Profitmaximierung verzichten. Was auf den ersten Blick ehrenwert aussehen mag, ist jedoch entweder bodenlose Naivität oder vorsätzlicher Betrug an den Massen. Natürlich kann und muss der Kampf der Arbeiterklasse gegen die arbeiterfeindlichen Folgen der Neuorganisation der kapitalistischen Produktion geführt werden. Dieser Kampf kann aber niemals mehr als eine Schule des Klassenkampfs sein. Um den gesetzmäßigen Prozess der Neuorganisierung der internationalen kapitalistischen Produktion außer Kraft zu setzen, muss das kapitalistische Ausbeutersystem überhaupt überwunden werden.

## 2. Die Schlacht internationaler Monopole um den Weltmarkt

Unter **weltmarktbeherrschenden internationalen Monopolen** verstehen wir Monopole oder Monopolgruppen, die in Bezug auf Umsatz, Beschäftigtenzahl und Börsenwert eine beherrschende Stellung in ihrer Branche oder Teilen davon einnehmen und die auf dieser Grundlage **auf den Weltmarkt, die Weltmarktpreise und die Weltproduktion maßgeblichen Einfluss ausüben können.** Dazu ist heute je nach Branche im Allgemeinen die Kontrolle eines Weltmarktanteils von 10 bis 20 Prozent eines Produkts oder Produktbereichs erforderlich. Das kann über den direkten Marktanteil oder indirekt – über ein oft schier undurchdringliches Netz von Beteiligungen, Joint Ventures, Lizenzen usw. – erreicht werden. Dazu schrieb Lenin:

*»Die großen Unternehmungen, besonders die Banken, verschlingen nicht nur unmittelbar die kleinen, sondern ›gliedern‹ sie sich an, unterwerfen sie, schließen sie in ›ihre‹ Gruppe, ihren ›Konzern‹ – wie der technische Ausdruck lautet – ein durch ›Beteiligung‹ an ihrem Kapital, durch Aufkauf oder Austausch von Aktien, durch ein System von Schuldverhältnissen usw. usf.«* (»Der Imperialismus als höchstes Stadium des Kapitalismus«, Lenin, Werke, Bd. 22, S. 215)

Zu den weltmarktbeherrschenden internationalen Monopolen gehören heute die 500 größten Industrie-, Bank-, Versicherungs- und Handelsmonopole der Welt. Lenin nannte sie »Übermonopole«, weil sie eine solche Stellung im Kreis der nationalen Monopole einnehmen, dass sie diese ihren ökonomischen und politischen Interessen unterwerfen können.

Im Jahr 2000 kamen die 500 Übermonopole der Welt zusammen auf einen Umsatz von 14 Billionen US-Dollar. Das entspricht rund 45 Prozent – also fast der Hälfte – des Weltsozialprodukts. Eine Untersuchung der einzelnen Branchen macht die weltmarktbeherrschende Stellung dieser Übermonopole noch deutlicher.

## *Automobilindustrie*

Hier ist der Prozess der Neuorganisation der internationalen Produktion relativ weit fortgeschritten. Weltweit halbierte sich in den vergangenen drei Jahrzehnten die Zahl der Autohersteller. Seit 1990 wurde eine Reihe größerer Konzerne ganz oder teilweise übernommen: Chrysler, Nissan, Mazda, Mitsubishi, Volvo (Pkw), Saab, Scania, Daewoo, DAF. Renault verkaufte die Lkw-Sparte an Volvo. Mit Fusionen und Übernahmen verfolgten die Automonopole zwei hauptsächliche Ziele:

1. weltweite Präsenz auf allen wichtigen Automobilmärkten und

2. eine Produktionspalette, die alle Fahrzeugsparten abdecke.

Der Verband der Automobilindustrie (VDA) kam zu der Einschätzung:

*»Sowohl die Automobilhersteller als auch die Zulieferer bilden weitere grenzüberschreitende Allianzen, übernehmen Unternehmen oder arbeiten projektweise zusammen. ... Inzwischen werden etwa 95 Prozent der Weltproduktion von ›light vehicles‹ – Personenkraftwagen und leichten Nutzfahrzeugen – von den zehn größten Automobilherstellern gebaut.«* (»Auto – Jahresbericht 2001«, Verband der Automobilindustrie e.V. [VDA], Frankfurt am Main, Oktober 2001, S. 53)

Entsprechend befanden sich die zehn größten Automonopole alle auf den vorderen 100 Plätzen in der Rangliste der 500 führenden internationalen Monopole.

**Tabelle 1:**
**Die zehn größten internationalen Monopole der Automobilindustrie**

| Rangliste aller Monopole | | Name | Land | Umsatz 2000 | Weltmarktanteil | Börsenwert | Beschäftigte |
|---|---|---|---|---|---|---|---|
| 1995 | 2000 | | | Mio. US-$ | Prozent | Mrd. US-$ | |
| 4 | 3 | General Motors | USA | 184 632 | 14,3 | 31 | 386 000 |
| 7 | 4 | Ford Motor | USA | 180 598 | 14,0 | 44 | 345 991 |
| 17 | 5 | Daimler Chrysler | BRD | 150 070 | 11,7 | 45 | 416 501 |
| 8 | 10 | Toyota Motor | Japan | 121 416 | 9,4 | 127 | 215 648 |
| 24 | 21 | Volkswagen | BRD | 78 852 | 6,1 | 16 | 324 402 |
| 46 | 40 | Honda Motor | Japan | 58 462 | 4,5 | 37 | 115 500 |
| 23 | 43 | Nissan Motor | Japan | 55 077 | 4,3 | 22 | 133 800 |
| 41 | 47 | Fiat | Italien | 53 190 | 4,1 | 10 | 223 953 |
| 74 | 86 | Peugeot | Frankreich | 40 831 | 3,2 | 10 | 172 400 |
| 60 | 99 | Renault | Frankreich | 37 128 | 2,9 | 12 | 166 114 |
| | | | | Insgesamt[1] 1 286 994 = 100 % | Summe 74,6 % | | |

[1] Umsatzsumme der 27 Automobilunternehmen unter den 500 größten Monopolen
Quellen: Fortune, Global 500; »Die 100 größten Unternehmen« – FAZ 3. Juli 2001; Financial Times Top 500

Gemessen am Umsatz erreichten nur vier Monopole einen Weltmarktanteil von annähernd 10 Prozent oder mehr. Aufgrund der gegenseitigen Durchdringung des Kapitals, der gegenseitigen Abhängigkeiten und Absprachen wurde der Konkurrenzkampf komplizierter; er wird heute vor allem zwischen **Monopolgruppen** ausgetragen, die **um ein führendes Hauptmonopol** gruppiert sind. Im Wesentlichen beherrschten sechs Monopolgruppen die internationale Autoindustrie:

- die größte Gruppe um **General Motors** (25 Prozent der Weltproduktion) zusammen mit Fiat, Saab, Daewoo, Isuzu, Fuji, Suzuki und Maruti,

- die Gruppe um **Ford** (16 Prozent) zusammen mit Mazda, Volvo, Jaguar, Land Rover und Aston Martin,

**Schaubild 9:**
**Weltmarktanteile der Automobilgruppen 1999 in Prozent**

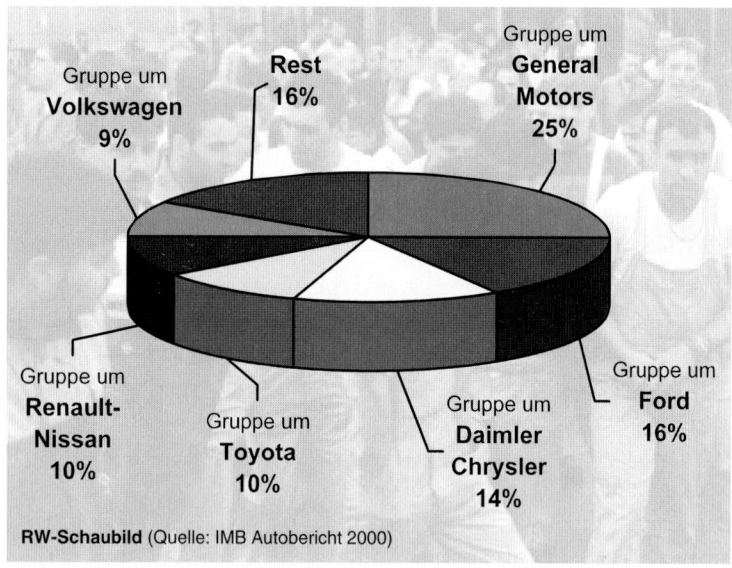

RW-Schaubild (Quelle: IMB Autobericht 2000)

- die Gruppe um **DaimlerChrysler** (14 Prozent) zusammen mit Mitsubishi, MCC Smart, Freightliner, Hyundai, Kia, Asia, Proton und Ssangyong,

- die Gruppe um **Toyota** (10 Prozent) zusammen mit Daihatsu, Hino und Yamaha,

- die Gruppe um **Renault-Nissan** (10 Prozent) zusammen mit Samsung und Dacia,

- die Gruppe um **Volkswagen** (9 Prozent) zusammen mit Scania, Bentley, Lamborghini, Bugatti, Seat, Skoda und Audi.

Der Prozess der Zentralisation und Konzentration ist keineswegs abgeschlossen, er wurde durch die tiefe Weltwirtschaftskrise zu Beginn des 21. Jahrhunderts noch beschleunigt. So geriet zu diesem Zeitpunkt der größte italienische Konzern Fiat schwer unter Druck. Der Konzern war mit den Automarken Fiat, Lancia, Alfa Romeo, Iveco, Ferrari, Maserati und Innocenti sowie mit den Zulieferern Magneti Marelli und Comau einer der größten europäischen Automobilhersteller. Er hatte starke Positionen in Lateinamerika und Osteuropa, war aber in Nordamerika nicht und in Asien kaum vertreten.

Mit der Neuorganisation der internationalen Produktion wurde die starke Ausrichtung auf den italienischen Markt für Fiat zum verhängnisvollen Nachteil. Der Versuch, Ende der 1990er Jahre mit dem »Weltauto Palio« von Südamerika aus neue Weltmarktanteile zu erobern, scheiterte an der krisenhaften Entwicklung in Lateinamerika und endete mit der Schließung der meisten dortigen Werke. Die hohen Schulden zwangen Fiat im Jahr 2000 zur Kooperation mit General Motors beim Einkauf und im Motoren- und Getriebebau. Fiat musste sich verpflichten, bei einem eventuellen Verkauf der Autowerke ausschließlich General Motors die Anteilspakete anzubieten. Die 2001 einsetzende Weltwirtschaftskrise traf Fiat aufgrund der Ausrichtung auf Klein- und Mittelklassewagen mit voller Wucht. Nachdem die Fiat-Aktien vier Fünftel ihres Werts von 1998 eingebüßt hatten und der Gesamtwert der Aktien mit 3,64 Milliarden Euro (Stand 20. 12. 2002) unter die Nettoverschuldung von inzwischen 5,8 Milliarden Euro gefallen war, drohte die Zerschlagung des Fiat-Konzerns.

## Banken

Zu den 500 Übermonopolen gehörten im Jahr 2000 auch 56 Banken. Durch Großfusionen und Übernahmen veränderte sich die Stellung der internationalen Monopolbanken in der Rangfolge der internationalen Monopole seit 1995 zum Teil sprunghaft. So verbesserte sich die Deutsche Bank von Platz 55 auf 29, die Bank of America von 159 auf 41, die BNP Paribas (Frankreich) von 348 auf 42. Die Mizuho Holdings entstand 2000 aus der Fusion der Dai-Ichi Kangyo Bank mit der Fuji Bank und der Industrial Bank of Japan und stand anschließend dem Vermögen nach weltweit an erster Stelle (siehe auch Abschnitt I.6, S. 132).

## Versicherungen

Auch 48 Versicherungen nahmen im Jahr 2000 einen Platz unter den 500 größten internationalen Monopolen ein.

14 Versicherungen gehörten zu den 100 größten internationalen Monopolen; sie vereinigten 54,4 Prozent des Gesamtumsatzes ihrer Branche auf sich. In den letzten Jahren kam ein Prozess der Verschmelzung mit Großbanken in Gang. So übernahm im Jahr 2001 die Allianz die Dresdner Bank, die nach dem II. Weltkrieg Jahrzehnte lang den zweiten Rang unter den deutschen Großbanken innehatte.

## Tabelle 2:
## Die größten internationalen Versicherungen

| Rangliste aller Monopole | | Name | Land | Umsatz 2000 | Weltmarktanteil | Börsenwert | Beschäftigte |
|---|---|---|---|---|---|---|---|
| 1995 | 2000 | | | Mio. US-$ | Prozent | Mrd. US-$ | |
| 106 | 17 | Axa | Frankreich | 92 782 | 6,7 | 49 | 95 422 |
| 72 | 24 | ING Group | NL | 71 196 | 5,1 | 78 | 92 650 |
| 44 | 25 | Allianz | BRD | 71 022 | 5,1 | 70 | 119 683 |
| 14 | 28 | Nippon Life Insurance | Japan | 68 055 | 4,9 | – | 68 745 |
| 169 | 35 | CGNU | GB | 61 499 | 4,4 | 36 | 72 749 |
| | | | | Insgesamt[1] 1 388 904 = 100 % | Summe 26,3 % | | |

[1] Umsatzsumme der 48 Versicherungen unter den 500 größten Monopolen
Quellen: Fortune, Global 500; »Die 100 größten Unternehmen« – FAZ 3. Juli 2001; Financial Times Top 500

## *Elektro-, Elektronik- und Computerindustrie*

Diese Branche zeichnete sich bis 2001 durch besonders hohe Börsenwerte aus. General Electric hatte damals als einzelnes Monopol einen Börsenwert von 515 Milliarden US-Dollar, mehr als alle Automobil- oder auch alle Chemiekonzerne zusammen.

Der Konzentrationsprozess zeigte sich nicht nur in Großfusionen wie der von Hewlett-Packard und Compaq, sondern auch in zahlreichen Übernahmen kleinerer Unternehmen durch die großen Monopole und in einem dichten Netz von Beteiligungen, Kooperationen und Joint Ventures.

## Tabelle 3:
## Führende internationale Monopole in der Elektro-, Elektronik- und Computerindustrie

| Rangliste aller Monopole | | Name | Land | Umsatz 2000 | Weltmarktanteil | Börsenwert | Beschäftigte |
|---|---|---|---|---|---|---|---|
| 1995 | 2000 | | | Mio. US-$ | Prozent | Mrd. US-$ | |
| 20 | 8 | General Electric | USA | 129 853 | 10,1 | 515 | 341 000 |
| 21 | 19 | IBM | USA | 88 396 | 6,9 | 196 | 316 303 |
| 25 | 23 | Siemens | BRD | 74 858 | 5,8 | 54 | 447 000 |
| 61 | 52 | Fujitsu | Japan | 49 604 | 3,9 | 30 | 187 399 |
| 97 | 56 | Hewlett-Packard | USA | 48 782 | 3,8 | 90 | 88 500 |
| 228 | 110 | Intel | USA | 33 762 | 2,6 | 185 | 86 100 |
| | | | | Insgesamt[1] 1 283 484 = 100 % | Summe 33,1 % | | |

[1] Umsatzsumme der 36 Unternehmen dieser Branche unter den 500 größten Monopolen
Quellen: Fortune, Global 500; »Die 100 größten Unternehmen« – FAZ 3. Juli 2001; Financial Times Top 500

Da es den wenigsten internationalen Monopolen gelang, in der gesamten Branche eine weltmarktbeherrschende Stellung einzunehmen, konzentrierten sie sich auf die Sparten, in denen sie eine solche Stellung schon erreicht hatten oder zu erreichen hofften. Das bedeutete nicht selten, dass neue Konzerne entstanden, dass verschiedene Sparten aus alten Konzernen ausgegliedert wurden oder sogar ganze Konzerne von der Bildfläche verschwanden, sich in neuen Zusammenschlüssen auflösten. Der Prozess der **Differenzierung des**

Kapitals bestimmter Branchen in eine Reihe von Unterbranchen ist ein notwendiger Bestandteil des länderübergreifenden Konzentrations- und Zentralisationsprozesses:

**Differenzierung des Kapitals und Konzentration und Zentralisierung des Kapitals bilden auf der Grundlage der Neuorganisierung der internationalen Produktion eine dialektische Einheit.**

Die Elektro- und Elektronikindustrie differenzierte sich zunehmend in Unterbranchen, in denen sich dann in kurzer Zeit eine Reihe neuer internationaler Monopole herausbildeten. Die wichtigsten neuen Unterbranchen sind die **Informations- und Kommunikationsindustrie**, die **Halbleiterbranche**, die **Telekommunikation** sowie die **Software-** und die **Medienbranche**.

Die **Informations- und Kommunikationsindustrie** ist eine noch junge Branche, in der die führenden Monopole häufig wechseln. Vier Arten von Unternehmen bildeten sich heraus:

- Komplett-Lieferanten, die ein breites Spektrum von Computerprodukten und -dienstleistungen anbieten wie IBM und Hewlett-Packard,

- Lieferanten einzelner Technologien wie SUN (Server) oder EMC (Speichertechnologie),

- Hersteller mit wenig eigener Entwicklung, dafür mit voller Konzentration auf preiswerte Massenfertigung und Vertrieb wie Dell,

- reine Service-Anbieter wie EDS oder Computer Sciences.

Eine große Bedeutung bekam die **Halbleiterbranche**. Der Anteil der Halbleiterindustrie am Weltmarkt wuchs in den letzten 15 Jahren so schnell wie bei keiner anderen Branche. Betrug ihr Anteil am Welthandel 1985 noch 1,5 Prozent, waren es im Jahr 2000 bereits 5 Prozent.

Die Halbleiterindustrie liefert die wichtigsten Vorprodukte für die Computer-, Telekommunikations- und Unterhaltungsindustrie und entwickelte sich daher zu einer Schlüsselbranche der internationalisierten Produktion. Entsprechend entbrannte ein heftiger Konkurrenzkampf um die Beherrschung dieser Branche, der mit sprunghaften Veränderungen im Kräfteverhältnis der internationalen Monopole einherging. Marktführer Intel (USA) befand sich 1983 noch auf Platz 7 der führenden Halbleiterproduzenten, erhöhte aber bis 2001 seinen Marktanteil von 4 auf 16,3 Prozent. Andere Konzerne fielen stark zurück oder zogen sich ganz aus der mit höchsten Entwicklungsinvestitionen verbundenen Halbleiterproduktion zurück. Der Siemens-Tochterkonzern Infineon – 2001 auf dem neunten Platz – verbesserte sich im 1. Halbjahr 2002 zum sechstgrößten Halbleiterproduzent der Welt mit einem Weltmarktanteil von 3,8 Prozent.

In der **Telekommunikation** herrschten zunächst Staatsunternehmen vor, sie wurden aber in den meisten Ländern der Welt privatisiert. Das war eine wesentliche Vorbedingung für den Boom dieser Branche, den Höhenflug der entsprechenden Börsenwerte um die Jahrtausendwende und die damit einhergehende internationale Neuorganisation der Telekommunikation. Aufgrund des in dieser Branche erforderlichen extrem hohen Kapitaleinsatzes verschärfte sich der Kampf um höhere Weltmarktanteile.

Große Übernahmen seit 1990 waren: TCI und MediaOne durch AT&T, AirTouch durch Vodafone und anschließend Mannesmann durch Vodafone-AirTouch, Orange PLC durch France Telekom SA, One2One und VoiceStream durch die Deutsche Telekom, Global One durch France Telecom. Der geplanten Fusion der Deutschen Telekom mit Telecom Italia kam Olivetti durch eine feindliche Übernahme zuvor.

## Tabelle 4:
## Führende internationale Monopole der Telekommunikation

| Rangliste aller Monopole | | Name | Land | Umsatz 2000 | Weltmarktanteil | Börsenwert | Beschäftigte |
|---|---|---|---|---|---|---|---|
| 1995 | 2000 | | | Mio. US-$ | Prozent | Mrd. US-$ | |
| 15 | 15 | Nippon Telegraph & T | Japan | 103 235 | 14,1 | 174 | 215 200 |
| 16 | 31 | AT & T | USA | 65 981 | 9,0 | 79 | 165 600 |
| – | 32 | Verizon Communications | USA | 64 707 | 8,9 | 148 | 263 552 |
| 322 | 49 | SBC Communications | USA | 51 476 | 7,1 | 131 | 215 088 |
| – | 90 | Worldcom | USA | 39 090 | 5,4 | 56 | 90 000 |
| 43 | 94 | Deutsche Telekom | BRD | 37 834 | 5,2 | 89 | 227 015 |
| | | | | Insgesamt[1] 730 090 = 100 % | Summe 49,7 % | | |

[1] Umsatzsumme der 24 Telekommunikationsunternehmen unter den 500 größten Monopolen
Quellen: Fortune, Global 500; »Die 100 größten Unternehmen« – FAZ 3. Juli 2001; Financial Times Top 500

Mit dem Drang nach international standardisierten Produktionsmethoden wuchs der Markt für **Software** rasant. Mit Microsoft bildete sich ein führendes Monopol heraus. Das Unternehmen wurde 1975 mit drei Beschäftigten gegründet und entwickelte sich in nur 25 Jahren zu einem mächtigen internationalen Monopol, das in 78 Ländern aktiv war. Mit 25 296 Millionen US-Dollar Jahresumsatz und 47 600 Beschäftigten hatte es sich im Jahr 2001 auf Platz 175 der beherrschenden internationalen Monopole vorgearbeitet. IBM kaufte sich seit den 1990er Jahren verstärkt in die Softwarebranche ein. Weitere wichtige Softwarekonzerne sind EDS, Oracle und SAP.

Weitreichende Auswirkungen hatte die Konzentration in der **Medienindustrie**. Bis zu Beginn der 1980er Jahre waren die Aktivitäten der meisten Medienkonzerne noch weitgehend auf einzelne Länder und Teilbereiche der Branche (Kino, Unterhaltung, Presse, Fernsehen usw.) beschränkt. Inzwischen haben sich Strategien zur mehrfachen und weltweiten Vermarktung von Produkten durchgesetzt. So werden etwa zu einem Thema Spielfilme, Filmmusik, Fernsehserien, Computerspiele, Bücher, Comics, Spielzeug, Schulsachen usw. produziert. Ziel der Konzerne ist es heute, die gesamte Bandbreite des Mediengeschäfts weltweit zu beherrschen. Medienkonzerne, die sich auf ein Spezialgebiet konzentrierten, wurden an die Wand gedrückt. In der Folge gingen die Medien-Giganten dazu über, auch ganze Ladenketten, TV-Netzwerke, Fernsehsender, Diskotheken-Ketten usw. zu erwerben und ihren Einfluss auf die internationale Kultur-, Sport-, Musicalszene und auch auf Kunst, Design, Mode usw. auszudehnen.

Eine weitere neue Erscheinung ist die immer engere Durchdringung der Produktion von Unterhaltungsmedien mit der Produktion der dafür notwendigen elektronischen Geräte. So wurde Sony zum größten Musikproduzenten der Welt und kaufte sich in verschiedene nationale Filmproduktionen ein. Auch in den Internet-Sektor zog es die Medien-Monopole. Der Mediengigant AOL Time Warner errang durch Firmenkäufe eine beherrschende Stellung auf dem privaten Internet-Markt. Weitere Branchenriesen sind Bertelsmann, Vivendi, Disney, Viacom und News Corporation (Murdoch).

## *Chemieindustrie*

Auch in dieser Branche wurden seit 1990 große Unternehmen aufgekauft oder fusionierten: Hoechst, Ciba-Geigy, Sandoz, Rhône Poulenc, Union Carbide, Nobel, Hüls. Dabei vollzog sich eine Aufgliederung in die Bereiche Agrarchemie,

Pharma, Spezialchemie und die herkömmlichen Chemieaktivitäten (Herstellung von Vorprodukten).

So spaltete Bayer den Konzern zum 1. Juli 2002 in vier Teile auf: Bayer CropScience (Landwirtschaft), Bayer HealthCare (Gesundheit), Bayer Polymers (Polymere = Kunststoffe) und Bayer Chemicals (Spezialchemikalien). Der Bereich CropScience wurde rückwirkend zum 1. Januar 2002 ausgegliedert als rechtlich selbständige, von der Bayer AG zu 100 Prozent gehaltene Aktiengesellschaft. Die Ausgliederung der anderen drei Bereiche soll zum 1. Januar 2003 folgen. Die Bayer AG wird nur noch als strategische Holding tätig sein. Der Anteil der Bereiche Gesundheit und Landwirtschaft am Gesamtumsatz stieg von 34 Prozent im Jahr 1992 auf 55 Prozent im Jahr 2001.

## Tabelle 5:
### Internationale Monopole der Chemieindustrie

| Rangliste aller Monopole | | Name | Land | Umsatz 2000 | Weltmarktanteil | Börsenwert | Beschäftigte |
|---|---|---|---|---|---|---|---|
| 1995 | 2000 | | | Mio. US-$ | Prozent | Mrd. US-$ | |
| 78 | 111 | BASF | BRD | 33 220 | 17,0 | 28 | 103 273 |
| 58 | 141 | Dupont de Nemours | USA | 29 202 | 14,9 | 49 | 93 000 |
| 87 | 150 | Bayer | BRD | 28 622 | 14,6 | 35 | 122 100 |
| 156 | 199 | Dow Chemical | USA | 23 008 | 11,8 | 33 | 41 943 |
| 300 | 402 | Akzo Nobel | Niederlande | 12 941 | 6,6 | 14 | 68 400 |
| | | | | Insgesamt[1] 195 654 = 100 % | Summe 64,9 % | | |

[1] Umsatzsumme der 10 Chemieunternehmen unter den 500 größten Monopolen
Quellen: Fortune, Global 500; »Die 100 größten Unternehmen« – FAZ 3. Juli 2001; Financial Times Top 500

Mit der Übernahme der Aventis CropScience stieg Bayer zum führenden Agrochemie-Unternehmen der Welt auf. Im Bereich Gesundheit ist ein Joint Venture für biotechnologische Produkte mit Aventis Behring geplant, das ebenfalls eine führende Position auf dem Weltmarkt einnehmen wird. Im Bereich Polymere (Kunststoffe) will Bayer seine Führungsposition weiter ausbauen. Im Bereich Chemie soll die Umstrukturierung zu einem führenden Hersteller von Spezialchemikalien fortgesetzt werden.

Die Spekulation auf Höchstprofite durch die Bio- und Gentechnologie zog viel internationales Kapital in die **Pharmaindustrie** und trieb die Börsenwerte in die Höhe.

**Tabelle 6:**
**Die größten internationalen Monopole der Pharmaindustrie**

| Rangliste aller Monopole | | Name | Land | Umsatz 2000 | Weltmarktanteil | Börsenwert (25.6.01) | Beschäftigte |
|---|---|---|---|---|---|---|---|
| 1995 | 2000 | | | Mio. US-$ | Prozent | Mrd. US-$ | |
| 215 | 88 | Merck | USA | 40 363 | 14,3 | 155 | 69 000 |
| 438 | 138 | Pfizer | USA | 29 574 | 10,5 | 270 | 98 500 |
| 176 | 143 | Johnson & Johnson | USA | 29 139 | 10,4 | 146 | 90 000 |
| 461 | 159 | Glaxo SmithKline | GB | 27 414 | 9,7 | 160 | 107 517 |
| 295 | 220 | Bristol-Myers Squibb | USA | 21 331 | 7,6 | 123 | 51 145 |
| – | 224 | Novartis | Schweiz | 21 207 | 7,5 | 101 | 68 000 |
| – | 231 | Aventis | Frankreich | 20 613 | 7,3 | 62 | 92 446 |
| | | | | Insgesamt[1] 281 293 = 100 % | Summe 67,4 % | | |

[1] Umsatzsumme der 13 Pharmaunternehmen unter den 500 größten Monopolen
Quellen: Fortune, Global 500; »Die 100 größten Unternehmen« – FAZ 3. Juli 2001

Ausgehend von der Fusion von Sandoz und Ciba-Geigy zum neuen Übermonopol Novartis wurde die Pharmabranche in Europa neu strukturiert. Aus Fusionen von Zeneca und Astra sowie Rhône Poulenc und Hoechst entstanden die neuen pharmazeutischen Übermonopole Astrazeneca und Aventis. Im Juli 2002 gaben Pfizer und Pharmacia ihre geplante Fusion bekannt. Damit würde der weltgrößte Pharmaproduzent mit einem Jahresumsatz von 52 Milliarden US-Dollar und 150 000 Beschäftigten entstehen.

Im Bereich **Agrarchemie** (Saatgut, Düngemittel und Pflanzenschutz) löste die Bio- und Gentechnologie eine Umstrukturierung und Konzentration der Produktion aus. Die sechs führenden Monopole Syngenta (Novartis und Astrazeneca), Bayer (Übernahme des Agrarteils von Aventis), Monsanto, BASF, Du Pont und Dow Chemical kontrollieren Saatgut und Patente für die meisten Kultur- und Ackerpflanzen der Welt und bestimmen damit weitgehend die Zukunft der Welternährung.

## *Einzelhandel*

Unter den international beherrschenden Monopolen befanden sich im Jahr 2000 39 Einzelhandelsketten mit einem Gesamtumsatz von 1 096,7 Milliarden US-Dollar und über sechs Millionen Beschäftigten. Der Konzentrationsprozess verlief zu Beginn der 1990er Jahre zunächst noch überwiegend im nationalen Rahmen und stand im engsten Zusammenhang mit der Monopolisierung der Agrarwirtschaft. 1990 gelang der Metro der Einstieg beim Asko-Konzern (Massa, Primus, Meister), der 1992 vollständig übernommen wurde. 1996 folgte eine der größten Fusionen der deutschen Unternehmensgeschichte: die Verschmelzung von Kaufhof und Asko zur neuen Metro AG, Köln und deren Gang an die Börse.

## Tabelle 7:
## Führende internationale Einzelhandelsmonopole

| Rangliste aller Monopole | | Name | Land | Umsatz 2000 | Weltmarktanteil | Börsenwert | Beschäftigte |
|---|---|---|---|---|---|---|---|
| 1995 | 2000 | | | Mio. US-$ | Prozent | Mrd. US-$ | |
| 12 | 2 | Wal-Mart Stores | USA | 193 295 | 17,6 | 251 | 1 244 000 |
| 95 | 37 | Carrefour | Frankreich | 59 888 | 5,5 | 44 | 330 247 |
| 28 | 75 | Metro | BRD | 43 371 | 4,0 | 14 | 179 561 |
| | | | | Insgesamt[1] 1 096 717 = 100 % | Summe 27,0 % | | |

[1] Umsatzsumme der 39 Einzelhandelsunternehmen unter den 500 größten Monopolen
Quellen: Fortune, Global 500; »Die 100 größten Unternehmen« – FAZ 3. Juli 2001; Financial Times Top 500

1998 erwarb die Metro die 86 europäischen Cash&Carry-Standorte der SHV Makro NV, Utrecht/Niederlande. Im selben Jahr kaufte sie den Allkauf-SB-Warenhaus-Konzern und die Kriegbaum-Gruppe. Mit diesem gigantischen Konzentrationsprozess bereitete die Metro ihre weltweite Expansion vor. Inzwischen üben internationale Monopole weltweit die Kontrolle über die Verteilung der Konsumgüter aus: Wal-Mart Stores mit über 1 000 Filialen außerhalb der USA übernahm 1999 die britische Supermarktkette ASDA. Im Jahr 2001 errang Wal-Mart Stores die Spitzenstellung aller internationalen Monopole. Metro wurde mit Mediamarkt/Saturn europäischer Marktführer im Elektronikbereich, Carrefour seit der Übernahme von Promodès zweitgrößter Einzelhändler der Welt mit 9 000 Läden in 26 Ländern und zwei Milliarden Kunden.

## Luft- und Raumfahrtindustrie

Am weitesten fortgeschritten ist die Herausbildung international beherrschender Monopole in dieser Branche. Den Weltmarkt im zivilen Großflugzeugbau teilen sich seit Anfang des neuen Jahrtausends der US-Konzern Boeing und das europäische Airbus-Konsortium zu je 50 Prozent. Das verschärfte den Konkurrenzkampf auf das Äußerste. Der Zwang zur Konzentration ist in dieser Branche aufgrund der hohen Entwicklungs- und Anlagenkosten besonders groß. Zudem ist die Beherrschung der Luft- und Raumfahrttechnologie von machtpolitischer Bedeutung.

## Mineralölindustrie

Auch in dieser Branche, wo kein deutscher Konzern zu den 500 Größten zählt, setzte in den 1990er Jahren unter den weltmarktbeherrschenden Monopolen ein rasanter Konzentrationsprozess ein. 1990 waren noch 54 Monopole der Mineralölindustrie unter den 500 größten Monopolen. Davon blieben im Jahr 2000 lediglich 33 übrig.

Alle fünf führenden Ölkonzerne waren in der Öl- und (mit wachsendem Anteil) Gasförderung, der Raffinierung sowie der chemischen Weiterverarbeitung tätig. Exxon verfügte über ein weltweites Netz von 45 000 Tankstellen in 118 Ländern, Royal-Dutch/Shell über 46 000 Tankstellen und BP über 29 000 Tankstellen. Total Fina Elf hatte in Europa die führende Stellung mit 17 700 Tankstellen.

Von den Ölkonzernen ging eine besondere Zuspitzung der weltweiten Widersprüche aus, vor allem von den aggressiv vordringenden Ölmonopolen Russlands und Chinas. In nur fünf Jahren stiegen beide Ölkonzerne Chinas, die 1995 noch nicht einmal unter den größten 500 waren, unter die 100 größten Weltmonopole auf: Sinopec belegte 2000 mit 45 346 Millionen US-

## Tabelle 8:
## Führende Monopole der Mineralölindustrie

| Rangliste aller Monopole | | Name | Land | Umsatz 2000 | Weltmarktanteil | Börsenwert | Beschäftigte |
|---|---|---|---|---|---|---|---|
| 1995 | 2000 | | | Mio. US-$ | Prozent | Mrd. US-$ | |
| 9 | 1 | Exxon-Mobil | USA | 210 392 | 15,0 | 307 | 99 600 |
| 10 | 6 | Royal-Dutch/Shell | Großbritannien/Niederlande | 149 146 | 10,6 | 212 | 90 000 |
| 27 | 7 | BP | Großbritannien | 148 062 | 10,6 | 195 | 107 200 |
| 47 | 14 | Total Fina Elf | Frankreich | 105 870 | 7,5 | 107 | 123 303 |
| 81/61 | 17 (60/51) | Chevron Texaco[2] | USA | 99 199 | 7,1 | 84 | 53 621 |
| | | | | Insgesamt[1] 1 403 264,1 = 100 % | Summe 50,8 % | | |

[1] Umsatzsumme der 33 Mineralölunternehmen unter den 500 größten Monopolen
[2] Im Jahr 2000 haben Chevron und Texaco fusioniert und nehmen im Jahr 2001 Rang 14 ein. In der Tabelle wurden die Werte beider Konzerne addiert, damit lagen sie 2000 auf Rang 17. Börsenwert aus Financial Times Top 500
Quellen: Fortune; FAZ 3. Juli 2001 (Börsenwerte)

Dollar Umsatz Rang 68 und China National Petroleum Company (CNPC) mit 41 684 Millionen US-Dollar Umsatz Rang 83.

**Die Herausbildung weltmarktbeherrschender internationaler Monopole ist ein unumkehrbarer, weltweiter Prozess.** Die meisten entstanden durch grenzüberschreitende Fusionen und Übernahmen, einige gingen aus der Privatisierung vormals staatlicher Betriebe hervor. Das unterstreicht, dass der staatsmonopolistische Kapitalismus die entscheidende materielle Basis dieser neuen Entwicklung im imperialistischen Weltsystem darstellt, die nun seine bisherige Funktionsweise in Frage stellt.

Gigantische Produktivitätssprünge ließen allein die 15 größten Monopole im Jahr 2000 Umsätze erwirtschaften, die dem gesamten Weltsozialprodukt Mitte der 1960er Jahre entsprachen. Die Übermonopole entwickelten eine Macht, die ihnen nicht nur die Herrschaft über die Weltwirtschaft, sondern auch über die Weltpolitik und das gesellschaftliche Leben auf der ganzen Welt gibt. Sie bilden heute den Hauptgegner, gegen den die Arbeiterklasse und die unterdrückten Völker ihren Kampf um nationale und soziale Befreiung auf der ganzen Welt richten müssen, wenn sie das Joch des imperialistischen Weltsystems abwerfen wollen.

## 3. Die Entwicklung der Nahrungsmittelproduktion unter dem Diktat der internationalen Monopole

Nach dem II. Weltkrieg fand in der deutschen Landwirtschaft ein umfassender Strukturwandel statt, in dem die kapitalistische Großproduktion durchgesetzt wurde. Das war Ergebnis einer gemeinsamen staatlichen Regulierung der in der Europäischen Union (EU – vormals Europäische Wirtschaftsgemeinschaft, EWG, und EG – Europäische Gemeinschaft) zusammengeschlossenen Staaten im Interesse des europäischen Finanzkapitals. Die Entwicklung der Landwirtschaft in Westdeutschland verlief in zwei Phasen. Darüber schrieb Willi Dickhut 1988 in seinem Buch »Die dialektische Einheit von Theorie und Praxis«:

*»Das Ergebnis der <u>ersten Phase</u> der strukturellen Umwandlung der Landwirtschaft auf großkapitalistische Produktion von 1950 bis 1987 ist **die Liquidierung von klein- und mittelbäuerlichen Existenzen**. Die Zahl der Bauernhöfe wurde*

*von 1,9 Millionen 1950 auf 707 000 1987 reduziert. Doch das genügt den Monopolkapitalisten noch nicht.*

*Die zweite Phase der großkapitalistischen Produktion in der Landwirtschaft hat das Ziel einer strukturellen Entwicklung auf nur Großbetriebe. Der Kurs geht auf* **Monopolisierung und Industrialisierung der gesamten Landwirtschaft** *bei Ausschaltung der heute noch bestehenden restlichen Klein- und Mittelbetriebe. Es findet eine Verflechtung von Agrar-, Bank- und Industriekapital statt.«* (Revolutionärer Weg 24, S. 331/332 – Hervorhebungen Verf.)

In der ersten Phase praktizierte die EG eine Politik der relativen Abschottung ihres Agrarmarkts vom Weltmarkt. Staatlich gestützte Erzeugerpreise im europäischen Binnenmarkt beschleunigten die Ruinierung der bäuerlichen Kleinproduktion und förderten die agrarindustrielle Großproduktion. Die wachsende Überproduktion landwirtschaftlicher Waren nahm den Charakter einer chronischen Agrarkrise an. Um diese Entwicklung unter Kontrolle zu halten und im Sinn der Monopole zu steuern, mussten die staatlichen Subventionen einen immer größeren Umfang annehmen. 1987 standen einer agrarischen Gesamtproduktion der EG von 180 768 Millionen Ecu staatliche Subventionen von 29 395 Millionen Ecu gegenüber. Das bedeutete, dass 16,3 Prozent des Produktionswerts auf staatliche Unterstützung zurückgingen.

Als 1987 die nicht absetzbaren Getreide- und Fleischberge und Milchseen über die Maßen anwuchsen und eine offene Agrarkrise in Europa drohte, war das Finanzkapital nicht mehr bereit, die Subventionierung der Überschussproduktion in bisherigem Umfang fortzusetzen. Die EU ging zu einer Politik der **gesteuerten offenen Agrarkrise** über.

Der bis dahin übliche staatliche Aufkauf der Überschüsse (Intervention) wurde drastisch eingeschränkt und der dadurch entstehende Preisverfall wurde in bestimmtem Umfang zugelassen.

## Tabelle 9:
## EU-Agrarproduktion und EU-Agrarausgaben

| Jahr | Agrarproduktion | Agrarausgaben | Anteil der staatlichen Agrarausgaben zur Agrarproduktion |
|---|---|---|---|
| | in Mio Ecu[1] | in Mio Ecu[1] | in Prozent |
| 1987 | 180 768 | 29 395 | 16,3 |
| 1988 | 186 476 | 33 499 | 18,0 |
| 1989 | 202 114 | 32 964 | 16,3 |
| 1990 | 202 796 | 35 349 | 17,4 |
| 1991 | 212 119 | 45 380 | 21,4 |
| 1992 | 205 679 | 49 708 | 24,2 |
| 1993 | 190 832 | 54 772 | 28,7 |
| 1994 | 206 331 | 49 571 | 24,0 |
| 1995 | 208 915 | 53 969 | 25,8 |
| 1996 | 219 508 | 63 508 | 28,9 |
| 1997 | 217 799 | 66 682 | 30,6 |
| 1998 | 213 534 | 67 176 | 31,5 |
| 1999 | 274 143 | 66 444 | 24,2 |
| 2000 | 278 761 | 68 097 | 24,4 |

[1] Ecu: European Currency Unit – Verrechnungseinheit der EG
Am 1.1.1995 wurde die EU von 12 auf 15 Staaten erweitert.
Quellen: EUROSTAT, Statistisches Jahrbuch Landwirtschaft, verschiedene Jahrgänge; ab 1993: Statistisches Jahrbuch für das Ausland, verschiedene Jahrgänge

Die Milchquoten, die 1983 zur Begrenzung der Produktionsmenge eingeführt worden waren, wurden um 3 Prozent gekürzt und teilweise ausgesetzt. Die Erzeugerpreise für Milch fielen um 2 Prozent. Durch Senkung der staatlichen Aufkaufpreise für Überschüsse wurden auch die Erzeugerpreise bei Getreide um 6 Prozent und bei Rindfleisch um 14 Prozent gedrückt.

Das führte allein zwischen 1987 und 1990 zur Ruinierung zehntausender Klein- und Mittelbauern. Die Großbauern und Großagrarier konnten dagegen ihre Produktion und Einnahmen durch Flächenzukäufe und durch Kontingente, die sie ruinierten Bauern abkauften, sogar noch steigern.

Mit der Weltwirtschaftskrise 1991 bis 1993 brach eine weltweite Agrarkrise offen aus. Die EU-Agrarproduktion sackte von 212 119 auf 190 832 Millionen Ecu ab. Bei fast allen Agrarrohstoffen kam es zu einem zum Teil dramatischen Preisverfall auf dem Weltmarkt. Von 1990 bis 1992 sanken die Preise für Baumwolle um 30 Prozent, für Rohzucker um 27,8 Prozent, für Mais um 5,5 Prozent, für Sojabohnen um 4,1 Prozent und für Weizen von 1990 auf 1991 sogar um 10,4 Prozent.

Die Monopole forderten als Konsequenz aus der offenen Agrarkrise eine Agrarreform, die 1992 in allen wesentlichen Teilen von der EU umgesetzt wurde. Neben drastischen Senkungen der Erzeugerpreise wurden Flächenstilllegungen eingeführt. Je stillgelegtem Hektar erhielten die Bauern Ausgleichszahlungen, um so von vornherein die Mengen zu steuern und die Überproduktion einzuschränken. Damit wurde den Bauern nicht mehr die Überproduktion abgekauft, um sie dann zu vernichten, sondern sie bekamen Ausgleichszahlungen für zwangsweise gedrosselte Produktion, d.h. gar nicht erst hergestellte Produkte.

Das führte ein weiteres Mal zum Absinken der Erzeugerpreise. Allein für Getreide fielen sie von 1991/92 auf 1993/94 im Durchschnitt um 23 Prozent. Nutznießer der Änderung der Subventionen waren vor allem die Monopole in der Nahrungsmittelindustrie und im Lebensmittelhandel, die ihre Rohstoffe bei den Bauern nun deutlich billiger einkaufen konnten. Für die europäischen Agrarexporte hatte das den Vorteil, nun trotz geringerer Exportsubventionen auf dem Weltmarkt konkurrieren zu können.

Das alles hatte nichts mit dem öffentlich proklamierten Abbau staatlicher Subventionen für die Landwirtschaft zu tun. Diese wuchsen sogar bis 1993 sprunghaft auf 54 772 Millionen Ecu an, was 28,7 Prozent der europäischen Agrarproduktion ausmachte. Der **hauptsächliche Effekt der veränderten Agrarsubventionen war eine Exportoffensive** der internationalen Agrarmonopole, um bei der Neuaufteilung der Weltmärkte im Rahmen der Neuorganisation der internationalen Produktion dabei zu sein.

Tabelle 10 zeigt die sprunghafte Zunahme des Nahrungsmittel- und Agrarexports zwischen 1985 und 1995. Als zwischen 1990 und 1995 der Export der Entwicklungsländer besonders stark zunahm (plus 48,7 Prozent), kam das zum großen Teil den dort ansässigen internationalen Monopolen zugute.

**Tabelle 10:**
**Entwicklung der Exporte von Nahrungsmitteln**
**(einschließlich Getränke, Tabak und Ölsaaten)**
**in Millionen US-Dollar sowie Zu- und Abnahme in Prozent**

|  | Industrieländer | | Entwicklungsländer | | Osteuropäische Länder | |
|---|---|---|---|---|---|---|
|  | Mio US-$ | Prozent | Mio US-$ | Prozent | Mio US-$ | Prozent |
| 1980 | 142 419 |  | 68 995 |  | 9 741 |  |
| 1985 | 121 666 | −14,6 | 62 307 | −9,7 | 9 238 | −5,2 |
| 1990 | 216 916 | 78,3 | 93 557 | 50,2 | 10 102 | 9,4 |
| 1995 | 297 206 | 37,0 | 139 093 | 48,7 | 13 661 | 35,2 |
| 1996 | 308 941 | 3,9 | 146 118 | 5,1 | 14 452 | 5,8 |
| 1997 | 295 526 | −4,3 | 156 131 | 6,9 | 14 827 | 2,6 |
| 1998 | 288 126 | −2,5 | 147 130 | −5,8 | 12 329 | −16,8 |
| 1999 | 280 335 | −2,7 | 139 167 | −5,4 | 10 146 | −17,7 |

Quelle: UNCTAD Handbook of Statistics 1998 und 2001

## Verschmelzung der Agrarmonopole mit den Bank- und Industriemonopolen

Die an der Wertbildung im Agrarbereich Beteiligten können in drei Hauptgruppen unterteilt werden:

Die **erste Gruppe** bilden **die Industrie und der Agrarhandel, die der eigentlichen Agrarproduktion vorgelagert** sind. Dazu gehört vor allem die Landmaschinenindustrie, die Traktoren, Mähdrescher und andere landwirtschaftliche Maschinen und Geräte herstellt. Ohne diese Maschinenbaumonopole könnte die Landwirtschaft heute nicht die hohe Arbeitsproduktivität hervorbringen. Über den Agrarhandel werden den landwirtschaftlichen Betrieben auch Güter der Agrarchemie wie Dünger und Pflanzenschutzmittel und Güter der Biochemie wie Saatgut zur Verfügung gestellt.

In den 1990er Jahren wurde auf der Basis märchenhafter Profite eine **neue Stufe in der Konzentration des Kapitals und der Internationalisierung im Agrarsektor** erreicht.

Der Bereich der Biotechnologie und Agrarchemie, auch »**Life Science**« genannt, wurde im Wesentlichen von sechs internationalen Monopolen beherrscht: Syngenta (Zusammenschluss aus Novartis und AstraZeneca), Bayer (Übernahme des Agrarteils von Aventis), Monsanto, BASF, Dupont und Dow Chemical.

In der **Landmaschinenindustrie** bildeten sich bei den Traktorenherstellern vier Monopolgruppen heraus, die weltweit den Markt beherrschen: John Deere (USA), CNH (Case, New Holland, beide USA), Agco (Fendt, Deutschland, und Massey Fergusson, Kanada) und die SDF-Gruppe (Same, Italien, und Deutz-Fahr, Deutschland). Eine ähnliche Monopolisierung gab es im Bereich der Mähdrescher-Produktion, während die Herstellung von landwirtschaftlichen Maschinen und Geräten, die weniger große Umsätze erwarten lassen, noch stark von nicht monopolisierten Unternehmen getragen wurde.

Die **zweite Gruppe** umfasst die eigentlichen **Produzenten landwirtschaftlicher Güter.** In dieser Gruppe gibt es in Deutschland noch keine Monopole, sondern Großagrarier, Großbauern, Klein- und Mittelbauern.

Zwischen 1990 und 1995 mussten von 630 000 Bauern im alten Bundesgebiet 105 000 ihren Hof aufgeben. Schaubild 10 zeigt die gewaltige Verschiebung der Flächenanteile zwischen den Klein- und Mittelbauern (bis 50 Hektar) auf der einen und den Großbauern (50–100 Hektar) und Großagrariern auf der anderen Seite.

**Schaubild 10:**
**Entwicklung der Flächenanteile der Klein-, Mittel- und Großbauern sowie Großagrarier in den alten Bundesländern (in tausend Hektar)**

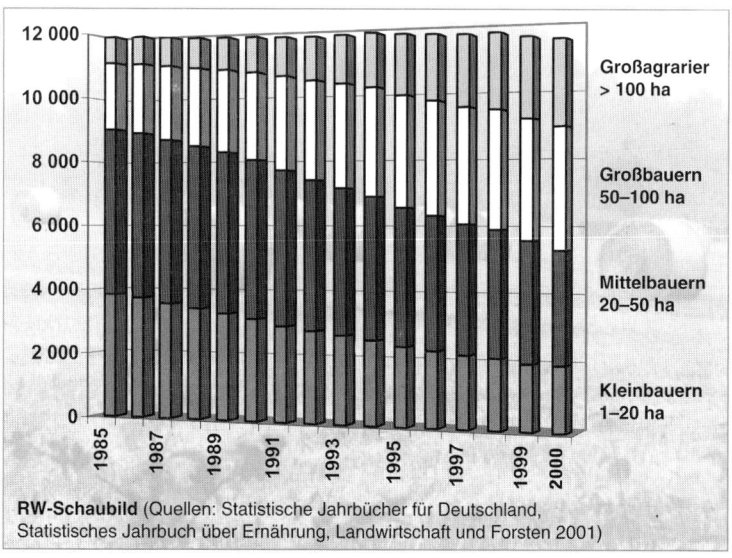

In Gesamtdeutschland wurden im Jahr 2000 46,4 Prozent der landwirtschaftlichen Flächen von 6,4 Prozent der Betriebe mit mehr als 100 Hektar Fläche bewirtschaftet, 1991 waren es erst 36,9 Prozent. Wesentliche Zuwächse haben heute nur noch diese Betriebe der Großagrarier. Die Zuwächse der Großbauern gingen im Jahr 2000 fast auf Null zurück. Bei den Mittelbauern kam es seit 1999 zu drastischen Rückgängen; während in den Jahren vorher die Ruinierungsrate bei 3 und 4 Prozent lag, waren es 1999 5,7 Prozent und 2000 7,8 Prozent. Bei den Kleinbauern (bis 20 Hektar) handelte es sich in erster Linie um Nebenerwerbsbetriebe von Arbeitern und kleinen Angestellten, die von der Landwirtschaft allein nicht mehr leben können.

Die Landwirtschaft ist heute vollständig von Großagrariern, Landmaschinen- und Agrarchemiemonopolen, der Nahrungsmittelindustrie, den Einzelhandelsmonopolen und Banken abhängig. Die Zeit der kleinbäuerlichen Produktion ist vorüber, industrielle Agrarproduktion herrscht vor.

Die **dritte Gruppe** ist die der **Nahrungsmittelindustrie** und des **Handels,** die **der Agrarproduktion nachgelagert** sind. Auch in diesem Bereich bestimmen die Monopole.

Zur **Nahrungsmittelindustrie** gehören die Molkereien, Brauereien, Fleischkonzerne, die Mühlenindustrie, Kartoffelverarbeiter, Zuckerkonzerne, Obst- und Gemüsekonzerne und weitere Nahrungsmittelhersteller. Der Weltmarkt für Nahrungsmittel wird von drei Monopolen beherrscht: Nestlé AG, Unilever (Mazola, Pfanni, Knorr, Langnese-Iglo u. a.) und Philip Morris (Kraft, Jacobs Suchard u. a.). Nestlé ist gleichzeitig der weltgrößte Molkereikonzern.

Der **Getreidehandel** wird weltweit von einer Handvoll Unternehmen kontrolliert, unter anderem von Cargill (USA), Bunge (Argentinien, Brasilien, USA), Groupe Louis Dreyfus (Frankreich), Mitsui and Company (Japan). Diese Firmen wickeln auch den Soja-Handel ab, zusammen mit Unilever und Nestlé.

Im **Einzelhandel** ist Wal-Mart (1 383 000 Beschäftigte und 219,8 Milliarden US-Dollar Umsatz 2001) der Größte, inzwischen sogar der weltgrößte Konzern überhaupt. Seine unmittelbaren Konkurrenten sind die europäischen Übermonopole Metro und Carrefour.

Die Tatsache, dass die der Landwirtschaft vor- und nachgelagerte Produktion **von Industriearbeitern** produziert wird, ist ein wichtiger Aspekt der Industrialisierung der Landwirtschaft.

Der Agrarbericht 2000 der deutschen Bundesregierung führte aus, dass die gesamte Agrarwirtschaft 1998 eine Bruttowertschöpfung von 215,3 Milliarden DM (110,1 Milliarden Euro) erzeugte. Davon gingen an die der Landwirtschaft vorgelagerte erste Gruppe 17,1 Milliarden DM (8,74 Milliarden Euro), das sind 7,94 Prozent. Der der Landwirtschaft nachgelagerte Bereich – die dritte Gruppe – kam dagegen auf 165,3 Milliarden DM (84,5 Milliarden Euro), das sind 76,78 Prozent. Den landwirtschaftlichen Produzenten der zweiten Gruppe blieben noch 33 Milliarden DM, das waren gerade 15,33 Prozent der gesamten Bruttowertschöpfung in der Agrarwirtschaft.

Die Monopole der Nahrungsmittelindustrie und des Lebensmittelhandels erzielten Maximalprofite. Im Hintergrund zogen aber die **monopolistischen Großbanken** die Fäden. Eine Liste der Vorstands- und Aufsichtsratsmitglieder von Unilever, einem der führenden Nahrungsmittelhersteller weltweit, ergab folgendes Bild: Maßgeblich vertreten im Vorstand waren die ABN AMRO Bank (Niederlande), die Allianz und das US-amerikanische Pharma-Monopol Merck, über die Aufsichtsräte ergaben sich unter anderem Verbindungen zur Deutschen Bank (Hilmar Kopper), zur Banque de France, zu UBS Warburg (Investmentbank), Banco National de Mexico, Citibank,

Morgan Stanley D. W. (Investmentbank). Eine ganze Reihe von Aufsichtsräten war früher als Minister in Regierungen von Großbritannien, Spanien und den Niederlanden tätig, einer im US-Senat.

In der deutschen Landwirtschaft spielte die Raiffeisenorganisation immer eine besondere Rolle. Die Raiffeisengenossenschaften sind mit ihrem zentralen Finanzier, der DZ-Bank (Deutsche Zentralgenossenschaftsbank, bis August 2001 DG-Bank) international tätig; vor allem drangen sie in den letzten Jahren in Osteuropa und Asien vor. Die Bilanzsumme der genossenschaftlichen Bankengruppe insgesamt betrug 1999 1,6 Billionen DM (818,1 Milliarden Euro)! Damit war sie etwa so hoch wie die Bilanzsumme der Deutschen Bank.

Hauptsächliche Kapitaleigner waren die Raiffeisen- und Volksbanken (73,6 Prozent der Anteile), die ihre Filialen vorwiegend auf dem Land betreiben. Es gab Verbindungen zu den Lebensmittelmonopolen: Die Rewe-Gruppe war mit 2 Prozent an der heutigen DZ-Bank beteiligt. Die DZ-Bank war wiederum an der Edekabank beteiligt sowie an der Spar-Gruppe (Intermarché), einem der Großen im europäischen Lebensmittelhandel. Vorstandsmitglieder der DZ-Bank saßen in Aufsichtsräten der Südzucker AG, der Nummer 1 im europäischen Zuckergeschäft, der Baywa AG, dem größten Agrarhandelsunternehmen in Deutschland, und bei Spar (Intermarché).

Die Aktivitäten der Großbanken im Agrarbereich wurden von den größten Monopolbanken kontrolliert. Im Aufsichtsrat von Südzucker saß die Deutsche Bank, die dort auch maßgebliche Aktienanteile hatte.

Lenin hatte das Finanzkapital noch als das Ergebnis der *»Verschmelzung oder Verwachsen der Banken mit der Industrie«* beschrieben (»Der Imperialismus als höchstes Stadium des Kapitalismus«, Werke, Band 22, S. 230). Die Monopolisierung und Industrialisierung der gesamten Landwirtschaft führte zu einer neuen Erscheinung: zur **Verschmelzung von Agrar-, Handels-, Bank- und Industriekapital im internationalen Maßstab**. Damit wuchs auch die Landwirtschaft aus der nationalen Produktion heraus und wurde zum untrennbaren Bestandteil des internationalen Finanzkapitals.

Durch die Verschmelzung der Agrarmonopole mit dem Finanzkapital wurde eine weitere Stufe in der materiellen Vorbereitung des Sozialismus erreicht. Die Widersprüche zwischen Industrie und Landwirtschaft und zwischen Stadt und Land waren immer eins der großen Probleme beim Aufbau des Sozialismus. Nun bereitet das Finanzkapital selbst durch die Neuorganisation der internationalen kapitalistischen Produktion ihre Überwindung vor.

## Internationale Koordinierung imperialistischer Agrarpolitik

1994 musste der zunehmenden **Internationalisierung der Nahrungsmittelproduktion** dadurch Rechnung getragen werden, dass die Landwirtschaft erstmals in die Verhandlungen des GATT (General Agreement on Tariffs and Trade, Vorgänger der Welthandelsorganisation WTO) einbezogen wurde. Den internationalen Agrarmonopolen waren vor allem die Schutzmaßnahmen im Weg, die die nationalen Landwirtschaften vor den existenzbedrohenden Niedrigpreisimporten abschirmten.

In der Uruguay-Runde des GATT 1994 wurde die Umwandlung von Mengenbeschränkungen in feste Zölle vereinbart; diese mussten bis zum Jahr 2000 um durchschnittlich 36 Prozent für die Industrieländer und bis 2004 um 24 Prozent für die Entwicklungsländer gesenkt werden. Gleichzeitig wurde eine Öffnung von mindestens 5 Prozent des Markts für Agrarprodukte aus dem Ausland für die Industrieländer und von 3 Prozent für die Entwicklungsländer vereinbart. Sie sah im Gegenzug eine Kürzung der zulässigen Exportsubventionen um 36 Prozent vor.

Die Öffnung der Märkte in den Entwicklungsländern erfolgte keineswegs freiwillig. Sie wurde sowohl durch die GATT-Absprachen als auch zusätzlich durch Auflagen des Internationalen Währungsfonds (IWF) und der Weltbank erzwungen.

Eine Studie der Organisation für wirtschaftliche Entwicklung und Zusammenarbeit (OECD) und der Weltbank von 1994 stellte für 2002 weltweite Gewinne in Höhe von 213 Milliarden US-Dollar allein durch diese Marktöffnungen in Aussicht. Der Löwenanteil dieser Gewinne sollte mit 141,8 Milliarden US-Dollar an die imperialistischen Länder gehen. Verluste sollten dagegen unter anderem die ärmsten Staaten Afrikas mit minus 2,6 Milliarden US-Dollar hinnehmen.

Die Verhandlungsrunde der WTO in Seattle 1999 scheiterte an den unterschiedlichen Positionen der EU und der USA, die zusammen mit den Agrarexportländern der Cairns-Gruppe[1] auftraten. Außerdem lehnte ein großer Teil der Entwicklungsländer jede weitere Marktöffnung ab, bevor nicht bestehende Abkommen umgesetzt und korrigiert waren. Als eine Einigung zwischen EU und USA hinter verschlossenen Türen ohne Beteiligung der Delegationen aus den Entwicklungsländern ausgehandelt werden sollte, kam es zu massiven Protesten und die Konferenz endete ohne Abschlusserklärung. Dies verband sich mit massenhaften Demonstrationen von Umweltschützern, internationalen Solidaritätsgruppen und Gewerkschaften, die sich mit den Bauernbewegungen in den Ent-

---

[1] Nach der australischen Stadt Cairns benannter Zusammenschluss der Agrarexportländer Australien, Neuseeland, Kanada, Brasilien, Argentinien, Uruguay, Paraguay, Chile, Kolumbien, Malaysia, Fidji, Indonesien, Südafrika, Thailand, Philippinen, seit Dezember 1999 auch Bolivien, Costa Rica und Guatemala.

wicklungsländern Afrikas, Asiens und Lateinamerikas solidarisierten.

Um trotzdem die Weltmärkte für die Exporte der europäischen Handelsmonopole zu öffnen, schloss die EU in den letzten Jahren Assoziierungsabkommen mit Mexiko, mit dem Mercosur (gemeinsamer Markt von Brasilien, Argentinien, Paraguay, Uruguay) und Chile sowie mit einigen Mittelmeer- und osteuropäischen Staaten (im Rahmen der EU-Osterweiterung).

Im Agrarbericht der Bundesregierung wurde unverblümt dargestellt, dass es dabei um eine Neuaufteilung der Weltmarktanteile zu Lasten der USA als Hauptkonkurrent der EU-Länder geht:

*»Die EU hofft, durch ein Freihandelsabkommen mit **Mexiko** Marktanteile zurückzugewinnen, die im Zuge von NAFTA[1] an die USA und Kanada verloren gegangen sind.«* (»Agrarbericht 2000, Agrar- und ernährungspolitischer Bericht der Bundesregierung«, S. 99)

Mit Ägypten – einem wichtigen Getreideimportland – wurde im Juni 2001 ein Assoziierungsabkommen unterzeichnet. Es regelt, dass Ägypten Schnittblumen und Frühkartoffeln liefert und die EU im Gegenzug Getreide, Fleisch und Milchprodukte. Ägypten importierte 1997 für mehr als 3,4 Milliarden US-Dollar Agrarprodukte und war bisher eines der Hauptabnahmeländer für US-Weizen. Ein ähnliches Abkommen schloss die EU Ende 2001 mit Südafrika.

Die Neuorganisation der internationalen Lebensmittelproduktion und des Lebensmittelhandels wird als Kampf der größten internationalen Monopole um den Weltmarkt ausgetragen. Am gesamten weltweiten Konsumgüterhandel, der 7,9 Billionen US-Dollar im Jahre 2001 ausmachte, hatten die

---

[1] NAFTA = nordamerikanisches Freihandelsabkommen

20 größten Konzerne einen Anteil von 11 Prozent. Sie machten einen jährlichen Gesamtumsatz von über 800 Milliarden US-Dollar. Von diesen Konzernen hatten 12 ihren Sitz in Europa. Inzwischen hat der US-Kongress im Juni 2002 die Agrarsubventionen für die nächsten zehn Jahre um 73,5 Milliarden Dollar erhöht.

Der Exportanteil des produzierenden Ernährungsgewerbes in Deutschland stieg im Prozess der Neuorganisation der internationalen Produktion von 6,5 Prozent 1978 auf 12,1 Prozent im Jahr 2000. Auf einer Tagung des so genannten »Agribusiness« führte Dr. Rudolf Stöhr zu den Zielvorstellungen der deutschen Agrarmonopole aus:

»*Das heißt z. B. Importe billigerer Rohstoffe (wie z. B. Getreide oder Zucker) aus diesen Ländern* (Mittel- und Osteuropas – Verf.) *in die EU. Das schafft Kaufkraft dort und bringt Devisen ein, die wiederum zum Import hochwertiger Nahrungsmittel (z. B. Süßwaren) aus der EU genutzt werden könnten.*« (Rudolf Stöhr, Vortrag »Agribusiness 2010«, in: »Agribusiness-Forschung Nr. 2«, Leipzig 1997)

So stellen sich internationale Agrarmonopole die **Arbeitsteilung in der landwirtschaftlichen Produktion** vor: Die vom Imperialismus abhängigen und unterdrückten Länder produzieren die Agrarrohstoffe im Massenumfang – natürlich zu Niedrigstpreisen – und die imperialistischen Metropolen liefern dann die verarbeiteten »Qualitäts«produkte zu Höchstpreisen.

Als Verbraucher-Ministerin Renate Künast die landwirtschaftliche Produktion zu 20 Prozent auf Öko-Landwirtschaft umstellen wollte, war das nichts anderes als die ökologisch verpackte Umsetzung dieser imperialistischen Linie der internationalen Monopole der Nahrungsmittelindustrie und des Einzelhandels. Ihre populistische Kampagne für »Qualitäts«produkte (»*Klasse statt Masse*«) entpuppte sich als nichts anderes als die Verwirklichung der Beschlüsse der Agenda

2000 (EU-Gesetzesvorhaben im Zeitraum von 2000 bis 2006) und der WTO-Verhandlungen. Damit diese Öko-Produkte auf den internationalen Märkten auch entsprechend Absatz finden, setzte sich die Ministerin energisch für die Einführung einheitlicher Umweltstandards in der EU ein.

Mit einer stärkeren Subventionierung der ökologischen Produktion soll die Illusion geschürt werden, die Regierung wolle eine Kleinproduktion auf ökologischer Basis erhalten. Aber auch hier kommen die Subventionen in erster Linie den Großagrariern und vor allem den Monopolen zugute. Den Nahrungsmittelproduzenten und -händlern kann es egal sein, ob sie ihre Maximalprofite mit Produkten machen, die das heuchlerische Öko-Siegel besitzen, oder mit anderen »Qualitäts«waren. Hauptsache, sie sind geeignet, den Weltmarkt zu erobern und den Maximalprofit zu steigern.

Für die immer weitere Absenkung der Erzeugerpreise infolge des verschärften Konkurrenzkampfs wurden besonders von kleinbürgerlichen Kräften demagogisch die Verbraucher mitverantwortlich gemacht. So schrieb die »Bauernstimme«:

*»In keinem anderen EU-Land sind Lebensmittel so billig wie in Deutschland. Die Hauptursache hierfür ist im gnadenlosen Verdrängungswettbewerb dieser Branche zu sehen. Diese Markt- und Preisentwicklung hat ihr notwendiges Pendant in der Einkaufsmentalität der Kundschaft.«* (»Bauernstimme«, Nr. 2/2001, S. 14)

Verursacht werden die niedrigen Erzeugerpreise aber nicht von den Massen, sondern von den Agrar- und Handelsmonopolen. Vor allem haben sie nur wenig mit den Verbraucherpreisen zu tun. So sanken zum Beispiel von 1991 bis 2000 die Erzeugerpreise für Getreide um 33,3 Prozent und Weizenmehl um 14,9 Prozent, der Preis für Endprodukte verringerte sich aber nur um 6,5 Prozent bei Weizenmehl, und der für Brötchen stieg sogar um 31,2 Prozent.

Geradezu als Vorkämpfer für die monopolistische Preispolitik versuchte sich der SPD-Landwirtschaftsminister von Mecklenburg-Vorpommern, Till Backhaus, während des BSE-Skandals zu profilieren:

*»Die Lebensmittelbranche und die Landwirtschaft sind Inflationsbremse Nr. 1 ... Jüngsten Studien zufolge sind 75 Prozent der Deutschen übergewichtig – auch wegen des hohen Fleischverzehrs. Die gesundheitlichen Folgekosten belaufen sich auf jährlich 25 Milliarden Mark ... Ich strebe aber grundsätzlich einen höheren Fleischpreis an. BSE-Folgekosten werden grundsätzlich über den Konsum mit getragen werden müssen.«*
(»Neues Deutschland« vom 10./11. März 2001)

Nach dem Motto »Wer Qualität will, muss auch mehr bezahlen« schürte Backhaus nicht nur Illusionen über die Güte teurer »Öko«- und »Qualitäts«produkte. Demagogisch missbrauchte er auch die Verunsicherung der Massen aufgrund der Lebensmittelskandale und ihr wachsendes Bedürfnis nach gesunder Ernährung, um Preiserhöhungen der Einzelhandelsmonopole als gerechtfertigt erscheinen zu lassen. Dabei verschwieg er, dass die Einzelhandelsmonopole mit demselben Argument bereits die Erzeugerpreise drücken und auf diese Weise ihre Gewinnspanne weidlich ausdehnen konnten. Vor allem aber nahm er die Verursacher des BSE-Skandals in der Futtermittelindustrie und Tiermehlproduktion aus der Schusslinie.

So erwiesen sich Politiker wie Renate Künast von den Grünen und Till Backhaus von der SPD als hervorragend qualifiziert – zur Führung der Geschäfte der Monopole.

## Die Welternährung als Spielball der internationalen Monopole

Die Ernährung der Menschheit bildet einen Brennpunkt des Kampfs der internationalen Monopole um die Vorherrschaft in der Welt. Sie werden nicht davor zurückschrecken, ihre Macht über die Ernährungsgrundlagen als Waffe im Klassenkampf einzusetzen.

Schätzungen bürgerlicher Experten gehen davon aus, dass die Weltbevölkerung in den nächsten 20 bis 25 Jahren von derzeit etwa 6 Milliarden Menschen auf 8 Milliarden steigen wird. Angesichts des bereits heute herrschenden Hungers für Hunderte Millionen von Menschen erfordert das, die Produktion von Nahrungsmitteln um 50 bis 70 Prozent zu steigern.

Die Agrarmonopole erhoffen sich in diesem Zusammenhang erhebliche Marktzuwächse und traumhafte Profite. Um das zu verwirklichen, werden sie in den nächsten Jahren Hunderte Millionen von kleinen Selbstversorgerbauern in Afrika, Asien und Lateinamerika von ihren Höfen vertreiben. Man braucht kein Prophet zu sein, um eine gigantische Wanderung ruinierter Kleinbauern in die Städte vorauszusehen. Doch die Hoffnung, dort ein Leben in Würde führen zu können, ist trügerisch; die meisten von ihnen werden in den schnell wachsenden Slums landen, wo sie täglich einen Kampf ums Überleben führen müssen.

In Brasilien wurden von 1960 bis 1980 28,4 Millionen Menschen von ihrem Land vertrieben. In einer vertraulichen Analyse der Weltbank aus dem Jahr 1990 hieß es dazu:

*»Worauf hier vor allem hingewiesen werden muß, ist, daß die wachsende Kapitalisierung der landwirtschaftlichen Produktion in Süd-Mittelbrasilien den physischen und gesellschaftlichen Freiraum verringerte, der allen möglichen Kleinproduzenten zur Verfügung stand ... **Kurz gesagt, die Analyse der in den vergangenen Jahrzehnten erfolgten umfassenden Landflucht zeigt, daß dieses Phänomen nicht so sehr eine Reaktion auf die relative Armut in verschiedenen Gebieten Brasiliens war. Vielmehr wider-***

*spiegelte sie Zeitpunkt und Rhythmus der Modernisierung der Landwirtschaft.«* (Bruce Rich, »Die Verpfändung der Erde«, S. 163/164)

Auch die mittleren und größeren Bauern in den Entwicklungsländern gerieten immer mehr in den Zangengriff der internationalen Monopole. Sie wurden gezwungen, Agrarrohstoffe für einen Weltmarkt zu produzieren, auf dessen Preise und Vermarktungsbedingungen sie keinerlei Einfluss haben, oder sie mussten ihre Höfe aufgeben. Die vermehrte Produktion von Rohstoffen führte dann zur Senkung der Weltmarktpreise mit verheerenden Auswirkungen auf die Produzenten. Darüber berichtete ein Mittelbauer aus der Pampa Humeda in Argentinien, einem der Hauptexportländer für Agrarprodukte, im Jahr 2000:

*»Ein Weizenbauer, der 2 000 kg Weizen erntet, erhält heute dafür 18 Dollar, wenn das Land ihm gehört. Wenn er das Land gepachtet hat, hat er einen Verlust von 30 Dollar. Ein Bauer, der 3 000 kg Weizen erntet, verdient 83 Dollar, wenn ihm das Land gehört. Wenn er es gepachtet hat, 11 Dollar ... Hier ernten die Bauern in der Regel 2 000 bis 3 000 kg je Hektar. Das heißt, ein Bauer mit 100 Hektar kann vom Getreide allein nicht leben und muss seinen Hof aufgeben.«* (Gespräch mit Stefan Engel, Juni 2000)

Inzwischen sind viele neokolonial abhängige Länder, die früher in der Lage waren, sich mit landwirtschaftlichen Produkten selbst zu versorgen, auf Importe aus den imperialistischen Ländern angewiesen. Ein Ergebnis davon war, dass 826 Millionen Menschen im Jahr 2000 offiziell unterernährt waren. Auf dem Welternährungsgipfel der FAO[1] 1996 wurde

---

[1] Ernährungs- und Landwirtschaftsorganisation der UNO (Food and Agriculture Organization of the U.N.)

die Illusion verbreitet, die Unterernährung bis zum Jahr 2015 auf die Hälfte zu reduzieren. Dazu sollten die Selbstversorgung gefördert und entsprechende Rahmenbedingungen geschaffen werden. Im Jahr 2001 musste der Gipfel sein klägliches Scheitern eingestehen.

Nachdem die »grüne Revolution«, die Hoffnung auf eine Besserung der Lage in den Entwicklungsländern durch Technisierung der Landwirtschaft, gescheitert war, sollte die »grüne Gentechnik« den Hunger besiegen. Noch stärker als bei den bisherigen Hochertragssorten sollten die Bauern weltweit von gentechnisch verändertem Saatgut und damit von den internationalen Monopolen abhängig gemacht werden. Durch die Patentierung von gentechnisch veränderten Lebewesen wollen sich die Monopole ihre Maximalprofite sichern. Die entscheidenden Patente teilten sich fünf bis sechs Chemiemonopole.

Die Inderin Vandana Shiva, Physikerin und Trägerin des alternativen Nobelpreises, ist eine weltweit bekannte Vertreterin der Bewegung für ökologischen Landbau. Sie kritisierte berechtigt, dass die Bauern durch gentechnisch verändertes Saatgut und Düngemittel von internationalen Konzernen abhängig werden wie früher von Kolonialmächten, und fasste zusammen: »*Globalisierung ist eine Wiederkehr dieses Systems der Kolonisation*«. Sie sprach allerdings von einer »*Markt-Ökonomie*«, die auf der Ökonomie der Natur und der Menschen aufbauen soll: »*Wir brauchen die drei Ökonomien, aber wir brauchen sie in einem ausgewogenen Verhältnis zueinander.*« (Global News 3/01)

Ob sie es wahrhaben will oder nicht, ihre Theorie von »drei verschiedenen Ökonomien« ist nur geeignet, die tatsächlichen gesellschaftlichen Ursachen des Massenelends auf dem Land zu vertuschen. So wichtig ihre Forschungsarbeit zum ökologischen Landbau ist, so illusionär ist ihre Vorstellung, lediglich durch politische Überzeugungsarbeit die Saatenvielfalt der indischen Landwirtschaft zu retten und so die Verarmung der Bauern und die Landflucht zu verhindern. Als ob es die Bauern unter den gegebenen gesellschaftlichen Verhältnissen in der Hand hätten, sich der Vernichtungsschlacht der internationalen Agrarmonopole zu entziehen und frei zu entscheiden, ob und wie sie produzieren wollen!

Ohne die ökonomischen Gesetzmäßigkeiten der internationalisierten Agrarindustrie als wesentlichen Bestandteil der Herrschaft des internationalen Finanzkapitals anzutasten, propagierte sie den reaktionären Traum von der ökologischen Kleinproduktion und die Selbstversorgung:

»*Mit Ochsen zu arbeiten ist dabei nicht Ausdruck landwirtschaftlicher Rückständigkeit. Sie stellen eine Alternative zu chemischem Dünger, Traktoren und fossilen Brennstoffen, die Boden, Wasser und Atmosphäre verschmutzen und in Folge das Klima destabilisieren, dar.*« (www.ceiberweiber.at, 14. November 2002)

Damit machte sie den technischen Fortschritt, der die einzige Grundlage bildet, auch eine wachsende Weltbevölkerung problemlos ernähren zu können, zum Verursacher der weltweiten Ernährungsprobleme und lenkte vom notwendigen Kampf gegen die Monopolherrschaft als wahrer Ursache ab. Solange der technische Fortschritt in der Hand der internationalen Monopole bleibt, wird er sich nicht zum Nutzen, sondern nur zu Lasten der großen Masse der Bevölkerung, nicht zuletzt der Hunderte Millionen von kleinen und mittleren Bauern, auswirken.

Mit dem ungeheuren Fortschritt der Produktivität in der Landwirtschaft sind alle materiellen Voraussetzungen gereift, dass kein Mensch auf der Welt mehr hungern müsste. Um das zu verwirklichen, ist es allerdings notwendig, die Drangsalierung der Welt durch eine Handvoll internationaler Monopole zu beenden, das imperialistische Weltsystem zu überwinden und den Sozialismus zu erkämpfen.

## 4. Die Herausbildung eines internationalen Industrieproletariats

Als sich internationale Monopole herausbildeten und zu einer den Weltmarkt beherrschenden Schicht wurden, entstand zugleich ein **internationales Industrieproletariat**, das diesem mächtigen Feind gegenübertrat. Diese Arbeiter und Angestellten sind **Träger eines internationalen Produktionsverbunds, der alle Ländergrenzen durchbricht.** In ihm sind Betriebe nationaler und internationaler Monopole mit Betrieben der nicht monopolisierten Industrie verknüpft – unter der Herrschaft des internationalen Finanzkapitals.

Zum internationalen Industrieproletariat gehören:

1. Arbeiter, die direkt bei den internationalen Monopolen angestellt sind. In den Betrieben der 500 größten internationalen Monopole gab es im Jahr 2000 allein 47 Millionen Arbeitskräfte. Von den 100 größten internationalen Monopolen hatten 30 bereits im Jahr 2000 mehr als zwei Drittel Auslandsbeschäftigte. Bei 50 Monopolen waren mehr als die Hälfte ihrer Arbeitskräfte im Ausland tätig.

2. Arbeiter der Betriebe, die unmittelbar in den Produktionsablauf der internationalen Monopole integriert sind (»Fremdfirmen«). Diese arbeiten oft direkt in den Produktionsanlagen der internationalen Monopole – Hand in Hand mit deren Arbeitern.

3. Arbeiter in eigenständigen Unternehmen, die für die internationalen Monopole produzieren und deren Tätigkeit von

diesen diktiert wird. Sie arbeiten in Betrieben, deren Arbeitsproduktivität, Arbeitsmethoden, Qualitäts- und Qualifikationsnormen an die Standards der internationalen Monopole angeglichen sind, bis hin zu Betrieben, in denen mit rückständigsten Techniken und Produktionsmethoden gearbeitet wird.

Insgesamt gehört also zum internationalen Industrieproletariat ein Vielfaches der Arbeiter, die direkt bei den internationalen Monopolen beschäftigt sind.

Diese Industriearbeiter und einfachen Angestellten in der internationalen Produktion bleiben Teil eines nationalen Klassenantagonismus. Das wird sich auch nicht ändern, solange nicht das imperialistische Weltsystem durch die Vereinigten Staaten der Welt, durch eine sozialistische Gesellschaft abgelöst ist. Aber diese Arbeiter wachsen mehr und mehr aus der nationalen Beschränkung des Klassenkampfs heraus und **in den internationalen Klassenkampf gegen die internationalen Monopole und das Weltsystem des Imperialismus** hinein. Lenin schrieb dazu:

*»Die Nationen sind ein unvermeidliches Produkt und eine unvermeidliche Form der bürgerlichen Epoche der gesellschaftlichen Entwicklung. Auch die Arbeiterklasse konnte nicht erstarken, ins Mannesalter eintreten und sich formieren, ohne ›sich selbst als Nation zu konstituieren‹, ohne ›national‹ zu sein (›wenn auch keineswegs im Sinne der Bourgeoisie‹). Aber die Entwicklung des Kapitalismus zerstört mehr und mehr die nationalen Schranken, hebt die nationale Absonderung auf und setzt an die Stelle der nationalen Antagonismen die der Klassen. In den entwickelten kapitalistischen Ländern ist es daher volle Wahrheit, daß ›die Arbeiter kein Vaterland haben‹ und daß die ›vereinigte Aktion‹ der Arbeiter wenigstens der zivilisierten Länder für das Proletariat ›eine der ersten Bedingun-*

*gen seiner Befreiung‹ ist. (›Kommunistisches Manifest‹.)«* (»Karl Marx«, Lenin, Werke, Bd. 21, S. 61/62)

Als Lenin das 1914 schrieb, gab es erst eine Handvoll entwickelter Industrieländer auf der Welt. Die meisten Länder waren Kolonien oder Halbkolonien, in denen sich der Kapitalismus entweder gar nicht entwickelte oder erst in Ansätzen entstand. Mit der Entwicklung des Imperialismus, insbesondere des Kapitalexports, wurde der Kapitalismus auch in die kolonialen und halbkolonialen Länder transportiert. Bereits 1928 wies die Kommunistische Internationale auf ihrem VI. Weltkongress auf die daraus resultierenden Aufgaben hin:

*»Von den Zentren der kapitalistischen Macht bis in die entferntesten Winkel der kolonialen Welt unterwirft der Imperialismus die gewaltige Masse der Proletarier aller Länder der Diktatur der finanzkapitalistischen Plutokratie ... Damit stellt der Imperialismus dem Proletariat unmittelbar die Aufgabe, die Macht zu erobern, und nötigt die Arbeiter, sich aufs engste zur einheitlichen internationalen Armee der Proletarier aller Länder zusammenzuschließen, über alle Grenzpfähle, über alle Unterschiede von Nation, Kultur, Sprache, Rasse, Geschlecht und Beruf hinweg. So schließt der Imperialismus, der den Prozeß der Schaffung der materiellen Voraussetzungen des Sozialismus entwickelt und zu Ende führt, zugleich damit das Heer seiner Totengräber zusammen, indem er das Proletariat vor die Notwendigkeit stellt, sich in einer* **internationalen Kampfassoziation der Arbeiter** *zu organisieren.«* (Protokoll des VI. Weltkongresses der Kommunistischen Internationale, Bd. 2, S. 45)

Die Internationalisierung der Produktion durch die multinationalen Konzerne und die Zerschlagung des alten Kolonialsystems nach dem II. Weltkrieg beschleunigte die Herausbildung eines internationalen Proletariats erheblich. Die Klassenscheidung zwischen Proletariat und Bourgeoisie wurde zu einer internationalen Erscheinung, war mehr oder weniger in allen Ländern der Welt zu beobachten. Auch wenn dieser Prozess gerade in jüngster Zeit eine enorme Beschleunigung erfuhr, so bleibt dennoch ein Unterschied zwischen den Arbeitern in den imperialistischen Ländern und den Arbeitern in den vom Imperialismus abhängigen und unterdrückten Ländern. Dazu schrieb Lenin:

»*Ist etwa die **wirkliche** Lage der Arbeiter der unterdrückenden und der unterdrückten Nationen, was die nationale Frage anbetrifft, die gleiche? Nein.*

*1. **Ökonomisch** ist der Unterschied der, daß Teile der Arbeiterklasse in den Unterdrückerländern Brosamen von dem **Überprofit** erhalten, den die Bourgeois der Unterdrückernationen einheimsen, indem sie den Arbeitern der unterdrückten Nationen das Fell stets zweimal über die Ohren ziehen. Die ökonomischen Daten besagen außerdem, daß aus den Arbeitern der Unterdrückernationen ein **größerer** Prozentsatz zu ›Zwischenmeistern‹ aufsteigt als aus den Arbeitern der unterdrückten Nationen, daß ein **größerer** Prozentsatz zur **Aristokratie** der Arbeiterklasse emporsteigt. Das ist eine Tatsache. Die Arbeiter der unterdrückenden Nation sind **bis zu einem gewissen Grade** Teilhaber **ihrer** Bourgeoisie bei der Ausplünderung der Arbeiter (und der Masse der Bevölkerung) der unterdrückten Nation.*

*2. **Politisch** ist der Unterschied der, daß die Arbeiter der Unterdrückernationen auf einer ganzen Reihe von Gebieten des politischen Lebens eine im Vergleich zu den Arbeitern der unterdrückten Nation **privilegierte** Stellung einnehmen.*

*3. **Ideologisch** oder geistig ist der Unterschied der, daß die Arbeiter der Unterdrückernationen durch die Schule und das Leben stets im Geiste der Verachtung oder Mißachtung der Arbeiter der unterdrückten Nationen erzogen werden.*« (»Über eine Karikatur auf den Marxismus und über den ›imperialistischen Ökonomismus‹«, Lenin, Werke, Bd. 23, S. 48) Nach dem II. Weltkrieg errangen die breiten Massen in Westdeutschland einen Lebensstandard, der sich deutlich von dem in den Entwicklungsländern unterschied. Ein allseitiges System der Reformen von oben erlaubte es einer wachsenden Masse von Arbeitern, kleinbürgerliche Lebens- und Familienverhältnisse zu erreichen. Immer mehr bekamen die Möglichkeit, über Ausbildung und Beruf ins Kleinbürgertum aufzusteigen. Einige konnten Wohneigentum erwerben, was zum Teil sogar die Möglichkeit schuf, Mieten einzunehmen. Doch kleinbürgerliche Klassenlage und Kleineigentum erzeugen gesetzmäßig eine kleinbürgerliche Denkweise, lassen das Streben nach Vergrößerung des Besitzes und gesellschaftlichem Aufstieg entstehen, fördern Individualismus, Egoismus, Konkurrenz und Illusionen in die Reformierbarkeit der kapitalistischen Ausbeutungsverhältnisse. In dem Buch »Neue Perspektiven für die Befreiung der Frau« hieß es dazu:

*»Für die große Mehrheit der Arbeiter blieb dieser Aufstieg ein Traum – jedoch ein Traum, der in Massenumfang zum Lebensinhalt werden und den Blick von den gemeinsamen Klasseninteressen weg auf die Verwirklichung kleinbürgerlicher Ziele lenken sollte. Das wurde durch die bürgerliche und kleinbürgerliche Massenkultur, die Mode, die Musik, Zeitschriften oder Filme massiv gefördert. Mit Radio und Fernsehen wird heute systematisch jeder Haushalt erreicht und mehr oder weniger beeinflusst.*

*Die Trennungslinien zwischen Proletariat und Kleinbürgertum wurden fließend. Da die Arbeiter lohnabhängig blieben, war es eher die Denk- und Lebensweise der unteren Schichten der abhängigen Intelligenz, mit der sich ihre Denk- und Lebensweise durchdrang. Dazu heißt es in dem Buch ›Der Kampf um die Denkweise in der Arbeiterbewegung‹:*

›Zwar unterscheidet sich nach wie vor die proletarische von der kleinbürgerlichen Klassenlage im unteren Bereich der abhängigen Intelligenz. Doch gibt es heute hinsichtlich der Lebensumstände zwischen der Arbeiterklasse und der kleinbürgerlichen Intelligenz keine scharfe Trennung mehr. Die traditionellen Arbeiterwohnbezirke sind weitgehend aufgelöst. Einerseits gehen Jugendliche aus Arbeiterfamilien studieren und werden Intellektuelle; andererseits werden Kinder von kleinbürgerlichen Intellektuellen Arbeiter oder einfache Angestellte. Der Lebensstandard hat sich immer mehr angeglichen, und die Masse der Arbeiter hat ein Bildungs- und Kulturniveau erreicht, das früher den kleinbürgerlichen Schichten vorbehalten blieb.‹ (Stefan Engel, ›Der Kampf um die Denkweise in der Arbeiterbewegung‹, Essen 1995, S. 76/77)

Das Gefühl privater Zufriedenheit erzeugt in Verbindung mit der Manipulation der öffentlichen Meinung unter den Massen Lebensansichten, Gefühle und alltägliche Gepflogenheiten, die nur mit einer kapitalistischen Gesellschaftsordnung zu vereinbaren sind. Der Kern der kleinbürgerlich-reformistischen und kleinbürgerlich-revisionistischen Denkweise ist der Verzicht auf den revolutionären Klassenkampf zur Überwindung der kapitalistischen Ausbeutergesellschaft. Die kleinbürgerliche Denkweise untergräbt den proletarischen Klassenkampf und wandelt bei Arbeitern das Gefühl der Klassenzugehörigkeit in eine schwankende und indifferente Position zwischen Bourgeoisie und Proletariat um. Der Einfluss der kleinbürgerlich-reformistischen und kleinbürgerlich-revisionistischen Denkweise unter der Masse der Arbeiter und unteren Angestellten wurde zum Haupthemmnis der Entwicklung des proletarischen Klassenbewusstseins der Arbeiterklasse.

Im Zuge der Reformen von oben entstand ein **ganzes System der kleinbürgerlichen Denkweise** in der Gesellschaft, das zu einer **Hauptmethode der Herrschaftsausübung** der Mo-

*nopole wurde.«* (Stefan Engel/Monika Gärtner-Engel,»Neue Perspektiven für die Befreiung der Frau – Eine Streitschrift«, S. 91/92)

Die kleinbürgerliche Denkweise wurde für die Monopole umso wichtiger, als mit dem Ende der sozialen Reformen, dem allgemeinen Lohnabbau und der Massenarbeitslosigkeit als Dauererscheinung die Unzufriedenheit der Arbeiterklasse immer mehr anwuchs. Ihr Klassenbewusstsein erwachte auf breiter Front und ihre Kämpfe begannen, in die Arbeiteroffensive überzugehen. Dennoch behielt die kleinbürgerliche Denkweise ihre desorientierende, desorganisierende und demoralisierende Wirkung und blieb das Haupthemmnis vor einer schnellen Entwicklung des Klassenbewusstseins – trotz der sich deutlich verschlechternden Lebenssituation der breiten Massen.

Das gesellschaftliche System der kleinbürgerlichen Denkweise ist äußerst vielgestaltig. Die Internationalisierung der kapitalistischen Produktion machte es zu einer weltweiten Erscheinung, sodass es grundsätzlich auch in den vom Imperialismus unterdrückten Nationen seine Wirkung zeigt. Natürlich sind die materiellen Möglichkeiten des Betrugs in diesen Ländern eingeschränkt. Deshalb gibt es Unterschiede in Inhalt und Methode und auch in der Massenwirksamkeit.

Der Prozess der Internationalisierung der kapitalistischen Produktion hob die Unterschiede zwischen imperialistischen und vom Imperialismus abhängigen und unterdrückten Ländern nicht auf, sondern verschärfte sogar die ungleichmäßige Entwicklung. Aber die Herausbildung eines internationalen Industrieproletariats war für die Vereinigung der Arbeiter aller Länder und ihren Kampf für die Abschaffung der Ausbeutung von größter Bedeutung. Im 1999 von der MLPD verabschiedeten »Programm der Marxistisch-Leninistischen Partei Deutschlands« hieß es dazu:

*»Im Prozess der Internationalisierung der kapitalistischen Produktionsweise und durch ihren gemeinsamen Kampf gegen das multinationale Monopolkapital ist eine internationale Arbeiterklasse entstanden. Die in den multinationalen Konzernen weltweit organisierten Arbeiter und Arbeiterinnen sind die führende Kraft im internationalen Kampf für eine befreite Gesellschaft ohne kapitalistische Ausbeutung und Unterdrückung.«* (S. 16)

Dieses **internationale Industrieproletariat** ist Träger einer gesellschaftlichen Entwicklung, die den Klassenantagonismus über alle nationalen Schranken hinaus in den Vordergrund treten lässt und in der internationalen Arbeiterklasse über alle Unterschiede hinweg Gemeinsamkeit und Annäherung immer stärker herausbildet. Die Stellung der Arbeiter in der fortgeschrittensten gesellschaftlichen Produktion, die einen internationalen Charakter bekommen hat, bildet die materielle Grundlage dafür.

**Die Leugnung des internationalen Industrieproletariats**

Die Herausbildung eines internationalen Industrieproletariats wird von kleinbürgerlichen Globalisierungskritikern strikt geleugnet. Das 1997 erschienene Buch »Der Terror der Ökonomie« der französischen Schriftstellerin Viviane Forrester wurde von den bürgerlichen Medien zum internationalen Bestseller hochgejubelt. Die Autorin behauptete allen Ernstes, die Arbeiter schmälerten durch ihre Beschäftigung den Gewinn. Und das sei der Grund, weswegen sie von den Unternehmern in zunehmendem Maß entlassen würden:

*»Heute stellt die Beschäftigung aber (zu Recht oder zu Unrecht) einen negativen, überteuerten, nicht nutzbaren und für den Gewinn schädlichen Faktor dar! Sie ist verhängnisvoll.«* (S. 122)

Wer aber schafft dann den Profit? Für Forrester kommt er förmlich aus dem Nichts bzw. aus der »Nichtarbeit«:

*»Das Nichtarbeiten der Nichtbeschäftigten stellt in Wahrheit einen Mehrwert für die Unternehmen dar, also einen Beitrag zu den berühmten ›Wertschöpfungen‹.«* (ebenda, S. 129)

Es ist die kleinbürgerliche Ignoranz der Autorin, die sie die Millionen Industriearbeiter in der Welt überhaupt nicht mehr wahrnehmen lässt. Auch die perfekteste, modernste, vollautomatisierte Industrieanlage muss von Arbeitern hergestellt, gewartet und bei der Produktion bedient werden. Nur durch die Anwendung menschlicher Arbeitskraft können Maschinen überhaupt Werte produzieren. Forrester entdeckt die Arbeiter im Grunde erst, wenn sie aus den Betrieben entlassen werden, und sie sieht in ihnen nichts anderes als die Angehörigen einer leidenden Klasse.

Hätte sich Forrester die Mühe gemacht, Karl Marx und die von ihm aufgedeckten Gesetzmäßigkeiten des Kapitalismus zu studieren, dann wäre sie darauf gekommen, dass der Kapitalismus, um seine Profite zu steigern, gesetzmäßig Arbeitskräfte aus dem Produktionsprozess ausstoßen muss. Marx schrieb dazu in »Das Kapital«:

*»Die Steigerung der Produktivität der Arbeit besteht eben darin, daß der Anteil der lebendigen Arbeit vermindert, der der vergangnen Arbeit vermehrt wird, aber so, daß die Gesamtsumme der in der Ware steckenden Arbeit abnimmt; daß also die lebendige Arbeit um mehr abnimmt, als die vergangne zunimmt.«* (»Das Kapital«, Dritter Band, Marx/Engels, Werke, Bd. 25, S. 271).

Die Internationalisierung der kapitalistischen Produktion hat die Kritik der bürgerlichen politischen Ökonomie durch Karl Marx nicht widerlegt, sondern auf dramatische Art und Weise bestätigt. Heute hat die Arbeitsproduktivität ein solches

Niveau erreicht, dass der Kapitalismus darauf nur noch mit Massenarbeitslosigkeit und Unterbeschäftigung auf Dauer reagieren kann.

Es ist offensichtlich, dass Viviane Forrester nicht wagt, eine grundsätzliche Kritik an der Untauglichkeit der kapitalistischen Gesellschaft auch nur anzudeuten. Vielmehr jongliert sie mit offensichtlich nicht mehr zu verbergenden Erscheinungen der kapitalistischen Entwicklung, um so von deren Ursachen in der kapitalistischen Produktionsweise abzulenken. Der Zweck solcher Art von Auseinandersetzung liegt auf der Hand: Die Lösung für die Probleme soll nicht außerhalb, sondern im Rahmen der kapitalistischen Gesellschaft gesucht werden.

## Die Tendenz zur internationalen Nivellierung des Industrieproletariats

Bereits Lenin beschrieb eine Tendenz zur Nivellierung der Lebensweise der Arbeitermassen, die mit der Internationalisierung des Kapitals einherging:

*»... das ›Sein‹ der Arbeitermassen internationalisierte sich – Landflucht und Nivellierung (Ausgleichung) der Lebensbedingungen in den großen Städten der ganzen Welt, Internationalisierung des Kapitals, Durcheinanderwürfelung der städtischen und der ländlichen, der einheimischen und der andersnationalen Bevölkerung in den großen Fabriken usw. –, die Klassengegensätze verschärften sich, die Unternehmerverbände drückten schwerer auf die Arbeiterverbände, schärfere und härtere Kampfformen, z. B. in Gestalt von Massenstreiks, kamen auf, die Lebenshaltungskosten stiegen, das Joch des Finanzkapitals wurde unerträglich usw. usf.«* (»Unter fremder Flagge«, Lenin, Werke, Bd. 21, S. 140 – Hervorhebung Verf.)

Heute ist die materielle Grundlage für die Tendenz der Nivellierung der Arbeits- und Lebensbedingungen noch viel umfassender ausgereift als zu Lebzeiten Lenins vor 80 Jahren. Unter den Lohn- und Arbeitsbedingungen in den multinationalen Industriebetrieben hat diese Tendenz **allgemeinen internationalen Charakter** bekommen. Noch in den 1970er Jahren gab es große Unterschiede in der Arbeitsproduktivität von Mutter- und Tochtergesellschaften multinationaler Konzerne. Willi Dickhut schrieb dazu 1978:

*»Die Tatsache, daß die Arbeitskräfte in den rückständigen Ländern billig sind, sagt noch nichts über deren Produktivität aus. Vielfach ist es so, daß in den entwickelten Industrieländern der Lohnanteil am Umsatz niedriger ist als in einem Entwicklungsland.«* (»Der staatsmonopolistische Kapitalismus in der BRD«, Bd. II, S. 315)

Trotz härterer und entwürdigender Arbeitsbedingungen war der Ausbeutungsgrad in den Fertigungsbetrieben der Entwicklungsländer niedriger. Die Ursache dafür lag im Produktionsniveau. So wurden in den Tochtergesellschaften oft nur Halbfertigprodukte für die Muttergesellschaften hergestellt. Die Belegschaften in den **Tochtergesellschaften** kamen deshalb mit geringer Schulung und Qualifikation aus. Typisch war eine Arbeitsteilung zwischen Mutter- und Tochtergesellschaften derart, dass die arbeitsintensive Produktion in die Niedriglohnländer verlegt wurde und die Produktion auf höchstem technischen Niveau in den imperialistischen Metropolen verblieb.

Da die internationalen Monopole heute einen immer größeren Teil des Gesamtumsatzes in ausländischen Produktionsstätten erwirtschaften, entsteht der **ökonomische Zwang**, die organische Zusammensetzung des Kapitals auch in den Tochtergesellschaften so zu erhöhen, dass der **Unterschied in der Arbeitsproduktivität zwischen Mutter- und Tochtergesellschaften mehr und mehr verschwindet.**

Der damit verbundene tendenzielle Fall der Profitrate (siehe dazu Abschnitt III.1) zwingt wiederum zur weiteren Ausdehnung der weltweiten Massenproduktion, zur Erhöhung des Anteils der Auslandsproduktion am Gesamtumsatz der internationalen Monopole. Mit der Neuorganisation der internationalen Produktion trat ein qualitativer Sprung in dieser Entwicklung ein.

Die internationalen Monopole arbeiten heute in den verschiedenen Ländern mit denselben international erprobten Methoden. Der Umsatz je Beschäftigtem gleicht sich tendenziell an, ebenso wie der Lohn- und Gehaltsanteil am Umsatz.

Der Umsatz je Beschäftigtem bei Bayer lag im Jahr 2001 in der ausländischen Produktion bei 335 390 Euro gegenüber 166 541 Euro in den inländischen Werken, bei der BASF im Jahr 2000 bei 360 672 Euro gegenüber 218 624 Euro im Inland. Auch bei Siemens und E.on stieg die Arbeitsproduktivität in der Auslandsproduktion inzwischen über die im Inland. Bei ThyssenKrupp lag im Jahr 2001 der Umsatz je Beschäftigtem in den Produktionsstätten im Inland und im Ausland etwa gleichauf.

Die Beispiele zeigen eine **tendenzielle Angleichung des Ausbeutungsgrads** in den Entwicklungsländern an das Niveau der imperialistischen Länder. Die qualitative Veränderung der Arbeitsproduktivität der Auslandsbetriebe hat die Ursache, dass sich die Direktinvestitionen der internationalen Monopole in der Phase der Neuorganisation der internationalen Produktion auf die ausländische Produktion konzentrieren und dass natürlich immer auf höchstem technischem Niveau investiert wird. Deshalb lagen die Steigerungsraten bei der Arbeitsproduktivität der Auslandsproduktion zwischen 1990 und 2000 zum Teil erheblich höher als bei der Inlandsproduktion: bei Bayer +116,3 Prozent im Ausland und +70,2 Prozent im Inland; bei Siemens +177,6 Prozent im Ausland und +55,9 Prozent im Inland; bei E.on +89,3 Prozent im Ausland und +55,1 Prozent im Inland.

## Tabelle 11:
**Umsatz je Beschäftigtem in Konzernbetrieben des In- und Auslands 1976, 1990 und 2000**

| Konzern | In- und Ausland | 1976 Umsatz je Beschäftigtem in Euro | 1990 Umsatz je Beschäftigtem in Euro | 2000 Umsatz je Beschäftigtem in Euro | Steigerung 2000 gegenüber 1990 |
|---|---|---|---|---|---|
| Bayer | Inland | 86 786 | 102 543 | 174 564 | 70,2% |
|  | Ausland | 47 652 | 147 268 | 318 480 | 116,3% |
| BASF | Inland | 94 525 | 186 699 | 218 624 | 17,1% |
|  | Ausland | 97 709 | 158 464 | 360 672 | 127,6% |
| Volkswagen | Inland | 65 367 | 153 446 | 298 967 (1999) | 94,8% |
|  | Ausland | 48 269 | 98 179 | 187 964 (1999) | 91,5% |
| Siemens | Inland | 38 706 | 98 933 | 154 241 | 55,9% |
|  | Ausland | 26 257 | 66 793 | 185 432 | 177,6% |
| Thyssen Krupp | Inland | 74 676 | – | 187 329 |  |
|  | Ausland | 69 019 | – | 198 866 |  |
| Eon | Inland | – | 292 260 (1994) | 453 436 | 55,1% |
|  | Ausland | – | 265 916 (1994) | 503 372 | 89,3% |
| Daimler Chrysler | Inland | 76 580 | 102 377 (1992) | 256 257 | 150,3% |
|  | Ausland | 65 864 | 262 448 (1992) | 509 638 | 94,2% |

Die Konzerne machen nur lückenhafte Angaben zum Umfang ihrer Auslandsproduktion. Die unter 2000 eingetragenen Zahlen stammen daher zum Teil aus anderen Jahren: BASF 1999, Volkswagen 1999, DaimlerChrysler 1997.

Quellen: Geschäftsberichte; eigene Berechnungen

Da die Auslandsbetriebe heute vielfach produktiver arbeiten als die inländischen Betriebe, werden die Auslandsinvestitionen noch mehr gegenüber den Inlandsinvestitionen gesteigert, denn sie versprechen höhere Profite. Das beschleunigt den Prozess der Neuorganisierung der internationalen Produktion noch mehr.

Ein Hauptergebnis der Neuorganisation der internationalen Produktion ist also eine **Tendenz zur Nivellierung der Arbeitsbedingungen und der Produktivität in den industriellen Betrieben des internationalen Produktionsverbunds**. Das beschleunigt im Ergebnis auch den Prozess der Herausbildung eines **weltweit relativ einheitlich produzierenden internationalen Industrieproletariats**. Damit ist zugleich eine **allgemeine Zunahme der unmittelbaren Konkurrenz zwischen den Produzenten der verschiedenen Länder** und eine gewachsene Unsicherheit der Arbeitsplätze an allen Produktionsstandorten verbunden.

### Nivellierung der weltweiten Automobilproduktion

Weltweit war in der Automobilindustrie zwischen 1989 und 2000 ein gigantischer Anstieg in der Arbeitsproduktivität zu verzeichnen. Die Tendenz zur Nivellierung in der Arbeitsproduktivität kam vor allem in sehr differenzierten Zuwachsraten der einzelnen Länder zum Ausdruck. Der Zuwachs lag in Japan zwischen 1989 und 2000 bei +59 Prozent. Dagegen standen drei- bis vierstellige Zuwachsraten in Ländern wie Polen (+864,9 Prozent bis 1997), Argentinien (+1 790 Prozent bis 1997), in Tschechien (+458,1 Prozent), China (+367,4 Prozent) oder Brasilien (+319 Prozent bis 1997) (Tabelle 12). Dieses überdurchschnittliche Wachstum der Arbeitsproduktivität war Ergebnis einer veränderten Investitionspolitik der internationalen Monopole und bestätigte die Tendenz zur Nivellierung der internationalen Produktion.

## Tabelle 12:
## Umsatz je Beschäftigtem in der Automobilindustrie in Euro und Anstieg von 1989 bis 2000 in Prozent

| Land | 1989 | 1991 | 1995 | 1997 | 2000 | Anstieg in % |
|---|---|---|---|---|---|---|
| Japan | 349 724 | 336 430 | 401 569 | 405 352 | 556 200 | 59,0 |
| USA | 225 991 | 201 960 | 246 903 | 334 538 | 435 200 | 92,6 |
| Frankreich | 182 531 | 196 336 | 246 289 | 286 221 | 426 300 | 133,5 |
| Schweden | 160 071 | 144 211 | 263 110 | 296 900 | 346 476 | 116,5 |
| Belgien | 203 494 | 221 900 | 341 134 | 277 018 | 327 900 | 61,1 |
| Argentinien | 15 850 | 10 226 | – | 299 566 | – | [1]1 790,0 |
| Spanien | 153 388 | 172 305 | 200 631 | 241 228 | 295 500 | 92,6 |
| Deutschland | 140 605 | 160 034 | 191 837 | 227 269 | 289 000 | 105,5 |
| Italien | 169 238 | 158 500 | 160 750 | 233 353 | 274 600 | 62,3 |
| Österreich | 93 464 (1988) | 115 041 | 202 420 | 247 261 | 268 200 | 187,0 |
| Großbritannien | 137 026 | 137 026 | 146 485 | 226 707 | 264 800 | 93,2 |
| Niederlande | 138 918 | 161 057 | 270 831 | 220 912 | 262 400 | 88,9 |
| Brasilien | 55 039 | – | 170 567 | 230 632 | – | [1]319,0 |
| Portugal | 86 817 | 81 295 | 153 439 | 213 669 | 209 400 | 141,2 |
| Südafrika | 117 086 | 103 792 | 147 661 | 158 858 | – | [1]35,7 |
| Südkorea | 86 702 | 97 618 | 148 275 | 171 658 | 131 508 | 51,7 |
| Australien | 110 950 | 113 507 | – | – | – | – |
| Mexiko | 119 195 | 112 484 | 103 332 | 20 656 | – | [1]–82,7 |
| Malaysia | – | – | 76 387 | 99 400 | – | 30,1 |
| Ungarn | 30 013 | 20 452 | 52 407 | 66 446 | – | [1]121,4 |
| Tschechien | 16 843 | 15 116 | 18 662 | 44 073 | 94 000 | 458,1 |
| Türkei | 48 573 | 38 347 | 19 088 | 58 390 | – | [1]20,2 |
| Polen | 5 675 | 6 658 | 14 623 | 54 759 | – | [1]864,9 |
| China | 4 193 | 6 136 | 9 868 | 11 453 | 19 600 | 367,4 |
| Russland | 32 354 | 32 211 | 3 170 | 14 662 | 9 479 (1999) | –70,7 |
| Rumänien | – | 2 588 | 3 937 | 5 224 | 6 307 (1998) | 143,7 |
| Indien | 23 519 (1988) | 24 030 (1989) | – | – | – | – |

[1] Diese Zahlen beziehen sich auf den Vergleich von 1997 zu 1989
Quellen: VDA, »International Auto Statistics«; eigene Berechnungen

Vergleicht man Japan als das Land mit dem höchsten Umsatz je Beschäftigtem und China als das Land mit dem niedrigsten, so sieht man, dass die Arbeitsproduktivität in der japanischen Automobilindustrie 1989 das 83-fache der chinesischen betrug. Im Jahr 2000 war der Unterschied zusammengeschmolzen, betrug in Japan nur noch das 28-fache von China. Es ist zu erwarten, dass mit der weiteren Konzentration und Zentralisation der internationalen Automobilindustrie solche Produktivitätsunterschiede noch mehr zurückgehen.

Bei der Steigerung des Umsatzes je Beschäftigtem spielt nicht nur die Investitionstätigkeit der internationalen Monopole eine Rolle, die in allen Ländern auf höchstem Niveau vor sich ging. Die Angleichung oder sogar direkte Anbindung nationaler Währungen an Leitwährungen imperialistischer Länder, zum Beispiel an den Dollar oder Euro, erleichterte es, Monopolpreise durchzusetzen. Auch das schlug sich in der Steigerung des Umsatzes je Beschäftigtem nieder. Das war eindeutig in Argentinien, Brasilien, aber auch in den ehemaligen RGW-Ländern der Fall. Für die Massen in diesen Ländern war damit eine sprunghafte Steigerung der Lebenshaltungskosten verbunden.

Tabelle 13 zeigt, dass sich die Beschäftigung in der Automobilindustrie von Land zu Land äußerst unterschiedlich entwickelte. So wurden in der Russischen Föderation mehr als

---

**Anmerkungen und Quellen zu Tabelle 13**

[1] Länder mit mehr als 10 000 Beschäftigten in der Automobilindustrie. Aufgeführt sind in der Regel Beschäftigte in der Herstellung von Autos und Autoteilen.

[2] Anteil an den Industriearbeitern des jeweiligen Landes im letzten aufgeführten Jahr, bei Weißrussland für 1994.

[3] Herstellung von Transportausrüstungen

[4] Nur Auto-Herstellung ohne Teile-Fertigung

[5] Aufgrund fehlender Angaben ergibt sich eine niedrigere Summe

[6] letzte verfügbare Angaben

[7] Werte der Tschechoslowakei

Quelle: VDA, »International Auto Statistics«, verschiedene Jahrgänge

## Tabelle 13:
## Beschäftigtenentwicklung in der Automobilindustrie[1]

| Land | 1991 | 1995 | 1998 | 2000[6] | statt 2000 | Anteil[2] |
|---|---|---|---|---|---|---|
| China | 1 704 000 | 1 952 000 | 1 963 000 | 1 807 000 | 1999 | 5,2 |
| USA | 1 034 000 | 1 022 500 | 1 010 000 | 1 025 100 | | 5,6 |
| Deutschland | 834 700 | 694 500 | 806 200 | 846 300 | | 11,3 |
| Japan | 828 800 | 770 300 | 733 900 | 683 100 | | 7,5 |
| Russland | 951 000 | 778 000 | 662 000 | 534 000 | 1999 | 5,1 |
| Indien | 299 500 | – | 281 200 | 281 200 | 1998 | 3,3 |
| Frankreich | 340 300 | 290 400 | 269 400 | 278 600 | | 7,1 |
| Brasilien | 109 400[4] | 104 600[4] | 250 000 | 259 100 | | – |
| Großbritannien | 239 100 | 224 600 | 251 900 | 217 300 | | 5,3 |
| Südkorea | 183 000 | 224 000 | 186 800 | 193 500 | 1999 | 4,8 |
| Italien | 206 700 | 181 100 | 190 200 | 186 000 | | 3,7 |
| Spanien | 146 400 | 139 600 | 154 800 | 165 200 | | 6,5 |
| Kanada | 143 200 | 153 800 | 150 000 | 150 000 | 1998 | 8,0 |
| Mexiko | 108 300[4] | 73 000[4] | 137 800 | 148 200 | | 10,0 |
| Rumänien | 263 000 | 105 000 | 162 000 | 146 300 | 1999 | 8,8 |
| Thailand | – | – | 78 600 | 102 100 | | 4,4 |
| Polen | 93 000 | 99 100 | 108 000 | 100 000 | 1999 | 3,9 |
| Schweden | 41 500 | 67 000 | 70 800 | 85 300 | | 10,5 |
| Südafrika | 36 900 | 38 500[4] | 77 100 | 77 100 | 1998 | 5,8 |
| Tschechien | 172 000[7] | 90 000 | 67 000 | 73 000 | | 5,3 |
| Weißrussland | – | 66 000 | 62 000 | 66 000 | | 5,2 |
| Serbien und Montenegro | 83 400 | 76 100 | 65 600 | 60 800 | 1999 | 9,1 |
| Belgien | 55 200 | 53 600 | 54 800 | 54 100 | | 8,0 |
| Australien | 63 000 | – | 55 358 | 51 694 | 1999 | 4,8 |
| Ukraine | 354 000[3] | 76 000[4] | 49 000[4] | 47 000 | 1999 | 1,5 |
| Indonesien | – | 61 100 | 38 400 | 41 500[4] | 1999 | 1,0 |
| Malaysia | – | 31 300[4] | 38 100[4] | 38 100[4] | 1997 | 2,9 |
| Ungarn | 31 000 | 23 000 | 33 900 | 32 200 | 1999 | 3,5 |
| Portugal | 21 300 | 23 600 | 23 600 | 29 500 | | 2,9 |
| Österreich | 32 700 | 23 200 | 27 500 | 29 200 | | 4,7 |
| Niederlande | 37 300 | 18 800 | 27 700 | 28 400 | | 3,2 |
| Argentinien | 18 300[4] | 21 362[4] | 26 286[4] | 26 286[4] | 1997 | 3,4 |
| Slowakei | – | 12 726 | 14 026 | 14 026 | 1998 | 3,5 |
| **Summe** | **8 431 000** | **7 494 788**[5] | **8 126 970** | **7 877 206** | | |

400 000 Arbeitsplätze abgebaut. In der Ukraine wurde zwischen 1995 und 2000 die Zahl der Arbeitsplätze um fast 40 Prozent reduziert, auch in Tschechien und in Serbien-Montenegro wurde die Zahl der Arbeitsplätze zum Teil drastisch zurückgefahren. In Tschechien wuchs der Umsatz je Beschäftigtem allein zwischen 1995 und 2000 von 18 662 Euro auf 94 000 Euro, also auf mehr als das Fünffache. In Polen stieg allein im Zeitraum von 1995 bis 1997 der Umsatz je Beschäftigtem fast um das Vierfache (von 14 623 Euro auf 54 759 Euro). In Deutschland ging die Zahl der Beschäftigten von 1991 bis 1995 erst einmal um gut 140 000 zurück. Das hing eng mit der Stilllegung der ostdeutschen Automobilindustrie zusammen. Bis zum Jahr 2000 wurde aber die Zahl der Automobilarbeiter von 1991 wieder erreicht – und zugleich ein neues Niveau der Arbeitsproduktivität: Der Umsatz je Beschäftigtem erhöhte sich drastisch von 160 034 Euro auf 289 000 Euro, also um 81 Prozent.

Diese gravierenden Veränderungen insbesondere in den ehemaligen Ländern des RGW und in einigen Entwicklungsländern gingen darauf zurück, dass die Automobilindustrien dort völlig überaltert waren und im Prozess der Neuorganisierung der internationalen Produktion rigoros stillgelegt und durch moderne Autowerke ersetzt wurden. In einigen Ländern wurde die Zahl der Beschäftigten jedoch auch massiv ausgedehnt. So hat sie sich zum Beispiel in Brasilien zwischen 1991 und 2000 mehr als verdoppelt. In Rumänien stieg sie von 1995 bis 1999 um 39 Prozent.

Die meisten Beschäftigten in der Automobilindustrie gibt es inzwischen in China. Dort stieg die Zahl der Automobilarbeiter zwischen 1991 und 1995 um fast 250 000. Zwischen 1995 und 1999 wurden allerdings 145 000 Arbeitsplätze wieder abgebaut. Das war vor allem auf die Einführung modernster Technik und die kontinuierliche Steigerung der Arbeitsproduktivität zurückzuführen: zwischen 1989 und 2000 um 367,4 Prozent je Beschäftigtem.

In den 1990er Jahren gingen die internationalen Monopole vielfach dazu über, **international einheitliche Produktionsstandards** einzuführen. Vorreiter war dabei die Automobilindustrie:

- Anfang der 1990er Jahre wurde das von Toyota entwickelte Produktionssystem, die **Lean Production**, zum **allgemeingültigen Maßstab** der internationalen Industrieproduktion. Auf der Basis mikroelektronischer Steuerungen setzte sich eine Produktionstechnik durch, die flexibel einsetzbare Arbeitskräfte und ein flexibles Zuliefersystem mit relativ schneller Kommunikation und enger internationaler Zusammenarbeit in der Produktion verband. Neuerdings wird die Lean Production weiterentwickelt zu »ganzheitlichen Produktionssystemen«. Das sind Regelwerke für die Herstellung von Produkten, in denen zum Beispiel die Art der Arbeitsprozesse, die Form der Gruppenarbeit, Entgelt- und Arbeitszeitmodelle bis hin zu Einzelmethoden wie »Kontinuierlicher Verbesserungsprozess« (KVP) definiert sind. Hauptziel ist eine noch stärkere **betriebs- und länderübergreifende Vereinheitlichung der Arbeitsorganisation**.

- Die internationale Verbreitung dieser Produktionsstandards wurde erheblich beschleunigt durch den Bau von **Musterwerken auf neuestem technologischen Niveau**. So wurde das Opel-Werk in Eisenach/BRD zum Modell für baugleiche Werke in Rosario/Argentinien, Gleiwitz/Polen, Shanghai/China sowie in Thailand. Solche Musterwerke stehen also nicht mehr nur in imperialistischen Ländern. Inzwischen baute General Motors ein noch moderneres Werk in Gravatai bei Porto Alegre/Brasilien. Dieses Werk und das VW-Werk in Resende/Brasilien gelten heute als Muster für die Zusammenarbeit der internationalen Monopole aus Autobau und Zulieferbereich, nicht nur auf dem gleichen Gelände, sondern in den Werkhallen selbst.

- Mit den VDA- und ISO-**Qualitätsstandards** wurden Methoden der Qualitätskontrolle und Dokumentation vereinheitlicht und den Zulieferern aufgezwungen. Kein Betrieb wird heute mehr als Zulieferer der Autoindustrie zugelassen, wenn er sich nicht diesen Standards unterwirft und seine Arbeitsweise regelmäßigen Kontrollen durch Beauftragte der Autohersteller öffnet.

- In der Automobilindustrie wurde die **Plattformstrategie** entwickelt, mit der Produkte und Herstellungsprozesse international vereinheitlicht werden. Jede Fabrik ist in der Lage, auf einer gemeinsamen Plattform unterschiedliche Modelle zu produzieren. So baute VW 2001 acht verschiedene Modelle auf der Golf-Plattform. Durch die Teilfusionen und Allianzen der internationalen Monopole werden sogar Autos verschiedener Marken für verschiedene Kontinente auf einheitlicher Plattform gebaut.

- Die Vereinheitlichung der Produktionssysteme erleichtert die Anwendung des »**Benchmarking**«, einer Methode zum Vergleich verschiedener Werke. Das produktivste und profitabelste Werk gilt dann als Maßstab für die Entwicklung des Produktionsniveaus aller anderen Werke. Ziel dieser Methode ist es, die Arbeiter verschiedener Standorte in einen Konkurrenzkampf zu treiben, um die Ausbeutung zu steigern.

- Verbreitet sind auch **Auslagerung und Verkauf** von Werksteilen oder Produktionsbereichen, die bisher fester Bestandteil der Automobilkonzerne waren wie Getriebefertigung, Presswerke, Schmiede und Druckguss-Bereiche, oder Gründung entsprechender Joint Ventures.

Gemeinsames Ziel all dieser Maßnahmen ist es, den eigenen Aufwand der Übermonopole an fixem Kapital zu verringern, die Produktivität zu steigern und Arbeitskräfte einzusparen, die Ausbeutung zu intensivieren.

## Die Tendenz zur verstärkten Differenzierung der Löhne

Die Tendenz zur Nivellierung der Lebensweise der Arbeitermassen im internationalen Maßstab bezieht sich nicht auf die Löhne. Im Gegenteil werden die Unterschiede zwischen den imperialistischen Ländern und den vom Imperialismus unterdrückten und ausgebeuteten Ländern immer deutlicher. Marx schrieb zum Wert der Arbeit:

»*Außer durch dies rein physische Element ist der Wert der Arbeit in jedem Land bestimmt durch einen **traditionellen Lebensstandard**. Er betrifft nicht das rein physische Leben, sondern die Befriedigung bestimmter Bedürfnisse, entspringend aus den gesellschaftlichen Verhältnissen, in die die Menschen gestellt sind und unter denen sie aufwachsen.*« (Karl Marx, »Lohn, Preis und Profit«, Marx/Engels, Werke, Bd. 16, S. 148)

Die Verpflanzung fortgeschrittenster Produktivkräfte in die Entwicklungsländer erfordert objektiv eine tendenzielle Angleichung des Ausbildungsniveaus und der Lebensbedingungen des internationalen Industrieproletariats. Aber aufgrund des Bestrebens der internationalen Monopole, die Löhne möglichst niedrig zu halten, werden die Lohnunterschiede sogar noch verstärkt:

- zum einen zwischen den Beschäftigten bei den internationalen Monopolen und der übrigen Arbeiterschaft in einem Land und
- zum anderen zwischen den Industriearbeitern eines Monopols in verschiedenen Ländern.

Sowohl die Nominallöhne in den verschiedenen imperialistischen und vom Imperialismus abhängigen und unterdrückten Ländern als auch deren Steigerungsraten von 1989 bis 2000 zeigen enorme Unterschiede. Die durchschnittlichen Monatslöhne und -gehälter in der Schweizer Industrie lagen im Jahr 2000 45-mal höher als in China. Allerdings muss bei diesen Zahlen beachtet werden, dass in den Durchschnittsgehältern auch die Spitzeneinkommen in den Chefetagen enthalten sind. Solche Manager halten sich in weitaus größerer Zahl in den Konzernmetropolen der imperialistischen Länder auf als in den vom Imperialismus unterdrückten Ländern. Zugleich muss berücksichtigt werden, dass der Vergleich der Nominallöhne der Arbeiter in verschiedenen Ländern wenig aussagekräftig ist, solange nicht der Bezug zu Preisen und Kaufkraft hergestellt wird.

Vergleicht man die durchschnittlichen Netto-Stundenlöhne in der Metallindustrie bei Berücksichtigung der unterschiedlichen Kaufkraft (Tabelle 14), wird deutlich, dass die Kaufkraft der Industriearbeiter in den vom Imperialismus ausgebeuteten und unterdrückten Ländern erheblich hinter der in den imperialistischen Ländern zurückbleibt.

Während sich tunesische Metallarbeiter 1989 12 Prozent von dem kaufen konnten, was deutsche Metallarbeiter für ihren Lohn bekamen, fiel dieser Anteil bis 1999 sogar auf 5 Prozent.

**Anmerkungen und Quellen zu Tabelle 14**

Abkürzungen: imperial.: imperialistisches Land
                abh. kap.: abhängiges kapitalistisches Land
                neokol. abh.: neokolonial abhängiges Land

[1] Die »Kaufkraftparität« wird nach einer Methode ermittelt, bei der sowohl die Wechselkurse als auch die unterschiedlichen Lebenshaltungskosten in den Ländern berücksichtigt sind. In der oben stehenden Tabelle ist Deutschland das Bezugsland und Bezugswährung ist die DM. 1980 und 1999 ohne Bau und Reparatur von Schiffen und Booten.

Quelle: IMB, »Arbeitszeit – Kaufkraft, ein internationaler Vergleich«, verschiedene Jahrgänge

## Tabelle 14:
## Internationaler Vergleich der durchschnittlichen Netto-Stundenlöhne in der Metallindustrie – Kaufkraftparitäten

| Land | Durchschnitt aller jeweils verfügbaren Metallbranchen | | | | | | | | |
|---|---|---|---|---|---|---|---|---|---|
| | Nettolöhne | | | Kaufkraftparitäten[1] | | | Kaufkraftparitäten[1] | | |
| | 1980 | 1989 | 1999 | 1980 | 1989 | 1999 | 1989 | 1999 | |
| | DM | DM | DM | Index (jeweils bezogen auf Deutschland = 100) | | | Steigerung ggü. 1980 in % | | |
| Deutschland | 11,05 | 16,97 | 39,67 | 100 | 100 | 100 | 53,6 | 259,0 | imperial. |
| Schweiz | 11,95 | 18,41 | 29,99 | 108 | 108 | 76 | 54,1 | 151,0 | imperial. |
| Dänemark | 15,61 | 21,91 | 28,93 | 141 | 129 | 73 | 40,4 | 85,3 | imperial. |
| USA | 21,67 | 23,57 | 24,83 | 196 | 139 | 63 | 8,8 | 14,6 | imperial. |
| Italien | – | 16,85 | – | – | 99 | – | – | – | imperial. |
| Kanada | 18,15 | 23,94 | 23,33 | 164 | 141 | 59 | 31,9 | 28,5 | imperial. |
| Schweden | 14,68 | 15,69 | 21,91 | 133 | 92 | 55 | 6,9 | 49,3 | imperial. |
| Finnland | 9,61 | 15,91 | 21,61 | 87 | 94 | 54 | 65,6 | 124,9 | imperial. |
| Belgien | 13,20 | 14,32 | 21,09 | 119 | 84 | 53 | 8,5 | 59,8 | imperial. |
| Norwegen | 11,52 | 16,47 | 20,88 | 104 | 97 | 53 | 43,0 | 81,2 | imperial. |
| Frankreich | 9,06 | 11,63 | 20,50 | 82 | 69 | 52 | 28,4 | 126,3 | imperial. |
| Großbritannien | 10,29 | 16,09 | 20,41 | 93 | 95 | 51 | 56,4 | 98,3 | imperial. |
| Spanien | 10,44 | 13,34 | 19,30 | 94 | 79 | 49 | – | – | imperial. |
| Irland | 9,48 | 11,93 | 17,89 | 86 | 70 | 45 | 25,8 | 88,7 | abh. kap. |
| Australien | 15,35 | 16,66 | 16,81 | 139 | 98 | 42 | 8,6 | 9,6 | imperial. |
| Japan | 8,66 | 15,86 | 16,57 | 78 | 93 | 42 | 83,1 | 91,3 | imperial. |
| Österreich | 8,31 | 13,23 | 15,03 | 75 | 78 | 38 | 59,3 | 80,9 | imperial. |
| Brasilien | – | 4,86 | 14,27 | – | 29 | 36 | – | – | neokol. abh. |
| Griechenland | – | 9,01 | 10,56 | – | 53 | 27 | – | – | abh.kap. |
| Argentinien | – | – | 6,24 | – | – | 16 | – | – | neokol. abh. |
| Singapur | – | – | 6,05 | – | – | 15 | – | – | neokol. abh. |
| Polen | – | – | 5,53 | – | – | 14 | – | – | neokol. abh. |
| Südafrika | – | 3,38 | 5,48 | – | 20 | 14 | – | – | neokol. abh. |
| Türkei | – | 2,38 | 5,20 | – | 14 | 13 | – | – | neokol. abh. |
| Tschechien | – | – | 4,84 | – | – | 12 | – | – | neokol. abh. |
| Ungarn | – | – | 4,69 | – | – | 12 | – | – | neokol. abh. |
| Chile | – | 2,34 | 4,54 | – | 14 | 11 | – | – | neokol. abh. |
| Tunesien | – | 1,99 | 1,92 | – | 12 | 5 | – | – | neokol. abh. |

Aber auch zwischen den imperialistischen Ländern gibt es gravierende Unterschiede. So ist die relative Kaufkraft der Netto-Stundenlöhne in Deutschland 1999 um 59 Prozent höher als in den USA. In Österreich macht sie nur 38 Prozent der Kaufkraft in Deutschland aus.

Bei der »Spitzenposition« der deutschen Metallarbeiter im internationalen Maßstab ist allerdings zu berücksichtigen, dass ihre Lohnhöhe keineswegs repräsentativ für die Arbeiter in Deutschland ist. So betrug z. B. 2001 der Bruttostundenlohn im Fahrzeugbau 17,72 Euro, im Bekleidungsgewerbe aber nur 9,83 Euro. Weitere erhebliche Abweichungen nach unten ergaben sich für Beschäftigte in den neuen Bundesländern und Frauen. So verdienten Männer in den alten Bundesländern im Fahrzeugbau bzw. in der Bekleidungsindustrie durchschnittlich 18,45 bzw. 11,80 Euro, Frauen in den neuen Bundesländern 10,68 bzw. 6,00 Euro. Das zeigt die Unterschiede und die ungleichmäßige Entwicklung der Löhne in der Arbeiterklasse der imperialistischen Länder.

Im internationalen Vergleich wird deutlich, dass in der Phase der Neuorganisation der internationalen Produktion **bei den Löhnen weltweit nicht die Tendenz zur Nivellierung, sondern die ungleichmäßige Entwicklung prägend** ist.

Die großen Unterschiede in und zwischen den einzelnen Ländern haben verschiedene Ursachen. Erstens spielt natürlich der gewerkschaftliche Organisationsgrad und die Kampfkraft der Arbeiter eine wichtige Rolle. Zweitens unterscheidet sich auch die jeweilige Unternehmenspolitik gegenüber den Arbeitern. In Deutschland machten die Monopole den Arbeitern relativ lange Zeit Zugeständnisse bei den Lohn- und Arbeitsbedingungen und gewährten ihnen höhere Löhne und Gehälter, um sie ruhig zu halten. In den letzten Jahren hat sich allerdings eine Tendenz zum Reallohnabbau durchgesetzt.

Lohnunterschiede werden von den Monopolen immer dazu genutzt, die Arbeiter zu spalten und gegeneinander aufzubringen. Umso wichtiger ist es, dass die Arbeiter zwar berücksichtigen, wie unterschiedlich Arbeitsbedingungen und Kaufkraft in verschiedenen Ländern sind, aber doch international »Gleicher Lohn für gleiche Arbeit!« fordern und sich solidarisieren und ihre Kämpfe immer besser koordinieren.

Die internationale Zusammenarbeit und gegenseitige Unterstützung der Industriearbeiter ist auch deshalb notwendig, weil die imperialistische Bourgeoisie ihre Methoden und ihr Rechtssystem exportiert. Deshalb müssen die Arbeiter weltweit aus den bereits gemachten Erfahrungen lernen. So wurde in den letzten Jahren die Klassenzusammenarbeitspolitik der deutschen Gewerkschaften immer mehr als Vorbild gewerkschaftlicher Arbeit auch international verbreitet. Eine wichtige Rolle spielten dabei der Aufbau von Europa- und Weltbetriebsräten in den internationalen Monopolen sowie internationale Gewerkschaftsverbände wie der Internationale Metallarbeiterbund, an dessen Spitze der reformistische IG-Metall-Vorsitzende Klaus Zwickel wirkt. Vorruhestandsregelungen, Sozialpläne, Vereinbarungen zur Flexibilisierung, strategische Gespräche zwischen Gewerkschaftsführern und Betriebsleitungen sind heute in vielen Ländern üblich.

All das hat zur Folge, dass sich die kulturellen Traditionen und Besonderheiten der Arbeiterbewegung in den verschiedenen Ländern immer mehr relativieren. Dennoch wird die Vereinigung des internationalen Proletariats nicht in erster Linie durch die Angleichung ihrer Lebens- und Arbeitsbedingungen zustande kommen; dazu ist ihr bewusster Zusammenschluss durch Koordinierung und Revolutionierung der Kämpfe im internationalen Maßstab erforderlich.

## Die Entwicklung des Industrieproletariats in den Sonderwirtschaftszonen

Während die Schicht der Industriearbeiter in den Betrieben der internationalen Monopole eine tendenzielle Angleichung ihrer Arbeitsbedingungen erlebt, **öffnet sich zugleich die Schere zwischen ihren Lohn- und Arbeitsbedingungen und denen der Masse der Arbeiter** in den Entwicklungsländern, die nicht direkt bei internationalen Monopolen beschäftigt sind. Klein- und Kleinstbetriebe, die für internationale Monopole billige Zulieferteile produzieren, beschäftigen mindestens die fünffache Anzahl der Arbeitskräfte wie die internationalen Monopole selbst. 1992 nahm Suzuki in Esztergom (Ungarn) mit 2 100 Beschäftigten die Produktion auf. In insgesamt 263 Zulieferbetrieben für dieses Werk, die sich zum Teil in ungarischem und zum Teil in ausländischem Besitz befinden, waren weitere 31 200 Arbeitskräfte beschäftigt, also die 15-fache Anzahl. Es handelt sich um ein tief gestaffeltes System von Subunternehmen, das bis zu Heimarbeit und Scheinselbständigkeit geht – genauso, wie es sich auch in den imperialistischen Ländern ausbreitet.

Diese Arbeiter sind zumeist in **Sonderwirtschaftszonen** beschäftigt – auch Freihandelszonen oder Exportproduktionszonen genannt –, die sich im Rahmen der Neuorganisation der internationalen Produktion explosionsartig vermehrt haben. Dort arbeiten mindestens fünf Prozent der weltweit Beschäftigten. Die Zahl der Arbeitskräfte in Sonderwirtschaftszonen erhöhte sich von einer halben Million im Jahr 1975 bis 2002 auf geschätzte 100 Millionen.

Ende des 20. Jahrhunderts gab es über 2 000 Freihandels- oder Exportproduktionszonen in zirka 70 Entwicklungsländern. Allein in China arbeiteten bis zu 70 Millionen Beschäftigte in Sonderwirtschaftszonen. Das gesamte Territorium von Hongkong ist eine Freihandelszone, zwei Industrieparks eingeschlossen, die als Exportproduktionszone gelten. Auch Sri Lanka erklärte 1992 das gesamte Land zur Freihandelszone, daneben existierten fünf Exportproduktionszonen. In Mexiko wurden 40 Prozent, in Guatemala 33 Prozent, in der Dominikanischen Republik 50 Prozent und in Honduras 61 Prozent der Exporte in den Exportzonen erwirtschaftet.

In den weltweiten Freihandelszonen herrschen zwei Industriezweige vor: die Textil- und Bekleidungsindustrie und die Elektronikindustrie. Es werden aber auch Schuhe, Spielzeug, Schmuck und Lebensmittel produziert sowie in einigen Ländern Zulieferungen für die Automobilindustrie (besonders in Mexiko). Vermehrt nutzen aber auch Datenverarbeitungs- und Telemarketing-Firmen die Vorteile der Zonen.

Das Industrieproletariat in den Freihandelszonen wird äußerst schlecht bezahlt. So werden in Mittelamerika Arbeiterinnen in der Bekleidungsindustrie für nur 51 bis 92 Euro im Monat 10 bis 12 Stunden täglich ausgebeutet. Das allgemeine Lohnniveau in Mexiko lag 1999 bei etwa 235 Euro im Monat. In den kubanischen Exportzonen erhalten die bürokratischen Machthaber um Fidel Castro für jeden Beschäftigten 1,10 bis 6 US-Dollar pro Stunde, während die Arbeiter selbst nur zwischen 6,50 und 8,70 US-Dollar im Monat (!) bekommen.

In den Sonderwirtschaftszonen tritt besonders deutlich zutage, wie die internationalen Monopole Nationalstaaten in Frage stellen bzw. in den neokolonial abhängigen Ländern über die Nationalstaaten herrschen. Sie setzen sich über nationale Verfassungsbestimmungen, Gesetze und Rechtsprechung hinweg und diktieren offen ihre Bedingungen für Besteuerung, Sozialleistungen, Arbeitsbedingungen, Arbeitszeiten, Entlohnung usw. Durchgängiges Merkmal in allen Freihandelszonen sind ein miserabler Arbeits- und Unfallschutz sowie Behinderung gewerkschaftlicher Betätigung und Verbot von Streiks.

Wenn es nach den internationalen Monopolen ginge, würden die Arbeitsbedingungen in den Freihandelszonen zum Normalfall für die Entwicklungsländer. Nach Schätzungen der Weltbank war bereits Anfang der 1990er Jahre ungefähr die Hälfte der Beschäftigten multinationaler Konzerne in Entwicklungsländern in einer Exportproduktionszone tätig. Auch in den imperialistischen Ländern nutzen internationale Monopole die niedrigen Löhne in kleineren Betrieben gnadenlos aus, um das Industrieproletariat zu spalten. Diese Spaltung zu überwinden, ist eine grundlegende Aufgabe des internationalen Industrieproletariats. Nur so kann es zur führenden Kraft im Kampf für soziale und nationale Befreiung der gesamten Arbeiterklasse und der breiten Massen werden. Es steht vor der großen Herausforderung, seine führende Rolle gegenüber allen Teilen der Arbeiterklasse und den Volksmassen zu verwirklichen.

## 5. Veränderungen der Klassenstruktur infolge der Internationalisierung der kapitalistischen Produktion

### Veränderungen in der Klassenstruktur der Bourgeoisie

Willi Dickhut arbeitete in seinem Buch »Der staatsmonopolistische Kapitalismus in der BRD« heraus, dass in Deutschland die 250 größten Monopole die Industrieproduktion beherrschten. So erhöhte sich ihr Anteil am Gesamtumsatz der Industrie von 59,4 Prozent im Jahr 1975 auf 70,3 Prozent im Jahr 1985 – auf Kosten der nicht monopolistischen Bourgeoisie. Mit dem Beginn der Neuorganisierung der internationalen Produktion begannen jedoch die Monopolbetriebe Produktionsteile auszugliedern, die keinen Maximalprofit brachten. Das führte dazu, dass bis 1987 der Anteil der Monopole am industriellen Gesamtumsatz wieder auf 64,3 Prozent fiel.

Nach der Wiedervereinigung und der Weltwirtschaftskrise 1991 bis 1993 setzte erneut eine **beschleunigte Konzentration der Produktion auf die Monopole** ein. Ihr Anteil erhöhte sich sprunghaft von 64,2 Prozent 1991 bis auf den Rekordwert von 81,6 Prozent im Jahr 2000. Dadurch wurde der Anteil der Nichtmonopole am Gesamtumsatz aller Betriebe mit Stammsitz in Deutschland annähernd halbiert. Gleichzeitig stieg aber die Anzahl der nicht monopolistischen Betriebe und ihrer Beschäftigten in Deutschland an.

**Tabelle 15:**
**Zahl der Betriebe und ihrer Beschäftigten 1992 und 2000 in Deutschland nach Beschäftigtengrößenklassen**

| Anzahl Beschäftigte im Betrieb | Anzahl Betriebe | | | Beschäftigte absolut | | Beschäftigte (in %) | |
|---|---|---|---|---|---|---|---|
| | 1992 | 2000 | Änderung | 1992 | 2000 | 1992 | 2000 |
| > 1 000 | 2 815 | 1 989 | −29,3% | 6 594 002 | 5 776 781 | 23,1 | 19,9 |
| 500 – 999 | 3 306 | 3 236 | −2,1% | 2 265 059 | 2 303 076 | 8,0 | 7,9 |
| 200 – 499 | 10 830 | 10 752 | −0,7% | 3 251 128 | 3 438 677 | 11,4 | 11,8 |
| 100 – 199 | 18 689 | 19 404 | 3,8% | 2 591 606 | 2 767 478 | 9,1 | 9,5 |
| 50 – 99 | 36 614 | 38 981 | 6,5% | 2 485 909 | 2 719 123 | 8,7 | 9,3 |
| 20 – 49 | 111 447 | 118 493 | 6,3% | 3 317 546 | 3 553 999 | 11,6 | 12,2 |
| 10 – 19 | 187 669 | 201 319 | 7,3% | 2 557 234 | 2 684 740 | 9,0 | 9,2 |
| 1 – 9 | 2 166 180 | 2 654 358 | 22,5% | 5 422 266 | 5 845 626 | 19,0 | 20,1 |
| **Gesamt** | **2 537 550** | **3 048 532** | **20,1%** | **28 484 750** | **29 089 502** | **100** | **100** |

Quelle: Institut für Mittelstandsforschung (IfM) Bonn, Unternehmensgrößenstatistik 2001/2002, S. 160; Ermittlung aufgrund der von den gewerblichen Berufsgenossenschaften gemeldeten Arbeitsstunden, die vom IfM auf Vollarbeitsplätze umgerechnet werden. Bahn, Post, Landwirtschaft und deren Beschäftigte sind nicht enthalten.

Die Zahl der Betriebe mit über 1000 Beschäftigten nahm um 29,3 Prozent ab, Klein- und Kleinstbetriebe mit einem bis neun Beschäftigten nahmen am stärksten zu. Der Zuwachs der Beschäftigten bei kleinen und Kleinstbetrieben drückte eine Tendenz in der Unternehmenspolitik der Monopole aus, nicht Maximalprofit bringende und arbeitsintensive Unternehmensbereiche auszugliedern und der nicht monopolistischen Bourgeoisie zu überlassen. Ein großer Teil dieser Betriebe musste kurze Zeit nach der Gründung wieder aufgeben. Für diese Unternehmen gilt, was schon Marx schrieb:

*»Außer der Bourgeoisie und dem Proletariat produziert die moderne große Industrie noch eine Art Zwischenklasse zwischen beiden, das Kleinbürgertum ... der Bankerott ist bei ihm eine Institution geworden. Es nimmt teil durch seinen kleinen Kapitalbesitz an der Lebenslage der Bourgeoisie, durch die Unsicherheit seiner Existenz an der des Proletariats. Widerspruchsvoll wie sein gesellschaftliches Dasein ist seine politische Stellung.«* (Marx/Engels, Werke, Bd. 16, S. 67/68)

Das Bonner Institut für Mittelstandsforschung (IfM) errechnete für die Jahre 1991 bis 2001 die enormen Zahlen von 5479000 Gewerbeanmeldungen und 4177000 Gewerbeabmeldungen. So standen allein im Jahr 2001 den 455000 Unternehmensgründungen 386000 Pleiten gegenüber.

In der Neuorganisierung der internationalen Produktion unterwerfen die Übermonopole alle Bereiche der gesellschaftlichen Produktion ihrem Streben nach Beherrschung des Weltmarkts. Sie zwingen alle anderen Schichten der Bourgeoisie unter das **Diktat ihrer integrierten Produktionsverbünde**: Monopole, die international tätig sind, aber keine beherrschende Stellung einnehmen können, Monopole, die nur im nationalstaatlichen Rahmen beherrschend sind, die nicht monopolistische Bourgeoisie bis hin zur breiten Schicht der Kleinstbetriebe und selbständigen Kleinbürger.

Die Weltwirtschaftskrise 1991 bis 1993 traf die nicht monopolisierte Bourgeoisie wesentlich härter als die Monopole. Während die Monopole 1993 nur einen relativ geringfügigen Umsatzrückgang um 1,2 Prozent hatten, brach der Umsatz der nicht monopolisierten Bourgeoisie um 11,7 Prozent ein. 1998 ging ihr Umsatz sogar um weitere 8,2 Prozent zurück. 1999 lag er 37,7 Prozent unter dem Stand von 1991.

Die Monopole hatten sich in den 1990er Jahren die Betriebe und Märkte der ehemaligen DDR einverleibt. Das vielbeschworene Aufblühen des Mittelstands in den neuen Bundesländern war – abgesehen von einer vorübergehenden Scheinblüte bei Bauunternehmen und in Einzelfällen – eine Lüge. In Wirklichkeit trugen die internationalen Monopole ihren verschärften Konkurrenzkampf gnadenlos auf dem Rücken der nicht monopolistischen Bourgeoisie aus. Die Monopole bauten internationale Zulieferstrukturen auf und ließen kleine Betriebe auf der ganzen Welt für sich arbeiten. Voller Zufriedenheit berichtete der Bayer-Vorstand:

*»Nach einer halben Stunde sind schließlich noch zwei der 14 Lieferanten im Rennen, unterbieten sich gegenseitig in Schritten von 1000 Euro. Es bleibt spannend. Dann fällt der Hammer: Das günstigste Angebot liegt vor. Zum Ersten, zum Zweiten, zum Dritten. Die Bayer-Einkäufer rechnen nach – und sind zufrieden. Ihr Startpreis wurde um mehr als 25 Prozent unterboten.«* (Bayer AG, Geschäftsbericht 2000, S. 12)

Die nicht monopolisierte Bourgeoisie sah sich einer viel schärferen Konkurrenz von Betrieben aus anderen Ländern ausgesetzt, konnte aber selbst mangels Kapital nur schwer international expandieren. Außerdem war sie auf den Inlandsmärkten mit den Folgen der Umverteilung in die Kassen der internationalen Monopole konfrontiert: der Kürzung der staatlichen Investitionen und der Einschränkung der Massenkaufkraft.

Die neue Stufe der Differenzierung der Kapitalistenklasse, die mit der Neuorganisation der internationalen Produktion auftrat, drückt sich in Form einer Pyramide aus: Oben stehen die international beherrschenden Übermonopole. Ihnen folgen international tätige Zulieferer- und Ausrüstermonopole. In der Automobilindustrie sind diese »Mega-Supplier« selbst internationale Monopole oder Teile von ihnen, wie der Bosch-Konzern oder die Automobilsparten von Siemens und ThyssenKrupp. Als dritte Gruppe folgen weitere Zulieferer, die zur nicht monopolisierten Bourgeoisie gehören und den Sprung zur internationalen Tätigkeit nicht schaffen. Die vierte Gruppe reicht hinunter zu Subunternehmen, Kleingewerbetreibenden und selbständigen Kleinbürgern, die insbesondere mit so genannten »unternehmensnahen Dienstleistungen« beauftragt werden. Die kleine Spitzengruppe der international beherrschenden Monopole hat sich alle anderen Teile der Bourgeoisie unterworfen. Sie duldet nicht, dass irgendjemand neben ihr eine Machtstellung einnimmt.

Der Konzentrationsprozess führte auch unter den Monopolen zu einer Vertiefung der ungleichmäßigen Entwicklung. So verschwand bei den 250 beherrschenden Monopolen die Umsatzgrößenklasse bis 1 Milliarde DM im Jahr seit 1991 vollständig. Auch die Zahl der Monopole mit einem Umsatz zwischen 1 und 5 Milliarden DM ging zurück. Gab es 1991 noch 191 Monopole dieser Umsatzgrößenklasse, die 59 großen Monopolen mit einem Umsatz über 5 Milliarden DM gegenüberstanden, so war das Verhältnis 1999 schon fast ausgeglichen: 128 kleinere und 122 große Monopole.

Die 50 größten Monopole in Deutschland sind weitgehend identisch mit den deutschen Übermonopolen als Bestandteil der weltweit herrschenden Schicht des internationalen Finanzkapitals. Sie haben sich auch national an die Spitze der herrschenden Schicht der Monopole gesetzt und dominieren dort maßgeblich die gesellschaftliche Entwicklung.

## Wachstum der Arbeiterklasse und Veränderungen ihrer Zusammensetzung

In dem 1993 erschienenen Buch »Der Neokolonialismus und die Veränderungen im nationalen Befreiungskampf« wurde die Entwicklung der internationalen Arbeiterklasse so zusammengefasst:

*»Unter den Bedingungen des Neokolonialismus haben die Klassenverhältnisse in den unterdrückten, abhängigen Ländern eine qualitative Veränderung erfahren. Ihr Hauptmerkmal ist die Klassenscheidung zwischen Proletariat und Bourgeoisie ...*

*Damit einher ging ein* **sprunghaftes Wachstum der Arbeiterklasse in Industrie, Landwirtschaft und Dienstleistungssektor und die Erhöhung ihres Anteils an der Gesamtzahl der Werktätigen.** *Einen Eindruck davon vermittelt die Tatsache, daß von 1950 bis 1985 die Zahl der in der Industrie Beschäftigten in den Entwicklungsländern um mehr als das Dreifache gestiegen ist. Allerdings muß dabei beachtet werden, daß sich seitdem auch die Weltbevölkerung nahezu verdoppelt hat.*

*Zur <u>Arbeiterklasse im engeren Sinn</u> gehören: die Arbeiter in der verarbeitenden Industrie, der Grundstoff- und Bauindustrie; ferner die als Lohnarbeiter beschäftigten Landarbeiter und die Transportarbeiter innerhalb und außerhalb der Betriebe. Der Kern der Arbeiterklasse ist die Industriearbeiterschaft.*

*Zur <u>Arbeiterklasse im weiteren Sinn</u> sind in erster Linie die untere Schicht der technischen und kaufmännischen Angestellten zu rechnen, die keine akademische Bildung haben. Auch Arbeiter im Angestelltenverhältnis gehören dazu.*

*Hinzurechnen muß man ferner einen Teil der unteren Angestellten und Beamten im Dienstleistungsbereich, die der Arbeiterklasse näher stehen als der Bourgeoisie, den Monopolen und den mit ihnen verbundenen Staatsorganen. Zur Arbeiterklasse im weiteren Sinn zählt ebenso ein Teil der wachsenden Massen Arbeits- und Wohnungsloser, die sich durch Gelegenheitsarbeit über Wasser halten. Sie betreiben auch Tauschhandel und Dienstleistungen aller Art, was zeigt, daß es zwischen der Arbeiterklasse und dem Kleinbürgertum vielfältige fließende Übergänge gibt.«* (»Der Neokolonialismus und die Veränderungen im nationalen Befreiungskampf«, S. 116/117 – Unterstreichungen im Original, Hervorhebung Verf.)

In den letzten 20 Jahren hat sich die Klassenstruktur in allen Ländern mehr oder weniger nachhaltig geändert. Weltweit ist die Zahl der Erwerbstätigen erheblich gewachsen. In den imperialistischen Ländern stieg sie zwischen 1980 und 1999 um 29,8 Prozent, in 48 der bevölkerungsreichsten neokolonial abhängigen Länder zwischen 1980 und 1997 um 47 Prozent (Tabellen 16 und 17). Das Wachstum der Arbeiterklasse bringt ein Grundgesetz des Kapitalismus zum Ausdruck. Dazu schrieb Karl Marx:

*»Das Kapital kann sich nur vermehren, indem es sich gegen Arbeitskraft austauscht, indem es Lohnarbeit ins Leben ruft. Die Arbeitskraft des Lohnarbeiters kann sich nur gegen Kapital austauschen, indem sie das Kapital vermehrt, indem sie die Macht verstärkt, deren Sklavin sie ist.* **Vermehrung des Kapitals ist daher Vermehrung des Proletariats, d. h. der Arbeiterklasse.**« (»Lohnarbeit und Kapital«, Marx/Engels, Werke, Bd. 6, S. 410)

Offiziell gibt es rund drei Milliarden Erwerbspersonen auf der Welt. Hinzu kommen weltweit über 500 Millionen, die

## Tabelle 16:
### Erwerbspersonen in imperialistischen Ländern in 1000 und Prozentanteil in Industrie (I), Dienstleistungen (D), Landwirtschaft (L), offizielle Arbeitslosenquote (AQ)

| Land | 1980 | | | | | 1999 | | | | |
|---|---|---|---|---|---|---|---|---|---|---|
| | absolut | I % | D % | L % | AQ % | absolut | I % | D % | L % | AQ % |
| China (mit Hongkong, Macao) | 541 309 | 18 | 12 | 68 | 4,9 | 753 358 | 22 | 31 | 47 | 3,1 |
| USA | 110 136 | 31 | 66 | 4 | 7,1 | 142 621 | 23 | 74 | 3 | 4,2 |
| Russland | 75 997 | 44 | 40 | 16 | – | 77 719 | 29 | 59 | 12 | 13,4 |
| Japan | 57 235 | 35 | 54 | 10 | 2,0 | 68 036 | 32 | 63 | 5 | 4,7 |
| Deutschland | 37 452 | 44 | 51 | 5 | 3,1 | 40 904 | 35 | 63 | 3 | 8,7 |
| Großbritannien | 26 948 | 38 | 60 | 3 | 6,8 | 29 756 | 26 | 72 | 2 | 6,0 |
| Frankreich | 23 837 | 40 | 58 | 2 | 6,1 | 26 496 | 25 | 74 | 1 | 11,8 |
| Italien | 22 557 | 38 | 48 | 14 | 7,6 | 25 658 | 33 | 62 | 6 | 11,3 |
| Spanien | 13 960 | 36 | 45 | 19 | 11,4 | 17 301 | 31 | 62 | 7 | 15,8 |
| Kanada | 12 188 | 29 | 66 | 5 | 7,5 | 16 357 | 22 | 74 | 4 | 7,6 |
| Australien | 6 739 | 31 | 62 | 6 | 5,9 | 9 662 | 21 | 74 | 5 | 7,0 |
| Niederlande | 5 644 | 31 | 64 | 5 | 4,6 | 7 352 | 22[1] | 72[1] | 4[1] | 3,6 |
| Schweden | 4 206 | 32 | 62 | 6 | 2,2 | 4 793 | 25 | 72 | 3 | 7,1 |
| Belgien | 3 946 | 35 | 62 | 3 | 9,1 | 4 250 | 28[1] | 70[1] | 3[1] | 8,6 |
| Schweiz | 3 056 | 38 | 55 | 7 | 0,2 | 3 838 | 26 | 69 | 5 | 3,1 |
| Österreich | 3 395 | 31 | 49 | 11 | 1,9 | 3 785 | 30 | 63 | 6 | 4,7 |
| Dänemark | 2 718 | 30 | 63 | 7 | 7,0 | 2 945 | 26[1] | 70[1] | 4[1] | 5,1 |
| Israel | 1 451 | 31 | 62 | 6 | 4,8 | 2 625 | 25 | 72 | 2 | 8,9 |
| Finnland | 2 412 | 34 | 52 | 13 | 4,7 | 2 607 | 28 | 66 | 6 | 10,2 |
| Norwegen | 1 944 | 30 | 62 | 9 | 1,7 | 2 313 | 22 | 73 | 5 | 3,2 |
| Luxemburg | 153 | 38 | 57 | 6 | 0,7 | 185 | 26[1] | 72[1] | 2[1] | 2,4 |
| **Gesamt** | **957 283** | – | – | – | – | **1 242 561** | – | – | – | – |

[1] Zahlen beziehen sich auf 1997
Die Arbeitslosenquote für China erfasst nur die in den Städten Registrierten.
Die absoluten Zahlen beziehen sich auf Erwerbspersonen (Arbeitslose eingeschlossen), die Prozentzahlen nur auf Erwerbstätige.
Quellen: Weltbank, CD-ROM World Development Indicators 2002; Asian Development Bank (www.adb.org, 20.12.2002); OECD Labour Force Statistics 1980–2000 (2002) für die Zahlen von Deutschland und Dänemark im Jahr 1980

allein deshalb als »*informell*« aus der Statistik ausgegrenzt werden, weil sie im Unterschied zur »*formellen*« Arbeit nicht steuerlich erfasst sind. Diese Steigerung der Erwerbstätigkeit ist hauptsächlich auf zwei Faktoren zurückzuführen: auf eine stärkere Berufstätigkeit von Frauen und auf die große Zunahme von »Teilzeitjobs«.

Die offizielle Statistik erweckt den Eindruck, als ob in allen imperialistischen Ländern mit Ausnahme von China und einer Reihe von Entwicklungsländern die Zahl der Industriearbeiter zurückgegangen wäre.

Bereits Karl Marx griff in seinem Werk »Das Kapital« die Verschleierung der Klassenzugehörigkeit von Arbeitern an. In einer Fußnote schrieb er:

»*Es ist charakteristisch für die Absicht des statistischen Betrugs, die auch sonst noch im Detail nachweisbar wäre, wenn die englische Fabrikgesetzgebung die zuletzt im Text erwähnten Arbeiter ausdrücklich als Nicht-Fabrikarbeiter von ihrem Wirkungskreis ausschließt*«. (»Das Kapital«, Erster Band, Marx/Engels, Werke, Band 23, S. 443)

Tatsächlich verschwindet ein großer Teil der Industriearbeiter in der Statistik unter dem Begriff »Dienstleistungssektor«. Das bürgerliche Gabler-Wirtschaftslexikon schrieb zum Stichwort »Dienstleistungen«:

»**Dienstleistungen**, *immaterielle Güter, v. a. dadurch charakterisierte Güter, daß Produktion und Verbrauch zeitlich zusammenfallen. Dienstleistungen gelten allgemein als nicht übertragbar, nicht lagerfähig und nicht transportierbar. Typische Dienstleistungen sind Handels-, Verkehrs-, Bank- und Versicherungsdienstleistungen, Leistungen des Gaststätten- und Beherbergungsgewerbes, der Wäschereien, Reinigungen, Friseure usw., der freien Berufe, der kulturellen Einrichtungen und*

*Massenmedien, allgemeine Verwaltungsleistungen, Forschungsleistungen, Leistungen der öffentlichen Sicherheit sowie des Bildungs- und Gesundheitswesens.* – *Gegensatz:* → *Sachleistungen.«* (S. 1244)

Diese starre Gegenüberstellung von Sachleistungen als materiellen und Dienstleistungen als angeblich immateriellen Gütern soll den Eindruck erwecken, als hätten Dienstleistungen nichts mit der materiellen Produktion zu tun und als gehörten diejenigen, die sie erbringen, nicht zur Arbeiterklasse.

Karl Marx kritisierte eine solche formale Unterscheidung grundsätzlich:

*»Wie im Natursystem Kopf und Hand zusammengehören, vereint der Arbeitsprozeß Kopfarbeit und Handarbeit. Später scheiden sie sich bis zum feindlichen Gegensatz. Das Produkt verwandelt sich überhaupt aus dem unmittelbaren Produkt des individuellen Produzenten in ein gesellschaftliches, in das gemeinsame Produkt eines Gesamtarbeiters, d. h. eines kombinierten Arbeitspersonals, dessen Glieder der Handhabung des Arbeitsgegenstandes näher oder ferner stehn. Mit dem kooperativen Charakter des Arbeitsprozesses selbst erweitert sich daher notwendig der Begriff der produktiven Arbeit und ihres Trägers, des produktiven Arbeiters.* **Um produktiv zu arbeiten, ist es nun nicht mehr nötig, selbst Hand anzulegen; es genügt, Organ des Gesamtarbeiters** *zu sein, irgendeine seiner Unterfunktionen zu vollziehn.«* (Marx/Engels, Werke, Bd. 23, S. 531 – Hervorhebung Verf.)

So unsinnig die oben zitierte Definition des Gabler-Wirtschaftslexikons auch ist, sie widerspiegelt doch eine bestimmte Realität der kapitalistischen Produktion. In den letzten Jahren gliederten die Unternehmen immer mehr Teile aus, die sie nicht zu ihren »Kernbereichen« zählen. Das betraf Funktionen wie Kantinen, Wäsche und Instandsetzung der Arbeitskleidung,

## Tabelle 17:
### Erwerbspersonen in Entwicklungsländern in 1000 und Prozentanteil in Industrie (I), Dienstleistungen (D), Landwirtschaft (L), offizielle Arbeitslosenquote (AQ)

| Land | 1980 | | | | | 1997 | | | | |
|---|---|---|---|---|---|---|---|---|---|---|
| | absolut | I % | D % | L % | AQ % | absolut | I % | D % | L % | AQ % |
| Indien | 299 539 | 13 | $17^2$ | 70 | – | 420 752 | $13^1$ | $20^2$ | 67 | 10,4 |
| Indonesien | 58 565 | 13 | 30 | 56 | – | 94 384 | 19 | 40 | 41 | 4,7 |
| Brasilien | 47 661 | 24 | $46^2$ | 30 | 2,8 | 75 408 | 20 | 56 | 24 | 7,8 |
| Bangladesch | 40 267 | 9 | $18^2$ | 73 | – | 63 223 | 10 | $25^1$ | $63^1$ | $2,5^1$ |
| Pakistan | 29 303 | 20 | 27 | 53 | 3,6 | 47 247 | 19 | 37 | 44 | 6,1 |
| Nigeria | 29 519 | 8 | 38 | 54 | – | 46 590 | $22^1$ | $42^2$ | 36 | 3,2 |
| Vietnam | 25 593 | 13 | 14 | 73 | – | 38 545 | 13 | $17^2$ | 69 | 6,4 |
| Mexiko | 22 041 | 21 | 53 | 26 | – | 37 526 | 22 | 53 | 24 | 3,4 |
| Thailand | 24 363 | 10 | 19 | 71 | 0,8 | 35 486 | 20 | 30 | 50 | 0,9 |
| Philippinen | 18 743 | 15 | 33 | 52 | 4,8 | 29 600 | 17 | 43 | 40 | 7,9 |
| Türkei | 18 741 | 16 | $24^2$ | 60 | 7,9 | 29 154 | 25 | 36 | 40 | 6,4 |
| Äthiopien | 16 924 | 2 | $9^2$ | 89 | – | 25 914 | $2^1$ | $10^1$ | $89^1$ | 40,0 |
| Ukraine | 26 423 | 39 | $36^2$ | 25 | – | 25 465 | 28 | 47 | 25 | 8,9 |
| Südkorea | 15 539 | 29 | 37 | 34 | 5,2 | 22 927 | 31 | 58 | 11 | 2,6 |
| Ägypten | 14 319 | 20 | 36 | 42 | 5,2 | 22 360 | 22 | 46 | 31 | 8,4 |
| Demokratische Republik Kongo | 11 961 | 12 | 16 | 72 | – | 19 552 | – | – | 65 | – |
| Polen | 18 522 | 40 | 32 | 30 | – | 19 522 | 32 | 48 | 21 | 11,2 |
| Iran | 11 725 | 26 | $35^2$ | 39 | – | 18 403 | $31^1$ | 45 | $23^1$ | 9,1 |
| Kolumbien | 9 436 | 34 | 65 | 1 | 9,1 | 17 026 | 20 | 23 | 57 | 12,1 |
| Tansania | 9 508 | 5 | 10 | 86 | – | 16 081 | – | – | 82 | – |
| Südafrika | 10 347 | 35 | $48^2$ | 17 | – | 15 992 | 25 | 63 | 11 | 22,0 |
| Kenia | 7 829 | 22 | 55 | 23 | – | 14 170 | $20^1$ | 62 | $19^1$ | $34^1$ |
| Argentinien | 10 687 | 34 | 53 | 13 | 2,3 | 14 098 | 25 | 73 | 1 | 14,9 |
| Marokko | 6 968 | 20 | $24^2$ | 56 | – | 10 675 | 35 | 59 | 5 | 16,9 |
| Rumänien | 10 912 | 44 | 26 | 30 | – | 10 661 | 31 | 31 | 39 | 6,0 |
| Afghanistan | 6 820 | 10 | 18 | 73 | – | 10 214 | – | – | $69^1$ | – |
| Nepal | 7 057 | 0,5 | 5,5 | 94 | – | 9 918 | $6^1$ | $16^2$ | $79^1$ | 1,1 |
| Algerien | 4 848 | 27 | 37 | 36 | – | 9 286 | $26^3$ | $51^3$ | $23^3$ | 28,7 |

## Veränderungen der Klassenstruktur 117

| Land | 1980 absolut | I % | D % | L % | AQ % | 1997 absolut | I % | D % | L % | AQ % |
|---|---|---|---|---|---|---|---|---|---|---|
| Venezuela | 5155 | 28 | 57 | 15 | 5,9 | 9049 | 24 | 65 | 11 | 11,4 |
| Peru | 5417 | 18 | 42 | 40 | – | 8900 | 21 | 72 | 8 | 7,7 |
| Malaysia | 5295 | 24 | 39 | 37 | – | 8773 | 34 | 49 | 17 | 2,5 |
| Ghana | 5088 | 13 | 25[2] | 62 | 1,2 | 8503 | – | – | 57 | 30,0 |
| Irak | 3530 | 21 | 50[2] | 29 | – | 5923 | – | – | 11 | – |
| Chile | 3826 | 24 | 60 | 16 | 10,4 | 5859 | 27 | 58 | 14 | 5,3 |
| Tschechien | 5323 | 48 | 39 | 13 | – | 5689 | 41 | 53 | 6 | 4,8 |
| Kamerun | 3649 | 8 | 19 | 73 | – | 5644 | – | – | 63 | – |
| Angola | 3491 | 8 | 16 | 76 | – | 5528 | – | – | 73 | – |
| Simbabwe | 3204 | 15 | 25[2] | 60 | – | 5505 | – | – | 66[1] | 6,9 |
| Portugal | 4607 | 37 | 36 | 27 | 6,7 | 5004 | 31 | 55 | 14 | 6,9 |
| Ungarn | 5120 | 41 | 37 | 22 | – | 4807 | 33 | 59 | 8 | 8,7 |
| Griechenland | 3762 | 30 | 40 | 30 | 2,4 | 4480 | 23 | 58 | 20 | 9,6 |
| Bulgarien | 4594 | 43 | 33 | 24 | – | 4221 | 32 | 43 | 25 | 13,9 |
| Dominikanische Republik | 2100 | 24 | 44[2] | 32 | – | 3412 | 25 | 55 | 20 | 15,9 |
| Paraguay | 1148 | 20 | 35[2] | 45 | 4,1 | 1886 | 22[1] | 73[1] | 5[1] | 8,2[1] |
| Singapur | 1118 | 36 | 63 | 1 | 3,0 | 1908 | 30 | 69 | 0,3 | 2,4 |
| Irland | 1259 | 33 | 49 | 18 | – | 1502 | 27 | 60 | 10 | 10,4 |
| Uruguay | 1155 | 32 | – | 11 | – | 1477 | 27[1] | 69[1] | 5[1] | 10,1 |
| Republik Kongo | 703 | 13 | 29 | 58 | – | 1144 | – | – | 43 | – |
| **Gesamt** | **883704** | – | – | – | – | **1299393** | – | – | – | – |

[1] Zahlen beziehen sich auf das Jahr 1995 (1996) statt 1997

[2] Für diese Länder fehlen Zahlen für den Dienstleistungsbereich; die Werte sind aus der Differenz ermittelt.

[3] Zahlen für 1993

Bei folgenden Ländern beziehen sich die Angaben über die Klassenstruktur nur auf Teilbereiche: Stadtregionen: Marokko (1997 Landwirtschaft gesamt 38,5 %), Brasilien, Peru (1997 Landwirtschaft 31,2 %), Paraguay (1997 Landwirtschaft 35,7 %), Kolumbien (1980), die sieben größten Städte, Argentinien (1997), 28 städtische Ansammlungen, Argentinien (1993: Industrie 34 %, Dienstleistungen 66 %, Landwirtschaft 10 %), Uruguay (1997 Landwirtschaft 13,1 %)

Die absoluten Angaben beziehen sich auf Erwerbspersonen (Arbeitslose eingeschlossen), die Prozentangaben nur auf Erwerbstätige.

Quellen: Weltbank, CD-ROM World Development Indicators 2000 und 2002, Fischer Weltalmanach, verschiedene Jahrgänge

Reinigung der Bürogebäude, Wartungs- und Reparaturarbeiten, Abrechnungswesen, Forschung, Aus- und Weiterbildung, EDV-Abteilungen bis hin zu Teilen der Produktion, des Versands und Transports. Die Folge war, dass immer mehr Teile der Belegschaften abgespalten und in kleinere Betriebe mit niedrigerer Bezahlung und schlechteren Arbeitsbedingungen ausgelagert oder in Leiharbeiter verwandelt wurden.

Gleichzeitig entstanden riesige neue, international organisierte Dienstleistungskonzerne, die Flughäfen führen und verwalten oder Transporte weltweit organisieren, EDV-Systeme für eine Vielzahl von Großunternehmen gleichzeitig bereitstellen usw. Allein im Jahr 2000 lieferten so genannte »Dienstleistungsunternehmen« in Deutschland Leistungen im Wert von über 400 Milliarden Euro an Industrieunternehmen (Bundesverband der Deutschen Industrie, »Den Weltmarkt für Dienstleistungen öffnen«, S. 7)

Für die Unternehmen war das eine Methode, die Ausbeutung der Arbeitskraft zu steigern und die Arbeiterklasse zu spalten. Ideologisch sollte der Eindruck erweckt werden, die Arbeiterklasse sei eine aussterbende Klasse, weil immer mehr Beschäftigte den so genannten »Dienstleistungsberufen« angehören. Mit der Höherentwicklung der Arbeitsteilung wächst die Arbeiterklasse aber tendenziell an. Lediglich die **Zahl der unmittelbar produzierenden Arbeiter nimmt relativ ab**, während die Zahl der Arbeiter ansteigt, die mit Kontrolle, Wartung und sonstigen Aufgaben zur Aufrechterhaltung der Produktion beschäftigt sind. Die Mehrheit aller Berufsgruppen des »Dienstleistungsbereichs« gehört zur Arbeiterklasse im engeren oder weiteren Sinn. Ein geringerer Teil gehört zu den kleinbürgerlichen Zwischenschichten. Wir erleben eine **Entwicklung der fortschreitenden Industrialisierung** der gesamten Gesellschaft. Im »Programm der MLPD« heißt es dazu:

»Mit der Arbeiterklasse als Trägerin der fortgeschrittensten Produktionsweise hat der Kapitalismus die gesellschaftsverändernde Kraft zu seiner Überwindung hervorgebracht. Die fortschreitende Umwälzung der ökonomischen Struktur des Kapitalismus verwandelt einen wachsenden Teil der Arbeiter vom spezialisierten Handlanger der Maschinen zu einem vielseitig ausgebildeten Überwacher und Dirigenten des komplizierten Produktionsprozesses. Dieser funktioniert längst nicht mehr ohne die Ausbeutung der Schöpferkraft und Initiative der Arbeiterklasse.« (S. 15)

Die technischen Neuerungen im Bereich von Transport, Kommunikation und EDV haben diesen Prozess enorm beschleunigt. Das war eine entscheidende Voraussetzung für die Neuorganisation der internationalen kapitalistischen Produktion.

Im Zug dieser Entwicklung stieg das Qualifikationsniveau der Arbeiterklasse deutlich an. Heute haben bereits 60 Prozent der Auszubildenden in Industrie und Handel in Deutschland Realschulabschluss oder Abitur.

Die bürgerliche Theorie vom Wandel der »Industriegesellschaft« in eine »Dienstleistungsgesellschaft« verschleiert, was tatsächlich vor sich geht: die Umwandlung von für das Kapital unproduktiver Arbeit in produktive Arbeit. Wenn sie Mehrwert für das Kapital schaffen, dann interessiert sich die kapitalistische Produktionsweise auch für Dienstleistungen. Marx stellte fest,

»... daß *produktive Arbeit* zu sein eine Bestimmung der Arbeit ist, die zunächst absolut nichts zu tun hat mit dem *bestimmten Inhalt* der Arbeit, ihrer besondren Nützlichkeit oder dem eigentümlichen Gebrauchswert, worin sie sich darstellt.

*Dieselbe* Sorte Arbeit kann *produktiv* oder *unproduktiv* sein.« (»Theorien über den Mehrwert«, Marx/Engels, Werke, Bd. 26.1, S. 376/377)

In ihrer Missachtung der Arbeiter und Anbetung der kleinbürgerlichen Intellektuellen leugnete die PDS vollständig diese Erweiterung des Bildungsniveaus der Industriearbeiter:

»*Wichtigste produktive Kraft des früheren Kapitalismus war die Industriearbeiterschaft ... Wichtigste produktive Kraft des neuen Kapitalismus sind die Wissens- und Informationsarbeiterinnen und -arbeiter. Der Kapitalverwertung untergeordnet, entfaltet sich ihr produktives Vermögen in flexiblen Netzwerken. Kreativität, Eigenmotivation und Selbstkontrolle einerseits und Kooperation, schöpferische Gemeinschaftsarbeit und Wettbewerb andererseits prägen ihren Arbeitsalltag.*« (PDS-Programmentwurf, vorgelegt von der Parteivorsitzenden Gabi Zimmer am 27. April 2001)

In ihrem Bestreben, die Rolle der Arbeiterklasse im Kampf für die Befreiung herabzumindern und die Rolle der Intelligenz aufzuwerten, stützten die Revisionisten der PDS die bürgerliche Theorie vom »Verschwinden des Industrieproletariats«. So schrieb Jeremy Rifkin in seinem Buch »Das Ende der Arbeit und ihre Zukunft«:

»*Nirgends sind die Auswirkungen der Computerisierung und der Umstrukturierung so kraß wie in der Industrie. Anderthalb Jahrhunderte, nachdem Karl Marx die Proletarier der Welt aufrief, sich zu vereinigen, verkündete Jacques Attali, Berater des französischen Präsidenten Mitterrand für Wirtschaftsfragen, das Ende der Arbeiterschaft: ›Die Maschinen sind das neue Proletariat, die Arbeiterklasse kann sich ihre Entlassungspapiere holen.‹*« (Jeremy Rifkin, »Das Ende der Arbeit und ihre Zukunft«, S. 21)

Die Vorstellung, dass Maschinen die Arbeiterklasse gänzlich überflüssig machen könnten, ist natürlich völliger Unsinn. Maschinen produzieren keinen Mehrwert. Diese Eigenschaft hat einzig und allein die menschliche Arbeitskraft.

Unter den Entwicklungsländern gibt es einige, in denen der Anteil des Industrieproletariats an der Gesamtzahl der Beschäftigten selbst nach der offiziellen Statistik gewachsen ist. Dazu gehören Indonesien, Bangladesch, Thailand, Philippinen, Türkei, Südkorea, Ägypten, Malaysia, Chile, Mexiko, Peru, Paraguay, Dominikanische Republik, Iran, Nepal und Marokko. Bei vielen dieser Länder fällt auf, dass sie zu den bevorzugten Anlageländern der internationalen Monopole gehören. Das wird am großen Anteil der Industriebeschäftigten in Betrieben ausländischer Konzerne deutlich. In manchen Ländern wie Sri Lanka oder Singapur betrug er Mitte der 1990er Jahre sogar mehr als die Hälfte.

Viele internationale Monopole haben die Produktion in ihren Stammländern abgebaut und in diese »Billiglohnländer« verlegt.

**Tabelle 18:**
**Anteil der Beschäftigten des verarbeitenden Gewerbes in Betrieben ausländischer Konzerne (in Prozent der Gesamtbeschäftigten)**

| Land | Jahr | in Tausend | in % |
|---|---|---|---|
| Sri Lanka | 1996 | 197,6 | 54,4 |
| Singapur | 1996 | 197,4 | 52,1 |
| Malaysia | 1994 | 529,2 | 43,7 |
| Taiwan | 1995 | 517,6 | 21,1 |
| Mexiko | 1993 | 906,6 | 17,9 |
| Hongkong | 1994 | 67,5 | 16,0 |
| Vietnam | 1995 | 110,9 | 14,9 |
| Brasilien | 1995 | 952,3 | 13,4 |

Quelle: World Investment Report 1999

Durch die Neuorganisation der internationalen Produktion gab es in den relativ stärker industrialisierten Entwicklungsländern eine ähnliche Tendenz wie in den imperialistischen Ländern: Die höhere Produktivität machte es möglich, dass in großem Maß Industriearbeitsplätze abgebaut wurden, gleichzeitig wuchs der so genannte »Dienstleistungsbereich« stark an. So war es kein Zufall, dass insbesondere in den traditionellen Anlageländern der internationalen Monopole wie Brasilien, Südafrika oder in Osteuropa der Anteil der Industriearbeiter an der Gesamtzahl der Erwerbstätigen zurückging. Auch hier war die Hauptursache der Abbau von Arbeitsplätzen, die für die Monopole nicht produktiv genug waren, und ihre Ersetzung durch eine geringere Zahl hochqualifizierter Arbeitskräfte.

Allerdings wurde ein wachsender Teil der Arbeitsplätze nicht ersetzt, dadurch wuchs das Heer der Arbeitslosen gerade in diesen Ländern erheblich an. So nahm die Zahl der Erwerbstätigen zwischen 1990 und 1997 zum Beispiel in Rumänien, Bulgarien und Ungarn sogar absolut ab. Das allgemeine Gesetz der Akkumulation des Kapitals bewirkte, dass am Ende des 20. Jahrhunderts mindestens 1,3 Milliarden Menschen arbeitslos oder unterbeschäftigt waren. Marx wies nach, dass diese relative Übervölkerung im Kapitalismus eine gesetzmäßige Grundlage hat:

*»Je größer aber diese Reservearmee im Verhältnis zur aktiven Arbeiterarmee, desto massenhafter die konsolidierte Übervölkerung, deren Elend im umgekehrten Verhältnis zu ihrer Arbeitsqual steht. Je größer endlich die Lazarusschichte der Arbeiterklasse und die industrielle Reservearmee, desto größer der offizielle Pauperismus.* **Dies ist das absolute, allgemeine Gesetz der kapitalistischen Akkumulation.«** (»Das Kapital«, Erster Band, Marx/Engels, Werke, Bd. 23, S. 673/674)

Völlig ausgeblendet wurde in der offiziellen Statistik ein wachsender Teil der Arbeiterklasse, der unter den von der ILO (Internationale Arbeitsorganisation der UNO) geprägten, verschleiernden Begriff »*informeller Sektor*« fällt. Im Oktober 2001 waren von allen Erwerbstätigen in brasilianischen Metropolen nur 44,6 Prozent sozialversicherungspflichtig Beschäftigte, 4,1 Prozent waren Unternehmer, 23,1 Prozent Selbständige und 27,4 Prozent »informell« Beschäftigte. Gegenüber 1994 nahm die Zahl der sozialversicherungspflichtig Beschäftigten nur um 5,7 Prozent zu, die der »informell« Beschäftigten dagegen um 38,6 Prozent. Tatsächlich fielen unter diesen Sektor der Erwerbstätigen:

- Millionen Arbeiter in sogenannten »ungeschützten« Beschäftigungsverhältnissen ohne Tarifverträge, gesetzliche Mindeststandards und Sozialversicherung in unterschiedlichsten Formen einschließlich Heimarbeit, Gelegenheitsjobs, als Tagelöhner, Wanderarbeiter usw. Dieser Teil, von dem die große Mehrheit zur Arbeiterklasse im engeren Sinn gehört, wächst mit der Neuorganisation der internationalen Produktion besonders stark an.

- Besitzer von Kleinstunternehmen, die allerlei Dienstleistungen anbieten oder Straßenhandel betreiben. Ihre kleinbürgerliche Existenz ist äußerst labil und sie gehen ständig in die Arbeiterklasse, ins Kleinbürgertum oder Lumpenproletariat über.

Dass neue Schichten massenhaft in die Produktion einbezogen und dass ihnen tarifliche, politische und soziale Rechte verweigert werden, ist unmittelbar mit der Neuorganisation der internationalen Produktion verbunden. Diese Entwicklung ist keineswegs auf Entwicklungsländer beschränkt. In den Medien werden heuchlerisch Kampagnen gegen »*illegale Beschäftigung*« herausgestellt, aber völlig rechtlose Saisonarbeiter aus anderen

Staaten sind in den USA eine alltägliche Erscheinung – ebenso wie »ungeschützte Beschäftigungsverhältnisse« in Deutschland.

Die Arbeiterklasse wuchs im Prozess der Neuorganisation der internationalen Produktion stark an und veränderte sich zugleich deutlich in ihrer Zusammensetzung. Das wichtigste Ergebnis dieser gesellschaftlichen Veränderung ist, dass die Arbeiterklasse weltweit zur Hauptkraft im Kampf für soziale und nationale Befreiung wurde.

Die weltweite Entwicklungstendenz in der Klassenstruktur unterstreicht die Rolle der Arbeiterklasse als führende Kraft im Klassenkampf und einzig konsequent revolutionäre Klasse. Diese Erkenntnis ist ein grundsätzlicher Bestandteil des Marxismus-Leninismus. Sie gilt auch für die geringer werdende Zahl von Ländern, in denen die Arbeiterklasse quantitativ noch eine Minderheit ist und die Bauern zahlenmäßig die Hauptkraft bilden.

### Rückgang der Zahl der in der Landwirtschaft Beschäftigten

In fast allen Ländern der Welt ging der Anteil der in der Landwirtschaft Beschäftigten stark zurück. In den imperialistischen Ländern lag er – bis auf China und Russland – unter 10 Prozent. Nur in 54 von 209 erfassten Ländern in der Welt (25,8 Prozent) waren die landwirtschaftlich Beschäftigten noch die größte gesellschaftliche Gruppe. Es handelte sich dabei um sehr bevölkerungsreiche Länder wie China, Indien, Indonesien, Pakistan und Bangladesch bzw. um Länder, in denen die landwirtschaftliche Produktion noch die hauptsächliche Einkommensquelle war: Vietnam, Thailand, Nepal, Afghanistan, Türkei, Rumänien, Äthiopien, Kongo, Kamerun oder Angola.

In diesen Ländern mit vielen landwirtschaftlich Beschäftigten ging die Tendenz zum Wachstum der Zahl der Landarbeiter und zur Abnahme der Zahl kleiner und mittlerer Bauern. Das traf vor allem für Vietnam zu, wo Landarbeiter die Mehrheit aller Arbeitskräfte stellten.

## Die Tendenz zur Proletarisierung der kleinbürgerlichen Zwischenschichten

Mit der Neuorganisation der internationalen kapitalistischen Produktion wuchs auch die Differenziertheit der kleinbürgerlichen Schichten, die sich zwischen dem Proletariat und der Bourgeoisie befinden. An die Stelle der selbständigen kleinbürgerlichen Existenzen, wie sie im Kapitalismus der freien Konkurrenz vorherrschend waren – kleine Industrielle, Bauern, Handwerker –, traten immer mehr abhängig Beschäftigte. Bereits in dieser Entwicklung vom Selbständigen, der seine Ware verkauft, zum Lohn- oder Gehaltsabhängigen, der seine Arbeitskraft verkauft, zeigt sich eine **Tendenz zur Proletarisierung großer Teile der Zwischenschichten**.

Die wissenschaftlich-technische Intelligenz wurde mehr und mehr in den Produktionsprozess integriert oder in den industriell organisierten Konstruktionsbüros, EDV- und Software-Abteilungen direkt produktiv beschäftigt. Mit der Industrialisierung und Kommerzialisierung bisher öffentlicher Bereiche des Gesundheits-, Bildungs-, Kommunikations- und Versorgungswesens sowie mit der Übertragung vieler Beamtentätigkeiten auf Angestellte wurde diese Entwicklung ausgeweitet und beschleunigt. Durch Flexibilisierung, Zunahme der Schichtarbeit, Bedrohung durch Entlassungen kamen die Arbeitsbedingungen vieler Techniker und Ingenieure denen der Arbeiter näher. Auch die Einkommensunterschiede, etwa zwischen qualifizierten Arbeitern und jungen Ingenieuren, schwanden. Ein wachsender Teil der technischen Intelligenz gehört zur Arbeiterklasse im weiteren Sinn. In allen diesen Entwicklungen wird ein wesentliches Merkmal einer künftigen sozialistischen

Gesellschaft vorbereitet: dass Schritt für Schritt alle »*Mitglieder der Gesellschaft zu Werktätigen*« werden (Lenin).

## Verstädterung der Weltbevölkerung

Die zunehmende Verstädterung ist ein wesentlicher Ausdruck und zugleich Bedingung für die Veränderung der Klassenstrukturen. Zu Beginn des 20. Jahrhunderts lebten erst 14 Prozent der Weltbevölkerung in Städten. Im Jahr 1960 waren es 33,7 Prozent und im Jahr 2000 47 Prozent, das bedeutet in 40 Jahren einen Anstieg von einem Drittel auf fast die Hälfte. Im Jahr 1960 lebten 1 017 Millionen Menschen in Städten, im Jahr 2000 waren es 2 848 Millionen, fast das Dreifache.

Das Anwachsen der Städte beruht in erster Linie auf der Umwandlung von Kleinbauern und Kleinproduzenten in Arbeiter. Dazu wurde auf dem Gelsenkirchener Parteitag der MLPD 1999 ausgeführt:

»*Durch den GATT-Beschluß in Uruguay werden 600 Millionen kleinbürgerliche bäuerliche Existenzen in den nächsten zehn Jahren vernichtet. Was passiert mit diesen Menschen? Sie werden in die Städte gedrängt ... Das Wachstum der Städte wird explodieren. Bisher sind es 50 Prozent, bald 75 Prozent der Weltbevölkerung, die in Städten leben, falls man den bürgerlichen Prognosen glauben darf. Die These, dass die Arbeiterklasse zurückgeht, ist unsinnig und ein bürgerliches Ammenmärchen, um den bürgerlichen und kleinbürgerlichen Führungsanspruch gegenüber der Arbeiterklasse zu manifestieren.*« (Dokumente des Gelsenkirchener Parteitags der MLPD, S. 288)

Der Weltentwicklungsbericht 1999/2000 schrieb zur Definition der Stadt:

»*Die offizielle Definition von städtischen Gebieten beschreibt diese als Konzentration von nicht in der Landwirtschaft beschäftigten Arbeitern und nichtlandwirtschaftlichen Produktionssektoren.*« (S. 153)

Die Verstädterung ist am weitesten entwickelt in den imperialistischen Ländern, die in der bürgerlichen Statistik klassenneutral als »Industrieländer mit hohem Einkommen« bezeichnet werden. Dort wohnten im Jahr 2000 78,8 Prozent der Menschen in Städten. In den vom Imperialismus abhängigen Ländern gab es große Unterschiede. Einen relativ hohen Anteil hatte die Stadtbevölkerung in Lateinamerika/Karibik mit 75,4 Prozent und im Mittleren Osten/Nordafrika mit 58,6 Prozent; sie war relativ niedrig in Afrika südlich der Sahara mit 34,4 Prozent und in Südasien mit 28,4 Prozent. Am geringsten war der Anteil der Stadtbevölkerung in den am wenigsten entwickelten Ländern (Least Developed Countries = LDC) mit 25,9 Prozent.

**Schaubild 11:**
**Städtische Bevölkerung 1950–1998 (in Millionen)**

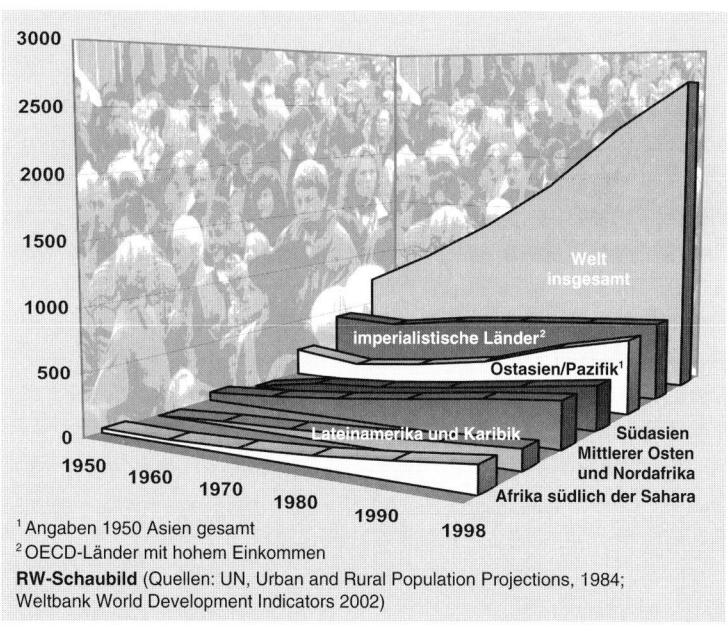

[1] Angaben 1950 Asien gesamt
[2] OECD-Länder mit hohem Einkommen
RW-Schaubild (Quellen: UN, Urban and Rural Population Projections, 1984; Weltbank World Development Indicators 2002)

Es kann keinen Zweifel geben, dass die Konzentration der Bevölkerung in Städten bei allem Elend in den Slums **allgemein** zu einem höheren Lebensniveau und zu einer höheren gesellschaftlichen Arbeitsproduktivität führt. Dort ballen sich Arbeitskräfte mit unterschiedlichsten Fähigkeiten und aus verschiedenen Berufen in zahlreichen Betrieben und Verwaltungen. Aufgrund ihrer Nähe zueinander können sie günstiger und effektiver arbeiten als bei großen Entfernungen.

In Städten ist es auch leichter und kostengünstiger, eine Infrastruktur aufzubauen, wie sie zu einem menschenwürdigen Leben und für die internationale Produktion notwendig ist. Dazu gehören Kommunikationseinrichtungen, das Verkehrsnetz, Häfen, Flughäfen, Eisenbahnverbindungen, Energieversorgung, Wasserversorgung und -entsorgung, Müllabfuhr, Gesundheitswesen, Schulen und andere Bildungseinrichtungen, Forschungsinstitute, Bibliotheken, kulturelle Einrichtungen, Sportstätten usw. Allerdings sind sie der Masse der Bevölkerung in den Millionenstädten aufgrund ihrer Armut kaum zugänglich.

Der Weltentwicklungsbericht 1999/2000 musste diesen **Fortschritt in der Vergesellschaftung der Produktion durch die Städte** und die **Steigerung der Arbeitsproduktivität** anerkennen:

*»Die Produktivität steigt mit der Stadtgröße, so daß ein typisches Unternehmen einen Produktivitätsanstieg um 5 bis 10 Prozent verzeichnet, wenn sich die Größe der Stadt und die Zahl der örtlichen Wirtschaftszweige verdoppeln.«* (S. 153)

Aus dieser Tatsache zog die Weltbank den allzu durchsichtigen Schluss:

*»Die Globalisierung fördert das Wirtschaftswachstum, welches die treibende Kraft hinter der Urbanisierung ist.«* (Weltentwicklungsbericht 1999/2000, S. 151)

Die wachsende Verstädterung wäre demnach Ausdruck zunehmenden Wohlstands. Das ist aber reine Demagogie, denn die Hauptursache der Verstädterung in den Entwicklungsländern ist die anhaltende Landflucht aufgrund der Armut der kleinen Bauern. Selbst der Weltentwicklungsbericht 1984 schrieb dazu:

*»Zwischen 1925 und 1950 wanderten in der Dritten Welt mindestens 100 Millionen Menschen – etwa 10 Prozent der dortigen Landbevölkerung im Jahr 1925 – aus ländlichen Gebieten in kleinere und größere Städte ab. Während der folgenden 25 Jahre stieg die Zahl auf schätzungsweise 330 Millionen, was fast einem Viertel der gesamten Landbevölkerung der Entwicklungsländer im Jahr 1950 entsprach.«* (S. 113)

Aufgrund der Krise des Neokolonialismus, der internationalen Strukturkrise, der Industrialisierung der Landwirtschaft verlief die Entwicklung der Städte im Allgemeinen planlos und unkontrolliert, ja chaotisch. Der Aufbau der Infrastruktur hielt mit dem ungezügelten Wachstum nicht Schritt. Im Ergebnis verstärkte die Verstädterung die krisenhafte Gesamtentwicklung der kapitalistischen Gesellschaft. Hohe Lebenshaltungskosten und Mieten bei gleichzeitiger Massenarbeitslosigkeit führten dazu, dass sich am Rand der großen Städte immer mehr Slums bildeten. Dort müssen weltweit Hunderte Millionen Menschen unter unwürdigen Bedingungen leben. Die Umweltverschmutzung nahm katastrophale Ausmaße an, die Kriminalität stieg. 30 Prozent der Stadtbevölkerung weltweit hatten keinen Zugang zu sauberem Trinkwasser und 40 Prozent keinen Anschluss an die Kanalisation (Weltentwicklungsbericht 1999/2000, S. 230).

Hinter den dürren Statistiken über das Wachstum der Groß- und Megastädte lässt sich nur ahnen, welch unerträgliches Elend diese Entwicklung den Massen brachte. Im Jahr 1800 lag die durchschnittliche Einwohnerzahl der hundert größten Städte bei rund 200 000, im Jahr 1950 bei 2,1 Millionen und 1990 bei über fünf Millionen. Auch die Gesamtzahl der Städte

## Schaubild 12:
## Die 30 größten Stadtregionen der Welt
## (Millionen Einwohner)

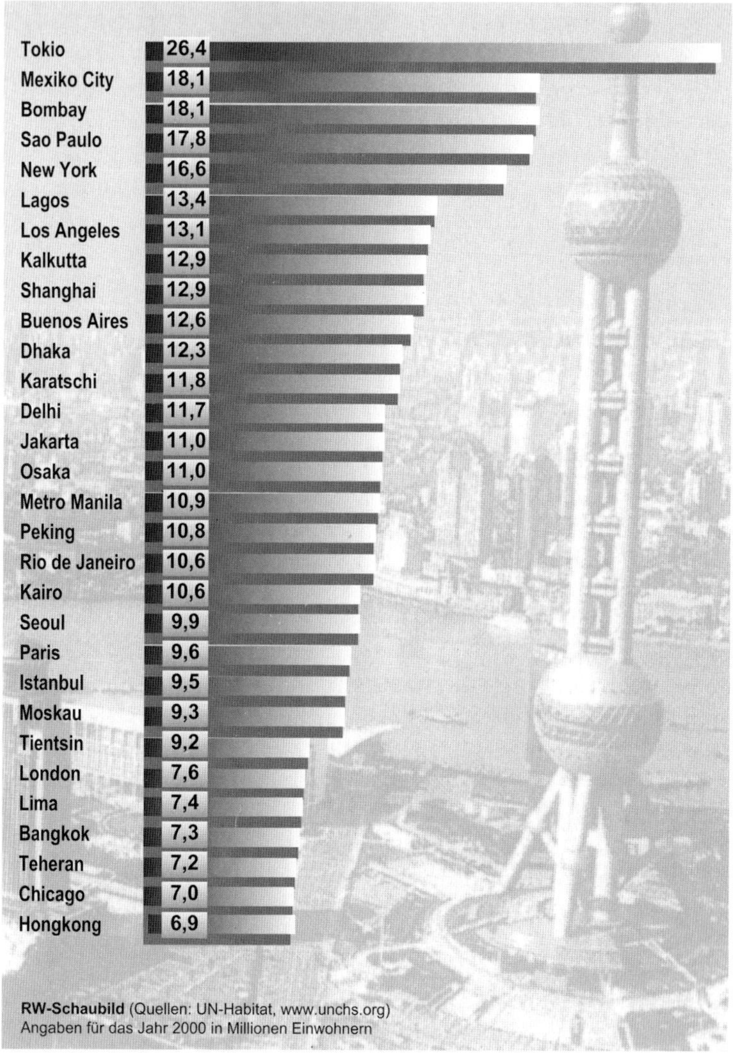

|  |  |
|---|---|
| Tokio | 26,4 |
| Mexiko City | 18,1 |
| Bombay | 18,1 |
| Sao Paulo | 17,8 |
| New York | 16,6 |
| Lagos | 13,4 |
| Los Angeles | 13,1 |
| Kalkutta | 12,9 |
| Shanghai | 12,9 |
| Buenos Aires | 12,6 |
| Dhaka | 12,3 |
| Karatschi | 11,8 |
| Delhi | 11,7 |
| Jakarta | 11,0 |
| Osaka | 11,0 |
| Metro Manila | 10,9 |
| Peking | 10,8 |
| Rio de Janeiro | 10,6 |
| Kairo | 10,6 |
| Seoul | 9,9 |
| Paris | 9,6 |
| Istanbul | 9,5 |
| Moskau | 9,3 |
| Tientsin | 9,2 |
| London | 7,6 |
| Lima | 7,4 |
| Bangkok | 7,3 |
| Teheran | 7,2 |
| Chicago | 7,0 |
| Hongkong | 6,9 |

RW-Schaubild (Quellen: UN-Habitat, www.unchs.org)
Angaben für das Jahr 2000 in Millionen Einwohnern

nahm ständig zu. Aufgrund dieser Entwicklung wurde die Definition der Städte geändert.

*»Megastädte sind Städte mit mehr als 5 Millionen Einwohnern, Großstädte sind Städte mit wenigstens 1 Million und höchstens 5 Millionen Einwohnern. Mittelgroße Städte sind Städte mit 500 000 bis 1 Million Einwohnern. Kleine Städte sind Städte mit weniger als 500 000 Einwohnern.«* (UNDIESA, »World Urbanization Prospects«, 1998)

Nach dieser Definition lebten 63,5 Prozent der Stadtbevölkerung im Jahr 1995 in kleinen und mittelgroßen Städten, das waren 1 625 Millionen Menschen. 21,4 Prozent lebten in Großstädten, das waren 548 Millionen, und 15,1 Prozent in Megastädten, das waren 386 Millionen Menschen.

In einigen höchstentwickelten Ländern des staatsmonopolistischen Kapitalismus scheint eine Gegenentwicklung einzutreten: Immer mehr Einwohner ziehen aus den Kernbereichen der Großstädte weg, und in den ehemals ländlichen Regionen in ihrer Umgebung nimmt die Bevölkerung zu. Tatsächlich handelt es sich dabei um eine Modifizierung des Gesetzes der Verstädterung im Kapitalismus, eine Folge von überteuertem Wohnraum und sinkender Lebensqualität, weil städtische Arbeitsplätze vernichtet und moderne Industriebetriebe auf dem Land errichtet werden.

Für die Entwicklung des Klassenkampfs ist **die Urbanisierung eine positive Bedingung**. Die Zusammenballung der Lohn- und Gehaltsabhängigen in den Städten gibt ihnen bessere Möglichkeiten, sich schlagkräftig zu organisieren, ihr Klassenbewusstsein zu entwickeln und eine höhere Effektivität im Klassenkampf zu erreichen. Großstädte sind in der Regel auch ein Schmelztiegel der Nationen, im dem sich die unterschiedlichsten Erfahrungen der Arbeiterklasse der ganzen Welt durchdringen können. Damit sind sie eine wichtige Grundlage für die Entwicklung eines internationalistischen Bewusstseins.

Dieses muss sich allerdings durchsetzen im Kampf gegen die zersetzende Wirkung des bürgerlichen und kleinbürgerlichen Nationalismus, der von den Herrschenden zur Spaltung der Kampfkraft der Arbeiterklasse und der breiten Massen immer wieder entfacht wird.

Die Tendenz der Urbanisierung treibt die Trennung von Stadt und Land, die sich mit der Entwicklung der Klassengesellschaften herausgebildet hat, mit all ihren negativen Folgen auf die Spitze. Sie vervollständigt zugleich die Voraussetzungen für die Überwindung dieser Trennung. So entreißt sie immer mehr Menschen der ländlichen Rückständigkeit, befähigt sie zu einer höheren gesellschaftlichen Arbeitsproduktivität und entwickelt ihr Kulturniveau. Sie geht einher mit der zunehmenden Industrialisierung der Landwirtschaft.

Neben der Herausbildung des internationalen Industrieproletariats ist die fortschreitende Urbanisierung der Welt eine weitere wichtige Verbesserung der materiellen Voraussetzungen für den Kampf um den Sozialismus.

## 6. Die internationalen Großbanken als Triebkraft der Internationalisierung der kapitalistischen Produktion

Lenin bezeichnete es als einen der Grundprozesse beim Hinüberwachsen des Kapitalismus in den Imperialismus, dass sich auch die Banken in Monopole verwandeln und dass sich in ihren Händen ungeheure Kapitalsummen zusammenballen:

*»Die grundlegende und ursprüngliche Operation der Banken ist die Zahlungsvermittlung. Im Zusammenhang damit verwandeln die Banken brachliegendes Geldkapital in funktionierendes, d. h. profitbringendes Kapital, sie sammeln alle und*

*jegliche Geldeinkünfte und stellen sie der Kapitalistenklasse zur Verfügung.*

*In dem Maße, wie sich das Bankwesen und seine Konzentration in wenigen Institutionen entwickeln, wachsen die Banken aus bescheidenen Vermittlern zu allmächtigen Monopolinhabern an, die fast über das gesamte Geldkapital aller Kapitalisten und Kleinunternehmer sowie über den größten Teil der Produktionsmittel und Rohstoffquellen des betreffenden Landes oder einer ganzen Reihe von Ländern verfügen.«* (»Der Imperialismus als höchstes Stadium des Kapitalismus«, Lenin, Werke, Bd. 22, S. 214)

Die **Verschmelzung des Bankkapitals mit dem Industriekapital** brachte das **Finanzkapital** hervor. Dadurch entwickelten sich die Großbanken zu entscheidenden **Machtzentren des Imperialismus**. Mit dem bargeldlosen Zahlungsverkehr kontrollieren die Banken heute die Geldzirkulation der gesamten Gesellschaft: der Kapitalisten, des Staats, der selbständigen Kleinbürger ebenso wie die der Arbeiter und Angestellten.

Die Neuorganisation der internationalen Produktion erfordert Finanzoperationen, die oftmals die Kapitalkraft einzelner Monopole übersteigen. Daraus leitet sich ein **ökonomischer Zwang zur Herausbildung international operierender Großbanken** ab.

Bereits in den 1980er Jahren begann eine Welle der Konzentration und Zentralisation des Bankkapitals. Sie ebbte während der Weltwirtschaftskrise zu Beginn der 1990er Jahre etwas ab, ging dann aber mit größter Wucht weiter. Die Zahl der Banken in den USA, die Mitte der 1980er Jahre noch bei 14 500 gelegen hatte, ging bis 1999 auf weniger als 9 000 zurück.

Während es 1998 im Finanzsektor erst neun grenzüberschreitende Fusionen und Übernahmen mit einem Volumen von über einer Milliarde US-Dollar gab, stieg die Zahl solcher Transaktionen 1999 auf 21 und 2000 auf 34. Darin kommt ein verschärfter Konkurrenzkampf um den Anteil am international verwalteten Kapital zum Ausdruck.

Aus diesem Konkurrenzkampf sind **Großbanken** hervorgegangen, die nicht mehr in erster Linie die nationalstaatlich organisierte Produktion regulieren, sondern die **vor allem auf dem Weltmarkt tätig** sind. Ihre globale Betätigung erforderte eine Veränderung der Organisation, der Beteiligungen und der Arbeitsweise dieser Banken.

Zu den wesentlichen neuen Geschäftsfeldern gehört die Vermittlung des internationalen Geschäfts- und Zahlungsverkehrs. Die Geschwindigkeit und Sicherheit, mit der internationale Verträge geschlossen und Zahlungen geleistet werden können, wird zu einem wichtigen Moment im Konkurrenzkampf der internationalen Monopole und zu einer wesentlichen Bedingung für die Neuorganisation der internationalen kapitalistischen Produktion.

Mit der europäischen Währungsunion bauten die beteiligten Zentralbanken auch TARGET auf, ein Euro-Großzahlungssystem, über das im Jahr 2001 im Schnitt täglich rund 45 000 grenzüberschreitende Zahlungen im Gesamtwert von mehr als 500 Milliarden Euro abgewickelt wurden. Um auch Währungsgrenzen überschreitende Zahlungen schnell und sicher abwickeln zu können, haben die größten internationalen Monopolbanken im Jahr 2001 die CLS[1] Bank mit Sitz in New York gegründet. Sie garantiert, dass im Devisenhandel mit Euro, Yen, Schweizer Franken, britischem Pfund, australischem, kanadischem und US-Dollar Kontenbelastungen und

---

[1] Continuous Linked Settlement, zu deutsch etwa: unterbrechungsfrei verbundener Zahlungsausgleich

Gutschriften ungeachtet der verschiedenen Zeitzonen sofort und mit minimalem Verlust- und Ausfallrisiko geleistet werden.

1999 gründeten ABN AMRO, Bank of America, Bankers Trust, Barclays, Chase Manhattan, Citigroup, Deutsche Bank und HypoVereinsbank das Identrus-Konsortium, an dem inzwischen etwa 50 internationale Großbanken und Finanzinstitutionen beteiligt sind. Mit Identrus wird eine weltweite Infrastruktur öffentlicher elektronischer Schlüssel (Public Key Infrastructure, PKI) aufgebaut, die darauf abzielt, den internationalen Geschäftsverkehr durch vollständig elektronische Abwicklung über das Internet außerordentlich zu beschleunigen und zu vereinfachen.

Der erbitterten Konkurrenz unter den beteiligten Großbanken Rechnung tragend, wurde dabei gewährleistet, dass keine Bank anderen Banken Einsicht in ihre Kundendaten gewähren muss. Die hohen Sicherheitsauflagen, die Identrus von den beteiligten Banken fordert und streng überprüft, erzwingen gewaltige Investitionen, die von kleinen und mittleren Banken nicht aufzubringen sind. Auf diese Weise werden mit Identrus und CLS Bank Vorkehrungen getroffen, die Kontrolle des internationalen Geschäfts- und Zahlungsverkehrs bei den internationalen Großbanken zu konzentrieren.

### Entstehung von »Allfinanzmonopolen«

Versicherungen verwalten große Kapitalmassen aus den Einzahlungen ihrer Kunden, die sie Gewinn bringend anlegen. Hierin überschneidet sich ihr Tätigkeitsfeld mit der Vermögensverwaltung der Banken. Eine neue Erscheinung ist die **Verschmelzung von Banken und Versicherungen** zu riesigen »Allfinanzmonopolen«. Tabelle 19 zeigt einen **sprunghaften Anstieg des Gesamtvermögens** und des Börsenwerts bei fast allen dieser 16 größten Finanzmonopole.

## Tabelle 19:
## Weltweit führende Geschäftsbanken und Versicherungen
## (Angaben in Millionen US-Dollar)

| Konzern | Gesamtvermögen | | | Börsenwert | | |
|---|---|---|---|---|---|---|
| | 1997 Mio $ | 2000 Mio $ | + % | 1997 Mio $ | 2000 Mio $ | ± % |
| Mizuho Holdings (J) | 432 190 | 1 304 342 | 201,8 | | 58 128 | |
| Citigroup (USA) | 310 897 | 902 210 | 190,2 | 120 507 | 250 143 | 107,6 |
| Deutsche Bank (D) | 579 992 | 882 541 | 52,2 | 37 768 | 51 048 | 35,2 |
| Allianz (D)/ Dresdner Bank (D) | 211 442 376 416 | 413 085 453 927 | 95,4 20,6 | 62 998 | 86 530 22 865 | 37,4 |
| Bank of Tokyo-Mitsubishi (J) | 690 462 | 716 934 | 3,8 | | 46 986 | |
| J. P. Morgan Chase & Co. (USA) | 365 521 | 715 348 | 95,7 | 45 474 | 103 113 | 126,8 |
| HSBC (GB) | 471 256 | 674 381 | 43,1 | 67 221 | 140 693 | 109,3 |
| Hypovereinsbank (D) | 203 541 | 672 692 | 230,5 | | 22 230 | |
| UBS (CH) | 395 986 | 671 118 | 69,5 | | 73 673 | |
| BNP Paribas (F) | 338 196 | 651 590 | 92,7 | 11 350 | 38 367 | 238,0 |
| Bank of America (USA) | 260 159 | 642 191 | 146,8 | 100 811 | 82 745 | −17,9 |
| ING (NL) | 305 984 | 610 408 | 99,5 | 40 015 | 77 806 | 94,4 |
| Crédit Suisse (CH) | 472 768 | 609 335 | 28,9 | 40 783 | 57 719 | 41,5 |
| Sumitomo Bank (J) | 482 707 | 537 783 | 11,4 | | | |
| ABN Amro (NL) | 412 533 | 509 949 | 23,6 | 28 749 | 35 370 | 23,0 |
| Crédit Agricole (F) | 417 974 | 502 903 | 20,3 | | | |

Die Übernahme der Dresdner Bank durch die Allianz erfolgte 2001. Mizuho Holdings: 1997 Wert für Dai-Ichi Kangyo Bank; Citigroup: 1997 Wert für Citicorp

Quellen: Börsenwerte 1997 nach: Kotteder, Bauer, »Das Who ist Who der internationalen Großkonzerne«; Gesamtvermögen 2000 nach Fortune; Börsenwert 2000 nach Financial Times 500

Das Gesamtkapital der fünf größten Finanzgruppen war im Jahr 2000 größer als das der 50 größten Industriekonzerne der Welt. Mit einer solchen gewaltigen Kapitalkraft bilden sie wahrhaft **internationale Machtzentren** des imperialistischen Weltsystems.

## Die herausragende Rolle des Investmentbankings

Die Macht der Großbanken hängt von der Menge des Kapitals ab, das sie verwalten und in allen möglichen Wirtschaftsbereichen auf der ganzen Welt anlegen. Dadurch können sie die Kontrolle über die internationale Produktion ausüben. Maßgeblich dafür ist heute ihre Stärke in den Geschäftsfeldern **Investmentbanking** und **Vermögensverwaltung**. Investmentbanken und Investmentabteilungen der Geschäftsbanken verzeichneten seit den 1990er Jahren das schnellste Wachstum und die höchsten Profite überhaupt. Ihr Tätigkeitsfeld umfasst:

- Vorbereitung und Durchführung von **Fusionen und Übernahmen**,

- Abwicklung von **Privatisierungen** staatlicher Einrichtungen und Unternehmen sowie von **Börsengängen**,

- **Emission von Aktien und Anleihen** im Auftrag von Unternehmen oder Regierungen,

- Gründung und Verwaltung von **Investmentfonds**,

- **Vermögensanlage** für Firmen, Institutionen und Privatpersonen; damit werden auch Sparguthaben der Massen in anlagefähiges Kapital verwandelt,

- **Handel mit Wertpapieren**,

- **Analyse** und Bewertung der Entwicklung an den internationalen Börsen und Devisenmärkten und

- Führung von Bankkonsortien (zeitweilige Zusammenschlüsse von Unternehmen) bei **internationalen Großkrediten** für verschuldete Länder.

Die Analysten und Berater der Investmentbanken arbeiten ständig neue Konzepte aus für **die Umstrukturierung ganzer Konzerne und Branchen**. Sie machen Kandidaten für Übernahmen und Fusionen ausfindig und drängen sie zur Neuorganisierung ihrer Unternehmen. Falls diese sich widersetzen oder Fusionen planen, die den Investmentbankern nicht ins Konzept passen, können sie die **Aktienkurse manipulieren** und so einen Druck ausüben, dem sich kein internationales Monopol entziehen kann. Diese Erfahrung mussten selbst die Deutsche Bank und die Dresdner Bank machen. Nachdem sie ihre geplante Fusion bekannt gegeben hatten, gingen die Aktienkurse beider Banken auf Talfahrt, was wesentlich zum Scheitern dieses Vorhabens beitrug.

Großfusionen sind für die Banken eine Goldgrube. Honorare von 100 Millionen Euro und mehr sind keine Seltenheit. Dagegen sind die arbeitsintensive Betreuung und Beratung von Kleinkunden und das Kreditgeschäft aufgrund niedriger Zinssätze und Gewinnspannen weit weniger attraktiv.

Hinzu kommt, dass Großunternehmen Investitionen, Fusionen und Übernahmen heute oft durch Ausgabe neuer Aktien und Anleihen oder durch Aktientausch finanzieren, statt neue Kredite bei ihrer Hausbank aufzunehmen. Manche haben sogar eigene Banken gegründet, um sich direkten Zugang zu den internationalen Kapitalmärkten zu verschaffen.

Das Geschäft mit Fusionen und Übernahmen ist **im höchsten Grad konzentriert**, und zwar bei einem guten Dutzend internationaler Großbanken. Sie waren im Jahr 2000 an der Abwicklung von grenzüberschreitenden Großfusionen und Übernahmen im Gesamtwert von 6 043 Milliarden US-Dollar maßgeblich beteiligt.

## Tabelle 20:
## Weltweit bei Fusionen und Übernahmen führende Investmentbanken (im Jahr 2000)

| Rang | Bank | Land | Wert in Mrd. US-$ | Anzahl |
|---|---|---|---|---|
| 1 | Goldman Sachs | USA | 1055 | 213 |
| 2 | Morgan Stanley Dean Witter | USA | 904 | 232 |
| 3 | Merrill Lynch | USA | 837 | 158 |
| 4 | Crédit Suisse First Boston | Schweiz | 515 | 212 |
| 5 | UBS Warburg | Schweiz | 445 | 128 |
| 6 | J. P. Morgan | USA | 386 | 135 |
| 7 | Schroders Salomon Smith Barney | USA | 351 | 199 |
| 8 | Rothschild | Luxemburg | 337 | 109 |
| 9 | Chase Manhattan | USA | 291 | 168 |
| 10 | Deutsche Bank | BRD | 256 | 123 |
| 11 | Lazard | Frankr./USA | 247 | 96 |
| 12 | Bear Stearns | USA | 215 | 47 |
| 13 | Lehman Brothers | USA | 204 | 125 |

Salomon gehört zur Citigroup.
Quelle: Thomson Financial Securities Data

Die starke Dominanz von US-Banken im Investment hat ihre Ursache in der **unterschiedlichen historischen Entwicklung des Bankensystems**, die den US-Banken jetzt zugute kommt. In den USA und Großbritannien wurde nach der großen Bankenkrise und Weltwirtschaftskrise 1933 das **Trennbankensystem** eingeführt: Banken durften entweder nur im Einlagen- und Kreditgeschäft oder nur im Wertpapiergeschäft tätig sein. Diese Regelung führte dazu, dass sich der Prozess der Konzentration und Zentralisation bei den spezialisierten Wertpapierhäusern dort viel früher entwickelte.

So entstanden die drei großen weltweit führenden US-Investmentbanken.

In Deutschland erlaubte das **Universalbankensystem** den Banken schon immer, gleichzeitig in allen Geschäftsbereichen tätig zu sein. Sie können die Geschäftskonten von Monopolen führen, ihnen Kredite gewähren und zugleich die Emission von Aktien dieser Monopole übernehmen, mit den Aktien für andere oder im eigenen Namen handeln oder sie auch dauerhaft im eigenen Besitz halten. Dieses System führte naturgemäß zu einer besonders engen wirtschaftlichen und personellen Verflechtung von Banken und Industrie- und Handelsmonopolen. Das Investmentgeschäft wurde aber bei den deutschen und den französischen Banken nicht in dem Maß als eigenständiger Geschäftszweig ausgebaut wie in den USA und Großbritannien. Deshalb musste die Deutsche Bank eine britische Investmentbank (Morgan Grenfell) und eine amerikanische (Bankers Trust) übernehmen, um Anschluss an die rasante Entwicklung in diesem Bereich zu bekommen.

Die internationalen Großbanken arbeiten fieberhaft an der Überwindung der Nachteile beider Bankensysteme, die der notwendigen Konzentration auf die Durchsetzung einer weltmarktbeherrschenden Rolle auf den wichtigsten Geschäftsfeldern im Weg stehen. Im Jahr 2000 wurde in den USA eine Liberalisierung des Bankentrennungs-Gesetzes beschlossen, um unter anderem die Bildung von Allfinanzkonzernen zu ermöglichen. Die weltgrößte Bank Citigroup (USA) hat ihre Spitzenposition durch die frühzeitige Überwindung des »Trennbankensystems« erlangt. Der einseitigen Abhängigkeit vom Investmentbanking wurde durch den Aufbau von Kreditkarten- und Darlehensgeschäften entgegengewirkt. Die Großbanken in der BRD verstärken ihre Bemühungen, die Grenzen der klassischen Universalbanken zu überwinden. Der Vorsitzende des Aufsichtsrats der Deutschen Bank, Breuer, forderte deshalb in einem Interview mit der »Süddeutschen Zeitung« vom 28. Oktober 2002, dass sich Großbanken von der Strategie »*Alles für jeden überall*« verabschieden müssten.

Um eine weltmarktbeherrschende Stellung zu erreichen, müssen die deutschen Großbanken die Konzentration auf das Kerngeschäft verbinden mit der Übernahme großer Anteile der Sparkassen und Genossenschaftsbanken. Aus diesem Grund attackieren die privaten Großbanken das bisher in der BRD geltende »Drei-Säulen-Modell« aus Privatbanken, Sparkassen und Genossenschaftsbanken. »*Dieses Modell ist seit langem nicht mehr zeitgemäß, zementiert verkrustete Strukturen und wird mehr und mehr zu einem Bremsklotz für die deutsche Kreditwirtschaft*«, klagt Breuer und fordert »*Fusionen über die Bankengruppen hinweg*«. (»Handelsblatt« vom 27. November 2002)

Die Hypothekenbanktöchter der drei Frankfurter Großbanken (Deutsche Hypothekenbank Frankfurt-Hamburg AG, Europäische Hypothekenbank der Deutschen Bank AG und Rheinische Hypothekenbank AG) fusionierten im August 2002. Das Kerngeschäft der neuen Eurohypo AG wird der europäische Markt für Immobilien- und Staatsfinanzierung sein.

Auf Druck der privaten Großbanken in der BRD verlangt die EU-Kommission von der Bundesregierung die Aufhebung der staatlichen Haftung für die Sparkassen und Landesbanken von 2005 an. Damit wird die **Privatisierung der öffentlich-rechtlichen Banken im großen Stil** vorbereitet und eine wesentliche Bedingung geschaffen, um die Finanzkraft und Machtposition der führenden internationalen Großbanken erheblich zu erweitern.

**Umstrukturierung der Banken und Abbau ihres Beteiligungsbesitzes**

Jede der Großbanken hatte eine Vielzahl von Tochterunternehmen im In- und Ausland und war an anderen Finanzkonzernen sowie an Industrie- und Handelsmonopolen beteiligt. Das gerade in Deutschland, aber auch in Frankreich, Italien und anderen imperialistischen Ländern zur Vollendung getriebene **System dauerhafter Industriebeteiligungen** erwies sich jedoch beim Kampf um die Spitzenpositionen auf dem Weltmarkt zunehmend als Hemmschuh. Es band Kapital im nationalen Rahmen, das für den Ausbau internationaler Machtpositionen benötigt wurde. Es begünstigte Stagnation und Rückfall im Konkurrenzkampf, weil es Unternehmen gegen ausländische Übernahmeversuche abschottete. Deshalb wurde im Bank- und Versicherungswesen begonnen, das System der Beteiligungen neu zu strukturieren.

So kündigte die **Allianz** Mitte 2001 an, bis Ende 2002 Beteiligungen im Wert von 4,5 Milliarden Euro zu veräußern, um die **Übernahme der Dresdner Bank** zu finanzieren. Der Geschäftsbericht 2000 nannte 21 ausgewählte Beteiligungen an deutschen Unternehmen, darunter BASF, Bayer, BMW, DaimlerChrysler, Deutsche Telekom, E.on, Karstadt-Quelle, RWE, SAP, Schering, Siemens, ThyssenKrupp, VW. Außerdem war die Allianz beteiligt an der Bayerischen Hypo- und Vereinsbank, der Deutschen Bank und der IKB Deutsche Industriebank. Über ihre Vermögensverwaltungsgesellschaften besaß sie unter anderem Anteile an Heidelberger Druckmaschinen, Hochtief, MAN. Darüber hinaus führte der Geschäftsbericht **107 Beteiligungen an ausländischen Monopolen** auf (Marktwert jeweils mindestens 100 Millionen Euro oder Anteil mindestens 5 Prozent). Darunter fanden sich zahlreiche führende internationale Monopole aus den wichtigsten Branchen: ABB, Alcatel, Astrazeneca, Aventis, AXA, Banco Santander Central Hispanico, BNP Paribas, BP Amoco, Cable & Wireless, Carrefour, Cisco Systems, Citigroup, Crédit Lyonnais, Crédit Suisse, Ericsson, Exxon, Fortis, General Electric, GlaxoSmithKline, Hana Bank, HSBC Holdings, ING, Intel, Koninklijke

Ahold, Lloyds, L'Oréal, Merck, Merill Lynch, Microsoft, Nestlé, Nokia, Nortel Networks, Novartis, Pechiney, PepsiCo, Pfizer, Philips, Pirelli, Prudential, Renault, Roche Holding, Société Générale, Sun Microsystems, Telefónica, Texas Instruments, Total Fina Elf, UBS, UniCredito Italiano, Unilever, Vivendi, Vodafone AirTouch, Wal-Mart Stores. Bei dieser stattlichen Liste handelte es sich sowohl um Dauerbestand als auch um Handelsbestand einschließlich der von Investmentfonds gehaltenen Anteile. Das weist auf eine wichtige **Veränderung in der Verschmelzung von Bank- und Industriekapital** hin.

Bei der **Deutschen Bank** ließ sich dasselbe beobachten. Bereits 1998 gliederte sie ihre Industriebeteiligungen in eine rechtlich selbständige Gesellschaft mit Namen DB Investor aus. Der Beteiligungsbesitz der DB Investor umfasste unter anderem Anteile an: DaimlerChrysler, Allianz, Münchner Rück, Continental, Deutz, Heidelberger Zement, Philipp Holzmann, mg technologies, Phoenix, Südzucker, WMF. Die Allianz-Beteiligung wurde 2000 zum Teil verkauft. Neu engagierte sich DB Investor im Mobilfunk und bei Kabelnetzen (Übernahme von Tele-Columbus und SMATcom AG).

Diese Geschäftspolitik entspricht der Aktionärsstruktur der Deutschen Bank: 81 Prozent des Grundkapitals werden von institutionellen Anlegern gehalten, also von anderen Banken, Versicherungen, Beteiligungsgesellschaften, Investment- und Pensionsfonds. Diese Anleger drängen auf maximale Rendite, die sich mit flexiblen Anlageformen eher erzielen lässt als mit dauerhaften Industriebeteiligungen. Hinzu kommt, dass das Grundkapital mehrheitlich (52 Prozent) im Besitz ausländischer Anleger ist. Mit diesem Abbau dauerhafter Industriebeteiligungen in Deutschland verfolgt die Deutsche Bank hauptsächlich vier Ziele:

- **Erstens** schafft sie damit die Voraussetzungen für ein **an maximaler Rendite orientiertes Beteiligungsmanage-**

**ment.** Neue Beteiligungen sollen nur noch für drei bis fünf Jahre und verstärkt im Ausland erworben werden.

- **Zweitens** will sie durch Verkauf alter Beteiligungen »**stille Reserven« heben**, was nach der Steuerreform der Bundesregierung von 2002 an steuerfrei möglich ist und darüber hinaus einen Anspruch auf stattliche Steuerrückzahlungen begründet. Die stillen Reserven betrugen Ende 2000 immerhin 14,2 Milliarden Euro bei einem Marktwert der börsennotierten Beteiligungen von 18,9 Milliarden Euro.

- **Drittens** verspricht sie sich davon mittelfristig eine **Steigerung des Börsenwerts** der Deutschen Bank AG, der im internationalen Vergleich relativ niedrig ist.

- **Viertens** erhöht sie damit ihren Bestand an nicht langfristig gebundenem, sondern **flexibel einsetzbarem Kapital**, was für den internationalen Konkurrenzkampf unabdingbar ist.

Die Umwandlung in ein **System von Finanzbeteiligungen**, die je nach Bedarf angekauft und verkauft werden, hängt eng mit der Gier der Banken nach Spekulationsgewinnen zusammen. Das **Spekulationskapital** ist zu einer wesentlichen Triebkraft zur Veränderung des internationalen Bankwesens geworden.

## 7. Die Rolle der Börse im Prozess der Internationalisierung des Kapitals

Die Rolle der Börse hat sich in der Entwicklung des Kapitalismus mehrmals wesentlich verändert. Die Börsen entstanden und ihre Bedeutung wuchs mit der Verwandlung von Industrie- und Handelsunternehmen sowie Banken in Aktiengesellschaften. Am Anfang des **Kapitalismus der freien Konkurrenz** war die Börse noch ein Nebenschauplatz. Sie war hauptsächlich ein Ort, wo sich die Kapitalisten ihre akkumulierten Kapitalien gegenseitig abnahmen. Dazu führte Marx aus:

»*Da das Eigentum hier in der Form der Aktie existiert, wird seine Bewegung und Übertragung reines Resultat des Börsenspiels, wo die kleinen Fische von den Haifischen und die Schafe von den Börsenwölfen verschlungen werden.*« (»Das Kapital«, Dritter Band, Marx/Engels, Werke, Bd. 25, S. 456)

Das **Aktienwesen** ist eine Methode, durch Ausgabe (Verkauf) von Aktien das in Gebäuden, Maschinen, Rohstoffen usw. angelegte Kapital in Geldkapital zu verwandeln und so den Zuwachs des produktiv verwendbaren Kapitals zu beschleunigen. Das widersprüchliche Ergebnis des Aktienwesens ist eine **wachsende Vergesellschaftung der kapitalistischen Produktion** einerseits und eine **zunehmende Dekadenz und allgemeine zersetzende Wirkung der kapitalistischen Wirtschaft** andererseits. Darüber schrieb Marx:

»*Es ist dies Resultat der höchsten Entwicklung der kapitalistischen Produktion ein notwendiger Durchgangspunkt zur Rückverwandlung des Kapitals in Eigentum der Produzenten, aber nicht mehr als das Privateigentum vereinzelter Produzenten, sondern als das Eigentum ihrer als assoziierter, als unmittelbares Gesellschaftseigentum. Es ist andrerseits Durchgangspunkt zur Verwandlung aller mit dem Kapitaleigentum bisher noch verknüpften Funktionen im Reproduktionsprozeß in bloße Funktionen der assoziierten Produzenten, in gesellschaftliche Funktionen.*« (ebenda, S. 453)

Durch die Verwandlung kapitalistischer Unternehmen in Aktiengesellschaften verändert sich die Funktion des Privatunternehmers. Er verliert jede Funktion in der Produktion und verwandelt sich in einen bloßen Geldkapitalisten. Selbst die Verwaltung seines Kapitals geschieht durch angestellte Manager, die dafür allerdings fürstlich belohnt werden. So hat sich in den USA der Abstand zwischen dem Verdienst dieser so genannten »Top-Manager« und der Bezahlung eines Arbeiters während der letzten zwei Jahrzehnte vom 80-fachen auf das 531-fache vergrößert (»Der Spiegel«, Nr. 28/2002, S. 95).

Mit dem **beginnenden Übergang zum Monopolkapitalismus** zeichnete sich die Entwicklung der Börse zur **Repräsentantin der gesamten kapitalistischen Produktion** ab. An der Börse konzentrierten sich der Besitz an Unternehmen, Grundbesitz, auswärtige Kapitalanlagen und Kolonialbesitz. 1895 untersuchte Engels die veränderte Rolle der Börse gegenüber dem dritten Band des »Kapital«:

*»Nun ist aber seit 1865, wo das Buch verfaßt, eine Veränderung eingetreten, die der Börse heute eine um ein Bedeutendes gesteigerte und noch stets wachsende Rolle zuweist und die bei der ferneren Entwicklung die Tendenz hat, die gesamte Produktion, industrielle wie agrikulturelle, und den gesamten Verkehr, Kommunikationsmittel wie Austauschfunktion, in den Händen von Börsianern zu konzentrieren, so daß die Börse die hervorragendste Vertreterin der kapitalistischen Produktion selbst wird.«* (»Ergänzung und Nachtrag zum III. Buche des ›Kapital‹«, Marx/Engels, Werke, Bd. 25, S. 917)

Mit der Herrschaft des Finanzkapitals büßte die Börse jedoch diese hervorragende Rolle wieder ein. Lenin stellte 1916 in seiner Analyse des Imperialismus fest:

*»Die Ablösung des alten Kapitalismus mit der Herrschaft der freien Konkurrenz durch den neuen Kapitalismus mit der Herrschaft des Monopols findet unter anderem ihren Ausdruck in der* **sinkenden Bedeutung der Börse** ...

*Der alte Kapitalismus, der Kapitalismus der freien Konkurrenz mit der Börse als unerläßlichem Regulator, schwindet dahin. Er wird von einem neuen Kapitalismus abgelöst, dem deutliche Züge einer Übergangserscheinung, einer Mischform von freier Konkurrenz und Monopol anhaften.«* (»Der Imperialismus als höchstes Stadium des Kapitalismus«, Lenin, Werke, Bd. 22, S. 221–223 – Hervorhebung Verf.)

Die enge Verflechtung von Bank- und Industriekapital durch wechselseitigen Aktienbesitz und ihre Verschmelzung mit staatlichen Unternehmen hatte zur Folge, dass ein großer Teil der Aktien nicht frei gehandelt wurde. Die Banken konnten Neuemissionen von Aktien zum größten Teil in ihrer Kundschaft und in den mit ihnen verschmolzenen Unternehmen unterbringen. Die Funktion der **Steuerung und Regulierung des Produktions- und Reproduktionsprozesses im nationalen Rahmen** ging von der Börse auf die Bankmonopole über. Lenin machte in seinem Artikel »Über eine Karikatur auf den Marxismus« darauf aufmerksam, dass man die *»abnehmende Bedeutung der Börse«* nicht missverstehen darf:

*»Die Großbanken verschmelzen sich mit der Börse, indem sie sie verschlingen. (In der Literatur über den Imperialismus wird von der abnehmenden Bedeutung der Börse gesprochen, aber nur in dem Sinn, daß jede Riesenbank selbst eine Börse ist.)«* (Lenin, Werke, Bd. 23, S. 39)

Im **staatsmonopolistischen Kapitalismus** übernahm neben den monopolistischen Großbanken der Staat wesentliche Regulierungsfunktionen im Interesse der Monopole. Bei der Neuorganisation der internationalen Produktion und der Finanzmärkte ist eine solche nationalstaatliche Regulierung jedoch nur noch bedingt tauglich. In dem Maß, wie die Monopole über die nationalstaatliche Organisation hinauswuchsen, wurde für sie auch die nationalstaatliche, immer nur relative Regulierung und Ausschaltung der Konkurrenz unwirksam. Auf dem Weltmarkt wird die jeweilige Vorherrschaft durch erbitterten Konkurrenzkampf zwischen den internationalen Monopolen entschieden. Gerade in diesem Zusammenhang erleben wir die **Wiedergeburt der Börse als unerlässlichem**

**Regulator von Wirtschaftsprozessen.** Das war sie im späten Kapitalismus der freien Konkurrenz, nun wurde sie es wieder, jedoch **auf neuem, internationalem Niveau: zur Regulierung der globalen Kapitalströme.**

An den Börsen ist das für die internationalen Industriemonopole, für die Rohstoffgewinnung, die Landwirtschaft und die Tätigkeit des Bankkapitals benötigte und verwendbare Kapital konzentriert. In nie gekannter Vehemenz sind die Börsen in die Mitte des gesellschaftlichen Geschehens gerückt. Große Teile der Infrastruktur, Versorgungseinrichtungen, selbst kleine Unternehmen oder sogar Profisportvereine liegen in den Händen von Aktionären. Nicht zuletzt wurde das Schuldenwesen der Entwicklungsländer Gegenstand der Börsenspekulation. Börsenberichte können in keinen Nachrichten mehr fehlen, denn die Entwicklungen an den Börsen wirken sich in immer mehr Bereichen der Gesellschaft aus, beeinflussen maßgeblich die Gesetzgebung, die öffentlichen und immer mehr auch die privaten Haushalte.

Das an deutschen Börsen zirkulierende Aktienkapital hatte Ende 1999 die gewaltige Summe von 2,8 Billionen DM erreicht, 635 Milliarden davon hatten private Anleger in ihren Depots. Im Sommer 2000 zählte das Deutsche Aktieninstitut bereits 11,3 Millionen Aktien- und Fondsanteilsbesitzer, während es 1997 erst 5,6 Millionen waren. Der weltweite Aktienbestand (ohne Investmentfonds) stieg von 9 464 Milliarden US-Dollar im Jahr 1990 auf 35 080 Milliarden US-Dollar 1999. Das überstieg den Wert des Weltinlandsprodukts aus demselben Jahr um 4,4 Billionen US-Dollar. Aufgeteilt auf die 6 Milliarden Menschen der Erdbevölkerung ergäbe der Aktienbestand für jeden einen Betrag von 5 870 US-Dollar.

Noch stärker sind jedoch der Anteil gehandelter Aktien und die Umlaufgeschwindigkeit gestiegen. Nach Schätzungen der Bank für Internationalen Zahlungsausgleich suchen täglich mehr als 1,5 Billionen Euro nach Anlage. Jörg Huffschmid schrieb dazu:

»*Der weltweite Börsenhandel mit Aktien entsprach im Jahr 1980 gerade einem Zehntel des Kurswertes aller an den Börsen der Welt registrierten Aktiengesellschaften. Bei diesem Tempo des Handels würde der gesamte Aktienbestand einmal in zehn Jahren verkauft werden. 1990 hatte sich der Kurswert aller börsengehandelten Aktien etwas mehr als verdreifacht, der Aktienhandel aber war gegenüber 1980 auf das Zwanzigfache gestiegen. Im Durchschnitt wechselten fast zwei Drittel (62,5%) des gesamten Aktienbestandes in einem Jahr die Hände, die ›Verweildauer‹ war auf 19 Monate gesunken. Diese Beschleunigung hat sich auch in den 90er Jahren fortgesetzt: Ende 2000 war der Kurswert der Aktien 3,2mal so hoch wie Ende 1990, der Umfang des Aktienhandels im Jahr 2000 aber hatte auf fast das Zehnfache des Wertes von 1990 zugenommen. Die Umlaufgeschwindigkeit der Aktien war auf 1,9 gestiegen, d. h. die Verweildauer auf ein gutes halbes Jahr gesunken. Gegenüber 1980 war die Umlaufgeschwindigkeit von Aktien an den Weltbörsen damit auf fast das Zwanzigfache gestiegen*«. (Jörg Huffschmid, »Politische Ökonomie der Finanzmärkte«, S. 40)

Hinter den Börsen steht das Finanzkapital, das letztlich die Fäden zieht. 97 Prozent des weltweiten Wertpapiermarkts entfallen heute auf 56 internationale Börsen, die überwiegend privatisiert wurden und internationalen Großbanken und Wertpapierhäusern gehören. Fast drei Viertel (74 Prozent) des weltweiten Aktienhandels entfielen im Jahr 2001 auf die fünf bedeutendsten Aktienbörsen. Die größte ist die New York Stock Exchange, die zweitgrößte die NASDAQ, New York, gefolgt von der Londoner Börse, sowie dann der französisch/niederländisch/belgischen Euronext Paris und den deutschen Börsen. In Deutschland sind die Frankfurter Wertpapierbörse und die Deutsche Terminbörse (DTB) noch öffentlich-rechtliche Institutionen, deren Betreiber aber die private Aktiengesellschaft Deutsche Börse AG ist. Die Börsen sind also keine unabhängigen Einrichtungen zur Organisation des freien Spiels von Angebot und Nachfrage, sondern im wesentlichen **Instrumente des Finanzkapitals**, um Kapital zu akkumulieren.

Mit historisch niedrigen Zinsen und einer umfassenden Medienkampagne anlässlich des Börsengangs der Deutschen Telekom haben die Banken private **Kleinanleger und Sparer** in großer Zahl dazu gebracht, ihr Geld in Aktien oder Investmentfonds mit höherer Rendite anzulegen. Das diente vor allem dazu, die Ersparnisse der Massen direkt für die Kapitalspekulation der Banken verfügbar zu machen, und war eine neue Methode der Umverteilung des Volksvermögens. Der Börsengang der Telekom leitete zudem einen warmen Geldstrom in die defizitäre Staatskasse.

Diese Entwicklung verstärkte zugleich den parasitären Charakter der Gesellschaft und vergrößerte die Zahl der von Börsengewinnen lebenden Schmarotzer insbesondere in den imperialistischen Ländern. Dazu schrieb Lenin:

*»Der Imperialismus bedeutet eine ungeheure Anhäufung von Geldkapital in wenigen Ländern ... Daraus ergibt sich das außergewöhnliche Anwachsen der Klasse oder, richtiger, der Schicht der Rentner[1], d. h. Personen, die vom ›Kuponschneiden‹ leben, Personen, die von der Beteiligung an irgendeinem Unternehmen völlig losgelöst sind, Personen, deren Beruf der Müßiggang ist. Die Kapitalausfuhr, eine der wesentlichsten ökonomischen Grundlagen des Imperialismus, verstärkt diese völlige Isolierung der Rentnerschicht von der Produktion noch mehr und drückt dem ganzen Land, das von der Ausbeutung der Arbeit einiger überseeischer Länder und Kolonien lebt,*

---

[1] »Rentner« wird hier im Sinn von »Aktionär« gebraucht.

*den Stempel des Parasitismus auf.*« (»Der Imperialismus als höchstes Stadium des Kapitalismus«, Lenin, Werke, Bd. 22, S. 281)

Mit der Gewinnung von Kleinanlegern verfolgt das Finanzkapital neben handfesten Profitinteressen auch das Ziel, die **kleinbürgerliche Denkweise unter den Massen** zu stärken, um sie ökonomisch, aber auch weltanschaulich an sich zu binden. Bürgerliche Medien, Konzernvorstände und Gewerkschaftsfunktionäre werden nicht müde, **Illusionen** zu verbreiten von einer »Demokratisierung« der Kontrolle über die internationalen Monopole, einer gerechteren Verteilung des gesellschaftlichen Wertzuwachses an breite Bevölkerungskreise und der Entscheidungsbefugnis des einzelnen Anlegers über die Monopolpolitik. Der Aufsichtsratsvorsitzende der Deutschen Bank, Hilmar Kopper, verstieg sich sogar zu der Behauptung, nicht die betuchten Leute oder irgendwelche Großunternehmer kontrollierten die Konzerne, sondern Arbeiter, kleine Angestellte und Beamte. (Andreas Nölting, »Die neue Supermacht Börse«, S. 25)

Das war ein plumper Versuch, die Macht der Banken zu verschleiern! Die breite Streuung des Aktienbesitzes und Fondsvermögens ist in Wirklichkeit ein äußerst wirksames Mittel, um die **Macht des Finanzkapitals zu vergrößern.** Die Depots der Kleinanleger werden von den Großbanken verwaltet, die über das Depotstimmrecht ein weitaus größeres Gewicht auf den Hauptversammlungen bekommen als allein durch ihre eigenen direkten Beteiligungen.

Bei Börsenkrisen und Kurseinbrüchen werden Kleinaktionäre dann auch noch um ihr hart erarbeitetes Vermögen gebracht. Als die Deutsche Telekom im Sommer 2000 die zweite Tranche von T-Aktien verkaufte, landeten 80 Prozent in den Depots privater Erwerber, die 65 Euro für eine Aktie ausgeben mussten. Als kurze Zeit später Großanleger große Aktienpakete auf den Markt warfen, brach der Kurs in kurzer Zeit auf 40 Euro ein. Großanleger, die für 65 Euro verkauft hatten und dann bei 40 Euro wieder einstiegen, machten 38 Prozent Kursgewinn, während Kleinanleger, die solche Finanzmanöver nicht tätigen konnten, entsprechende Verluste erlitten.

Ein weiteres Beispiel für die Enteignung der Kleinanleger gab die Deutsche Bank im Sommer 2001, als sie mit der Kaufempfehlung für die Telekom-Aktie den Kurs in die Höhe trieb, um am nächsten Tag ein riesiges Aktienpaket von 44 Millionen Aktien aus der VoiceStream-Übernahme auf den Markt zu werfen. Der Kurs stürzte bis weit unter 20 Euro in die Tiefe. Die Anleger, die der Kaufempfehlung gefolgt waren, hatten das Nachsehen. Auf Kosten der Kleinanleger wurden in wenigen Tagen 40 Milliarden Euro Börsenwert vernichtet. Bis Juni 2002 sank der Wert der T-Aktie sogar zeitweilig auf das Allzeittief von 8,14 Euro. Mit dem Geld der kleinen Anleger finanzierte die Telekom ihre internationale Expansion – zum Beispiel den Aufkauf von VoiceStream in den USA – und verbesserte ihre Weltmarktposition. Während der Börsenkrisen verlor jeder Kleinaktionär der Telekom in Deutschland im Zeitraum von 2000 bis 2002 im Durchschnitt 20 000 Euro.

Hauptmittel zur Bereicherung der Aktienbesitzer ist heute die **Wertsteigerung** der Aktien. Kursgewinn und Dividende ergeben zusammen eine Rendite, die zeitweilig durchaus wesentlich höher sein kann als der Maximalprofit in der Produktion. Dazu schrieb Günter Ogger in seinem Buch »Der Börsenschwindel«:

*»Während das Bruttoinlandsprodukt der USA von Anfang 1994 bis Ende 1999 lediglich um 30 Prozent zunahm, davon auch noch die Hälfte inflationsbedingt, haben sich die Börsenkurse in der gleichen Zeit mehr als verdreifacht – der Dow-Jones-Index stieg von 3 600 auf 11 000 Punkte an. Die Unternehmensgewinne aber nahmen nur um 60 Prozent zu, und die*

*Immobilien gewannen lediglich um neun Prozent an Wert.«*
(Günter Ogger, »Der Börsenschwindel«, S. 258)

Die **Börsen wurden zu obersten Verwaltern des gesamten gesellschaftlichen Vermögens** im internationalen Maßstab. Sie erlangten eine Bedeutung für die gesellschaftliche Entwicklung wie nie zuvor. Ihre Funktion als Regulator des internationalen Prozesses von Produktion und Reproduktion des Kapitals lässt sich in sechs Punkten beschreiben:

- Sie **halten das internationale Kapital flüssig**, um stets den Kapitalhunger der internationalen Monopole zu befriedigen.

- Sie **vermitteln Risikokapital** an junge High-Tech-Unternehmen und beschleunigen damit die wissenschaftlich-technische Revolution rund um Internet, Telekommunikation und Biotechnologie.

- Über die Börse **beherrscht das internationale Finanzkapital die Welt-Devisenmärkte und manipuliert nationale Währungen** der abhängigen Länder.

- Sie **kontrollieren und manipulieren die Rohstoffpreise**.

- Sie **nehmen Kapital internationaler Monopole auf**, das aufgrund der Überakkumulation nicht maximalprofitbringend verwertet werden kann und deshalb nach Finanzanlagen sucht.

- Vor allem aber konzentriert sich bei den Börsen eine stets wachsende Menge **Spekulationskapital**. Entsprechend sind die Börsen heute in erster Linie Schauplatz abenteuerlicher Finanzspekulationen und gigantischer Kapitalvernichtung.

Die **Finanzspekulation** ist Ausdruck der Fäulnis und Zersetzung des Imperialismus, die sich regelmäßig in immer umfassenderen Finanzkrisen Luft macht und auf der Stufe der

Neuorganisation der internationalen Produktion neue Dimensionen annimmt. Sie hat inzwischen nicht nur die Monopole selbst erfasst, sondern stürzt bereits ganze Länder in den Ruin und treibt Millionen Menschen ins Elend.

Mit der Herausbildung internationaler Börsen, die mehr oder weniger das gesamte gesellschaftliche Vermögen der Welt verwalten und den internationalen Reproduktionsprozess regulieren, haben sich auch die materiellen Vorbereitungen für den Übergang zu den vereinigten sozialistischen Staaten der Welt erweitert. Die Konzentration und Zentralisation des übergroßen Teils des weltweiten Reichtums in den Händen einer kleinen Schicht des internationalen Finanzkapitals ist eine wichtige Vorbedingung für den Übergang zur Vergesellschaftung dieses Kapitals durch die assoziierten unmittelbaren Produzenten. Darauf wies bereits Karl Marx in seinem Hauptwerk »Das Kapital« hin:

*»Es ist dies die Aufhebung der kapitalistischen Produktionsweise innerhalb der kapitalistischen Produktionsweise selbst und daher ein sich selbst aufhebender Widerspruch, der prima facie als bloßer Übergangspunkt zu einer neuen Produktionsform sich darstellt ... Er reproduziert eine neue Finanzaristokratie, eine neue Sorte Parasiten in Gestalt von Projektenmachern, Gründern und bloß nominellen Direktoren; ein ganzes System des Schwindels und Betrugs mit Bezug auf Gründungen, Aktienausgabe und Aktienhandel.* **Es ist Privatproduktion ohne die Kontrolle des Privateigentums**.« (Marx/Engels Werke, Bd. 25, S. 454 – Hervorhebung Verf.)

Die internationalen Börsen verwandeln immer mehr bisher mit dem Kapitaleigentum verknüpfte Funktionen im Reproduktionsprozess in gesellschaftliche Funktionen. Das kapitalistische Privateigentum an den Produktionsmitteln wird überflüssig, und die Zeit der Enteignung des internationalen Finanzkapitals, der Großaktionäre und Spitzenmanager durch die international assoziierte Arbeiterklasse als Repräsentantin einer Gesellschaft ohne Ausbeutung und Unterdrückung reift heran.

## Die Rolle der Investmentfonds

Der internationale Börsenhandel wird heute von **Investmentfonds** dominiert. Auf diese Weise sichern die Banken ab, dass die hauptsächlichen Gewinne aus Spekulationsgeschäften ihnen zufließen. Die zehn größten Investmentfonds kontrollieren zusammen ungefähr 60 Prozent des weltweiten Fondsvermögens. An der Spitze steht die United Bank of Switzerland (UBS Paine Webber), gefolgt von Fidelity, dem größten noch von einer Bank unabhängigen Fonds der USA.

**Tabelle 21:**
**Die größten Fonds der Welt und das von ihnen verwaltete Geldvermögen**

| Rang | Fondsgesellschaft | Land | Mrd. $ |
|---|---|---|---|
| 1 | UBS Paine Webber | Schweiz | 1 597 |
| 2 | Fidelity | USA | 786 |
| 3 | Kampo | Japan | 702 |
| 4 | Crédit Suisse | Schweiz | 680 |
| 5 | AXA Group | Frankreich | 655 |
| 6 | Allianz / Pimco | Deutschland | 647 |
| 7 | Deutsche Bank | Deutschland | 616 |
| 8 | State Street | USA | 495 |
| 9 | Merrill Lynch | USA | 489 |
| 10 | Vanguard | USA | 448 |

Stand: 31. Dezember 1999
Quelle: »Die neue Supermacht Börse«, S. 33

Allein 1999 stieg das auf der ganzen Welt in Aktien-, Renten- und Geldmarktfonds angelegte Vermögen um 40 Prozent auf über 12 Billionen Euro. In den USA wird bereits rund die Hälfte des Börsenwertes aller börsennotierten Unternehmen von Fonds kontrolliert. In Deutschland versechsfachte sich das von Publikumsfonds (für private Anleger) verwaltete Vermögen seit 1990 und erreichte 1999 391,2 Milliarden Euro (765,1 Milliarden DM). Hinzu kamen 473,1 Milliarden Euro (925,3 Milliarden DM) in so genannten Spezialfonds, die nur institutionellen Anlegern offen stehen. Mit der gesetzlichen Einführung einer **privaten Altersversorgung** im Rahmen der Riester'schen »Rentenreform« erschließen Banken und Versicherungen weitere Hunderte Milliarden Euro für die Anlage in internationalen Monopolfirmen.

In Deutschland haben Großbanken und Sparkassen den Markt mit Investmentfonds fest im Griff. An der Spitze liegt die Deutsche Bank mit ihrer Tochter DWS (Deutsche Gesellschaft für Wertpapiersparen) Investment GmbH (25 Prozent Marktanteil), gefolgt von der Deka (Sparkassen), Union Investment (Genossenschaftsbanken) und Allianz Dresdner Asset Management.

Eine kleine Zahl Fondsmanager übt mehr und mehr die Kontrolle über Industriekonzerne aus. Sie sprechen regelmäßig bei den Unternehmensvorständen vor, stellen Forderungen zur Maximierung des Börsenwerts und der Rendite und präsentieren entsprechende »Sanierungsprogramme«. Kein Konzernvorstand kann die Forderungen der Fondsmanager einfach vom Tisch wischen.

Bei der Finanzspekulation sind **Aktienfonds**, die auf Wertsteigerungen von Aktien spekulieren, noch eine relativ einfache Variante. Superprofite sind möglich im Handel mit

**Finanzderivaten**[1]. Dieser Handel wächst zehnmal so schnell wie der Handel mit Aktien und hat bereits einen größeren Umfang. Mehr als 600 Milliarden Dollar stecken bereits in **Hedge-Fonds**, die unter anderem mit Derivaten spekulieren. Der allergrößte Teil der Derivate sind reine Wetten auf zukünftige Aufwärts- und Abwärtsentwicklungen von Kursen oder Preisen. Geht die Spekulation auf, können Profite von 100 Prozent und mehr herausspringen. Fehlspekulationen führen jedoch zu spektakulären Pleiten und Zusammenbrüchen, die das gesamte Finanzsystem bedrohen:

- 1993 verspekulierte sich die US-Tochter der deutschen Metallgesellschaft mit Derivaten auf den Rohölpreis und drohte sogar ihre Muttergesellschaft in den Konkurs zu reißen.

- 1995 stand die britische Baring-Bank vor dem Zusammenbruch, weil sie 1,7 Milliarden DM bei Spekulationen mit Derivaten auf den japanischen Aktienindex Nikkei verloren hatte.

- 1997 verlor die Westdeutsche Genossenschafts-Zentralbank e. G. (WGZ) wegen fehlgeschlagener Dollarspekulationen 377 Millionen DM.

- 1998 stand der Long Term Capital Management-Fonds (LTCM) vor dem Zusammenbruch. Mit einem Eigenkapital von weniger als 5 Milliarden Dollar nahmen die Fondsmanager insgesamt 125 Milliarden Dollar Kredite auf. Diese verwendeten sie dann für spekulative Geschäfte im Umfang von 1 250 Milliarden Dollar. Um eine allgemeine Finanzkrise zu vermeiden, mussten 14 internationale Banken unter Führung der US-Zentralbank dem Fonds mit 3,7 Milliarden

---

[1] von Aktien, Anleihen, Rohstoffen oder Währungen abgeleitete Finanzprodukte

Dollar unter die Arme greifen. Dafür gingen 90 Prozent der Anteile von LTCM in ihren Besitz über.

Die französische Globalisierungskritikerin Viviane Forrester zog aus den teilweise gigantischen Spekulationsgewinnen den Schluss, die Wertschöpfung habe heute nichts mehr mit der realen Produktion in den Fabriken und Büros zu tun:

*»Wann wird uns beispielsweise klar, daß die ›Werte‹ weniger auf der Basis von ›Schöpfungen‹ materieller Güter ›geschöpft‹ werden als auf der Basis vollkommen abstrakter Spekulationen, die in keinerlei – oder nur in sehr lockerem – Zusammenhang mit produktiven Investitionen stehen?«* (Viviane Forrester, »Der Terror der Ökonomie«, S. 123)

Natürlich basieren die Börsenkurse im Wesentlichen auf Spekulationen über zukünftige Gewinne. Dabei spielen Zufälle, Manipulation und eine ganze Reihe irrealer Hoffnungen und Annahmen eine große Rolle. Ein ganzes Heer von Analysten »berät« täglich die Anleger und verheißt ihnen in pseudowissenschaftlicher Manier zu erwartende Gewinne. Eine Studie zur Qualität der Börsen-Analysten unter dem provokativen Titel »Die Zunft der Blindgänger« stellte dazu fest:

*»Das Ergebnis ist ernüchternd. Von über 15 000 Tipps waren immer noch über die Hälfte Kaufurteile. Ratschläge, die sich zumeist als krasse Fehleinschätzungen entpuppten. Im Schnitt brachten die Kauftipps für die 30 Werte des Dax ein Minus von 19,3 Prozent; die Empfehlungen für die 50 Unternehmen des Stoxx bescherten einen durchschnittlichen Verlust von 24,5 Prozent; und wer sich auf die Urteile der Experten für den neuen Markt verließ, verlor zwischen Ende Juni 2000 und Ende März 2002 über zwei Drittel seines Einsatzes«.* (»Manager Magazin«, Nr. 7/2002, S. 122)

Im »Morgenmagazin« (ARD/ZDF) vom 7. Oktober 2002 wurde berichtet, dass die Analysten im Durchschnitt für Ende 2002 einen Dax-Kurs von 5 800 vorausgesagt hätten. Tatsächlich war er an diesem Tag auf unter 2 700 abgesackt. Hauptsache, die Käufer und Verkäufer folgen dem manipulierten Tagestipp, dann sind die Verkaufserlöse für die Banken gesichert.

Der Widerspruch zwischen dem durch Spekulation beeinflussten Wert der Aktien und der realen Entwicklung der Profite kann sich dennoch immer nur zeitweilig so extensiv entfalten. Das ist nur möglich auf der Basis einer sich tatsächlich rasch ausdehnenden Produktion samt Realisierung der Profite durch den erfolgreichen Verkauf der Produkte auf dem Markt, wie das bei neuen Branchen oft der Fall ist. Das ließ sich deutlich an der Spekulation bei den Internetfirmen sehen. Günter Ogger beschrieb,

*»... dass die Zahl der börsennotierten Unternehmen aus dieser Branche in den letzten fünf Jahren um das 20fache, ihr Aktienwert gar um das 100fache zugelegt hat, während in der gleichen Zeit die Umsätze lediglich um das Sechsfache gestiegen sind.«* (»Der Börsenschwindel«, S. 261)

Die sechsfache Umsatzsteigerung zwischen 1995 und 2000 war die materielle Grundlage für die spekulative 100-fache Steigerung des Aktienwerts. In dem Moment aber, als die Märkte übersättigt waren und die Internetbranche im April 2000 ins Stocken geriet, platzte die Spekulationsblase. Der Widerspruch zwischen Spekulation und Realität fand seine Lösung in einem beispiellosen Prozess der Kapitalvernichtung. Die deutschen Aktionäre mussten in den Jahren 2000/2001 Verluste von 160 Milliarden Euro hinnehmen. (Deutsche Bank, Monatsbericht Juni 2002, S. 27) Viele Kleinaktionäre wurden dabei ruiniert. Die Internetbranche wurde durch eine Unzahl von Zusammenbrüchen kleiner und mittlerer Unternehmen gnadenlos »bereinigt«. Diese blieben nicht nur auf ihren unverkäuflichen Produkten sitzen, sondern verloren durch die massive Entwertung der Aktien auch noch einen großen Teil ihres Grundkapitals.

Dieses Beispiel zeigt die ganze Absurdheit von Viviane Forresters »virtueller« Profitmacherei ohne Bezug zur materiellen Produktion. Die wissenschaftliche Analyse von Marx trifft uneingeschränkt auch auf die heutigen Spekulationsgewinne zu. In »Lohn, Preis und Profit« schrieb er:

*»Rente, Zins und industrieller Profit sind bloß verschiedne Namen für verschiedne Teile des Mehrwerts der Ware oder der in ihr vergegenständlichten unbezahlten Arbeit und leiten sich in gleicher Weise aus dieser Quelle und nur aus ihr her.«* (Marx/Engels, Werke, Bd. 16, S. 137)

Viviane Forresters ganze Motivation liegt darin, die elementare Bedeutung der gesellschaftlichen Produktion und Reproduktion zu leugnen. Denn damit wird zugleich der die kapitalistische Gesellschaft prägende Klassenantagonismus und die Arbeiterklasse als gesellschaftsverändernde Kraft wegretuschiert. Umso eindringlicher kann sie dann auch die Führungsrolle der kleinbürgerlichen Intellektuellen und Globalisierungskritiker in der internationalen Protestbewegung »Für eine andere Welt« – was immer das sein mag – beanspruchen.

## 8. Die Herrschaft des Finanzkapitals über die Weltwirtschaft

Das ökonomische Wesen des Imperialismus ist die Herrschaft des Finanzkapitals. Dazu führte Lenin aus:

*»Die Trennung des Kapitaleigentums von der Anwendung des Kapitals in der Produktion, die Trennung des Geldkapitals vom industriellen oder produktiven Kapital, die Trennung des Rent-*

*ners, der ausschließlich vom Ertrag des Geldkapitals lebt, vom Unternehmer und allen Personen, die an der Verfügung über das Kapital unmittelbar teilnehmen, ist dem Kapitalismus überhaupt eigen. Der Imperialismus oder die Herrschaft des Finanzkapitals ist jene höchste Stufe des Kapitalismus, wo diese Trennung gewaltige Ausdehnung erreicht. Das Übergewicht des Finanzkapitals über alle übrigen Formen des Kapitals bedeutet die Vorherrschaft des Rentners und der Finanzoligarchie, bedeutet die **Aussonderung weniger Staaten, die finanzielle ›Macht‹ besitzen**.«* («Der Imperialismus als höchstes Stadium des Kapitalismus«, Lenin, Werke, Bd. 22, S. 242 – Hervorhebung Verf.)

Die Herrschaft des Finanzkapitals kommt konzentriert in der ökonomischen und politischen **Vorherrschaft einiger weniger Staaten** über die ganze Welt zum Ausdruck. Die **ökonomische Macht** der imperialistischen Länder bemisst sich nach ihrem **Anteil am Weltfinanzkapital**. Sie äußert sich in ihrer Stellung auf dem Weltmarkt, in der Leistungskraft und Konkurrenzfähigkeit ihrer Wirtschaft, der Beherrschung der fortgeschrittensten Technik und Produktionsmethoden, der Verfügungsgewalt über Rohstoffe und nicht zuletzt im Einfluss auf möglichst viele Länder und Regionen der Welt. Diese Macht wird mit den Mitteln der Diplomatie, der Politik und des Militärs abgesichert und möglichst erweitert. Auf dem ökonomischen Potential beruht die **politische und militärische Macht** der imperialistischen Länder.

Zwischen der ökonomischen und politischen Macht besteht eine **dialektische Einheit**, wobei zeitweilig die eine oder andere Seite im Vordergrund stehen kann. So arbeiteten sich die Verlierer des II. Weltkriegs, Japan und Deutschland, ökonomisch auf die Plätze 2 und 3 in der Weltwirtschaft vor. Politisch und militärisch rangieren sie jedoch hinter den USA, Russland, Großbritannien und Frankreich.

## Tabelle 22:
## Ökonomische Macht der imperialistischen Länder
(geordnet nach der Höhe des Bruttoinlandsprodukts[1] 2000)

| | BIP | Rang | Bevöl-kerung | Fläche | Welt-Export | Rang | Welt-kapital-export | Rang | 500 Monopole Anzahl | Rang | 500 Monopole Kapital | Rang | Finanz-kapital | Rang |
|---|---|---|---|---|---|---|---|---|---|---|---|---|---|---|
| | %-Welt-anteil | | in Millionen | in 1000 qkm | %-Anteil | | %-Anteil | | %-Welt-anteil | | %-Welt-anteil | | %-Welt-anteil | |
| USA 2000 | 26,4 | 1 | 282 | 9372 | 12,4 | 1 | 21,3 | 1 | 37,0 | 1 | 29,7 | 1 | 48,7 | 1 |
| 1990 | 24,7 | 1 | 249 | 9372 | 11,5 | 2 | 25,0 | 1 | 32,8 | 1 | 37,9 | 1 | 35,9 | 1 |
| 1980 | 24,5 | 1 | 227 | 9372 | 12,6 | 1 | 42,2 | 1 | 44,4 | 1 | 44,0 | 1 | | |
| 1970 | 25,9 | 1 | 205 | 9372 | 13,9 | 1 | 51,5 | 1 | 57,8 | 1 | 59,3 | 1 | | |
| Japan 2000 | 16,7 | 2 | 127 | 378 | 7,6 | 3 | 4,6 | 8 | 20,8 | 2 | 17,5 | 2 | 10,3 | 2 |
| 1990 | 18,7 | 2 | 124 | 378 | 8,4 | 3 | 11,7 | 3 | 22,2 | 2 | 18,2 | 2 | 33,3 | 2 |
| 1980 | 17,0 | 2 | 117 | 378 | 7,1 | 3 | 3,8 | 8 | 14,0 | 2 | 11,1 | 2 | | |
| 1970 | 15,9 | 2 | 104 | 378 | 6,2 | 4 | 4,9 | 5 | 11,6 | 2 | 10,1 | 2 | | |
| Deutschland[2] 2000 | 7,9 | 3 | 82 | 357 | 8,7 | 2 | 7,7 | 3 | 6,8 | 4 | 12,0 | 3 | 4,1 | 5 |
| 1990 | 8,6 | 3 | 63 | 249 | 12,0 | 1 | 8,6 | 4 | 6,0 | 4 | 7,1 | 4 | 4,0 | 4 |
| 1980 | 8,3 | 3 | 62 | 249 | 9,4 | 2 | 8,3 | 3 | 6,4 | 4 | 6,9 | 5 | | |
| 1970 | 9,0 | 3 | 61 | 249 | 11,0 | 2 | 7,7 | 3 | 6,2 | 4 | 5,4 | 4 | | |

Herrschaft des Finanzkapitals 163

| | BIP %-Welt-anteil | Rang | Bevöl-kerung in Millionen | Fläche in 1000 qkm | Welt-Export %-Anteil | Rang | Welt-kapital-export %-Anteil | Rang | 500 Monopole Anzahl %-Welt-anteil | Rang | 500 Monopole Kapital %-Welt-anteil | Rang | Finanz-kapital %-Welt-anteil | Rang |
|---|---|---|---|---|---|---|---|---|---|---|---|---|---|---|
| **Frankreich 2000** | 5,1 | 4 | 59 | 552 | 4,7 | 5 | 7,1 | 4 | 7,4 | 3 | 7,8 | 5 | 4,7 | 4 |
| 1990 | 5,6 | 4 | 57 | 552 | 6,3 | 4 | 7,0 | 5 | 6,0 | 5 | 7,0 | 5 | 3,5 | 5 |
| 1980 | 5,9 | 4 | 54 | 552 | 6,7 | 4 | 4,7 | 5 | 5,4 | 5 | 7,7 | 4 | | |
| 1970 | 6,2 | 4 | 51 | 552 | 5,8 | 5 | 3,8 | 6 | 4,7 | 5 | 3,8 | 6 | | |
| **Großbritannien 2000** | 3,8 | 5 | 60 | 245 | 4,5 | 6 | 14,8 | 2 | 6,8 | 5 | 9,6 | 4 | 8,4 | 3 |
| 1990 | 3,9 | 5 | 58 | 245 | 5,4 | 5 | 13,3 | 2 | 8,8 | 3 | 7,8 | 3 | 9,7 | 3 |
| 1980 | 4,1 | 6 | 56 | 245 | 6,0 | 5 | 15,4 | 2 | 9,8 | 3 | 8,9 | 3 | | |
| 1970 | 4,9 | 5 | 56 | 245 | 6,2 | 3 | 14,8 | 2 | 10,2 | 3 | 8,5 | 3 | | |
| **China³ 2000** | 3,6 | 6 | 1 263 | 9 598 | 7,2 | 4 | 6,4 | 5 | 2,4 | 7 | 4,1 | 8 | 2,0 | 10 |
| 1990 | 1,5 | 10 | 1 135 | 9 598 | 1,8 | 12 | 0,1 | 18 | 0,0 | – | 0,0 | – | 0,9 | 13 |
| 1980 | 0,8 | 16 | 981 | 9 598 | 1,0 | 16 | 0,0 | 18 | 0,0 | – | 0,0 | – | | |
| 1970 | 0,7 | 17 | 818 | 9 598 | 0,5 | 19 | | | 0,0 | – | 0,0 | – | | |
| **Italien 2000** | 3,5 | 7 | 58 | 301 | 3,8 | 8 | 3,0 | 11 | 1,6 | 10 | 2,2 | 10 | 2,5 | 8 |
| 1990 | 3,9 | 6 | 57 | 301 | 5,0 | 6 | 3,3 | 9 | 1,4 | 12 | 3,74 | 6 | 1,7 | 8 |
| 1980 | 4,2 | 5 | 56 | 301 | 5,0 | 6 | 1,4 | 9 | 1,6 | 9 | 1,9 | 8 | | |
| 1970 | 4,3 | 6 | 54 | 301 | 4,2 | 7 | 1,6 | 10 | 1,6 | 7 | 2,5 | 7 | | |

164 Kapitel I/8

| | BIP | Rang | Bevöl-kerung | Fläche | Welt-Export | | Rang | Welt-kapital-export | Rang | 500 Monopole Anzahl | | Rang | 500 Monopole Kapital | | Rang | Finanz-kapital | Rang |
|---|---|---|---|---|---|---|---|---|---|---|---|---|---|---|---|---|---|
| | %-Welt-anteil | | in Millionen | in 1000 qkm | %-Anteil | | | %-Anteil | | %-Welt-anteil | | | %-Welt-anteil | | | %-Welt-anteil | |
| Spanien 2000 | 2,1 | 8 | 40 | 505 | 1,8 | | 11 | 2,7 | 12 | 1,2 | | 12 | 1,7 | | 12 | 1,6 | 11 |
| 1990 | 2,1 | 7 | 39 | 505 | 1,6 | | 14 | 0,9 | 13 | 0,8 | | 13 | 1,1 | | 12 | 1,3 | 10 |
| 1980 | 2,1 | 8 | 37 | 505 | 1,7 | | 12 | 0,4 | 14 | 1,4 | | 10 | 0,6 | | 12 | | |
| 1970 | 2,1 | 7 | 34 | 505 | 0,8 | | 17 | | | 0,0 | | – | 0 | | – | | |
| Kanada 2000 | 2,0 | 9 | 31 | 9 976 | 4,4 | | 7 | 3,7 | 10 | 3,0 | | 6 | 2,4 | | 9 | 2,5 | 7 |
| 1990 | 2,0 | 9 | 28 | 9 976 | 3,8 | | 8 | 4,9 | 7 | 2,4 | | 7 | 1,4 | | 10 | 2,7 | 6 |
| 1980 | 2,1 | 9 | 25 | 9 976 | 3,1 | | 10 | 4,6 | 6 | 3,2 | | 6 | 2,3 | | 7 | | |
| 1970 | 2,0 | 9 | 21 | 9 976 | 5,4 | | 6 | 3,0 | 7 | 2,4 | | 6 | 1,6 | | 8 | | |
| Niederlande 2000 | 1,4 | 10 | 16 | 41 | 3,3 | | 9 | 5,1 | 7 | 2,0 | | 9 | 4,3 | | 6 | 2,1 | 9 |
| 1990 | 1,4 | 11 | 15 | 41 | 3,8 | | 7 | 6,0 | 6 | 1,6 | | 10 | 3,2 | | 7 | 1,4 | 9 |
| 1980 | 1,5 | 10 | 14 | 41 | 3,9 | | 7 | 8,1 | 4 | 1,0 | | 11 | 4,5 | | 6 | | |
| 1970 | 1,7 | 10 | 13 | 41 | 3,8 | | 9 | 2,4 | 8 | 0,9 | | 10 | 3,9 | | 5 | | |
| Australien 2000 | 1,3 | 11 | 19 | 7 687 | 1,0 | | 16 | 1,3 | 14 | 1,4 | | 11 | 0,8 | | 13 | 1,2 | 12 |
| 1990 | 1,2 | 12 | 17 | 7 687 | 1,2 | | 16 | 1,8 | 12 | 1,8 | | 9 | 1,2 | | 11 | 1,2 | 11 |
| 1980 | 1,2 | 12 | 15 | 7 687 | 1,1 | | 15 | 0,4 | 12 | 0,4 | | 13 | 0,3 | | 13 | | |
| 1970 | 1,3 | 12 | 13 | 7 687 | 1,5 | | 13 | 0,3 | 12 | 0,4 | | 12 | 0,4 | | 12 | | |

Herrschaft des Finanzkapitals 165

| | BIP | Rang | Bevöl-kerung | Fläche | Welt-Export | Rang | Welt-kapital-export | Rang | 500 Monopole Anzahl | Rang | 500 Monopole Kapital | Rang | Finanz-kapital | Rang |
|---|---|---|---|---|---|---|---|---|---|---|---|---|---|---|
| | %-Welt-anteil | | in Millionen | in 1000 qkm | %-Anteil | | %-Anteil | | %-Welt-anteil | | %-Welt-anteil | | %-Welt-anteil | |
| Russland 2000 | 1,0 | 12 | 146 | 17 075 | 1,7 | 12 | 0,2 | 19 | 0,4 | 16 | 0,1 | 15 | | – |
| 1990 | 2,1 | 8 | 148 | 17 075 | 3,0 | 10 | | | 0,0 | – | 0,0 | – | | – |
| 1980 | 2,3 | 7 | 139 | 17 075 | 3,8 | 8 | | | 0,0 | – | 0,0 | – | | – |
| 1970 | 2,0 | 8 | 130 | 17 075 | 4,1 | 8 | | | 0,0 | – | 0,0 | – | | – |
| Schweiz 2000 | 1,0 | 13 | 7 | 41 | 1,2 | 14 | 3,7 | 9 | 2,2 | 7 | 4,1 | 8 | 2,6 | 6 |
| 1990 | 1,2 | 13 | 7 | 41 | 1,9 | 11 | 3,8 | 8 | 2,2 | 8 | 2,2 | 8 | 1,8 | 7 |
| 1980 | 1,3 | 11 | 6 | 41 | 1,8 | 11 | 4,1 | 7 | 1,6 | 8 | 1,8 | 9 | | |
| 1970 | 1,7 | 11 | 6 | 41 | 1,6 | 12 | 6,0 | 4 | 1,6 | 8 | 1,2 | 9 | | |
| Belgien 2000 | 0,9 | 14 | 10 | 31 | 2,9 | 10 | 6,3 | 6 | 0,8 | 14 | 1,9 | 11 | 0,6 | 15 |
| 1990 | 1,0 | 14 | 10 | 31 | 3,4 | 9 | 2,4 | 11 | 0,8 | 14 | 0,6 | 14 | 0,7 | 14 |
| 1980 | 1,1 | 13 | 10 | 31 | 3,6 | 9 | 1,2 | 10 | 0,8 | 12 | 0,7 | 11 | | |
| 1970 | 1,1 | 14 | 10 | 31 | 3,7 | 10 | 1,6 | 11 | 0,9 | 11 | 0,6 | 11 | | |
| Schweden 2000 | 0,8 | 15 | 9 | 450 | 1,4 | 13 | 2,0 | 13 | 1,0 | 13 | 0,3 | 14 | 1,1 | 13 |
| 1990 | 0,9 | 15 | 9 | 450 | 1,7 | 13 | 2,9 | 10 | 3,4 | 6 | 2,2 | 9 | 1,0 | 12 |
| 1980 | 1,0 | 14 | 8 | 450 | 1,7 | 13 | 0,7 | 11 | 2,4 | 7 | 1,6 | 10 | | |
| 1970 | 1,2 | 13 | 8 | 450 | 2,2 | 11 | 2,0 | 9 | 1,6 | 9 | 0,9 | 10 | | |

| | BIP | | Bevöl-kerung | Fläche | Welt-Export | | Welt-kapital-export | | 500 Monopole Anzahl | | 500 Monopole Kapital | | Finanz-kapital | |
|---|---|---|---|---|---|---|---|---|---|---|---|---|---|---|
| | %-Welt-anteil | Rang | in Millionen | in 1000 qkm | %-Anteil | Rang | %-Anteil | Rang | %-Welt-anteil | Rang | %-Welt-anteil | Rang | %-Welt-anteil | Rang |
| Österreich 2000 | 0,8 | 16 | 8 | 84 | 1,0 | 15 | 0,4 | 18 | 0,0 | – | 0,0 | – | | |
| 1990 | 0,8 | 16 | 8 | 84 | 1,2 | 15 | 0,2 | 17 | 0,2 | 16 | 0,3 | 16 | 0,1 | 19 |
| 1980 | 0,9 | 15 | 8 | 84 | 1,2 | 14 | 0,1 | 17 | 0,4 | 15 | 0,3 | 14 | 0,3 | 16 |
| 1970 | 0,9 | 15 | 7 | 84 | 0,9 | 15 | | | 0,0 | – | 0,0 | – | | |
| Dänemark 2000 | 0,6 | 17 | 5 | 43 | 0,9 | 18 | 1,1 | 15 | 0,0 | – | 0,0 | – | | |
| 1990 | 0,6 | 17 | 5 | 43 | 1,0 | 17 | 0,4 | 16 | 0,0 | – | 0,0 | – | 0,4 | 16 |
| 1980 | 0,7 | 17 | 5 | 43 | 1,0 | 17 | 0,4 | 13 | 0,0 | – | 0,0 | – | 0,4 | 15 |
| 1970 | 0,9 | 16 | 5 | 43 | 1,1 | 14 | 0,1 | 13 | 0,0 | – | 0,0 | – | | |
| Norwegen 2000 | 0,5 | 18 | 5 | 324 | 0,9 | 17 | 0,7 | 17 | 0,4 | 15 | 0,1 | 16 | | |
| 1990 | 0,5 | 19 | 4 | 324 | 1,0 | 18 | 0,6 | 15 | 0,4 | 15 | 0,5 | 15 | 0,2 | 17 |
| 1980 | 0,5 | 19 | 4 | 324 | 0,8 | 18 | 0,1 | 16 | 0,4 | 14 | 0,3 | 15 | 0,3 | 17 |
| 1970 | 0,5 | 19 | 4 | 324 | 0,8 | 16 | 0,1 | 14 | 0,0 | – | 0,0 | – | | |
| Finnland 2000 | 0,5 | 18 | 5 | 338 | 0,7 | 19 | 0,9 | 16 | 0,4 | 17 | 0,1 | 17 | | |
| 1990 | 0,5 | 18 | 5 | 338 | 0,8 | 19 | 0,7 | 14 | 1,6 | 11 | 1,0 | 13 | 1,0 | 14 |
| 1980 | 0,5 | 18 | 5 | 338 | 0,7 | 19 | 0,1 | 15 | 0,2 | 17 | 0,1 | 17 | 0,3 | 18 |
| 1970 | 0,5 | 18 | 5 | 338 | 0,7 | 18 | | | 0,0 | – | 0,0 | – | | |

| | BIP | Rang | Bevölkerung | Fläche | Welt-Export | Rang | Weltkapitalexport | Rang | 500 Monopole Anzahl | Rang | 500 Monopole Kapital | Rang | Finanzkapital | Rang |
|---|---|---|---|---|---|---|---|---|---|---|---|---|---|---|
| | %-Weltanteil | | in Millionen | in 1000 qkm | %-Anteil | | %-Anteil | | %-Weltanteil | | %-Weltanteil | | %-Weltanteil | |
| Luxemburg 2000 | 0,1 | 20 | 0 | 3 | 0,1 | 20 | | | 0,2 | 18 | 0,0 | 18 | 0,1 | 18 |
| 1990 | 0,1 | 20 | 0 | 3 | | | | | 0,2 | 17 | 0,2 | 17 | 0,1 | 19 |
| 1980 | 0,0 | 20 | 0 | 3 | | | | | 0,2 | 16 | 0,1 | 16 | | |
| 1970 | 0,1 | 20 | 0 | 3 | | | | | 0,2 | 13 | 0,1 | 13 | | |
| Welt Summe 2000 | 100 | | 6057 | 133567 | 100 | | 100 | | 100 | | 100 | | 100 | |

[1] Bruttoinlandsprodukt (BIP): Summe der Wertschöpfung des produzierenden Gewerbes, von Landwirtschaft, Handel, Verkehr sowie Dienstleistungsbereich aus dem Inland; Leistungen des Staates und der privaten Haushalte ohne Erwerbscharakter

[2] Deutschland ab 1990 Gesamtdeutschland

[3] China ab 2000 mit Hongkong

Quellen: BIP: Weltbank, World Development Indicators 2002; Fläche: Dresdner Bank, Statistische Reihen; Weltexport: UN International Financial Statistics Yearbook; Weltkapitalexport: UNCTAD World Investment Report; Krägenau: Internationale Direktinvestitionen (1973). 1973 Summe der imperialistischen Länder beim Kapitalexport = 100 gesetzt. 500 Monopole Anzahl und Kapital: Fortune, verschiedene Jahrgänge; Anteil am Weltfinanzkapital berechnet nach den Werten für die Börsenkapitalisierung lt. der World Federation of Stock Exchanges (früher FIBV). Eigene Berechnungen.

Russland fiel nach der Auflösung der UdSSR ökonomisch stark zurück, blieb jedoch militärisch eine atomare Supermacht. Auch Frankreich und Großbritannien sind Nuklearmächte. China kam im letzten Jahrzehnt des 20. Jahrhunderts ökonomisch von Platz 10 auf Platz 6 einen großen Schritt nach vorn. Politisch steht es jedoch nach wie vor in der zweiten Reihe, obwohl es ebenfalls über Nuklearwaffen verfügt und über eine der größten Armeen der Welt. Grundlegend für alle imperialistischen Länder ist das **Streben nach Weltherrschaft**. Es bildet das **politische Wesen des Imperialismus**.

Die Herrschaft des Finanzkapitals wird durch etwa zwanzig imperialistische Länder repräsentiert, die den Großteil des Reichtums der ganzen Welt untereinander aufgeteilt haben. Sie sind in der Lage, allen übrigen Ländern ihren Willen aufzuzwingen bzw. sie in neokolonialer Abhängigkeit zu halten und auszubeuten.

Die USA hielten mit 48,7 Prozent fast die Hälfte des Weltfinanzkapitals (Börsenwert im Jahr 2000). Im Unterschied zum Bruttosozialprodukt drückt dieser Wert auch die finanzielle Vorherrschaft über andere Länder aus. Auf dem zweiten Platz stand Japan mit 10,3 Prozent und dicht darauf folgte bereits Großbritannien mit 8,4 Prozent. Frankreich stand mit 4,7 Prozent auf dem vierten und Deutschland mit 4,1 Prozent auf dem fünften Platz. Diese fünf größten imperialistischen Länder kontrollierten 2000 zusammen mehr als drei Viertel des Weltfinanzkapitals.

**Kampf der drei imperialistischen Blöcke um die Vorherrschaft**

Zu Anfang dieses Jahrtausends gab es **drei die Welt beherrschende Finanz- und Wirtschaftsblöcke**, die im erbitterten Kampf um die Vorherrschaft die Welt unter sich aufgeteilt hatten: die **USA** als stärkste imperialistische Macht, die führende Gruppe in der **Europäischen Union** (Deutschland, Frankreich, Großbritannien und Italien) als zweitstärkste und **Japan** als drittstärkste. Jede imperialistische Gruppe schloss Abkommen mit weiteren Ländern ihrer Region und schuf so »gemeinsame Märkte« als **erweiterte ökonomische Plattform** für den internationalen Konkurrenzkampf. Die größten derartigen Zusammenschlüsse sind die EU in Europa (1993, Maastrichter Verträge), die NAFTA (1994, USA, Kanada und Mexiko) in Nord- und Mittelamerika und die ASEAN in Asien.

**Tabelle 23:**
**Die größten »gemeinsamen Märkte« im Vergleich zu China und Japan im Jahr 2000**

|  | Mercosur | EU | NAFTA | ASEAN | China | Japan |
|---|---|---|---|---|---|---|
| Bevölkerung (in Mio.) | 216 | 376 | 410 | 518 | 1 270 | 127 |
| Bruttoinlandsprodukt (Mrd. US-$) | 908 | 7 836 | 11 100 | 573 | 1 249 | 4 842 |

Im Mercosur haben sich 1991 die südamerikanischen Länder Argentinien, Brasilien, Paraguay und Uruguay zusammengeschlossen. In Association of South East Asian Nations (ASEAN) haben sich Brunei, Indonesien, Kambodscha, Laos, Malaysia, Myanmar, Philippinen, Singapur, Thailand und Vietnam zusammengeschlossen.
Quelle: Weltbank, World Development Indicators 2002

Die Blockbildung bricht die nationalstaatliche Abgrenzung zwischen den beteiligten Partnern auf. Das drückt sich in einem kaum zu entwirrenden **Netz der ökonomischen Durchdringung und Verflechtung sowie der finanziellen und politischen Abhängigkeiten** aus – aber immer unter Führung der vorherrschenden Gruppe des internationalen Finanzkapitals. Objektives Ergebnis dieser Entwicklung ist eine **fortschreitende Vergesellschaftung der Produktion auf internationalem Niveau**.

Aus der Tatsache, dass die Übermonopole vielfältige Kooperationen eingehen und strategische Absprachen treffen, schließen verschiedene kleinbürgerlich-opportunistische Theoretiker, dass die Konkurrenz unter den Monopolen verschwinde. Sahra Wagenknecht, Vertreterin der »kommunistischen Plattform« in der PDS und derzeit linkes Aushängeschild im PDS-Vorstand, sah das zum Beispiel so:

*»Wer erst mal zu den Giganten gehört, hat keine ernsthafte Konkurrenz mehr zu fürchten ... Der Trend geht zu Unternehmens-übergreifenden Strukturen der Zusammenarbeit auf Weltebene. In der Automobilbranche kooperiert Ford in seinen F&E-Aktivitäten[1] mit General Motors, Mazda und Nissan, im Vertrieb mit Fiat und Suzuki, in der Produktion mit BMW, Mazda, VW und anderen. IBM, Siemens und Toshiba arbeiten gemeinsam an der Entwicklung der nächsten Chip-Generation. Fast jeder kooperiert mit jedem. Es gehört natürlich zur Öffentlichkeitsarbeit der Konzerne, so zu tun, als kämpfe man hart um jeden Kunden. Die Wirklichkeit sieht anders aus. Man kämpft um möglichst hohe Renditen, und da liegt es nahe, sich nicht zu sehr auf die Füße zu treten.«* (»Kapital, Crash, Krise ... Kein Ausweg in Sicht?« Fragen an Sahra Wagenknecht, S. 93/94)

Befangen in ihrer revisionistischen Illusion, einer Verschärfung der Widersprüche aus dem Weg gehen zu können, übersah Sahra Wagenknecht völlig die Relativität der Zusammenarbeit in der Vernichtungsschlacht zwischen den internationalen Monopolen, die auf der Basis gemeinsam vereinbarter Rahmenbedingungen geführt wird. Urvater der Fiktion von der Überwindung der Konkurrenz unter den Monopolen ist Karl Kautsky, ehemaliger Marxist und führender Theoretiker

---

[1] F&E = Forschung und Entwicklung – Verf.

der deutschen Sozialdemokratie. Zu Beginn des I. Weltkriegs entwickelte er die Theorie vom »Ultraimperialismus«:

»›Vom rein ökonomischen Standpunkt‹, schreibt Kautsky, ›ist es nicht ausgeschlossen, daß der Kapitalismus noch eine neue Phase erlebt, die Übertragung der Kartellpolitik auf die äußere Politik, eine Phase des Ultraimperialismus‹, d. h. des Überimperialismus, der Vereinigung der Imperialismen der ganzen Welt, nicht aber ihres Kampfes, eine Phase der Aufhebung der Kriege unter dem Kapitalismus, eine Phase der ›gemeinsamen Ausbeutung der Welt durch das international verbündete Finanzkapital‹.«* (zitiert in: »Der Imperialismus als höchstes Stadium des Kapitalismus«, Lenin, Werke, Bd. 22, S. 275)

Für Lenin war diese Theorie nichts als *»der reaktionäre Versuch eines erschrockenen Kleinbürgers, sich über die grausame Wirklichkeit hinwegzusetzen«* (ebenda, S. 278). Die grausame Wirklichkeit bestand und besteht darin, dass Imperialisten Bündnisse und Vereinbarungen nur abschließen, um im härter werdenden Konkurrenzkampf bestehen zu können. Die Blockbildung verschärft die weltweite zwischenimperialistische Konkurrenz und erhöht den Drang nach politischer und militärischer Unterwerfung von Ländern oder Regionen unter die stärksten internationalen Monopole. Lenin schrieb deshalb völlig richtig:

*»Kautskys leeres Gerede von einem Ultraimperialismus nährt unter anderem den grundfalschen Gedanken ... daß die Herrschaft des Finanzkapitals die Ungleichmäßigkeiten und die Widersprüche innerhalb der Weltwirtschaft* **abschwäche**, *während sie in Wirklichkeit diese* **verstärkt**.« (ebenda, S. 276)

Da im Zeitalter des Imperialismus die Welt territorial und zwischen den Monopolgruppen aufgeteilt ist, kann die Macht eines Imperialisten oder einer Monopolgruppe nur durch Zurückdrängung oder Ausschaltung der Macht der Konkurrenten erweitert werden. Die Ungleichmäßigkeit der ökonomischen und politischen Entwicklung bezeichnete Lenin 1915 als »ein unbedingtes Gesetz des Kapitalismus«:

»Unter dem Kapitalismus ist ein gleichmäßiges Wachstum in der ökonomischen Entwicklung einzelner Wirtschaften und einzelner Staaten unmöglich.« (»Über die Losung der Vereinigten Staaten von Europa«, Lenin, Werke, Bd. 21, S. 344)

Im Prozess der Neuorganisation der internationalen Produktion gab es zwischen 1990 und 2000 einige deutliche Verschiebungen zwischen den imperialistischen Ländern. Die USA konnten ihren Anteil am Bruttosozialprodukt (BSP) der Welt von 24,7 Prozent auf 26,4 Prozent erhöhen. Dagegen büßte Japan im selben Zeitraum 2 Prozentpunkte seines Anteils ein, fiel von 18,7 Prozent auf 16,7 Prozent zurück. Deutschland verlor 0,7 Prozentpunkte, Frankreich 0,5 Prozentpunkte, Italien 0,4 Prozentpunkte und Großbritannien 0,1 Prozentpunkte. Einen großen Sprung nach vorn machte vor allem die VR China, die ihren Anteil am BSP der Welt von 1,5 auf 3,6 Prozent mehr als verdoppeln konnte und damit auf Platz 6 in der Rangliste der größten imperialistischen Länder vordrang. Eine drastische Schwächung erfuhr dagegen Russland. Mit dem Rückgang seines Anteils von 2,1 auf 1 Prozent fiel es von Platz 8 auf Platz 12 zurück, noch hinter Spanien, Kanada, die Niederlande und Australien.

Diese ungleichmäßige Entwicklung der einzelnen Länder kommt noch stärker zum Ausdruck, wenn man betrachtet, wie sich ihre Anteile an den 500 beherrschenden internationalen Monopolen verschoben. Während die US-amerikanischen Übermonopole ihren Anteil von 32,8 Prozent im Jahr 1990 auf 37 Prozent im Jahr 2000 steigern konnten, sank ihr Anteil am Gesamtkapital dieser 500 Monopole von 37,9 Prozent auf 29,7 Prozent. Die US-amerikanischen Übermonopole zusammen genommen gewannen also beim Kampf um die Weltherrschaft, die ökonomische Kraft der einzelnen US-Übermonopole wurde dagegen schwächer. Japan büßte 1,4 Prozentpunkte beim Anteil an den Übermonopolen ein und fiel auch beim Anteil an deren Gesamtkapital von 18,2 Prozent auf 17,5 Prozent zurück. Die britischen internationalen Monopole konnten ihren Anteil am Gesamtkapital aller Übermonopole um 1,8 Prozentpunkte erhöhen (von 7,8 auf 9,6 Prozent). Deutschland gewann 0,8 Prozentpunkte bei der Zahl der Übermonopole und 4,9 Prozentpunkte beim Anteil an ihrem Kapital. Es verfügte im Jahr 2000 über 12 Prozent des Gesamtkapitals der 500 größten internationalen Monopole und stand damit hinter den USA und Japan auf Platz 3. Das zeigt das **aggressive Vorgehen deutscher Monopole** bei der Neuorganisation der internationalen Produktion. Die VR China spielte bis 1990 noch keine Rolle, aber im Jahr 2000 verfügten chinesische Monopole bereits über 4,1 Prozent des Gesamtkapitals der 500 größten internationalen Monopole.

**Die Methode der gegenseitigen Durchdringung**

Die Ungleichmäßigkeit der ökonomischen und politischen Entwicklung ist die Grundlage machtpolitischer Verschiebungen zwischen den imperialistischen Mächten. Dadurch erhöht sich die **allgemeine Kriegsgefahr.** Im scheinbaren Gegensatz dazu steht die Tatsache, dass es seit 1945 zu keinem zwischenimperialistischen Krieg kam. Willi Dickhut führte dazu in einem Brief an das Zentralkomitee der MLPD vom 5. Januar 1991 aus:

»*In der Strategie des Imperialismus kommt der aggressive Charakter nach wie vor zum Ausdruck. Das braucht nicht immer Krieg zu bedeuten. Zwischen dem I. und dem II. Weltkrieg lagen 21 Jahre. Nach dem II. Weltkrieg bis heute sind 45 Jahre* (inzwischen sind es 58 Jahre – Verf.) *vergangen, in denen wohl zahlreiche kleinere Kriege und Bürgerkriege stattfanden, aber der III. Weltkrieg wurde vermieden, wodurch die Aggression des Imperialismus nicht aufgehoben wurde ...*

*Gegenüber dem früheren Kolonialismus der Eroberung, der militärischen Besetzung und imperialistischen Verwaltung haben sich die Methoden geändert, nicht aber das Wesen des Imperialismus. Die* **Hauptmethode ist die wirtschaftliche Abhängigmachung der Entwicklungsländer.** *Darum wird nach wie vor die Außenpolitik der Imperialisten von der Notwendigkeit des Kapitalexports bestimmt. Die imperialistische Politik wird maßgeblich davon diktiert, die Entwicklungsländer als Anlagegebiete für das überschüssige Kapital zu erhalten.«* (Willi Dickhut, Brief an das Zentralkomitee der MLPD vom 5. Januar 1991 – Hervorhebung Verf.)

Die ökonomische Durchdringung ist eine imperialistische Methode, die zwei Seiten hat:

- Erstens dient sie der **Unterwerfung der Entwicklungsländer unter die Interessen des imperialistischen Finanzkapitals** und

- zweitens dient sie der **Schwächung oder Ausschaltung der imperialistischen Konkurrenz.**

Der **Kapitalexport** bleibt das ökonomische Hauptwerkzeug des Finanzkapitals, um wirtschaftlich in andere Länder einzudringen oder Entwicklungsländer abhängig zu machen. Dabei treten nicht etwa zwei gleichberechtigte Partner in irgendein Geschäft zum gegenseitigen Vorteil ein, wie es die Begriffe *»Entwicklungshilfe«* oder *»Finanzhilfen«* nahe legen. Das Finanzkapital drängt grundsätzlich nach **Unterwerfung.** Lenin schrieb dazu:

*»Das Finanzkapital ist eine so gewaltige, man darf wohl sagen, entscheidende Macht in allen ökonomischen und in allen internationalen Beziehungen, daß es sich sogar Staaten unter-*

*werfen kann und tatsächlich auch unterwirft, die volle politische Unabhängigkeit genießen«.* (»Der Imperialismus als höchstes Stadium des Kapitalismus«, Lenin, Werke, Bd. 22, S. 264)

Mit Hilfe des Kapitalexports dringen die internationalen Monopole in alle Länder der Welt ein, um Marktanteile zu erobern, Rohstoffbasen zu sichern, billige Arbeitskräfte auszubeuten und nicht zuletzt, um machtpolitisch ihren Einfluss zu vergrößern oder zu verteidigen. Dazu geben sie Kredite, bauen Fabrikanlagen auf, gründen Joint Ventures, schließen Lieferverträge, kaufen Beteiligungen an Unternehmen oder tätigen grenzüberschreitende Fusionen.

In die Zeit zwischen Mitte der 1980er Jahre und der Jahrtausendwende fällt eine gewaltige Steigerung des imperialistischen Kapitalexports, sie betrug +779,9 Prozent. (siehe Tabelle 24)

Während sich zwischen Mitte der 1980er Jahre und der Jahrtausendwende beim Kapitalexport in die Entwicklungsländer regelrechte Sprünge vollzogen (nach Mittel- und Osteuropa +268 938,8 Prozent, nach Afrika +301,4 Prozent und nach Lateinamerika +666,2 Prozent), stiegen seit 1995 vor allem die Kapitalexporte in die imperialistischen Länder stark an (in die EU +113,6 Prozent, in die USA +126,7 Prozent und nach Japan +50,2 Prozent).

Die Hauptströme des Kapitalexports verlagerten sich auf die gegenseitige Durchdringung zwischen den imperialistischen Ländern. Das macht deutlich, dass der **Kapitalexport vornehmlich ein Mittel zur Ausschaltung der Konkurrenz** unter den internationalen Monopolen geworden ist. 1999 wurden 83,3 Prozent aller grenzüberschreitenden Direktinvestitionen in imperialistischen Ländern getätigt. Schon Lenin machte darauf aufmerksam, dass die imperialistischen Länder in ihrem Hegemoniestreben durchaus nicht nur koloniale und halbkoloniale Länder ins Visier nehmen:

## Tabelle 24:
## Direktinvestitionen im Ausland der 20 wichtigsten Kapitalexportländer 1973 bis 2000
### (Bestand in Milliarden US-Dollar, Anteile in Prozent)

| Rang | Land/ Länder | 1973 absolut | 1973 in % | 1990 absolut | 1990 in % | 1995 absolut | 1995 in % | 2000 absolut | 2000 in % | Index 1980 =1 |
|---|---|---|---|---|---|---|---|---|---|---|
| 1 | USA | 107,3 | 51,5 | 430,5 | 25,0 | 699,0 | 24,5 | 1293,4 | 21,3 | 6 |
| 2 | Großbritannien | 30,8 | 14,8 | 229,3 | 13,3 | 304,8 | 10,7 | 902,1 | 14,8 | 11 |
| 3 | Frankreich | 7,9 | 3,8 | 120,2 | 7,0 | 204,4 | 7,2 | 432,7 | 7,1 | 18 |
| 4 | Deutschland | 16,1 | 7,7 | 148,5 | 8,6 | 258,1 | 9,0 | 470,6 | 7,7 | 11 |
| 5 | Hongkong + China | – | – | 14,4 | 0,8 | 94,6 | 3,3 | 391,6 | 6,4 | 2094 |
| 6 | Belgien/ Luxemburg | 3,3 | 1,6 | 40,6 | 2,4 | 83,3 | 2,9 | 381,7 | 6,3 | 63 |
| 7 | Niederlande | 5,1 | 2,4 | 106,9 | 6,2 | 172,7 | 6,0 | 309,5 | 5,1 | 7 |
| 8 | Japan | 10,3 | 4,9 | 201,4 | 11,7 | 238,5 | 8,4 | 278,4 | 4,6 | 14 |
| 9 | Schweiz | 12,6 | 6,0 | 66,1 | 3,8 | 142,5 | 5,0 | 227,7 | 3,7 | 11 |
| 10 | Kanada | 6,3 | 3,0 | 84,8 | 4,9 | 118,2 | 4,1 | 227,0 | 3,7 | 10 |
| 11 | Italien | 3,4 | 1,6 | 57,3 | 3,3 | 97,0 | 3,4 | 180,3 | 3,0 | 25 |
| 12 | Spanien | – | – | 15,7 | 0,9 | 36,2 | 1,3 | 165,9 | 2,7 | 86 |
| 13 | Schweden | 4,2 | 2,0 | 50,7 | 2,9 | 73,1 | 2,6 | 123,1 | 2,0 | 33 |
| 14 | Australien | 0,6 | 0,3 | 30,5 | 1,8 | 53,0 | 1,9 | 81,0 | 1,3 | 36 |
| 15 | Singapur | – | – | 7,8 | 0,5 | 35,1 | 1,2 | 53,0 | 0,9 | 14 |
| 16 | Finnland | – | – | 11,2 | 0,7 | 15,0 | 0,5 | 52,1 | 0,9 | 71 |
| 17 | Taiwan | – | – | 12,9 | 0,7 | 25,1 | 0,9 | 49,2 | 0,8 | 507 |
| 18 | Dänemark | 0,3 | 0,1 | 7,3 | 0,4 | 24,7 | 0,9 | 64,0 | 1,1 | 31 |
| 19 | Norwegen | 0,1 | 0,0 | 10,9 | 0,6 | 22,5 | 0,8 | 44,2 | 0,7 | 79 |
| 20 | Südafrika | – | – | 15,0 | 0,9 | 23,3 | 0,8 | 32,3 | 0,5 | 6 |
|  | Welt: | 208,3 | 100,0 | 1721,5 | 96,5 | 2854,9 | 95,3 | 6086,4 | 94,6 | 12 |
|  | davon EU | 71,1 | 34,1 | 798,5 | 46,4 | 1292,0 | 45,3 | 3148,8 | 51,7 | 15 |
|  | davon USA + Kanada | 113,6 | 54,5 | 515,3 | 29,9 | 817,2 | 28,6 | 1520,4 | 25,0 | 6 |

»*Für den Imperialismus ist gerade das Bestreben charakteristisch, **nicht nur** agrarische Gebiete, sondern sogar höchst entwickelte Industriegebiete zu annektieren (Deutschlands Gelüste auf Belgien, Frankreichs auf Lothringen), denn erstens zwingt die abgeschlossene Aufteilung der Erde, bei einer **Neuaufteilung** die Hand nach jedem beliebigen Land auszustrecken, und zweitens ist für den Imperialismus wesentlich der Wettkampf einiger Großmächte in ihrem Streben nach Hegemonie, d. h. nach der Eroberung von Ländern, nicht so sehr direkt für sich als vielmehr zur Schwächung des Gegners und Untergrabung **seiner** Hegemonie*«. (»Der Imperialismus als höchstes Stadium des Kapitalismus«, Lenin, Werke, Bd. 22, S. 273)

Die größten imperialistischen Länder verfügen auch über die größten Anteile am weltweiten Kapitalexport. Doch während 1973 die USA noch 51,5 Prozent des Weltkapitalexports bestritten, verloren sie bis zum Jahr 2000 über 30 Prozentpunkte an ihre Konkurrenten. Gewinner waren vor allem die VR China (+6,4 Prozentpunkte), Frankreich (+3,3 Prozentpunkte), Belgien/Luxemburg (+4,7 Prozentpunkte), die Niederlande (+2,7 Prozentpunkte) und Spanien (+2,7 Prozentpunkte). Die größten Sprünge machten diese Länder zwischen Mitte der 1980er Jahre und der Jahrtausendwende. In diesem Zeitraum fielen nicht nur die USA mit −13,2 Prozentpunkten zurück. Auch Japan und Deutschland verloren Anteile am weltweiten Kapitalexport, die sie bis zum jeweiligen Höchststand 1990

---

**Anmerkungen und Quellen zu Tabelle 24:**

Die Zeile »Welt« weist in den Jahres-Spalten ab 1990 den gesamten weltweiten Kapitalexport aus, in der Anteils-Spalte den prozentualen Anteil der in der Tabelle erfassten Länder. In der Jahres-Spalte 1973 weist die Zeile »Welt« nur die Summe des Kapitalexports der von Krägenau erfassten Länder aus.

Quellen: UNCTAD World Investment Report 2002 für die Jahre 1990–2000; Krägenau, »Internationale Direktinvestitionen 1950–1973«, S. 32 (nur für das Jahr 1973). Umrechnung in US-Dollar nach der Devisenkurs-Statistik der Deutschen Bundesbank vom Januar 2002, jeweils Jahres-Mittelwerte.

bzw. 1995 aufgebaut hatten. Japans Anteil fiel von 11,7 Prozent im Jahr 1990 auf 4,6 Prozent 2000 zurück. Der Anteil Deutschlands sank im selben Zeitraum von 8,6 Prozent auf 7,7 Prozent. Das zeigt: Der Prozess der Neuorganisierung der internationalen Produktion ging einher mit einem **heftigen Kampf der imperialistischen Mächte um die Beherrschung der Weltmärkte** sowie mit einer Verschiebung der ökonomischen Kräfteverhältnisse zwischen ihnen.

**Ungleichmäßiges Wirtschaftswachstum**

Auch die Ungleichmäßigkeit der Wachstumsraten zwischen den Hauptkonkurrenten USA, EU und Japan vergrößerte sich. Die US-Wirtschaft wuchs mehr als doppelt so schnell wie die der EU und mehr als zwanzigmal so schnell wie die Japans.

**Schaubild 13:**
**Industrieproduktion 1970 bis 2000**

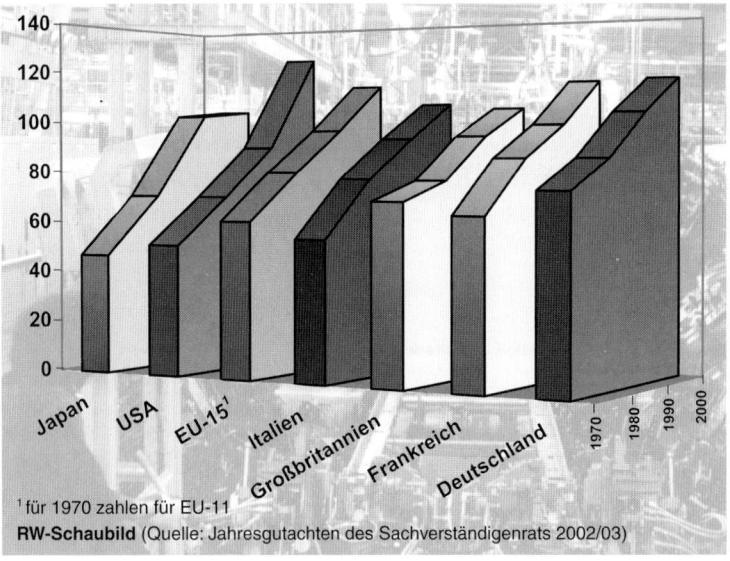

¹ für 1970 zahlen für EU-11
**RW-Schaubild** (Quelle: Jahresgutachten des Sachverständigenrats 2002/03)

Die **lang anhaltende Belebung der US-Wirtschaft** in den 1990er Jahren wurde in erster Linie getragen von einer Verdoppelung der Investitionen. Von 1995 an wuchsen die Investitionen sprunghaft. Auf dieser Grundlage gelang es den USA, auch ihr Exportwachstum zu beschleunigen. Gleichzeitig stiegen die Ausgaben für privaten Konsum bedeutend schneller als in der EU und in Japan.

**Tabelle 25:**
**Entwicklung von Binnennachfrage und Exporten**
**(Index 1991 = 100, in Landeswährung und Preisen von 1995)**

|  |  | Binnennachfrage | | | | Exporte |
|---|---|---|---|---|---|---|
|  |  | insgesamt | private Konsumausgaben | staatliche Ausgaben | private Investitionen |  |
| Deutschland | 1995 | 106,0 | 106,1 | 109,3 | 103,1 | 106,6 |
|  | 2000 | 115,0 | 115,4 | 116,3 | 113,0 | 160,1 |
| Frankreich | 1995 | 102,9 | 103,0 | 109,3 | 95,5 | 122,2 |
|  | 2000 | 116,3 | 114,3 | 118,9 | 119,0 | 180,0 |
| Großbritannien | 1995 | 107,6 | 109,2 | 102,8 | 107,3 | 129,6 |
|  | 2000 | 130,3 | 134,2 | 111,2 | 138,8 | 181,5 |
| Italien | 1995 | 98,9 | 101,4 | 97,3 | 93,2 | 144,7 |
|  | 2000 | 112,5 | 115,1 | 101,6 | 115,2 | 179,4 |
| EU-15 | 1995 | 104,1 | 105,0 | 106,1 | 99,8 | 123,2 |
|  | 2000 | 119,5 | 120,0 | 114,9 | 122,4 | 180,0 |
| USA | 1995 | 113,3 | 113,6 | 100,2 | 133,2 | 131,8 |
|  | 2000 | 141,9 | 139,3 | 112,8 | 203,2 | 185,4 |
| Japan | 1995 | 104,5 | 108,6 | 113,7 | 93,4 | 111,8 |
|  | 2000 | 111,8 | 114,0 | 131,9 | 99,0 | 147,5 |

Quelle: Jahresgutachten des Sachverständigenrats 2002/03

Dennoch häuften die USA zwischen 1990 und 2000 **Handelsbilanzdefizite** von über 1,3 Billionen Dollar an. Das bedeutet, dass die USA trotz des hohen Exportwachstums ihre umfangreichen Importe nicht durch eigene Exporte finanzieren konnten. Darin spiegelte sich auch die starke Auslandsproduktion der US-Monopole wider, die diese Produkte in die USA zurück importieren. Japan drosselte im Zug der Asienkrise 1997/98 seine Importe stark und konnte seinen traditionellen Exportüberschuss vergrößern.

Der wirtschaftliche Rückfall Japans zeigte sich vor allem im absoluten Rückgang der Investitionen seit 1991. Aber auch bei den Ausgaben für privaten Konsum und bei den Exporten bildete Japan das Schlusslicht. Dagegen stiegen die Staatsausgaben zur Wirtschaftsförderung schneller als bei den Hauptkonkurrenten. Dies bewies sehr anschaulich die relative Wirkungslosigkeit der gigantischen staatlichen Konjunkturprogramme in Japan.

**Die ungleichmäßige Entwicklung zwischen imperialistischen Ländern und neokolonial abhängigen Ländern**

In dem Buch »Der Neokolonialismus und die Veränderungen im nationalen Befreiungskampf« wurde ausgeführt, dass

»*... die Internationalisierung der Produktion unter den Bedingungen kapitalistischer Produktionsverhältnisse nicht die Aufhebung der Ungleichmäßigkeit der kapitalistischen Entwicklung bedeutet, sondern ihre* **Verschärfung**.

*Der Gegensatz zwischen Ländern mit fortgeschrittener Produktionsweise und solchen mit rückständiger Produktionsweise ist bis zum äußersten getrieben.*« (S. 326/327)

Zur Zeit des alten Kolonialismus beruhte die **ungleichmäßige Entwicklung des imperialistischen Weltsystems** unter anderem darauf, dass eine kleine Zahl entwickelter kapitalistischer Nationen einer Mehrzahl von Kolonien gegenüberstand, in denen feudale oder halbfeudale Produktionsverhältnisse vorherrschten. Die heutige ungleichmäßige Entwicklung im Rahmen der Neuorganisation der internationalen Produktion spielt sich unter Ländern ab, in denen sich **überall der Kapitalismus durchgesetzt** hat und die alle mehr oder weniger in das System der internationalen kapitalistischen Produktion einbezogen sind. Trotzdem bleiben große Unterschiede:

- Die wirtschaftliche und politische Macht ist bei den **imperialistischen Ländern** konzentriert,

- die **abhängigen kapitalistischen Länder** müssen sich dem internationalen Finanzkapital unterordnen, auch wenn sie eine relativ entwickelte Volkswirtschaft besitzen,

- die Wirtschaft der **neokolonial ausgebeuteten und unterdrückten Länder** ist vollständig dem Diktat der internationalen Monopole ausgeliefert und wird von ihnen deformiert.

Obwohl der Anteil der G7-Staaten am weltweiten Bruttoinlandsprodukt im Rahmen der Neuorganisation der internationalen Produktion von 67,5 Prozent 1990 auf 65,4 Prozent im Jahr 2000 sank, blieb das **Übergewicht der großen imperialistischen Länder erdrückend.** Die **Unterschiede zwischen armen und reichen Ländern**, gemessen am Bruttoinlandsprodukt je Einwohner, sind weiterhin riesig und nahmen tendenziell sogar zu. (siehe Tabelle 26)

1975 betrug das Bruttoinlandsprodukt je Einwohner der Schweiz, des damals reichsten Lands, noch das 21-fache von Indien.

## Tabelle 26:
## Entwicklung des Bruttoinlandsprodukts in ausgewählten Ländern

| Land/Region | Bruttoinlandsprodukt (in Mio. US-Dollar, jeweilige Preise) | | | Anteil am Welt-BIP | | Bruttoinlandsprodukt pro Kopf[1] Welt-durchschnitt=100 | | | 1990–2000 |
|---|---|---|---|---|---|---|---|---|---|
| | Index 1970 =1 | | 2000/1990 | in % | | | | | |
| | 1990 | 2000 | | 1990 | 2000 | 1975 | 1990 | 2000 | |
| **Imperialistische Länder** | | | | | | | | | |
| USA | 5,7 | 9,8 | 71,1 | 25,9 | 31,2 | 396 | 442 | 460 | 19 |
| Japan | 15,0 | 18,9 | 25,9 | 13,9 | 12,2 | 291 | 380 | 361 | –19 |
| Deutschland | 9,1 | 10,1 | 10,9 | 7,1 | 5,9 | 306 | 343 | 339 | –5 |
| Großbritannien | 8,0 | 11,4 | 43,2 | 4,6 | 4,5 | 283 | 315 | 317 | 2 |
| Frankreich | 8,5 | 9,1 | 6,4 | 5,6 | 4,1 | 310 | 338 | 327 | –12 |
| China/Hongkong | 4,5 | 13,0 | 189,2 | 2,0 | 3,9 | 13 | 26 | 54 | 27 |
| Italien | 10,3 | 10,0 | –2,6 | 5,1 | 3,4 | 273 | 328 | 319 | –10 |
| Kanada | 6,7 | 8,1 | 20,1 | 2,7 | 2,2 | 358 | 379 | 375 | –4 |
| Spanien | 13,7 | 14,9 | 8,8 | 2,3 | 1,8 | 228 | 242 | 263 | 21 |
| Australien | 7,9 | 9,9 | 26,0 | 1,4 | 1,2 | 312 | 325 | 347 | 21 |
| Niederlande | 8,7 | 10,7 | 23,5 | 1,3 | 1,2 | 323 | 328 | 346 | 18 |
| Russland | 1,3 | 0,6 | –56,6 | 2,7 | 0,8 | – | 190 | 113 | –77 |
| Schweiz | 10,4 | 10,9 | 5,0 | 1,1 | 0,8 | 462 | 455 | 388 | –67 |
| Schweden | 7,1 | 6,8 | –4,6 | 1,1 | 0,7 | 331 | 344 | 327 | –17 |
| Belgien | 7,8 | 9,0 | 14,8 | 0,9 | 0,7 | 325 | 366 | 367 | 1 |
| Österreich | 10,9 | 12,8 | 16,9 | 0,7 | 0,6 | 310 | 352 | 361 | 9 |
| Norwegen | 9,0 | 12,7 | 40,1 | 0,5 | 0,5 | 308 | 368 | 403 | 36 |
| zusammen | | | | 78,8 | 75,8 | | | | |
| **Abhängige kapitalistische und neokoloniale Länder** | | | | | | | | | |
| Brasilien | 11,0 | 14,1 | 28,1 | 2,2 | 1,9 | 112 | 105 | 103 | –2 |
| Mexiko | 7,4 | 16,2 | 118,7 | 1,2 | 1,8 | 126 | 120 | 122 | 1 |
| Südkorea | 28,4 | 51,5 | 81,0 | 1,2 | 1,5 | 82 | 167 | 234 | 67 |
| Indien | 5,2 | 7,3 | 44,2 | 1,5 | 1,5 | 22 | 26 | 32 | 5 |
| Argentinien | 4,5 | 9,0 | 101,6 | 0,7 | 0,9 | 221 | 145 | 167 | 21 |
| Türkei | 8,4 | 11,2 | 32,7 | 0,7 | 0,6 | 84 | 91 | 94 | 3 |
| Polen | – | – | 167,5 | 0,3 | 0,5 | – | 107 | 122 | 15 |

| Land/Region | Bruttoinlandsprodukt (in Mio. US-Dollar, jeweilige Preise) | | | | | Bruttoinlandsprodukt pro Kopf[1] | | | 1990–2000 |
|---|---|---|---|---|---|---|---|---|---|
| | Index 1970 =1 | | 2000/1990 | Anteil am Welt-BIP | | Weltdurchschnitt=100 | | | |
| | 1990 | 2000 | in % | 1990 | 2000 | 1975 | 1990 | 2000 | |
| Indonesien | 3,6 | 15,9 | 33,9 | 0,2 | 0,5 | 23 | 37 | 41 | 4 |
| Südafrika | 6,3 | 7,0 | 12,4 | 0,5 | 0,4 | 222 | 156 | 127 | −29 |
| Thailand | 12,0 | 17,2 | 43,1 | 0,4 | 0,4 | 39 | 72 | 86 | 14 |
| Venezuela | 3,6 | 9,0 | 147,9 | 0,5 | 0,4 | 147 | 95 | 78 | −17 |
| Portugal | 10,0 | 14,8 | 48,2 | 0,3 | 0,3 | 166 | 211 | 233 | 23 |
| Ägypten | 5,6 | 12,9 | 128,9 | 0,2 | 0,3 | 32 | 47 | 49 | 2 |
| Singapur | 19,3 | 48,6 | 151,6 | 0,2 | 0,3 | 138 | 241 | 315 | 74 |
| Malaysia | 10,2 | 21,3 | 103,7 | 0,2 | 0,3 | 62 | 89 | 122 | 33 |
| Kolumbien | 5,6 | 9,7 | 101,8 | 0,2 | 0,3 | 477 | 136 | 84 | −51 |
| Philippinen | 6,6 | 11,2 | 68,6 | 0,2 | 0,2 | 73 | 63 | 54 | −9 |
| Chile | 3,6 | 8,4 | 132,6 | 0,1 | 0,2 | 72 | 94 | 127 | 33 |
| Pakistan | 4,0 | 6,1 | 54,1 | 0,2 | 0,2 | 20 | 26 | 26 | 0 |
| Peru | 4,5 | 7,4 | 103,3 | 0,2 | 0,2 | 106 | 61 | 65 | 3 |
| Tschechien | − | − | 45,6 | 0,2 | 0,2 | − | − | 189 | − |
| Ungarn | 6,0 | 8,2 | 38,0 | 0,2 | 0,1 | 162 | 178 | 167 | −11 |
| Rumänien | − | − | −4,1 | 0,2 | 0,1 | 114 | 117 | 87 | −31 |
| Marokko | 6,5 | 8,4 | 29,1 | 0,1 | 0,1 | 49 | 54 | 48 | −7 |
| Vietnam | − | − | 384,3 | 0,0 | 0,1 | − | − | 27 | − |
| Tunesien | 8,5 | 13,5 | 58,3 | 0,1 | 0,1 | 70 | 73 | 86 | 12 |
| Slowakei | − | − | 23,5 | 0,1 | 0,1 | | 170 | 152 | −18 |
| Sri Lanka | 3,5 | 7,1 | 103,0 | 0,0 | 0,1 | 31 | 38 | 48 | 9 |
| Bulgarien | − | − | −42,1 | 0,1 | 0,0 | | 109 | 77 | -32 |
| Mauritius | 11,9 | 19,8 | 65,8 | 0,0 | 0,0 | 69 | 105 | 135 | 30 |
| zusammen | | | | 12,3 | 13,6 | | | | |
| Welt | 7,4 | 10,8 | 44,3 | 100,0 | 100,0 | 100 | 100 | 100 | |
| 47 ärmste Länder[2] | | | | 0,7 | 0,6 | | 17 | 16 | −1 |

[1] BIP pro Kopf errechnet aus Angaben in US-Dollar
[2] u. a. Afghanistan, Angola, Bangladesch, Demokratische Republik Kongo, Eritrea, Äthiopien, Mozambik, Nepal, Somalia, Sudan, Tansania, Uganda
Quelle: Weltbank, World Development Indicators 2002, eigene Berechnung

Der Abstand stieg bis 1990 auf das 26,8-fache (reichstes Land Schweiz im Vergleich mit den 47 ärmsten Ländern der Welt) und 2000 auf das 28,8-fache (reichstes Land USA im Vergleich mit den 47 ärmsten Ländern). Das widerlegt die Versprechungen der Propagandisten des Imperialismus, die »Globalisierung« würde die Armut in der Welt verringern.

Besonders krass drückt sich die Ungleichmäßigkeit der Entwicklung in den **wachsenden Ungleichgewichten im Welthandel** aus. Neben Japan erwirtschafteten auch die EU-Länder Deutschland, Frankreich, Italien, Niederlande, Belgien und Schweden sowie die Schweiz, China und Russland anhaltend Exportüberschüsse. Unter den Entwicklungsländern schaffte das nur eine Minderheit: Singapur, Venezuela, Südafrika, Indonesien und Malaysia. Südkorea, Thailand und die Philippinen schränkten in der Asienkrise 1997 ihre Importe drastisch ein und konnten dadurch erstmals Exportüberschüsse erzielen. Andere Länder rutschten jedoch im Lauf der Neuorganisation der internationalen Produktion in eine negative Handelsbilanz, darunter Brasilien und Argentinien. Das verschärfte die Verschuldungskrise dieser Länder. Trotz schnellen Exportwachstums mussten Vietnam, Mexiko, Indien, Ungarn und Polen eine Verschlechterung der Handelsbilanz und wachsende Defizite hinnehmen, weil die Importe schneller wuchsen als die Exporte. Das war Ausdruck der beschleunigten Einbeziehung dieser Länder in den internationalen Produktionsverbund. Von den Ländern mit chronischem Handelsbilanzdefizit konnte nur Spanien sein Defizit vorübergehend verkleinern. Dagegen stieg es in den USA, Australien und Portugal sowie in Ägypten und der Türkei stark an.

Die **Industrieproduktion** entwickelte sich in den meisten der hier aufgeführten neokolonial abhängigen Länder schneller als im Weltdurchschnitt, jedoch auf sehr unterschiedlichem Niveau und in sehr unterschiedlichem Tempo. In Indonesien

## Tabelle 27:
## Industrielle Nettoproduktion (in US-Dollar, jeweilige Preise)

| Land | Anteil am Bruttoinlandsprodukt (BIP) in Prozent | | | | Index 1970 = 100 | | | Weltanteil in % | | 2000/ 1990 |
|---|---|---|---|---|---|---|---|---|---|---|
| | 1970 | 1980 | 1990 | 2000 | 1980 | 1990 | 2000 | 1990 | 2000 | % |
| Ägypten | 28,2 | 36,8 | 28,7 | 34,0 | 432 | 634 | 1 698 | 0,2 | 0,3 | 167,9 |
| Singapur | 29,2 | 37,7 | 34,4 | 34,3 | 798 | 2 278 | 5 716 | 0,2 | 0,3 | 150,9 |
| Peru | 29,0 | 35,2 | 22,9 | 27,2 | 346 | 287 | 691 | 0,1 | 0,1 | 140,7 |
| Malaysia | 27,4 | 41,0 | 42,2 | 45,4 | 874 | 1 586 | 3 473 | 0,3 | 0,4 | 119,0 |
| Mexiko | 32,2 | 33,6 | 28,4 | 28,4 | 639 | 628 | 1 356 | 1,0 | 1,5 | 115,8 |
| Sri Lanka | 23,8 | 29,6 | 26,0 | 27,5 | 212 | 357 | 756 | 0,0 | 0,0 | 111,6 |
| Chile | 42,0 | 37,4 | 41,5 | 33,5 | 285 | 329 | 627 | 0,2 | 0,2 | 90,4 |
| Südkorea | 29,5 | 39,9 | 43,1 | 42,7 | 959 | 4 210 | 7 551 | 1,6 | 2,0 | 79,4 |
| Mauritius | 21,8 | 25,9 | 32,2 | 32,1 | 621 | 1 784 | 3 105 | 0,0 | 0,0 | 74,1 |
| Venezuela | 39,3 | 46,4 | 50,2 | 36,4 | 623 | 477 | 817 | 0,3 | 0,4 | 71,1 |
| Indonesien | 18,7 | 41,7 | 37,6 | 47,3 | 1 803 | 2 387 | 4 013 | 0,6 | 0,7 | 68,1 |
| Kolumbien | 28,3 | 32,5 | 37,9 | 30,5 | 530 | 743 | 1 155 | 0,2 | 0,2 | 55,3 |
| Thailand | 25,3 | 28,7 | 37,2 | 40,1 | 517 | 1 772 | 2 729 | 0,5 | 0,5 | 54,0 |
| Tunesien | 20,6 | 31,1 | 29,8 | 28,8 | 918 | 1 236 | 1 894 | 0,1 | 0,1 | 53,2 |
| Philippinen | 31,7 | 38,8 | 34,5 | 31,1 | 595 | 721 | 1 098 | 0,2 | 0,2 | 52,2 |
| Pakistan | 22,3 | 24,9 | 25,2 | 22,8 | 261 | 440 | 641 | 0,1 | 0,1 | 45,5 |
| Argentinien | 42,3 | 41,2 | 36,0 | 27,6 | 238 | 381 | 554 | 0,7 | 0,8 | 45,2 |
| Indien | 20,4 | 24,2 | 27,6 | 26,9 | 347 | 678 | 966 | 1,1 | 1,1 | 42,4 |
| Marokko | 27,0 | 30,9 | 32,4 | 32,2 | 546 | 784 | 1 005 | 0,1 | 0,1 | 28,2 |
| Türkei | 20,1 | 22,2 | 29,8 | 25,1 | 432 | 1 225 | 1 280 | 0,6 | 0,4 | 4,5 |
| Südafrika | 38,0 | 48,2 | 40,1 | 30,9 | 570 | 635 | 551 | 0,6 | 0,4 | −13,2 |
| Brasilien | 38,3 | 43,8 | 38,7 | 28,6 | 683 | 1 121 | 972 | 2,2 | 1,4 | −13,2 |
| Welt | 38,2 | 39,6 | 36,4 | 31,0 | 365 | 620 | 878 | 100,0 | 100,0 | 41,6 |
| 47 ärmste Länder | 14,7 | 17,3 | 20,1 | 23,6 | − | − | − | 0,5 | 0,5 | 43,4 |

Quellen: Weltbank, World Development Indicators 2002; eigene Berechnungen
(fehlende Werte aus WDI 2000 und 2001)

gab es zwischen 1990 und 2000 eine qualitative Änderung in der Wirtschaftsstruktur: Der Anteil der Industrie am Bruttoinlandsprodukt stieg von 37,6 Prozent auf 47,3 Prozent. Hohe und überdurchschnittliche Wachstumsraten und zugleich einen steigenden Anteil der Industrieproduktion am Bruttoinlandsprodukt wiesen außerdem auf: Ägypten, Peru, Malaysia, Thailand sowie Bangladesch, wenn auch auf niedrigem Niveau. In Singapur, Mexiko, Sri Lanka, Südkorea, Mauritius, Tunesien und Indien wuchs die Industrieproduktion ebenfalls schnell oder überdurchschnittlich, aber ihr Anteil am gesamten Bruttoinlandsprodukt blieb annähernd gleich. Bei all diesen Fortschritten ist zu beachten, dass die Industrialisierung der Entwicklungsländer nicht zu einer allseitig entwickelten Produktionsstruktur führte, sondern in großem Maß auf Exportproduktionszonen für die internationalen Monopole konzentriert und mit einem Niedergang der übrigen Bereiche verbunden war.

In mehreren lateinamerikanischen Ländern entwickelte sich die Industrieproduktion zum Teil überdurchschnittlich, aber ihr Anteil am Bruttoinlandsprodukt ging stark zurück. Das betraf Chile, Venezuela, Kolumbien, Argentinien und Brasilien, das sogar einen absoluten Rückgang aufwies. Auch auf den Philippinen, in Pakistan und der Türkei sank der Anteil der Industrieproduktion; Südafrika erlitt einen schweren Einbruch. Die 47 ärmsten Länder zusammen kamen lediglich auf einen Anteil an der Weltindustrieproduktion wie Thailand!

**Weltweite Konkurrenz um Kapitalimporte**

Wieweit ein Land in den internationalen Prozess der Produktion und Reproduktion des Kapitals einbezogen ist, zeigt sich besonders an Art und Umfang des ihre Grenzen überschreitenden Kapitalflusses. Während Kapitalexport den internationalen Einfluss der Imperialisten erweitert, vergrößert

Kapitalimport die Wirtschaftskraft eines Landes und damit seine Stellung im internationalen Konkurrenzkampf.

**Kapitalexport und Kapitalimport müssen eine dialektische Einheit bilden**, sonst kommt es zu empfindlichen Rückschlägen im Kampf um die Vorherrschaft. In grenzüberschreitenden Fusionen werden beide Prozesse identisch. Solche Fusionen vergrößern das akkumulierte Kapital des beherrschenden Monopols und erweitern seinen Wirkungsbereich um die Einflusssphären des neu dazugewonnenen Kapitals.

**Tabelle 28:**
**Grenzüberschreitende Fusionen und Übernahmen in einigen imperialistischen Ländern (Durchschnitt pro Jahr)**

| Region/Land | 1987–1989 | | 1990–2000 | | Steigerung | |
|---|---|---|---|---|---|---|
| | Verkäufe | Käufe | Verkäufe | Käufe | Verkäufe | Käufe |
| | Mio. US-$ | Mio. US-$ | Mio. US-$ | Mio. US-$ | % | % |
| Industrieländer[1] | 107 631 | 108 512 | 296 993 | 214 583 | 175,9 | 97,8 |
| EU | 30 377 | 48 041 | 149 155 | 126 973 | 391,0 | 164,3 |
| Großbritannien | 17 322 | 27 396 | 52 955 | 47 852 | 205,7 | 74,7 |
| Frankreich | 2 594 | 8 775 | 14 485 | 20 213 | 458,4 | 130,4 |
| BRD | 2 223 | 2 320 | 32 615 | 21 096 | 1367,0 | 809,5 |
| Niederlande | 2 134 | 2 786 | 12 739 | 12 487 | 496,8 | 348,2 |
| Schweden | 972 | 2 465 | 10 709 | 5 754 | 1001,8 | 133,4 |
| USA | 61 497 | 30 484 | 104 756 | 51 444 | 70,3 | 68,8 |
| Japan | 556 | 8 065 | 3 885 | 5 148 | 598,8 | −36,2 |

[1] Im Gegensatz zur UNCTAD-Statistik schließen die »Industrieländer« hier China/Hongkong und Russland ein.
Quelle: UNCTAD, World Investment Report 2002

Am erfolgreichsten im internationalen Prozess der grenzüberschreitenden Fusionen und Übernahmen war die EU. Mit Käufen im Wert von 126 973 Millionen US-Dollar in den 1990er Jahren und Verkäufen von 149 155 Millionen US-Dollar setzten sich die EU-Länder eindeutig vor die USA. Dort wurden nur für 104 756 Millionen US-Dollar Unternehmen verkauft und für 51 444 Millionen US-Dollar eingekauft (Tabelle 28).

**Tabelle 29:**
**Empfänger der weltweiten Direktinvestitionen**
**(in Millionen US-Dollar und in Prozent**
**der gesamten Zuflüsse aus dem Ausland)**

| Land/ Region | 1984– 1989 | 1990 | 1995 | 2000 | Zuwachs in % | | |
|---|---|---|---|---|---|---|---|
| | | | | | (1984–89) bis 1995 | 1995 bis 2000 | (1984–89) bis 2000 |
| EU | 37 702 | 97 387 | 113 480 | 808 519 | 201,0 | 612,5 | 2 044,5 |
| Weltanteil in % | 32,6 | 47,8 | 34,3 | 54,2 | | | |
| Mittel- und Osteuropa | 59 | 300 | 11 833 | 21 422 | 19 955,9 | 81,0 | 36 208,5 |
| Weltanteil in % | 0,1 | 0,1 | 3,6 | 1,4 | | | |
| USA | 43 938 | 47 918 | 58 772 | 300 912 | 33,8 | 412,0 | 584,9 |
| Weltanteil in % | 38,0 | 23,5 | 17,8 | 20,2 | | | |
| Japan | 81 | 1 753 | 39 | 8 322 | –51,9 | 21 238,5 | 10 174,1 |
| Weltanteil in % | 0,1 | 0,9 | 0,0 | 0,6 | | | |
| Asien und Pazifik | 11 695 | 22 419 | 75 856 | 133 795 | 548,6 | 76,4 | 1 044,0 |
| Weltanteil in % | 10,1 | 11,0 | 22,9 | 9,0 | | | |
| Afrika | 2 725 | 2 298 | 5 935 | 8 694 | 117,8 | 46,5 | 219,0 |
| Weltanteil in % | 2,4 | 1,1 | 1,8 | 0,6 | | | |
| Latein- amerika | 7 739 | 8 900 | 32 311 | 95 405 | 317,5 | 195,3 | 1 132,8 |
| Weltanteil in % | 6,7 | 4,4 | 9,8 | 6,4 | | | |
| Welt | 115 730 | 203 812 | 331 068 | 1 491 934 | 186,1 | 350,6 | 1 189,2 |

»Mittel- und Osteuropa« umfasst Bulgarien, Estland, Litauen, Lettland, Polen, Rumänien, Slowakei, Slowenien, Tschechien, Ungarn
Quelle: UNCTAD, World Investment Report 2002; eigene Berechnungen

Während Japan und die EU seit 1990 immer mehr Kapital exportierten, als ihnen zufloss, war es bei den USA zum Teil umgekehrt. Mit Ausnahme der Jahre 1991 bis 1995 zogen die USA wesentlich mehr internationales Kapital an, als sie in andere Länder exportierten.

Der Rückfall Japans im Prozess der Neuorganisation der internationalen Produktion hatte damit zu tun, dass die japanischen Imperialisten sehr vorsichtig mit grenzüberschreitenden Fusionen agierten. Sie bevorzugten in erster Linie die Methode von Neugründungen in Form von Joint Ventures. Auf diese Weise konnte Japan nur einen Bruchteil des weltweiten Kapitalexports ins eigene Land leiten.

## Die Rolle des Kapitalexports bei der ungleichmäßigen Entwicklung der vom Imperialismus abhängigen Länder

Die Zahl internationaler Fusionen und Übernahmen stieg in den neokolonial abhängigen Ländern wesentlich schneller als in imperialistischen Ländern: zwischen 1987 und 1999 um 4 266,7 Prozent. In den imperialistischen Ländern waren es nur 840,5 Prozent, wenngleich dort das Volumen natürlich unvergleichlich höher lag.

Die wirtschaftliche Entwicklung in den neokolonial abhängigen Ländern wird maßgeblich von den internationalen Monopolen und ihrem Streben nach Maximalprofit und Möglichkeiten für Kapitalanlagen bestimmt. Der Anteil des Kapitalimports an den Bruttoanlageinvestitionen in diesen Ländern nahm im Prozess der Neuorganisation der internationalen Produktion erheblich zu. Dadurch wuchs der Grad an Abhängigkeit dieser Volkswirtschaften von Auslandsinvestitionen deutlich an.

Zu sprunghaften Zuwächsen des Anteils der Auslandsdirektinvestitionen an den Bruttoinlandsinvestitionen kam es vor allem in lateinamerikanischen Ländern.

**Tabelle 30:**
**Anteil der ausländischen Direktinvestitionen an den Bruttoanlageinvestitionen in Millionen US-Dollar**

|  | Summe 1980–1989 | | Summe 1990–1999 | | 1996 | 1997 | 1998 | 1999 | 2000 |
|---|---|---|---|---|---|---|---|---|---|
|  | Ausländische Direktinvest. | % | Ausländische Direktinvest. | % | % | % | % | % | % |
| USA | 329 710 | 4,3 | 918 120 | 7,0 | 7,0 | 7,8 | 11,9 | 18,0 | 17,5 |
| Großbrit. | 110 432 | 10,1 | 342 740 | 17,3 | 12,5 | 15,1 | 30,2 | 34,9 | 46,4 |
| Frankreich | 41 246 | 2,7 | 231 625 | 8,6 | 7,6 | 9,2 | 11,6 | 17,2 | 16,9 |
| Deutschland | 15 124 | 0,8 | 123 460 | 2,7 | 1,3 | 2,7 | 5,4 | 12,4 | 48,7 |
| Brasilien | 17 628 | 3,0 | 104 715 | 9,1 | 7,2 | 11,8 | 18,6 | 28,2 | 28,4 |
| Mexiko | 18 388 | 4,6 | 81 899 | 11,6 | 16,7 | 18,0 | 13,6 | 12,3 | 12,2 |
| Argentinien | 5 844 | – | 68 130 | 19,0 | 14,1 | 16,1 | 11,5 | 47,2 | 24,2 |
| Malaysia | 9 647 | 10,7 | 38 971 | 14,3 | 17,0 | 14,7 | 14,0 | 22,2 | 16,5 |
| Chile | 3 100 | 7,7 | 32 633 | 24,9 | 23,2 | 23,2 | 22,4 | 59,9 | 23,1 |
| Thailand | 5 081 | 3,9 | 31 568 | 6,7 | 3,0 | 7,1 | 20,5 | 13,9 | 10,4 |
| Japan | 1 815 | 0,0 | 25 870 | 0,2 |  | 0,3 | 0,3 | 1,1 | 0,7 |
| Südkorea | 3 797 | 1,1 | 25 787 | 1,9 | 1,2 | 1,7 | 5,7 | 8,3 | 7,1 |
| Indonesien | 3 263 | 1,5 | 20 581 | 4,7 | 9,2 | 7,7 | –1,5 | –9,0 | –12,2 |
| Ungarn | 0 | 0,0 | 19 408 | 22,1 | 23,5 | 21,4 | 18,3 | 16,9 | 14,6 |
| Kolumbien | 4 785 | 7,4 | 18 030 | 12,6 | 14,8 | 25,8 | 15,2 | 12,8 | 22,4 |
| Peru | 289 | 0,6 | 15 336 | 16,3 | 25,9 | 12,1 | 13,8 | 20,2 | 6,3 |
| Philippinen | 2 141 | 2,7 | 11 208 | 7,9 | 7,8 | 6,2 | 12,7 | 4,0 | 9,2 |
| Bolivien | 191 | 4,1 | 3 997 | 35,0 | 35,6 | 58,4 | 48,4 | 62,3 | 47,0 |

Quellen: Weltbank, World Development Indicators 2002; UNCTAD, World Investment Report 2002

In Bolivien lag der Anteil ausländischer Direktinvestitionen in den Jahren 1980 bis 1989 noch bei durchschnittlich 4,1 Prozent; in der Zeit der Neuorganisation der internationalen Produktion von 1990 bis 1999 stieg er auf durchschnittlich 35 Prozent. 1999 machte er sogar 62,3 Prozent aus. Eine ähnliche Situation gab es in Chile mit 59,9 Prozent Auslandsdirektinvestitionen 1999, in Argentinien mit 47,2 Prozent oder Brasilien mit 28,2 Prozent. Auch in den asiatischen Ländern Thailand, Südkorea und Malaysia waren deutliche Zuwachsraten der ausländischen Investitionen zu verzeichnen, damit wuchs die Abhängigkeit des Reproduktionsprozesses des nationalen Kapitals vom Auslandskapital.

Der Anteil des Kapitalimports am Kapitalbestand eines Lands sagt jedoch noch nichts darüber aus, wie die Macht der internationalen Monopole in den einzelnen Ländern wirklich verteilt ist. Wenn Tochterfirmen multinationaler Unternehmen im selben Land investieren, taucht das in der Statistik nicht als Kapitalimport auf. So wird der tatsächliche Einfluss des imperialistischen Auslandskapitals in der Regel unterschätzt.

Die Unterwerfung der neokolonial abhängigen Länder mit der Methode der Fusionen und Übernahmen konzentrierte sich in den 1990er Jahren auf 16 Länder in Lateinamerika und Asien. Auf diese Länder entfielen 75,9 Prozent aller Käufe und 87,2 Prozent aller Verkäufe von Unternehmen in neokolonial abhängigen Ländern. (siehe Tabelle 31)

Diese 16 Länder waren relativ weitgehend industrialisiert, relativ stark mit internationalem Kapital durchdrungen und von ihm abhängig und sie verfügten über einen relativ gut ausgebauten Staatsapparat. Weitere wichtige »Vorzüge« dieser Länder waren Rohstoffquellen, große Märkte und eine bedeutende Anzahl qualifizierter und kostengünstiger Arbeitskräfte.

## Tabelle 31:
## Grenzüberschreitende Fusionen und Übernahmen in 16 Entwicklungsländern

| Land | 1987–1989, pro Jahr | | 1990–2000, pro Jahr | | Steigerung in % | |
|---|---|---|---|---|---|---|
| | Verkäufe | Käufe | Verkäufe | Käufe | Verkäufe | Käufe |
| | Mio. US-$ | Mio. US-$ | Mio. US-$ | Mio. US-$ | % | % |
| Brasilien | 162 | 1 | 7 604 | 951 | 4 603,7 | 71 231,8 |
| Argentinien | 29 | – | 5 095 | 848 | 17 469,0 | – |
| Bermuda | 431 | 11 | 2 249 | 4 702 | 421,7 | 42 643,8 |
| Mexiko | 150 | 279 | 2 270 | 1 401 | 1 413,5 | 402,0 |
| Chile | 99 | – | 1 866 | 827 | 1 778,8 | – |
| Venezuela | – | 32 | 1 058 | 299 | – | 835,8 |
| Kolumbien | 255 | – | 939 | 117 | 268,8 | – |
| Peru | – | – | 651 | 62 | – | – |
| Südkorea | 23 | 78 | 2 068 | 845 | 9 024,7 | 978,4 |
| Philippinen | 77 | – | 1 006 | 80 | 1 206,6 | – |
| Singapur | 132 | 260 | 860 | 2 111 | 549,6 | 712,9 |
| Thailand | – | 90 | 872 | 64 | – | -28,1 |
| Malaysia | 240 | 9 | 467 | 1 534 | 94,5 | 16 945,5 |
| Indonesien | 93 | 87 | 463 | 267 | 397,9 | 207,8 |
| Indien | – | 11 | 468 | 252 | – | 2 193,4 |
| Taiwan | 16 | 164 | 295 | 389 | 1 782,4 | 136,7 |
| Summe 16 Länder | 1 707 | 1 022 | 28 233 | 14 750 | 1 554,3 | 1 343,2 |
| Welt | 110 174 | 110 174 | 334 610 | 334 610 | 203,7 | 203,7 |
| Entwicklungsländer | 2 533 | 1 440 | 32 381 | 19 431 | 1 178,2 | 1 249,4 |

Quellen: UNCTAD, World Investment Report 2002; eigene Berechnung

Es liegt auf der Hand, dass die Methode der Kapitalisierung von Schulden, das heißt der Abzahlung von Schulden durch Übereignung nationaler Produktionsstätten oder Rohstoffquellen, und die Methode der Fusionen und Übernahmen nicht in allen Ländern anwendbar ist. Sie setzt voraus, dass es Betriebe gibt, die in den internationalen Produktionsprozess integrierbar sind und deren Aufkauf sich für die internationalen Monopole lohnt.

Was in bürgerlichen Veröffentlichungen gern als »Globalisierung« bezeichnet wird, bedeutet in Wahrheit keine Angleichung, sondern eine zunehmende Differenzierung der Entwicklung der einzelnen Länder. Das Neue ist der Triumphzug des internationalen Finanzkapitals durch mehr oder weniger alle Länder der Welt – und zugleich ein gnadenloser Kampf zwischen den internationalen Monopolen und imperialistischen Ländern, die einander erbittert die Vorherrschaft streitig machen.

## 9. Die Volksrepublik China – eine aufsteigende sozialimperialistische Macht

Nach dem Tod Mao Tsetungs 1976 riss eine bürokratische Monopolbourgeoisie in der VR China mittels eines konterrevolutionären Staatsstreichs die Macht an sich. Unter Führung Deng Xiaopings wurde der Kapitalismus restauriert. In der Broschüre »China aktuell 7«, die der Kommunistische Arbeiterbund Deutschlands (KABD), die Vorläuferorganisation der MLPD, 1981 herausgab, hieß es dazu:

*»Die Restauration des Kapitalismus und die Entwicklung Chinas zu einem neuen Sozialimperialismus ist für die internationale Arbeiter- und kommunistische Bewegung ohne Zweifel ein großer Rückschlag. Die marxistisch-leninistische Welt-*

*bewegung hat nach dem Verrat der Chruschtschow-Clique zum zweiten Mal ihr revolutionäres Zentrum verloren und die unterdrückten Völker in ihrem Befreiungskampf ihr starkes Hinterland. Das Bollwerk des Weltfriedens ist zu einer Kraft geworden, die in einem konterrevolutionären Bündnis mit dem US-Imperialismus am Kampf um die Neuaufteilung der Welt teilnimmt und die Gefahr eines III. Weltkrieges vergrößert.«* (»Von der Restauration des Kapitalismus zum Sozialimperialismus in China«, S. 56)

Die chinesischen Revisionisten um Deng Xiaoping verrieten Mao Tsetungs Weg *»Aus eigener Kraft den Sozialismus aufbauen«* und setzten – anders als die sozialimperialistische Sowjetunion mit ihrer Abschottungspolitik – von vornherein **auf die Integration Chinas in die kapitalistische Weltwirtschaft**. In seiner Rechtfertigung für diese Politik erklärte Deng Xiaoping unter der demagogischen Devise *»Vom Ausland lernen«*:

*»Unternehmen mit ausländischer Kapitalbeteiligung sind nützliche Ergänzungen der sozialistischen Wirtschaft und, letzten Endes, gut für den Sozialismus.«* (»Selected Works of Deng Xiaoping«, Vol. III, zitiert nach: Konrad Seitz, »China – Eine Weltmacht kehrt zurück«, S. 282)

Gemeinschaftsunternehmen mit ausländischem Kapital, Warenexporte und eigene Kapitalexporte sollten aber in Wahrheit nicht den sozialistischen Aufbau, sondern die Restauration des Kapitalismus in China beschleunigen. Schon 1979 wurden im Südwesten des Landes die ersten vier kapitalistischen »Sonderwirtschaftszonen« eingerichtet. 1984 wurden vierzehn weitere Küstenstädte für ausländisches Kapital geöffnet. Es folgten weite Teile des Küstengürtels, in den 1990er Jahren auch Inlandsprovinzen.

Die westlichen Imperialisten unterstützten Deng Xiaoping als Garant einer schnellen und umfassenden Restauration des

Kapitalismus. Die internationalen Monopole griffen die Öffnung des chinesischen Marktes mit seinen zirka 1,3 Milliarden Menschen und die Einladung zur Ausbeutung von Chinas Werktätigen und Bodenschätzen begierig auf.
Die ausländischen Direktinvestitionen in China waren 1995 bereits fünfzigmal so hoch wie zwischen 1980 und 1985.

**Tabelle 32:**
**Ausländische Direktinvestitionen in China**
**(jährlicher Zufluss in Millionen US-Dollar)**

| Jahr | Direktinvestitionen | | | Anteil Welt |
|---|---|---|---|---|
| | China | Hongkong | Summe | % |
| 1980–1985[1] | 718 | 542 | 1 260 | 2,5 |
| 1986 | 1 875 | 996 | 2 871 | 3,7 |
| 1987 | 2 314 | 3 298 | 5 612 | 4,2 |
| 1988 | 3 194 | 2 627 | 5 821 | 3,7 |
| 1989 | 3 393 | 1 076 | 4 469 | 2,2 |
| 1990 | 3 487 | 1 728 | 5 215 | 2,6 |
| 1991 | 4 366 | 538 | 4 904 | 3,1 |
| 1992 | 11 156 | 2 051 | 13 207 | 7,5 |
| 1993 | 27 515 | 3 657 | 31 172 | 14,2 |
| 1994 | 33 787 | 7 828 | 41 615 | 16,3 |
| 1995 | 35 849 | 6 213 | 42 062 | 12,7 |
| 1996 | 40 180 | 10 460 | 50 640 | 13,1 |
| 1997 | 44 237 | 11 368 | 55 605 | 11,6 |
| 1998 | 43 751 | 14 770 | 58 521 | 8,4 |
| 1999 | 40 319 | 24 596 | 64 915 | 6,0 |
| 2000 | 40 772 | 61 938 | 102 710 | 6,9 |
| 2001 | 46 846 | 22 834 | 69 680 | 9,5 |

[1] 1980–1985 Jahresdurchschnitt
Quelle: UNCTAD, World Investment Report, verschiedene Jahrgänge

Stammten solche Investitionen bis Anfang der 1990er Jahre noch weitgehend aus dem asiatischen Raum, so setzte danach eine regelrechte Springflut von Investitionen aus den USA, Europa und Japan ein. 1991 bis 2001 stiegen sie von 4,37 Milliarden US-Dollar auf 46,85 Milliarden US-Dollar, also auf mehr als das Zehnfache.

China steht heute im Zentrum der Asien-Strategie der internationalen Monopole. 400 der 500 in der »Fortune«-Liste geführten größten Konzerne sind in China vertreten, zum Teil marktbeherrschend. Allein in der Metropole Shanghai haben 98 multinationale Konzerne des Westens und Japans einen Sitz. Die ausländischen Direktinvestitionen konzentrieren sich zu 80 Prozent auf den chinesischen Küstenstreifen. Er stellt heute einen **Konzentrationspunkt der internationalen kapitalistischen Produktion** dar.

Mit der Restauration des Kapitalismus wandelte sich China von einem Bollwerk des proletarischen Internationalismus zu einer neuen **sozialimperialistischen Macht**. Zur Ausgangsbasis dieser Politik heißt es in der Schrift »Von der Restauration des Kapitalismus zum Sozialimperialismus in China«:

*»Die neue chinesische Bourgeoisie träumt davon, sich im Kampf um die Neuaufteilung der Welt einen Platz an der Sonne erobern zu können. Die Jagd nach Maximalprofiten zwingt sie zur wirtschaftlichen, politischen und militärischen Expansion.«* (»China aktuell 7«, S. 31)

China war bemüht, seine ökonomische und militärische Basis rasch zu erweitern. Dabei stand es zunächst in erbitterter Rivalität mit der sozialimperialistischen Sowjetunion und im Bündnis mit den westlichen Imperialisten. Bereits 1978 nahmen die USA offizielle diplomatische Beziehungen zu China auf. 1979 wurden weitgehende Abkommen zur »Zusammenarbeit« in Wissenschaft, Technologie, Handel, im Bildungswesen und ein Kulturabkommen geschlossen. Vereinbart wurde zudem eine »strategische Allianz« zur Zurückdrängung des sowjetischen Einflusses, verbunden mit ausgedehnter militärischer und wirtschaftlicher Zusammenarbeit. Tatsächlich entwickelte sich China zu dem am **aggressivsten wachsenden imperialistischen Land**.

Bereits zwischen 1980 und 1990 wuchs Chinas Außenhandel auf das Dreifache an, im darauf folgenden Jahrzehnt um mehr als das Vierfache. China entwickelte sich zusammen mit Hongkong zur viertgrößten Handelsnation der Welt. Seit 1990 hatte China auch eine wachsende positive Handelsbilanz, wodurch es allein zwischen 1997 und 2001 159,7 Milliarden US-Dollar Devisen einnehmen konnte.

**Schaubild 14:**
**Chinas Außenhandel (in Milliarden US-Dollar)**

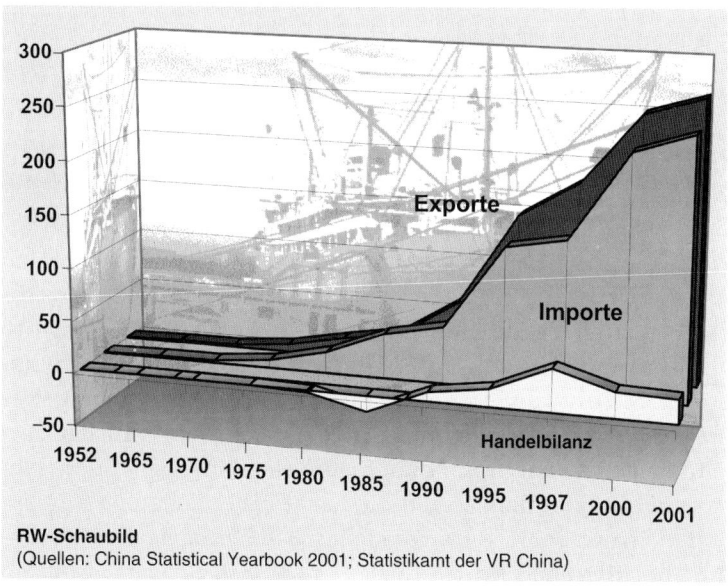

RW-Schaubild
(Quellen: China Statistical Yearbook 2001; Statistikamt der VR China)

Bei den Wachstumsraten des Bruttoinlandsprodukts konnte kein imperialistisches Land der Welt mit China Schritt halten. Seit Mitte der 1980er Jahre betrugen sie im Schnitt jährlich 10 Prozent. China schob sich im Wettlauf der Großmächte Schritt für Schritt nach vorn und hatte im Jahr 2000 das sechstgrößte Bruttoinlandsprodukt der Welt. Den Preis für diesen imperialistischen »Erfolgskurs« zahlen die Arbeiterklasse und die breiten Massen in China mit dem rigorosen Abbau von Überresten sozialistischer Errungenschaften, mit Massenarbeitslosigkeit und politischer Unterdrückung.

Unter der Flagge der »*Reform der Staatsunternehmen*« konzentrierten sich die chinesischen Sozialimperialisten auf die **Schaffung einer Gruppe von weltweit tätigen chinesischen Monopolen**. Im Jahr 1997 erwirtschafteten die größten 1 000 der damals zirka 128 000 industriellen Staatsunternehmen 60 Prozent der Umsätze. Ausgehend von dieser Konzentration des Kapitals ging China 1997 daran, Unternehmensgruppen und -zusammenschlüsse zu schaffen, die unter die 500 weltweit größten Konzerne aufsteigen sollten.

Bis Anfang der 1990er Jahre wurde der Löwenanteil des ausländischen Kapitals in die arbeitsintensive Produktion in den Sonderwirtschaftszonen und ländlichen Gebieten investiert. Im Prozess der Neuorganisation der internationalen Produktion änderte sich das. In den Mittelpunkt der chinesischen Bemühungen um Auslandsinvestitionen rückte die **Durchdringung mit westlichem Kapital auf fortgeschrittenstem Produktionsniveau**. Zahlreiche große kapital- und technologieintensive Gemeinschaftsfirmen mit chinesischen Staatsunternehmen wurden gegründet. Geschickt verstanden es die bürokratischen Monopolkapitalisten, in den Joint Ventures moderne Technik, moderne Organisationsformen usw. zu übernehmen. Ein Schwerpunkt lag bei der Automobilindustrie. Zu dieser Strategie hieß es in der Studie »Die Automobilindustrie in China«:

»*Als ›Melkkühe‹ des chinesischen Automobilsektors dienen der chinesischen Regierung die Joint-Ventures. Dies bedeutet, dass die ausländische Firma einen bedeutenden Technologietransfer nach China leistet, wobei die chinesische Regierung direkt in die Verhandlungen eingreift und festlegt, welche Technologie transferiert werden muss ... Zusätzlich wird von chinesischer Seite für die Joint-Ventures festgelegt, dass ein hoher Anteil (bis über 90 %) der eingesetzten Teile in China produziert und nicht aus dem Ausland importiert wird.*« (Adalbert Niedenzu, www.lehrer-online.de, 1. Juli 2002)

Im Jahr 2000 gab es in China noch zirka 136 Hersteller von Automobilen. Die drei führenden – allesamt Joint Ventures mit westlichen Konzernen – produzierten über 80 Prozent der chinesischen Autos. Über 60 Prozent wurden allein von VW in Zusammenarbeit mit den chinesischen Konzernen FAW und SAIC hergestellt.

Als China im Dezember 2001 der Welthandelsorganisation (WTO) beitrat, geriet der chinesische Automarkt unter wachsenden Import-Druck. Von 2001 bis 2006 muss China die Importzölle für Autos, die bisher bis zu 100 Prozent betrugen, auf 25 Prozent senken. Die chinesische Regierung strebt daher an, die Automobilproduktion künftig ganz auf die dreizehn größten Autofirmen zu konzentrieren, diese in drei bis vier Gruppen auf modernstem Niveau zusammenzufassen. Dann werden die kleineren Werke geschlossen und ein Großteil der im Jahr 1999 noch 1,85 Millionen Beschäftigten in diesem Bereich wird entlassen. So will China perspektivisch zu einem führenden Pkw-Exporteur werden.

Im Inlandsmarkt konkurrieren heute bereits chinesische Konzerne auch im High-Tech-Bereich erfolgreich mit ihren ausländischen Rivalen: Noch Anfang der 1990er Jahre war der chinesische PC-Markt fest in den Händen von IBM, Compaq und Hewlett-Packard. Im letzten Quartal 1999 erreichte der chinesische PC-Hersteller Legend aber bereits einen Marktanteil von 27 Prozent, mehr als doppelt so viel wie IBM, Hewlett-Packard und Compaq zusammen.

Die chinesischen multinationalen Monopole tätigen selbst immer mehr Direktinvestitionen im Ausland, was den **imperialistischen Charakter Chinas** unterstreicht. Von 1980 bis 2000 wuchs der chinesische Kapitalexport (einschließlich Hongkongs) von 148 Millionen US-Dollar auf 402,4 Milliarden US-Dollar, also auf das 2 700-fache.

**Tabelle 33:**
**Bestand der chinesischen Direktinvestitionen im Ausland (in Milliarden US-Dollar)**

| 1980 | 1985 | 1990 | 1995 | 2000 | 2001 |
|---|---|---|---|---|---|
| 0,1 | 2,5 | 14,4 | 94,6 | 391,6 | 402,4 |

Summe von Hongkong und China
Quelle: UNCTAD, World Investment Report 2002

Ein großer Teil dieser Investitionen floss nach Hongkong (seit 1997 mit China wiedervereint), ein Teil zur Rohstofferschließung in imperialistische Länder. Vermehrt wurde aber zur Ausbeutung neokolonial abhängiger Länder investiert. Bis 1998 baute China in 24 Staaten Lateinamerikas 195 Joint-Venture-Unternehmen oder rein chinesische Unternehmen mit einem Investitionsvolumen von 300 Millionen US-Dollar auf.

Der chinesische Konzern Shougang spielte eine Schlüsselrolle bei der Privatisierungspolitik in Peru. Die Marxisten-Leninisten Perus schrieben dazu in der Zeitschrift »Cuadernos Polémicos«:

*»Dieser transnationale Betrieb kaufte 1992 das Eisenbergwerk in Marcona. Er zahlte 120 Millionen Dollar, obwohl allein das Eisen ... an die 2 000 Millionen Dollar wert war. Dann wurden nur 35 Millionen der beim Kauf zugesagten 150 Millionen Dollar investiert, während die Produktion um über 110 Prozent stieg, obwohl die Belegschaft von 3 200 auf 1 600 Beschäftigte abgebaut wurde.«* (»Cuadernos Polémicos«, September 1996)

Die Arbeitszeit wurde von acht auf zwölf Stunden erhöht, Löhne wurden abgebaut, die Entlassenen mussten aus den werkseigenen Wohnungen ausziehen. 1996 traten die 1 083 verbliebenen fest angestellten Arbeiter in einen 42 Tage währenden Streik. Ihre Forderungen gingen weit über reine Lohnforderungen hinaus und richteten sich sowohl gegen die »Segnungen« des Neoliberalismus als auch gegen den Angriff auf die nationale Souveränität ihres Landes (»Cuadernos Polémicos«, Februar 1997).

Führend in Chinas Kapitalexport sind die Ölkonzerne. Nach dem Vorbild internationaler Ölmonopole wurde der Großteil der petrochemischen Industrie in zwei Unternehmen zusammengefasst: der China National Petroleum Corporation (CNPC) im Norden und der Sinopec im Süden. In ihrer Selbstdarstellung nannte die CNPC als *»hauptsächliches wirtschaftliches und technisches Ziel«*, dass sie zu einer der *»weltweit führenden Ölgesellschaften zu Beginn des 21. Jahrhunderts«* werden will.

Die CNPC erwirtschaftete im Jahr 2001 einen Umsatz von 41,5 Milliarden US-Dollar und wies offiziell 5 Milliarden US-Dollar Profit aus. Sinopec brachte es auf einen Umsatz von 40,4 Milliarden US-Dollar. Nach der »Fortune«-Liste sind CNPC und Sinopec, gemessen am ausgewiesenen Umsatz, der jeweils achtgrößte Energie- bzw. Erdöl-Konzern der Welt. Bei Aktienemissionen an den Börsen von New York und Hongkong konnten Sinopec und die CNPC-Tochter PetroChina im Jahr 2000 6,5 Milliarden US-Dollar Kapital aufnehmen. Hauptinvestoren waren ExxonMobil, BP und Shell. Das neue Kapital wurde in gigantische Pipeline-Projekte und für die weitere internationale Expansion eingesetzt. In einem Konsortium mit Shell, Gazprom und ExxonMobil will PetroChina zum Beispiel eine 4 000 Kilometer lange Gas-Pipeline von der Metropole Shanghai bis zur Grenzprovinz Xinjiang bauen, das Projekt hat ein Investitionsvolumen von 5,6 Milliarden US-Dollar.

CNPC will seine Ölproduktion im Ausland von 2001 bis 2005 auf 18 Millionen Tonnen im Jahr verdreifachen. Bereits 1993 erwarb die CNPC peruanische Ölfelder. Allein 1997/98 zahlte China mindestens 8,2 Milliarden US-Dollar für Ölkonzessionen in Sudan, Venezuela, Irak und Kasachstan. Verhandelt wurde außerdem über Öl- und Gaskonzessionen in Iran, Indonesien, Turkmenistan und Russland.

Innerhalb kurzer Zeit entstanden so zwei multinationale chinesische Ölkonzerne, die besonders im Nahen Osten und in Zentralasien aggressiv mit amerikanischen, europäischen und russischen Unternehmen konkurrieren.

Die Wiedervereinigung mit dem 1841 von Großbritannien geraubten **Hongkong** am 1. Juli 1997 bedeutete einen qualitativen Sprung in der Entwicklung des chinesischen Sozialimperialismus. **Machtpolitisch** war es ein wichtiger Schritt zur Schaffung eines vereinigten Großchina, dem erklärten Ziel chinesischer Außenpolitik. 1999 folgte die ehemalige portugiesische Kolonie Macao. China unterstrich damit seine Ansprüche auch auf Taiwan, die insbesondere die US-Imperialisten ablehnen und zu durchkreuzen suchen.

Hongkong erhöhte schlagartig Chinas **weltwirtschaftliches Gewicht** und ließ es in kürzester Zeit zur viertgrößten Export-Nation der Welt aufsteigen. Im Jahr 1994 wurden von jedem auf der Welt im Ausland investierten US-Dollar 16 Cent in China oder Hongkong angelegt; bis 1997 lag dieser Anteil immer noch über 10 Prozent. Mit Hongkong verfügt China über ein Zentrum des **internationalen Finanzkapitals**. Die Stadt gilt neben New York und London als drittes internationales Bankenzentrum. Dort operieren 80 der 100 größten Banken der Welt. Der Hongkonger Aktienmarkt ist, gemessen an der Marktkapitalisierung von 450 Milliarden US-Dollar im Dezember 2001, die neuntgrößte Börse der Welt. Hongkong spielt eine Schlüsselrolle für den Zugang chinesischer Konzerne zu Auslandskapital.

Im November 2002 unterzeichnete China mit dem Verband Südostasiatischer Staaten (ASEAN) einen Rahmenvertrag über die Schaffung einer Freihandelszone bis zum Jahr 2013. Diese wäre mit 1,7 Milliarden Menschen die größte der Welt.

Als weiterer Schritt, die VR China als eine weltweit führende imperialistische Großmacht zu etablieren, diente im Dezember 2001 die Mitgliedschaft in der Welthandelsorganisation (WTO). Dem gingen Abkommen mit den USA (1999) und der EU (2000) voraus, in denen sich China zur **weitgehenden Öffnung seiner Volkswirtschaft** verpflichten musste:

- **Senkung der Einfuhrzölle** auf ein Durchschnittsniveau von 8 bis 10 Prozent (bisher 65 Prozent bei Spirituosen, 30 Prozent bei kosmetischen Produkten, 25 Prozent bei Lederwaren, bis zu 35 Prozent bei Maschinen- und Anlagen usw.).

- **Schrittweise Aufhebung des staatlichen Außenhandelsmonopols.** Europäische Firmen, die Öl und Düngemittel liefern, brauchen nicht über staatliche Importeure zu handeln.

- Bei Kraftfahrzeugen in Joint Ventures werden **alle Restriktionen** hinsichtlich Kategorie, Typ und Modell innerhalb von zwei Jahren **aufgehoben**.

- **Wegfall von Beschränkungen für Tochterunternehmen** internationaler Monopole. Bei der Motorenherstellung werden Unternehmen zulässig, die zu 100 Prozent in ausländischem Besitz sind (bis dahin wurden nur Joint Ventures zugelassen).

- Zum Teil direkte **Bevorzugung ausländischer Finanzgruppen**. Ausländische Versicherungsgesellschaften dürfen ihre Produkte (Kranken-, Renten- und Lebensversicherungen) zwei Jahre früher als die chinesischen Konkurrenten anbieten.

- Für Kaufhäuser und Einzelhandelsketten wird die **Joint-Venture-Bindung aufgehoben** sowie die Beschränkung der Größe der Läden.

- Die chinesische Regierung gewährleistet europäischen Unternehmen **volle Transparenz und Gleichbehandlung bei Ausschreibungen**.

Mit dem Beitritt zur WTO strebte China eine neue Stufe der Integration in den kapitalistischen Weltmarkt an. Um das ideologisch zu rechtfertigen, beschloss der 16. Parteitag der Kommunistischen Partei Chinas (KPCh) im November 2002 die Theorie der »Drei Vertretungen« und revidierte damit den Marxismus-Leninismus ein weiteres Mal. Seitdem vertritt die KPCh angeblich alle »fortschrittlichen Produktivkräfte«, zu denen nach revisionistischer Lesart allerdings vornehmlich die Kapitalisten zählen – nicht nur die bürokratischen Kapitalisten in der Partei-, Staats- und Wirtschaftsführung, sondern zunehmend auch privatkapitalistische Elemente. So war der Direktor des Shagang-Stahlkonglomerats, Shen Wenrong, dessen privates Vermögen auf 155 Millionen US-Dollar geschätzt wurde, Parteitagsdelegierter. Der Vorstandsvorsitzende des multinationalen Konzerns Haier, Zhang Ruimin, wurde ins neue Zentralkomitee der KPCh gewählt.

Die Aufnahme Chinas in die WTO war auch ein Versuch der anderen Imperialisten, den aufstrebenden Konkurrenten unter Kontrolle zu halten; sie verschärft aber die Situation insbesondere für die asiatischen Nachbarn. Das legt anschaulich ein Bericht der »Neuen Zürcher Zeitung« über die Situation im benachbarten Indien dar:

*»Besonders die Importe aus China – Volksrepublik, Taiwan und Hongkong – haben nicht nur in den Kategorien Spielwaren, Konsumelektronik und Batterien große Marktanteile erobert. Selbst bei subventionierten Nahrungsmitteln, Textilien und Baumaterialien sind chinesische Importe bereits billiger als lokal produzierte. In Südindien wird inzwischen chinesischer Reis angeboten, der unter dem Preis von lokalem Billigreis liegt. Dasselbe gilt für indische Kleider wie Saris und Schals.«* (»Neue Zürcher Zeitung« vom 2. April 2001)

China ist heute bereits die **führende Militärmacht** im pazifischen Asien. Das Land hat 2,5 Millionen Soldaten unter Waffen, es verfügt über Interkontinentalraketen mit 400 atomaren Sprengköpfen und verfolgt ein eigenes Weltraumprogramm. Der offizielle Rüstungsetat wuchs seit Mitte der 1980er Jahre zweistellig und betrug im Jahr 2002 23 Milliarden Euro. US-Militärstrategen betrachten China bereits als strategischen Rivalen. Als vereinigtes Großchina und im Bündnis mit Japan könnte China künftig als neue **imperialistische Supermacht und als ernsthafter Rivale der USA auftreten**.

Um von seinem imperialistischen Charakter abzulenken, bezeichnet die chinesische Führung China bis heute als »*Entwicklungsland*«. Die aggressive sozialimperialistische Politik wird als »*Erhalt der nationalen Unabhängigkeit*« und Sicherung der »*Freiheit von imperialistischer Unterdrückung*« glorifiziert. (Government White Papers, www.china.org.cn, 30. November 2002)

Es ist ein Hohn, dass die modernen Revisionisten und Neorevisionisten in Europa die VR China trotz dieser Entwicklung immer noch als »*sozialistisch*« bezeichnen. Auf dem »Brüsseler Seminar«, das die neorevisionistische PTB (Partei der Arbeit Belgiens) 2001 organisierte, wurde ein Schlussdokument verabschiedet, das den Aufstieg des chinesischen Sozialimperialismus als »*Entstehung einer großen unabhängigen Macht*« feierte und behauptete:

»*Die vollständige Restauration des Kapitalismus in der früheren Sowjetunion und in Osteuropa und die Unterordnung dieser Länder unter den US-Imperialismus, sowie die wachsende Aggressivität des Imperialismus (Irak, Jugoslawien-Kosovo) haben den antiimperialistischen Charakter der chinesischen Politik gestärkt.*« (»Imperialistische Globalisierung und der weltrevolutionäre Prozess«, Brüssel, 4. Mai 2001)

»Antiimperialistisch« ist dann wohl die Ausbeutung der peruanischen Stahlarbeiter oder der venezolanischen Ölarbeiter. »Antiimperialistisch« war dann auch der chinesische Überfall auf Vietnam 1979. Und »antiimperialistisch« ist nach dieser Logik auch die chinesische Unterstützung des reaktionären Musharraf-Regimes in Pakistan, die Zusammenarbeit mit den USA im sogenannten »Anti-Terror-Krieg« usw.

Die Neorevisionisten haben den Glauben an die revolutionäre Kraft der Arbeiterklasse verloren, starren auf die vermeintliche Stärke des Imperialismus und suchen verzweifelt nach einer »real sozialistischen« Großmacht als Verbündetem. Dabei gehen sie auf die Position des chinesischen Sozialchauvinismus über.

Mit der Restauration des Kapitalismus und dem immer aggressiveren imperialistischen Kurs **verschärfen sich die gesellschaftlichen Widersprüche** in China **aufs Äußerste**. Die immer vollständigere Einbeziehung in die Neuorganisation der internationalen Produktion **unterhöhlt den her-**

gebrachten **bürokratischen Kapitalismus chinesischer Prägung**.

- Die fortschreitende Privatisierung der Staatsindustrie **untergräbt die wesentliche ökonomische Basis** der bürokratischen Kapitalisten. Die Herausbildung internationaler Monopole in China stellt die traditionelle Herrschaft der führenden Parteifunktionäre in Staat, Wirtschaft und Militär in Frage, ebenso wie der zunehmende Einfluss westlicher internationaler Monopole.

- Der **moderne Revisionismus chinesischer Prägung** kann die Massen immer weniger an das imperialistische System binden, auch die letzten Reste des Marxismus-Leninismus müssen immer offener revidiert werden. Bürgerliche Kommentatoren verweisen besorgt auf eine sich verschärfende »Identifikationskrise« angesichts des immer schreienderen Widerspruchs zwischen der kapitalistischen Realität und der pseudosozialistischen Phraseologie der KP Chinas.

- Trotz aller ökonomischen Liberalisierung verteidigt die Spitze der KP Chinas ihren **Alleinherrschaftsanspruch** gegen jede oppositionelle Regung mit Zähnen und Klauen und lässt nur eine **äußerst eingeschränkte bürgerliche Demokratie** zu.

- Der Widerspruch zwischen Stadt und Land, zwischen Küstenprovinzen und Landesinnerem spitzt sich immer mehr zu. Nach der amtlichen Statistik lag das jährliche Nettoeinkommen pro Kopf der ländlichen Bevölkerung 1985 noch bei durchschnittlich 54 Prozent des städtischen Einkommens, aber bis zum Jahr 2000 verschlechterte sich das Verhältnis auf knapp 36 Prozent. Die Arbeitslosigkeit – im China Mao Tsetungs jahrzehntelang nicht gekannt – nahm dramatische Ausmaße an. Auf dem Land sind nach Schätzungen westlicher Institute bereits 150 bis 200 Millionen Menschen arbeitslos. Über 160 Millionen Wanderarbeiter strömten in den letzten 20 Jahren in die Städte. Sie erhalten dort keine staatliche Aufenthaltserlaubnis und können jederzeit aus der Stadt geworfen werden, wie in Peking geschehen. 1995 waren noch drei Fünftel aller städtischen Arbeitskräfte in Staatsbetrieben beschäftigt; von ihnen sollen aber laut offiziellem Plan mehr als 50 Prozent in den nächsten Jahren entlassen werden. Wer entlassen wird, verliert sämtliche Ansprüche auf Betriebsrente, Gesundheitsversorgung usw.

Das alles wird den **Widerspruch zwischen der Arbeiterklasse und den Volksmassen auf der einen und den bürokratischen Monopolkapitalisten auf der anderen Seite** gewaltig verschärfen und heftigste Klassenauseinandersetzungen hervorrufen, deren Vorboten sich bereits heute in Massenstreiks trotz aller Unterdrückungsmaßnahmen Bahn brechen.

## II. Die Neuorganisation der internationalen Produktion leitet eine neue Stufe in der Entwicklung des Imperialismus ein

### 1. Der Zusammenbruch der Sowjetunion vor dem Hintergrund der Internationalisierung der kapitalistischen Produktion

Ausgehend von der Machtergreifung einer entarteten Bürokratie auf dem XX. Parteitag in der Sowjetunion im Februar 1956 wurde in den meisten sozialistischen Ländern schrittweise der Kapitalismus restauriert. Die zentrale Bürokratie in der Partei-, Staats- und Wirtschaftsführung übernahm als kollektiver und monopolistischer Gesamtkapitalist die Rolle der herrschenden Klasse und errichtete ihre bürgerliche Diktatur über die ganze Gesellschaft. Die Sowjetunion verlor ihren sozialistischen Charakter und entwickelte sich zu einem bürokratischen staatsmonopolistischen Kapitalismus neuen Typs.

War die Sowjetunion 1960 noch die zweitstärkste Wirtschaftsmacht der Welt nach den USA und vor Westeuropa und Japan, so fiel sie bis 1990 auf weniger als ein Drittel der Wirtschaftskraft von Westeuropa und kaum mehr als die Hälfte Japans zurück. Die Wachstumsraten der sowjetischen Wirtschaft flachten seit der Restauration des Kapitalismus permanent ab. In den Jahren 1951 bis 1955 betrugen sie im Durchschnitt jährlich 11,3 Prozent, aber bis zum Zeitraum 1986 bis

1990 sanken sie auf durchschnittlich 2,5 Prozent. Die kleine Schwankung nach oben 1966 bis 1970 war eine Ausnahme und ging im Wesentlichen auf die Ostverträge zurück. Sie führten zeitweilig zu einer relativen Belebung der sowjetischen Wirtschaft, weil der Handel mit den westlichen kapitalistischen Ländern anwuchs.

**Schaubild 15:**
**Wachstumsraten der sowjetischen Wirtschaft**
**(durchschnittliches jährliches Wachstum in Prozent)**

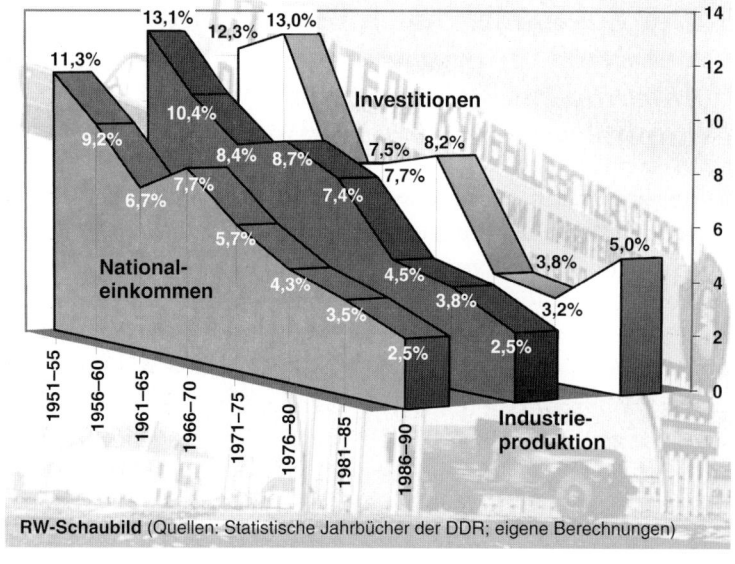

RW-Schaubild (Quellen: Statistische Jahrbücher der DDR; eigene Berechnungen)

Die entscheidende Grundlage für den Niedergang der Wachstumsraten war die sinkende Arbeitsproduktivität in der industriellen Produktion der Sowjetunion.

Die hohe sozialistische Arbeitsproduktivität brach zusammen, als im Prozess der Restauration des Kapitalismus ihre Grundlage, das sozialistische Bewusstsein und die Initiative der Massen, mehr und mehr durch materiellen Anreiz, kapitalistische Antreibermethoden und Konkurrenz zwischen den Arbeitern ersetzt wurde. Das hatte verhängnisvolle Folgen, auf die Willi Dickhut in seinem Buch »Die Restauration des Kapitalismus in der Sowjetunion« bereits 1972 hinwies:

*»Um der materiellen Vorteile willen griffen die Werksleitungen zu den raffiniertesten Methoden. Die Arbeiter wurden für die Fehlplanung und für die Mängel der Durchführung eines Planes mitschuldig gemacht, obwohl sie weder an der Planung noch an der Kontrolle beratend mitgewirkt hatten. Um ihren an sich schon niedrigen Lohn nicht noch durch Prämienverlust zu verringern, schwiegen sie zu der Manipulation der Werksleitung. Das untergrub die proletarische Moral und das sozialistische Bewußtsein. Lug und Betrug, Verschwendung von Material und Arbeitskraft, Desorganisation des Marktes, Zurückhaltung notwendiger Investitionen, falsche Angaben über Betriebskosten und Produktionskapazität, Verschlechterung der Qualität usw. waren schließlich an der Tagesordnung.«* (Neuauflage 1988, S. 177)

Stieg die Arbeitsproduktivität nach offiziellen Zahlen 1971 bis 1975 noch um durchschnittlich 4,5 Prozent jährlich, so sank die jährliche Steigerung von 1981 bis 1985 auf 3,1 Prozent (»Sowjetunion 1988/89«, S. 125). **Fäulnis und Niedergang des bürokratischen staatsmonopolistischen Kapitalismus sowjetischen Typs** waren unübersehbar.

Lenin deckte eine *»Tendenz zur Fäulnis«* auf, *»die jedes Monopol auszeichnet, wenn Privateigentum an den Produktionsmitteln besteht«* (»Der Imperialismus und die Spaltung des Sozialismus«, Lenin, Werke, Bd. 23, S. 103). Monopole bringen Fäulnis und Zersetzung hervor, weil sie die Konkurrenz ausschalten. Diese ist im Kapitalismus auf die Maximierung der Profite ausgerichtet, zugleich jedoch die entscheidende Triebkraft für die Revolutionierung der Produktivkräfte. Die Tendenz zur Fäulnis war in der Sowjetunion besonders ausgeprägt, weil seit Ende der 1950er Jahre die sozialistische Planwirtschaft in ein System bürokratisch-zentralistischer Planung und Kontrolle umgewandelt wurde.

Mit der Restauration des Kapitalismus veränderten sich auch die außenwirtschaftlichen Beziehungen der Sowjetunion. So wurde aus dem »Rat für gegenseitige Wirtschaftshilfe« (RGW) ein Instrument der neokolonialen Ausplünderung der revisionistischen »Bruderländer«. Mit dem Wirtschaftsraum des RGW gewann die sozialimperialistische Sowjetunion eine relative Autarkie, wurde relativ unabhängig von den westlichen Imperialisten und dem von ihnen dominierten Weltmarkt. Im RGW sollte Konkurrenz von außen weitgehend ausgeschaltet und zugleich die ökonomische Abhängigkeit der anderen RGW-Mitglieder von der Sowjetunion garantiert werden. Die Sowjetunion blieb immer die einzige relativ allseitig entwickelte Volkswirtschaft im RGW. Die anderen Staaten mussten sich verpflichten, von ihr Rohstoffe zu überhöhten Preisen abzunehmen, und im Gegenzug Maschinen und andere Industriegüter unter Weltmarktpreisen liefern.

Nach der Kubakrise 1962 und dem Wandel zur »Entspannungspolitik« wurde der RGW mehr und mehr in den Weltmarkt integriert. Das durchlöcherte immer stärker die relative Autarkie. Zwischen 1970 und 1990 wuchsen die Exporte der RGW-Länder sprunghaft um 463,4 Prozent. Während 1970 noch 60,3 Prozent dieser Exporte innerhalb des RGW abgewickelt und zur Befriedigung der Bedürfnisse der RGW-Länder verwendet wurden, gingen 1990 nur noch 37,8 Prozent dorthin.

Die hohen Zuwachsraten beim Westexport von über 900 Prozent in den Jahren 1970 bis 1990 bei gleichzeitig sinkenden Wachstumsraten der Sowjetwirtschaft zeigen die **immer stärker werdende ökonomische Abhängigkeit von den**

## Tabelle 34:
### Entwicklung der Exporte Osteuropas
### (in Millionen US-Dollar)

| | 1960 | 1970 | 1980 | 1990 | Wachstum 1970 bis 1990 in % |
|---|---|---|---|---|---|
| in die westlichen Industrieländer | 2 490 | 7 120 | 43 269 | 71 420 | 903,1 |
| in Entwicklungsländer | 780 | 3 930 | 32 406 | 33 896 | 762,5 |
| innerhalb Osteuropas | 8 120 | 18 390 | 78 714 | 64 980 | 253,3 |
| RGW-Exporte gesamt | 12 890 | 30 520 | 155 115 | 171 944 | 463,4 |
| Gesamtexporte der Sowjetunion | 5 563 | 12 800 | 76 449 | 104 177 | 713,9 |
| Gesamtexporte der Welt | 128 250 | 311 800 | 2 000 947 | 3 425 960 | |
| Anteil Osteuropas am Weltexport | 10,1% | 9,8% | 7,8% | 5,0% | |

Quellen: UN, Statistische Jahrbücher; eigene Berechnungen

**Absatzmärkten im Westen.** Die Sowjetunion erhoffte sich von ihren zunehmenden Aktivitäten auf dem Weltmarkt, ihren technologischen Rückstand wettmachen und die westlichen Rivalen übertrumpfen zu können. Die westlichen Imperialisten setzten ihrerseits darauf, mittels wirtschaftlicher, politischer und ideologischer Durchdringung die Restauration des Kapitalismus zu beschleunigen und den RGW-Raum schließlich vollständig in den von ihnen dominierten Weltmarkt zu integrieren. Diese Rechnung ging letztlich auf; die Sowjetunion verlor den Konkurrenzkampf.

Während die großen westlichen Industriestaaten in den 1970er und 1980er Jahren durch die Einführung von Automation und Elektronik ihre Wirtschaft auf moderne Grundlagen stellten, geriet die sowjetische Wirtschaft immer mehr ins Hintertreffen. 1990 befanden sich sowjetische Computer auf einem Stand, der im Westen bereits 15 Jahre zuvor erreicht war. Willi Dickhut führte in seinem Buch »Sozialismus am Ende?« zu den Ursachen dieser ungleichen Entwicklung aus:

> »*Die heute übliche Geschwindigkeit der Einführung neuer Techniken in die Produktion konnte der bürokratische Kapitalismus mit seinem einseitig zentralistischen Kommandoregime nicht annähernd erreichen. Das bedeutete sein Todesurteil und die Entlarvung aller Phrasendrescherei.*« (S. 95)

Die Sowjetunion konnte infolgedessen immer weniger Industrieerzeugnisse absetzen. Der Weltmarktanteil des RGW-Exports schmolz von 9,8 Prozent 1970 auf 5 Prozent 1990 zusammen. Zudem bestand ein wachsender Teil dieser Exporte aus Energierohstoffen; sie machten Ende der 1980er Jahre bereits zwei Drittel aus. Das war für die Sowjetunion eine Sackgasse, denn die Schere zwischen sinkenden Rohstoffpreisen und steigenden Preisen für Industriegüter auf dem Weltmarkt öffnete sich mehr und mehr. Hatte eine Tonne sowjetischen Rohöls Anfang 1985 noch einen Index-Wert von 100, bezogen auf den Import industrieller Erzeugnisse aus der BRD, so sank dieser bis Ende 1988 auf unter 30 (»Sowjetunion 1988/89«, S. 196).

Seit Mitte der 1980er Jahre spitzte sich der Konkurrenzkampf zwischen den westlichen Imperialisten und dem sowjetischen Sozialimperialismus zu. Die wichtigsten Exportgüter des RGW wie Kohle, Stahl, Textilien und Agrarprodukte wurden im Westen mit massiven Zöllen und Mengenbegrenzungen belegt. Weder die USA noch die EU-Staaten räumten den RGW-Ländern die so genannte »Meistbegünstigung« ein: Zölle, Gebühren und Steuern für Aus- und Einfuhr lagen deutlich über denen der westlichen Konkurrenten. Zudem führten die westlichen Imperialisten »Embargo-Listen« ein und verhinderten damit, dass die RGW-Länder »strategische Waren«

wie EDV-Anlagen einkaufen konnten. Mit politisch motivierter Devisenpolitik wurden außerdem Waren aus den RGW-Ländern auf dem Weltmarkt systematisch unter Wert gedrückt.

Aufgrund der sich verschärfenden Rivalität der beiden Supermächte, aber auch als Ausgleich für die zunehmenden Absatzprobleme auf dem Weltmarkt konzentrierte die Sowjetunion immer mehr wirtschaftliche Ressourcen auf den Rüstungswettlauf mit den USA. 1987 verwendete die Sowjetunion nach westlichen Schätzungen 18 Prozent des Bruttoinlandsprodukts für militärische Rüstung. Von zehn Rubeln, die Ende der 1980er Jahre für Forschung und Entwicklung ausgegeben wurden, gingen 7 bis 8 in den militärischen Bereich.

Die Rolle der Sowjetunion als militärische Supermacht war die machtpolitische Grundlage ihrer Vorherrschaft im RGW. Zugleich garantierte der militärisch-industrielle Komplex den bürokratischen Kapitalisten kalkulierbare Maximalprofite. Die gigantische Aufblähung des Militärhaushalts beschleunigte Fäulnis und Zersetzung des bürokratischen staatsmonopolistischen Kapitalismus sowjetischer Prägung.

Von den modernen Revisionisten oder Neorevisionisten wird immer wieder ins Feld geführt, die Sowjetunion sei vom Westen in Zugzwang gebracht und totgerüstet worden. Das stellt die Tatsachen auf den Kopf! Keine Macht der Welt konnte der Sowjetunion ihren Willen aufzwingen, solange sie noch sozialistisch war. Auf der Grundlage des revolutionären Enthusiasmus, der Opferbereitschaft und des sozialistischen Bewusstseins der Massen ging die damals noch sozialistische Sowjetunion gestärkt aus dem II. Weltkrieg hervor, obwohl sie die größten Verluste an Menschenleben und unermessliche Zerstörungen zu tragen hatte. Die Verteidiger von Chruschtschow, Breschnew und Gorbatschow verschließen die Augen vor der Tatsache der Restauration des Kapitalismus, um der Sowjetunion eine Opferrolle zuzuschreiben sowie den Verrat am Sozialismus und die historische Fehlentwicklung zu rechtfertigen. Ursache des horrenden Wettrüstens war der imperialistische Charakter der Supermächte USA und Sowjetunion und ihre Rivalität.

Das System des RGW bröckelte zuerst an seiner Peripherie, nämlich in Polen, Ungarn, der Tschechoslowakei und der DDR. Diese Länder waren am weitestgehenden in den Prozess der Internationalisierung der kapitalistischen Produktion einbezogen. 1987 machte der »Westhandel« mit OECD-Staaten bei der DDR bereits 31,2 Prozent aus, bei Ungarn 39 Prozent und bei Polen sogar 45,1 Prozent (gegenüber 41,2 Prozent RGW-Handel).

Auf dieser Grundlage gerieten diese Länder in einen doppelten Zangengriff. Einerseits waren sie abhängig vom politischen System des sowjetischen Sozialimperialismus, zum anderen

**Tabelle 35:**
**Handelsbilanz und Verschuldung des RGW**
**(in Millionen US-Dollar)**

|  | 1970 | 1975 | 1980 | 1985 | 1989 |
|---|---|---|---|---|---|
| **Ost/West-Handel (RGW-Länder mit OECD-Staaten)** | | | | | |
| Handelsbilanz Sowjetunion | −429 | −4 941 | 203 | −785 | −6 553 |
| Handelsbilanz RGW | −1 076 | −11 420 | −3 480 | −1 478 | −6 038 |
| **Nettodevisenverschuldung** | | | | | |
| Sowjetunion | 1 900 | 7 400 | 14 900 | 15 600 | 37 600 |
| Polen | 800 | 7 400 | 23 500 | 31 800 | 37 600 |
| Ungarn | 600 | 2 200 | 7 700 | 14 800 | 18 900 |
| DDR | 1 000 | 3 500 | 11 800 | 8 200 | 11 000 |
| **RGW gesamt** | 6 500 | 28 800 | 78 000 | 88 700 | 124 500 |

Quellen: Monatsberichte des Österreichischen Institutes für Wirtschaftsforschung 4/1983, 5/1987 und 5/1990; The Economic Implications of East West Trade and Technology Transfer, www.wws.princeton.edu, 23. Dezember 2002

brauchten sie westliche Technologie, die sie wiederum nur in Devisen bezahlen konnten. Die RGW-Staaten importierten Anlagen und andere Investitionsgüter und finanzierten sie in immer größerem Maß über Kredite in teuren Westdevisen, die nicht durch entsprechende Exporte gedeckt waren. Noch 1970 lag die Verschuldung der RGW-Länder im Westen bei 6,5 Milliarden US-Dollar. 1989 war sie aufs 19-fache, nämlich 124,5 Milliarden US-Dollar angewachsen.

Seit Beginn der 1970er Jahre hatte sich ein RGW-Außenhandelsdefizit entwickelt. Anfang der 1980er Jahre versuchten die RGW-Länder, dem durch eine Senkung der Importe zu begegnen. So konnte die Zuwachsrate der Verschuldung gesenkt werden, aber zu dem hohen Preis sinkender Investitionen und Konservierung der alten Wirtschaftsstrukturen – und das in einer Situation, als weltweit auf breiter Front in Mikroelektronik und Hochautomation investiert wurde! Das Ergebnis war ein **drastischer Rückfall in der Konkurrenzfähigkeit.**

## Der Zusammenbruch der Sowjetunion

Der Niedergang des bürokratisch-kapitalistischen Herrschaftssystems nahm seinen Ausgang von den **Massenkämpfen der Arbeiterklasse in Polen Anfang der 1980er Jahre.** Die polnischen Arbeiter wehrten sich mit Streiks und Demonstrationen gegen Preiserhöhungen, kämpften für mehr Lohn und die Wiedereinstellung entlassener Kollegen. Politische Forderungen nach Streikrecht, Pressefreiheit und der Zulassung unabhängiger Gewerkschaften prägten mehr und mehr das Bild.

Dieser Klassenkampf der polnischen Arbeiter war ein unüberhörbares Signal an die breiten Massen in den anderen revisionistischen Ländern. Erstmals seit der Restauration des

Kapitalismus brachte eine kämpfende Arbeiterklasse das bürokratisch-kapitalistische System ins Wanken. Am 13. Dezember 1981 erreichte der Klassenkampf in Polen seinen vorläufigen Höhepunkt. Die bürokratischen Kapitalisten errichteten eine **sozialfaschistische Diktatur unter General Jaruzelski**. Streiks und Demonstrationen wurden verboten, eine Vorzensur aller Veröffentlichungen verhängt, der Personenverkehr eingeschränkt. Das war – vor den Augen der ganzen Welt – die offene Bankrotterklärung des bürokratisch-kapitalistischen Systems, das nur noch mit Gewalt aufrechterhalten werden konnte.

Die Krise des bürokratischen Kapitalismus brachte, nachdem der Tod die »Ära Breschnew« beendet hatte, 1985 die »Ära Gorbatschow« hervor. Nun suchte die Sowjetunion einen Ausweg in der stärkeren Öffnung gegenüber den westlichen imperialistischen Staaten. Eine bürokratisch-kapitalistische Wirtschaftsreform wurde eingeleitet, das Außenhandelsmonopol schrittweise abgeschafft. Dadurch wurde die bürokratisch-zentralistische Struktur der Sowjetunion existentiell in Frage gestellt.

Unter den Schlagworten »Glasnost« und »Perestroika« versuchte Gorbatschow, der angestrebten gesellschaftlichen Entwicklung eine neue ideologische Grundlage zu geben. Weil das Ziel aber eine stärkere Anpassung an den westlichen Kapitalismus und eine Lockerung der Autarkie des RGW war, konnte es nur eine »modern« aufgemachte Mischung von modernem Revisionismus und westlichem Sozialdemokratismus sein. Verbunden war das mit massiven antikommunistischen Attacken gegen Stalin und Lenin, die demagogisch als Kritik an vermeintlichen gesellschaftlichen Auswüchsen der sozialistischen Sowjetunion verpackt waren. Im Kern griffen sie die Diktatur des Proletariats an, die politische Grundlage jeder sozialistischen Gesellschaft. Dazu schrieb Willi Dickhut:

*»Die Arbeiterklasse, die die Macht des Kapitalismus zerschlagen und die politische Herrschaft erkämpft hat, errichtet ihren eigenen Staat: die Diktatur des Proletariats. Dieser Staat bedeutet nicht nur Diktatur, das heißt Unterdrückung feindlicher Elemente der ehemals ausgebeuteten und unterdrückten Klassen, sondern auch breiteste Demokratie für die Werktätigen, für die ehemals Unterdrückten und Ausgebeuteten. Diktatur des Proletariats ist darum gleichbedeutend mit proletarischer oder sozialistischer Demokratie, und diese ist ›**millionenfach** demokratischer als jede bürgerliche Demokratie‹. (Lenin, Werke, Bd. 28, S. 247)«* (»Die Restauration des Kapitalismus in der Sowjetunion«, S. 78)

Mit »Glasnost« und »Perestroika« schlug die **Geburtsstunde des modernen Antikommunismus**, und es war ausgerechnet der Generalsekretär der KPdSU, Michail Gorbatschow, der sich als Kronzeuge hergab. Das trat in allen revisionistischen Parteien eine Welle der offenen Infragestellung aller bisherigen Grundlagen los, und für die westlichen Imperialisten war es ein gefundenes Fressen. Sie setzten auf Gorbatschow als ihren Hoffnungsträger und spekulierten auf eine Neuaufteilung der sowjetischen Macht- und Einflusssphären. Freimütig urteilte der ehemalige US-Sicherheitsberater Brzezinski über Gorbatschow:

*»Wir könnten uns keinen besseren sowjetischen Führer vorstellen, als den, den wir haben. Er öffnet dem Zerfall des sowjetischen Reiches die Tür.«* (»The Washington Times« vom 6. Januar 1990)

Gorbatschow konnte die Hoffnungen der bürokratischen Monopolkapitalisten in der Partei-, Staats- und Wirtschaftsführung, die ihn eingesetzt hatten, nicht erfüllen: Die wirtschaftliche und politische Krise vertiefte sich unaufhaltsam. Die offene Integration der RGW-Staaten in den kapitalistischen Weltmarkt geriet mehr und mehr außer Kontrolle und endete, da die westlichen Imperialisten einen regelrechten Handels- und Finanzkrieg führten, im Desaster.

Im Unterschied zur jahrzehntelangen Abschottung der Sowjetunion verfolgte der **chinesische Sozialimperialismus** von vornherein und relativ erfolgreich die Methode der **kontrollierten und gesteuerten Integration** in den kapitalistischen Weltmarkt. Das hatte verschiedene Ursachen:

- Die bürokratischen Kapitalisten Chinas hatten im Gegensatz zur Sowjetunion nicht die Möglichkeit der neokolonialen Ausbeutung anderer Länder wie der RGW-Staaten. Sie mussten daher von vornherein eine **Politik der wirtschaftlichen Expansion** verfolgen.

- Die Rivalität der Supermächte USA und Sowjetunion erlaubte es China, in einem zeitweiligen **Bündnis mit den westlichen Imperialisten** politisch und ökonomisch zu erstarken.

- Die westlichen Imperialisten fürchteten die während der **Kulturrevolution im Kampf gegen den Revisionismus erzogenen chinesischen Volksmassen** und hatten deshalb größtes Interesse an der Stabilität Chinas. Sie unterstützten die Restauration des Kapitalismus nach Kräften. Darauf Bezug nehmend biederte sich der damalige chinesische Staatspräsident Jiang Zemin im Frühjahr 2002 bei den westlichen Imperialisten an. Er erklärte:

*»Bedenken Sie bitte, dass gesellschaftliche Stabilität nicht nur im grundlegenden Interesse des chinesischen Volks liegt. Davon profitieren auch Asien und die ganze Welt. Man kann sich leicht vorstellen, was es bedeuten würde, wenn es in China zu Unruhen käme«.* (»Der Spiegel«, Nr. 15/2002, S. 160)

Dagegen kam es den westlichen Imperialisten durchaus entgegen, dass die meisten alteingesessenen bürokratisch-kapitalistischen Regimes in den RGW-Ländern durch demokratische Massenbewegungen gestürzt wurden. Einen ersten Höhepunkt bildete der Fall der Berliner Mauer am 9. November 1989 – der erste Schritt zur Wiedervereinigung Deutschlands. Es folgte die Auflösung des RGW. Im August 1991 scheiterte der sozialfaschistische Putschversuch in Moskau, ein letzter Versuch, die hergebrachte Ordnung des bürokratisch-kapitalistischen Systems wiederherzustellen. Damit war auch Gorbatschows Versuch gescheitert, **vom bürokratischen Kapitalismus kontrolliert zum staatsmonopolistischen Kapitalismus westlicher Prägung** überzugehen und dabei das Machtmonopol der KPdSU-Bürokratie zu erhalten. Das Ende der sozialimperialistischen Sowjetunion war besiegelt.

Völlig anders sahen allerdings die »Erklärungen« der modernen Revisionisten in der DKP aus. Jahrzehntelang hatten sie den bürokratischen Kapitalismus als »*realen Sozialismus*« gepriesen und die marxistisch-leninistische Kritik an der Restauration des Kapitalismus in der Sowjetunion als »*Propaganda der CIA*« diffamiert. Zur Rechtfertigung ihres offensichtlichen Bankrotts tischten sie die These vom Niedergang der Sowjetunion als Ergebnis der »*Konterrevolution*« oder der »*Infiltration von außen*« auf. In einem Papier der revisionistischen Deutschen Kommunistischen Partei (DKP) von 2002 äußerte sich der Parteivorstand zu den Ursachen des »*Zusammenbruchs*« und der »*Zerschlagung*« des Systems der Sowjetunion scheinbar salomonisch:

»*Es gab innere und äußere, ökonomische, soziale und politische, objektive und subjektive Ursachen.*« (»Erste Grundlagen zur Diskussion und Erarbeitung eines Programmentwurfs«, S. 22/www.dkp.de/diskgrdl/, 24. Oktober 2002)

Als ob es irgendeine bedeutende gesellschaftliche Entwicklung gäbe, die nicht auf *innere und äußere Ursachen* zurückzuführen wäre! Mit keinem einzigen Wort ging dieses revisionistische Grundsatzdokument auf die entscheidende innere Ursache für den Niedergang des RGW ein: die Revision des

Marxismus-Leninismus und die Machtergreifung der bürokratischen Monopolbourgeoisie neuen Typs! Es war einfach lächerlich, wenn die DKP-Führung zum Schluss schrieb:

»*Zu den äußeren objektiven Ursachen der Niederlage des Sozialismus im vergangenen Jahrhundert gehörte, dass vom ersten Moment seiner Existenz an Sowjetrussland wie später auch alle anderen Länder sozialistischer Orientierung durch die geballte Macht des Kapitals bedroht wurden.*« (ebenda, S. 23)

Nach dieser revisionistischen Theorie wäre also letztlich »der Sozialismus« der kapitalistischen Aggression und Übermacht erlegen. Kapitalistische Umkreisung, Infiltration und Aggression bis zur Anzettelung des II. Weltkriegs hatten es in Wahrheit jedoch nicht vermocht, den Sozialismus zu besiegen. Im Gegenteil erstarkte er unter Führung Lenins und Stalins. Zwischen 1929 und 1955 wuchs die sowjetische Industrieproduktion auf mehr als das 20-fache, während die kapitalistischen Länder ihre Industrieproduktion nicht einmal verdoppeln konnten und 1929–1933 von der tiefsten Weltwirtschaftskrise heimgesucht wurden.

Der Sozialismus erlitt seine Niederlage 1956, als es der kleinbürgerlich entarteten Bürokratie gelang, auf dem XX. Parteitag der KPdSU die Macht an sich zu reißen. Die seitdem erfolgte schrittweise Restauration des Kapitalismus verwickelte das System der Sowjetunion in unlösbare Widersprüche, die schließlich gesetzmäßig in seinen Zusammenbruch mündeten.

Mit der Restauration des Kapitalismus in der Sowjetunion und der revisionistischen Entartung der meisten kommunistischen und Arbeiterparteien musste die internationale marxistisch-leninistische und Arbeiterbewegung ihre schwerste Niederlage im 20. Jahrhundert hinnehmen. Sie konnte sie bis heute nicht völlig überwinden. Der Zusammenbruch des sozialimperialistischen Herrschaftssystems 1989–1991 schuf aber die Voraussetzung, dass sich das Kräfteverhältnis zwischen Marxismus-Leninismus und modernem Revisionismus wieder zu Gunsten des Sozialismus verändert. Ohne die Restauration des Kapitalismus erschöpfend zu verarbeiten und aus der revisionistischen Entartung positive Schlussfolgerungen zu ziehen, wird es unmöglich sein, einen neuen Aufschwung des Kampfs für den Sozialismus herbeizuführen.

## Die vollständige Integration Osteuropas in die internationale kapitalistische Produktion

Nach dem Zusammenbruch des RGW und der Auflösung der Sowjetunion 1991 wurden die ehemaligen RGW-Länder vollständig in die internationale kapitalistische Produktion integriert. Mittel- und Osteuropa sowie Zentralasien wurden ein interessantes Kapitalanlagegebiet, die ausländischen Direktinvestitionen stiegen sprunghaft an. Sie betrugen mit 2,57 Milliarden US-Dollar bereits 1991 das 41-fache des Zeitraums von 1984 bis 1989. Von 1991 bis 2000 verelffachten sich die jährlichen Direktinvestitionen noch einmal bis zur Höhe von 28,45 Milliarden US-Dollar.

Das ausländische Kapital wurde vor allem eingesetzt, um neue Märkte zu erobern und lukrative Fabriken aufzukaufen. Der Wert der Unternehmensverkäufe ins Ausland stieg von 27 Millionen US-Dollar 1989 auf 15 990 Millionen US-Dollar 2000, also auf das 592-fache! Dabei muss zusätzlich berücksichtigt werden, dass die Betriebe meist weit unter Wert verkauft wurden. (siehe Schaubild 16)

In Tschechien übernahm die Volkswagen AG das mit Abstand größte Monopol Škoda. Škoda allein trug 10 Prozent zum tschechischen Außenhandel bei. Auch neun von zehn der größten Einzelhandelsketten gingen in ausländischen Besitz über. 90 Prozent der Presse in den westlichen Regionen Tschechiens gehörten Medienkonzernen aus Westeuropa.

## Schaubild 16:
### Unternehmensverkäufe der Staaten Mittel- und Osteuropas
(Wert grenzüberschreitender Unternehmensverkäufe in Millionen US-Dollar)

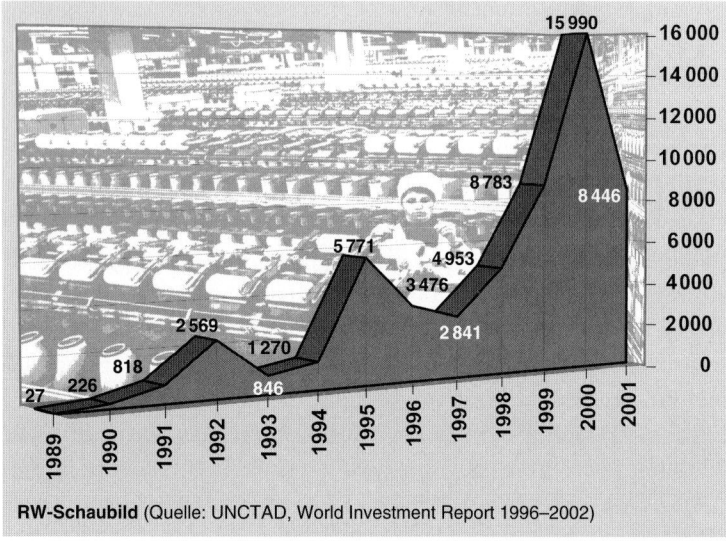

RW-Schaubild (Quelle: UNCTAD, World Investment Report 1996–2002)

Da die Produkte aus den ehemaligen RGW-Ländern großteils nicht mithalten konnten im internationalen Konkurrenzkampf, brach das alte Produktionsgefüge weitgehend zusammen. Die internationalen Monopole bauten modernste Werke auf und überfluteten die Märkte der ehemaligen RGW-Staaten mit ihren Waren.

Von 1990 bis 1992 sank die Wirtschaftsleistung in Ost-Mitteleuropa um 18,1 Prozent und in Südosteuropa um 31,4 Prozent. In den baltischen Staaten hielt der Rückgang bis 1994 an und betrug 53,5 Prozent. In den GUS[1]-Staaten, dominiert von Russ-

---

[1] GUS: Gemeinschaft unabhängiger Staaten, Zusammenschluss von 12 ehemaligen Sowjetrepubliken, 1991 gegründet

land, hielt die negative wirtschaftliche Entwicklung bis 1998 an. Insgesamt sank die Wirtschaftsleistung dort um 58,2 Prozent. Das war allerdings nicht nur auf die Besonderheit der ehemaligen Länder des RGW zurückzuführen, sondern zugleich Ausdruck einer Anfang der 1990er Jahre beginnenden internationalen Strukturkrise aufgrund der Neuorganisation der internationalen Produktion. Diese wirkte in den ehemaligen RGW-Ländern besonders drastisch.

**Tabelle 36:**
**Wirtschaftswachstum in Mittel- und Osteuropa**
**(Bruttoinlandsprodukt in Prozent zum Vorjahr)**

|  | 1990 | 1991 | 1992 | 1993 | 1994 | 1995 | 1996 | 1997 | 1998 | 1999 | 2000 |
|---|---|---|---|---|---|---|---|---|---|---|---|
| Polen | −11,6 | −7,0 | 2,6 | 3,8 | 5,2 | 7,0 | 6,1 | 6,9 | 4,8 | 4,1 | 5,0 |
| Tschechien | −1,2 | −11,6 | −0,5 | 0,1 | 2,2 | 5,9 | 4,8 | −1,0 | −2,2 | 0,2 | 2,0 |
| Slowakei | −2,5 | −14,6 | −6,5 | −3,7 | 4,9 | 6,7 | 6,2 | 6,2 | 4,1 | 1,9 | 2,0 |
| Ungarn | −3,5 | −11,9 | −3,1 | −0,6 | 2,9 | 1,5 | 1,3 | 4,6 | 4,9 | 4,5 | 6,0 |
| Slowenien | −4,7 | −8,9 | −5,5 | 2,8 | 5,3 | 4,1 | 3,5 | 4,6 | 3,8 | 4,9 | 5,1 |
| **Ost-Mitteleuropa** | **−4,7** | **−10,8** | **−2,6** | **0,5** | **4,1** | **5,0** | **4,4** | **4,3** | **3,1** | **3,0** | **4,0** |
| Estland | −6,5 | −13,6 | −14,2 | −9,0 | −2,0 | 4,3 | 3,9 | 10,6 | 4,7 | −1,1 | 5,0 |
| Lettland | 2,9 | −10,4 | −34,9 | −14,9 | 0,6 | 0,8 | 3,3 | 8,6 | 3,9 | 0,1 | 4,5 |
| Litauen | −5,0 | −5,7 | −21,3 | −16,2 | −9,8 | 3,3 | 4,7 | 7,3 | 5,1 | −4,2 | 2,2 |
| **Baltische Staaten** | **−2,9** | **−9,9** | **−23,5** | **−13,5** | **−3,7** | **2,3** | **4,0** | **8,8** | **4,6** | **−1,7** | **3,9** |
| Albanien | −10,0 | −28,0 | −7,2 | 9,6 | 8,3 | 13,3 | 9,1 | −7,0 | 8,0 | 7,3 | 7,0 |
| Bulgarien | −9,1 | −11,7 | −7,3 | −1,5 | 1,8 | 2,1 | −10,9 | −6,9 | 3,5 | 2,4 | 4,0 |
| Mazedonien | −9,9 | −7,0 | −8,0 | −9,1 | −1,8 | −1,2 | 1,2 | 1,4 | 2,9 | 2,7 | 5,0 |
| Rumänien | −5,6 | −12,9 | −8,8 | 1,5 | 3,9 | 7,1 | 3,9 | −6,1 | −5,4 | −3,2 | 1,5 |
| **Südosteuropa** | **−8,7** | **−14,9** | **−7,8** | **0,1** | **3,1** | **5,3** | **0,8** | **−4,7** | **2,3** | **2,3** | **4,4** |
| GUS | −3,7 | −6,0 | −14,1 | −9,3 | −13,8 | −5,2 | −3,5 | 0,9 | −3,5 | 2,8 | 5,9 |

Quelle: European Bank for Reconstruction and Development (EBRD), Transition Report 2000

Tempo und Niveau der Integration der ehemaligen RGW-Staaten in den Weltmarkt waren sehr unterschiedlich. Am stärksten und schnellsten einbezogen wurden Polen, Tschechien, Ungarn, die Slowakei, Slowenien, Lettland und Litauen.

**Tabelle 37:**
**Ausländische Direktinvestitionen in den ehemaligen RGW-Ländern Ost- und Mitteleuropas (kumuliert von 1989 bis 2001)**

| Land | Mio. US-$ | US-$ pro Kopf |
|---|---|---|
| Polen | 34 426 | 890 |
| Tschechien | 26 493 | 2 570 |
| Ungarn | 21 869 | 2 177 |
| Kasachstan | 11 001 | 741 |
| Russland | 9 702 | 67 |
| Rumänien | 7 928 | 356 |
| Slowakei | 5 669 | 1 050 |
| Kroatien | 4 744 | 1 065 |
| Aserbaidschan | 4 062 | 501 |
| Bulgarien | 3 961 | 491 |
| Ukraine | 3 866 | 79 |
| Litauen | 2 837 | 771 |
| Lettland | 2 798 | 1 200 |
| Estland | 2 358 | 1 637 |
| Slowenien | 1 847 | 925 |
| Weißrussland | 1 315 | 132 |
| Jugoslawien | 1 110 | 130 |
| Turkmenistan | 1 043 | 189 |
| Mazedonien | 888 | 444 |
| Georgien | 838 | 157 |
| Albanien | 815 | 241 |
| Usbekistan | 768 | 30 |
| Armenien | 642 | 213 |
| Bosnien-Herzegowina | 504 | 117 |
| Moldawien | 498 | 116 |
| Kirgisistan | 479 | 101 |
| Tadschikistan | 153 | 24 |
| **Gesamt** | **152 614** | **600** |

Quelle: EBRD, Transition Report Update 2002

Auf Polen, Tschechien und Ungarn entfielen über die Hälfte aller ausländischen Direktinvestitionen, etwa achteinhalb Mal so viel wie auf Russland. In Tschechien und Ungarn wurde mit jeweils über 2 000 US-Dollar pro Kopf der Bevölkerung am meisten ausländisches Kapital investiert. Parallel zum Anwachsen der Auslandsinvestitionen konnten Polen, Ungarn und Rumänien auch den Handel mit der EU von 1990 bis 1999 jeweils verfünffachen (siehe Tabelle 38). Mit 28,98 Milliarden Ecu (Euro) betrieb Polen bereits 1999 fast doppelt so viel Handel mit der EU wie Russland. Der Anteil der mittel- und osteuropäischen Länder am EU-Export in Drittländer stieg von 5,6 Prozent 1989 auf 13,4 Prozent im Jahr 1999.

Die EU-Imperialisten brachten im Zug der Neuorganisation der internationalen Produktion die meisten Länder Osteuropas in eine neue neokoloniale Abhängigkeit. EU, IWF und Weltbank diktierten die wesentlichen politischen Maßnahmen, mit denen ein umfassender Strukturwandel in den ehemaligen RGW-Ländern durchgesetzt werden sollte. So forderte der IWF im Jahr 2000 von Tschechien unter anderem erheblich strengere Kriterien bei der Bewilligung von Sozialleistungen, Kürzungen bei den Renten und Sozialleistungen, eine Aufwertung der tschechischen Krone, um EU-Exporte zu begünstigen usw.

Russland hatte größte Probleme bei der Umstrukturierung seiner Wirtschaft. Von der Sowjetunion hatte es die Konzentration auf Rohstofflieferungen geerbt. Erdöl, Erdgas und Metalle machten traditionell etwa zwei Drittel der russischen Exporte aus. An dieser Struktur änderte sich wenig. Im Jahr 1999 lag der Anteil Russlands an den weltweiten Exporten bei 1,7 Prozent – 1990 waren es noch 2,0 Prozent. Die Importe sanken von 2,4 Prozent 1990 auf 0,7 Prozent 1999. Noch 2002 entfielen über 65 Prozent des russischen Exports auf Roh- und Grundstoffe. Maschinen und Ausrüstungen machten nur

## Tabelle 38:
## Entwicklung des Handels der EU mit Drittländern
## (Exporte in Millionen Ecu)

| | 1980 | 1990 | 1995 | 1999 |
|---|---|---|---|---|
| EU-Handel mit Drittländern gesamt | 211 124 | 398 214 | 572 840 | 759 798 |
| Polen | 3 466 | 5 882 | 15 436 | 28 979 |
| Ungarn | 2 038 | 3 763 | 8 729 | 18 574 |
| Rumänien | 1 992 | 1 330 | 3 794 | 6 340 |
| Bulgarien | 931 | 1 030 | 2 052 | 2 694 |
| Albanien | 70 | 131 | 518 | 690 |
| CSSR | 1 682 | 3 387 | – | – |
| Tschechien[1] | – | – | 11 653 | 18 398 |
| Slowakei[1] | – | – | 3 194 | 5 525 |
| Sowjetunion[2] | 10 241 | 18 735 | – | – |
| Estland | – | – | 1 348 | 2 411 |
| Lettland | – | – | 939 | 1 661 |
| Litauen | – | – | 1 016 | 2 095 |
| Ukraine | – | – | 2 249 | 2 602 |
| Weißrussland | – | – | 885 | 1 023 |
| Russland | – | – | 16 081 | 14 775 |
| Jugoslawien[3] | 4 913 | 9 604 | – | – |
| Slowenien | – | – | 5 178 | 6 917 |
| Kroatien | – | – | 3 736 | 4 020 |
| Mazedonien | – | – | 880 | 1 169 |
| MOEL[4] | 15 093 | 24 260 | 58 682 | 101 664 |

[1] Die Tschechoslowakei zerfiel am 1. Januar 1993 in Tschechien und die Slowakei.
[2] Die Sowjetunion zerfiel am 31. Dezember 1991 in Estland, Lettland, Litauen, Georgien und die GUS (Gemeinschaft unabhängiger Staaten, damals elf Staaten).
[3] Von Jugoslawien sagten sich im Juni 1991 Slowenien und Kroatien los, im September 1991 Mazedonien, im Oktober 1991 Bosnien und Herzegowina.
[4] »Mittel- und Osteuropäische Länder« ohne Russland, Ukraine, Weißrussland
Quelle: Eurostat

10,3 Prozent aus. Das erschwerte und verzögerte die wissenschaftlich-technische Umgestaltung und die Integration in die Neuorganisation der internationalen Produktion.

Die russische Rohstoffindustrie ist stark monopolisiert und Russland lässt aus strategischen Gründen ausländisches Kapital nur äußerst begrenzt zu. Von allen weltweit getätigten Direktinvestitionen entfielen 1999 gerade einmal 0,3 Prozent auf Russland. Größere ausländische Investitionen im verarbeitenden Gewerbe scheiterten häufig an dem eher schrumpfenden als wachsenden russischen Markt.

Die russischen Monopole, vor allem die Rohstoffproduzenten, treten international zunehmend aggressiv auf. Führend sind der russische Gasmonopolist Gazprom und der Ölkonzern Lukoil. Sie erwirtschafteten im Jahr 2000 zusammen etwa 10 Prozent des russischen Bruttoinlandsprodukts. Lukoil legte bereits 3,2 Milliarden US-Dollar im Ausland an und erklärte ausdrücklich, es wolle zum »Global Player«, zu einem führenden internationalen Monopol, aufsteigen. Lukoil-USA übernahm im Dezember 2000 das US-Unternehmen Getty Petroleum Marketing Inc. mit 1 260 Tankstellen. Zwischen 1998 und 2000 kaufte Lukoil in Bulgarien, Rumänien und der Ukraine Raffinerien. Dem Konzern gehören 58 Prozent der ölverarbeitenden Fabrik Neftechim in Bulgarien, die 7 Prozent des bulgarischen Bruttoinlandsprodukts erwirtschaftet.

Eine besondere Rolle spielen Russland und weitere ehemalige RGW-Staaten für die internationale Atomindustrie. Ende Dezember 2000 änderte die russische Duma die Verfassung und hob das bisherige Einfuhrverbot für Atommüll auf. In den »Greenpeace Nachrichten« hieß es dazu:

*»Präsident Putin will 20 000 Tonnen Nuklearabfälle aus den USA, Japan, Taiwan, Deutschland und Bulgarien importieren – und dafür 20 Milliarden Dollar kassieren. Davon will Russland neue Atomkraftwerke bauen und angeblich Sanierungs-*

*und Sicherheitsmaßnahmen finanzieren.«* (»Greenpeace Nachrichten« 3/2002, S. 4)

Schon im Jahr 2002 lagerten in den Sonderzonen Majak/ Tscheljabinsk im Südural und Krasnojarsk am Jenissej Tausende von Tonnen hochgiftigen Atommülls unter haarsträubenden Bedingungen. Das führte zu einer massiven atomaren Umweltvergiftung in beiden Regionen und war für Tausende von Kranken und Toten verantwortlich. Dieses ungeheure und vor der Weltöffentlichkeit weitgehend verschwiegene Verbrechen nutzen die internationalen Energiemonopole skrupellos aus, um ihren Atommüll loszuwerden, denn eine sichere Endlagerung ist noch nirgendwo möglich und Versuche der Zwischenlagerung stoßen in vielen Ländern auf erbitterten Widerstand.

Russland bleibt eine imperialistische Weltmacht aufgrund seines weiterhin enormen militärischen Potentials. Selbst wenn die mit den USA vereinbarten Abrüstungsabkommen realisiert würden, blieben Russland im Jahr 2012 1 600 Atomwaffenträgersysteme und bis zu 2 200 nukleare Sprengköpfe. Außerdem stehen eine Million Soldaten unter Waffen. Mit seiner leistungsfähigen Rüstungsindustrie stieg Russland im Jahr 2001 zum größten Waffenexporteur der Welt auf und verdrängte die USA von ihrer Spitzenposition.

Sein wirtschaftlicher Niedergang macht **Russland** zu einem Hort **besonderer Instabilität, ausgeprägter Aggressivität und rücksichtsloser Reaktion**. Mit der schnellen Integration der osteuropäischen Länder in das imperialistische Weltsystem verlor Russland wesentliche Einflussgebiete an die EU, insbesondere an Deutschland. Nur sein militärisches Potential verhinderte bisher, dass Russland in die politische Bedeutungslosigkeit versank oder gar selbst zum neokolonial abhängigen Anhängsel des westlichen Imperialismus wurde.

Eins bewirkte der Zusammenbruch der Sowjetunion und des RGW auf jeden Fall: Das imperialistische Weltgefüge geriet in Bewegung. Der Kampf zwischen den mächtigsten imperialistischen Ländern und zwischen den internationalen Monopolen um die Neuaufteilung der Welt ist entbrannt. Das Ende des bürokratisch-kapitalistischen Systems der Sowjetunion und des RGW schuf die entscheidende **politische Vorbedingung der Neuorganisation der internationalen Produktion**.

## 2. Die fünfte Investitionsperiode des staatsmonopolistischen Kapitalismus in der BRD

Bei seiner Analyse des staatsmonopolistischen Kapitalismus in der BRD teilte Willi Dickhut die wirtschaftliche Entwicklung nach dem II. Weltkrieg in Investitionsperioden ein. In jeder Investitionsperiode gab es besondere Schwerpunkte der Investitionen von Monopolen und Staat, jede war durch eine höhere Entwicklung der Produktivkräfte charakterisiert. Die Investitionsperioden markieren qualitative Veränderungen der kapitalistischen Produktionsweise.

Die **erste Investitionsperiode** dauerte von der Währungsreform 1948 bis zum Jahr 1952 und diente in der Hauptsache dem **Ersatz von Produktionsmitteln**. Dabei wurden nicht allein im Krieg zerstörte oder danach demontierte Maschinen ersetzt, sondern auch veraltete oder auf Kriegsproduktion spezialisierte Anlagen. In der ersten Investitionsperiode wurden so die Voraussetzungen für das Wiedererstarken des neudeutschen Imperialismus und für die spätere Exportoffensive der deutschen Wirtschaft auf dem Weltmarkt geschaffen.

Die **zweite Investitionsperiode** umfasste den lang anhaltenden Wirtschaftsaufschwung von 1952 bis 1970. Neben die nach wie vor notwendigen Ersatzinvestitionen traten nun hauptsächlich **Erweiterungsinvestitionen**. Über ihre Besonderheiten führte Willi Dickhut aus:

*»Die zweite Investitionsperiode (1952–70) ist die Periode der Automation und Hochmechanisierung, der erweiterten Reproduktion auf höchster Stufenleiter. Sie hat ihren Ausgangspunkt bereits während des II. Weltkrieges durch Einführung neuer Technik. Die ersten Jahre der zweiten Investitionsperiode ab 1952 schufen die Basis der breit zu entfaltenden neuen Technik, dann wurde bis 1970 der volle Einsatz der Automation und Hochmechanisierung als revolutionäre Umwälzung der technologischen Basis der Produktion vollzogen. Die Wirkung war zunächst eine gewaltige Erweiterung der Produktion und Schaffung von Millionen neuer Arbeitsplätze.«* (»Der staatsmonopolistische Kapitalismus in der BRD«, Bd. I, S. 167)

Anfang der 1970er Jahre ging die Wirtschaft in eine Phase der schwankenden Stagnation über. Die Zeit der prosperierenden Märkte mit zweistelligen Zuwachsraten bei den Umsätzen war ein für allemal vorbei. Das Wachstum pendelte seitdem nur noch leicht um die Nulllinie. Vor diesem Hintergrund setzte eine **dritte Investitionsperiode** ein. Die Monopole wendeten drei Maßnahmen gleichzeitig und mit voller Wucht an: Konzentration des Kapitals, Rationalisierung und Kapitalexport. Die Investitionen bekamen in der Hauptsache den **Charakter von Rationalisierungsinvestitionen**. Aus immer weniger Arbeitern wurde immer mehr herausgeholt. Die Erweiterungsinvestitionen, die zu Beginn der Periode noch bedeutend waren, gingen rapide zurück. Die Zahl der Beschäftigten sank ununterbrochen, eine Massenarbeitslosigkeit als Dauererscheinung entstand. Die Arbeitslosenquote stieg schrittweise bis 1983 auf offiziell 9,1 Prozent. Das entsprach

2,258 Millionen Arbeitslosen. Die sozialliberale Regierung nahm die chronische Massenarbeitslosigkeit demagogisch zum Anlass, die staatlichen Investitionen und die Subventionen für die Monopole zu »verstetigen«. Das dehnte die Staatsverschuldung immer mehr aus. Ein Prozess der **Vergesellschaftung der Investitionen** setzte ein.

In der Weltwirtschaftskrise 1981 bis 1983 endete die dritte Investitionsperiode. Mit ihr ging auch die lange Phase der relativen Stabilisierung des Kapitalismus nach dem II. Weltkrieg, die eine Politik der sozialen Reformen ermöglicht hatte, unwiderruflich zu Ende. Sie wurde durch eine bis heute andauernde Phase des allgemeinen Abbaus sozialer Reformen abgelöst. Der Kern der nun einsetzenden **vierten Investitionsperiode** war die **Umstrukturierung der Produktion auf der Basis von Mikroelektronik und Automation** in Verbindung mit der Flexibilisierung der Arbeitszeit und allgemeinem Lohnabbau. Als sie in der Weltwirtschaftskrise von 1991 bis 1993 zu Ende ging, war die gesamte technologische Grundlage von Industrie und Verwaltung umgewälzt.

Auch die Wiedervereinigung Deutschlands konnte die seit Mitte der 1970er Jahre andauernde Tendenz einer wachsenden Massenarbeitslosigkeit auf Dauer nicht durchbrechen. Im Gegenteil. Die offiziellen Arbeitslosenzahlen stiegen bis 1993 auf 3,419 Millionen, was einer Arbeitslosenquote von 9,8 Prozent entsprach. Immer stärker wuchs auch das Heer der in der Statistik unsichtbaren Arbeitslosen und Unterbeschäftigten. So umfasste die tatsächliche Arbeitslosigkeit – einschließlich der Empfänger von Sozialhilfe infolge von Arbeitslosigkeit, der Menschen in Arbeitsbeschaffungsmaßnahmen (ABM), Umschüler, arbeitslosen Jugendlichen und Frauen ohne Anspruch auf Leistungen der Arbeitslosenversicherung, Vorruheständler usw. – 1993 bereits etwa 6,307 Millionen Lohn- und Gehaltsabhängige.

## Schaubild 17:
## Massenarbeitslosigkeit und Unterbeschäftigung in der BRD 1970–2001

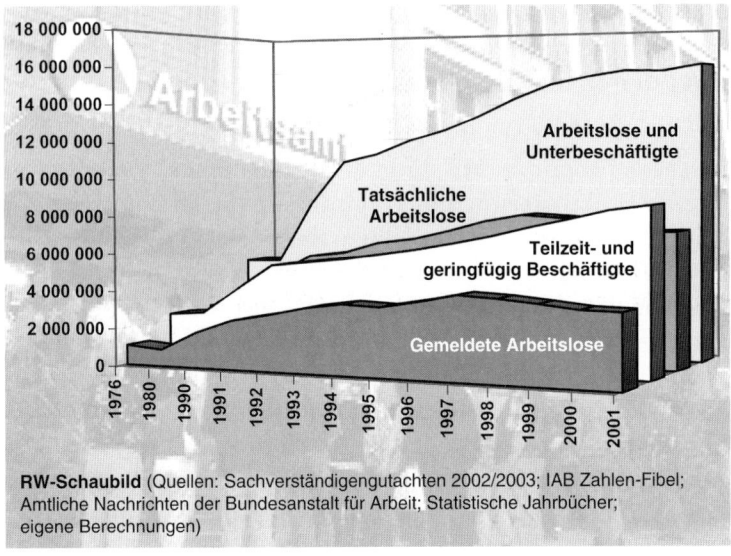

RW-Schaubild (Quellen: Sachverständigengutachten 2002/2003; IAB Zahlen-Fibel; Amtliche Nachrichten der Bundesanstalt für Arbeit; Statistische Jahrbücher; eigene Berechnungen)

Das schnelle Anwachsen des fixen Kapitals und der systematische Abbau von Arbeitsplätzen in der dritten und vierten Investitionsperiode machten eine Maximalprofit bringende Verwertung des Kapitals immer schwieriger, da zugleich die Märkte weltweit stagnierten. Das löste eine international wirkende **Strukturkrise im Reproduktionsprozess des Kapitals** aus. Sie begann etwa Mitte der 1970er Jahre und dauerte bis Anfang der 1990er Jahre, bis Produktion und Verwaltung weitgehend auf Mikroelektronik und Automation umgestellt waren. Diese Strukturkrise wirkte als Schrittmacher der beiden Weltwirtschaftskrisen. Über diesen Zusammenhang schrieb Willi Dickhut:

*»Durch die Umstrukturierung mittels Automation und Elektronik in den Produktionsbetrieben der Monopole, die in allen*

*Industriestaaten durchgeführt wurde, verschärfte sich der Konkurrenzkampf auf dem Weltmarkt derartig, daß 1981–83 eine Überproduktionskrise ausbrach, die sich zu einer Weltwirtschaftskrise ausweitete. Strukturkrise und Weltwirtschaftskrise wurden zu einem unentwirrbaren Knäuel verflochten. Es ist unmöglich auseinanderzuhalten, durch welche der beiden Arten von Krisen Arbeiter und Angestellte arbeitslos wurden beziehungsweise weiterhin arbeitslos werden. Die Arbeitslosenzahl spiegelt nur grob diesen Prozeß wider ...*

*Es fand ... eine riesige Kapitalvernichtung statt, wie es sie früher nicht gegeben hat. Früher wurde im Verlauf einer Überproduktionskrise immer nur ein Teil des fixen Kapitals vernichtet. Der größte Teil der Produktionsmittel (Maschinen, Gebäude) blieb erhalten, die Erneuerung betraf nur Teile.*

*Ganz anders bei Errichtung automatischer Anlagen; hier findet eine totale Vernichtung der alten Produktionsanlagen statt. Oft sind nicht einmal die Fabrikgebäude für die neuen automatischen Anlagen zu verwerten. Diese gewaltige Kapitalvernichtung ist darum im wesentlichen nicht die Folge der Überproduktionskrise, sondern der Strukturkrise. Die Wirkungen beider Krisen greifen ineinander oder, mit anderen Worten:*

> *Die Strukturkrise auf der Grundlage der wissenschaftlich-technischen Revolution ist mit der gleichzeitig verlaufenden Überproduktionskrise **identisch**!«*

(»Krisen und Klassenkampf«, S. 127/128)

In der dritten, mehr noch in der vierten Investitionsperiode wurde die Ausbeutung der Lohnabhängigen in erster Linie durch Modernisierung der Technologie gesteigert, was enorme Investitionen erforderte. In der dritten Investitionsperiode nahmen die Investitionen um 53,6 Prozent gegenüber der zweiten Investitionsperiode zu. Der Umsatz je Arbeiter wuchs jedes Jahr um durchschnittlich 9,2 Prozent. Trotz der erheblichen

Zunahme der Investitionen um 109,8 Prozent gegenüber der dritten Investitionsperiode stieg in der vierten Investitionsperiode der Umsatz je Arbeiter nur noch um 4,1 Prozent jährlich.[1] Zu Beginn der 1990er Jahre gerieten die Monopole in erhebliche Probleme bei der profitablen Verwertung ihres eingesetzten Kapitals.

**Tabelle 39:**
**Steigerung der Arbeitsproduktivität in Deutschland in den verschiedenen Investitionsperioden (in Prozent)**

| Jahr | Veränderung in Prozent bei: | | | |
|---|---|---|---|---|
| | Umsatz je Arbeiter | Lohnanteil am Umsatz | Investitionen | Anzahl der Industrieroboter |
| 3. Investitionsperiode | | | | |
| 1970–1982 (gesamt) | 188,6 | –16,7 | 53,6 | 2 233,3[1] |
| Durchschnitt pro Jahr | 9,2 | –1,5 | 3,6 | 30,0[1] |
| 4. Investitionsperiode | | | | |
| 1983–1992 (gesamt) | 49,9 | –2,6 | 109,8 | 1 025,4 |
| Durchschnitt pro Jahr | 4,1 | –0,3 | 7,7 | 27,4 |
| 5. Investitionsperiode | | | | |
| 1993–2001 (gesamt) | 73,3 | –24,7 | 2,4 | 171,6[2] |
| Durchschnitt pro Jahr | 6,3 | –3,1 | 0,3 | 11,7[2] |

[1] von 1974 bis 1982
[2] von 1993 bis 2000
Quellen: Statistisches Bundesamt; Sachverständigengutachten; eigene Berechnungen

---

[1] Zwar ist die Steigerung des Umsatzes pro Arbeiter kein exaktes Maß für die Steigerung des Profits, aber sie verdeutlicht das Anwachsen des produzierten Mehrwerts als Teil des Umsatzes im Verhältnis zum Lohn, das heißt das Steigen der Mehrwertrate (m/v).

## Die fünfte Investitionsperiode

Aus dem ökonomischen Zwang, die Ausbeutung zu steigern und neue Märkte zu erobern, wurde 1993 die **fünfte Investitionsperiode** eingeleitet. Sie basierte auf der bereits weitgehend vollzogenen Einführung von Mikroelektronik und Automation. Zwar kamen mit Telekommunikation und Biotechnologie neue Produktivkräfte und Märkte hinzu, die Investitionen wuchsen jedoch zwischen 1993 bis 2001 nur noch um 0,3 Prozent im Jahresdurchschnitt. Hauptsächlich wurde investiert, um durch Konzentration und Zentralisation des Kapitals eine weltmarktbeherrschende Stellung zu gewinnen. Im Politischen Bericht des Zentralkomitees der MLPD von 1996 hieß es dazu:

*»Durch die beschleunigt fortschreitende Internationalisierung der Produktion und den relativen Abschluß der Einführung von Mikroelektronik und Automation hat sich der Charakter der* **Investitionstätigkeit der Monopole** *geändert. Ihr Kern ist der* **Kapitalexport zur Neuorganisation der internationalen Arbeitsteilung der kapitalistischen Produktion in Verbindung mit der weltweiten Einführung von Lean Production.**«(S. 15)

Der weltweite Kapitalexport erfuhr schon am Ende der vierten Investitionsperiode einen bedeutenden Schub. Er wuchs von durchschnittlich 67,876 Milliarden US-Dollar in den Jahren 1982 bis 1987 auf das 3,5-fache: auf 240,25 Milliarden US-Dollar 1990. Grundlage dieser sprunghaften Zunahme des Kapitalexports waren drei wirtschaftspolitische Faktoren, die in engem Zusammenhang standen:

- *erstens* die **Öffnung des riesigen chinesischen Markts für die internationalen Monopole**, die die fortschreitende Restauration des Kapitalismus in der VR China als Einladung zu Investitionen begrüßten,

- *zweitens* das **Projekt des Neoliberalismus** in einer Reihe von Entwicklungsländern, das vom internationalen Finanzkapital als Lösung der internationalen Verschuldungskrise angepriesen wurde und das neue Anlagemöglichkeiten für das internationale Monopolkapital versprach,

- *drittens* die Öffnung der osteuropäischen Volkswirtschaften für westliche Kapitalanlagen nach der **Auflösung des bis dahin relativ abgeschotteten RGW**.

Schaubild 18:
Entwicklung der grenzüberschreitenden Fusionen und Übernahmen im Verhältnis zum jährlichen Kapitalexport
(in Millionen US-Dollar)

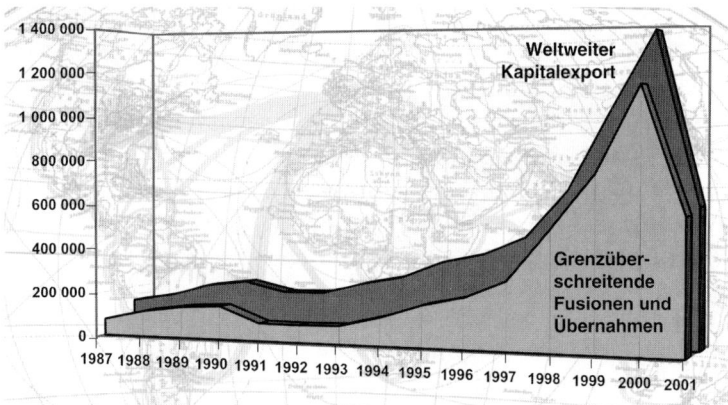

RW-Schaubild (Quelle: UNCTAD, World Investment Report, verschiedene Jahrgänge)

Nach dem Ende der Weltwirtschaftskrise 1991 bis 1993 explodierte der Kapitalexport regelrecht und wirbelte das ganze Gefüge der Weltwirtschaft nachhaltig durcheinander. In den acht Jahren von 1993 bis 2000 steigerten sich die weltweiten Auslandsinvestitionen von 247,43 Milliarden US-Dollar auf das 5,5-fache: auf 1 379,49 Milliarden US-Dollar. Allein in den drei

Jahren von 1998 bis 2000 wuchs der Kapitalexport um 905,48 Milliarden US-Dollar.

Bedeutender als dieser bisher kaum vorstellbare Umfang des **Kapitalexports** war die **Veränderung seines Zwecks**: In einer ersten Welle wuchs der Anteil **grenzüberschreitender Fusionen** am weltweiten Kapitalexport schon 1988 auf 68,8 Prozent. In der Weltwirtschaftskrise bis 1993 fiel er zunächst auf 33,6 Prozent zurück, dann aber erhöhte er sich Jahr für Jahr kontinuierlich wieder bis auf 95,7 Prozent 2001. Die **länderübergreifende Zentralisation und Konzentration vor allem des monopolistischen Kapitals** ist zum **charakteristischen Merkmal des Kapitalexports** geworden.

Willi Dickhut schrieb schon 1978 über die diesem Prozess zu Grunde liegende Tendenz:

*»Die Konzentration des Kapitals nimmt riesige, internationale Dimensionen an, die Geschäftstätigkeit der multinationalen Konzerne orientiert sich an internationalen Maßstäben. Zur besseren Beherrschung des Weltmarktes finden Kartellvereinbarungen, Beteiligungen oder gar **Verschmelzungen der internationalen Konzerne untereinander** statt, die die Märkte unter sich aufteilen.«* (»Der staatsmonopolistische Kapitalismus in der BRD«, Bd. II, S. 135 – Hervorhebung Verf.)

Als Willi Dickhut diese Entwicklung untersuchte, war die grenzüberschreitende Verschmelzung von multinationalen Monopolen noch eine Besonderheit, eine Erscheinung unter vielen. Seit Ende der 1980er Jahre erreichte der internationale Prozess der Konzentration und Zentralisation jedoch gigantische Ausmaße und nahm in der fünften Investitionsperiode die **Dimension einer Neuorganisation der internationalen kapitalistischen Produktion** an.

## 3. Die Ausbeutungsoffensive als Grundlage der Neuorganisation der internationalen Produktion

In engster Wechselbeziehung mit der Neuorganisation der internationalen Produktion starteten die internationalen Monopole eine weltweite **Ausbeutungsoffensive**, die in den Monopolbetrieben ihren Schwerpunkt hatte. Sie zielte auf einen allgemeinen Lohnabbau und auf die Steigerung der Arbeitsleistung der Arbeiter und Angestellten. Dies sollte nicht in erster Linie durch neue Technologien oder moderne Anlagen erreicht werden, sondern durch eine Neuorganisation der internationalen Arbeitsteilung, durch Steigerung der Arbeitsintensität und Ausbeutung der Schöpferkraft der Arbeiterklasse. Der **Arbeitsprozess** wurde durch Einführung der bei Toyota erprobten **Lean Production** und durch **allseitige Flexibilisierung der Arbeitszeit neu organisiert**. Das kam vielfach einer völligen Auflösung der bisherigen Arbeitsorganisation gleich, die noch auf der bei Ford in den 1920er Jahren entwickelten Fließbandarbeit beruhte.

Das Ergebnis war durchschlagend. Trotz des Rückgangs der Investitionen stieg die Arbeitsproduktivität deutlich an. Der Umsatz je Arbeiter erhöhte sich in Deutschland von 1993 bis 2001 um 6,3 Prozent jährlich (Tabelle 39). Vor allem die Steigerung der Arbeitsproduktivität bewirkte, dass der Lohnanteil am Umsatz beschleunigt sank. In der dritten Investitionsperiode fiel er um 16,7 Prozent und in der vierten um 2,6 Prozent, aber in der fünften wurde er drastisch um 24,7 Prozent gedrückt, bis er 2001 nur noch 8,6 Prozent ausmachte. Dies war, wie Tabelle 40 zeigt, eine internationale Entwicklung.

In der Automobilindustrie in Deutschland sank der Lohnanteil am Umsatz von 1991 bis 2000 von 20,0 auf 14,6 Prozent, in den USA im selben Zeitraum von 19,6 auf 12,0 Prozent. In

Polen verringerte sich der Anteil von 1991 bis 1999 von 15,9 auf 8,3 Prozent. In Mexiko lag der Wert 2000 bei äußerst niedrigen 5,3 Prozent.

**Tabelle 40:**
**Anteil der Löhne und Gehälter am Umsatz**
**in der Automobilindustrie in Prozent**

| Land | 1991 | 1995 | 2000 | Veränderungen 1991–2000 | Jahr[1] |
|---|---|---|---|---|---|
| Belgien | 9,8 | 10,6 | 10,0 | 1,6 | |
| Niederlande | 16,7 | 12,0 | 11,1 | −33,7 | |
| Deutschland | 20,0 | 19,5 | 14,6 | −27,1 | |
| Italien | 12,9 | 10,3 | 8,3 | −35,9 | |
| Schweden | 14,4 | 9,5 | 9,5 | −34,2 | 1990 |
| Großbritannien | 17,2 | 12,9 | 14,2 | −17,1 | |
| Spanien | 12,0 | 9,1 | 7,4 | −38,2 | |
| Polen | 15,9 | 8,1 | 8,3 | −47,4 | 1999 |
| Tschechien | 9,8 | 11,1 | 5,9 | −39,7 | 1993 |
| Slowakei | 11,2 | 6,0 | 3,2 | −71,5 | 1993, 1997 |
| Argentinien | 12,5 | 12,0 | 6,5 | −47,9 | 1989, 1997 |
| Mexiko | 5,1 | 3,2 | 5,3 | 2,8 | |
| Japan | 9,7 | 10,5 | 10,4 | 7,4 | |
| Malaysia | 5,5 | 4,7 | 5,1 | −6,9 | 1993 |
| Südkorea | 10,6 | 10,8 | 7,9 | −25,6 | 1999 |
| USA | 19,6 | 11,3 | 12,0 | −38,8 | |

[1] von den Jahreszahlen über den Spalten abweichende Daten
Quelle: VDA, International Auto Statistics, verschiedene Jahrgänge

Die gewaltig gesteigerte Ausbeutung der Industriearbeiter hatte eine beispiellose Arbeitsplatzvernichtung zur Folge. In der BRD wurden von 1970 bis 1983 zirka 2 Millionen der 8,9 Millionen Industriearbeitsplätze abgebaut, aber von 1983 bis 1991 stieg die Zahl der Industriebeschäftigten wieder um

588 000 an. Von 1991 bis 1993, während der Weltwirtschaftskrise, wurden 1,7 Millionen der 9,1 Millionen Industriearbeitsplätze vernichtet (in Gesamtdeutschland). Von 1993 bis 2001, nach der Wirtschaftskrise, waren es weitere 995 000.

Das war eindeutig Folge einer neuen Strukturkrise im Reproduktionsprozess. Diese neue internationale Strukturkrise auf der Basis der Neuorganisation der internationalen Produktion gab der Massenarbeitslosigkeit auf Dauer weltweit einen neuen Schub. Hinzu kam eine **chronische Unterbeschäftigung** von Hunderten von Millionen Erwerbstätigen.

In allen führenden imperialistischen Ländern, außer den USA, nahm die Quote der **Teilzeitbeschäftigung** in den 1990er Jahren stark zu. Etwa ein Viertel aller Arbeitsplätze in Japan, Großbritannien und den Niederlanden war mit Teilzeitbeschäftigten besetzt.

**Tabelle 41:**
**Zunahme des Anteils der Teilzeitbeschäftigten an der Gesamtbeschäftigtenzahl in einigen Industrieländern**

| Land | Teilzeitquote in Prozent | | |
|---|---|---|---|
| | 1983 | 1990 | 2000 |
| USA | 15,4 | 13,8 | 12,8 |
| Japan | 16,1 | 19,2 | 23,1 |
| Deutschland | 13,4 | 13,4 | 17,6 |
| Großbritannien | 18,4 | 20,1 | 23,0 |
| Frankreich | 9,7 | 12,2 | 14,2 |
| Italien | 7,8 | 8,8 | 12,2 |
| Spanien | – | 4,6 | 7,8 |
| Niederlande | 18,5 | 28,2 | 32,1 |
| Kanada | 16,8 | 17,0 | 18,1 |

In Spanien wurde die Teilzeitquote 1983 noch nicht erfasst.
Quelle: OECD Labor Force Statistics 1980–2000 (2002)

Das in den Medien viel gerühmte »Jobwunder« in den Niederlanden oder in den USA war bei näherem Hinsehen bloße Umverteilung von Vollzeit- zu Teilzeitbeschäftigung. Die offizielle Arbeitslosigkeit in den USA sank von 1993 bis 2000 auf 5,65 Millionen, allerdings in erster Linie deshalb, weil gleichzeitig die Zahl der Unterbeschäftigten enorm zunahm. Im Jahr 1997 gab es eine halbe Million mehr »selbständig« Beschäftigte als 1990, vor allem im Baugewerbe und im so genannten »Dienstleistungsbereich«. Über vier Millionen der insgesamt rund zehn Millionen »selbständig« Beschäftigten gingen 1997 zumindest einem Teil ihrer Arbeit von zu Hause aus nach. 8,5 Millionen Beschäftigte waren 1997 so genannte »unabhängige Auftragnehmer«, zwei Millionen hatten Rufbereitschaft und 1,3 Millionen waren Leiharbeiter.

Auch dass es zwischen 1991 und 2000 in Deutschland nur zu einer leichten Abnahme der Erwerbstätigenzahl kam, war in erster Linie auf die Zunahme der Unterbeschäftigung zurückzuführen. Während die Zahl der Vollzeitbeschäftigten um 3,7 Millionen zurückging, wuchs die Zahl der Teilzeitbeschäftigten um 3,4 Millionen oder 63 Prozent. Unterm Strich bedeutete das eine gewaltige Arbeitsplatzvernichtung, denn das Arbeitszeitvolumen der neu entstandenen Teilzeitarbeitsplätze beträgt nur 35 Prozent des Arbeitszeitvolumens der vernichteten Arbeitsplätze.

Die fortschreitende Flexibilisierung der Arbeitszeit hatte verheerende Folgen für die Lohn- und Arbeitsbedingungen, aber auch für die Familienverhältnisse der Arbeiter. Lag die durchschnittliche Maschinenlaufzeit in der Industrie im Jahr 1984 noch bei 61 Stunden in der Woche, so erhöhte sie sich bis 1990 auf 68 und bis 1996 auf 72 Stunden in der Woche. Eine wesentliche Auswirkung war die Zunahme der Wochenendarbeit. 1991 mussten 32,7 Prozent aller Beschäftigten auch samstags arbeiten, aber 2000 waren es bereits 42 Prozent, über die Hälfte davon regelmäßig. Der Anteil der Beschäftigten, die auch sonntags arbeiten mussten, stieg im gleichen Zeitraum von 17 auf 23 Prozent; 11 Prozent müssen regelmäßig sonntags arbeiten.

Auch die Zahl der Leiharbeiter nahm zu: von 141 000 im Jahr 1992 auf 342 000 im Jahr 2001. Der Anteil befristeter Arbeitsverträge stieg zwischen 1991 und 2001 in Ostdeutschland von 10,3 auf 19 Prozent und in Westdeutschland von 5,1 auf 12 Prozent.

Die Gesamtzahl der Leiharbeiter, geringfügig und befristet Beschäftigten sowie Teilzeitkräfte stieg von 9,58 Millionen im Jahr 1991 um 42,1 Prozent auf 13,61 Millionen im Jahr 2000. Hinzu kam, dass ein wachsender Anteil der selbständigen Erwerbstätigen nur zum Schein selbständig war.

Die Flexibilisierung der Arbeitszeit war für die Arbeiter in Deutschland mit massivem Lohnabbau verbunden. Während früher für Überstunden oder Samstagsarbeit Zuschläge bezahlt wurden, fallen diese für die in der extensiven Regelarbeitszeit anfallenden, über die tarifliche Arbeitszeit hinausgehenden Stunden ebenso wie für Samstagsarbeit weg. Das machte bei früheren Schichtarbeitern, die häufig mit Überstunden- und Samstagszuschlägen rechnen konnten, Lohnverluste von 5 bis 10 Prozent ihres Nettoeinkommens aus.

Welche extremen Formen die Flexibilisierung der Arbeitszeit annahm, zeigte ein Beispiel von Hewlett-Packard in Herrenberg:

*»Um die Personaleinsatzplanung effizienter und flexibler zu machen, wurde die Idee entwickelt, die Beschäftigten – sowohl die Direktbeschäftigten als auch die Zeitarbeiter und Zeitarbeiterinnen – per Mobiltelefon über den gewünschten Arbeitseinsatz zu benachrichtigen. Dafür sollen aus einer Datenbank automatisierte SMS-Nachrichten generiert werden, in der sowohl ein*

## Schaubild 19:
## Neue Arbeitsformen in Deutschland
## (Erwerbstätige in Millionen)

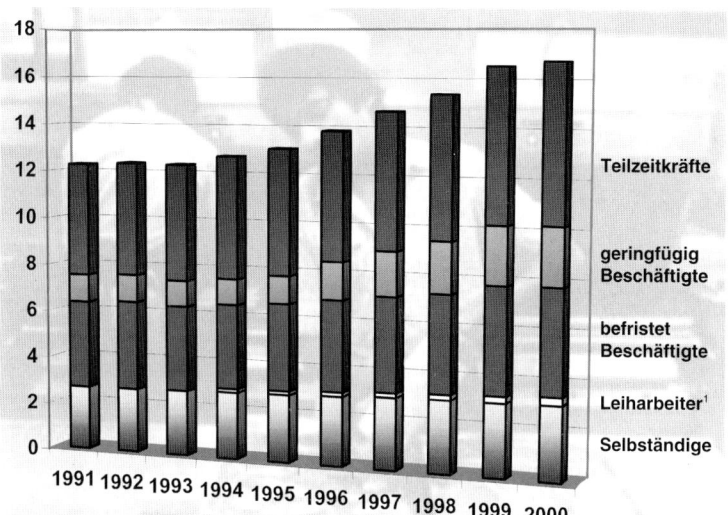

[1] Daten für Leiharbeiter liegen erst ab 1994 vor
RW-Schaubild (Quellen: Statistisches Bundesamt; Bundesanstalt für Arbeit)

*Qualifikationsprofil als auch ein persönliches Profil ... an ein vom Unternehmen kostenlos gestelltes Handy übermittelt werden.«* (Boy Lüthje u. a., »Contract Manufacturing«, S. 197)

Auf der Basis der Entfremdung der Arbeit wirkt diese Flexibilisierung als eine neue, sehr tief gehende und nachhaltige Destruktivkraft. Unregelmäßige und schwer planbare Arbeitszeiten erschweren die Herstellung der Arbeitereinheit und können zur Entwurzelung der Menschen führen. Nachdem VW 1994 in seinem Stammwerk Wolfsburg im Rahmen der so genannten 4-Tage-Woche rund 150 verschiedene Arbeitszeitmodelle eingeführt hatte, stieg die Scheidungsrate in zwei Jahren um 60,2 Prozent.

Die Flexibilisierung der Arbeitszeit ist eine internationale Erscheinung. Eine im Auftrag des Internationalen Metallgewerkschaftsbunds 1999 durchgeführte Studie über die Stahlindustrie, an der sich 39 nationale Gewerkschaften und betriebliche Gewerkschaften aus 140 Stahlbetrieben in über 30 Ländern beteiligten, ergab:

Im Vergleich zur Situation vor fünf Jahren hatten **Zeitverträge** erheblich zugenommen (in integrierten Hüttenwerken um 64 Prozent, in Ministahlwerken um 71 Prozent). Es gab eine wachsende Anzahl von **Unterlieferanten** (56 Prozent/69 Prozent), eine Zunahme der **Teilzeitbeschäftigten** (19 Prozent/36 Prozent) und **Gelegenheitsarbeiter** (9 Prozent/19 Prozent). (Nicolas Bacon/Paul Blyton, »Die Herausforderung der Globalisierung annehmen – Umstrukturierung der Stahlindustrie und Gewerkschaftsstrategie«, S. 21)

Mit der flächendeckenden Einführung der Lean Production in den 1990er Jahren versuchten die Monopole, die Schöpferkraft der Werktätigen systematisch auszubeuten, die Arbeit zu verdichten und die Arbeitsorganisation zu vereinfachen. Die Arbeiter sollten zur »freiwilligen« Mitarbeit an der Steigerung ihrer Ausbeutung gewonnen werden. Dafür wurde Gruppenarbeit eingeführt und die Gruppen wurden zur Selbstorganisation des Produktionsprozesses aufgefordert; es wurden Qualitätszirkel eingerichtet und die Arbeiter wurden zu ständigen Verbesserungsvorschlägen angehalten. Die wesentlichen Merkmale der Lean Production beschrieb eine gemeinsame Broschüre des Verbands Deutscher Maschinen- und Anlagenbau e.V., des Vereins Deutscher Werkzeugmaschinenfabriken e.V. und des Bezirks Stuttgart der IG Metall:

»● *Selbständigkeit, eine Gruppe kann innerhalb eines definierten Rahmens verantwortlich entscheiden und handeln.*

● *Selbstorganisation, das heißt, eine Gruppe paßt sich an die jeweilige Situation in ihrem Umfeld an.*

- **Selbstoptimierung**, also ständige Verbesserung von Abläufen, Verfahren etc. unter wirtschaftlichen Gesichtspunkten.

- **Hohes Maß an Aufgabenintegration**, indem ganzheitliche Aufgabenzusammenhänge angestrebt werden (Einbeziehung sogenannter Sekundärfunktionen wie Qualitätssicherung oder Instandhaltung).

- **Gleichberechtigung und Mitsprache innerhalb der Gruppe** (unter Berücksichtigung der besonderen Rolle des Gruppensprechers sowie fachlicher Aspekte).«

(»Gruppenarbeit – Chancen für den Maschinenbau«, S. 18)

Dies alles konnte natürlich nur funktionieren, wenn die Arbeiter sich dafür gewinnen ließen, ihre Kenntnisse und Fähigkeiten aktiv einzubringen. Über die Probleme, Arbeiter für die Steigerung der Arbeitsproduktivität zu gewinnen, berichtete der Arbeitswissenschaftler und frühere DaimlerChrysler-Manager Roland Springer,

»... daß sich Industrieunternehmen offenkundig genötigt sehen, die Beschäftigten in das Rationalisierungsgeschehen zugleich einzubinden und von diesem auszuschließen ... eine Paradoxie, die auf den in industriellen Produktionsprozessen strukturell verankerten Gegensatz zwischen Fremdsteuerung und Eigenregulierung der Arbeit ... zurückgeht.« (Roland Springer, »Rückkehr zum Taylorismus? Arbeitspolitik in der Automobilindustrie am Scheideweg«, S. 130)

Tatsächlich zeigten die Erfahrungen, dass sich die Initiative aus der Gruppenarbeit nach einiger Zeit erschöpft, weil die Arbeiter immer mehr merken, dass sich ihre erhöhte Arbeitsproduktivität in der kapitalistischen Produktion gegen sie selbst richtet. Der Politische Bericht des Zentralkomitees der MLPD vom September 2000 untersuchte die Entwicklung der Lean Production und kam zu der Erkenntnis:

*»Sie kann ihre Funktion zunehmend nicht mehr erfüllen: Zum einen, weil die Möglichkeiten zur Verdichtung der menschlichen Arbeit an objektive Grenzen stoßen. Vor allem aber, weil sie in den letzten Jahren* **zunehmend an dem auf breiter Front erwachenden Klassenbewusstsein der Arbeiterklasse gescheitert ist.***«* (»Politischer Bericht 2000«, S. 32)

Es zeugt von unglaublicher Ignoranz, wenn kleinbürgerliche Globalisierungskritiker die Industriearbeiter als *»Globalisierungsgewinner«* darzustellen versuchten – wie der Landesvorsitzende des DGB in Niedersachsen, Hartmut Tölle, in seinem Aufsatz »Der ›Vierte Weg‹, Gewerkschaften zwischen Marktwirtschaft und gesellschaftlicher Verantwortung« vom Mai 2001. In Wahrheit waren Anwachsen der Massenarbeitslosigkeit auf Dauer, Zunahme der Unterbeschäftigung, Reallohnabbau, ungeheure Steigerung der Arbeitshetze und nicht zuletzt die fortschreitende Zerrüttung ihrer Familienverhältnisse der hohe Preis, den die Beschäftigten für die Neuorganisation der Industriearbeit zahlen mussten.

## Der gescheiterte Aufschwung in Ostdeutschland

Bei der Bundestagswahl am 22. September 2002 scheiterte die PDS an der 5-Prozent-Sperrklausel, weil sie Hunderttausende von Wählern gerade in den neuen Bundesländern verlor. Ein wesentlicher Grund für das Desaster der PDS waren ihre fragwürdigen Theorien zur politischen Ökonomie, die in ihrer krassen Einseitigkeit die Wirklichkeit höchstens noch verzerrt widerspiegelten. In ihrem Programmentwurf schrieben Monika Balzer, Ekkehard Lieberam, Dorothée Menzner und Winfried Wolf:

*»Die Vereinigung mit der DDR vollzog sich als Anschluss. Es kam zu einer* **flächendeckenden Deindustrialisierung** *und zu einer* **politisch motivierten Revanche.***«* (»Alternativ-

entwurf«, www.jungewelt.de, 8. Mai 2001 – Hervorhebung Verf.)

Eine »flächendeckende Deindustrialisierung« würde bedeuten, dass die industrielle Basis in Ostdeutschland vollständig abgebaut worden wäre. Das war aber nicht der Fall. Zwar wurde der übergroße Teil der alten Produktionsstätten stillgelegt, zugleich wurde aber eine neue Industrie auf neuer technischer Grundlage und auf höchstem Niveau aufgebaut. Eine Untersuchung von Dr. Wolfgang Kühn (Universität Bremen) ergab sogar teilweise eine ansteigende Industriedichte in den neuen Bundesländern:

*»In 30 von 67 Arbeitsmarktregionen Ostdeutschlands ist im Verlauf der Jahre von 1995 bis 1998 die Industriedichte angestiegen, obwohl sie im Durchschnitt der neuen Bundesländer von 42 auf 39[1] zurückgegangen ist ... Hier wurden einige Großprojekte westdeutscher oder ausländischer Investoren realisiert, so für den Bau des Opelwerkes in Eisenach und des Volkswagenwerkes in Zwickau.«* (Wolfgang Kühn, »Ostdeutsche Regionen im Transformationsprozess – eine Bestandsaufnahme«, www.memo.uni-bremen.de vom 4. Februar 2003)

Zwischen 1991 und 2001 wurden in den neuen Bundesländern 988 Milliarden Euro in neue Betriebe investiert. Im Jahr 2001 waren 71 Prozent der rund 302 000 Betriebe Neugründungen nach 1990. Das betraf vor allem den so genannten Dienstleistungsbereich (79 Prozent) und das Kredit- und Versicherungsgewerbe (88 Prozent). In der verarbeitenden Industrie nahmen über die Hälfte der Betriebe (55 Prozent) erst nach der Wiedervereinigung die Produktion auf. Die überwiegende Mehrzahl der Neugründungen waren Klein- und Mittel-

---

[1] Beschäftigte im Bergbau und verarbeitenden Gewerbe je 1 000 Einwohner

betriebe. 80 Prozent der Produktionsanlagen wurden erst nach 1990 errichtet. Eine seltsame *»Deindustrialisierung«*!

Um die Ausbeutungsoffensive zu bemänteln, behaupten bürgerliche Ökonomen, in der ostdeutschen Industrie gäbe es einen Produktivitätsrückstand. 1990 hätte die Produktivität in Ostdeutschland nur 30 Prozent der westdeutschen betragen und 2001 immer noch erst 68 Prozent. Diese Rechnung ist reine Manipulation. Sie berücksichtigt nicht die unterschiedliche Struktur der ost- und westdeutschen Industrie und die unterschiedliche Produktivität in verschiedenen Produktionszweigen. So arbeiteten in Ostdeutschland 34 Prozent der Beschäftigten in Kleinbetrieben mit bis zu 19 Beschäftigten, in Westdeutschland nur 29 Prozent. Während in den produktiveren Großbetrieben mit mehr als 500 Beschäftigten in Westdeutschland 22 Prozent aller Beschäftigten arbeiteten, waren es in Ostdeutschland nur 15 Prozent. Hinzu kommt, dass 47 Prozent der Beschäftigten in der verarbeitenden Industrie in Betrieben tätig waren, die sich in westdeutschem und ausländischem Besitz befanden. Der Umsatz dieser häufig als »verlängerte Werkbank« eingerichteten Zweig- und Tochterfirmen wurde oft nicht nach Marktpreisen berechnet, sondern der Mutterkonzern legte betriebsinterne Verrechnungspreise zu Grunde. Das waren wesentliche Gründe dafür, dass der Umsatz je Beschäftigtem in den Großbetrieben Ostdeutschlands laut offizieller Statistik erst 54 Prozent, in den Klein- und Mittelbetrieben aber bereits 73 Prozent des Westniveaus betrug.

Trotz der verfälschten Umsatzzahlen eines Großteils der Großbetriebe wuchs von 1996 bis 2000 die Industrieproduktion in Ostdeutschland um fast 50 Prozent. Die enorme Steigerung der Ausbeutung seit 1995 wurde in erster Linie durch flexiblere Arbeitszeiten und längere Maschinenlaufzeiten erzielt. Im Jahr 2002 betrug die durchschnittliche reguläre Wochenarbeitszeit in Ostdeutschland 39,7 Stunden, aber in fast drei Vierteln der Großbetriebe wurde regelmäßig länger gearbeitet. Im Durchschnitt entfielen auf jeden Betroffenen 4,1 bezahlte Überstunden pro Woche, sodass eine regelmäßige Wochenarbeitszeit von 43,8 Stunden zusammenkam. Ganz zu schweigen von den statistisch nicht erfassten unbezahlten Überstunden!

Trotz der gewaltigen Kapitalvernichtung durch Stilllegung veralteter Produktionsstätten verdoppelte sich das ostdeutsche Bruttoanlagevermögen seit 1990 nahezu. Die jährliche Investitionssumme je Beschäftigtem in der verarbeitenden Industrie lag im Jahr 2000 mit 9 203 Euro rund 20 Prozent über den 7 669 Euro in der westdeutschen Industrie. Der Umsatz in der verarbeitenden Industrie Ostdeutschlands stieg von 49 399 Millionen Euro 1991 auf 102 464 Millionen Euro im Jahr 2001.

Dieser Prozess war mit einer gigantischen Arbeitsplatzvernichtung verbunden: 1991 gab es 1 758 782 Beschäftigte in der verarbeitenden Industrie Ostdeutschlands, im Jahr 2000 waren nur noch 612 453 übrig. Gleichzeitig stieg der Umsatz je Arbeiter auf das 5,6-fache. Dass fast zwei Drittel der Arbeitsplätze von 1991 verloren gingen, war also auf die drastische Steigerung der Ausbeutung der Arbeiter bei stagnierenden Märkten zurückzuführen.

Die Behauptung einer »Deindustrialisierung« Ostdeutschlands verschließt vollständig die Augen vor der Tatsache, dass dort eine hochproduktive Industrie auf modernster technischer Grundlage aufgebaut wurde. So gehören die Automobilwerke Opel Eisenach, VW Mosel/Zwickau und die gläserne Manufaktur in Dresden, die Raffinerie Leuna 2000, Bayer in Bitterfeld, BASF in Schwarzheide oder auch die neuen Mikrochipfabriken von Infineon und AMD in Dresden zu den produktivsten Werken der Welt.

Mit ihrer These von der »Deindustrialisierung« verkennen die kleinbürgerlichen Ökonomen der PDS den Kern der Veränderungen in der internationalen kapitalistischen Produktion und Reproduktion. Sie soll nur ihre Geringschätzung der Arbeiterklasse begründen und ihre revisionistische Strategie und Taktik rechtfertigen.

Der von der Regierung Kohl propagierte »Aufschwung Ost« war von Beginn an eine Illusion. Als in der BRD Anfang der 1990er Jahre, in den ersten Jahren nach der Wiedervereinigung, die vierte Investitionsperiode endete, wurden in Ostdeutschland noch wesentliche Entwicklungen der vorangegangenen Investitionsperioden nachgeholt – wie in einem Zeitraffer.

In den 1990er Jahren waren die Investitionen entsprechend den Zielen der fünften Investitionsperiode in erster Linie darauf ausgerichtet, internationale Monopole anzusiedeln, um von ostdeutschen Standorten aus den Kampf um eine weltmarktbeherrschende Stellung voranzutreiben. So bauten Bayer, Linde AG, Dow Chemical und Elf Aquitaine im ehemaligen Chemiedreieck von Sachsen-Anhalt Produktionsstätten auf, in denen je Arbeitsplatz zwischen ein und vier Millionen Euro investiert wurden.

Der »Aufschwung Ost« scheiterte, weil die schnelle Umstrukturierung der Produktionsbasis der DDR nicht in einen »sich selbst tragenden Aufschwung« überging, sondern in der internationalen Strukturkrise auf der Basis der Neuorganisation der internationalen Produktion versackte.

Mit der Illusion vom »Aufschwung Ost« platzten auch die hochfliegenden Pläne internationaler Monopole und bürgerlicher Politiker, Berlin als Hauptstadt des wiedervereinigten Deutschlands zu einer neuen Weltmetropole zu entwickeln. Staatliche Kredite und Subventionen heizten einen Immobilienboom und einen Wettbewerb um die Ansiedlung internationaler Monopole an. Sie produzierten vor allem einen rasant wachsenden städtischen Schuldenberg. Von 1991 bis 2002 stiegen die Schulden der Stadt von 10,8 Milliarden Euro auf rund 46 Milliarden Euro an. Die staatlich geförderte und mit Krediten der Berliner Bankgesellschaft finanzierte Spekulation mit Bürogebäuden und Wohnungen endete jäh in einer Immobilien- und Bankenkrise.

Der SPD/PDS-Senat betätigte sich fortan als Vorreiter kommunaler Krisenprogramme zu Lasten der breiten Massen. Die Tarifrechte der Beschäftigten im öffentlichen Dienst wurden massiv angegriffen: Sie sollten jahrelang auf Lohn- und Gehaltserhöhungen verzichten, ihr Urlaubs- und Weihnachtsgeld sollte gestrichen und ihre Arbeitszeit verlängert werden. Zahlreiche Schulen, Jugendeinrichtungen, Schwimmbäder wurden geschlossen. Kein Wunder, dass sich der SPD/PDS-Senat seit seiner Amtsübernahme 2001 fast täglich mit Protesten der Betroffenen konfrontiert sah.

## 4. Die Neuorganisation der internationalen Produktion

Nationalstaaten organisieren die Produktionszusammenhänge ihres Landes in einem einheitlichen Markt mit einer einheitlichen Währung und einheitlichem Preisgefüge, mit einheitlichen Produktionsnormen und unter einheitlichen Tarif- und Arbeitsgesetzen sowie mit einer einheitlichen Rechtsprechung. Der **staatsmonopolistische Kapitalismus ist die höchste Form der nationalstaatlichen Organisation des Kapitalismus**. Im Lauf mehrerer Jahrzehnte haben sich wesentliche Merkmale herausgebildet, die in verschiedenen Nummern der Reihe REVOLUTIONÄRER WEG untersucht und verallgemeinert wurden:

1. Die **entscheidende Triebkraft** der gesellschaftlichen Entwicklung des staatsmonopolistischen Kapitalismus ist der Drang zur **Erzielung von Maximalprofiten**.

2. Der **Staat setzt** in der Innen- und Außenpolitik **die Interessen der Monopole durch** und vertritt nur noch im Klassenkampf gegen die Arbeiterklasse die Interessen der gesamten Kapitalistenklasse.

3. Die jeweilige **Regierung** ist der **geschäftsführende Ausschuss der Monopole** und sichert ihre Alleinherrschaft über die ganze Gesellschaft. Die Organe der Regierung sind mit den Organen der von den Monopolen geführten Unternehmerverbände verschmolzen.

4. Der Staat übt **im Auftrag der Monopole** die **entscheidende wirtschaftliche Regulierungsfunktion** aus, was seit Mitte der 1970er Jahre mehr und mehr den Charakter eines **allgemeinen Krisenmanagements** angenommen hat.

5. Der **Krisenzyklus im staatsmonopolistischen Kapitalismus** hat sich geändert. Da die Widersprüche im Reproduktionsprozess durch die staatliche Regulierung künstlich in Spannung gehalten werden, ist den Überproduktionskrisen **eine Phase der schwankenden Stagnation** vorgelagert, die an die Stelle des wirtschaftlichen Aufschwungs tritt.

6. Die **Verschmelzung der Regierung mit dem militärisch-industriellen Komplex** beschert den Monopolen staatlich garantierte Maximalprofite und sichert ihre machtpolitischen Interessen nach innen und außen ab. Ergebnis ist eine **Militarisierung der ganzen Gesellschaft**.

7. Die **staatliche Umverteilung von gesellschaftlichem Neuwert zugunsten der Monopole** und zu Lasten der Arbeiter und der breiten Massen ist mit dem Repro-

duktionsprozess des fixen Kapitals verschmolzen. Die Akkumulation des Kapitals hat **gesellschaftlichen Charakter** angenommen.

8. Der Staat betreibt **Schlüsselindustrien und Dienstleistungsmonopole**, um strategisch wichtige Produktionsgrundlagen zu kontrollieren (VW, VEBA, VIAG, Salzgitter AG, RAG u. a.) und um öffentliche Aufgaben zu gewährleisten (Post, Bahn einschließlich Schienennetz und Bahnhöfen, Fluglinie und Flughäfen, Gesundheitswesen, Bildungswesen, Elektrizitäts-, Gas- und Wasserversorgung, Nahverkehr, Müllabfuhr usw.).

9. Das **staatliche Monopol der Arbeitsvermittlung** gewährleistet die Kontrolle des Arbeitsmarkts durch die Monopole.

10. In den Grundstoffindustrien (Stahl und Bergbau) oder in der Landwirtschaft übernimmt der Staat die **Regulierung der Produktion und Verteilung** im Interesse der Monopole.

11. Durch unerhörte **Aufblähung des Beamten- und Militärapparats** wird die Staatsmaschinerie ungewöhnlich gestärkt. Bürgerlich-demokratische Rechte und Freiheiten werden abgebaut. Das ist verbunden mit einer fortschreitenden Faschisierung des Staatsapparats.

12. Die öffentliche **Kontrolle der modernen Massenmedien** (Radio und Fernsehen) und die **Monopolisierung** (Presse, Privatfernsehen) organisieren die Manipulation der öffentlichen Meinung im Interesse der Monopole.

13. Die **bürgerlichen Monopolparteien** CDU, CSU, FDP, SPD, Bündnis 90/Die Grünen und PDS organisieren die soziale Basis der Monopolpolitik.

14. Die Alleinherrschaft der Monopole wird gestützt durch ein **System der kleinbürgerlichen Denkweise**, das die

Betrugsmaschinerie verfeinert und die Entwicklung des proletarischen Klassenbewusstseins behindert.

15. Auch die **Verwirklichung der formalen juristischen Gleichberechtigung** beendet nicht die gesellschaftliche Ungleichheit von Mann und Frau. Die trotz massenhafter Einbeziehung von Frauen in die öffentliche Produktion aufrechterhaltene Verantwortung für die Kleinfamilie sowie die Massenarbeitslosigkeit auf Dauer bringen eine **chronische Krise der bürgerlichen Staats- und Familienordnung** hervor.

16. Der **Neokolonialismus** ist an die Stelle des alten Kolonialismus getreten.

17. Ein stets wachsender **Kapitalexport** ist das **Hauptmerkmal der imperialistischen Expansion** und die Hauptmethode der gegenseitigen ökonomischen Durchdringung der Nationalstaaten.

18. **Multinationale Konzerne** werden zum charakteristischen Merkmal der gesellschaftlichen Entwicklung. Die Internationalisierung der kapitalistischen Produktion nach dem II. Weltkrieg leitet **eine neue Phase des staatsmonopolistischen Kapitalismus** ein.

19. **Krieg und allgemeine Kriegsgefahr** bleiben eine **Gesetzmäßigkeit des Imperialismus**. Ihre Grundlage ist die ungleichmäßige Entwicklung der verschiedenen imperialistischen Länder und der konkurrierenden multinationalen Konzerne.

20. Der staatsmonopolistische Kapitalismus hat die Vergesellschaftung von Produktion und Reproduktion höherentwickelt und so den **Sozialismus vollständig materiell vorbereitet**. Er bildet seine **unmittelbare Vorstufe**.

Die staatsmonopolistische Organisation der Produktion ist zwar die höchste Stufe in der Entwicklung der kapitalistischen

Gesellschaft, sie bedeutet aber natürlich nicht das Ende der Entwicklung der Produktivkräfte. Auf der Grundlage der vollständigen Herausbildung des staatsmonopolistischen Kapitalismus in allen imperialistischen Ländern beschleunigt sich die Tendenz zur Internationalisierung der Produktion ungemein. Die modernen Produktivkräfte nehmen mehr und mehr internationalen Charakter an; von einem bestimmten Punkt ihrer Entwicklung an ermöglichen sie eine Arbeitsteilung in internationalem Maßstab. Mit der Neuorganisation der internationalen Produktion wird diese internationale Arbeitsteilung zur Grundlage für die Produktionsweise der internationalen Monopole. Der **Prozess der Produktion und Reproduktion des Kapitals nimmt internationalen Charakter** an.

**Veränderungen in der Investitionstätigkeit der internationalen Monopole**

Die Neuorganisation der internationalen Produktion veränderte die **Investitionstätigkeit der internationalen Monopole**, was tief greifende gesellschaftliche Auswirkungen hatte. Es veränderten sich die **Investitionsbedingungen** in den verschiedenen Ländern und die **Investitionsstrategie** der Unternehmen.

*Schaffung neuer internationaler Organisationsformen der Produktion durch Nutzung der modernen Telekommunikation*

Die revolutionäre Entwicklung der Produktivkräfte ermöglichte eine **problemlose Vernetzung der internationalen Monopole**. Schnell und kostengünstig lassen sich Informationen weltweit austauschen, grenzüberschreitende Finanztransfers abwickeln, Planungs-, Entwicklungs-, Produktions- und Verteilungsabläufe steuern. Die Revolutionierung der Kommunikation erlaubte die **Verkürzung** sowohl **der Produktions-**

als auch **der Zirkulationszeit des Kapitals**. Karl Marx wies im dritten Band von »Das Kapital« darauf hin:

*»Das Hauptmittel zur Verkürzung der Zirkulationszeit sind verbesserte Kommunikationen.«* (Marx/Engels, Werke, Bd. 25, S. 81)

Im Hamburger Hafen wurde das modernste Containerterminal der Welt gebaut. Ende 2002 ging die erste Baustufe in Betrieb. Innerhalb von 24 Stunden kann dort jedes Schiff abgefertigt werden. Dies bedeutet, dass etwa 6 600 Container eines Riesenfrachters in einem Arbeitsgang entladen werden und nach kurzem Zwischenstopp im Lagerhaus unverzüglich auf die Lkws gelangen, die die Waren an die vorgesehenen Ziele bringen. Diese Logistik ist von Anfang bis Ende automatisiert und computergesteuert. Dazu schrieb das Nachrichtenmagazin »Der Spiegel«:

*»Der neue Umschlagplatz ist ein Wunder an Effizienz. Früher buckelten an den Hamburger Hafenkais Tausende Schauerleute. Jeden Jutesack mussten sie einzeln von Deck wuchten. Die Männer brauchten Tage, manchmal Wochen, bis ein Schiff ausgeräumt und wieder beladen war. Jetzt geht das in Stunden.«* (Nr. 27/2002)

Auch im **Luftverkehr** konnten die Lieferzeiten extrem verkürzt werden. Im Rahmen ihres schnellsten Angebots garantiert zum Beispiel die Lufthansa Cargo, jedes Teil, das nicht mehr als 100 Kilogramm wiegt, in ein bis zwei Tagen an 300 Plätze in zirka 90 Ländern zu transportieren.

Das **Internet** ist nicht nur Kommunikations-, sondern auch Produktionsmittel. Es wird zum Beispiel in der Automobilindustrie weltweit eingesetzt, um die Produktentwicklung an mehreren Standorten zeitgleich zu koordinieren, um die Zulieferung »just in time« zu organisieren, um Produktionsprozesse zu steuern und den Verkauf zu planen. Im Geschäftsbericht

2000 von DaimlerChrysler wurde die Bedeutung dieser Neuerungen so beschrieben:

*»Das **Internet** wirkt sich auf alle Prozesse in der Automobilindustrie aus – angefangen bei den Zulieferfirmen über Produktentwicklung, Einkauf, Logistik und Produktion bis hin zum Verkauf und damit zu unseren Kunden ... Nur Unternehmen, welche die Potenziale des E-Business professionell ausschöpfen, werden in der weltweit vernetzten Wirtschaft eine Führungsposition einnehmen können.«* (S. 46)

Die **verbesserte Kommunikation beschleunigt** den **Prozess der Produktion und Reproduktion des Kapitals** beträchtlich und ist eine wesentliche Bedingung für seinen internationalen Charakter.

## Weltweit integrierte Zentren für Planung, Produktion und Vertrieb

Die internationalisierte Produktion wählt die Standorte für integrierte Zentren nach Märkten, Kundennähe und anderen Wettbewerbsvorteilen aus. Organisatorisch geht die **Tendenz zu kleineren Produktionseinheiten** mit flacheren Hierarchien in der Betriebsführung, zu Dezentralisierung und größerer organisatorischer Selbständigkeit der Tochterbetriebe. Dazu schrieb der Autor Martin Baethge:

*»Dezentralisierung von Verantwortlichkeit, organisatorische Verselbständigung oder Auslagerung von Dienstleistungen, der Weg zu kleineren Einheiten, sind Antworten der Unternehmen auf diese Situation, die auch und nicht zuletzt durch die neuen Informations- und Kommunikationstechniken befördert werden. Die ›offenen Unternehmungen‹ ... der Zukunft sind keine großen Tanker mehr, sondern Netzwerke von eigenständig operierenden kleinen Einheiten«.* (Martin Baethge/Ingrid Wilkens [Hrsg.], »Die große Hoffnung für das 21. Jahrhundert? Perspektiven

und Strategien für die Entwicklung der Dienstleistungsbeschäftigung«, S. 33)

## Umorganisierung von »vertikaler« zu »horizontaler« Konzentration

In den 1980er Jahren herrschte in vielen Konzernen die »vertikale« Struktur vor, sodass Konzerne wie IBM von der Chipfertigung über Computer, Betriebssysteme und Anwendungsprogramme alles selbst herstellten und auch den Vertrieb organisierten. In den 1990er Jahren trat eine neue, »horizontale« Organisationsform auf: Konzerne wie Intel oder Microsoft konzentrierten sich auf ein Glied der Produktionskette – Prozessoren oder Software –, weil dort leichter eine strategische Kontrolle des Weltmarkts zu erobern war. Konzerne wie Cisco, Sun Microsystems oder Silicon Graphics halten im Wesentlichen nur noch die Fäden der internationalen Produktionsnetze in der Hand und betreiben nur geringe oder gar keine Eigenfertigung mehr. In einer Studie untersuchte der Sozialforscher Boy Lüthje die Produktionsform der Vertrags- oder Kontraktfertigung in weltweit vernetzten Produktionsstätten (Contract Manufacturing/CM):

*»Anfang des Jahres 2001 hatten die zwei zu diesem Zeitpunkt größten CM-Unternehmen, Solectron und Flextronics, nach Unternehmensangaben weltweit 82 000 bzw. 70 000 Beschäftigte.«* (»Contract Manufacturing«, S. 53)

Solche Unternehmen präsentieren sich als »*Anbieter globaler Zulieferketten*« (Global Supply Chain Facilitator) für die führenden internationalen Monopole, die dann nur noch Design und Markennamen zur Verfügung stellen. So verkaufte Ericsson seine gesamte Handyproduktion mit 7 200 Beschäftigten an Flextronics, die gleichzeitig Handys auch für Siemens, Nokia, Motorola und Alcatel bauen. Auf diese Weise wälzen die führenden internationalen Monopole das Risiko von Auftragsschwankungen ab und machen Kapital frei für den Kampf um den Weltmarkt.

## Konzentration der Monopolproduktion auf wenige marktbeherrschende Wertschöpfungsketten

Jean-Marie Messier, ehemaliger Chef des französischen Übermonopols Vivendi, des zweitgrößten Medienkonzerns und größten Wasserversorgers der Welt, beschrieb geradezu beschwörend die notwendige Konzentration im internationalen Konkurrenzkampf:

*»... innerhalb von drei Jahren hat Vivendi Nebengeschäfte und Aktienbesitz im Wert von über 15 Milliarden Euro veräußert, wobei gesagt werden muss, dass die Diversifikation[1] in den 70er und 80er Jahren ungeordnet verlief. Ja, die heutige Losung muss lauten: ›Fokussierung, Fokussierung, Fokussierung!‹«* (in: Klaus Mangold [Hrsg.], »Dienstleistungen im Zeitalter globaler Märkte«, S. 110)

Unter **Fokussierung** versteht Messier die Konzentration des Kapitals auf die Bereiche, in denen ein internationales Monopol eine weltmarktbeherrschende Stellung einnehmen kann, und das Abstoßen aller anderen Bereiche.

August Joas unterstrich in seiner Untersuchung »Strategie, Struktur, Führung für die Geschäfte von morgen« die für die internationalen Monopole überlebensnotwendige Konzentration auf »Kerngeschäfte«:

*»Die Anforderungen an die Leistungsfähigkeit der Unternehmen im internationalen Qualitäts-, Zeit- und Kostenwettbewerb nehmen permanent zu ... Dies ist nur durch **Spezialisierung***

---

[1] Ausweitung des Produktionsprogramms

*und Konzentration auf wenige überlegene Kernaktivitäten möglich ...*

*Die Kunst besteht darin, überlegene Kernkompetenzen und Kernprodukte in möglichst vielen attraktiven Geschäften zu kapitalisieren. Canons Kompetenzen in der Feinoptik, Präzisionsmechanik und Mikroelektronik ermöglichen Markterfolge bei Kopiergeräten, Laserdruckern, Fotokameras und Scannern. Die Geschäftseinheiten von NEC verbindet eine herausragende Halbleitertechnologie, und Hondas Kenntnisse im Motorenbau schlagen in den Märkten für Automobile, Motorräder, Rasenmäher und Generatoren durch. Fast jedes Unternehmen hat auf allen drei Ebenen einerseits Kernaktivitäten und andererseits Aktivitäten, die für den Unternehmenserfolg weniger elementar sind ... Aktivitäten außerhalb der Kernfähigkeiten stellen in diesem Zusammenhang eher ein Gefährdungspotential dar, in dem Managementkapazität und Ressourcen suboptimal eingesetzt werden ...*

*Durch die Differenzierung nach Kerngeschäften, Kernprodukten und Kernkompetenzen entstehen strategische Optionen und Gestaltungsmöglichkeiten auf drei verschiedenen Ebenen. Eine Konstellation, in der zwei Unternehmen gleichzeitig Wettbewerber und Kooperationspartner sind und darüber hinaus in einer Lieferbeziehung zusammenarbeiten, ist dann absolut realistisch.«* (in: Ralf G. Kalmbach [Hrsg.], »Management im Umbruch, Wege aus der Krise«, S. 262/263 – Hervorhebung Verf.)

Joas beschreibt treffend, wie zwei internationale Monopole auf einem Gebiet Kooperationspartner werden, hier sogar gemeinsame Joint Ventures betreiben, und auf einem anderen Gebiet weiter in erbittertem Konkurrenzkampf stehen.

Die **Fokussierung auf Kernaktivitäten in den verschiedenen Unternehmensbereichen ist eine Hauptmethode**

**des internationalen Konkurrenzkampfes der internationalen Monopole** geworden. Es ist typisch für den Prozess der Neuorganisation der internationalen Produktion, dass immer wieder ganze Konzernstrukturen umgewälzt, alte Konzerngebilde aufgelöst und neue gegründet werden.

Siemens gliederte seine gesamte Halbleitersparte aus und gründete mit Infineon einen neuen Konzern, der sich vollständig auf die Chip-Produktion konzentrierte und in diesem Bereich eine weltmarktbeherrschende Stellung einnehmen konnte. Infineon wurde im Jahr 2002 zum viertgrößten Produzenten von Speicherchips und hielt einen Weltmarktanteil von 14 Prozent.

RWE kaufte das Unternehmen Thames Water, die Nummer 1 in Großbritannien, und stieg dadurch zum drittgrößten Wasserkonzern der Welt auf. Diese Position wurde durch den Erwerb von American Water Works, der Nummer 1 in den USA, noch stärker ausgebaut.

E.on strebt eine Konzentration auf die Gasversorgung an und hat dazu die Ruhrgas AG übernommen. Ruhrgas unterhält ein Leitungsnetz von 10 748 Kilometern, hat umfangreiche Lieferverträge über Jahrzehnte abgeschlossen, ist Konsortialführer in Verhandlungen auf europäischer Ebene und hält einen 5-Prozent-Anteil an der russischen Gazprom, dem größten Erdgasförderer der Welt. E.on ist an 190 Stadtwerken und regionalen Versorgern beteiligt und betreibt ein großes Netz der Gasverteilung an Endkunden. Zusammen mit Ruhrgas wird es nicht nur größter Erdgasanbieter in Deutschland, auch in Europa nimmt es Platz 4 ein mit einem Marktanteil von über 13 Prozent. Zur Vorbereitung dieser Fokussierung verkaufte E.on Degussa an die RAG, VEBA Oel samt dem Tankstellennetz von Aral an die Ölgesellschaft BP und es bot Gelsenwasser dem Konkurrenten RWE an.

## Wechselbeziehungen zwischen den internationalen Monopolen, ihren Tochterbetrieben und Zulieferern

In den Betrieben der internationalen Monopole wird – egal in welchem Land – nur noch auf höchstem technischen Niveau produziert. Auf die in den einzelnen Ländern gewachsenen Produktionsstrukturen wird kaum noch Rücksicht genommen. Oft nehmen internationale Monopole ihre Zulieferer mit, wenn sie Tochterunternehmen gründen. Dabei entstehen ganz neue Wechselprozesse, die die bisherige nationalstaatliche Produktion der Anlageländer in Frage stellen. Es zählt nur noch die Maximalprofit bringende Produktionsweise der internationalen Monopole.

Die Gründung eines der modernsten **Werke von General Motors in Gravatai/Brasilien** in der Nähe von Porto Alegre diente als Test für neue Fertigungstechniken des gesamten Konzerns. Das Werk wurde gemeinsam mit 17 Hauptzulieferern entwickelt und gebaut. Die meisten davon waren selbst multinationale Konzerne wie Delphi, VDO, Goodyear, Valeo, Bosch usw. und alle in ausländischem Besitz. Diese Hauptzulieferer bedienten sich wiederum brasilianischer Zulieferer. Auf diese Weise entstand eine regelrechte **Produktionshierarchie** mit unterschiedlichen Lieferanten **für die verschiedenen Fertigungstiefen**. Im Zentrum steht der kapitalstärkste internationale Monopolist General Motors, der den Zulieferern die Produktionsbedingungen, die Qualität der Produkte und die Preise diktiert. Die monopolisierten Hauptzulieferer wiederum diktieren Bedingungen und Preise den Zulieferern vor Ort, denen nur durchschnittliche oder unterdurchschnittliche Profite zugestanden werden und die ihren Arbeitern minimale Löhne zubilligen.

**Toyota Motor Thailand** (TMT) baute ein ausgedehntes Netzwerk von Zulieferern im Land auf. Als Hauptzulieferer galten 575 Firmen, von denen 134 wesentliche Komponenten lieferten und 441 weniger wichtige Materialien und Einrichtungen. Die Schlüsselkomponenten wurden gewöhnlich von Tochterunternehmen des Toyota-Konzerns produziert. 55 Prozent der Hauptzulieferer waren japanisch-thailändische Joint Ventures oder mit Toyota verbundene Unternehmen, sie erbrachten 79 Prozent des Werts der Zulieferungen. Thailändische Firmen, von denen viele mit technischer Unterstützung aus Japan arbeiteten, machten 27 Prozent der Zulieferbetriebe aus, auf sie entfielen aber nur 8 Prozent des Werts der Zulieferungen. Die Zahl der Zulieferfirmen auf der zweiten bis vierten Stufe wird auf ungefähr 1500 geschätzt. Mit dieser Organisation werden **höchste Arbeitsproduktivität und entwickeltste Technik in die Anlageländer verpflanzt**. Die nationale Industrie bleibt immer Anhängsel der internationalen Organisation der Produktion und ist schutzlos dem internationalen Konkurrenzkampf ausgesetzt. Das löste in diesen Ländern eine **tiefe Strukturkrise im Reproduktionsprozess** aus, insbesondere in den Hauptanlageländern der internationalen Monopole. Veraltete Produktionsstrukturen wurden gnadenlos liquidiert.

## *Internationale Handelsmonopole ordnen sich die Landwirtschaft ganzer Länder unter*

Als die internationalen Einzelhandelsmonopole ihre Geschäftstätigkeit neu organisierten, wurde auch der Prozess der Monopolisierung der Landwirtschaft internationalisiert. Herkömmliche landwirtschaftliche Strukturen insbesondere in den neokolonial abhängigen Ländern wurden dabei beschleunigt zerstört.

Nach der **Fusion mit Promodès** im Jahr 2000 begann das französische Übermonopol **Carrefour**, seinen Wareneinkauf zu zentralisieren, um im wachsenden Wettbewerb mit Ahold, Wal-Mart, Casino usw. besser bestehen zu können. Ein zentrales Einkaufsbüro für Konserven wurde gegründet, das für alle Verkaufsstellen in Argentinien zuständig war. So konnte ein Lieferant alle Läden im gesamten Mercosur mit einem bestimmten Produkt beliefern. Die Zulieferer brauchten daher eine beträchtliche Größe, wenn sie der Nachfrage aus dem gesamten Verkaufsnetz nachkommen wollten. Bei frischer und Stapelware herrschen lokale Zulieferer mit lokalen Marken vor, die den Kunden gut bekannt sind. Viele von ihnen sind einheimische Markenartikelproduzenten, die aber seit den späten 1990er Jahren von den internationalen Monopolen aufgekauft wurden. Die Folge war, dass sich die **Ernährung** in vielen Entwicklungsländern **weitgehend an die internationalen Gepflogenheiten anpasste**.

**McDonald's** wendet eine Strategie mit mehr lokalen Zulieferungen an. In Argentinien werden 87 Prozent der grundlegenden Nahrungsmittel lokal bezogen. Wie bei Carrefour sind die Lieferfirmen von McDonald's jedoch überwiegend Töchter ausländischer Firmen, die sich an den einheimischen Betrieben beteiligten oder sie vollständig aufkauften.

**Nestlé** gründete 18 Fabriken in China, die eine Vielzahl von Produkten herstellen, darunter Getränke, Milchprodukte, Babynahrung, Eiskrem, Kochzutaten, Schokolade und Konfekt. 1997 bezog Nestlé 98 Prozent aller Vorprodukte von lokalen Zulieferern, vor allem landwirtschaftliche und Molkereiprodukte sowie Verpackungsmaterialien. Als Grundlage für die Auswahl der Zulieferer entwickelte Nestlé Anforderungsblätter, die festhalten, welche Bedingungen die gelieferten Produkte oder Service-Leistungen erfüllen müssen. Außerdem wurde verlangt, dass die Zulieferfirmen technische Kompetenz auf ihrem Geschäftsgebiet nachweisen, ein Qualitätssicherungssystem organisieren, Audits[1] und Inspektionen zustimmen, Verlässlichkeit und eine solide ökonomische Grundlage zeigen. Mit den **internationa-**

---

[1] Rechnungsprüfungen, Qualitätsprüfungen

len **Qualitätsstandards** werden der nationalen Produktion Maßstäbe gesetzt, die allein an der Profitmaximierung der internationalen Monopole orientiert sind. So wird die **Nahrungsmittelproduktion der abhängigen Nationen zunehmend von den internationalen Monopolen kontrolliert.**

## Internationalisierung staatsmonopolistischer Methoden in der Investitionstätigkeit

Die internationalen Monopole erwarten heute für ihre Direktanlagen in anderen Ländern staatliche Subventionen und Steuervergünstigungen, wie sie bisher nur in den imperialistischen Ländern üblich sind. Dadurch ist der Kreis der Staaten, in denen größere Direktinvestitionen getätigt werden, von vornherein eingeschränkt. Die neokolonial abhängigen Anlageländer müssen sich in der Regel bei IWF und Weltbank tief verschulden, um die geforderten staatlichen Beihilfen aufzubringen. Dadurch hat auch **der gesellschaftliche Charakter der Akkumulation internationalen Charakter bekommen.**

**Intel Malaysia** hat ein umfassendes Investitionsprogramm aufgelegt, um die optimale Entwicklung der Lieferanten im Sinn der Monopolbedürfnisse sicherzustellen. Lokale Zulieferer werden als Subunternehmer eingesetzt, nicht nur bei Produktion, Ausrüstung oder Wartung, sondern auch bei Transport und Verpackung, bei Bauten und Infrastruktur und bei der Lieferung von Informationstechnologie. Nach Angaben von Intel waren **Steuergeschenke der Regierung** von ungefähr 50 Millionen US-Dollar im Jahr entscheidend, um sie zu bewegen, in lokale kleine und mittlere Zulieferunternehmen zu investieren.

## Unterordnung der nationalen Arbeitsmärkte unter die internationalen Monopole

Direktinvestitionen zur Errichtung von Tochterbetrieben werden auch daran gebunden, dass die internationalen Monopole **frei über den nationalen Arbeitsmarkt verfügen können**. Den Regierungen der abhängigen Länder bleibt nichts anderes übrig, als für gut ausgebildete Kräfte zu sorgen und diese dann den internationalen Monopolen zur Verfügung zu stellen.

**Magyar Suzuki** begann 1992, in Ungarn zu produzieren. Zwischen 1992 und 1999 wurden 62 Prozent der Produktion exportiert, hauptsächlich in die EU. Mit 2 100 Beschäftigten ist Magyar Suzuki eins der größten Unternehmen in der mittelgroßen Stadt Esztergom. Aber bei den 263 Haupt- und Sekundärzulieferern, bei denen Magyar Suzuki ein großes Sortiment von Rohmaterialien, Teilen und Komponenten einkauft, sind 31 000 Menschen beschäftigt.

Die vor keinen nationalen Grenzen mehr Halt machende internationale Organisation der Produktion bedeutet **einen qualitativen Sprung in der Entwicklung des Imperialismus**: Sie sprengt die zuvor noch vorwiegend nationalstaatlich organisierte Produktion und ersetzt sie schrittweise durch **neue Produktionszusammenhänge im internationalen Maßstab**. Und das hat weitreichende Auswirkungen auf die kapitalistische Produktionsweise, die im einzelnen noch gar nicht zu übersehen sind.

### Methoden der Neuorganisation der internationalen Produktion

Damit die internationalen Monopole ihre führende Stellung in der internationalen Produktion durchsetzen, müssen sie einen erbitterten Konkurrenzkampf ausfechten. Ihre **Methoden** sind rücksichtslos nicht nur gegenüber ihren Konkurrenten, sondern vor allem auch gegenüber den Arbeitern und Angestellten in ihren eigenen Fabriken und Büros und gegenüber den Massen insbesondere in den neokolonial abhängigen Ländern.

## Großfusionen zur Verschmelzung ganzer Konzerne

Aus Großfusionen wie der von AOL und Time Warner (Medien- und Internetbranche), Exxon und Mobil, BP und Amoco (Mineralöl), RWE und VEW, VEBA und VIAG (Energie), Daimler und Chrysler (Automobile) oder Hoechst und Rhône-Poulenc (Chemie) entstanden Ende der 1990er Jahre **ganz neue Konzerngebilde.** Die fusionierenden Konzerne erwarteten, gemeinsam leichter eine weltmarktbeherrschende Position erobern und durch die Zusammenlegung oder Vernichtung bisher paralleler Konzernstrukturen enorme Rationalisierungseffekte erzielen zu können. Die Großfusionen nahmen immer größere Dimensionen an. So entsprach allein der Börsenwert der AOL/Time Warner-Fusion im Jahr 1999 mit 350 Milliarden Dollar annähernd dem Börsenwert aller Fusionen und Firmenübernahmen des Jahres 1992. Mit der Komplexität einer Fusion wächst allerdings das Risiko ihres Scheiterns. Neben Großfusionen oder als Vorstufe dazu gingen die Monopole deshalb verstärkt zu **flexibleren Formen der Kapitalkonzentration** über **wie Kooperationen, Teilfusionen oder Joint Ventures.**

## Feindliche Übernahmen und Vernichtung von Konkurrenten

Eine »feindliche Übernahme« liegt vor, wenn ein Konzern die Mehrheit der Aktien eines anderen Konzerns aufkauft und ihn dann gegen den Willen des Vorstands übernimmt. Sie stellt die **aggressivste Form der gegenseitigen Vernichtungsschlacht zwischen den internationalen Monopolen** dar.

Im Fall Mannesmann wandte sich das britische Mobilfunkmonopol Vodafone mit einer zwei Milliarden DM schweren Medienkampagne direkt an die Aktionäre und machte sich mit 60 Millionen DM (30,68 Millionen Euro) den Vorstandsvorsitzenden gefügig, sodass er nach anfänglichem Widerstand umschwenkte und der Übernahme zustimmte. Danach war der Weg frei für die völlige Zerschlagung des Mannesmann-Konzerns, eines in Deutschland jahrzehntelang führenden Monopols.

Nach der Übernahme des britischen Autokonzerns Rover legte der deutsche Autokonzern BMW die Produktion von Mittelklassewagen in England still und schaltete so einen Konkurrenten aus. Ähnlich endete die Übernahme des niederländischen Flugzeugbauers VFW-Fokker durch den Daimler-Konzern: Die Produktion in den Niederlanden wurde eingestellt.

Nach einer Aufstellung der UNCTAD über grenzüberschreitende Fusionen und Übernahmen gab es in den Jahren 1987 bis 1999 drei bis 15 »feindliche Übernahmen« jährlich, sie bildeten also noch die Ausnahme. Aber mit der Verschärfung der internationalen Konkurrenz muss mit einem erheblichen Anwachsen der Zahl »feindlicher Übernahmen« gerechnet werden.

## *Internationale Netzwerke von Beziehungen zu den stärksten Finanzgruppen*

Jede grenzüberschreitende Fusion ist mit einer **Verschiebung in den internationalen Kräfteverhältnissen** verbunden. Das wird offenbar in der Zusammensetzung der führenden Organe Vorstand und Aufsichtsrat. Bei der Fusion von Daimler und Chrysler zeigte sich bald, dass es sich nicht um einen »Zusammenschluss unter Gleichen« handelte, wie ursprünglich behauptet wurde. Denn es war die Daimler-Führung aus Deutschland, die den neuen Konzern dominierte. Die alte Chrysler-Führung wurde abgesetzt und in den Aufsichtsrat zogen Vertreter anderer internationaler Monopole aus den USA ein wie Xerox und BP Amoco.

Die internationalen Fusionen und Übernahmen führten dazu, dass sich auch die **Aktionärsstruktur internationalisierte**.

Auch bei Konzernen, die in Deutschland groß geworden sind und hier ihren Hauptsitz haben, kann immer weniger noch von »deutschen Monopolen« gesprochen werden. Die Aktionärsstruktur der Deutschen Telekom sah zum 31. Dezember 2001 so aus: 31 Prozent der Aktien hält der Bund, 12 Prozent sind bei der Kreditanstalt für Wiederaufbau »geparkt«, bis ihr Verkauf Ertrag bringend möglich ist. 37 Prozent halten institutionelle Anleger, also Banken und Versicherungen, direkt oder indirekt über Investmentfonds usw. 20 Prozent liegen bei so genannten Privatanlegern. Diese zusammen genommen 57 Prozent zählen als »Streubesitz«[1], der international gehandelt wird. Im Jahr 2001 war dieser Streubesitz so verteilt: 34 Prozent in Deutschland, 31 Prozent im restlichen Europa, 9 Prozent in Asien und 26 Prozent in den USA/Kanada (Geschäftsbericht Deutsche Telekom 2001, S. 73/74).

## *Streben nach Technologieführerschaft*

Bei Industrieunternehmen entscheidet die internationale **Technologieführerschaft** mit darüber, ob sie in der Lage sind, eine weltweit beherrschende Stellung durchzusetzen. Nur eine Monopolisierung des Know-hows erlaubt es, sich in diesem Prozess an die Spitze zu setzen und diese Führungsrolle auch zu behaupten. Dabei spielt die Zeit eine entscheidende Rolle: Jeder versucht, neue Erfindungen geheim zu halten, sie dann schnell zu vermarkten und der Konkurrenz immer einen Schritt vorauszusein. Darum wenden die internationalen Monopole große Summen für Forschung und Entwicklung auf. Im Geschäftsbericht 2001 von Siemens hieß es dazu:

---

[1] Um zum »Streubesitz« gezählt zu werden, müssen die Einzelanteile unter fünf Prozent liegen. Seine Höhe ist maßgeblich für die Gewichtung der Aktie in wesentlichen Börsenindizes, weil sie das Kaufvolumen bestimmt, was wiederum Einfluss auf das Kaufverhalten der institutionellen Anleger ausübt.

*»Mit Aufwendungen von 6,8 Milliarden EUR für Forschung und Entwicklung lag Siemens auch im Geschäftsjahr 2001 an der Spitze aller Elektrotechnik- und Elektronik-Unternehmen weltweit ... In über 30 Ländern arbeiten unsere rund 60 000 Forscher und Entwickler an neuen Produkten, Systemen und Dienstleistungen ... Im vergangenen Geschäftsjahr meldeten unsere Forscher und Entwickler 9 060 Erfindungen, davon Infineon 2 430. Insgesamt konnten wir 6 330 Erfindungen (Infineon: 1 850) zum Patent anmelden. Nach den amtlichen Statistiken (Jahr 2000) ist die Siemens AG sowohl beim Deutschen Patent- und Markenamt als auch beim Europäischen Patentamt der größte Patentanmelder. Bei den Patentanmeldungen des US Patent and Trademark Office erreicht Siemens Platz 6.«* (S. 23)

Hemmungslos versuchen die internationalen Monopole, das Wissen der ganzen Welt zu vereinnahmen. So lassen sie zum Beispiel die Genkombination aller wirtschaftlich interessanten Pflanzen und Tiere und auch die des Menschen entschlüsseln, um die Nutzung dieses Wissens monopolisieren zu können. Das am 1. Januar 1995 in Kraft getretene *»Abkommen über handelsrelevante Aspekte geistigen Eigentums«* (TRIPS) gab diesem Raubzug der internationalen Monopole die Weihe internationalen Rechts.

### *Kontrolle von Weltmarktanteilen*

Ein vorrangiges Ziel der Neuorganisation der internationalen Produktion ist die Kontrolle über bedeutende Weltmarktanteile in den jeweiligen Branchen. Am weitesten ist die Kontrolle über Marktanteile in der Autoindustrie fortgeschritten. Fasst man die zehn größten Autokonzerne der Welt in drei Gruppen zusammen – USA, EU und Japan –, so war im Jahr 2000 die japanische Gruppe mit einem Anteil an der Weltproduktion von 19,2 Prozent die schwächste und die europäische Gruppe mit 30,6 Prozent die stärkste. Ihr Hauptkonkurrent waren die USA mit 26,7 Prozent, die ihre führende Stellung verloren.

Jede der drei Gruppen kontrollierte und beherrschte die Produktion **auf ihren angestammten nationalen und regionalen Märkten**. Die USA hatten in Nordamerika einen Anteil von 61,1 Prozent, die EU von 64,1 Prozent in Europa und Japan von 66,3 Prozent im eigenen Land. Zu den regionalen Märkten gehörten für die EU die von der UNCTAD unter »europäische Peripherie« aufgeführten Länder: Tschechien, Slowakei, Ungarn, Polen, Russland, Slowenien und die Türkei. Dort kam die EU auf einen Anteil von 44,0 Prozent an der Gesamtproduktion, während die USA mit 5,4 Prozent und Japan mit 0,8 Prozent weit abgeschlagen waren. In einzelnen Staaten beherrscht ein europäischer Konzern die gesamte Produktion, wie Volkswagen in Tschechien und der Slowakei, Renault in Slowenien und DaimlerChrysler in Österreich. Japan ist führend auf seinem Regionalmarkt mit einem Anteil an der Produktion von 51,8 Prozent in Taiwan, 39,3 Prozent in Indonesien und 28,7 Prozent in Thailand. In Australien haben allerdings die USA die Nase vorn mit 63,3 Prozent, während Japan nur auf 26,7 Prozent kommt. Auch den kanadischen Markt beherrschen die USA.

Jede der drei Gruppen ist mit Werken **auf dem Gebiet ihrer Hauptkonkurrenten** vertreten. Den USA gelang es, die EU in verschiedenen europäischen Staaten in eine Nebenrolle zu drängen. Sie beherrschten im Jahr 2000 96,9 Prozent der Produktion in Finnland, 70,4 Prozent in Belgien, 64,4 Prozent in den Niederlanden, 49,8 Prozent in Schweden und 46,6 Prozent in Großbritannien. Mit der geplanten Übernahme von Fiat will General Motors den italienischen Markt beherrschen. Die japanischen Konzerne bauten schon früh Fabriken in den USA auf und erreichten einen Anteil von 15,8 Prozent an der Produktion in Nordamerika. Durch die Fusion mit Chrysler schaffte es Daimler, einen führenden Autokonzern aus der US-Gruppe herauszubrechen und ihn sich unterzuordnen. So erreichte DaimlerChrysler einen Anteil von 15,6 Prozent an der US-amerikanischen und von 24,5 Prozent an der kanadischen Produktion.

Die Verbindung mit Chrysler gab auch den Ausschlag für eine **Verschiebung der Kräfteverhältnisse** auf dem mexikanischen Markt. Die EU stellte dort im Jahr 2000 43,7 Prozent der Produktion vor den USA mit 36,8 Prozent. In Argentinien und Brasilien hatte die EU mit einem Anteil von 65,6 Prozent bzw. 65,7 Prozent einen genauso hohen Anteil wie auf ihrem eigenen Gebiet, das heißt, aus dem »Hinterhof der USA« wurden Heimatmärkte der EU. Japan hatte mit 32,4 Prozent eine starke Position in Südafrika, gefolgt von der EU mit 21,6 Prozent. In China war VW der führende ausländische Konzern mit einem Anteil an der Produktion von 15,3 Prozent, während es die anderen US-amerikanischen, japanischen oder europäischen Konzerne auf höchstens 2,6 Prozent brachten.

Die **strategischen Allianzen** von Ford mit Mazda, DaimlerChrysler mit Mitsubishi oder Renault mit Nissan dienen vor allem dazu, den Weltmarkt als Ganzen zu beherrschen und auf Gebieten Terrain zu gewinnen, wo die führenden Konzerne bisher schwach oder gar nicht vertreten waren, zum Beispiel die europäischen und US-Konzerne in Japan. Strategische Allianzen sind eine Methode, die Kräfteverhältnisse international zu den eigenen Gunsten zu verändern, ohne einen anderen Konzern vollständig zu übernehmen.

### *Manipulation der Börsenkurse*

Internationale Fusionen und Übernahmen werden zunehmend durch **Aktientausch** abgewickelt. Den Monopolen ist daher daran gelegen, den Kurs ihrer Aktien in die Höhe zu treiben. Ein hoher Börsenkurs schützt auch am besten vor ungewollten

Übernahmen. Außerdem erhalten die meisten Spitzenmanager einen Teil ihres Gehalts in Aktienpaketen ausgezahlt. Auf diese Weise soll ihr persönliches Interesse an hohen Kursen der Aktien des Unternehmens erhöht werden. Manipulationen zur Steigerung des Börsenkurses wurden daher zu einem wesentlichen Faktor in der Unternehmenspolitik beim Kampf um die internationale Vorherrschaft. Sowohl mit ihrer Geschäftspolitik als auch mit der Art, wie Geschäftsberichte abgefasst werden, zielen die internationalen Monopole auf Steigerung des »Shareholder Value«[1]. Damit geht die Spekulation auf zukünftige Maximalprofite in den internationalen Konkurrenzkampf ein. Umgekehrt nutzen die internationalen Monopole Schwächen ihrer Konkurrenten oder niedrige Kurse aus, um die eigene Position zu stärken. So stritten Springer, Murdoch, Berlusconi, der WAZ-Konzern und andere um die Aufteilung des Kirch-Konzerns, als dieser wegen mehrerer fälliger Großkredite und Rückkaufoptionen in Schwierigkeiten geraten war.

Eine beliebte Methode zur **Manipulation der Aktienkurse** ist der Rückkauf von Aktien. Dadurch können Börsenkurse zeitweilig nach oben getrieben werden, wenn sie unter Druck geraten. Für die jeweilige Aktiengesellschaft bringt das außerdem den Vorteil, dass sie billig gewordene Aktien günstig einkaufen und hoffen kann, sie bei gestiegenem Aktienkurs wieder mit Gewinn zu veräußern. Zwei Drittel der 30 im Dax

---

[1] Ein »Shareholder« ist ein Aktionär oder Kapitaleigner, »value« der Wert seiner Aktien oder der zu erwartende Gewinn. Steigerung des »Shareholder Value« bedeutet, den Marktwert des in Aktien angelegten Kapitals und die Rendite in maximalem Umfang zu vermehren. Dieses Konzept wurde 1986 von Professor A. Rappaport von der J. L. Kellogg School of Management in den USA entwickelt und mit Beginn der 1990er Jahre von Unternehmensberatern wie McKinsey, Wirtschaftsprüfern und Investmentgesellschaften in einer Geschwindigkeit verbreitet, wie es sonst nur bei Computerviren der Fall ist. Auch wenn die Lehre inzwischen die Weihen einer »Kapitalmarkttheorie« erhalten hat, verbirgt sich hinter ihr nichts als der nackte Drang nach Bereicherung.

notierten Unternehmen kaufen eigene Aktien zurück. Über die Motive schrieb die »Frankfurter Allgemeine Zeitung«:

*»Tatsächlich ist der Schutz vor feindlichen Übernahmen ein wichtiger Grund, warum Unternehmen eigene Aktien aus dem Markt kaufen ... Entsprechend kommentiert auch die Deutsche Bank das geplante Rückkaufprogramm: Das Unternehmen erhoffe sich durch die Maßnahme eine nachhaltige Steigerung des Kurswerts der Aktie, was der Bank mehr Handlungsspielraum gebe, sagte ein Sprecher. Ein anderer Grund für Aktienrückkäufe ist, daß das Unternehmen eigene Aktien als ›Akquisitionswährung‹ einsetzen will, um damit ein anderes Unternehmen zu kaufen. Des weiteren könnte das Unternehmen über eigene Aktien verfügen wollen, weil es ein Aktienoptionsprogramm für seine Mitarbeiter plant.«* (»Frankfurter Allgemeine Zeitung« vom 30. April 2002)

### Verschuldung als Druckmittel

Anfang des 21. Jahrhunderts gab es 26 vom Imperialismus abhängige bzw. neokoloniale Länder, die mit jeweils mehr als 15 Milliarden US-Dollar beim internationalen Finanzkapital verschuldet waren, dazu zwölf weitere mit Schulden von über 10 Milliarden US-Dollar. Es waren fast ausnahmslos Länder, die für die Imperialisten eine wichtige Rolle spielten: als **Rohstoff-Lieferant**, insbesondere von Erdöl (Algerien, Nigeria, Venezuela, Mexiko und andere), als **Kernländer der internationalen Produktion** (Polen, Tschechien, Ungarn, Südafrika, Brasilien, Argentinien, Indien, Südkorea, die Philippinen und andere), wegen ihres **riesigen Arbeitskräftereservoirs** und ihrer Marktmöglichkeiten (Indien, Indonesien und andere) oder wegen ihrer **strategischen Bedeutung** (Türkei, Pakistan oder die Philippinen). Fast die Hälfte der Weltbevölkerung, nämlich 47 Prozent, wurde so durch die Verschuldung ihrer Länder in Schach gehalten und gezwungen, sich dem Diktat des Internationalen Währungsfonds unterzuordnen.

## Tabelle 42:
## Vom Imperialismus abhängige Länder mit der höchsten Verschuldung (im Jahr 2000)

|   | Land | Summe in Millionen US-$ | Bevölkerung in 1000 |
|---|---|---|---|
| 1 | Brasilien | 237953 | 170406 |
| 2 | Mexiko | 150288 | 97966 |
| 3 | Argentinien | 146172 | 37032 |
| 4 | Indonesien | 141803 | 210421 |
| 5 | Südkorea | 134417 | 47275 |
| 6 | Türkei | 116209 | 65293 |
| 7 | Indien | 99062 | 1015923 |
| 8 | Thailand | 79675 | 60728 |
| 9 | Polen | 63561 | 38650 |
| 10 | Philippinen | 50063 | 75580 |
| 11 | Malaysia | 41797 | 23270 |
| 12 | Venezuela | 38196 | 24170 |
| 13 | Chile | 36978 | 15211 |
| 14 | Nigeria | 34134 | 126910 |
| 15 | Kolumbien | 34081 | 42299 |
| 16 | Pakistan | 32091 | 138080 |
| 17 | Ungarn | 29415 | 10022 |
| 18 | Ägypten | 28957 | 63976 |
| 19 | Peru | 28560 | 25661 |
| 20 | Algerien | 25002 | 30399 |
| 21 | Südafrika | 24861 | 42801 |
| 22 | Syrien | 21657 | 16189 |
| 23 | Tschechien | 21299 | 10273 |
| 24 | Marokko | 17944 | 28705 |
| 25 | Sudan | 15741 | 31095 |
| 26 | Bangladesch | 15609 | 131050 |
| 27 | Ecuador | 13281 | 12646 |
| 28 | Vietnam | 12787 | 78523 |
| 29 | Ukraine | 12166 | 49501 |
| 30 | Elfenbeinküste | 12138 | 16013 |
| 31 | Kroatien | 12120 | 4380 |
| 32 | Jugoslawien | 11960 | 10637 |
| 33 | Dem. Republik Kongo | 11645 | 50948 |
| 34 | Tunesien | 10610 | 9564 |
| 35 | Libanon | 10311 | 4328 |
| 36 | Rumänien | 10224 | 22435 |
| 37 | Angola | 10146 | 13134 |
| 38 | Bulgarien | 10026 | 8167 |
|   | Summe 1–38 | 1802940 | 2859661 |

Quelle: Weltbank, World Development Indicators 2002

Mit der Neuorganisation der internationalen Produktion traten nicht nur neue Methoden auf bei der Kapitalanlage der internationalen Monopole, sondern auch **neue ökonomische Gesetzmäßigkeiten**. War vorher für die Monopole die Maximalprofit bringende Produktion oberste Maxime, so reicht das für die internationalen Übermonopole nicht mehr. Für sie ist nur noch die Produktion interessant, die in ihrer Branche eine weltmarktbeherrschende Rolle spielen kann. Nur auf dieser Grundlage ist es noch denkbar, Monopolpreise zu diktieren, und das bleibt der entscheidende Faktor für die Erzielung von Maximalprofiten. Das **Streben nach Beherrschung des Weltmarkts ist die Haupttriebkraft für das Handeln der internationalen Monopole**. Dieser neue Zwang **modifiziert das ökonomische Grundgesetz des Kapitalismus**. Auf der Stufe der Neuorganisation der internationalen Produktion muss dieses Gesetz so formuliert werden:

> Eroberung und Verteidigung einer beherrschenden Stellung auf dem Weltmarkt durch die internationalen Monopole; Sicherung des Maximalprofits durch den Aufbau internationaler Produktionsverbünde, durch ständige Steigerung der Ausbeutung der internationalen Arbeiterklasse, durch Ruinierung oder Zerstörung der Lebensgrundlagen ganzer Völker in ausnahmslos allen Ländern der Erde, durch Ausplünderung ganzer Staaten bis zum Bankrott, durch gigantische Umverteilung des gesellschaftlichen Reichtums zu Gunsten der Monopole und zu Lasten aller übrigen Schichten der Gesellschaft, durch Aufhebung der staatlichen Souveränität der neokolonial ausgebeuteten und unterdrückten Länder, durch militärische Aktionen zur Sicherung der Vorherrschaft bis zum möglichen Weltkrieg um die Neuaufteilung der Welt.

## 5. Die internationalen Monopole untergraben Rolle und Funktion der Nationalstaaten

Ökonomische Basis und politischer Überbau der Gesellschaft bilden eine dialektische Einheit. Der **Staat** entstand mit der Teilung der Gesellschaft in Klassen. Er ist **unverzichtbar als Organ der Klassenherrschaft** und verkörpert die **öffentliche Gewalt** der jeweils herrschenden Klasse. Er ist konzentrierter Ausdruck der Unversöhnlichkeit der Klassengegensätze. Deshalb wird er auch erst verschwinden, wenn in der kommunistischen Gesellschaft Klassen und Klassenwidersprüche überwunden sind.

Diesen grundlegenden Zusammenhang leugnen die bürgerlichen und kleinbürgerlichen Globalisierungskritiker. Der ehemalige SPD-Parteivorsitzende Oskar Lafontaine schrieb in seinem Buch »Die Wut wächst«:

*»Die Globalisierungskritiker sind keine Gegner der Marktwirtschaft. Sie haben nur erkannt, dass die unsichtbare Hand des Marktes die sichtbare starke Hand des Staates braucht.«* (S. 205)

Lafontaines Forderung nach der *»sichtbaren starken Hand des Staates«* soll den Eindruck erwecken, der Staat wäre ein über den Klassen schwebendes neutrales Regulierungsinstrument und nicht das Organ der Alleinherrschaft der Monopole über die gesamte Gesellschaft. Das berührt eine Grundauseinandersetzung zwischen Marxismus-Leninismus und Opportunismus, die Lenin in seiner Schrift »Staat und Revolution« im August 1917 treffend auf den Punkt brachte:

*»Der Kampf um die Befreiung der werktätigen Massen vom Einfluß der Bourgeoisie im allgemeinen und der imperialistischen Bourgeoisie im besonderen ist ohne Bekämpfung der opportunistischen Vorurteile in bezug auf den ›Staat‹ unmöglich ... Daß der Staat das Organ der Herrschaft einer bestimmten*

*Klasse ist, die mit ihrem Antipoden (der ihr entgegengesetzten Klasse)* **nicht** *versöhnt werden* **kann**, *das vermag die kleinbürgerliche Demokratie nie zu begreifen.«* (Lenin, Werke, Bd. 25, S. 396 und 399/400)

## Die Internationalisierung der Produktion unterhöhlt den Nationalstaat

Der Nationalstaat ist die **für den Kapitalismus charakteristische Organisationsform** der Produktion und des gesellschaftlichen Lebens. Über die historische Rolle der Herausbildung von Nationalstaaten führte Lenin aus:

*»In der ganzen Welt war die Epoche des endgültigen Sieges des Kapitalismus über den Feudalismus mit nationalen Bewegungen verbunden. Die ökonomische Grundlage dieser Bewegungen besteht darin, daß für den vollen Sieg der Warenproduktion die Eroberung des inneren Marktes durch die Bourgeoisie erforderlich, die staatliche Zusammenfassung von Territorien mit Bevölkerung gleicher Sprache notwendig ist, bei Beseitigung aller Hindernisse für die Entwicklung dieser Sprache und ihre Entfaltung in der Literatur ...*

*Die Bildung von* **Nationalstaaten***, die diesen Erfordernissen des modernen Kapitalismus am besten entsprechen, ist daher die Tendenz (das Bestreben) jeder nationalen Bewegung. Die grundlegenden wirtschaftlichen Faktoren drängen dazu, und in ganz Westeuropa – mehr als das: in der ganzen zivilisierten Welt – ist deshalb der Nationalstaat für die kapitalistische Periode das* **Typische***, das Normale.«* (»Über das Selbstbestimmungsrecht der Nationen«, Lenin, Werke, Bd. 20, S. 398/399)

Der Kapitalismus hat in Bezug auf den Nationalstaat zwei einander widersprechende Tendenzen hervorgebracht, die von Anfang bis Ende im Kampf liegen. Lenin bezeichnete diesen Widerspruch als ein *»**Weltgesetz des Kapitalismus**«*:

*»Der Kapitalismus kennt in seiner Entwicklung zwei historische Tendenzen in der nationalen Frage. Die erste Tendenz: Erwachen des nationalen Lebens und der nationalen Bewegungen, Kampf gegen jede nationale Unterdrückung, Herausbildung von Nationalstaaten. Die zweite Tendenz: Entwicklung und Vervielfachung der verschiedenartigen Beziehungen zwischen den Nationen, Niederreißung der nationalen Schranken, Herausbildung der internationalen Einheit des Kapitals, des Wirtschaftslebens überhaupt, der Politik, der Wissenschaft usw.*

*Beide Tendenzen sind ein Weltgesetz des Kapitalismus. Die erste überwiegt im Anfangsstadium seiner Entwicklung, die zweite kennzeichnet den reifen, seiner Umwandlung in die sozialistische Gesellschaft entgegengehenden Kapitalismus.«*
(»Kritische Bemerkungen zur nationalen Frage«, Lenin, Werke, Bd. 20, S. 12)

Auf der Wirkung dieses Weltgesetzes beruht der Siegeszug des Kapitalismus über den Feudalismus ebenso wie die materielle Vorbereitung des Sozialismus im Weltmaßstab. Die Tendenz zur **Herausbildung von Nationalstaaten** ist das charakteristische Moment bei der Entstehung des Kapitalismus bzw. bei der Durchsetzung der kapitalistischen Gesellschaftsform gegenüber der feudalen und halbfeudalen. Diese Tendenz wirkt auch in der imperialistischen Epoche fort, vor allem im Kampf der kolonialen, halbkolonialen und neokolonialen Länder um nationale Selbstbestimmung und gegen imperialistische Ausbeutung und Unterdrückung.

Die **Internationalisierung der Produktion und des Wirtschaftslebens** ist das charakteristische Moment, die typische Form in der Epoche des Imperialismus. Lenin bezeichnete deshalb den Imperialismus allgemein als die *»höchste Stufe der Entwicklung des Kapitalismus«*, auf der das *»Kapital ... in den fortgeschrittenen Ländern über den Rahmen des National-*

*staates hinausgewachsen«* ist und die »*Monopole an Stelle der Konkurrenz gestellt und alle objektiven Voraussetzungen für die Verwirklichung des Sozialismus geschaffen*« wurden. (»Die sozialistische Revolution und das Selbstbestimmungsrecht der Nationen«, Lenin, Werke, Bd. 22, S. 144)

Der Nationalstaat wird durch die Internationalisierung der Produktion permanent in Frage gestellt und ist insbesondere durch die Neuorganisation der internationalen Produktion zum **Haupthemmnis der Fortentwicklung der internationalisierten Produktivkräfte** geworden. Lenin schrieb dazu:

»*Der bürgerlich-nationale Rahmen der Staaten, der in der ersten Epoche eine Stütze für die **Entwicklung** der Produktivkräfte der Menschheit war, die sich vom Feudalismus befreite, ist jetzt, in der dritten Epoche, zu einem **Hindernis** für die weitere Entwicklung der Produktivkräfte geworden. Die Bourgeoisie hat sich aus einer aufsteigenden, fortschrittlichen Klasse in eine absteigende, verfallende, innerlich abgestorbene, reaktionäre Klasse verwandelt. Eine ganz andere Klasse ist – im großen geschichtlichen Maßstab – zur aufsteigenden Klasse geworden.*« (»Unter fremder Flagge«, Lenin, Werke, Bd. 21, S. 138)

Der Nationalstaat in seiner bisherigen Form hemmt die Entfaltung der internationalisierten Produktivkräfte durch Grenzen, unterschiedliche Normen, Zölle, Steuern, Gesetzgebung, durch verschiedene Sprachen und Lebensweisen. Die internationalisierte Produktion muss sich über den engen nationalen Rahmen hinwegsetzen.

Mit der Frage, wie dieser Widerspruch zu lösen ist, beschäftigte sich der US-amerikanische Finanzmagnat George Soros, der zu den reichsten Devisenspekulanten der letzten Jahrzehnte gehört. Als Ausweg verkündete er in seinem Buch mit dem bezeichnenden Titel »Die Krise des globalen Kapitalismus« eine »*Weltgesellschaft*«:

*»Um die globale Wirtschaft zu stabilisieren und zu regulieren, benötigen wir ein globales System der politischen Entscheidungsfindung. Kurz: wir brauchen eine Weltgesellschaft, die die Weltwirtschaft trägt. Mit Weltgesellschaft meine ich keinen Weltstaat: Die Abschaffung der Nationalstaaten ist weder durchführbar noch wünschenswert; aber wenn kollektive Interessen Ländergrenzen überschreiten, muß die Souveränität von Einzelstaaten dem internationalen Recht und internationalen Institutionen nachgeordnet werden.«* (S. 30)

Und wer bestimmt, was *»internationales Recht«* ist? Im Imperialismus kann diese Frage nur so beantwortet werden, dass die größte Macht entscheidet. Deswegen schmilzt Soros' so demokratisch und gleichberechtigt klingende *»Weltgesellschaft«* auch schnell zusammen auf den nackten Anspruch auf Vorherrschaft der imperialistischen Großmächte unter der Führung der USA:

*»Mit dem richtigen Führungs- und Zielbewußtsein könnten Amerika und seine Verbündeten eine offene Weltgesellschaft schaffen, die einen wesentlichen Beitrag zur Stabilisierung des Weltwirtschaftssystems und zur Bewahrung universaler menschlicher Werte leisten würde.«* (ebenda, S. 31)

Entsprechend forderte Soros den Ausbau der Macht der internationalen Institutionen, in denen die Großmächte das entscheidende Wort haben:

*»Der IWF wurde dafür kritisiert, zu viele Bedingungen gestellt und sich zu sehr in innere Angelegenheiten der Länder eingemischt zu haben, die ihn um Hilfe baten ... Ich vertrete genau den entgegengesetzten Standpunkt ... Er war demnach nicht zu aufdringlich, sondern hat sich, im Gegenteil, nicht genug eingemischt.«* (ebenda, S. 191)

Als europäische Antwort auf den Vorherrschaftsanspruch der USA geistert der schillernde Begriff der *»Global Gover-*

*nance«* durch die Debatten. Die von Willy Brandt gegründete »Stiftung Entwicklung und Frieden« verbindet damit »*die Vision einer demokratischen Weltrepublik*« (»Globale Trends 2002«, S. 12). Und mit dieser demokratischen Legitimierung bläst sie dann tapfer zum verbalen Angriff auf die USA.

Die reformistische Illusion, der Staat würde über den Klassen stehen und könnte die Macht der Monopole zügeln, soll nun auf einmal in einer »Weltrepublik« funktionieren. Allerdings haben die sozialdemokratischen Theoretiker selbst gewisse Zweifel, weil sie natürlich wissen, dass »*die großen Mächte bisher kaum bereit sind, sich in eine globale Ordnung einzufügen, die auf einen gerechten Ausgleich der Lebensverhältnisse gerichtet ist*«. (ebenda, S. 27)

Mit der Orientierung auf den UN-Sicherheitsrat »*als hauptverantwortliche Instanz zur Wahrung des Weltfriedens*« (ebenda, S. 45) bleibt am Ende von der »demokratischen Weltrepublik« auch nur die Führungsrolle der stärksten imperialistischen Staaten übrig.

Eine andere Weltordnung ist ohne Sturz des Imperialismus nicht möglich. Nationalstaaten sind und bleiben **entscheidende Machtinstrumente** zur Aufrechterhaltung des imperialistischen Weltsystems und zum Austragen der Konkurrenz unter den internationalen Monopolen im Kampf um die Weltherrschaft. Der jeweilige Nationalstaat bleibt unabdingbare **politische Machtbasis** im Kampf um die Neuaufteilung der Anteile an der internationalen Produktion. Dazu schrieb Willi Dickhut:

»*Es wird manchmal behauptet, daß die Internationalisierung der Produktion und des Absatzes durch die multinationalen Konzerne die nationalen Wirtschaften, ja sogar die nationalen Staaten überflüssig machten. Das ist ein gefährlicher Irrtum.*

*Die Widersprüche zwischen den internationalen Monopolen werden nicht aufgehoben, sondern sie werden sich verschärfen. Ein internationales Kartell kann nicht verhindern, daß auf kurz oder lang der Kampf um den nationalen Anteil auf dem Weltmarkt ausbrechen wird. Gleichzeitig bedingt die ungleichmäßige Entwicklung der kapitalistischen Länder, daß eine Veränderung des Kräfteverhältnisses untereinander erfolgen wird. Wie sollen die Widersprüche letzten Endes – wenn alle anderen Mittel versagt haben – anders ausgetragen werden als mit dem Mittel der Gewalt, d. h. durch Krieg?«* (»Der staatsmonopolistische Kapitalismus in der BRD«, Bd. II, S. 169)

Das sieht die revisionistische DKP offenbar anders, wenn sie die »*neue imperialistische Entwicklungsphase*« als »*Übergang vom nationalen staatsmonopolistischen Kapitalismus zum transnationalen Monopolkapitalismus*« definiert. (»Erste Grundlagen zur Diskussion und Erarbeitung eines Programmentwurfs, Essen 2002, S. 5 und 7)

Damit wird die Behauptung aufgestellt, dass sich der Imperialismus zu Gunsten einer »*transnationalen Gewaltmaschinerie*« (ebenda, S. 7) von den Nationalstaaten löst und diese an Bedeutung verlieren. Das ist die neueste Variante der kleinbürgerlich-revisionistischen Träume, auf den revolutionären Sturz des imperialistischen Staatsapparats verzichten zu können. Aber dieser Staat verschwindet nicht, nur weil die Monopole heute zu internationalen Monopolen werden.

Durch die gewaltige Welle von internationalen Fusionen und Übernahmen haben die internationalen Monopole ihre Bindung an einzelne Nationalstaaten zwar **gelockert und in Form und Inhalt modifiziert**, können sie aber zugleich nicht aufgeben. Wirtschaftlich ist das Stammland für die internationalen Monopole **nur noch ein möglicher Standort unter vielen**. In einem Artikel führte Horst Siebert, Präsident des Instituts für Weltwirtschaft, aus, auf welcher Grundlage solche strategischen Unternehmensentscheidungen gefällt werden:

*»Deutsche Unternehmen verfügen inzwischen über ein weltweites Portfolio von Investitionsstandorten ... Dies hat die Konsequenz, daß die Unternehmen auf neue inländische Daten reagieren können, indem sie im Unternehmensverbund nationalen Maßnahmen wie Regulierungen, der Besteuerung und Lohnerhöhungen ausweichen ...*

**Ob deutsche Unternehmen effizient** *sind oder ob* **der Standort Deutschland attraktiv** *ist, diese Fragen sind* **nicht mehr identisch.** *Deutsche Unternehmen können dadurch leistungsfähig sein, daß sie dem Standort Deutschland ausweichen.«* (»Frankfurter Allgemeine Zeitung« vom 9. Juli 2002 – Hervorhebungen Verf.)

Nach heutigem internationalem Recht können die internationalen Monopole ihre Steuern nach dem für sie günstigsten Steuerrecht berechnen oder sogar ihren Hauptsitz von einem Land in ein anderes mit niedrigeren Steuern verlegen. Allein schon diese Drohung, vorgebracht unter anderem von DaimlerChrysler und der Deutschen Bank, übt einen ungeheuren Druck auf die Nationalstaaten aus, in einen Wettlauf der Steuersenkungen für die Kapitalisten einzutreten.

Soweit zwischenstaatliche Vereinbarungen vorliegen, wie zum Beispiel zwischen Deutschland und den USA, gibt es auch die Möglichkeit eines steuerlichen »Verlustausgleichs« internationaler Konzerne. Daimler hätte in den letzten Jahren Milliarden Euro Steuern abführen müssen, während Chrysler in den USA seine steuerlichen Verluste kaum geltend machen konnte. Die Fusion beider Konzerne führte zur Steuerersparnis in Milliardenhöhe.

Machtpolitisch muss jedes internationale Monopol jedoch eine klare Zuordnung zu einem Nationalstaat haben, der es nach innen und außen vertritt.

Die internationalen Monopole unterwerfen sich die vom Imperialismus abhängigen und unterdrückten Länder je nach der politischen Macht und der wirtschaftlichen Stellung, die sie in dem jeweiligen Land einnehmen. So hat die Übernahme der Škoda-Werke durch VW in Tschechien zweifellos bewirkt, dass der deutsche Imperialismus über dieses mit Abstand größte Monopolunternehmen des Landes maßgeblichen Einfluss auf die Wirtschaft und Politik des Landes bekommen hat.

Die internationalen Monopole **nehmen aber auch gezielt auf andere imperialistische Staaten Einfluss.** Der Vizepräsident für die Asien-Pazifik-Region des in Cleveland (Ohio, USA) ansässigen Konzerns TRW berichtete stolz, wie die Einflussnahme auf Japan funktioniert. Das Unternehmen entwickele »*ein ausgedehntes Netzwerk mit (japanischen) Politikern, politischen Beratern, politischen Korrespondenten und anderen mit der Regierung in Beziehung stehenden Persönlichkeiten, (mittels dessen die Firma) an der Erarbeitung von Gesetzesinitiativen und anderen politischen Maßnahmen im Interesse von TRW teilhaben (könnte).*« (in: Robert B. Reich, »Die neue Weltwirtschaft – Das Ende der nationalen Ökonomie«, S. 186)

Der Aufbau eines solchen Netzwerks lässt sich natürlich wesentlich beschleunigen durch Aufkäufe von, Beteiligungen an oder Allianzen mit internationalen Monopolen, die ihren Stammsitz im betreffenden Land haben. Diese sind ja bereits mit »ihrem« Staatsapparat verschmolzen. Es ist eine gesetzmäßige Tendenz, dass das internationale Finanzkapital stärkeren Einfluss auf die einzelnen Nationalstaaten ausübt, sobald es in sie eindringt. Bis zu einem gewissen Grad verschmelzen sogar die gegenseitigen Interessen, zumindest auf einzelnen Gebieten, während auf anderen die erbitterte Konkurrenz fortbesteht. Auch bei der gegenseitigen Durchdringung von internationalen Monopolen und ihren Nationalstaaten vollzieht sich ein permanentes **Wechselspiel von Einheit und Kampf der Gegensätze**.

## Die Degradierung der Nationalstaaten zu Dienstleistern für die internationalen Monopole

Auf den Weltmarkt und die Weltwirtschaft können die Staaten nicht im selben Maß einwirken wie auf die nationalstaatliche Produktion. Dort herrscht das Gesetz der erbarmungslosen Konkurrenz zwischen den internationalen Monopolen und den verschiedenen Nationalstaaten, der Unterordnung des Schwächeren unter den Mächtigeren. Die imperialistischen Nationalstaaten müssen die **Wirtschaftskraft des eigenen Lands** für den Kampf um die Vorherrschaft in der Welt **stärken**. Deshalb konkurrieren die Nationalstaaten um die Ansiedlung internationaler Monopole. So hat es zweifellos den deutschen Imperialismus gegenüber dem US-Imperialismus gestärkt, dass Daimler den amerikanischen Autokonzern Chrysler übernahm und dass der Hauptsitz des neuen DaimlerChrysler-Monopols in der BRD ist. Andererseits hat die feindliche Übernahme von Mannesmann durch Vodafone den BRD-Imperialismus gegenüber dem britischen Imperialismus geschwächt.

Vor allem mit dem Argument der Schaffung von Arbeitsplätzen und der Drohung, andernfalls andere Standorte vorzuziehen, werden Kommunen, Länder und Nationalstaaten regelrecht erpresst, den internationalen Monopolen eine geeignete Infrastruktur, die besten Produktionsstätten und umfassende staatliche Mittel für die Errichtung neuer Produktionsanlagen zur Verfügung zu stellen. In diesem erbitterten

Konkurrenzkampf haben die großen imperialistischen Staaten mit ihren aufgeblähten Staatshaushalten natürlich entscheidende Vorteile gegenüber den kleineren Ländern oder den Entwicklungsländern. Doch auch in den imperialistischen Ländern nehmen die hochverschuldeten Länder und Kommunen drastische Einschnitte in ihren Haushalten vor, um die Gelder für die internationalen Monopole aufzubringen. Das geht immer mehr auf Kosten der elementaren Lebensbedürfnisse der breiten Massen.

Als ein neues BMW-Werk geplant wurde, konkurrierten 500 Städte aus mehreren Ländern Europas um seine Ansiedlung. BMW entschied sich für die ostdeutsche Großstadt Leipzig. Dort gab es eine große Auswahl qualifizierter Arbeitskräfte und die damals modernste Infrastruktur, aufgebaut mit 5 Milliarden Euro aus Steuermitteln im Rahmen des so genannten »Solidarpakts I«. Diese Subventionen waren nur für Investitionen in den neuen Bundesländern vorgesehen und wurden von den breiten Massen in ganz Deutschland finanziert: Die Sondersteuer trug den demagogischen Namen »Solidaritätszuschlag«. Mit diesen Mitteln sollten angebliche »Standortnachteile« ausgeglichen werden. Dazu wurden zusätzliche Subventionen von bis zu 35 Prozent der Investitionssumme bewilligt, mehr als im EU-Durchschnitt. Im Fall von BMW bewilligte die EU-Kommission 363 Millionen Euro. Damit aber nicht genug, erpresste der Konzern weitere Vergünstigungen:

- BMW bekam das Grundstück von der Stadt Leipzig für den Spottpreis von knapp 13 Euro je Quadratmeter einschließlich aller Erschließungskosten. Die Grundstückspreise in guten Lagen Leipzigs betrugen Anfang des Jahres 2002 laut Jürgen Poschmann, erster Vorsitzender des sächsischen Landesverbands Deutscher Makler (VDM), zwischen 110 und 130 Euro je Quadratmeter.

- Das Einebnen des Baugeländes wurde ebenfalls von der Stadt Leipzig übernommen. Dabei waren rund drei Millionen Kubikmeter Erde zu bewegen.

- Für die nötige Infrastruktur wurden ein eigener Autobahnzubringer, Ortsumgehungen und ein Gleisanschluss für das Werk gebaut. Die Kosten von 100 bis 200 Millionen Euro teilten sich Bund und Land.

- Die Stadt Leipzig richtete ein Koordinationsbüro im Rathaus ein mit 13 neu eingestellten Planern und Bauingenieuren. Die Stellen waren auf vier Jahre befristet und allein die von der Stadt getragenen Personalkosten betrugen rund 300 000 Euro im Jahr, insgesamt also 1,2 Millionen Euro.

- Die Stadt Leipzig übernahm die Kosten für Auswahl und Qualifizierung der neu einzustellenden Arbeiter und Angestellten. Dazu wurde eigens eine Personalentwicklungsgesellschaft gegründet.

- Das Bundesland Sachsen legte mit der IHK Leipzig ein Förderprogramm auf (»Projekt Automobilzulieferer 2005«), um die Zulieferbetriebe der Region »fit zu machen«.

- Zugesagt wurde der beschleunigte Bau eines zweigleisigen und 500 Millionen Euro teuren Eisenbahntunnels durch die Stadt, um den Hauptbahnhof an die Hochgeschwindigkeitsstrecke der Bahn anzuschließen, sowie der beschleunigte Bau einer direkten Autobahnverbindung zwischen Leipzig und Chemnitz.

- Den Ausschlag gab letztlich die Möglichkeit eines flexiblen Arbeitszeitmodells, die an Konkurrenzstandorten in Frankreich und Tschechien nicht gegeben war. Dazu hieß es in der »Frankfurter Allgemeinen Zeitung«:

*»Die 5500 künftigen BMW-Mitarbeiter in Leipzig ermöglichen eine gemäß der Nachfrage ›atmende Fabrik‹, so daß die wöchentliche Betriebszeit zwischen 60 und 140 Stunden*

*variieren kann. Damit ergeben sich für jeden Mitarbeiter drei bis sechs Arbeitstage in der Woche; es ist ein zwei- oder dreischichtiger Betrieb möglich, der Sonntag bleibt aber in jedem Fall arbeitsfrei. Durch die damit verlängerte Maschinenlaufzeit rechnet BMW mit etwa 20 Prozent niedrigeren Investitionen; die Produktivität des Unternehmens werde mit diesem Arbeitszeitmodell um etwa ein Viertel steigen ... In Sachsen wird mit 38 Arbeitsstunden je Woche 8 Prozent länger als in Westdeutschland gearbeitet, im Tariflohn gebe es keinen Unterschied. Schoch[1] hat bereits im Februar erfahren, daß es schlecht stünde um einen weiteren deutschen BMW-Standort, wenn sich die Arbeitnehmer nicht bewegten. Das war offenbar genügend Zeit, um ein etwas kompliziertes Modell zu entwickeln, das auf die zyklische Nachfrage nach Automobilen reagieren kann. Die Hauptwettbewerber um den neuen BMW-Standort – Arras in Frankreich und Kolin in der Tschechischen Republik – konnten darauf nicht entsprechend reagieren. Denn in Frankreich läßt das Arbeitsrecht flexible Modelle nicht zu, und in Tschechien legen sich die Gewerkschaften quer.«* (»Frankfurter Allgemeine Zeitung« vom 19. Juli 2001)

Als die deutschen Monopole ihre Interessen hauptsächlich auf eine international organisierte Produktion ausrichteten, musste auch die Bundesregierung ihre Innen- und Außenpolitik verändern. Im Juni 1998 veröffentlichte der Bundesverband der Deutschen Industrie e.V. (BDI) ein Perspektivkonzept mit dem Titel »Für ein attraktives Deutschland in einem weltoffenen Europa«. Darin forderte er eine umfassende Neuausrichtung der staatlichen Maßnahmen und des gesamten gesellschaftlichen Lebens auf den Prozess der Neuorganisation der internationalen Produktion:

---

[1] Vorsitzender des Gesamtbetriebsrats von BMW

»... während die Unternehmen sich immer stärker global orientieren, verharren Politik und Gesellschaft in Kernbereichen noch zu sehr in nationalen Denk- und Handlungsmustern. Wirtschaftspolitik, Arbeitsmarktpolitik, Steuerpolitik und Sozialpolitik werden weiterhin überwiegend aus nationaler Perspektive behandelt. Sie orientieren sich zu wenig an internationalen Entwicklungen und den daraus resultierenden Anforderungen an einen Strukturwandel.« (S. 14/15)

Wenn der BDI, die Schaltzentrale der Monopole, von »Anforderungen an einen Strukturwandel« spricht, dann fordert er vor allem von der Regierung, die internationalen Monopole mit Hauptsitz in Deutschland dabei zu unterstützen, ihre Weltmarktpositionen zu festigen und zu erweitern. Dabei stören selbstredend »nationale Denk- und Handlungsmuster«, nach denen der Staat auch vielfältige soziale Aufgaben zu gewährleisten hätte. In seinem Jahresbericht 1999 konkretisierte der BDI, worauf es aus seiner Sicht bei den staatlichen Maßnahmen ankommt:

»Auf allen Märkten der Welt stehen Großkonzerne mit länderübergreifenden Produktionsstrukturen in scharfem Wettbewerb. Sie nutzen die komparativen[1] Vorteile verschiedener Standorte. Ein globaler Standortwettbewerb um Investoren und Arbeitsplätze ist in vollem Gang. Insbesondere die Industrienationen stehen unter dem Zwang, ihre wirtschaftlichen Rahmenbedingungen zu optimieren, nach nationalen Erfolgsstrategien zu suchen, um sich im Rahmen einer neuen internationalen Arbeitsteilung behaupten zu können. Dieser Zwang bestimmt auch die politische Agenda in Deutschland. Wir haben im Vergleich zu anderen Industrieländern zu hohe Arbeits- und Sozialkosten. Zudem werden deutsche Unternehmen stärker als

---

[1] vergleichsweisen

*ihre ausländischen Konkurrenten mit Steuern, Umweltabgaben und Energiekosten belastet. Damit sich Investitionen hier stärker lohnen, **müssen die hohen Produktionskosten reduziert werden**. Gewinnen können nur die Volkswirtschaften, die flexibel auf den erhöhten Wettbewerbsdruck reagieren.«* (BDI,»Jahresbericht 1999«, S. 10 – Hervorhebung Verf.)

Unter *»Reduzierung der hohen Produktionskosten«* war nichts anderes gemeint als allgemeiner Lohnabbau, Verminderung der Unternehmenssteuern und der Ausgaben für Sozialversicherungen, Senkung der Energiepreise und Lockerung der Umweltschutzauflagen.

Die **Veränderung der Rolle des Staates** hat drei wesentliche Elemente: Zum einen sollen die Funktionen des Staates in der Innen- und Außenpolitik ausgebaut werden, die im Interesse der internationalen Monopole liegen. Zum Zweiten soll sich der Staat aus allen gewinnträchtigen wirtschaftlichen Betätigungen zu Gunsten der Monopole zurückziehen. Zum Dritten sollen alle sozialen Funktionen, die der Staat im Interesse der Massen ausübt, bis auf eine minimale Grundsicherung abgebaut werden. Von seinen Funktionen als sozialem Gemeinwesen soll dem Staat nur noch die der Hilfe bei den größten materiellen Lebensrisiken bleiben, er soll nur noch »subsidiär« als Rückversicherer agieren. Alle bisher staatlich wahrgenommenen Funktionen, die Maximalprofit versprechen, werden zur Privatisierung freigegeben. Vielfältige soziale Aufgaben werden den privaten Kleinfamilien zusätzlich aufgebürdet. Mit einer »schlanken Verwaltung« soll der Staat seine neuen Aufgaben effektiver erledigen und dazu soll massiv Personal abgebaut werden. Unverändert bleibt natürlich die Funktion des Staates, über die Haushalte der Kommunen, der Länder und des Bundes das Nationalprodukt zu Gunsten der Monopole, vor allem der internationalen Monopole, umzuverteilen.

Außenpolitisch forderten die internationalen Monopole eine »*politische Begleitung*« bei ihrem Kampf um die Vorherrschaft auf dem Weltmarkt:

»*Eine effiziente politische Flankierung trägt dazu bei, Aufträge und Arbeitsplätze für deutsche Unternehmen zu sichern. In jüngster Zeit wird jedoch über einen nachlassenden Elan geklagt, mit dem die Anliegen der Wirtschaft im Ausland vertreten werden ... Unzureichende politische Flankierung hat dazu beigetragen, dass deutsche Unternehmen in wichtigen Ländern, wie z. B. der Nah- und Mittelost-Region und Lateinamerika, Marktanteile verloren haben. Wissenschaftler schätzen, dass die deutsche Wirtschaft durch unzureichende politische Flankierung allein in der Nah- und Mittelost-Region jährlich Aufträge im Werte von bis zu 20 Mrd. DM an Konkurrenten verliert. Der Wirtschaft bleibt unverständlich, dass die Bundesregierung z. B. über Jahre den politischen Dialog mit dem Irak verschleppt hat.*« (BDI, »Wirtschaftspolitische Bilanz der rot-grünen Bundesregierung«, September 2001, S. 55)

Es ist pure Heuchelei, wenn der BDI die »*effiziente politische Flankierung*« als Maßnahme zur Sicherung von »*Arbeitsplätzen für deutsche Unternehmen*« ausgibt. Den deutschen Übermonopolen ist es gleichgültig, ob sie deutsche, polnische oder brasilianische Lohnarbeiter für ihren Maximalprofit ausbeuten. Die Ausrichtung der Außenpolitik auf die Interessen der deutschen Übermonopole schließt selbstverständlich ein, dass die Bundesregierung eigene deutsche Akzente setzt, um den wirtschaftspolitischen Spielraum auszudehnen:

»*Um das Wirtschaftspotential der internationalen Wachstumsmärkte ausschöpfen zu können, ist die politische Begleitung deutscher Unternehmen von großer Bedeutung. Dazu gehört:*

• *Durch* **wirtschaftspolitische Maßnahmen** *Rahmenbedingungen auf internationalen Märkten schaffen, die Marktzu-*

gang für deutsche Firmen sichern und Ausbau ermöglichen (z. B. EU-Mercosur-Freihandelsabkommen so schnell wie möglich abschließen)

- Konkrete politische **Unterstützung bei Großprojekten** leisten
- **Instrumente der Außenwirtschaftsförderung** an neue internationale Bedingungen anpassen
- Mehr **Transparenz** über **Auslandsaktivitäten** der Ressorts und Akteure in der Außenwirtschaftspolitik schaffen und Belange der **Wirtschaft** stärker berücksichtigen
- Regelmäßige hochrangige **Politikerreisen** mit begleitender **Wirtschaftsdelegation** organisieren – nicht nur durch ›klassische Ressorts‹ (BMWi, BK, AA)[1]
- Regelmäßige hochrangige Teilnahme an **Messeveranstaltungen** im Ausland mit starker deutscher Firmenpräsenz«

(ebenda)

Wie der Staat als Instrument des Konkurrenzkampfs der internationalen Monopole arbeitet, schilderte Robert B. Reich am Beispiel der Chip-Produktion in den USA:

»*Ende der 80er Jahre stellten japanische Firmen weltweit die meisten Speicherchips her, was in amerikanischen Regierungsbehörden tiefste Beunruhigung auslöste. Um Amerikas Fähigkeiten auf dem Gebiet der Chip-Herstellung zu stärken, beschlossen sie deshalb, Sematech, einem Konsortium amerikanischer Halbleiterfirmen, zusätzlich zu deren eigenen Ressourcen hundert Millionen Dollar jährlich zur Verfügung zu stellen, um dem neuesten Stand der Technik entsprechendes Gerät zur Herstellung der nächsten Chip-Generation zu entwerfen ... Noch während Sematech langsam in Fahrt kam, waren seine Mitglieder bereits dabei, an globalen Netzwerken zu stricken. Texas*

---

[1] Bundesministerium für Wirtschaft, Bundeskanzleramt, Auswärtiges Amt

*Instruments ... hatten beschlossen, für 250 Millionen Dollar ein neues Halbleiterwerk in Taiwan zu bauen, in dem 1991 bereits Vier-Megabit-Speicherchips und andere integrierte Schaltkreise hergestellt werden sollten ... Außerdem hatten Texas Instruments sich mit Hitachi zwecks Entwicklung und Herstellung von ›Superchips‹ zusammengetan, die in der Lage sein sollten, 16 Millionen Datenbits zu speichern. Währenddessen hatten sich die Strategen in der Hauptzentrale von Motorola entschlossen, Hilfe bei den Forschern und Konstrukteuren von Toshiba zu suchen, um eine zukünftige Generation von Chips zu entwickeln. Auch andere amerikanische Chiphersteller knüpften solche globalen Halbleiter-Verbindungen: AT&T mit NEC und Mitsubishi, Intel mit der NMB Semiconductor Company und der Matsushita Group, alle in Japan, und IBM mit Siemens in Deutschland ... Ironischerweise wurde gerade in der Warmlaufphase von Sematech die größte Fabrik für hochentwickelte Chips in den Vereinigten Staaten von einer japanischen Firma gebaut, der der Zutritt zu Sematech verwehrt worden war. Im Juni 1989 verkündete NEC, es werde für 400 Millionen Dollar eine Fertigungsanlage in Rosevale (Kalifornien) errichten, um dort Vier-Megabit-Speicherchips und andere hochtechnologische Komponenten herzustellen, die bisher nirgendwo produziert wurden.«* (»Die neue Weltwirtschaft – Das Ende der nationalen Ökonomie«, S. 177–179)

Reich beschönigt hier allerdings die Rolle der US-Regierung. Ihr ging es nicht um die *»Fähigkeiten Amerikas«* oder gar um die Beschäftigten in den USA, sondern um die Erhöhung des US-amerikanischen Anteils an der internationalen High-Tech-Industrie und um die führende Rolle in dieser Zukunftstechnologie. Dazu unterstützte sie den nationalen Zusammenschluss der Chip-Hersteller mit staatlichen Finanzspritzen. Das hob aber den Konkurrenzkampf unter den US-Monopolen um Weltmarktanteile nicht auf. Ihre zeitweilige Zusammenarbeit mit internationalen Monopolen aus anderen Ländern diente genauso dem Konkurrenzkampf. **Der Staat wurde zum öffentlichen Dienstleister für die internationale Expansion der Monopole**, der in Konkurrenz oder auch in Absprache mit den anderen imperialistischen Ländern die besten Produktions- und Ausbeutungsbedingungen anbot.

Die nationalstaatlichen **Dienstleister** haben verschiedene Funktionen:

- **Sicherung der kapitalistischen Ausbeutungs- und Eigentumsverhältnisse**, Aufrechterhaltung der Klassenherrschaft der Monopole, Unterdrückung des Klassenkampfs der Arbeiterklasse, entsprechende Gesetzgebung, auch im Interesse der nicht monopolisierten Bourgeoisie.

- **Vertretung der Monopolinteressen** bei internationalen Vereinbarungen und in internationalen Organisationen.

- **Schaffung günstiger »Standortbedingungen«** für die internationale Produktion: Senkung von Steuern und Sozialversicherungsbeiträgen für Unternehmen, Bereitstellung modernster Infrastruktur und qualifizierter Arbeitskräfte, Eliteförderung, Deregulierung des Arbeitsmarkts, Lockerung von Umweltschutzbestimmungen.

- **Schaffung attraktiver Bedingungen für internationale Finanzanleger**: Aufhebung sämtlicher Kapitalverkehrskontrollen, Anti-Inflations-Politik, Umwandlung öffentlicher Einrichtungen in private Unternehmen, die nach dem Profitprinzip arbeiten (Arbeitsvermittlung, Bildungseinrichtungen, Krankenhäuser u. a.).

- **Maßnahmen zur Dämpfung der Klassenwidersprüche** wie Klassenzusammenarbeitspolitik zwischen Unternehmen, Gewerkschaftsführung und Regierung bzw. örtlicher Stadtverwaltung.

- **Gewährleistung der Produktion und Reproduktion des gesellschaftlichen und staatlichen Lebens** und insbesondere von Arbeitskräften und ihrer Ausbildung.

- **Wahrnehmung propagandistischer Aufgaben**, um die Politik und Interessen der internationalen Monopole unter der Masse der Bevölkerung zu verankern oder sie zumindest passiv zu halten. Das Hauptinstrument dazu ist das **System der kleinbürgerlichen Denkweise**.

- **Ausübung des staatlichen »Gewaltmonopols«** zur Verteidigung der Alleinherrschaft der Monopole und zur Niederhaltung des Klassenkampfs der Arbeiterklasse und des aktiven Widerstands der breiten Massen.

- **Wahrnehmung militärischer Funktionen**, Hochrüstung und Führung von Kriegen zur Neuaufteilung der weltweiten Macht- und Einflusssphären.

### Auflösung des staatlichen Monopols der Arbeitsvermittlung

Die Neuorganisation der internationalen Produktion verlangt die **Auflösung des staatlichen Monopols der Arbeitsvermittlung**. Seit Anfang der 1990er Jahre wurde dieses Monopol in den meisten EU-Ländern aufgehoben und private Arbeitsvermittler wurden zugelassen. So konnten die Monopole die »freie Wahl des Arbeitsplatzes« der EU-Bürger besser nutzen, auch grenzüberschreitend. Da die deutschen Monopole aufgrund der Wiedervereinigung über ein Heer hochqualifizierter Arbeiter und Angestellter aus der ehemaligen DDR verfügen konnten, wurde das Vermittlungsmonopol der deutschen Bundesanstalt für Arbeit erst 1994 abgeschafft. Seit dem 27. März 2002 zahlen die Arbeitsämter in Deutschland Prämien für die private Vermittlung von Arbeitslosen. Einige Monopole schmiedeten daraufhin Pläne, Teile ihrer Personalabteilungen in solche privaten Vermittlungsbüros auszugliedern. Dann hätten sie eine eigene jederzeit verfügbare Reserve an Arbeitskräften und könnten sich zudem ihre Personalbeschaffung von der Arbeitslosenversicherung finanzieren lassen. In einer gemeinsamen Erklärung veröffentlichten die Monopolverbände diese Ausrichtung:

*»Aufgaben, die nicht dem beitragsfinanzierten Bereich zuzuordnen sind, insbesondere die aktive Arbeitsmarktförderung, müssen aus dem Zuständigkeitsbereich der Arbeitsverwaltung ausgegliedert werden, um eine Vermischung von Zuständigkeiten und Kompetenzen zu verhindern. In Bezug auf die Kernaufgaben der Bundesanstalt für Arbeit – eine qualitativ hochwertige Arbeitsvermittlung und die Durchführung der Arbeitslosenversicherung – muss der Verwaltungsrat als echter Aufsichtsrat effektive und umfassende Kontrollbefugnisse erhalten. Die Bundesanstalt muss zukünftig wie ein Unternehmen geführt und kontrolliert werden ...*

*Eine Neuorganisation der Bundesanstalt für Arbeit als reine Organisationsreform wäre aber ein arbeitsmarktpolitischer Fehlschlag, wenn nicht gleichzeitig der überregulierte Arbeitsmarkt durchlässig und flexibel gestaltet wird und die Fehlanreize unserer Sozialsysteme nicht beseitigt werden. In diesem Sinne findet der Vorschlag, die Bezugsdauer des Arbeitslosengeldes auf maximal 12 Monate zu beschränken, die volle Unterstützung der deutschen Wirtschaft. Darüber hinaus ist aber auch der entschlossene Abbau verfehlter und wirkungsloser Arbeitsmarktinstrumente, wie ABM, erforderlich. Die Einsparungen, die sich dadurch erzielen lassen, müssen zu einer Senkung des Beitragssatzes zur Arbeitslosenversicherung um einen Prozentpunkt auf 5,5 Prozent verwendet werden.«*
(»Gemeinsame Erklärung der Verbände, Münchener Spitzengespräch der Deutschen Wirtschaft«, 19. März 2002)

Unter der Beseitigung von »*Fehlanreizen unserer Sozialsysteme*« verstehen die Monopolverbände nichts anderes als die Kürzung von Arbeitslosengeld und Arbeitslosenhilfe, die Abschaffung der ABM-Maßnahmen und Senkung der Beiträge der Unternehmer zur Arbeitslosenversicherung. Geringeres Arbeitslosengeld soll den ökonomischen Druck auf die Arbeitslosen verstärken, auch geringer entlohnte Arbeit anzunehmen. Betroffen wären von einer solch drastischen Kürzung des Arbeitslosengelds rund 1,2 Millionen Langzeitarbeitslose: Arbeiter oder Angestellte, die länger als ein Jahr arbeitslos sind, aber auch rund 1,7 Millionen Arbeitslose, die wegen geringer Chancen auf dem Arbeitsmarkt in die Rentenversicherung oder in ABM abgeschoben wurden. Für ihren Lebensunterhalt bliebe dann nur noch die Sozialhilfe, deren Senkung jedoch auch schon im Forderungskatalog des BDI zu finden ist. Unter der demagogischen Losung des »Abstandsgebots« soll sichergestellt werden, dass die Sozialhilfe immer niedriger ist als die niedrigsten Löhne.

Der Kern der Pläne, die von der Kommission unter Leitung des VW-Personalvorstands Hartz für die Regierung ausgearbeitet wurden, war neben dem massiven Abbau von Leistungen und Rechten der Arbeitslosen der **Zwang zur Leiharbeit**. Dadurch werden den Monopolen flexible und wesentlich geringer bezahlte Arbeitskräfte zur Verfügung gestellt, die sie nach Belieben heuern und feuern und als Lohndrücker einsetzen können. Sowohl das Unterlaufen von Tarifverträgen als auch die Aushöhlung des Kündigungsschutzes wäre den Kapitalisten willkommen. Auch geringfügige Arbeitsverhältnisse, so genannte »Mini-Jobs«, und die Scheinselbständigkeit, so genannte »Ich-AGs«, werden ausgedehnt. So sparen die Unternehmen Milliarden Euro an Sozialversicherungsbeiträgen. Die bisherigen Arbeitsämter werden »Service-Agenturen« für den Arbeitskräftebedarf der Monopole.

Da sich die Ausbildungsstandards und die Arbeitsproduktivität in den Großbetrieben der internationalen Monopole relativ angeglichen haben, musste sich auch der internationale Arbeitsmarkt für gut ausgebildete Arbeitskräfte, insbesondere im High-Tech-Bereich, auf immer mehr Länder der Welt ausdehnen. Auf der ganzen Welt werden deshalb hochqualifizierte IT[1]-Experten aus den Entwicklungsländern in die imperialistischen Länder abgeworben. Der finanzielle Verlust durch diesen »Brain Drain«[2] im Jahr 2000 wird allein für Indien auf zwei Milliarden US-Dollar geschätzt. In diesem Jahr wanderten zirka 200 000 hochqualifizierte IT-Experten vorrangig aus Indien in die USA ab. Rund 60 Prozent aller Absolventen der technischen Universitäten Indiens verlassen das Land. Die Enquete-Kommission des Deutschen Bundestags schrieb dazu:

*»Afrika hat Schätzungen der Weltbank zufolge zwischen 1960 und 1987 etwa ein Drittel seiner ausgebildeten Fachkräfte an die Industrieländer verloren. Auch weiterhin wandern durchschnittlich jährlich ca. 23 000 qualifizierte Arbeitskräfte, insbesondere Akademiker und Ingenieure ab ... Zwischen 1988 und 1997 wanderten ca. 233 000 Südafrikaner dauerhaft in fünf Länder (GB, USA, Kanada, Australien, Neuseeland) ab. Besonders betroffen sind Länder wie Nigeria, Ghana und der Sudan, aber auch nordafrikanische Länder wie Ägypten und Algerien.«* (»Schlussbericht der Enquete-Kommission Globalisierung der Weltwirtschaft – Herausforderungen und Antworten«, Drucksache 14/9200 des Deutschen Bundestags vom 12. Juni 2002, S. 253)

Für die internationalen Monopole ist die Rekrutierung von qualifizierten Arbeitskräften auf dem Weltarbeitsmarkt eine wesentliche Seite ihres internationalen Konkurrenzkampfs

---

[1] Informationstechnologie

[2] »Brain Drain« heißt wörtlich »Gehirn-Abfluss«. Damit wird die Abwanderung qualifizierter Fachleute und Arbeitskräfte, vor allem aus Entwicklungsländern, bezeichnet, die dem Herkunftsland notwendige Kenntnisse und Fähigkeiten entzieht.

geworden. Die EU hatte im Jahr 1998 nach Schätzungen des Europäischen Unternehmerverbandes UNICE 500 000 offene Stellen im Informations- und Kommunikationsbereich. Entsprechend forderte der BDI bereits in seinem Perspektivkonzept von 1998 von der Bundesregierung eine »*aktive Einwanderungspolitik*«. Unter dem BDI-Stichwort »*Wettbewerb um die besten Köpfe*« verabschiedete die Bundesregierung zunächst eine »Green Card-Verordnung« und dann ein **neues Zuwanderungsgesetz**, das die Einwanderung vor allem auf die ökonomischen Bedürfnisse der internationalen Monopole zuschnitt. Zugleich wurden die Rechte der Einwanderer nach Deutschland stark eingeschränkt.

Die **Internationalisierung des Arbeitsmarkts** höhlt die Nationalstaatlichkeit, insbesondere der neokolonial abhängigen Länder, weiter aus. Sie ist aber auch ein bedeutender **Schrittmacher für die Vereinigung der Arbeiterklasse über Ländergrenzen hinweg**.

## 6. Umfassende Privatisierung staatlicher Betriebe und Einrichtungen

In den 1970er Jahren gab es in Deutschland mit Volkswagen AG, Ruhrkohle AG, Saarbergwerke AG, Salzgitter AG, VIAG AG, VEBA AG und IVG (Industrieverwaltungsgesellschaft mbH) noch eine Reihe industrieller Staatsmonopole und mit der Deutschen Bundesbahn AG, der Deutschen Post AG und der Deutschen Lufthansa AG drei staatliche Dienstleistungsmonopole. Hinzu kamen große staatliche Sektoren im Bankwesen, im Gesundheitswesen, im Bildungswesen und im Wohnungswesen. Flughäfen, Bahnhöfe, Schienennetze und Straßen wurden ebenso staatlich geführt wie Landes- und kommunale Einrichtungen der Energieversorgung, der Wasserwirtschaft, der Müllentsorgung oder im Kultur- und Freizeitbereich. Mit der Neuausrichtung des Staats auf die internationale Expansion der Monopole setzte eine **umfassende Privatisierungswelle** ein. (Tabelle 43)

Mit dieser Privatisierungswelle folgte der Staat unmittelbar den Profit- und Machtinteressen der internationalen Monopole. Der BDI hatte in seinem Perspektivkonzept vom Juli 1998 gefordert:

*»In der Hoheits- wie in der Leistungsverwaltung müssen **Aufgaben privatisiert** werden. Subventionen müssen abgebaut werden. Ein Weniger an Aufgaben spart Ausgaben und macht den Weg zu einer **großen Steuerreform** frei.«* (BDI, »Für ein attraktives Deutschland in einem weltoffenen Europa«, S. 89)

Zuerst wurden die industriellen Staatsmonopole, dann die Dienstleistungsmonopole privatisiert. Inzwischen werden Stück um Stück alle öffentlichen Betriebe und Einrichtungen zum Verkauf an Private freigegeben. Damit stehen nicht nur Privatisierungen im Bereich der Produktion von Waren auf der Tagesordnung, sondern auch alle Bereiche der Produktion und Reproduktion des menschlichen Lebens. Die privatisierten Unternehmen wurden sofort auf die Erzielung von Maximalprofiten ausgerichtet; denn es ging keineswegs um »Kostensenkung und Effektivitätssteigerung«, wie Monopolvertreter und Politiker glauben machen wollten, sondern allein um **neue Anlagemöglichkeiten für das überschüssige Kapital der Monopole**.

Ende September 2001 gab es noch 381 Unternehmen, an denen der Bund mit mehr als 25 Prozent beteiligt war, an 60 davon unmittelbar. Der mittelbare Beteiligungsbesitz umfasste insbesondere Tochtergesellschaften der Deutschen Telekom AG, der Deutschen Post AG, der Deutschen Bahn AG sowie der Flughafengesellschaften.

## Tabelle 43:
## Privatisierungen von Bundesunternehmen
## (Stand: 30. September 2002)

| Haushaltsjahr | Unternehmen |
|---|---|
| 1959 | Preussag AG |
| 1961 | VW AG |
| 1965 | VEBA AG (Erstbörsengang) |
| 1984 | VEBA AG (Zweitbörsengang) |
| 1986 | VIAG AG |
| | VW AG (Bezugsrechterlöse) |
| | IVG AG |
| 1987 | VEBA AG (Vollprivatisierung) |
| | VIAG (Bezugsrechterlöse) |
| | Deutsche Lufthansa AG (Bezugsrechterlöse) |
| 1988 | Treuarbeit AG |
| | VW AG |
| | VIAG |
| 1989 | Treuhand AG (staatliche Betriebe der ehemaligen DDR) |
| | DSL Bank |
| | Deutsche Lufthansa AG (Bezugsrechterlöse) |
| 1990 | Salzgitter AG (Gründung Bundesstiftung Umwelt) |
| 1991 | Prakla-Seismos AG |
| | Depfa Bank AG |
| 1993 | Deutsche Baurevision AG |
| | Prakla-Seismos AG |
| | Aachener Bergmannssiedlungs-Gesellschaft mbH |
| | C & L Treuarbeit AG |
| | IVG AG (Bezugsrechte) |
| 1994 | IVG AG |
| | Bayerischer Lloyd AG |
| | Deutsche Lufthansa AG |
| | Deutsche Lufthansa AG (Bezugsrechte) |
| 1995 | Rhein-Main-Donau AG |
| | Deutsche Außenhandelsbank AG |
| | Deutsche Vertriebsgesellschaft für Publikationen und Filme mbH |
| | Heimbetriebsgesellschaft mbH |
| 1996 | Neckar AG |
| | Deutsche Lufthansa AG (Parklösung KfW)[1] |
| | Deutsche Telekom AG (Kapitalerhöhung ohne Beteiligung des Bundes) |

## Umfassende Privatisierung

| Haushaltsjahr | Unternehmen |
|---|---|
| 1997 | Mon Repos Erholungsheim Davos AG |
| | Gemeinnützige Deutsche Wohnungsbaugesellschaft mbH |
| | Deutsche Lufthansa AG (Vollprivatisierung) |
| | Deutsche Telekom AG (Parklösung KfW)[1] |
| | Deutsche Stadtentwicklungsgesellschaft mbH |
| | GBB Genossenschaftsholding Berlin |
| 1998 | Deutsche Telekom AG (Parklösung KfW)[1] |
| | Autobahn Tank & Rast AG |
| | Bundesanzeiger Verlagsgesellschaft mbH |
| | Saarbergwerke AG |
| | Landeswohnungs- und Städtebaugesellschaft Bayern mbH |
| | Gesellschaft für Lagereibetriebe mbH |
| | Heimstätte Rheinland-Pfalz GmbH |
| | DG Bank – Deutsche Genossenschaftsbank |
| 1999 | Deutsche Telekom AG (Parklösung KfW)[1] |
| | Deutsche Postbank AG |
| | Schleswig-Holsteinische Landgesellschaft |
| | Deutsche Post AG (Parklösung KfW)[1] |
| | DSL Bank AG |
| 2000 | Deutsche Telekom AG (Verkauf aus KfW-Bestand) |
| | Flughafen Hamburg GmbH |
| | Deutsche Post AG (Verkauf aus KfW-Bestand) |
| | Bundesdruckerei GmbH |
| 2001 | Gesellschaft für kommunale Altkredite und Sonderaufgaben der Währungsumstellung GmbH (GAW) |
| | Juris GmbH |
| | Fraport AG |
| | Deutsche Telekom AG (Kapitalerhöhung ohne Beteiligung des Bundes) |
| | DEG – Deutsche Investitions- und Entwicklungsgesellschaft mbH |
| 2002 | Frankfurter Siedlungsgesellschaft mbH |
| | GEWOBAG Gemeinnützige Wohnungsbau-Aktiengesellschaft Berlin |

[1] Bund gibt Anteile an Kreditanstalt für Wiederaufbau, nicht direkt an Aktienmarkt
Quelle: Bundesfinanzministerium, Bundesbeteiligungen 2002

Die große Bedeutung der staatlichen Industrie- und Dienstleistungsmonopole wird durch die Tatsache unterstrichen, dass Anfang 2003 sechs der 30 führenden Dax-Werte ehemalige Staatsbetriebe sind: TUI (ehemals Preussag), VW, Lufthansa, Deutsche Post, Deutsche Telekom, E.on (ehemals VIAG und VEBA). Die größte Welle von Privatisierungen staatlicher Monopole brach nicht zufällig in den 1990er Jahren über die BRD herein.

### *Privatisierung der staatlichen Industriemonopole*

Die ehemals staatlichen Konzerne VEBA und VIAG wurden privatisiert und im Jahr 2000 zur E.on AG zusammengeschlossen. Weiter fusionierten die Konzernteile Preussenelektra AG und Bayernwerk AG zur E.on Energie AG, Degussa-Hüls AG und SKW Trostberg AG zur Degussa AG.

Mit E.on entstand eins der größten Monopole der Welt. Im Jahr 2000 nahm es Platz 27 auf der Liste der führenden internationalen Monopole ein, es war der weltweit größte private Energieversorger und kontrollierte mit der Degussa die größte Spezialchemiegruppe der Welt. Zum E.on-Konzern gehörten über 1 500 Unternehmen und Beteiligungsgesellschaften im In- und Ausland. E.on strebt nach weiteren Übernahmen im besonders lukrativen internationalen Wasser- und Gasmarkt. Im Tausch für die Ruhrgas AG hat sie die Degussa AG an die RAG verkauft, bei der E.on im Jahr 2002 mit 37 Prozent Hauptanteilseigner war. E.on hat 2002 den britischen Konzern Powergen übernommen, der in den USA und 18 weiteren Ländern in der Stromversorgung tätig ist. So wurde E.on zum internationalen Marktführer auch in der Stromwirtschaft.

Es wäre völlig falsch, die Privatisierung staatlicher Monopole als Rückbau des staatsmonopolistischen Kapitalismus zum

»privaten Monopolkapitalismus« zu interpretieren. Die vollständige Unterordnung des Staatsapparats unter die Interessen der Monopole und die Verschmelzung der Organe der Monopole mit denen des Staatsapparats werden durch die Neuorganisation der internationalen Produktion nicht geringer; im Gegenteil: sie nehmen auf die Interessen der internationalen Monopole konzentrierte **neue** und **vielfältigere Formen** an.

Zunehmend greifen private Monopole nach bisher staatlichen bzw. öffentlichen Aufgaben. Die Aufhebung des Staatsmonopols im nationalen Rahmen macht den Weg frei für die Zentralisierung des Kapitals auf höherer, nunmehr internationaler Stufe. Privatisierung und Monopolisierung sind identische Prozesse. Die Privatisierung schafft neue Maximalprofit bringende Kapitalanlagen für die Monopole und öffnet die nationalen Märkte der internationalen Konkurrenz. Das verschärft die Unterordnung der gesamten Gesellschaft unter die Herrschaft der Monopole extrem. E.on kaufte im Zug der Privatisierung vermehrt Anteile an ehemals kommunalen Versorgungsbetrieben und kontrolliert nun in vielen Städten Deutschlands die Energie- und Wasserversorgung. (Tabelle 44)

Aus politischen Gründen oder wenn es für den Kampf um die nationale Quote am internationalen Finanzkapital und die Beherrschung des Weltmarkts nützlich erscheint, werden Unternehmen auch wieder verstaatlicht. So wurde der Salzgitter-Konzern (Stahl) zunächst privatisiert und an Preussag verkauft. Im Zug der Neuorganisation der internationalen Produktion wollte Preussag den Stahlbereich abstoßen und Salzgitter an das österreichische Stahlmonopol VOEST verkaufen. Um das zu verhindern, kaufte das Land Niedersachsen 1998 einen Teil der Salzgitter-Aktien von Preussag zurück. Seitdem ist Salzgitter halbstaatlich und durch die Übernahme der Mannesmann-Röhrenproduktion wurde es zum zweitgrößten deutschen Stahlmonopol nach ThyssenKrupp.

**Tabelle 44:**
**Anteile von E.on an ehemals kommunalen Versorgungsbetrieben der Energie- und Wasserversorgung (in Prozent)**

| Firma | Ort | Anteil in Prozent |
|---|---|---|
| E.on Energie AG | München | 100,0 |
| Schleswag AG | Rendsburg | 65,3 |
| Avacon AG | Helmstedt | 53,4 |
| e.dis Energie Nord AG | Fürstenwalde | 71,0 |
| Pesag AG | Paderborn | 54,7 |
| EWE AG | Oldenburg | 27,4 |
| Energie-AG Mitteldeutschland EAM | Kassel | 46,0 |
| Gelsenwasser AG | Gelsenkirchen | 52,1 |
| EVO Energieversorgung Oberfranken AG | Bayreuth | 84,3 |
| TEAG Thüringer Energie AG | Erfurt | 74,7 |

Quelle: E.on Geschäftsbericht 2001, S. 140/141

## *Privatisierung der staatlichen Dienstleistungsmonopole*

Mit dem »Gesetz zur Neuordnung des Postwesens und der Telekommunikation« wurde die Deutsche Bundespost im Januar 1995 privatisiert und in Aktiengesellschaften aufgeteilt: Deutsche Telekom AG, Deutsche Post AG, Deutsche Postbank AG (die Postbank wurde später in die Deutsche Post AG eingegliedert). Die Privatisierung der staatlichen Konzerne ermöglichte eine gewaltige Aufstockung des Kapitals durch den Verkauf der Aktien an den Börsen, auch an internationale Anleger, und bereitete so die Expansion auf dem Weltmarkt mit Fusionen und Übernahmen vor.

Die **Deutsche Post AG** wurde in kürzester Zeit zu einem weltweit führenden Logistik-Konzern mit integrierten Brief-, Express-, Logistik- und Finanzdienstleistungen. Werner Müller, ehemaliger Bundeswirtschaftsminister, erklärte am 19. November 2000 im Deutschlandfunk:

*»Während meinem Eindruck nach noch nicht überall auf der Welt begriffen worden ist, dass der Postbereich ein Zukunftsmarkt ist, hat sich die Deutsche Post AG in diesen Jahren bereits mit großer Zielstrebigkeit und Beharrlichkeit auf die Erfordernisse der künftigen Post- und Logistikmärkte eingerichtet. Sie hat sich, ohne über alle Maßen darüber zu reden, vom local hero zum global player ihrer Branche gemausert.«* (»Die Post im freien Wettbewerb«, Deutschlandfunk 19. November 2000, Manuskript aus dem Internet, www.dradio.de)

Die Deutsche Post AG hat bis Ende 2000 fast 40 Unternehmen aus verschiedenen Ländern übernommen oder sich an ihnen beteiligt und dafür mehr als 12 Milliarden DM ausgegeben. Zum Konzern gehören nun die holländische Nedlloyd, das US-Luftfracht- und Logistikunternehmen Air Express International und der Schweizer Logistikkonzern Danzas, das weltgrößte Speditionsunternehmen. Auch der britische Express- und Paketkonzern Securior, das schwedische Logistik- und Transportunternehmen ASG und der DHL-Expressversand wurden Teil des weltumspannenden Konzerns. Das Unternehmen hat Niederlassungen in 228 Ländern, beschäftigt 64 000 Menschen und unterhält eine Transportflotte von 19 000 Fahrzeugen und 250 Flugzeugen. (nach Jörg Victor, »Der Börsengang der Deutschen Post«, www.wsws.org/de/2000, 14. November 2000)

Der Börsengang der **Deutschen Telekom AG** mit einem Umfang von insgesamt über 60 Milliarden DM war eine der größten Privatisierungen weltweit. Die Telekom wurde bis zum Jahr 2002 der weltweit drittgrößte Mobilfunkanbieter und das viertgrößte Telefonunternehmen in der Welt. Sie kaufte unter anderem VoiceStream, den sechstgrößten Mobilfunkanbieter in den USA. Im Mittelpunkt ihrer Aufkäufe stehen die vier strategischen Geschäftsfelder Mobilfunk, Online-Dienste, Datenkommunikation/Systemlösungen sowie Festnetze. Eine Spitzenposition hat sich die Telekom auch in verschiedenen Ländern Osteuropas erworben.

Ebenfalls privatisiert wurde die **Lufthansa AG**. Bei der **Deutschen Bahn AG** wird dieser Schritt vorbereitet. Nachdem sie im Juli 2002 die Stinnes-AG aufkaufte, konnte die Deutsche Bahn AG zum internationalen Übermonopol in der Logistik-Branche aufsteigen: Transporte auf Straßen und Schienen sowie See- und Luftfracht.

Für die Belegschaften der Monopole bedeutet Privatisierung die Vernichtung Hunderttausender Arbeitsplätze. So wurden bei der Privatisierung der Post 150 000 Arbeitsplätze (von 380 000), bei der Telekom 120 000 und im Zuge der Vorbereitung der Privatisierung bei der Bahn 300 000 Arbeitsplätze vernichtet.

Mit der Privatisierung von E.on, der Telekom, der Post, der Bahn und der Lufthansa schuf der deutsche Imperialismus fünf Monopole, die von Anfang an zur internationalen Spitze ihrer Branche gehörten. Dabei kam eine wichtige Funktion des Staats bei der Neuorganisation der internationalen Produktion zum Ausdruck: Der **Staat unterstützt die Herausbildung internationaler Übermonopole**, indem er

- für das nötige Startkapital sorgt (durch Ausgabe von Aktien),

- die Größe und die gewachsene Struktur der bisher staatlichen Unternehmen als Ausgangsbasis zur Verfügung stellt und

- alles tut, damit diese Monopole ihre weltmarktbeherrschende Stellung weiter ausbauen können.

## Ausverkauf staatlicher Ver- und Entsorgungsbetriebe zur Sanierung kommunaler Haushalte

Neben der Schaffung und Stärkung von international tonangebenden Übermonopolen spielen für die Regierungen auf Bundes-, Länder- und kommunaler Ebene als Motiv natürlich auch die Milliardenerlöse eine wesentliche Rolle, die sie zur Linderung der chronischen Krise der öffentlichen Haushalte verwenden können. In den letzten Jahren wurde die Privatisierungspolitik sogar zu einer unverzichtbaren Grundlage der kommunalen Haushaltspolitik. Da es jedoch einmalige Erlöse sind, wird sich grundsätzlich nichts an der Haushaltskrise ändern. Auf Dauer werden sich sogar die Probleme verschärfen, weil den Kommunen laufende Einnahmen entgehen und ihr Eigenkapital zusammenschmilzt. So nahmen die Kommunen von 1991 bis 2001 zusammen 69,5 Milliarden Euro durch Verkauf von Beteiligungen und Sachanlagevermögen ein. Gleichzeitig erhöhte sich ihr Schuldenberg von 70,5 Milliarden Euro 1991 bis auf 99,2 Milliarden Euro 2001.

1998 mahnte der BDI in seinem Perspektivkonzept eine Beschleunigung der Privatisierung kommunaler Betriebe an:

*»Das Prinzip der offenen Staatsaufgaben hat der Staat benutzt, um Aufgaben an sich zu ziehen, die in privater Hand besser erledigt werden könnten. Eine vorsichtige Umkehr ist eingeleitet worden. Im Bund ist die Privatisierung vorangetrieben worden, aber die Gemeinden unterhalten noch über 100 000 kommunale Unternehmen, die oft in Konkurrenz zu Privatunternehmen stehen.«* (»Für ein attraktives Deutschland in einem weltoffenen Europa«, S. 83)

In dieser Zahl sind neben den Versorgungsbetrieben auch gemeindliche Gartenbau- und Friedhofsbetriebe, Werkstätten zur Prägung von Kfz-Schildern, landkreiseigene Busunternehmen, kommunale Reisebüros und andere Kleinbetriebe enthalten. In der BRD gibt es knapp 1 000 Stadtwerke, die bundesweit erst weniger als zwei Prozent ihrer Kunden an private Anbieter verloren haben. Erst 270 Stadtwerke haben private Anteilseigner. Nach der Bundestagswahl 2002 mahnte BDI-Präsident Rogowski im Rahmen eines Sofortprogramms an:

»*Es gibt noch immer etwa 100 000 Staatsbeteiligungen, vor allem in den Kommunen. Wir fordern, sie zu halbieren.*« (»Westdeutsche Allgemeine Zeitung« vom 30. November 2002)

Weltweit werden so genannte »public-private-partnerships« vorangetrieben, was nichts anderes bedeutet, als dass sich internationale Versorgungsmonopole wie RWE, E.on, Suez, Vivendi oder Aquamundo gewinnträchtige kommunale Betriebe und Einrichtungen einverleiben. Die französischen Konzerne Vivendi (ehemals Générale des Eaux) und Suez-Lyonnaise des Eaux kontrollierten im Jahr 2002 40 Prozent des Weltwassermarkts. In den Großstädten der Welt liegt die Wasserversorgung noch zu knapp 85 Prozent in der Hand staatlicher oder anderer öffentlicher Unternehmen – hier liegt ein riesiges Profitpotential für die internationalen Monopole.

Energieversorgungsunternehmen wie RWE und VEW nutzten ihre guten Verbindungen zu den Kommunen, um Anfang der 1990er Jahre in das Abfallentsorgungsgeschäft einzusteigen. Zwischen 1989 und 1997 kaufte allein RWE 400 Unternehmen auf und führte seit 1998 die Branche in Deutschland an. Die VEW-Tochter Edelhoff unterhält Verträge mit sieben deutschen Städten. Am städtischen Entsorgungsbetrieb in Wroclaw (Polen) hält Edelhoff 45 Prozent. Ein Drittel der Hausmüllentsorgung in Polen liegt in der Hand deutscher Unternehmen. Die RWE-Umwelt ist in Spanien, Österreich, Tschechien, Ungarn, Rumänien, Bulgarien und den USA aktiv. Das Interesse an internationalen Entsorgungsverträgen erklärt sich auch aus dem erhofften Zugang zum gewinnträchtigen Geschäft mit Sekundärrohstoffen. Deutsche Unternehmen exportieren Altpapier nicht nur nach Osteuropa, sondern bis nach Taiwan.

Für die Massen ist die Privatisierungswelle keineswegs »attraktiv«, sondern bedeutet wachsende Ausplünderung. Für kommunale Dienstleistungen werden horrende Gebühren verlangt, die kommunale Infrastruktur wird abgebaut und damit werden die Lebensbedingungen gravierend verschlechtert. Auch die Arbeitsbedingungen werden angegriffen: durch Intensivierung der Ausbeutung, Aushebelung erkämpfter Tarifverträge und Vernichtung von Millionen Arbeitsplätzen.

Diese negativen Auswirkungen verstärken sich noch durch dubiose Finanzgeschäfte der Kommunen wie die so genannten »Cross-Border-Leasing-Verträge«: Dabei werden kommunale Grundstücke, Gebäude oder Anlagen an US-Investoren »vermietet«, »verpachtet« oder »verkauft« – in der Regel für die Dauer von 99 Jahren – und im gleichen Zug von der Stadt wieder »zurückgemietet«. Die US-Investoren machen ihre angeblich hohen Investitionen steuersparend geltend und beteiligen die Kommunen mit einmaligen Zahlungen an diesem Gewinn. Diese Möglichkeit nutzen viele Kommunen bereitwillig, um kurzfristig Haushaltslöcher zu stopfen – trotz gravierender langfristiger Risiken in der Instandhaltung, der Gewährleistung oder gar im Hinblick auf Regressansprüche aufgrund der äußerst umstrittenen Legalität dieser Geschäfte.

Amerikanische und europäische Großbanken, Industrie- und Versicherungsunternehmen arrangieren solche Cross-Border-Leasing-Geschäfte. Beim Cross-Border-Leasing der Kläranlage der Stadt Köln waren neben der First Fidelity Bank und der First Union Gruppe aus den USA die Deutsche Bank und verschiedene Landesbanken beteiligt. In Gelsenkirchen wurden das ganze Kanalsystem und verschiedene städtische Bauten an einen anonymen Investor »verkauft« und gleich für 100 Jahre zurückgemietet. Die ganze Transaktion wurde über die

DaimlerChrysler Capital Services GmbH abgewickelt, die dabei beträchtliche Provisionen verdiente. Cross-Border-Leasing-Verträge bringen die Kommunen in weitgehende Abhängigkeit von den Investoren, da sie zahlreiche Auflagen enthalten, bei deren Nichteinhaltung die Kündigung des Vertrags und Schadensersatzforderungen bis hin zum Verlust der Anlagen drohen. Da in der BRD Kommunen nicht in Konkurs gehen können, haften im Ernstfall Länder und Bund. Damit entsteht ein unmittelbarer Zugriff der jeweiligen internationalen Monopole auf staatliches Eigentum in Deutschland. Die rechtliche Grundlage solcher Scheingeschäfte ist durchaus umstritten, sogar die Frage, wem das »geleaste« Objekt nun wirklich gehört. Das US-Finanzministerium rechnet für das Jahr 1999 mit Steuerverlusten von 10 bis 12 Milliarden Dollar in den USA auf Grund dieser Verträge, was sich verschärfend auf die Krise der öffentlichen Haushalte in den USA auswirkt. Kompetente Kritiker gehen davon aus, dass sich aus Rechtsstreitigkeiten sogar Regressansprüche an deutsche Kommunen ergeben können.

### *Industrialisierung und Kommerzialisierung wesentlicher Seiten der Produktion und Reproduktion des menschlichen Lebens*

Die internationalen Monopole halten fieberhaft Ausschau nach neuen Anlagemöglichkeiten für ihr überschüssiges Kapital. Dabei entdeckten sie auch das staatliche Sozialwesen, vor allem die Bereiche Gesundheit, Pflege, Bildung und Kinderbetreuung. Die US-amerikanische Investitionsberatungsgesellschaft Whistler lenkte im Jahr 2002 mit einer Werbekampagne das Augenmerk der Investoren auf diese gewinnträchtigen Sektoren:

*»Das Ziel von Whistler Managers, LTD ist es, solche Anlagemöglichkeiten herauszufinden, die über den Vergleichszahlen liegende Erträge bei kontrolliertem Risiko einbringen können.*

*Gegenwärtig konzentrieren wir uns auf Marktbereiche, die unserer Meinung nach erhebliche und dauerhafte Potenziale bieten, unter anderem die Märkte für Kinderbetreuung, Gesundheitsversorgung, Altenpflege, Bildung und Immobilien.«* (Werbeblatt der Anlagegesellschaft Whistler Manager vom Oktober 2002)

Zur Erschließung derartiger Anlagemöglichkeiten initiierten die internationalen Monopole im Jahr 2000 ein länderübergreifendes Regelwerk: das **GATS** (General Agreement on Trade in Services, Allgemeines Abkommen über den Handel mit Dienstleistungen). Die damit angestrebte »Liberalisierung des Handels mit öffentlichen Dienstleistungen« zielt auf wesentliche Seiten der Gewährleistung des alltäglichen Lebens.

Nach Angaben der WTO erreichte der »Dienstleistungshandel« bereits im Jahr 1999 einen Wert von 1,34 Billionen US-Dollar, was rund einem Fünftel des gesamten Welthandels entspricht. In den OECD-Staaten machten diese Bereiche 60 bis 70 Prozent des Bruttosozialprodukts aus, rund 64 Prozent der Lohn- und Gehaltsabhängigen waren hier beschäftigt.

In der EU wurde eigens das *»European Services Forum«* zur Wahrnehmung der Interessen der europäischen Monopole in den GATS-Verhandlungen gegründet. In diesem privatwirtschaftlichen Zusammenschluss der Dienstleistungswirtschaft sind unter anderem die Allianz, Alitalia, Deutsche Telekom AG, Bertelsmann AG, Vivendi Universal, TUI, Deutsche Post AG und DaimlerChrysler vertreten.

Die angestrebte »Liberalisierung« würde es internationalen Konzernen erlauben, in jedem beliebigen Land Schulen und Hochschulen oder Krankenhäuser als private Unternehmen zu betreiben und für diese dieselben Subventionen zu beanspruchen wie die bisherigen staatlichen Einrichtungen. Als profitabelste Märkte gelten das Gesundheitswesen mit 3,5 Billionen US-Dollar weltweit, der Bildungsbereich mit 2 Billionen und die Wasserversorgung mit einer Billion US-Dollar.

Fast 100 Länder haben sich im Rahmen des GATS bereits geeinigt, Teile ihres öffentlichen Gesundheitswesens für private Investitionen freizugeben. Bereits 40 Länder haben diese Absicht für das Erziehungswesen kundgetan. Seit Anfang 2000 laufen Verhandlungen über einen so genannten »Notwendigkeitstest«, der eine erhebliche Verschärfung bedeutet: Nicht mehr die internationalen Monopole, sondern die Regierungen sollen künftig nachweisen, dass sie einen bestimmten Dienst ebenso »effizient« bereitstellen können wie ein interessierter Konzern. Andernfalls muss auch dieser Sektor privatisiert werden! Einmal beschlossene Privatisierungen dürfen nicht mehr rückgängig gemacht werden.

Auf dem WTO-Gipfel in Katar im November 2001 wurde den internationalen Monopolen der Zugriff auf staatliche und kommunale Dienstleistungen wie z. B. die Wasserversorgung erleichtert. In der Abschlusserklärung sprachen sich die Konferenzteilnehmer dafür aus, »*die tarifären und nichttarifären Handelshemmnisse im Bereich der Umweltgüter und -dienstleistungen abzubauen oder gegebenenfalls zu beseitigen*«. (»Le Monde diplomatique« vom 17. Mai 2002)

Als ein Kernbereich des Geschäfts mit öffentlichen Dienstleistungen gilt die Kommerzialisierung der Kinderbetreuung. Die Steigerung der Erwerbsquote von Frauen lässt Kinderbetreuung als dauerhaft gesicherten, lukrativen Markt für die Monopole erscheinen. In den USA bestimmten bereits Ende der 1990er Jahre privat-gewerbliche Anbieter neben öffentlich-gemeinnützigen das Betreuungsangebot; sie finanzierten sich zum größten Teil aus Beiträgen der Eltern. Der Umsatz der **Kinderbetreuungsbranche** lag in den USA schon 1997 bei 31,6 Milliarden US-Dollar. Für 2005 wird ein Umsatz von 59,5 Milliarden US-Dollar erwartet.

In Deutschland erstellte im Jahr 2001 das DIW (Deutsches Institut für Wirtschaftsforschung Berlin) im Auftrag der SPDnahen Hans-Böckler-Stiftung eine Studie, die auf eine »Strukturreform« der Kinderbetreuung orientiert. Ihr Kern soll in der Privatisierung der bisher überwiegend staatlich organisierten und finanzierten Horte und Kindergärten liegen.

Mitte der 1990er Jahre gaben die OECD-Staaten durchschnittlich **5,9 Prozent ihres Bruttoinlandsprodukts für Bildung** aus. GATS soll nationalstaatliche Regulierungen beseitigen, die dem internationalen Handel mit Bildungsangeboten Barrieren bauen. Im Zentrum der Forderungen der Unternehmerverbände stehen die Privatisierung der Hochschulen und der Erwachsenenbildung, eine enge Durchdringung von Schule/Hochschule und Industrie sowie die Internationalisierung der Bildungsmärkte.

Im **Gesundheitswesen** wird vor allem der Krankenhaus- und Pflegebereich angegriffen, der in vielen Ländern noch staatlich organisiert ist. Die Hersteller medizinischer Geräte, die eng mit Pharmakonzernen verflochten sind, Versicherungen und eine wachsende Zahl weiterer Anbieter drängen auf weitgehende Privatisierung und weltweite Öffnung der Dienstleistungen in diesem Bereich. Das im Dax notierte Unternehmen Fresenius betreibt private Krankenhäuser und ist der weltgrößte Anbieter für Dialysen. Es »versorgte« 2000 bereits 9 Prozent aller Dialyse-Patienten weltweit und machte damit einen Umsatz von fünf Milliarden Euro. Es investiert auch im Pflegebereich als einem weiteren expandierenden Markt. Denn in den Industrieländern wird sich die Zahl pflegebedürftiger Menschen in den nächsten 20 Jahren nach allen Prognosen etwa verdoppeln.

Ausdruck der Kommerzialisierung des Gesundheitswesens ist auch der Aufschwung der so genannten **Wellnessbranche**, die viele für die Reproduktion der Arbeitskraft und Erhaltung der Gesundheit notwendige Leistungen – etwa Gymnastik, Schwimmen, Massagen oder Fitness-Training – teuer verkauft.

Sie boomte, je mehr staatliche Gesundheitsleistungen abgebaut wurden und je stärker die gesundheitliche Belastung am Arbeitsplatz oder durch Umwelteinflüsse anwuchs. Sie profitierte auch von der Flexibilisierung der Arbeitszeit, die es den Massen erschwerte, in traditionellen Sportvereinen aktiv zu sein.

Die Untergrabung der wirtschaftspolitischen Funktion der Nationalstaaten durch die internationalen Monopole hat **universelle Auswirkungen auf das Leben der Massen**. Insbesondere die Privatisierung und Kommerzialisierung von Kinderbetreuung, Bildung und Gesundheit werden ihr Alltagsleben tiefgreifend verändern. Denn nur eine Minderheit wird sich künftig die teuren privaten Angebote leisten können. Die Masse wird bittere Erfahrungen mit der Realität des angeblichen »Sozialstaats« BRD machen, einer rücksichtslosen Monopoldiktatur, die auch über Leichen geht. Auf die Beschäftigten in den privatisierten Bereichen wirkt sich die Ausrichtung auf den Maximalprofit als einschneidende Verschlechterung aus. Arbeitsplatz- und Lohnabbau, schlechtere Arbeitsbedingungen, Überlastung durch unzureichende Ausstattung der privatisierten Betriebe und extreme Ausdehnung der Arbeitszeiten werden die Folge sein. Die Beschäftigten in Krankenhäusern und Pflegeheimen erfahren die unverantwortlich schlechte Behandlung oder sogar Gefährdung von Patienten als Zerreißprobe.

Seit Ende der 1990er Jahre entwickelten sich lang anhaltende Proteste gegen die Privatisierung öffentlicher Unternehmen, und der Dienstleistungsbereich wurde weltweit zu einem Brennpunkt von Massenkämpfen. In Südkorea kam es im Jahr 2002 wiederholt zu Massenstreiks gegen die Privatisierung staatlicher Unternehmen. Im Juni 2002 sorgten gewaltsame Proteste in Arequipa (Peru) dafür, dass Präsident Toledo seine Privatisierungspläne in Bezug auf die Elektrizitätsversorgung zurücknehmen musste. In Paraguay erhoben sich im Mai 2002 bewaffnete Bauern gemeinsam mit den Werktätigen der Hauptstadt Asunción. Ein Generalstreik gegen die Privatisierungsgesetze der Regierung erzwang ihre Rücknahme. In London fand im Jahr 2002 die größte Streikaktion Großbritanniens gegen die Privatisierung der U-Bahn statt. Auch in Italien und Frankreich gab es Massendemonstrationen gegen die Privatisierung öffentlicher Einrichtungen.

Der bürgerliche Staat gerät selbst mehr und mehr ins Zentrum der Klassenauseinandersetzungen. Die Wirkung der **kapitalistischen Lebenslügen**, eines Eckpfeilers im System der kleinbürgerlichen Denkweise, wird unterminiert und damit wird eine wesentliche Säule der herrschenden bürgerlichen Ideologie brüchig. Auf längere Sicht wird ein Großteil der Beschäftigten der privatisierten Betriebe bei internationalen Monopolen angestellt sein.

Diese fortschreitende Industrialisierung der ehemals staatlich geführten Konzerne **vergrößert im Ergebnis das Heer des Industrieproletariats.** Die internationalen Monopole tragen so mit ihrer Privatisierungsoffensive objektiv dazu bei, dass ihr hauptsächlicher Klassengegner erstarkt und zu einer unüberwindlichen Kraft heranwächst.

## 7. Die chronische Krise der Staatsfinanzen und die Umverteilung des Nationaleinkommens

Die staatliche Regulierung der staatsmonopolistischen Wirtschaft verschlingt einen immer größeren Teil des Bruttosozialprodukts. 1960 betrug der Anteil der Staatsausgaben der OECD-Länder am Bruttoinlandsprodukt etwa 20 Prozent, 1990 war er mit rund 45 Prozent mehr als doppelt so hoch und 1995 erreichte er 50 Prozent.

Gegen alle regierungsamtlichen Versprechungen kurbelten die staatlichen Maßnahmen aber weder das Wirtschaftswachstum noch die Schaffung neuer Arbeitsplätze an. Im Gegenteil nahmen die Wachstumsraten tendenziell ab, obwohl das Volumen der Staatsausgaben weiter stieg.

**Tabelle 45:**
**Durchschnittliche jährliche Wachstumsrate der Industrieproduktion (in Prozent)**

| Land/Region | 1961–1970 | 1971–1980 | 1981–1990 | 1991–2000 |
|---|---|---|---|---|
| BRD | 5,32 | 1,48 | 1,89 | 1,26 |
| EU[1] | 6,38 | 1,96 | 1,94 | 1,80 |
| USA | 4,87 | 3,11 | 2,18 | 3,95 |
| Japan | 9,92 | 4,09 | 3,97 | 0,21 |

[1] Bis 1973 EG = die sechs Kernländer der 1992 gegründeten EU
Quelle: Gutachten des Sachverständigenrates 1974/75, 1993/94, 2002/03

Trotz allen Geredes von »Haushaltskonsolidierung« und »Sparpolitik« wuchs die Staatsverschuldung seit 1990 sprunghaft. Gegenüber dem Stand von 1990 stieg sie in den USA bis 1998 um 73 Prozent und in Japan um 102 Prozent. In Deutschland erhöhte sie sich von 1990 bis 1995 mit jeweils zweistelligen Zuwachsraten. Allein zwischen 1989 und 1999 wuchs der Schuldenberg von 474,9 auf 1 200 Milliarden Euro. Das war eine Steigerung von +152,7 Prozent in zehn Jahren. Die wachsende Staatsverschuldung türmte eine gewaltige Zinslast auf, die die Inflation vorantrieb.

Die Zinsen, die Bund, Länder und Kommunen zahlen müssen, gehen zu Lasten der Massen und sind Ausdruck der Umverteilung des gesellschaftlichen Reichtums. Für das Finanzkapital dagegen ist die Staatsverschuldung ein höchst profitables Geschäft, denn der Staat nimmt die Kredite bei privaten Banken auf, die dadurch eine staatlich gesicherte Profitquelle bekommen.

Seit 1996 wurden die Wachstumsraten der Neuverschuldung massiv zurückgefahren. Lagen sie 1995 bei +20,1 Prozent, so waren es im Jahr 2000 nur noch +1 Prozent.

**Tabelle 46:**
**Öffentliche Verschuldung der BRD (in Milliarden Euro und Veränderung zum Vorjahr in Prozent)**

| Jahr | Bund | | Länder | | Gemeinden | | Insgesamt | |
|---|---|---|---|---|---|---|---|---|
| | Mrd. € | in % | Mrd. € | in % | Mrd. € | in % | Mrd. € | in % |
| 1980 | 120,5 | 13,5 | 70,5 | 18,9 | 48,7 | 5,3 | 239,6 | 13,2 |
| 1985 | 204,0 | 6,8 | 126,5 | 7,3 | 58,2 | 0,5 | 388,7 | 5,9 |
| 1990 | 306,3 | 20,4 | 168,1 | 6,1 | 64,2 | 3,5 | 538,6 | 13,4 |
| 1995 | 658,4 | 28,3 | 261,6 | 8,7 | 99,2 | 4,6 | 1 019,2 | 20,1 |
| 2000 | 774,8 | 0,6 | 338,1 | 3,3 | 50,3 | −3,7 | 1 211,5 | 1,0 |

Quelle: Gutachten des Sachverständigenrates 2002/03

SPD-Bundesfinanzminister Hans Eichel nahm sich vor, bis zum Jahr 2006 ganz auf eine Neuverschuldung zu verzichten und den Schuldenberg des Bundes abzubauen. Das geht auf Einlassungen der Unternehmerverbände im Rahmen der EU zurück. In einem gemeinsamen Memorandum zum EU-Gipfel in Barcelona forderten BDI, BDA (Bundesvereinigung der Deutschen Arbeitgeberverbände) und der französische Unternehmerverband MEDEF im März 2002 von den Regierungen in Deutschland und Frankreich:

*»Konsolidierung der öffentlichen Haushalte, mit dem Ziel eines ›Null-Defizits‹, und zügige Absenkung der steuerlichen Belastungen.«* (Memorandum von BDI, BDA, MEDEF: »Gemeinsam unsere europäischen Verpflichtungen erfüllen«, S. 3)

## Wachsende Umverteilung des gesellschaftlichen Neuwerts zu Lasten der breiten Massen

In fast allen imperialistischen Ländern wurden so genannte »Steuerreformen« und »Reformen der Sozialversicherungssysteme« durchgeführt. Sie alle bedeuteten eine einschneidende Befreiung der Monopole von Steuern und Beiträgen zur Sozialversicherung, bürdeten aber den Massen – meist unter zynischen Schlagworten von »mehr Steuergerechtigkeit« oder »mehr privater Verantwortung« – zusätzliche Lasten auf.

Schaubild 20:
**Entwicklung der wichtigsten Steuern der Werktätigen und der Unternehmen in Deutschland (in Milliarden Euro)**

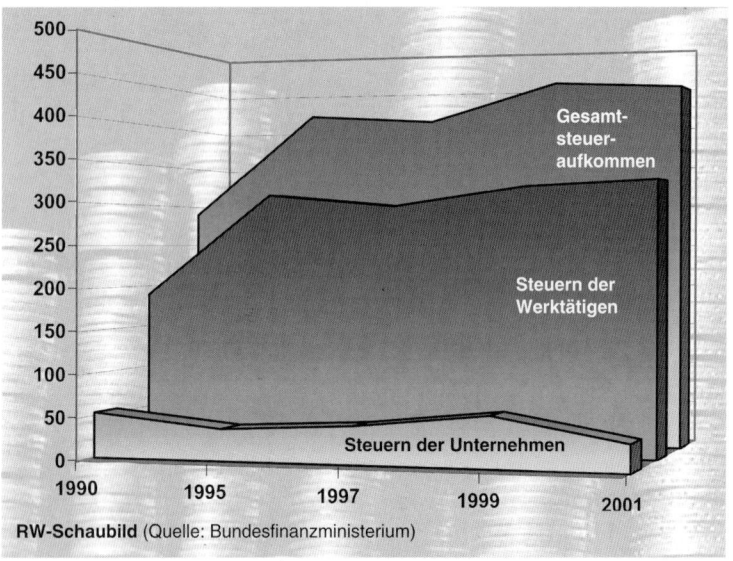

RW-Schaubild (Quelle: Bundesfinanzministerium)

1960 hatte der Anteil der Massensteuern am Gesamtsteueraufkommen noch 33,4 Prozent und der Anteil der Unternehmenssteuern 22,5 Prozent betragen. Im Jahr 2001 war der

## Tabelle 47:
## Entwicklung der wichtigsten Steuern der Werktätigen und der Unternehmen in Deutschland (in Milliarden Euro)

| | 1990 | 1995 | 1997 | 1999 | 2001 | Veränderung 1990–2001 in ± % |
|---|---|---|---|---|---|---|
| Gesamtsteueraufkommen (GSA) | 289,92 | 416,34 | 407,58 | 453,07 | 446,25 | +53,92 |
| *Die wichtigsten Steuern, die ganz oder größtenteils von den Werktätigen gezahlt werden* | | | | | | |
| Lohnsteuer | 92,58 | 144,54 | 127,14 | 133,81 | 132,63 | +43,26 |
| in % des GSA | 31,93 | 34,72 | 31,19 | 29,53 | 29,72 | |
| Solidaritätszuschlag[1] | 0 | 13,43 | 13,24 | 11,27 | 11,07 | |
| in % des GSA | 0 | 3,23 | 3,25 | 2,49 | 2,48 | |
| Mehrwertsteuer | 79,04 | 119,96 | 123,17 | 137,16 | 138,94 | +75,78 |
| in % des GSA | 27,26 | 28,81 | 30,22 | 30,27 | 31,14 | |
| Mineralölsteuer | 17,7 | 33,18 | 33,75 | 36,44 | 40,69 | +129,89 |
| in % des GSA | 6,11 | 7,97 | 8,28 | 8,04 | 9,12 | |
| Stromsteuer | 0 | 0 | 0 | 1,82 | 4,32 | |
| in % des GSA | 0 | 0 | 0 | 0,4 | 0,97 | |
| Anteil der Werktätigen am GSA in % | 65,3 | 74,72 | 72,94 | 70,74 | 73,42 | +12,44 |
| *Die wichtigsten Steuern der Unternehmen* | | | | | | |
| Körperschaftsteuer | 15,38 | 9,3 | 17,01 | 22,36 | –0,43[2] | –102,8 |
| in % des GSA | 5,3 | 2,23 | 4,17 | 4,94 | | |
| Veranlagte Einkommensteuer | 18,67 | 7,16 | 2,95 | 10,89 | 8,77 | –53,03 |
| in % des GSA | 6,44 | 1,72 | 0,72 | 2,4 | 1,97 | |
| Gewerbesteuer | 19,84 | 21,55 | 24,85 | 27,06 | 24,53 | +23,64 |
| in % des GSA | 6,84 | 5,18 | 6,1 | 5,97 | 5,5 | |
| Anteil der Unternehmen am GSA in % | 18,59 | 9,13 | 10,99 | 13,31 | 7,46 | –59,85 |

[1] wird hauptsächlich vom Lohn und nur zum Teil vom Gewinn gezahlt
[2] Rückzahlung von 0,426 Milliarden Euro
Quelle: Bundesfinanzministerium

Anteil der Massensteuern auf 73,42 Prozent hochgeschnellt, während die Unternehmenssteuern noch ganze 7,46 Prozent ausmachten.

Die geringen Lohnsteuer-Nachlässe für einen Teil der Werktätigen wurden durch die Steuerprogression, die Erhöhung von indirekten Massensteuern – Mehrwertsteuer, »Ökosteuer«, Tabak- und Versicherungssteuer – und andere Maßnahmen des Krisenprogramms mehr als aufgefressen. So verringerten sich im Jahr 2001, trotz einer versprochenen »Familien-Entlastung« von 32 Milliarden Euro, die Gesamt-Lohnsteuereinnahmen des Bundes lediglich um 3,11 Milliarden Euro – bei gleichzeitigen Mehreinnahmen durch höhere Mineralöl- und Stromsteuer von 3,83 Milliarden Euro. Unterm Strich, so errechnete es die Gewerkschaft IG Metall für ihre Mitglieder in der Textil- und Bekleidungsbranche in Westdeutschland, hatten die Arbeiter und Angestellten im Jahr 2001 einen Reallohnverlust von –0,1 Prozent (»IG Metall direkt« vom 12. Juni 2002). Insbesondere die schrittweise Streichung der Lohnsteuerklasse 2 mit einem geringeren Steuersatz für Alleinerziehende führte zur Kürzung der Nettolöhne. Allein die Steuereinnahmen aus Mehrwertsteuer, Mineralölsteuer und Stromsteuer schnellten von 1990 bis 2001 um 91 Milliarden Euro oder 98 Prozent in die Höhe. Lagen im Jahr 2000 die staatlichen Einnahmen aus direkten Steuern mit 52,2 Prozent noch über den Einnahmen aus indirekten Steuern, so kehrte sich anschließend das Verhältnis um: 49,3 Prozent direkten Steuern standen 50,7 Prozent indirekte Steuern gegenüber (Bundesfinanzministerium [Hrsg.], »Datensammlung zur Steuerpolitik«, 3. Dezember 2001, S. 33).

Das offenbarte den ganzen Betrug der »großen Steuerreform« der Regierung von SPD und Bündnis90/Die Grünen, die immer behauptet hatte, jeder würde profitieren. Hauptsächliche **Nutznießer der Steuerreform waren die großen Kapi-**

**talgesellschaften**, vor allem die internationalen Monopole und ihre Tochtergesellschaften:

- Der Körperschaftsteuersatz für einbehaltene Gewinne sank zum 1. Januar 1999 von 40 Prozent auf 25 Prozent. Rechnet man die Gewerbesteuerzahlung mit durchschnittlichem Hebesatz hinzu, ergibt sich für die Kapitalgesellschaften ein Anteil betrieblicher Steuern von zirka 38 Prozent. Vor 1999 lag der steuerliche Anteil an nicht ausgeschütteten Gewinnen bei etwa 56 Prozent.

- Bis zum Jahr 2016 können die Monopole früher einbehaltene Gewinne nachträglich ausschütten, dann erhalten sie die Differenz zwischen dem höheren Satz der Körperschaftsteuer für einbehaltene Gewinne und dem Satz für ausgeschüttete Gewinne zurückerstattet. Auf diese Weise erhielt allein DaimlerChrysler 486 Millionen Euro im Jahr 2001 zurück. Am besten lief es für die Deutsche Bank: Sie bekam 9,3 Milliarden Euro aus der Staatskasse zurück.

- Gewinne aus Veräußerungen von Anteilen an Kapitalgesellschaften waren vom 1. Januar 2002 an steuerfrei. Dadurch sparen die Monopole in den folgenden Jahren schätzungsweise 100 Milliarden Euro an Steuern.

- Für das Jahr 2001 wurden die Ausschüttungen so hoch wie irgend möglich gemacht, Rücklagen für zusätzliche Ausschüttungen wurden aktiviert usw., um die Differenzbeträge zwischen den 45 (40) Prozent für nicht ausgeschüttete und 30 Prozent für ausgeschüttete Gewinne zu erhalten. Zudem wurden gezielt Verluste in das Jahr 2001 vor- bzw. zurückgetragen, Sonderabschreibungen und andere Methoden der Bilanzgestaltung nach 2001 verlegt, um damit ebenfalls Erstattung von Körperschaftsteuer zu erhalten. Im Ergebnis wurde die Körperschaftsteuer sogar zu einer »Negativsteuer«, weil mehr an die Konzerne ausbezahlt als eingenommen wurde. Mit den Verlustvor- und -rückträgen reduzierte sich auch die zu entrichtende Gewerbesteuer. Die Bundesregierung will zwar den Spielraum für diese Maßnahmen einschränken, jedoch sind nach Schätzungen bereits 85 Prozent der »Wechselgewinne« ausgeschöpft.

• Die Verrechnung von Gewinnen und Verlusten zwischen Mutter- und Tochtergesellschaften wurde erleichtert. Dadurch konnten die Monopole mehr oder weniger selbst bestimmen, welchen Gewinnanteil sie versteuerten. Zusätzlich hatten sie die Möglichkeit, Verluste unbegrenzt vor sich herzuschieben und dann abzuschreiben, wenn es für sie am günstigsten war. Eingeweihte schätzen, dass in den Bilanzen der Monopole weitere Steuerausfälle von mehr als 50 Milliarden Euro schlummern. Wenn zum Beispiel die Bayer AG aufgrund der »Lipobay«-Kosten in Wuppertal Verluste anmeldet und gleichzeitig in Leverkusen Gewinne macht, zahlt sie in beiden Städten keinen Cent Gewerbesteuer.

• Kapitalgesellschaften bekamen die Möglichkeit eingeräumt, ihre Steuererklärung auch nach dem Steuerrecht anderer Länder zu machen. So können sich die internationalen Monopole die besten Bedingungen aussuchen. Die »Frankfurter Allgemeine Zeitung« kommentierte treffend: »*Steuern erlangen im globalisierten Wettbewerb ein Element der Freiwilligkeit.*« (2. Juli 2001) Das traf natürlich nicht für Steuern der Lohn- und Gehaltsempfänger zu, sondern lediglich für die der internationalen Monopole.

• Die Möglichkeiten zur Bildung und Nutzung von Organschaften und Zwischenholdings wurden erweitert. Firmen konnten zum Beispiel durch einen Verbund mit defizitären Betrieben ihre Gewinne herunterrechnen und sich somit der Steuerzahlung entziehen. Das machte E.on im Jahr 2001 in großem Stil. Obwohl er seit Jahren Rekordgewinne in seinen Jahresbilanzen auswies, brachte es der Konzern fertig, sich rückwirkend bis zum Jahr 1999 jeglicher Verpflichtung zur Zahlung von Gewerbesteuern zu entziehen. E.on konnte auf Grund dieses Steuergesetzes sogar eine Rückzahlung verlangen, was Hunderte von Gemeinden an den Rand der Zahlungsunfähigkeit brachte. Das Ergebnis war ein drastischer Abbau kommunaler sozialer Leistungen für die Massen.

• Die so genannte »Steuerreform« der Schröder/Fischer-Regierung führte im Jahr 2002 zu einer Senkung der Besteuerung von Kapitalgesellschaften um ein Drittel gegenüber 1997. Trotzdem lag der Gesamtsteuersatz in Deutschland noch über dem Niveau von Frankreich und dem Durchschnitt von Europa. In Deutschland wurden Kapitalgesellschaften durchschnittlich mit 38,4 Prozent besteuert, in Frankreich mit 34,3 Prozent und in Großbritannien nur mit 30 Prozent. Nur Italien lag mit 40,3 Prozent noch über der Besteuerung von Deutschland. Aber die Steuerreform hatte zu diesem Zeitpunkt in Deutschland erst die erste Stufe erreicht; nach ihrer dritten Stufe im Jahr 2005 werden die deutschen Steuern dem Niveau von Frankreich und Großbritannien angeglichen sein.

**Tabelle 48:**
**Besteuerung von Kapitalgesellschaften in Europa**

| Land | ab 1. 1. 2002 in Prozent | Senkung gegenüber 1. 1. 1997 in Prozent |
|---|---|---|
| Deutschland | 38,4 | −33,2 |
| Frankreich | 34,3 | −6,4 |
| Großbritannien | 30,0 | −3,2 |
| Italien | 40,3 | −24,4 |

Quelle: KPMG Corporate Tax Rate Survey 2002

Verglichen mit Kapitalgesellschaften wurden Personengesellschaften, bei denen es sich mit wenigen Ausnahmen um **Unternehmen der nicht monopolisierten Bourgeoisie und des gewerblichen Kleinbürgertums** handelt, **klar benachteiligt**:

- Gewinne und Verluste werden unmittelbar auf die Gesellschafter verteilt und mit deren übrigen Einkünften verrechnet. Die Einkünfte aus dem Gewerbebetrieb unterliegen dabei schon seit mehreren Jahren einer Tarifbegrenzung, die derzeit 43 Prozent beträgt. Der Spitzensteuersatz für das zu versteuernde Einkommen insgesamt wurde im Zuge der Steuerreform auf 48,5 Prozent gesenkt und soll bis 2005 auf 42 Prozent sinken.

- Bei der Einkommensteuer gibt es ebenso wie bei der Lohnsteuer eine Progression, während der Körperschaftsteuersatz von 25 Prozent unabhängig von der Gewinnhöhe ist.

- Personengesellschaften haben kaum Möglichkeiten einer Gewinn- und Verlustverteilung über mehrere Jahre. Gewinne und Verluste werden unmittelbar in dem Jahr wirksam und auf die Gesellschafter verteilt, in dem sie entstanden sind, und mit Einkünften aus anderen Einkunftsarten (z. B. Kapitalvermögen) unmittelbar verrechnet.

- Selbst nach der dritten Stufe der Steuerreform im Jahr 2005 würden Personengesellschaften noch um rund 30 Prozent höher besteuert als Kapitalgesellschaften.

- Während bei Kapitalgesellschaften die Veräußerung von Anteilen an anderen Kapitalgesellschaften steuerfrei wird, bleibt bei Personengesellschaften die Steuerfreiheit für Anteile an Kapitalgesellschaften auf 500 000 Euro beschränkt. Verkauft eine Personengesellschaft einen Anteil im Wert von einer Million Euro, so muss sie 121 242 Euro Steuern bezahlen, eine Kapitalgesellschaft dagegen null Euro.

- Die zu entrichtende Gewerbesteuer wird wie bei Kapitalgesellschaften vom Gewerbeertrag abgezogen und wirkt sich in voller Höhe gewinnmindernd aus. Zusätzlich können aber die Gesellschafter von Personengesellschaften in ihrer Einkommensteuererklärung ab dem Veranlagungszeitraum 2001 die entrichtete Gewerbesteuer anteilmäßig nochmals abziehen. Daraus ergibt sich vor allem in Bezug auf Großverdiener, dass zwar die Gewerbesteuer nominal weiter abgeführt wird, aber sich in fast gleicher Höhe die Einkommensteuer vermindert.

- Hingegen hat die Masse der kleineren Gewerbetreibenden und Einzelfirmen keinerlei Vorteil aus der »Steuerreform«. In der Gewerbesteuer gibt es für Personengesellschaften (nicht für Kapitalgesellschaften) einen Freibetrag in Höhe von 24 500 Euro, bis zu dem nichts zu entrichten ist; die folgenden 48 000 Euro werden vermindert besteuert. Die Masse der Gewerbetreibenden (Kioske, Gaststätten, Dienstleister, Handwerker) erreicht jedoch nicht die Freibetragsgrenze.

- Der Rückgang der Körperschaftsteuer traf vor allem die Länderhaushalte. Da der Gewerbesteuer, die den Kommunen zusteht, der gleiche zu versteuernde Gewinnanteil wie bei der Körperschaftsteuer zu Grunde liegt, ist die Steuerreform **für die Kommunen mit gravierenden Einnahmeausfällen verbunden**. Während die Länder nach der Steuerschätzung vom November 2002 im Jahr 2001 einen Steuerrückgang von 5,7 Prozent und im Jahr 2002 von 0,2 Prozent hatten, betrug er bei den Kommunen 5,4 Prozent im Jahr 2001 und 4,1 Prozent im Jahr 2002. Der entrichtete Betrag an Gewerbesteuer wird zudem als Steuerfreibetrag bereits mit den Gewinnen verrechnet. Aber das war den Monopolen noch nicht genug. Sie wollten die Gewerbesteuer in der bestehenden Form ganz abschaffen. An ihre Stelle soll eine »*kommunale Einkom-*

***men- und Gewinnsteuer«*** treten, die *»nicht nur Gewerbebetriebe, sondern alle Steuerbürger einer Gemeinde erfasst ... Die Höhe der Besteuerung durch die Gemeinde soll durch das Maß dessen bestimmt werden, was den Gemeindebürgern politisch zugemutet werden kann.«* (»Stellungnahme des BDI zur Abschaffung der Gewerbesteuer« vom 11. Juli 2001, S. 18) Nach dem »Unternehmenssteuerfortentwicklungsgesetz«, das am 20. Dezember 2001 verabschiedet wurde, müssen Tochtergesellschaften eines Unternehmens ihre Gewinne nur dann am Sitz der Muttergesellschaft versteuern, wenn das vorher vertraglich vereinbart wurde. So hatte die Stadt Ludwigshafen im Jahr 2001 68,5 Prozent weniger Einnahmen aus der Gewerbesteuer, weil die BASF Gewinne der Tochtergesellschaften nicht mehr am Stammsitz abführte.

Der Einbruch des Körperschaft- und Gewerbesteueraufkommens führte allein im Jahr 2002 bei acht Landeshaushalten und immer mehr kommunalen Haushalten zu offenen Krisen und zu Haushaltssperren. In Nordrhein-Westfalen befanden sich von den 23 kreisfreien Städten 19 in der Haushaltssicherung[1]. Das macht es zunehmend unmöglich, dass Bundesländer und Kommunen ihre elementaren Aufgaben wahrnehmen, oder schränkt ihren Spielraum erheblich ein. Der Anspruch der »kommunalen Selbstverwaltung« löste sich in Wirklichkeit bereits weitgehend auf.

Auch in den bürgerlichen Parteien kam es zu erheblichen Widersprüchen gegen diese Form der Umverteilung von unten nach oben – von den Kommunen zum Bundeshaushalt – im Interesse der Monopole. Sie äußerten sich zum Beispiel in

---

[1] Bei der Haushaltssicherung steht der Haushalt zum Beispiel einer Stadt unter direkter Zustimmungspflicht des Regierungspräsidenten. Er steht unter dem Vorbehalt eines strikten Entschuldungsplans, der in der Regel rigoros die so genannten »freiwilligen Ausgaben« kürzt.

kritischen Erklärungen der Städte- und Gemeindetage zur Bundespolitik. Doch solche Widersprüche werden in der Regel übergangen und die bürgerlichen Kommunalpolitiker werden zur Loyalität mit ihrer Bundespartei genötigt.

Da sich diese Parteien über den Kern der Steuerpolitik letztlich alle einig sind – Unterschiede beziehen sich nur auf die Geschwindigkeit der Veränderungen, auf die Methoden und das Ausmaß der Maßnahmen –, kann sie nicht durch einen Regierungswechsel, sondern nur durch aktiven Massenwiderstand zu Fall gebracht werden.

Die »Steuerreformen« riefen massive Proteste von Gewerkschaftsmitgliedern hervor und auch in den öffentlichen Medien nahm die Kritik zu. Deshalb sah sich die am 22. September 2002 neu gewählte Schröder/Fischer-Regierung zunächst gezwungen, einige Zugeständnisse an ihre soziale Massenbasis zu machen. So soll künftig Einkommensteuer auf Verkäufe von Aktien und anderen Wirtschaftsgütern erhoben werden, auch wenn sie später als ein Jahr nach dem Erwerb mit Gewinn verkauft werden. Bisher entfiel hier die Steuerpflicht. Mindestens 50 Prozent der Gewinne von Kapitalgesellschaften sollen künftig pro Jahr versteuert werden, um die allzu dreiste Steuerbefreiung für die internationalen Monopole wenigstens etwas einzuschränken. Auch sollen nicht mehr beliebig Verlustvorträge mehrerer Jahre in den Bilanzen verrechnet werden; das hatte ja im Jahr 2002 zu massiven Rückforderungen der Monopole an die Finanzämter geführt.

Bereits im Dezember 2002 ging die Bundesregierung jedoch wieder zum offen volksfeindlichen Monopolkurs über. Der aus Kreisen der SPD und der Gewerkschaftsführung ins Spiel gebrachten Wiedereinführung der Vermögensteuer wurde eine definitive Absage erteilt. Als angeblicher Ersatz wurde eine »Zinssteuer« bzw. »Kapitalsteuer« als »Produkt der europäischen Annäherung« präsentiert. Danach sollen künftig Zinserträge, die die Freibeträge von 1551 Euro bzw. 3102 Euro übersteigen, mit 25 Prozent pauschal versteuert werden und aus der übrigen Steuerberechnung herausfallen. Damit würden Großverdiener neue Steuergeschenke erhalten. Sie würden nur noch 25 Prozent statt bisher 48,5 Prozent Steuern auf ihre »Ersparnisse« zahlen.

Nach wie vor droht eine erhebliche Anhebung der Massensteuern durch Erhöhung des Umsatzsteuersatzes von derzeit 16 auf 17 oder 18 Prozent.

**Die schrittweise Auflösung der paritätischen Sozialversicherungen**

Nach dem II. Weltkrieg baute der Staat in der Bundesrepublik Deutschland seine Funktion als **zentralisiertes Gemeinwesen**, das allseitig das Leben der Massen organisiert, erheblich aus. So sollten die Klassenwidersprüche gedämpft werden. Die Sozialversicherungen wurden staatlich organisiert, die Beiträge paritätisch aufgebracht: jeweils zur Hälfte von den Lohn- und Gehaltsempfängern und von den Unternehmen. Die gesetzliche Kranken-, Renten- und Arbeitslosenversicherung vermittelte den Massen ein Gefühl der sozialen Sicherheit und trug wesentlich dazu bei, dass ihre Bindung an das kapitalistische System enger wurde.

Dieser »soziale Klimbim« wurde seit den 1980er Jahren in den Augen der Monopolverbände überflüssig und Stück für Stück abgebaut. Nach dem Willen der Monopole sollen die Pflichtversicherungen nur noch eine »Grundsicherung« bieten. Zu den Zielen der »Reform« der Sozialversicherungen hieß es 1998 im schon erwähnten Perspektivkonzept des BDI:

»• *Elemente der **Kapitaldeckung** müssen in der Altersvorsorge eingeführt werden.*

• *Die Krankenversicherung muss mit **Wahltarifen** den Versicherten mehr Freiheit lassen.*

- **Arbeitslosengeld** und Sozialhilfe sollten vor allem auf die Wiedereingliederung in den Arbeitsprozess ausgerichtet sein.
- Löhne und Arbeitszeiten sind **marktgerechter** zu gestalten.
- Die Betriebe brauchen deutlich **größere Gestaltungsspielräume** bei der Festlegung der Arbeitsbedingungen.«
(»Für ein attraktives Deutschland in einem weltoffenen Europa«, S. 79)

Die vom BDI geforderte »*Freiheit*« bestand für die Versicherten darin, dass sie mit zusätzlichen Beiträgen private Zusatzversicherungen abschließen mussten, wenn sie Anspruch auf die alten Leistungen behalten wollten, während die Kapitalisten mehr und mehr von ihrem Teil der Beiträge befreit wurden. Demagogisch wurde dieses »*Absenken der Lohnnebenkosten*« auch noch als Maßnahme zum Erhalt oder zur Schaffung von Arbeitsplätzen ausgegeben.

Die Qualität der Gesundheitsversorgung wird immer mehr von der Höhe des Einkommens abhängig. Nicht erwerbstätige Ehepartner in Familien ohne Kinder sollen nicht mehr kostenlos mitversichert werden. Gering Qualifizierte und Langzeitarbeitslose sollen durch Niedriglöhne zur Wiedereingliederung in den Arbeitsprozess motiviert werden. Unter »*marktgerechter Gestaltung*« versteht der BDI die Beschränkung von Tarifverträgen auf Mindestbedingungen und die Aushöhlung der Flächentarifverträge durch »*Korridor-, Options- und Menülösungen sowie allgemeine Öffnungs- und spezielle Notfallklauseln*«.

Zum 1. Januar 2002 setzte die Schröder/Fischer-Regierung eine **Rentenreform** in Kraft. Dadurch wird der Rentenanspruch in den nächsten 15 Jahren von bisher maximal 67 Prozent des Nettolohns oder -gehalts auf künftig maximal 60 bzw. 55 Prozent abgesenkt. Zugleich werden den Unternehmen in den nächsten Jahren schrittweise 4 Prozentpunkte von den Rentenbeiträgen erlassen und die Sozialversicherten werden aufgefordert, die zu erwartenden Rentenminderungen durch private Zusatzversicherungen auszugleichen. Auf diese Weise werden Kosten der Altersvorsorge von den Unternehmen auf die Arbeiter und Angestellten umverteilt. Eine 2002 von der Bundesregierung eingesetzte »Expertenkommission für die Altersversorgung« plant weitere Verschlechterungen, etwa eine Verlängerung der Lebensarbeitszeit und eine weitere erhebliche Absenkung des allgemeinen Rentenniveaus in den nächsten Jahren.

Nach ähnlichem Vorbild soll auch die **Kranken-, Arbeitslosen- und Pflegeversicherung** auf Kosten der Versicherten umgestaltet werden. Dadurch werden alle Kapitalisten von Beiträgen für die Sozialversicherungen entlastet. Banken und Versicherungen haben zusätzlich Einnahmen in der Höhe von Hunderten Milliarden Euro aus privaten Zusatzversicherungen zu erwarten. Da die Versicherungskonzerne ihr Kapital zu einem erheblichen Teil in Aktien anlegen, werden damit die Systeme der sozialen Sicherung unmittelbar an die Krisenhaftigkeit des kapitalistischen Systems gebunden.

Darüber hinaus fordern die Unternehmerverbände eine allgemeine »**Deregulierung**« der Arbeitsverhältnisse: die Ausdehnung von Zeitarbeit, die Einschränkung der Lohnfortzahlung im Krankheitsfall, die Korrektur des Betriebsverfassungsgesetzes, die Beschneidung des Kündigungsschutzes, die Einführung eines »Kombilohns«[1] und die Zusammenlegung der Arbeitslosen- und Sozialhilfe.

Aus alledem wird deutlich, dass die Massen einen noch drastischeren Abbau sozialer Errungenschaften zu erwarten haben, wenn es nicht gelingt, dieses Krisenprogramm durch aktiven Widerstand zu Fall zu bringen.

---

[1] Der untertarifliche Lohn, den das Unternehmen zahlt, wird mit Zuschüssen aus der Arbeitslosenversicherung kombiniert.

## 8. Veränderungen der staatlichen Subventionspolitik am Beispiel der Ruhrkohle AG

Die Umwandlung der Ruhrkohle AG aus einem nationalen, staatlich geführten Kohlekonzern in ein internationales Übermonopol, das im Bergbau, Handel, Maschinenbau und in der Chemie rund um die Kohle tätig ist, verlief in drei Entwicklungsperioden. Die erste Entwicklungsperiode dauerte von 1969 bis 1983, die zweite von 1983 bis 1993, die dritte begann 1993.

### Die erste Entwicklungsperiode 1969 bis 1983

Die Ruhrkohle AG (RAG) wurde am 18. Juli 1969 unter Federführung des damaligen Bundeswirtschaftsministers Schiller gegründet. In die RAG wurden 26 Bergbaugesellschaften eingebracht, die 94 Prozent der Kohle im Ruhrgebiet förderten. Auch 52 Zechen, 29 Zechenkokereien, 5 Brikettfabriken und 20 der Eigenversorgung dienende Zechenkraftwerke gehörten zum Konzern. Die RAG wurde ausdrücklich nicht als direkt staatliches Unternehmen gegründet, aber sie wurde von Anfang an von staatlichen Monopolen geführt. Die staatliche VEBA hatte 27 Prozent der Anteile, die staatliche Salzgitter AG 11 Prozent. Außerdem waren noch Stahl- und Bergwerksgesellschaften beteiligt wie Sidéchar und Hoesch mit je 8 Prozent, Mannesmann und Thyssen mit je 7 Prozent, Krupp mit 6 Prozent, Klöckner mit 5 Prozent, Friedrich-Heinrich-Verwaltungs-AG und Niederberg-Verwaltungs-AG mit je 3 Prozent, Bergwerksgesellschaft Walsum AG und Heinrich-Robert-Verwaltungs-AG mit je 2 Prozent.

Zu Beginn stellte sich der RAG eine Doppelaufgabe: Angesichts der damaligen Rivalität der Supermächte USA und Sowjetunion war mit internationalen Konflikten und dann mit einer Unterbrechung der Versorgung mit Mineralöl zu rechnen. Dem sollte die RAG vorbeugen, indem sie eine eigenständige nationale Energiegrundlage sicherte, was unter den Begriff der »Versorgungssicherheit« gefasst wurde. Da das Vordringen des Erdöls als primärer Rohstoff für Energiewirtschaft und Chemieindustrie unaufhaltsam schien, musste die Kohleförderung systematisch zurückgefahren, mussten Arbeitsplätze abgebaut und Zechen stillgelegt werden. Aufgrund der großen Tradition der revolutionären Arbeiterbewegung im Bergbau waren harte Klassenauseinandersetzungen zu erwarten. Deshalb mussten die Stilllegungen und der Arbeitsplatzabbau so abgewickelt werden, dass es nicht zu Massenstreiks und -demonstrationen der Bergleute kam.

Dazu diente ein geschickt ausgeklügeltes System staatlicher Subventionen, das auf Grundlage der Klassenzusammenarbeit mit der reformistischen Führung der Industriegewerkschaft Bergbau und Energie (IGBE[1]) unter den Bergleuten verankert wurde. Mit umfassenden Anpassungsmaßnahmen und Sozialplänen gelang es von 1969 bis 1983, 52 650 Arbeitsplätze bei der RAG abzubauen, ohne dass es zu Arbeitskämpfen gekommen wäre. Von Anfang an ging es den Monopolen allerdings nicht in erster Linie um den so genannten »*sozialverträglichen Abbau von Arbeitsplätzen*«, wie es die RAG im Verein mit der rechten Gewerkschaftsbürokratie immer wieder verbreitete, sondern um die Erzielung von Maximalprofiten. Schon zur Gründung der Ruhrkohle AG 1968 erklärte der spätere Aufsichtsratsvorsitzende Kemper:

*»Wir wünschen die Gesellschaft so zu führen, daß sie **auf Gewinnstreben ausgerichtet** ist. Ich wiederhole, was ich schon einmal gesagt habe: Die Gesellschaft ist keine Non-Profit-Gesellschaft, sondern sie ist einfach eine für zwanzig Jah-*

---

[1] Seit 1997: IGBCE, Industriegewerkschaft Bergbau Chemie Energie

*re keine Gewinne ausschüttende Gesellschaft. Das heißt also: Es muß unser Bestreben sein, Gewinne zu machen, diese Gewinne vorzutragen und die Gesellschaft so zu stärken, daß wir im Wettbewerb mit anderen Energien bestehen können.*« (Rede des Aufsichtsratsvorsitzenden der Ruhrkohle AG, Heinz P. Kemper, in: Hans-Helmut Kuhnke,»Die Ruhrkohle AG«, S. 63 – Hervorhebung Verf.)

Die staatlichen Stützungsmaßnahmen dieser **ersten Entwicklungsperiode der RAG** bestanden vor allem darin, dass die **Stahlindustrie und die Kohleheizkraftwerke zur Abnahme von Ruhrkohle verpflichtet wurden**. Dafür wurde ihnen garantiert, dass sie diese Kohle zum Weltmarktpreis (»Wettbewerbspreis«) einkaufen konnten. Da die Ruhrkohle AG zu diesem Preis nicht Maximalprofit bringend produzieren konnte, durfte sie selbst bestimmen, was sie von der Stahlindustrie und den Kraftwerken für jede Tonne Kohle bekommen wollte. Die Differenz zum »Wettbewerbspreis« wurde bei der Kokskohle durch die »Kokskohlenbeihilfe« von 1969 und bei der Kraftwerkskohle seit 1975 durch den so genannten »Kohlepfennig« finanziert, also durch Abgaben, die den Steuerzahlern oder Stromverbrauchern auferlegt wurden. Die Ruhrkohle AG durfte also ihren Monopolpreis für Kohle beliebig festlegen und der Staat sorgte dafür, dass die Gesellschaft dafür aufkam. In den ersten zehn Jahren ihres Bestehens kam die Ruhrkohle AG in den Genuss von 9,6 Milliarden DM aus solchen indirekten staatlichen Fördermaßnahmen. Darüber hinaus erhielt sie 3,8 Milliarden DM an direkten Investitions- und Stilllegungsbeihilfen.

Sie finanzierte damit auch die Sozialpläne für die ausscheidenden Bergleute, um den Klassenwiderspruch nicht herauszufordern und das Klassenbewusstsein einzuschläfern. Im Bewusstsein der Kumpel sollte sich tief einprägen: Trotz aller Stilllegungen *»fällt keiner ins Bergfreie«*.

Hauptsächlich ging es der Ruhrkohle AG jedoch darum, den deutschen Bergbau international wettbewerbsfähig zu machen. Der gesamte Untertage-Bergbau wurde auf einer neuen hochtechnologischen Grundlage durchrationalisiert. So wandten im Jahr 1969 erst 29,5 Prozent der Zechen die Technik des Schildausbaus in den Streben an; im Jahr 1983 waren es schon 98,3 Prozent. Kern der staatlichen Subventionen war also die **Finanzierung der Rationalisierungsoffensive der Ruhrkohle AG**.

### Die zweite Entwicklungsperiode 1983 bis 1993

Nach 1983 wurde das System der staatlichen Kohle-Subventionen umgestellt. Die Stahlbetriebe und die Kraftwerke waren nicht länger verpflichtet, Kohle oder Koks von den Bergwerken und Kokereien der Ruhrkohle AG zu beziehen. Die zurückgehende Förderung in Deutschland wurde durch Erhöhung des Anteils der Importkohle ausgeglichen. Mit dem internationalen Kohlehandel baute die Ruhrkohle AG ein neues lukratives Geschäftsfeld auf. Die dort erzielten Monopolprofite sollten die durch den Rückbau des Untertage-Bergbaus schwindenden ökonomischen Möglichkeiten mehr als wettmachen.

In der zweiten Periode wurde ein **konkurrenzfähiges internationales Bergbaumonopol** geschaffen, das nicht nur selbst Kohle förderte, sondern Unternehmen in so genannten »kompetenznahen« Bereichen im In- und Ausland aufkaufte, um an der gesamten **Wertschöpfungskette rund um die Kohle** beteiligt zu sein. Zur RAG gehörten im Jahr 2000 rund 500 Konzerngesellschaften, davon 200 im Ausland. Im Wesentlichen war der Konzern im Jahr 2000 in sieben Geschäftsbereichen organisiert:

- Die **Deutsche Steinkohle AG (DSK)**, bei der der nationale Bergbau konzentriert war.

- Die **RAG Coal International**, bei der der internationale Bergbau, die deutsche Bergbautechnik (DBT) und der nationale und internationale Kohlehandel zusammengefasst war.

- Die **RAG Immobilien**, die im Jahr 2000 mit 70 000 Wohnungen für 200 000 Menschen zu den größten deutschen Immobilien-Eigentümern zählte und auch an einer wachsenden Zahl von Geschäftshäusern und anderen großen Bauprojekten beteiligt war.

- Die **STEAG**, die national und international zu den Spitzenmonopolen für den Bau und Betrieb von Kohlekraftwerken gehörte.

- Die **Rütgers AG**, in der Basischemikalien, Kunststoffe, Zulieferungen für die Autoindustrie produziert wurden.

- Die **RAG Saarberg**, in der alle Bereiche außerhalb des Bergbaus – Energie, Umwelttechnik, Gummi – konzentriert waren.

- Die **RAG Dienstleistungsgesellschaften**, die sich mit Bildung, Informatik, Versicherungen befassten und von denen sogar der Aufbau von Gewerkschaften in anderen Ländern nach dem Vorbild der deutschen IGBCE organisiert wurde.

Während der Umsatz des gesamten RAG-Konzerns von 18 382 Millionen DM 1983 auf 23 408 Millionen DM 1993 stieg, sank er im Bergbaubereich von 15 848 Millionen DM auf 12 478 Millionen DM.

**Grundlage dieser Entwicklung** war die **Steigerung der Ausbeutung der Bergleute**. Die Arbeitsleistung erhöhte sich in dieser Zeit von 4,03 Tonnen geförderter Kohle je Mann und Schicht auf 5,18 Tonnen.

Ebenso wie in der Gesamtindustrie wurde in dieser Zeit die Produktionstechnik im **Untertage-Bergbau auf die Basis von Mikroelektronik und Automation umgestellt**. Der

Einsatz von Computertechnik steigerte sich zwischen 1983 und 1993 von 40 auf 150 Anlagen. Die Belegschaft im Bergbau schrumpfte im selben Zeitraum um weitere 35 000 auf 87 340 Arbeiter zusammen. Während sämtliche Bergwerksgesellschaften in ihren Bilanzen nach wie vor Verluste auswiesen, verzeichneten alle übrigen Töchter der RAG Gewinne. Die Methode war einfach: In den konzerninternen Geschäftsbeziehungen, etwa zwischen den Bergwerken und der Bergbaumaschinentechnik oder den Vorläufern der heutigen RAG-Informatik, wurden überhöhte Preise verrechnet, die natürlich die Rendite der Bergwerke minderten und den Kohlepreis in die Höhe trieben. Durch die Subventionierung des Kohlepreises wurde so indirekt auch der Aufbau der übrigen RAG-Töchter subventioniert. Die Öffentlichkeit wurde allerdings im Glauben gelassen, die Subventionen dienten dem Kohlebergbau und hätten dort vor allem die soziale Funktion, die Arbeitsplätze der Kumpel zu erhalten oder wenigstens »*sozialverträglich*« abzubauen.

Die staatlichen Subventionen dienten in dieser zweiten Periode der **Umwandlung der RAG** von einem Kohle produzierenden Bergbaukonzern zu einem **sehr differenzierten Konzern mit Unternehmen entlang der gesamten Wertschöpfungskette rund um die Kohle**.

### Die dritte Entwicklungsperiode seit 1993

Nach 1993 wurden die staatlichen Beteiligungen an der RAG weitgehend privatisiert. Hauptanteilseigner waren 2000 die E.on (damals VEBA) mit 37,1 Prozent, die Rheinisch-Westfälischen Elektrizitätswerke (RWE) mit 30,2 Prozent und die Thyssen Stahl AG mit 12,7 Prozent. Die Ruhrkohle AG wurde zum Instrument dieser drei Übermonopole und selbst darauf ausgerichtet, ein **internationales Übermonopol im Kohlebereich zu werden**. Veränderungen der Wirtschaft und der

Wirtschaftspolitik zwangen die Ruhrkohle AG zur Veränderung ihrer Politik.

- 1998 wurde die **DSK** als einheitlicher nationaler Kohlekonzern der RAG gegründet. In der DSK wurden auch die verbliebenen Steinkohlezechen der Preussag AG in Ibbenbüren und der Saarberg AG unter einem Dach vereinigt.

- Als die bisher streng staatlich regulierten **nationalen Strommärkte freigegeben wurden**, entfiel eine wichtige Grundlage der bisherigen Verträge der RAG mit der Kraftwerkswirtschaft. Der Absatz an die Stahlindustrie ging weiter zurück.

- Das **Ziel einer nationalen Energiereserve wurde aufgegeben**. Im Rahmen der Neuorganisation der internationalen Produktion war es nicht mehr zeitgemäß. Dazu erklärte der damalige Wirtschaftsminister Rexrodt:

  *»Das Argument der Versorgungssicherheit als eine wesentliche Begründung für diese Subventionen hat angesichts der Entwicklung auf den internationalen Energiemärkten mit ihren verläßlichen und stabilen Angeboten an Gewicht verloren.«* (RAG, »Rückblick – Einblicke – Ausblicke«, S. 31)

- Die **vollständige Liberalisierung der Kohleimporte und das Auslaufen des Jahrhundertvertrags** Ende 1995 zwangen die RAG, im Inland mit weniger Subventionen auszukommen. Dennoch blieb es notwendig, einen Rest Kohlebergbau zu erhalten: als Basis für die Erprobung und Weiterentwicklung der Bergbautechnik, bei der die RAG eine Führungsposition auf dem Weltmarkt einnahm. Das erforderte weitere Verbilligung der Produktion und Steigerung der Kohleförderung zu Lasten der Bergleute.

- Wachsende Widersprüche zwischen den Monopolen, aber auch zu EU-Partnern, und nicht zuletzt die hohe Staatsverschuldung machten eine **Fortführung der bisherigen**

**Subventionen für die Ruhrkohle AG unmöglich.** In der Kohlerunde 1991 wurde zum letzten Mal eine zu subventionierende Kohlemenge von 50 Millionen Tonnen pro Jahr vereinbart, von 1997 an wurden Obergrenzen der Subventionen festgelegt, die von Jahr zu Jahr abnahmen. Von 5,2 Milliarden Euro 1996 sollten die Subventionen bis 2005 planmäßig auf 2,7 Milliarden Euro zurückgefahren werden, gleichzeitig war die Förderung auf 30 Millionen Tonnen pro Jahr zu reduzieren. Dafür erhielt die RAG jedoch einen Ausgleich: die Differenz zwischen den von ihr festgelegten so genannten Förderkosten je Tonne Kohle und dem »beihilfefähigen Wettbewerbspreis«, was im Jahr 2001 immerhin 200 DM (102,3 Euro) je Tonne ausmachte.

In den 1990er Jahren dienten die Subventionen in erster Linie der **Finanzierung des Ausbaus des RAG-Konzerns zu einem marktbeherrschenden internationalen Monopol**. In dieser Zeit kaufte die Ruhrkohle AG Kohlezechen in Lateinamerika, USA und Australien auf; bis 2001 brachte sie es auf 16 Auslandsbergwerke. Mit einer Förderung von 94,7 Millionen Tonnen wurde die RAG 2001 zum **viertgrößten privaten Kohleproduzenten der Welt**. Im selben Jahr übernahm sie die US-amerikanische Long-Airdox-Gruppe mit 24 Standorten auf allen Kontinenten. Seitdem verfügt sie auch über eine Bergbaumaschinenproduktion für den Kammer-Pfeiler-Bau, der weltweit bei jedem zweiten Bergwerk Anwendung findet, das unter Tage Kohle fördert.

Zugleich stieg die RAG zu einem der **führenden Kohlehändler in der Welt** auf. Über die RAG Coal International kontrolliert sie internationale Handelsströme. So befördert sie Kraftwerkskohle aus Kolumbien, Venezuela und Südafrika nach Europa, Kraftwerkskohle aus Polen und Russland nach Nord- und Westeuropa oder Kraftwerks- und Kokskohle aus Australien nach Asien, vor allem nach Japan und Korea. Dazu errichtete sie Handelszentren in Baltimore, Paris, Johannesburg, Bombay, Singapur, Peking und Sydney. Ein Handelsabkommen mit der chinesischen Regierung regelt, dass Koks aus verschiedenen Kokereien in China im Hafen von Xingang gesammelt und dann von der RAG in die USA, nach Lateinamerika und in die EU verschifft wird.

Die RAG eroberte eine internationale **Führungsrolle in der Bergbautechnik**, sie besitzt ausländische Produktionsstätten in den USA, in Australien und China. So konnte sie Einfluss auf die Umstrukturierung des Kohlebergbaus in den ehemaligen Ländern der Sowjetunion, in Osteuropa und China und auch in Indien gewinnen. Die Deutsche Bergbautechnik (DBT) hat ihre Machtposition als Nummer zwei in der Welt gestärkt. In den nächsten 20 Jahren werden 2 000 Milliarden Euro Umsatz erwartet. Die DBT ist in allen wichtigen Kohleregionen – USA, Polen, Südafrika, Australien, China – mit eigenen Fertigungsstätten vertreten. In den USA wurde sie mit 60 Prozent und in Australien mit 80 Prozent Marktführer in Strebausrüstungen (Schildausbau und Strebförderer).

Über ihren führenden Einfluss in der EU-Kohlepolitik streckt die DBT ihre Finger nach den osteuropäischen Gruben aus. Von der EU-Vertretung in Moskau erhielt sie den Auftrag, bis Mai 2001 ein Gutachten für einen »Masterplan« zur Restrukturierung des russischen Steinkohlebergbaus zu erstellen, was ihr die Möglichkeit eröffnete, auch dort führenden Einfluss zu erhalten.

Die RAG-Tochter **STEAG**, Spezialist im Kraftwerksbau und monopolistischer Betreiber von Kraftwerken, nahm ein eigenes Steinkohlekraftwerk in Kolumbien in Betrieb. In der türkischen Stadt Iskenderun baute die STEAG 2002 ein eigenes Kohlekraftwerk, das sie durch die RAG Coal International und Rheinbraun Brennstoff auf dem Seeweg mit jährlich 3 Millionen Tonnen Steinkohleeinheiten beliefern lässt. Dafür wurde an der Mittelmeerküste ein eigenes Verladeterminal für die Hochseefrachter errichtet.

Das so genannte **Optimierungskonzept** der von der Kohl-Regierung eingesetzten Mikat-Kommission enthielt das Drehbuch für das Rationalisierungsprogramm und für die Stilllegung »überschüssiger« Zechen. Mit immer neuen Anpassungsprogrammen wurde die Förderung auf Kosten der Arbeitsplätze der Kumpel radikal gesenkt und wurden Stilllegungen vorgezogen, bis im Jahr 2002 nur noch zehn Kohlezechen in Deutschland existierten. Die Produktion wurde auf die profitträchtigsten Schachtanlagen konzentriert, diese wurden voll ausgelastet und durch einheitliche Kostenerfassung zum direkten Vergleich und zum Wettbewerb um die niedrigsten Produktionskosten angehalten. Die Leistung pro Mann und Schicht stieg von 1993 bis 2000 in deutschen Untertagebetrieben von 5,18 auf 6,68 Tonnen. Bis 2005 strebt die DSK 8,5 Tonnen pro Mann und Schicht an.

Mit dem heuchlerischen Versprechen, betriebsbedingte Kündigungen bis zum Jahr 2005 auszuschließen, wurde die Arbeitszeit extrem flexibilisiert und unter der Bezeichnung »rollierendes System« faktisch der Abbau der Kohle im Voll-Conti-Schichtbetrieb eingeführt. Die verwirrende Namensgebung erfolgte bewusst, um die Tarifverträge für die Voll-Conti-Arbeit zu unterlaufen. Die Reallöhne wurden massiv gesenkt, sodass sie im Jahr 2002 zirka 20 Prozent unter denen von Anfang der 1990er Jahre lagen. Die Bergleute rückten in Deutschland ans untere Ende der Lohnskala in der Industrie.

Der *Maßnahmenkatalog 2002 für den Personalbereich* der Deutschen Steinkohle AG stellte einen bisher beispiellos offenen Angriff auf die sozialen Errungenschaften der Bergleute dar. Die geplanten Maßnahmen waren: mehrere Jahre keine Erhöhung der Tariflöhne, Streichung des Fahrgelds, Einstellung des Werksbusverkehrs, 20-prozentige Kürzung des

Weihnachtsgelds, Wegfall der Deputatkohle für Bergleute, die weniger als 20 Jahre beschäftigt waren.

Zwischen 1993 und 2001 wurden 23 580 Arbeitsplätze unter Tage und 9 380 Arbeitsplätze über Tage abgebaut. Das Versprechen, auf betriebsbedingte Kündigungen zu verzichten, erwies sich in der Praxis als leere Phrase, denn die Kumpel wurden zu Tausenden aus dem Pütt gedrängt. Ob krankheitsbedingt gekündigt, ob durch regelrechten Verlegungsterror erst auf andere Zechen und dann zur Aufgabe der Arbeit gezwungen, ob mit falschen Versprechungen auf einen »dauerhaft sicheren« Ersatzarbeitsplatz außerhalb des Bergbaus vermittelt oder in Umschulungsmaßnahmen und Fortbildungskurse gesteckt – die Arbeitsplätze im Bergbau waren verloren. Um weitere 9 000 Arbeitsplätze zwischen 2003 und 2005 abzubauen, griff die RAG Ende 2002 zur offenen Erpressung: Nach einem Punktesystem soll die Belegschaft in eine »*Bedarfsmannschaft*« und eine »*Nichtbedarfsmannschaft*« aufgeteilt werden. Wer zur »*Nichtbedarfsmannschaft*« versetzt wird und nicht binnen neun Monaten selbst einen neuen Job findet und kündigt, dem droht eine Änderungskündigung mit 20 Prozent Lohneinbuße und verschlechterten Arbeitsbedingungen.

Im Jahr 2007 sollen die Subventionen für »sozialverträgliche« Stilllegungen von Zechen endgültig auslaufen. Damit würde aber ein zentrales Element der für den Bergbau charakteristischen Form der Klassenzusammenarbeitspolitik aufgegeben.

Bis zu diesem Zeitpunkt will die Ruhrkohle AG auf einen Sockel von 20 Millionen selbstgeförderter Tonnen Kohle zurückfahren. Von den einstmals 600 000 Kumpel in den 1950er Jahren in Deutschland sollen dann noch maximal 20 000 bis 25 000 übrig bleiben.

All diese Maßnahmen und Pläne bewirken, dass die Kumpel der Politik der Klassenzusammenarbeit von rechter Gewerkschaftsführung und RAG-Konzern äußerst skeptisch gegenüberstehen. Schon im März 1997 kam es zu einem sechstägigen Streik der Bergleute, der selbständig ausgelöst wurde und zeitweise 135 000 Beschäftigte umfasste. Die RAG ist sich des »Risikofaktors«, den die Arbeiterklasse für sie darstellt, durchaus bewusst, wenn sie in ihrem Geschäftsbericht schreibt:

Der *»Belegschaftsabbau auf 36 000 Mitarbeiter stellt gegenwärtig das bedeutsamste Risiko dar. Wir haben auf diese Problematik reagiert und die Personalanpassung für die Jahre 2000 und 2001 mithilfe unseres umfassenden* **personalpolitischen Instrumentariums** *deutlich forciert.«* (RAG, Geschäftsbericht 2002, S. 41)

Der Staat schob dem RAG-Konzern zwischen 1969 bis 2000 35,05 Milliarden DM für Abschreibungen und an Subventionen zu. Davon profitierte vor allem das Monopolkapital, das den RAG-Konzern besitzt. Im Jahr 1999 wies der Konzern 169 Millionen Euro und im Jahr 2000 170 Millionen Euro als offizielle Gewinne aus. In der Öffentlichkeit wird aber nach wie vor so getan, als handele es sich bei der RAG um ein Not leidendes Unternehmen, das nur mit Milliarden an staatlichen Subventionen über Wasser gehalten werden könnte, deren hauptsächliche Nutznießer ohnehin *die »extrem begünstigten und privilegierten Kumpel«* wären. In Wirklichkeit sorgten diese Milliarden dafür, dass der RAG-Konzern **zu einem internationalen Übermonopol im Rohstoff-, Maschinenbau- und Chemiebereich** wurde, das seinen Sitz in Deutschland hat und rücksichtslos in der ganzen Welt seinen Anspruch auf Vorherrschaft anmeldet. Die Entwicklung des deutschen Bergbaus ist ein Schulbeispiel, wie der staatsmonopolistische Kapitalismus als Basis für die Neuorganisation der internationalen Produktion diente.

# 9. Die Europäische Union als Instrument der internationalen Monopole

## Die Integration und Ausdehnung der Europäischen Union

Die Europäische Union wurde 1995 von zwölf auf fünfzehn Mitgliedsländer erweitert. Mit 370 Millionen Einwohnern bildet sie seitdem den größten Binnenmarkt der Welt. Sie ist eine **Vereinigung großer imperialistischer Länder mit kleineren kapitalistischen und imperialistischen Ländern** Europas. Über die Rolle einer solchen Verschmelzung größerer und kleinerer Länder für die Machtpolitik des internationalen Finanzkapitals führte Lenin aus:

»*Derartige Beziehungen zwischen einzelnen großen und kleinen Staaten hat es immer gegeben, aber in der Epoche des kapitalistischen Imperialismus werden sie zum allgemeinen System, bilden sie einen Teil der Gesamtheit der Beziehungen bei der ›Aufteilung der Welt‹ und verwandeln sich in* **Kettenglieder der Operationen des Weltfinanzkapitals.**« (»Der Imperialismus als höchstes Stadium des Kapitalismus«, Lenin, Werke, Bd. 22, S. 268 – Hervorhebung Verf.)

Den größeren imperialistischen Staaten gibt eine solche Verbindung mehr politisches Gewicht und ein erweitertes »Hinterland«. Die kleineren Länder bekommen die Chance, am internationalen Konkurrenzkampf teilzuhaben, was aus eigener Kraft nur wenig aussichtsreich wäre. Dafür müssen sich die kleineren Länder den Interessen der führenden imperialistischen Länder – Deutschland, Frankreich, Großbritannien und Italien – und ihrer Übermonopole unterordnen. Lenins Analyse bestätigt sich:

»*Die imperialistische Tendenz zur Bildung großer Weltreiche ist durchaus realisierbar und wird in der Praxis auch häufig in Gestalt imperialistischer Bündnisse selbständiger und, im politischen Sinne des Wortes, unabhängiger Staaten realisiert. Solche Bündnisse sind möglich und sind nicht nur in der Form zu verzeichnen, daß das Finanzkapital zweier Länder ökonomisch miteinander verwächst, sondern auch als militärische ›Zusammenarbeit‹ im imperialistischen Krieg.«* (»Über eine Karikatur auf den Marxismus und über den ›imperialistischen Ökonomismus‹«, Lenin, Werke, Bd. 23, S. 42)

Unter der Herrschaft der internationalen Monopole beschleunigte und vertiefte sich der europäische Einigungsprozess. Dabei wuchs das Gewicht der großen imperialistischen Länder gegenüber den kleinen Ländern:

- Mit der Verabschiedung der **Einheitlichen Europäischen Akte (EEA)** im Jahr 1986 wurde eine lange Stagnationsphase beendet. Ihr Kernstück war die **Einrichtung des EG-Binnenmarkts** zum 1. Januar 1993, der den ungehinderten Fluss von Waren, Dienstleistungen, Kapital und Arbeitskräften erlaubte.

- 1992 wurde in Maastricht der Vertrag zur Europäischen Union verabschiedet. Er legte den **Übergang zur Währungsunion** fest mit der Einführung des Euro 2002 und der Schaffung einer unabhängigen Europäischen Zentralbank 2001. Durch Stabilitätskriterien werden die Mitgliedstaaten gezwungen, ihre gesamte Wirtschafts- und Sozialpolitik den Interessen des Finanzkapitals anzupassen. Als Schritte zur politischen Integration waren die beabsichtigte **Gemeinsame Außen- und Sicherheitspolitik (GASP)** und eine **gemeinsame Justiz- und Innenpolitik** zu verstehen.

- 1997 wurde der Vertrag von Amsterdam verabschiedet. Das **Prinzip der abgestuften Integration**, das mit der Aufteilung der EU in eine Euro-Zone (12 Länder) und drei außerhalb stehende Länder bereits eingeführt war, wurde nun ver-

traglich verankert. Es erlaubt den großen Ländern, durch
»verstärkte Zusammenarbeit« in Teilbereichen die Integration voranzutreiben, und wirkt als Druckmittel gegenüber kleineren oder nicht kooperationswilligen Ländern.

- Mit dem im Februar 2001 unterzeichneten Vertrag von Nizza wurde die **Gewichtung der Stimmen zu Gunsten der großen Länder verändert** und das Vetorecht der Mitgliedsländer in Fragen der Wirtschafts- und Währungsunion sowie der Justiz- und Innenpolitik abgeschafft. Damit wurde die Entscheidungsgewalt stärker bei den großen imperialistischen Ländern konzentriert.

- Jeder Schritt zur Konzentration der Entscheidungsgewalt bei den großen imperialistischen Ländern war verbunden mit der Schaffung **immer komplexerer Bürokratien**, eines Dickichts von Abteilungen und Ausschüssen. So konnten sich die kleineren Länder an der Vorbereitung von Beschlüssen beteiligen, aber die wahren Machtverhältnisse wurden nur verschleiert.

- Zum selben Zweck förderte die EU-Kommission das »**Lobbying**« als formelle Einbeziehung der Verbandsvertreter von Gewerkschaften, Frauenverbänden, Umweltorganisationen, Behindertenorganisationen und anderen Nichtregierungsorganisationen in den Beratungen und Ausschüssen. Das soll den Eindruck erwecken, die Volksmassen könnten auf diese Weise ihre Interessen wirksam vertreten. Bestenfalls endet diese Mitwirkung in der Übernahme »progressiver« Formulierungen oder Halbsätze in die Papierberge der EU-Bürokratie.

- Die immer engere ökonomische Verflechtung in der EU dient als Ausgangsbasis zur Durchdringung anderer Länder. Auf dem Kopenhagener Gipfel vom Dezember 2002 beschloss die EU ihre **Erweiterung um 12 Länder**: Im Mai 2004 sollen Zypern, Tschechien, Estland, Ungarn, Lettland, Litauen, Malta, Polen, die Slowakei und Slowenien Vollmitglieder werden, für Rumänien und Bulgarien ist ein späterer Beitritt vorgesehen. Mit dieser größten Erweiterung ihrer Geschichte arbeitet die EU auf einen Binnenmarkt hin, der mit 481 Millionen Einwohnern und vom Kapitalvolumen her der mit Abstand größte der Welt sein wird. Auf dieser Grundlage will die EU die USA als größte Wirtschaftsmacht ablösen. Zugleich stärkt sie über die Aufnahme vor allem von ehemaligen RGW-Ländern ihre Handelsbeziehungen mit Russland und anderen Staaten der ehemaligen Sowjetunion.

### Die Europapolitik des BRD-Imperialismus

Der BRD-Imperialismus ist die wirtschaftlich **dominierende Kraft** in der EU. Er ist eng mit den anderen EU-Ländern verflochten, was auch eine **wechselseitige Abhängigkeit** begründet. In der EU liegt sein Hauptabsatzmarkt und dort ist sein Kapital hauptsächlich angelegt.

Die hohe Bedeutung von Westeuropa für Ausfuhr, Einfuhr und Direktinvestitionen der BRD zeigt sich in ihrem anhaltend hohen Anteil am jeweiligen Gesamtvolumen. Doch mit erheblich erweiterten Aktivitäten auf dem Weltmarkt sinkt dieser Anteil langsam aber stetig ab. So wurden im Jahr 2000 63,1 Prozent der Ausfuhren der BRD (1970: 69,5 Prozent), 57,7 Prozent der Einfuhren (1970: 63,4 Prozent) und 44,5 Prozent der Direktinvestitionen (1970: 56,9 Prozent) mit Westeuropa getätigt.

Im Zug der Neuorganisation der internationalen Produktion durchbrach der BRD-Imperialismus die wirtschaftliche Konzentration auf Westeuropa. Der Anteil der Exporte in die EU an der Gesamtausfuhr der BRD ging von 63,1 Prozent im Jahr 1991 zurück auf 55,2 Prozent im Jahr 2001.

Die BRD-Monopole nutzten ihre **starke Position in Europa als Sprungbrett für die verstärkte Expansion** nach Mittel- und Osteuropa, Asien, Nord- und Südamerika. So erreichte der Anteil der BRD-Exporte nach Mittel- und Osteuropa 2001 bereits 11,2 Prozent der Gesamtexporte.

Die BRD-Monopole haben ein besonders starkes Interesse an der **Einbindung Mittel- und Osteuropas in die EU**. Sie versprechen sich davon eine Ausweitung ihrer Absatzgebiete, günstigere Bedingungen für den Kapitalexport, unter anderem durch verbesserte Infrastruktur, rechtliche Absicherung ihres Eigentums, stärkere politische Einflussmöglichkeiten sowie ungehinderten Zugang zu billigen, mehr oder weniger gut ausgebildeten Arbeitskräften.

Die Expansion des deutschen Imperialismus ist wesentlich **abhängig vom Voranschreiten des europäischen Vereinigungsprozesses**. Nur in Abstimmung mit Frankreich lässt sich die europäische Integration wesentlich vertiefen. Deutschland ist zwar aufgrund seiner Bevölkerungszahl und Wirtschaftskraft und seines politischen Gewichts die **Führungsmacht Europas**, es kann diese Führung jedoch nicht willkürlich und ohne Konsens mit den wichtigsten imperialistischen Mächten in der EU ausüben. Jeder Alleingang würde zur Sprengung der EU führen.

Die Wiedervereinigung hat das **Streben des BRD-Imperialismus nach Weltherrschaft** verstärkt. Er muss jedoch außerdem auf die Wachsamkeit der Massen Rücksicht nehmen, die einer Großmachtpolitik des deutschen Imperialismus aufgrund der Erfahrungen mit dem Hitlerfaschismus und dem II. Weltkrieg ablehnend gegenüberstehen.

Ein vorläufiger Höhepunkt der innereuropäischen Kooperation war die deutsch-französische Vereinbarung vom Januar 2003 anlässlich der Feiern zum 40. Jahrestag des

Elysée-Vertrags[1]. Zeitgleich mit der deutsch-französischen Profilierung gegen die offen aggressiven Kriegspläne der USA unterstreicht die Erklärung von 2003 den künftigen engen Schulterschluss der beiden stärksten imperialistischen Staaten Europas im internationalen Konkurrenz- und Machtkampf:

»*Wir sind entschlossen, der Gemeinsamen Außen- und Sicherheitspolitik der Europäischen Union und der Europäischen Sicherheits- und Verteidigungspolitik eine neue Qualität zu verleihen, um die Europäische Union in die Lage zu versetzen, ihrer Rolle in der Welt voll und ganz gerecht zu werden ...*« (»Frankfurter Rundschau« vom 23. Januar 2003)

Als Tribut für seine Führungsrolle in der EU trägt der BRD-Imperialismus als **größter Beitragszahler** auch die Hauptlast ihrer Finanzierung. Im Jahr 2000 machten die deutschen

**Tabelle 49:**
**Die größten Nettoeinzahler der EU und ihr Anteil an den gesamten Nettoeinzahlungen 1994–2000 (in Millionen Ecu/Euro)**

| Land | 1994 | Anteil % | 2000 | Anteil % |
|---|---|---|---|---|
| Deutschland | −11 302,2 | 71,6 | −9 273,2 | 50,6 |
| Großbritannien | +1 078,3 | 0 | −3 774,7 | 20,6 |
| Niederlande | −492,8 | 3,1 | −1 737,7 | 9,5 |
| Frankreich | −1 900,9 | 12,0 | −1 415,3 | 7,7 |
| Schweden[1] | − | − | −1 177,4 | 6,4 |
| Österreich[1] | − | − | −543,5 | 3,0 |
| Nettoeinzahlungen gesamt | −15 780,3 | 100 | −18 314,2 | 100 |

[1] Beitritt zur EU 1995
Quelle: Homepage der EU-Kommission, Stand 2/2002, www.europa.eu.int/comm

---

[1] Im Elysée-Vertrag zwischen Adenauer und De Gaulle wurde 1963 die »Aussöhnung« beider Staaten besiegelt.

Zahlungen an die EU in Höhe von 21 774,9 Millionen Euro 24,8 Prozent des gesamten EU-Haushalts aus. Davon erhielt Deutschland unter anderem 5 674,9 Millionen Euro für die Agrarpolitik zurück und 3 765,3 Millionen Euro für »strukturschwache« Gebiete. Vor allem in Ostdeutschland wurden damit Infrastrukturmaßnahmen und Investitionshilfen an Industriemonopole finanziert.

Mit der EU-Osterweiterung kommen neue Ausgaben auf die BRD zu. Auch der zügige Aufbau einer militärischen Eingreiftruppe macht kostspielige Rüstungsprogramme erforderlich. Die gerade von der Bundesregierung forcierten Stabilitätskriterien der Währungsunion verlangen aber, dass Deutschland zugleich sein Haushaltsdefizit abbaut. Das ist ein Problem. Drastische Steuererhöhungen oder Kürzungen der Ausgaben für Sozialleistungen würden sofort den Widerstand der Massen hervorrufen.

Der BRD-Imperialismus befindet sich in dem **Dilemma**, dass mit der geplanten Erweiterung der EU auf mehr als 25 Länder ein Rückschlag bei der bereits erreichten Vereinheitlichung droht – es sei denn, dass es gelingt, die politische Vereinigung zielstrebig weiter auszubauen. Am 12. Mai 2000 machte Bundesaußenminister Fischer in einer Rede konkrete Vorschläge für den **Übergang vom »Staatenverbund« zu einer »Europäischen Föderation«** mit Parlament und Ländervertretung und einer gewählten europäischen Regierung. Das Ziel eines europäischen Bundesstaats ist unter den führenden imperialistischen Ländern Europas durchaus umstritten. Fischers Vorstoß stieß deshalb nicht nur in Großbritannien sofort auf Widerspruch, das die Schaffung einer über den Nationalstaaten stehenden europäischen Staatsgewalt grundsätzlich ablehnt. Auch die französische Regierung distanzierte sich vehement. Das zeigt, dass die europäischen Imperialisten zwar bereit sind, ein strategisches Bündnis einzugehen. Zum Zweck der Stärkung der eigenen Machtposition kann ein solches Bündnis – wie Europa zeigt – auch eine sehr fortgeschrittene ökonomische und politische Zusammenarbeit hervorbringen. Diese gerät jedoch sofort an ihre Grenzen, sobald die eigenständige imperialistische Machtbefugnis und Souveränität in Frage gestellt scheint.

Mit der Expansion in Länder außerhalb der EU wird die **machtpolitische Absicherung** dieser neuen Gebiete immer wichtiger. Denn die Neuorganisation der internationalen Produktion stößt mehr und mehr auf Hindernisse. Regimes wie in Jugoslawien unter Slobodan Milosevic, in Afghanistan unter den Taliban oder im Irak unter Saddam Hussein verfolgen eigene Interessen. Antiimperialistische Bewegungen der Massen gewinnen in Lateinamerika, Afrika oder Asien an Stärke. Zur Durchsetzung ihrer imperialistischen Politik setzen die Großmächte **zunehmend militärische Mittel** ein, sie können dies jedoch im Allgemeinen **nicht im Alleingang** tun; das würde die zwischenimperialistischen Widersprüche schlagartig verschärfen und könnte sogar einen neuen Weltkrieg heraufbeschwören. Das wurde deutlich, als sich Frankreich und Deutschland im Januar 2003 öffentlich von der bevorstehenden militärischen Aggression gegen den Irak durch die USA und Großbritannien distanzierten. Zehn gegenwärtige und zukünftige Mitglieder der EU erklärten daraufhin demonstrativ ihren uneingeschränkten Schulterschluss mit den USA, was eine gemeinsame außenpolitische Position in dieser zentralen Frage faktisch auflöste. Das zeigt die Labilität des imperialistischen Bündnisses der EU, wenn sich die zwischenimperialistischen Widersprüche verschärfen.

Auch auf dem Gebiet der Machtpolitik muss die BRD vielfältige Rücksichten nehmen: Die USA würden die Entwicklung der EU zu einem auch militärisch eigenständigen Bündnis wohl kaum zulassen. Sie wäre auch nicht ohne weiteres vereinbar mit der Neutralität der EU-Mitglieder Finnland, Irland, Österreich und Schweden. Die EU kann deshalb bis auf weiteres **eigenständige Kriseneinsätze nur im Rahmen der NATO und in Abstimmung mit den USA** durchführen.

Der Konflikt zwischen **Führungsanspruch und wechselseitiger Abhängigkeit ist ein grundlegendes Problem der Imperialisten**, das sich mit der Neuorganisation der internationalen Produktion noch verstärkt. Das gilt nicht nur für Deutschland, sondern auch für die anderen europäischen Großmächte und für die USA, Russland, Japan und China. Es verdeutlicht die Sackgasse, in die sich die imperialistischen Länder immer mehr hineinmanövrieren.

## Die EU-Kommission im Auftrag der internationalen Monopole Europas

Der Präsident der EU-Kommission von 1985 bis 1994, Jacques Delors, vertrat, dass 80 Prozent aller nationalen Wirtschaftsgesetze in der EU inzwischen ihren Ursprung in Brüssel hätten. Tatsächlich hat sich **mit der EU eine länderübergreifende Bürokratie** herausgebildet, die maßgeblichen Einfluss auf die Gesetzgebung aller Mitgliedsländer nimmt. Entschieden wird dort nach einem entsprechend der Bevölkerungszahl und der ökonomischen Kraft festgelegten Proporz.

Aus Tabelle 50 geht hervor, dass die großen imperialistischen Länder Deutschland, Frankreich, Großbritannien, Italien mit jeweils zehn Stimmen im Europäischen Rat das größte Gewicht haben. Im Beschluss über die Erweiterung der EU war bereits eine Veränderung der Stimmenaufteilung enthalten. Danach sollen 2005 neben den vier großen imperialistischen Ländern auch Spanien und Polen mit jeweils 29 bzw. 27 Stimmen größtes Gewicht erhalten. Zusammen werden diese sechs Länder über fast 50 Prozent der Stimmen verfügen.

Da künftig immer stärker Mehrheitsentscheidungen gelten sollen, bedeutet das, dass die kleineren Länder noch weniger Möglichkeiten haben werden, ihre Interessen im Rahmen der EU zu verwirklichen.

Die **EU-Kommission**, die sich aus dem Präsidenten und 20 Kommissaren zusammensetzt, ist die einzige Instanz, die das Recht hat, Gesetzesentwürfe vorzulegen. Italien, Großbritannien, Spanien, Deutschland und Frankreich sind im Jahr 2002 jeweils mit zwei Kommissaren vertreten, Österreich, die Niederlande, Schweden, Portugal, Griechenland, Finnland, Belgien, Dänemark, Irland und Luxemburg mit je einem.

Was der **Rat der Minister** verabschiedet, hat in der EU Gesetzeskraft. Dabei gilt unterschiedliche Verbindlichkeit:

- **Verordnungen** sind in allen Ländern der EU **unmittelbar gültig**, in allen Teilen verbindlich und stehen über dem nationalen Recht.

- **Richtlinien** verpflichten die Einzelstaaten, innerhalb einer bestimmten Zeit nationale Gesetze oder Verordnungen so zu ändern bzw. neu zu gestalten, dass die in der Richtlinie genannten Ziele erreicht werden. EU-Recht greift oft erheblich in nationales Recht ein und erzeugt dann entsprechende Widersprüche. So legte der Vorschlag für eine *Richtlinie über die Koordinierung der Verfahren zur Vergabe öffentlicher Lieferaufträge, Dienstleistungsaufträge und Bauaufträge* vom 10. Mai 2000 unter anderem fest, dass sämtliche Leistungen des Nahverkehrs EU-weit ausgeschrieben und an den günstigsten Anbieter vergeben werden *müssen*. Am 21. Mai 2002 einigte sich der Binnenmarktrat der EU auf diese neue

---

**Anmerkungen und Quellen zu Tabelle 50**

[1] Neuwahl des Europäischen Parlaments

Quelle: EU-Kommission, zitiert nach: Dresdner Bank, »Trends Spezial«, Mai 2001

## Tabelle 50:
## EU nach Bevölkerung, Stimmenzahl und Bruttoinlandsprodukt (BIP)

| Länder | Einwohner | Stimmen im Europäischen Rat | | Parlamentssitze | | BIP 1999 |
|---|---|---|---|---|---|---|
| | Mio. | 2002 | ab 2005 | 2002 | ab 2004[1] | Mrd. Euro |
| Deutschland | 82,0 | 10 | 29 | 99 | 99 | 1 977 |
| Frankreich | 59,2 | 10 | 29 | 87 | 72 | 1 330 |
| Großbritannien | 59,0 | 10 | 29 | 87 | 72 | 1 301 |
| Italien | 57,6 | 10 | 29 | 87 | 72 | 1 095 |
| Spanien | 39,4 | 8 | 27 | 64 | 50 | 520 |
| Niederlande | 15,8 | 5 | 13 | 31 | 25 | 353 |
| Belgien | 10,5 | 5 | 12 | 25 | 22 | 234 |
| Griechenland | 10,2 | 5 | 12 | 25 | 22 | 110 |
| Portugal | 10,0 | 5 | 12 | 25 | 22 | 97 |
| Schweden | 8,9 | 4 | 10 | 22 | 18 | 212 |
| Österreich | 8,1 | 4 | 10 | 21 | 17 | 197 |
| Dänemark | 5,3 | 3 | 7 | 16 | 13 | 152 |
| Finnland | 5,2 | 3 | 7 | 16 | 13 | 113 |
| Irland | 3,7 | 3 | 7 | 15 | 12 | 64 |
| Luxemburg | 0,4 | 2 | 4 | 6 | 6 | 17 |
| Bewerberländer | | | | | | |
| Polen | 38,7 | | 27 | | 50 | 290 |
| Rumänien | 22,5 | | 14 | | 33 | 130 |
| Tschechien | 10,3 | | 12 | | 20 | 130 |
| Ungarn | 10,1 | | 12 | | 20 | 110 |
| Bulgarien | 8,2 | | 10 | | 17 | 39 |
| Slowakei | 5,4 | | 7 | | 13 | 56 |
| Litauen | 3,7 | | 7 | | 12 | 23 |
| Lettland | 2,4 | | 4 | | 8 | 14 |
| Slowenien | 2,0 | | 4 | | 7 | 30 |
| Estland | 1,4 | | 4 | | 6 | 11 |
| Zypern | 0,8 | | 4 | | 6 | 12 |
| Malta | 0,4 | | 3 | | 5 | 8 |
| Insgesamt | 481,2 | 87 | 345 | 626 | 732 | 8 625 |

Richtlinie – und ordnete damit in der Konsequenz die Privatisierung des öffentlichen Nahverkehrs in allen Mitgliedsländern der EU an.

- **Entscheidungen** sind Rechtsakte, die Einzelfälle (bezogen auf ein Land oder ein Unternehmen) verbindlich regeln. Beispiele sind Genehmigungen von Subventionen, etwa für die RAG oder für den Bau des neuen BMW-Werks in Leipzig.

Der **Europäische Rat** ist die Versammlung der europäischen Regierungschefs. Er trifft diejenigen Entscheidungen, über die sich der Ministerrat nicht einigen konnte.

Am wenigsten Rechte hat das **EU-Parlament**, das alle fünf Jahre nach nationalen Verfahren gewählt wird. Seine Aufgabe ist vor allem, der EU einen demokratischen Anstrich zu geben und die Bevölkerung an die Politik der EU zu binden.

Natürlich hat sich mit der Stärkung der EU auch das **System der Einflussnahme der Monopole auf die EU-Politik** verändert. Die Zahl der Firmen und Verbände, die in Brüssel Büros unterhalten, wird inzwischen auf 3 000 geschätzt. Sie beschäftigen zirka 10 000 Mitarbeiter. In dem Buch »Das Räderwerk der europäischen Kommission« beschrieben die Autoren Wolfgang Dietz und Barbara Fabian die enge Verflechtung von Interessenverbänden und Bürokratie:

*»Der Lobbyist beginnt seine Arbeit in der Regel dort, wo auch die Arbeit der Gesetzgebung der EU beginnt: in den Dienststellen der Kommission. Hier, am Fuß der Hierarchiepyramide beginnt üblicherweise das Leben einer künftigen EU-Verordnung oder -Richtlinie. Hier werden die Förderprogramme entworfen. Allerdings ist die Kommission nicht nur das passive Zielobjekt eines einseitigen Wirtschafts- oder Verbändelobbyismus. Sie selbst trägt dazu bei, den Kontakt zwischen sich und der Wirtschaft herzustellen. Trotz der Größe des Personalbestandes zeigt*

*sich bei genauer Betrachtung nämlich, wie wenige Mitarbeiter tatsächlich ein Dossier bearbeiten. Letztlich sind es nur einige wenige Beamte, die sich in den Diensten beispielsweise mit der Rundfunk- und Fernsehrichtlinie auseinandersetzen. Und welche wirtschaftlichen Konsequenzen folgen deren Bestimmungen!
... Die Kommission weiß nur zu gut um den Entscheidungsprozeß, an dessen Ende der Ministerrat (zum Teil gemeinsam mit dem Parlament) steht, und wo es gilt, Mehrheiten zu finden. So bemüht sich die Kommission bereits im Vorfeld ihres Vorschlages um eine bestmögliche Analyse und Gewichtung der Interessenlagen der Mitgliedstaaten und die Ermittlung der jeweiligen Besonderheiten. Häufig beruft sie daher Expertengremien oder beauftragt Consultants mit Studien, die bei der Aufbereitung der Problemfelder behilflich sind. Technische Normen für die Automobilindustrie zu entwerfen, ohne enge Abstimmung mit dem europäischen Automobilherstellerverband, wäre vergebliche Liebesmüh. Namentlich bei der Erarbeitung und anschließendenden Diskussion der sogenannten ›Grünbücher‹ der Kommission (= Konsultationsdokument) spielen die Verbände und Kammern eine gewichtige Rolle. In den Grünbüchern umschreibt die Kommission einen Politikgegenstand und schildert Optionen für europäische Regelungen.«* (S. 97–99)

Selbst diese anschauliche Darlegung ist wohl noch untertrieben, wenn die Autoren den Unternehmerverbänden und den Industrie- und Handelskammern lediglich eine »*gewichtige Rolle*« zuschreiben. Letztlich haben sich die Organe der EU den Interessen der europäischen Übermonopole unterzuordnen. Die EU-Organe sind ebenso wie die der einzelnen Staaten mit den Organen der internationalen Monopolverbände Europas verschmolzen und setzen die Interessen dieser Übermonopole auch gegen nationalstaatliche Interessen durch.

Die Widersprüche zwischen der EU und den einzelnen Nationalstaaten widerspiegeln in der Regel die Widersprüche zwischen den in der EU dominierenden internationalen Monopolen und den Monopolen bzw. der nicht monopolisierten Bourgeoisie in den einzelnen Nationalstaaten.

Damit die Gesetze in den EU-Ländern möglichst reibungslos umgesetzt werden können, gibt es einen **Wirtschafts- und Sozialausschuss (WSA) der EU**. Nach Artikel 193 des EG-Vertrags setzt er sich zusammen aus »*Vertretern der verschiedenen Gruppen des wirtschaftlichen und sozialen Lebens, insbesondere der Erzeuger, der Landwirte, der Verkehrsunternehmer, der Arbeitnehmer, der Kaufleute und Handwerker, der freien Berufe und der Allgemeinheit.*« (Claus D. Grupp, »Europa 2000, Der Weg der Europäischen Union«, S. 49)

Der WSA hat 222 Mitglieder aus 15 Staaten, darunter 24 aus Deutschland. Er wird von den Regierungen für vier Jahre ernannt. Seine sechs Fachgruppen befassen sich mit: Wirtschafts- und Währungsunion, wirtschaftlicher und sozialer Zusammenhalt; Binnenmarkt, Produktion und Verbrauch; Verkehr, Energie, Infrastrukturen, Informationsgesellschaft; Beschäftigung, Sozialfragen, Unionsbürgerschaft; Landwirtschaft, ländliche Entwicklung, Umwelt und Außenbeziehungen. Natürlich spielen die Monopolverbände auch hier die entscheidende Rolle. Von den 24 deutschen Mitgliedern kommen acht von Unternehmerverbänden (BDI, BDA, Groß- und Außenhandel, Bauernverband, Reederverband, Volks- und Raiffeisen-Banken, Raiffeisenverband, DIHT), acht von Gewerkschaften und acht von sonstigen Organisationen (Verbraucherorganisationen, Ärztekammer, Rotes Kreuz, Handwerk usw.).

Ergänzend arbeitet die **UNICE** (Union of Industrial and Employers' Confederation of Europe). Sie ist die offizielle Vertretung von mehr als 16 Millionen Unternehmen in Europa. In der UNICE sind 34 Industrieverbände aus 27 Ländern organisiert. Am 14. Juni 2002 wurde Jürgen Strube, Vorstandsvorsitzender der BASF, vom UNICE-Vorstand zum neuen Präsidenten gewählt. Die UNICE nennt als ihre Aufgabe, »*den Entscheidungsprozess auf europäischer Ebene so zu informieren, dass politische und gesetzgeberische Vorschläge, die die europäische Wirtschaft betreffen, den Bedürfnissen der Unternehmen Rechnung tragen.*« (www.unice.org, 20. November 2002 – eigene Übersetzung)

In der UNICE hat natürlich der BDI als größter Monopolverband einen maßgeblichen Einfluss. Verstärkt wird von den nationalen Monopolverbänden über die EU Druck auf die nationalen Regierungen ausgeübt. So hieß es im »BDI-Jahresbericht 2001«:

»*Belastend auf die Öffnung der Dienstleistungs- und Infrastrukturmärkte wirkte sich weiterhin die Diskussion um das Thema Daseinsvorsorge aus. Die Stellungnahmen der deutschen und französischen Regierung zu diesem Thema hatten die Präsidenten von BDI und MEDEF, Michael Rogowski und Ernest-Antoine Seillière, zum Anlass genommen, sich gegenüber EU-Kommissionspräsident Romano Prodi und dem belgischen EU-Ratsvorsitz für eine Politik der Marktöffnung und gegen die Abschottung vom Wettbewerb unter dem Deckmantel der Daseinsvorsorge auszusprechen. Entschieden wandten sich beide Verbände gegen Bestrebungen in Deutschland und Frankreich, weite Bereiche der Dienstleistungsmärkte von der Beihilfenkontrolle und Missbrauchsaufsicht zu Lasten privater Anbieter freizustellen.*« (»BDI-Jahresbericht 2001«, S. 58)

Die Politiker der EU werden sich hüten, solchen Interventionen kein Gehör zu schenken!

Mit der EU haben sich **grenzüberschreitende halbstaatliche Organisationsformen** herausgebildet. Sie üben immer mehr Einfluss auf nationale Regierungen aus, selbst wenn diese weiterhin die Oberhoheit über die Politik ihrer Staaten besitzen.

Über die EU wirken die internationalen Monopole immer stärker auf die europäischen Nationalstaaten ein. Bei allen Widersprüchen und aller Konkurrenz, insbesondere zwischen den größeren Imperialisten England, Frankreich, Deutschland und Italien, wissen die EU-Länder doch, dass sie ohne ihre Vereinigung keine reale Chance gegen die großen Rivalen USA und Japan hätten. 1915 schrieb Lenin in seinem Artikel »Über die Losung der Vereinigten Staaten von Europa«:

»*Vom Standpunkt der ökonomischen Bedingungen des Imperialismus, d. h. des Kapitalexports und der Aufteilung der Welt durch die ›fortgeschrittenen‹ und ›zivilisierten‹ Kolonialmächte, sind die Vereinigten Staaten von Europa unter kapitalistischen Verhältnissen entweder unmöglich oder reaktionär.*« (Lenin, Werke, Bd. 21, S. 343)

Der Prozess der Vereinigung Europas ist relativ weit fortgeschritten. Auch wenn er sich unter humanistischen Parolen vollzieht und vorgibt, dem Wunsch der Massen nach »Aussöhnung der Länder Europas« gerecht zu werden, die EU bleibt ein **reaktionäres Bündnis imperialistischer Länder**, in dem **kein anderes Prinzip gilt als das der Macht**: Unterordnung der schwächeren europäischen Länder unter die starken, Austragung der erbitterten Konkurrenz zwischen den imperialistischen Ländern, Bündelung der Macht für den internationalen Konkurrenzkampf gegen die imperialistischen Rivalen USA und Japan, gemeinsame Verschärfung der Ausbeutung der Arbeiterklasse und der breiten Massen in der EU und Unterwerfung der Mehrheit der Länder der Welt unter das Diktat des Neokolonialismus.

Die Neuorganisation der internationalen Produktion übte einen unwiderstehlichen Zwang auf die europäischen Imperialisten aus, ihr Bündnis ökonomisch auszubauen und ihm mehr und mehr politischen Charakter zu geben. Trotz aller innerer Widersprüche ist es durchaus möglich, dass sich die EU weiter in ihrer imperialistischen Konkurrenz gegenüber den USA und Japan festigt. Dieselbe Konkurrenz jedoch, die die europäischen Imperialisten dazu treibt, ein Bündnis einzugehen, verhindert zugleich, dass sie ihren Anspruch auf Macht über andere aufgeben und sich in friedliche und demokratische »Vereinigte Staaten von Europa« auflösen.

## 10. Internationale Organisationsformen des Finanzkapitals

Nach dem II. Weltkrieg gewann eine Reihe internationaler Organisationsformen des internationalen Finanzkapitals ausgehend von der UNO an Bedeutung. Dies waren vor allem der Internationale Währungsfonds IWF, die Weltbank und die Welthandelsorganisation WTO. Sie bilden **Ansätze eines länderübergreifenden politischen Überbaus der internationalen Produktion**, auch wenn sie keinen staatlichen Charakter haben. In der Tendenz ordnen sie nationalstaatliche Organisationsformen mehr und mehr den Interessen des internationalen Finanzkapitals unter, was natürlich deren Widerspruch hervorruft.

Der Einfluss eines imperialistischen Lands in einer internationalen Organisation richtet sich nach seinen Stimmenanteilen. Aus der Stimmverteilung in den wichtigsten internationalen Organisationen wird deutlich, dass die führenden imperialistischen Länder den Ton angeben. Zusammen verfügen die USA, Japan, Deutschland, Frankreich, Großbritannien, Italien, Kanada und Russland in der UNO über 72,39 Prozent, bei der Weltbank über 45,76 Prozent und beim IWF über 48,25 Prozent der Stimmen. Damit können sie das politische Geschehen in diesen drei Organisationen jederzeit kontrollieren.

## Tabelle 51:
## Mitgliedschaft in UNO, WTO, IWF (Stimmenanteile 2001)

| Land | UN-Mitglied Beitrittsjahr | UN-Beitragsanteil (in %) | WTO-Mitglied | Weltbank-Stimmenanteil (in %) | Anerkennung der IWF-Auflagen im Jahr[1] | IWF-Stimmenanteil (in %) |
|---|---|---|---|---|---|---|
| USA | 1945 | 22,000 | x | 16,41 | 1946 | 17,16 |
| Japan | 1956 | 19,629 | x | 7,87 | 1964 | 6,16 |
| Deutschland | 1973 | 9,825 | x | 4,49 | 1961 | 6,02 |
| Frankreich | 1945 | 6,503 | x | 4,31 | 1961 | 4,97 |
| Großbritannien | 1945 | 5,568 | x | 4,31 | 1961 | 4,97 |
| Italien | 1955 | 5,094 | x | 2,79 | 1961 | 3,26 |
| Kanada | 1945 | 2,573 | x | 2,79 | 1952 | 2,95 |
| Spanien | 1955 | 2,534 | x | 1,75 | 1986 | 1,42 |
| Brasilien | 1945 | 2,231 | x | 2,07 | 1999 | 1,41 |
| Niederlande | 1945 | 1,748 | x | 2,21 | 1961 | 2,39 |
| Australien | 1945 | 1,636 | x | 1,53 | 1965 | 1,51 |
| China | 1945 | 1,541 | x | 2,79 | 1996 | 2,95 |
| Russland | 1945 | 1,200 | – | 2,79 | 1996 | 2,76 |
| Argentinien | 1945 | 1,156 | x | 1,12 | 1968 | 0,99 |
| Belgien | 1945 | 1,136 | x | 1,81 | 1961 | 2,14 |
| Mexiko | 1945 | 1,093 | x | 1,18 | 1946 | 1,20 |
| Schweden | 1946 | 1,033 | x | 0,94 | 1961 | 1,12 |
| Österreich | 1955 | 0,952 | x | 0,70 | 1962 | 0,88 |
| Dänemark | 1945 | 0,753 | x | 0,85 | 1995 | 0,77 |
| Norwegen | 1945 | 0,650 | x | 0,63 | 1967 | 0,78 |
| Saudi-Arabien | 1945 | 0,557 | – | 2,79 | 1961 | 3,24 |
| Griechenland | 1945 | 0,542 | x | 0,12 | 1992 | 0,39 |
| Finnland | 1955 | 0,525 | x | 0,54 | 1979 | 0,59 |
| Portugal | 1955 | 0,465 | x | 0,35 | 1988 | 0,41 |
| Türkei | 1945 | 0,443 | x | 0,53 | 1990 | 0,46 |
| Israel | 1949 | 0,417 | x | 0,31 | 1993 | 0,44 |
| Südafrika | 1945 | 0,410 | x | 0,85 | 1973 | 0,87 |
| Singapur | 1965 | 0,395 | x | 0,04 | 1968 | 0,41 |

| Land | UN-Mitglied Beitrittsjahr | UN-Beitragsanteil (in %) | WTO-Mitglied | Weltbank-Stimmenanteil (in %) | Anerkennung der IWF-Auflagen im Jahr[1] | IWF-Stimmenanteil (in %) |
|---|---|---|---|---|---|---|
| Polen | 1945 | 0,353 | x | 0,69 | 1995 | 0,64 |
| Indien | 1945 | 0,343 | x | 2,79 | 1994 | 1,93 |
| Irland | 1955 | 0,296 | x | 0,34 | 1961 | 0,39 |
| Thailand | 1946 | 0,275 | x | 0,41 | 1990 | 0,51 |
| Iran | 1945 | 0,253 | – | 1,48 |  | 0,70 |
| Neuseeland | 1945 | 0,242 | x | 0,46 | 1982 | 0,43 |
| Malaysia | 1957 | 0,237 | x | 0,53 | 1968 | 0,70 |
| Venezuela | 1945 | 0,210 | x | 1,27 | 1976 | 1,24 |
| VAE[2] | 1971 | 0,204 | x | 0,16 | 1974 | 0,29 |
| Indonesien | 1950 | 0,201 | x | 0,94 | 1988 | 0,97 |
| Chile | 1945 | 0,198 | x | 0,44 | 1997 | 0,41 |
| Tschechien | 1993 | 0,189 | x | 0,41 | 1967 | 0,39 |
| Gesamtzahl der Länder | 189 |  | 139 | 183 | 149 | 183 |

[1] Anerkennung der Währungsauflagen des Artikels VIII, 2–4
[2] VAE = Vereinigte Arabische Emirate
Quellen: Weltbank-Jahresbericht 2001; IWF-Jahresbericht 2001; Fischer Weltalmanach 2002; eigene Berechnungen

Die Bedeutung der internationalen Organisationsformen wuchs im Prozess der Neuorganisation der internationalen Produktion und nach dem Zusammenbruch des sowjetischen Sozialimperialismus sprunghaft. Vorher war die UNO durch Vetos der beiden Supermächte weitgehend blockiert. Das Buch »Der Neokolonialismus und die Veränderungen im nationalen Befreiungskampf« beschreibt diese Veränderung:

»*Mit dem Zusammenbruch des sowjetischen Sozialimperialismus und des von ihm kontrollierten Warschauer Pakts kam das Ende der Rivalität der beiden Supermächte USA und Sowjetunion, die über 35 Jahre maßgeblich die Weltpolitik beeinflußt hatte. Das war die entscheidende politische Voraussetzung, um die UNO in das* **gemeinsame** *Machtinstrument der führenden imperialistischen Staaten zu verwandeln. Die nationalen Machtapparate der Imperialisten werden dadurch nicht aufgehoben. Sie reichen aber nicht mehr aus, das System des Neokolonialismus mit Betrug und Gewalt aufrechtzuerhalten.«* (Klaus Arnecke/Stefan Engel,»Der Neokolonialismus und die Veränderungen im nationalen Befreiungskampf«, S. 307/308)

Die neue Qualität der internationalen Organisationsformen wurde in der **Vorstellung einer Weltinnenpolitik** auf den Punkt gebracht. Dieser Begriff erweckte bei vielen Menschen Sympathie, gibt er doch vor, Politik aus einer globalen, weltumspannenden Sicht menschlich zu prägen. Über seinen wirklichen Sinn hielt der damalige UN-Generalsekretär Butros Ghali im Januar 1993 eine Rede in Deutschland:

*»Ich glaube, daß es eine* **vernünftige Eingrenzung des Selbstbestimmungsrechts der Völker** *geben muss. Wir müssen das verhindern, was ich den Mikronationalismus nenne, und an seiner Stelle den Zusammenschluß von Staaten ermutigen.«* (»Frankfurter Rundschau« vom 12. Januar 1993 – Hervorhebung Verf.)

Auf den ersten Blick erwecken die internationalen Organisationsformen den Eindruck, dass ihre Mitglieder gleichberechtigt am Weltgeschehen teilhaben und die Weltpolitik mitbestimmen können. Die UNO wird im Wesentlichen geführt vom UN-Sicherheitsrat, der aus ständigen Vertretern führender imperialistischer Länder besteht (USA, Russland, Frankreich, Großbritannien, China) und aus wechselnden Vertretern anderer imperialistischer oder abhängiger Länder, von denen meist kein Widerspruch zu erwarten ist. Denn die wechselnden Vertreter haben kein Veto-Recht wie die fünf ständigen Mitglieder. Trotzdem wird – gerade von kleinbürgerlichen

»Linken« – immer wieder versucht, die vermeintliche Unabhängigkeit der UNO gegen Kritik an der imperialistischen Machtpolitik der USA ins Feld zu führen. So werden oft dieselben imperialistischen Kriegseinsätze akzeptiert und mitgetragen, wenn ihnen ein Beschluss des UNO-Sicherheitsrats zugrunde liegt, obwohl sie vorher als Aktionen einzelner Staaten wortgewaltig kritisiert wurden.

Für die herrschenden imperialistischen Länder sind die Organisationen der UNO einerseits **Instrumente zur Aufrechterhaltung des imperialistischen Weltsystems und zur Durchsetzung gemeinsamer imperialistischer Interessen**, vor allem gegenüber den neokolonial ausgebeuteten und unterdrückten Ländern. Andererseits sind sie die gemeinsame Plattform, auf der sie um die **Anteile an der Macht des Weltimperialismus** konkurrieren.

In der gewachsenen Bedeutung der internationalen Organisationsformen spiegelt sich auch eine neue Taktik der Imperialisten wider. Sie können ihre Ziele keineswegs nur mit militärischer Gewalt durchsetzen, sondern müssen den demokratischen Schein wahren und um die Unterstützung der Weltbevölkerung werben. Dieser scheindemokratische Nimbus ändert nichts daran, dass letztlich weiterhin das Finanzkapital entscheidet, welche Politik im Weltmaßstab und gegenüber einzelnen Ländern durchgeführt wird.

Zur Dämpfung der Klassenwidersprüche und zur systematischen Einwirkung auf Massenbewegungen wurde insbesondere seit den 1980er Jahren auf Initiative der UNO eine große Anzahl von **Nichtregierungsorganisationen** (Non-Governmental Organizations, NGOs) aufgebaut. Diese Nichtregierungsorganisationen fungieren im Auftrag von Staaten, Firmen oder Parteien über Stiftungen, Kirchen oder andere humanitäre Organisationen und erfüllen einen wichtigen politischen Zweck: Sie **unterminieren den selbständigen Kampf**

**und Widerstand der Völker gegen den Imperialismus** und wandeln ihn in eine humanitäre, sozialreformerische Bewegung um, die die imperialistische Vorherrschaft nicht antastet, sondern stabilisiert und bestenfalls sozial ausgestaltet.

Hinzu kamen seit Beginn der 1990er Jahre eine Reihe von **UN-Konferenzen**, in denen wesentliche ungelöste Probleme der Welt beraten wurden. Dort wurde der Eindruck erweckt, die UNO würde sich der grundlegenden Fragen der Menschheit annehmen.

**Tabelle 52:**
**Anzahl der NGOs, UN-Weltkonferenzen**

| Jahr | Anzahl NGOs | UN-Weltkonferenzen | Ort |
|---|---|---|---|
| 1960 | 1 268 | | |
| 1981 | 9 398 | | |
| 1990 | 16 208 | Weltkindergipfel | New York |
| 1991 | 16 113 | | |
| 1992 | 12 457 | Konferenz für Umwelt und Entwicklung | Rio de Janeiro |
| 1993 | 12 759 | 2. Menschenrechtskonferenz | Wien |
| 1994 | 12 961 | 3. Konferenz für Bevölkerung und Entwicklung | Kairo |
| 1995 | 14 274 | Sozialgipfel | Kopenhagen |
| | | 4. Frauenkonferenz | Peking |
| | | 1. Klimakonferenz (fortan jährlich) | Berlin |
| 1996 | 15 108 | 2. Konferenz für Wohn- und Siedlungswesen (Habitat) | Istanbul |
| | | Welternährungskonferenz | Rom |
| 1997 | 15 965 | 3. Klimaschutzkonferenz | Kyoto |
| 1998 | 16 586 | 4. Klimakonferenz | Buenos Aires |
| 1999 | 17 077 | 5. Klimakonferenz | Bonn |
| 2002 | | Weltgipfel für nachhaltige Entwicklung | Johannesburg |

Quelle: Enquete-Kommission Globalisierung der Weltwirtschaft, 12. Juni 2002

Tatsächlich hatten UN-Konferenzen in der Regel keinerlei praktische Konsequenzen, sie konnten keines der vom Imperialismus hervorgebrachten Probleme lösen.

## Die G-8-Gipfel

1975 fand in Rambouillet in Frankreich das erste Gipfeltreffen der führenden imperialistischen Länder statt, damals noch ohne Kanada und Russland. Nach dem Übergang zum System freier Wechselkurse[1] ging es um die Stabilisierung des Weltwährungssystems. Dazu wollten die Regierungschefs vor allem den IWF stärken. Er bekam eine neue Aufgabe: die Wirtschafts- und Finanzpolitik und später auch die Haushaltspolitik seiner Mitglieder zu überwachen und zu steuern. Von 1976 an traf sich die Gruppe der Sieben (G-7 bzw. G-8)[2] jährlich, um die Wirtschaftsentwicklung zu besprechen.

Im Lauf der Jahre wurde der Gipfel immer mehr zu einer **Runde der Vereinheitlichung der imperialistischen Politik in allen wesentlichen Fragen der Weltwirtschaft und Weltpolitik.** Hier entwickelte eine Handvoll mächtiger imperialistischer Staaten die gemeinsamen Leitlinien der Weltpolitik.

Obwohl die Schlusskommuniqués, Absichtserklärungen und Appelle der G-8 keinen bindenden Charakter haben, darf die Bedeutung der Gipfeltreffen nicht unterschätzt werden. Sie wurden zur **wichtigsten gemeinsamen politischen Platt-**

---

[1] Das Verhältnis verschiedener Währungen wird nicht staatlich festgelegt, sondern im Wesentlichen von Angebot und Nachfrage auf dem Devisenmarkt bestimmt.

[2] Zur Gruppe der Sieben gehörten bis 31. Dezember 2002: USA, Japan, Großbritannien, Frankreich, Deutschland, Italien und Kanada. Nach der Auflösung der Sowjetunion stieß auch Russland zu dieser Gruppe, zunächst mit beratender Stimme, vom 1. Januar 2003 an als Vollmitglied. Die G-7 heißt dann G-8.

form der führenden imperialistischen Länder. Von den acht Teilnehmern am G-8-Gipfel sind sechs Mitglieder der NATO. Russland wurde erst unter die G-8 aufgenommen, nachdem es die Ausweitung der NATO bis an seine Grenzen anerkannt hatte und sich beratend in ihre politischen Entscheidungsprozesse einbeziehen ließ. Das **NATO-Bündnis** wurde zum wichtigsten **militärischen Arm zur Durchsetzung gemeinsamer imperialistischer Interessen**, insbesondere gegenüber den vom Imperialismus neokolonial abhängigen und unterdrückten Ländern.

Die G-8 dominieren den IWF und die Weltbank. Von ihnen kam auch der Anstoß zur Gründung der Welthandelsorganisation WTO. Sie verfechten die Freiheit des weltweit zirkulierenden Kapitals im Interesse der internationalen Monopole und sie koordinieren ihren Kampf gegen die Vorbereitung der internationalen proletarischen Revolution.

**Die Rolle des Internationalen Währungsfonds (IWF)**

Der Internationale Währungsfonds (IWF) entwickelte sich mehr und mehr zum **Kontroll- und Regulierungsinstrument**, mit dem **das internationale Finanzkapital** die Volkswirtschaften der neokolonial abhängigen Länder und Osteuropas lenkt.

Der Einfluss der 182 Mitgliedsländer des IWF richtet sich nach ihrem Anteil am Kreditkapital (Tabelle 51). 1999 lag das Gesamtkapital bei 212 Milliarden SZR (Sonderziehungsrechten[1]), das entsprach 297 Milliarden US-Dollar. Der Stimmenanteil der USA sank von 36,2 Prozent bei der Gründung des IWF 1945 auf 17,2 Prozent 2001, aber er war immer noch so hoch wie der Japans (6,2 Prozent), Deutschlands

---

[1] Ein Sonderziehungsrecht entspricht dem Marktwert eines Währungskurses, in den feste Beträge von US-Dollar, Euro, Yen und Pfund eingehen.

(6,0 Prozent) und Frankreichs (5,0 Prozent) zusammen. Gemeinsam kommen aber die EU-Länder auf einen Stimmenanteil von 29,95 Prozent, was ihr wachsendes Gewicht in der Weltwirtschaft zum Ausdruck bringt.

Der IWF wird seit 2000 von dem deutschen Bankier Köhler geführt. Diese Besetzung war umstritten, weil es taktische Differenzen zwischen den EU-Ländern und den USA gab, welches denn die besten Methoden der Weltwirtschaft und Weltpolitik wären. Die USA legten größeres Gewicht auf ihren gewaltigen Militärapparat und gaben dafür im Jahr 2000 insgesamt 286 Milliarden Dollar aus, 3 Prozent des Bruttosozialprodukts. Bei den EU-Ländern waren es lediglich 177 Milliarden Dollar, 2 Prozent des Bruttosozialprodukts. Die EU-Länder zogen die friedliche ökonomische Durchdringung der neokolonial abhängigen Länder vor, begleitet und demokratisch und humanitär ausgeschmückt mit Projekten der Entwicklungshilfe. Die Entwicklungshilfe der USA machte 2001 nur 0,11 Prozent des Bruttosozialprodukts aus, bei den EU-Ländern waren es 0,33 Prozent.

Die Summen, die der IWF bei Interventionen in Krisenländern einsetzt, übersteigen die Finanzkraft der meisten kapitalistischen Staaten und selbst der größten Banken. Der IWF ist somit ein **Instrument zur Vergesellschaftung der Akkumulation auf internationaler Stufenleiter** geworden. Er vergibt Kredite, damit die verschuldeten Länder Devisen bekommen und ihre internationalen Gläubiger befriedigen können. Dafür müssen sie 0,25 Prozent der Kreditsumme an den IWF zahlen und Schuldzinsen von 4,5 Prozent. Bedingung aller Kredite sind ultimativ geforderte »strukturelle Anpassungsprogramme«, in denen der IWF den Schuldnerländern ihre künftige Wirtschafts- und Sozialpolitik vorschreibt. Auf diese Weise **reguliert der IWF den internationalisierten Prozess der Produktion und Reproduktion**, der im Wechselspiel zwischen den imperialistischen und den neokolonial abhängigen Ländern seine **Achillesferse** besitzt.

Wie sich das Diktat des IWF in einem neokolonial abhängigen Land auswirkt, wird am Beispiel der **Türkei** deutlich. 1994 und 1995 schlossen der IWF und die Türkei eine »Bereitschaftskreditvereinbarung«. Die Türkei erhielt einen Kredit in Höhe von 509,3 Millionen SZR, der 1995 nochmals um 101,2 Millionen SZR erhöht wurde. Auflage für die Kredite war, dass die Türkei ihre Leistungsbilanz ausgleicht, die Währungsreserven konsolidiert und die Inflation »*unter Beibehaltung des liberalen Wirtschaftssystems*« bremst. Weiter musste sich die Türkei zur Senkung der Kredite für den öffentlichen Sektor, zur Privatisierung von Staatsbetrieben, zur »*Reform*« der Sozialversicherungen und zum Abbau von Subventionen für die Landwirtschaft verpflichten. 1999 ging die Türkei eine weitere Verpflichtung ein, nämlich sich bei Streitfällen mit ausländischen Investoren einem internationalen Schiedsgericht zu unterwerfen. Im August 1999 sagte der IWF einen Kredit von fünf Milliarden US-Dollar nur unter der Bedingung zu, dass gleichzeitig vier Milliarden US-Dollar aus der Privatisierung der Energieunternehmen in die türkische Staatskasse fließen. So erzwang das internationale Finanzkapital über den IWF den Ausverkauf des öffentlichen Energiesektors in der Türkei. Im November des gleichen Jahrs bekam die Türkei einen Beistandskredit in Höhe von 3,5 Milliarden US-Dollar, dem nur zwei Monate später im Januar 2000 ein weiterer Kredit von vier Milliarden US-Dollar folgte. Dafür musste sie zusagen, in den nächsten drei Jahren die Lohnerhöhungen unter der Inflationsrate zu halten, Subventionen für die Landwirtschaft abzubauen und 20 Staatsbetriebe (Telekommunikation, Gas, Zucker und Tabak) zu privatisieren.

Im Dezember 2000 sagte der IWF der Türkei weitere Kredite im Gesamtvolumen von 10,4 Milliarden US-Dollar zu, aber zwei Monate später, im Februar 2001, wurden alle Kreditzusagen plötzlich widerrufen. Begründung: die Türkei habe mit der Freigabe des Wechselkurses der türkischen Lira die Grundlagen der Zusammenarbeit verletzt. Neue Bedingungen seien entstanden und für eine weitere Zusammenarbeit seien neue Verhandlungen notwendig. So wurde der Versuch der türkischen Regierung, eine eigenständige Politik durchzuführen, rigoros unterbunden.

Auch viele andere Beispiele zeigen, dass der IWF wie eine **oberste Behörde des internationalen Finanzkapitals** fungiert, die von den nationalen Regierungen absolute Unterordnung verlangt. Immer direkter greift der IWF auch in die Regierungstätigkeit ein. 14 Tage nach der Stornierung der IWF-Kredite an die Türkei, am 2. März 2001, wurde der Vizepräsident der Weltbank, Kemal Dervis, zum Staatsminister der Wirtschaft in der türkischen Regierung ernannt. Er hatte nicht zufällig besonders enge Verbindungen zum IWF und zum internationalen Finanzkapital. Bei seiner Amtseinführung erhielt er salbungsvoll die Zuständigkeit *»für die gesamte Gestaltung des ökonomischen Kurses der Türkei«* zugesprochen. Völlig in Übereinstimmung mit den Auflagen des IWF brachte er sofort 15 Reformgesetze in Gang. Schon nach 14 Tagen hatte die Regierung zehn dieser Gesetze verabschiedet, darunter ein neues Bankengesetz und ein Gesetz zur Neustrukturierung des Fernmeldesektors. Damit die neuen Gesetze schnell umgesetzt werden konnten, gewährte der IWF prompt einen neuen Kredit über 8 Milliarden US-Dollar und gab frühere Kreditzusagen frei, womit der Türkei 15,7 Milliarden US-Dollar zur Verfügung standen.

Als in der Weltwirtschaftskrise das Bruttoinlandsprodukt der Türkei im Jahr 2001 um 26,7 Prozent (auf US-Dollar-Basis) zurückfiel, kam es 2002 zu einer offenen Regierungskrise, die die Durchführung der IWF-Vereinbarungen gefährdete. Die arbeitenden Massen in der Türkei wehrten sich erfolgreich gegen die Durchsetzung des IWF-Diktats zu ihren Lasten. So mussten die vom IWF geforderten 60 000 Entlassungen bei staatlichen Unternehmungen zunächst auf Eis gelegt werden. Die Privatisierung stockte. Um im Sinn der IWF-Forderungen Druck auf die Regierung Ecevit auszuüben, traten sieben Minister, einschließlich Kemal Dervis, zurück. Ihnen lag vor allem daran, dass die Türkei zügig die Voraussetzungen für einen Beitritt zur EU schuf. Ende Juli beschloss das Parlament in Ankara mit 82 Prozent der Abgeordneten und gegen den Willen des Ministerpräsidenten Ecevit Neuwahlen. Anfang August 2002 wurde mit Mehrheit die Todesstrafe in Friedenszeiten (!) abgeschafft und damit eine zentrale politische Forderung der EU erfüllt.

Warum bemüht sich der IWF so rührend um die Türkei? Neben den ökonomischen Interessen des internationalen Finanzkapitals spielt zweifellos die große strategische Bedeutung des Landes eine Rolle, das an der Schnittstelle zwischen Europa und dem Nahen und Mittleren Osten liegt. So wird deutlich, dass der IWF nicht nur ein finanzstarker Geschäftspartner ist, dass er vielmehr die Interessen der führenden imperialistischen Länder gegen die einzelnen Nationalstaaten durchsetzt, vor allem gegen die neokolonial abhängigen Länder, die auf seine Kredite angewiesen sind. Joseph Stiglitz, Nobelpreisträger für Wirtschaft und von 1997 bis 2000 Chefvolkswirt und Senior Vice President der Weltbank, schrieb über die imperialistischen Methoden des IWF:

*»Natürlich tut der IWF so, als würde er die Bedingungen jeder Kreditvereinbarung mit einem Schuldnerland nicht diktieren, sondern aushandeln. Aber es sind einseitige Verhandlungen, in denen die gesamte Verhandlungsmacht beim IWF liegt, vor allem, weil viele Länder, die den IWF um Hilfe ersuchen, dringend Finanzmittel benötigen.«* (»Die Schatten der Globalisierung«, S. 58)

Auf Druck des IWF kündigte die neue **indonesische Regierung** von Präsident Wahid Anfang Dezember 1999 massive Preiserhöhungen für Strom (35 Prozent), Öl/Kerosin (mindestens 20 Prozent) und Benzin an. Dabei wusste sie durchaus, dass schon 1998 die ebenfalls vom IWF angeordneten Preiserhöhungen für Energie Massenproteste ausgelöst hatten, die zum Rücktritt des langjährigen Diktators Suharto führten. Die Imperialisten zwangen ihn zurückzutreten, um seinem Sturz durch die Massen zuvorzukommen. Schon am 1. April 2000 musste Wahid aus Angst vor Massenprotesten sowohl die geplante Erhöhung der Treibstoffpreise als auch die beschleunigte Privatisierung staatlicher Firmen aussetzen und die vom IWF außerdem geforderte Kürzung der staatlichen Subventionen um drei Monate verschieben. Der IWF fror daraufhin die Auszahlung der fälligen Kredite ein – mit dem Argument, das Land dürfe die »*Reformen*« nicht verschleppen. Aufgrund der Massenproteste sah sich der IWF dann aber doch gezwungen, 5,8 Milliarden Dollar bis Ende März 2002 umzuschulden.

Währenddessen verschärfte sich die Lage der Werktätigen dramatisch. Zwischen 1995 und 2000 stiegen die Preise für Waren des täglichen Bedarfs um 224 Prozent. Das Pro-Kopf-Einkommen in Indonesien sank von 1063 US-Dollar 1997 auf 596 US-Dollar 2001.

Im Jahr 2000 traten immer mehr Industriearbeiter in den Streik. Das »Wall Street Journal« beklagte in einem Artikel vom 25. Mai 2000, dass *»die anwachsende Welle von Arbeiterunruhen über ganz Indonesien, einheimischen und ausländischen Unternehmen, die versuchen, hier ihren Geschäften nachzugehen, zunehmend Kopfschmerzen bereitet«* und dass dies die wirtschaftliche Erholung des Landes gefährden könnte. Anfang 2001 verschob der IWF zum zweiten Mal die Auszahlung eines 400-Millionen-Dollar-Kredits an Indonesien, wieder mit der Begründung, die Wirtschaftsreformen kämen nicht voran, der Staat kontrolliere direkt oder indirekt immer noch 70 Prozent der Produktion. Als Präsident Wahid dann Mitte Juni 2001, wie vom IWF angeordnet, erneut die Preise für Autobenzin und Brennspiritus um 30 Prozent erhöhen wollte, kam es in Jakarta und anderen Städten zu blutigen Straßenschlachten. Das war das Ende der Regierung Wahid. Im Juli setzte die Beratende Volksversammlung den Präsidenten ab und vereidigte die Vizepräsidentin Sukarnoputri als Nachfolgerin. Ihr neuer Wirtschaftsminister Kuntjoro-Jakti bekam sofort den Auftrag, die Beziehungen zum IWF zu verbessern, um die Gelder aus dem auf Eis gelegten »Hilfsprogramm« doch noch gewährt zu bekommen.

Auch andere asiatische Krisenländer mussten drakonische Auflagen des IWF hinnehmen. Das war darin begründet, dass es sich vielfach um Länder mit relativ entwickelter Industrie handelte. Die Maßnahmen des IWF zielten auf die **schnelle Übernahme der profitabelsten Unternehmen durch ausländisches Kapital**. Der IWF wurde so zum **Organisator der Neuorganisation der internationalen Produktion im Auftrag des internationalen Finanzkapitals**. Dazu griff er massiv in die Souveränität der Nationalstaaten ein und zwang ihre Regierungen und Zentralbanken, nationalen Unternehmen keine staatlichen Kredite mehr zu gewähren, den Handels- und Kapitalverkehr zu liberalisieren, einheimische Finanzinstitute zu schließen und den Aufkauf von Banken und Industrieunternehmen durch internationale Banken und Monopole zu forcieren. Außerdem wurde verlangt, Haushaltsdefizite abzubauen und in kurzer Zeit Haushaltsüberschüsse zu erzielen, Zinsen zu erhöhen und die Konsumnachfrage zu drosseln, was allgemeinen Lohnabbau und Erhöhung der Massensteuern bedeutete.

Mit der Neuorganisation der internationalen Produktion nahmen Häufigkeit und Tiefe der Finanzkrisen ebenso drastisch zu wie der Umfang der IWF-Kredite. Das zeigt die **Rolle des IWF beim internationalen Krisenmanagement im Auftrag des internationalen Finanzkapitals**. Beim Ausbruch der Verschuldungskrise 1983 bis 1984 hatte der IWF insgesamt 28 Milliarden US-Dollar an Krediten vergeben, bis Anfang 1999 war das Volumen im Zeitraum 1995 bis Anfang 1998 mit 88,8 Milliarden Dollar dreimal so groß. 1995 wurden 17,8 Milliarden Dollar an Mexiko gezahlt, 1996 9,2 Milliarden Dollar an Russland, 1997/98 20,9 Milliarden Dollar an Südkorea, 1998 erneut 11,2 Milliarden Dollar an Russland und 1998/99 9,6 Milliarden Dollar an Brasilien. Hinzu kamen Kredite an Indonesien (9,9 Milliarden Dollar), Thailand (3,9 Milliarden Dollar) und die Philippinen (1,4 Milliarden Dollar). Im September 2002 erhielt Brasilien einen erneuten Kredit in Höhe von 30,4 Milliarden Dollar. Doch mit der Explosion des Kreditvolumens ist keineswegs Entschuldung und sozialer Fortschritt verbunden, sondern explodieren im Gegenteil Verschuldung, Armut und Unterdrückung der Massen.

Die IWF-Kredite nahmen in den 1990er Jahren unvorstellbare Ausmaße an (Tabelle 53). In Mexiko stieg ihr Anteil am Bruttosozialprodukt zwischen 1979 und 1998 von 1 auf 17,9 Prozent, in Russland von 0 auf 22,1 Prozent, in Argentinien von 2,5 auf 13,2 Prozent, auf den Philippinen von 11,1 auf 13,7 Prozent, in Venezuela von 0 auf 22,8 Prozent. In Sambia betrug der Anteil der IWF-Kredite 1998 bereits mehr als das Zweieinhalbfache des jährlichen Bruttosozialprodukts. Einziger Grund für diese Kreditpolitik ist, dass mit Hilfe der IWF-Kredite besonders in industrialisierten Entwicklungsländern der Reproduktionsprozess des Kapitals künstlich aufrechterhalten werden soll; denn nur dann sind neue Maximalprofit bringende Anlagen für die internationalen Monopole möglich.

Je höher allerdings der Anteil der IWF-Kredite am Bruttosozialprodukt der Länder ist, desto weniger Chancen haben die nationalen Regierungen, eine selbständige Wirtschaftspolitik zu machen. Das drastische Anwachsen der IWF-Kredite ist **Ausdruck der schwindenden Souveränität der neokolonial abhängigen und unterdrückten Länder.**

**Tabelle 53:**
**Anteil der IWF-Kredite am Bruttoinlandsprodukt ausgewählter Länder (in Millionen US-Dollar)**

| Land | IWF-Kredite | | Anteil am BIP (in %) | |
|---|---|---|---|---|
| | 1970–79 | 1990–98 | 1979 | 1998 |
| Sambia | 1 285 | 9 058 | 38,3 | 279,8 |
| Sudan | 1 083 | 8 165 | 12,9 | 79,0 |
| Venezuela | 0 | 21 807 | 0,0 | 22,8 |
| Russland | 0 | 62 346 | 0,0 | 22,1 |
| Pakistan | 3 472 | 11 359 | 17,6 | 18,3 |
| Mexiko | 1 315 | 74 488 | 1,0 | 17,9 |
| Philippinen | 3 040 | 8 928 | 11,1 | 13,7 |
| Peru | 1 278 | 7 708 | 8,2 | 13,6 |
| Indonesien | 414 | 12 720 | 0,8 | 13,3 |
| Argentinien | 1 718 | 39 345 | 2,5 | 13,2 |
| Jugoslawien[1] | 1 863 | 1 450 | 2,4 | 10,7 |
| Südkorea | 1 478 | 27 960 | 2,3 | 8,8 |
| Indien | 2 128 | 24 863 | 1,4 | 6,0 |
| Türkei | 2 440 | 2 673 | 2,7 | 1,3 |
| Brasilien | 0 | 9 413 | 0,0 | 1,2 |

[1] Jugoslawien ab 1993 Serbien/Montenegro.
Quellen: World Development Indicators 2000 und 2002; Statistische Jahrbücher

Mehr und mehr **finanzieren IWF-Kredite unmittelbar die internationale Finanzspekulation.** So betreiben amerikanische Banken, Hedge Fonds und andere private Finanzinstitute einen milliardenschweren Handel mit so genannten »Optionen« und »Futures« an der Börse von São Paulo in Brasilien. Seit Juli 1998 wurden in großem Umfang Spekulationsgewinne aus Brasilien abgezogen, bis Januar 1999 im Umfang von 50 Milliarden Dollar. Das entsprach Währungsreserven in Höhe von 6 Prozent des Bruttosozialprodukts Brasiliens und brachte die Zentralbank in eine schwierige Lage. Mit einem IWF-Paket wurden daraufhin 41,5 Milliarden Dollar an Brasilien »zurückverliehen«. Dem IWF musste von vornherein klar sein, dass dieses Geld nur dazu verwendet würde, den weiteren Abfluss von Spekulationsgewinnen zu finanzieren, und dass es schnell in den Händen der internationalen Finanzspekulanten landen würde, während Brasilien auf den Schulden sitzen blieb. Der IWF, der im Auftrag der Wall-Street-Gläubiger handelte, stellte obendrein noch die Bedingung, dass die Regierung Brasiliens die Ausgaben für Sozialversicherung und öffentliche Verwaltung in Höhe von drei Prozent des Bruttoinlandsprodukts kürzte – und das in einem Land mit 160 Millionen Einwohnern, von denen mehr als 50 Prozent bereits unter der Armutsgrenze lebten.

Diese vom IWF »regulierte« Finanzspekulation auf Kosten der Massen ist eine neue Methode des internationalen Finanzkapitals und **offenbart sein zutiefst dekadentes Wesen**. Der IWF wurde ein **Instrument zur Enteignung ganzer Volkswirtschaften durch die internationalen Monopole**. Er ist bei den Massen der abhängigen und unterdrückten Länder verhasst und wird mehr und mehr zum Ziel erbitterter Proteste und Kampfaktionen.

### Die Rolle der Weltbank

Die Weltbank vergibt **Kredite an die ärmsten Länder** und hält sie unter dem Deckmantel der »Armutsbekämpfung« in wachsender Abhängigkeit vom Imperialismus. Sie verfolgt das

Ziel, diese Länder mehr und mehr **in die internationale kapitalistische Produktion zu integrieren**, und bindet deshalb ihre Kredite an grundlegende Änderungen der Wirtschafts- und Sozialpolitik der Empfängerländer. Im Jahr 2001 waren 183 Länder Mitglied der Weltbank. Die sieben größten imperialistischen Länder haben 43 Prozent der Stimmen. Die USA haben allein 16,4 Prozent und können mit ihrem Veto jede Veränderung der Kapitalbasis und der Statuten der Weltbank verhindern.

Im Zusammenhang mit der Neuorganisation der internationalen Produktion wurden die Aktivitäten der Weltbank vollständig darauf ausgerichtet, **günstige Bedingungen für die Kapitalverwertung der internationalen Monopole** zu schaffen. Als »Katalysator für private Kapitalzuflüsse« finanziert die Weltbank inzwischen etwa zehn Prozent der Investitionen internationaler Monopole in Entwicklungsländern. Mehr als die Hälfte ihrer Kredite an Regierungen dienten 1999 der »strukturellen Anpassung« solcher Länder an die Bedürfnisse der internationalen Monopole. Auch der restliche Teil fließt letztlich den internationalen Monopolen zu in Form von Aufträgen und dem Aufbau der Infrastruktur für ihre Investitionen. Zur **Weltbankgruppe** zählen verschiedene Institutionen:

- Die **International Bank for Reconstruction and Development (IBRD)** vergibt Kredite zu annähernd marktüblichen Zinsen. Das meiste Geld dafür nimmt sie als Anleihen bei privaten Investoren auf. Kredite 1999: 22,2 Milliarden Dollar.

- Die **International Development Association (IDA)** vergibt zinslose Kredite (mit einer jährlichen Verwaltungsgebühr von 0,75 Prozent der Kreditsumme) an die ärmsten Länder mit Pro-Kopf-Einkommen unter 925 Dollar im Jahr.

Das Geld stammt aus öffentlichen Mitteln von rund 40 Ländern. Kreditumfang 1999: 6,8 Milliarden Dollar.

- Die **International Finance Corporation (IFC)** vergibt Kredite an Privatunternehmen in Entwicklungsländern. 80 Prozent der Gelder werden an den internationalen Finanzmärkten aufgenommen, der Rest kommt von der IBRD. 1995 hatte die IFC Darlehen für 213 Projekte in 67 Ländern vergeben, an denen internationale Monopole beteiligt waren. Gesamtumfang der geförderten Projekte 1999: 13,3 Milliarden Dollar. Relativ neu sind IFC-Investitionen in private Einrichtungen des Bildungs- und Gesundheitswesens.

- Die **Multilateral Investment Guarantee Agency (MIGA)** wurde 1988 von 42 Weltbank-Mitgliedsländern eingerichtet, um private Investoren gegen Währungsrisiken, Enteignung und die Folgen von Unruhen und Krieg in Entwicklungsländern abzusichern. Das war eine Reaktion auf die Krise des Neokolonialismus und die Radikalisierung des Massenwiderstands gegen die Machenschaften der internationalen Monopole.

Traditionell bildet die **Förderung und Verarbeitung von Rohstoffen** einen Schwerpunkt der Weltbank-Kredite. Allein 1999 vergab die IFC 533,4 Millionen Dollar für Bergbau und Gewinnung fossiler Brennstoffe, 574 Millionen Dollar für chemische und petrochemische Industrien und noch mehr für Kohle-, Öl- und Gas-Kraftwerke sowie 205,7 Millionen Dollar für den Bau von Kraftfahrzeugfabriken. Viele von der Weltbank geförderte Projekte tragen zum globalen Treibhauseffekt, zur Vernichtung der tropischen Regenwälder und der Lebensgrundlagen der indigenen Bevölkerung bei. Deshalb richten sich die Proteste gegen Waldvernichtung, Bodenerosion, Ausbreitung von Wüsten und Vertreibung der Bevölkerung zunehmend auch gegen die Weltbank. Daraufhin begann sie, an solchen Brennpunkten selbst NGOs zu fördern. Diese stellten sich heuchlerisch auf die Seite des Protests, um ihm die antiimperialistische Spitze zu nehmen und ihn auf Forderungen nach vermeintlich akzeptabler Ausgestaltung der imperialistischen Projekte zu begrenzen.

Die MIGA versichert unter anderem Bergbaumonopole, die Gold und Kupfer in Entwicklungsländern fördern. Dazu gehören die Cyprus Climax Metals Company und die Magma Copper Company, die in Peru Kupferminen betreiben, sowie die Newmont Mining Corporation, die Goldminen in Yanacocha, Nord-Peru und in Usbekistan besitzt. Auch die Freeport McMoran Company ist bei der MIGA versichert. Der Bergbaukonzern betreibt im indonesisch besetzten Irian Jaya die weltweit größte Goldmine und plündert die Vorkommen aus, ohne irgendwelche Rücksicht auf die einheimische Bevölkerung und die Umwelt zu nehmen. Als 1989 am »Grasberg« neue Vorkommen entdeckt wurden, explodierte der Erzabbau geradezu. Ende der 1990er Jahre wurden dem Berg täglich etwa 300 000 Tonnen Erz entrissen, dann vermahlen, und der Großteil des unverwertbaren Materials wurde in die nahen Flüsse gekippt. 120 000 Tonnen hochgiftige Abfälle wurden so jeden Tag »entsorgt« – gegen den zunehmenden Widerstand der dortigen Bevölkerung. Vom Ertrag der Mine fließt dem Land West-Papua kaum etwas zu. Lediglich ein Prozent des Gewinns stellt der Konzern für die Entwicklung der Infrastruktur, für Schul- und Gesundheitseinrichtungen in der Region zur Verfügung. Doch die MIGA interessiert sich nicht für die Schäden. Sie lasten voll und ganz auf der Bevölkerung Irian Jayas und auf dem indonesischen Staat. Mit Entschädigungen rechnen dürfen dagegen die Rohstoffe plündernden Monopole, wenn es zu Unruhen gegen ihre menschenverachtenden Produktionsmethoden kommt.

## Die Welthandelsorganisation (World Trade Organization – WTO)

Die Gründung der Welthandelsorganisation (WTO) öffnete den Weg für die Neuorganisation der internationalen Produktion in den Entwicklungsländern. Nach achtjährigen Verhandlungen wurde 1995 das bis dahin geltende GATT (General Agreement on Tariffs and Trade) durch die WTO abgelöst. Anschließend traten ihr fast alle Länder der Welt bei.

Die beteiligten Staaten vereinbarten 1994 in Marrakesch die Abschaffung von Schutzzöllen, die Harmonisierung technischer Standards, die Anerkennung von Patentrechten sowie die Gleichbehandlung in- und ausländischer Unternehmen. Für wenig industrialisierte Länder bedeutete die Beschränkung von Exportsubventionen eine wesentliche Verschlechterung gegenüber früheren GATT-Regeln. WTO-Mitglieder dürfen Maßnahmen zum Schutz ihrer jungen Industrien vor billigen Importen nur noch für einen Zeitraum von acht Jahren anordnen. Damit wurde ihnen ein Instrument entrissen, das einigen Entwicklungsländern nach dem II. Weltkrieg Fortschritte der Industrialisierung auf geschützten nationalen Märkten ermöglicht hatte. Unerlaubt sind selbst freiwillige Handelsbeschränkungen, die früher im Rahmen des GATT die häufigste Schutzmaßnahme gegen Importe aus wirtschaftlich überlegenen Ländern waren. Auf solche Beschränkungen einigten sich zum Beispiel Südkorea und Japan, sodass von 1980 bis 1999 japanische Autos und Elektronik nur begrenzt nach Südkorea exportiert werden konnten.

Die Regelungen der WTO schränken das Recht der Nationalstaaten ein, ihre Wirtschaft vor ausländischer Konkurrenz zu schützen oder durch staatliche Maßnahmen Vorteile gegenüber anderen Nationalstaaten zu erlangen.

Die Uruguay-Runde des GATT legte 1994 neue Überwachungs- und Schlichtungsverfahren für den Handel fest, um restliche Handelsbarrieren noch effektiver wegzuräumen. Dazu diente auch das Prinzip der gegenseitigen Anerkennung nationaler Standards. Natürlich bevorzugen diese Standards die imperialistischen Länder. Die WTO schwenkt die Flagge der freien Konkurrenz, im Grunde geht es aber nur darum, nationale Barrieren aus dem Weg zu räumen, damit die internationalen Monopole sich in jeder beliebigen Volkswirtschaft ausbreiten und sie sich unterordnen können.

Die WTO zielt auf **die permanente Liberalisierung des Welthandels und die Harmonisierung der nationalen Märkte zu einem einheitlichen Weltmarkt** unter dem Diktat des internationalen Finanzkapitals.

1998 scheiterte vorerst das Vorhaben eines **Multilateralen Investitionsliberalisierungs- und -schutzabkommens (MAI)** im Rahmen der WTO oder wenigstens der OECD[1]. Dieses Abkommen sollte regeln:

- Freier Zugang zu sämtlichen Investitionen, auch Portfolioinvestitionen (Anlagen, bei denen es um Rendite und nicht um Einfluss auf Unternehmensentscheidungen geht), Entschädigung der Investoren bei Enteignung oder Verstaatlichung und sogar bei kostspieligen Umweltauflagen oder sozialen Regelungen.

- Umfassender Zugang ausländischer Monopole zu allen nationalen Wirtschaftsbereichen aller Länder der WTO.

- Klagebefugnis ausländischer Investoren gegenüber dem Gastland, Unterwerfung des beklagten Staats unter den Spruch eines internationalen Schiedsgerichts ohne Berufungsmöglichkeit. Ein Klagerecht von Gastländern gegen

---

[1] Organisation für wirtschaftliche Entwicklung und Zusammenarbeit, eine Vereinigung von 30 Industriestaaten

ausländische Investoren war nicht vorgesehen! Derartige Einschnitte in die nationale Souveränität kennzeichnen eine neue Qualität in der **Untergrabung der Rolle der Nationalstaaten**: Die internationalen Monopole werden schrittweise **völkerrechtlichen Subjekten** gleichgestellt, ihr Personal erringt den Status von Diplomaten. Die internationalen Monopole genießen **Immunität**, sie können Nationalstaaten verklagen, aber nicht selbst verklagt werden.

Diese Pläne stoßen weltweit auf breiten Widerstand. Selbst imperialistischen Regierungen gehen sie teilweise zu weit. 1998 erklärte die französische Regierung den Abbruch der MAI-Verhandlungen. Aber die internationalen Monopole werden letztlich nicht auf die angestrebten Möglichkeiten verzichten und das Abkommen – gegebenenfalls in modifizierter Form – gegen jeden Widerstand durchzusetzen suchen.

Es gibt keinen Zweifel, dass die Bedeutung der internationalen Organisationen IWF, Weltbank, GATT/WTO und auch internationaler Verträge gewachsen ist. Früher reichte die indirekte Abhängigkeit durch wirtschaftliche Infiltration und versteckte politische Einflussnahme aus und konnte die formale politische Unabhängigkeit der Nationalstaaten beibehalten werden. Die Neuorganisation der internationalen Produktion verlangt nun eine **immer direktere Einflussnahme** und deshalb eine fortschreitende Einschränkung der nationalstaatlichen Unabhängigkeit. Darin äußert sich die zunehmende Macht des internationalen Finanzkapitals über die Weltwirtschaft.

## 11. Die verheerenden Auswirkungen des Neoliberalismus auf die neokolonial abhängigen Länder

Nach dem II. Weltkrieg zerschlug der Befreiungskampf der Völker das alte Kolonialsystem. Der Befreiungskampf fand im sozialistischen Lager einen starken Verbündeten. In dieser Situation war der Imperialismus gezwungen, neue Formen des Kolonialismus zu entwickeln. In dem Buch »Der Neokolonialismus und die Veränderungen im nationalen Befreiungskampf« wurde dazu ausgeführt:

*»Solange es den Imperialismus und seinen gesetzmäßigen Drang nach Ausschaltung der Konkurrenz, nach Weltherrschaft gibt, solange.wird es auch Kolonialismus geben. Die Teilung der Nationen in unterdrückende und unterdrückte macht das Wesen des Imperialismus aus.*

*Die Formen und Methoden des Imperialismus haben sich jedoch nach dem II. Weltkrieg erheblich verändert.«* (Klaus Arnecke/Stefan Engel, »Der Neokolonialismus und die Veränderungen im nationalen Befreiungskampf«, S. 75)

Die Imperialisten nutzten die wirtschaftliche und politische Schwäche der ehemaligen Kolonien und Halbkolonien aus, um ihren Einfluss wiederherzustellen. Über die neue Methode des **Neokolonialismus** schrieb Willi Dickhut in seinem Buch »Der staatsmonopolistische Kapitalismus in der BRD«:

*»Durch Neokolonialismus werden die Entwicklungsländer ›offen‹ für die Ausplünderung durch die imperialistischen Länder. Die Entwicklungsländer geraten in Abhängigkeit und bekommen den Charakter von Halbkolonien. Die Imperialisten erhöhen den Kapitalexport in diese Länder, um ihren Einfluß noch zu vertiefen. Das führt einerseits zu einer Zunahme und Stärkung des Proletariats, andererseits zu einer Schwächung der herrschenden nationalen Bourgeoisie in die-*

*sen Ländern. Durch die wirtschaftliche Abhängigkeit geraten sie auch mehr und mehr in politische Abhängigkeit, was soweit geht, daß die herrschenden Kräfte dieser Länder zu Marionetten des Imperialismus werden. Der Konkurrenzkampf unter den Monopolen spiegelt sich wider als Machtkampf zwischen den verschiedenen Fraktionen unter den Marionetten.«* (Bd. II, S. 340/341)

Bei der neokolonialen Ausbeutung und Unterdrückung sind die imperialistischen Länder überhaupt nicht zimperlich: Wirtschaftliche Erpressung, diplomatische Einmischung, Agententätigkeit, Subversion bis zum Regierungsumsturz, Abhängigmachung durch militärische Ausbildungsprogramme und Waffenverkäufe, auch gewaltsame Einmischung – all das gehört zum Instrumentarium neokolonialer Herrschaft.

**Die Krise des Neokolonialismus**

In den 1980er Jahren kam es zu einer tiefen Krise des Neokolonialismus. Der Welthandel schrumpfte und die Investitionen in den Entwicklungsländern sanken dramatisch ab. Viele Entwicklungsländer konnten ihren Schuldendienst nur noch eingeschränkt oder gar nicht mehr leisten, sodass eine **sich verschärfende internationale Verschuldungskrise** entstand. Sie hatte empfindliche Rückwirkungen auf die Finanzen der imperialistischen Länder.

Die imperialistische Antwort auf die Krise des Neokolonialismus war die **Politik des Neoliberalismus**. Sie propagierte ungehinderten Kapitalfluss, Privatisierungen, Deregulierung und eine veränderte Rolle des Staats. Die Regierungen der neokolonial abhängigen Länder sollten den internationalen Monopolen freien Handel mit Waren und Dienstleistungen, freien Fluss des Kapitals und Freiheit für Investitionen garantieren. In dem Buch »Der Neokolonialismus und die Veränderungen im nationalen Befreiungskampf« heißt es dazu:

»*Seit Anfang der neunziger Jahre versprechen die Imperialisten und ihre Marionetten in den abhängigen Ländern den Volksmassen die große Wende durch eine Wirtschaftspolitik des sogenannten ›Neoliberalismus‹.*

*Der Begriff ›Liberalismus‹ vermittelt die Illusion freier Konkurrenz, freier Entfaltung wirtschaftlicher Kräfte. Sein wahrer Inhalt liegt jedoch in der* **Liquidierung der Konkurrenz in den abhängigen Ländern** *und in dem Bestreben,* **ihre Volkswirtschaften immer vollständiger in die internationale Produktion und Verteilung der multinationalen Konzerne zu integrieren.**«  (S. 301/302 – Hervorhebung Verf.)

Die ökonomische Expansion der internationalen Monopole konnte nur gelingen, wenn sich die Massen in den neokolonial abhängigen Ländern für diese Politik gewinnen ließen. Sie waren zu Recht empört über Korruption, aufgeblähte Staatsapparate, vielfältige bürokratische Schikanen, Hyperinflation, technologischen Rückstand und Uneffektivität der Staatsunternehmen sowie drückende Steuerlasten. Populistische Politiker wie Menem in Argentinien oder Fujimori in Peru griffen diese Kritik demagogisch auf und es gelang ihnen, mit der Parole des Neoliberalismus zeitweise eine Aufbruchstimmung zu erzeugen, mit der sie die Wahlen gewinnen und das neoliberale Projekt in Angriff nehmen konnten.

Der 1989 vom damaligen US-Finanzminister Brady entwickelte »Brady-Plan« übernahm die zentrale Steuerung der Politik des Neoliberalismus im Interesse des internationalen Finanzkapitals. In dem Buch »Argentinien – Leben, Sehnsucht und Kampf am Rio de la Plata« wurde dazu ausgeführt:

»*Der Brady-Plan wurde über 60 Ländern Asiens, Afrikas und Lateinamerikas zur ›Umschuldung‹ auferlegt. Dieser Plan war der Auftakt zu einer Wende in der Wirtschaftspolitik gegenüber den abhängigen Ländern.*

*Die nationalen Ressourcen der Entwicklungsländer sollen zur Bezahlung der Schulden auf den internationalen Finanzmärkten meistbietend versteigert werden. Das bedeutet die Umwandlung von Schulden in Kapitalbeteiligungen des internationalen Monopolkapitals. Drastisch wird das Kapital der Entwicklungsländer entwertet, was den multinationalen Konzernen erlaubt, Fabriken, Rohstofflager und Agrarprojekte spottbillig aufzukaufen und die zentralen Bereiche der Volkswirtschaft unter die unmittelbare Kontrolle des internationalen Monopolkapitals zu stellen.«* (Stefan Engel, »Argentinien – Leben, Sehnsucht und Kampf am Rio de la Plata«, S. 108)

Der Neoliberalismus schuf entscheidende Voraussetzungen für die Neuorganisation der internationalen Produktion in den neokolonialen Ländern. Er **unterwarf die Volkswirtschaften neokolonialer Länder dem internationalen Prozess der Produktion und Reproduktion der internationalen Monopole**. Dabei bewies er eine Zielstrebigkeit und Skrupellosigkeit, die alles in den Schatten stellte, was zuvor vom Neokolonialismus praktiziert worden war.

## Ausverkauf der Filetstücke nationaler Wirtschaften an die internationalen Monopole

Das wesentliche Mittel der Unterwerfung war seit Mitte der 1980er Jahre die **Privatisierung staatlicher Betriebe**. Peter Rösler, stellvertretender Geschäftsführer des Ibero-Amerika-Vereins, zog im Jahr 2001 in einem Dossier für das »Aussenwirtschaftsportal iXPOS« Bilanz:

*»Geradezu beeindruckend ist die Privatisierungsbilanz Lateinamerikas: In den letzten zehn Jahren brachte der Verkauf von über 1 000 Staatsunternehmen Erlöse von insgesamt ca. US-Dollar 150 Milliarden.«* (Peter Rösler, »Ausländische Direktinvestitionen in Lateinamerika«, www.ixpos.de, 29. März 2002)

In den Ländern, auf die sich die Speerspitze der Privatisierungsoffensive richtete, sank der Anteil der Staatsbetriebe am Bruttosozialprodukt drastisch ab: in Bolivien von 16,65 Prozent im Jahr 1980 auf 5,22 Prozent 1997, in Brasilien von 10,81 Prozent im Jahr 1992 auf 5,90 Prozent 1996, in Chile von 17 Prozent 1985 auf 6,79 Prozent 1996 und in Peru von 10,59 Prozent 1983 auf 3,1 Prozent 1997.

Einen weiteren Schwerpunkt hatte die Privatisierung in den Ländern des ehemaligen RGW, in Ost- und Mitteleuropa. Zufrieden wurde in einem »Top-Info für die Wirtschaft« die Entwicklung in Bulgarien gelobt:

»*Die Reformkräfte unter der Regierung Kostow brachten Bulgarien 1997 eine Strukturreform in allen Bereichen. Die Privatisierung von Industrie, Handel und Dienstleistungen wurde beschleunigt. Es wurde ein Währungsrat eingerichtet und die bulgarische Leva fest an die Deutsche Mark gekoppelt. Der Regierung gelang eine rasche politische und volkswirtschaftliche Stabilisierung und eine zügige Erneuerung der Gesetzgebung im Hinblick auf den angestrebten EU-Beitritt ... 4/5 des industriellen Vermögens konnten privatisiert werden.*« (Ost-West-Institut an der Universität Koblenz-Landau [Hrsg.], »Bulgarien Top-Infos für die Wirtschaft«, Nr. 3/2002)

In der Privatisierung und im **Ausverkauf der Staatsbetriebe an die internationalen Monopole** offenbart sich der Kern der Neuorganisation der internationalen Produktion in den neokolonialen Ländern. Das Ausmaß dieses Ausverkaufs kommt in dem gigantischen Anstieg der ausländischen Direktinvestitionen zum Ausdruck. Die internationalen Monopole steigerten ihre Investitionen in diesen Ländern von 115 Milliarden US-Dollar im Jahr 1980 auf 1 206 Milliarden US-Dollar im Jahr 2000, also mehr als das Zehnfache.

**Schaubild 21:**
**Ausländische Direktinvestitionen in verschiedenen Wirtschaftsregionen 1990 bis 2000 in Millionen US-Dollar**

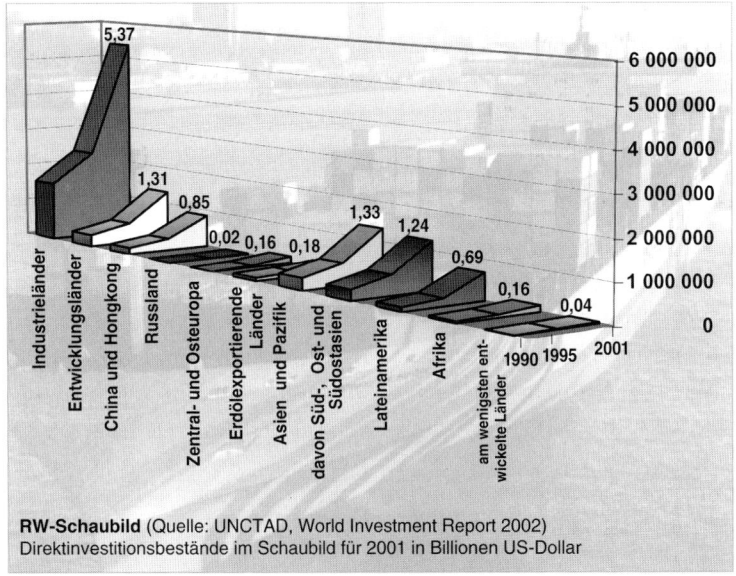

RW-Schaubild (Quelle: UNCTAD, World Investment Report 2002)
Direktinvestitionsbestände im Schaubild für 2001 in Billionen US-Dollar

Das massive Eindringen der internationalen Monopole in den Prozess der Produktion und Reproduktion der neokolonial abhängigen Länder löste dort eine **Strukturkrise** aus, deren Folgen vor allem die Arbeiterklasse und die breiten Massen zu spüren bekamen. Sie zerstörte weitgehend die bisherige industrielle Basis, soweit diese nicht in die Strukturen des weltweit organisierten Produktionsverbunds der internationalen Monopole passte. Der Delegierte der CPI(ML)-New Democracy berichtete auf der 7. Internationalen Konferenz marxistisch-leninistischer Parteien und Organisationen im Herbst 2001 über die Auswirkungen dieses Prozesses auf Indien:

*»Im industriellen Sektor sind bereits 400 000 Fabriken geschlossen worden, was zur Entlassung von Millionen von*

*Arbeitern führt. Ihre gewerkschaftlichen Rechte werden beschnitten. Auf Grund der von der Weltbank diktierten Politik wird die Privatisierung sehr schnell durchgesetzt ... Bereits 40 Millionen arbeitslose Arbeiter sind bei den Arbeitsämtern registriert. So erhöht sich von Tag zu Tag das Heer der Arbeitslosen, was den Widerspruch zwischen den Arbeitern und der Bourgeoisie verschärft.«* (Länderbericht Indien, 2001)

Im August 1998 analysierte die peruanische Zeitschrift »Eureka« die Arbeitsplatzvernichtung in wesentlichen Branchen der peruanischen Wirtschaft:

»• *Bergbau: Von einst 75 000 Bergleuten sind nur 32 000 weiter beschäftigt.*

• *Fischverarbeitung: Von den 35 000 Arbeitern in früher 21 Fischfabriken gibt es nur noch 400 bis 500.*

• *Im Hafen arbeiteten früher 4 898 Beschäftigte mit unbefristeten Arbeitsverträgen und 5 300 mit Zeitverträgen. Nach der Privatisierung bleiben 1 070 Arbeiter.*

• *Petro Perú hatte 1990 11 300 Beschäftigte, nach der Privatisierung und Zerstückelung sind es noch 1 600 Beschäftigte.*

• *Baugewerbe: Von den früher 300 000 Beschäftigten sind etwa 60 Prozent arbeitslos.«*

(»Eureka«, Veröffentlichung des Zentrums für soziale Forschungen AMARU, Lima/Peru, Nr. 2, August 1998)

Der Wirtschaftsjournalist Harald Stück analysierte 1996, an welchen Filetstücken der Wirtschaft die internationalen Monopole am meisten Interesse haben:

*»Betroffen sind hauptsächlich die Wirtschaftssektoren Petrochemie, Telekommunikation, Wasser-, Gas- und Elektrizitätserzeugung, Banken, Stahlindustrie, Transport, Häfen und Bergbau.«* (Harald Stück, »Privatisierung in Lateinamerika. Die Rolle der deutschen Industrie«, Matices Nr. 12, Winter 1996/97)

## Tabelle 54:
## Investitionen in Infrastrukturbereichen mit privater Beteiligung (in Millionen US-Dollar)

| | Latein-amerika/ Karibik | Ost-asien/ Pazifik | Europa/ Zentral-asien | MOE-Länder[1] | Süd-asien | Nahost/ Nord-afrika | Afrika südl. der Sahara |
|---|---|---|---|---|---|---|---|
| **Telekommunikation** | | | | | | | |
| 1990–1994 | 32 954 | 9 434 | 3 120 | 2 988 | 838 | 118 | 586 |
| 1995–2000 | 99 165 | 46 365 | 52 508 | 41 791 | 12 131 | 6 729 | 10 681 |
| Veränderung in Prozent | 201 | 392 | 1 583 | 1 299 | 1 348 | 5 602 | 1 724 |
| **Energie** | | | | | | | |
| 1990–1994 | 13 026 | 16 698 | 2 174 | 1 456 | 3 909 | 3 132 | 139 |
| 1995–2000 | 82 102 | 46 980 | 18 448 | 9 404 | 16 181 | 7 794 | 4 092 |
| Veränderung in Prozent | 530 | 181 | 749 | 546 | 314 | 149 | 2 846 |
| **Transport** | | | | | | | |
| 1990–1994 | 14 634 | 10 095 | 1 089 | 1 089 | 127 | – | 49 |
| 1995–2000 | 43 105 | 35 946 | 3 258 | 2 533 | 1 714 | 1 220 | 1 937 |
| Veränderung in Prozent | 195 | 256 | 199 | 133 | 1 251 | – | 3 869 |
| **Wasser und Sanitär** | | | | | | | |
| 1990–1994 | 4 510 | 4 023 | 16 | 16 | – | – | 24 |
| 1995–2000 | 12 784 | 9 902 | 2 578 | 1 596 | 216 | 4 106 | 1 595 |
| Veränderung in Prozent | 184 | 146 | 16 009 | 9 872 | – | – | 6 544 |

[1] Mittel- und Osteuropa; dazu gehören die Länder: Polen, Ungarn, Russland, Tschechien, Rumänien, Kroatien, Jugoslawien, Slowakei, Litauen, Lettland, Estland, Ukraine, Weißrussland, Bulgarien, Moldawien.
Quelle: World Development Indicators 2002

Tatsächlich stiegen im Lauf der 1990er Jahre die Direktinvestitionen gerade in diesen Bereichen sprunghaft an, so in Lateinamerika von 65,124 Milliarden US-Dollar auf 237,156 Milliarden US-Dollar, eine Steigerung um 264 Prozent. In den mittel- und osteuropäischen Ländern wuchsen solche Investitionen zwischen der ersten und zweiten Hälfte der 1990er Jahre sogar um das Neunfache an, in Ostasien/Pazifik um 246 Prozent. Auch in Europa/Zentralasien gab es eine Steigerung um das Elffache auf 76,8 Milliarden US-Dollar.

Damit sich dieser Ausverkauf auch rentierte für die internationalen Monopole, verlangten IWF und Weltbank häufig Preissteigerungen für Wasser, Energie und andere Dienstleistungen, bevor sie den Ländern Umschuldungen und neue Kredite bewilligten.

Der Herrschaftsanspruch der internationalen Monopole bedient sich nicht nur ökonomischer Maßnahmen, sondern geht bis zur **politischen und militärischen Einmischung**. Auf der 7. Internationalen Konferenz marxistisch-leninistischer Parteien und Organisationen berichtete der Delegierte aus Bangladesch:

*»Vor ganz kurzer Zeit verlangte die US-Regierung, dass unser Luftraum, unser Land und unsere Häfen für den Einsatz der US-Armee falls notwendig zur Verfügung gestellt werden sollen im Kampf gegen Afghanistan. Das ist weit weg von Bangladesch. Die Regierung und alle bürgerlichen Parteien stimmten dem eifrig zu ... Die Einmischung der USA ist in unserem Land sehr offen. Zum Beispiel schlug die US-Botschafterin vor unseren Nationalwahlen offen vor, was das Programm der ersten hundert Tage der neu gewählten Regierung sein sollte. Die Botschafterin hatte die Kühnheit zu verlangen, dass ihre Vorschläge im Wahlmanifest enthalten sein sollten, und die großen Parteien trafen sich mit der Botschafterin und stimmten ihrem Vorschlag zu. Die Regierung von Bangladesch hat einen Vertrag mit einem*

*US-Unternehmen fast schon fertig gestellt, für 198 Jahre Land zu verpachten für den Bau eines Seehafens neben unserem alten Hafen ... Unsere Gasfelder sind bereits an mehrere US-Firmen sowie an eine britische und eine irische Firma übergeben worden zu Bedingungen, die äußerst nachteilig sind für unsere nationalen Interessen.«* (Länderbericht Bangladesch, 2001)

Die imperialistische Aneignung der Grundversorgung der Massen und der natürlichen Ressourcen charakterisiert am deutlichsten die **Errichtung der allseitigen Herrschaft der internationalen Monopole über die ganze Gesellschaft in den neokolonialen Ländern.**

**Der Kampf der internationalen Monopole um die unmittelbare Verfügung über Rohstoffe**

Die **Sicherung der Rohstoffbasis steht im Zentrum des Interesses der internationalen Monopole.** Nach dem Zusammenbruch der alten Kolonialreiche ging die Kontrolle der Rohstoffgebiete an die unabhängig gewordenen Länder über. Die internationalen Monopole entschieden sich zunächst für eine Politik, die Rohstoffpreise zu drücken und die Preise für Industriegüter anzuheben, was beides zu Lasten der Entwicklungsländer ging. Diese Preisschere führte vor allem in solchen Ländern zum starken Anstieg der Verschuldung, für die der Rohstoffexport eine wesentliche oder sogar die entscheidende Einnahmequelle bildete. So betrug 1998 der Anteil der Mineralölerlöse an den Exporteinnahmen von Nigeria 97,7 Prozent, von Kuwait 95 Prozent, von Libyen und Saudi Arabien je 90 Prozent, von Iran 85 Prozent und von Venezuela 72 Prozent. Guinea ist zu mehr als 70 Prozent vom Bauxitexport abhängig, Jamaika zu mehr als 50 Prozent. Sambia erzielt mehr als 80 Prozent seiner Exporteinnahmen mit Kupfer, Chile 30 Prozent. Nach einer Untersuchung der UN-Entwicklungsorganisation UNCTAD beziehen allein 83 Entwicklungsländer mehr als 50 Prozent ihrer Exporteinnahmen aus nur zwei oder drei Rohstoffen (des Bergbaus und/oder der Landwirtschaft).

Diese Abhängigkeiten änderten aber nichts daran, dass weiterhin die neokolonialen Länder über die Rohstoffe unmittelbar verfügten. In den Augen der internationalen Monopole war das ein Unsicherheitsfaktor. In Bezug auf Erdöl – das mit 40 Prozent Anteil am Primärenergieverbrauch weltweit wichtigster Energierohstoff ist – brachte eine Studie der Bundesanstalt für Geowissenschaften und Rohstoffe die Befürchtungen auf den Punkt:

»*Sorge bereitet die Tatsache, dass fast zwei Drittel der weltweiten Reserven in nur fünf Ländern des Nahen Ostens konzentriert sind und ca. drei Viertel von der OPEC kontrolliert werden.*« (Bundesanstalt für Geowissenschaften und Rohstoffe, Hannover [Hrsg.], »Commodity Top News«, Nr. 13 vom Januar 2001)

In den 1990er Jahren wurden zahlreiche Bergbaubetriebe in neokolonialen Ländern privatisiert, wie es der Brady-Plan vorsah. Die internationalen Monopole ließen sich das staatliche Eigentum übertragen und tilgten dafür Schulden der Entwicklungsländer. Weltweit kam es zwischen 1987 und 1998 bei Buntmetallen und Metallen zur Stahlveredelung zu 176 Privatisierungen, Übernahmen und Zusammenschlüssen, die sich auf 53,6 Milliarden US-Dollar summierten. Im Goldbergbau, einer Domäne der Anglo-American, kam es in diesem Zeitraum zu 182 Zusammenschlüssen, Übernahmen und Privatisierungen mit einem Gesamtkapital von 39,3 Milliarden US-Dollar. Der planmäßige Aufkauf von Rohstoffabbaubetrieben führte dazu, dass im Jahr 2000 die Weltmarktanteile bei Eisenerz in der Hand einiger weniger Konzerne konzentriert waren.

Unter den 500 größten internationalen Monopolen hielt im Jahr 2001 BHP Billiton Platz 281, Anglo-American Platz 341 und die Ruhrkohle AG Platz 365.

## Tabelle 55:
## Weltmarktanteile bei Metallerzen

| Metallerze | Anzahl der Konzerne | Weltmarktanteil in Prozent |
|---|---|---|
| Kupfer | 6 | 50 |
| Niob | 3 | 100 |
| Tantal | 2 | 75 |
| Titan | 4 | 56[1] |
| Vanadium | 3 | 92 |

[1] Anteil bezogen auf die »westliche Welt«
Quelle: DIW-Wochenbericht 3/2000

Auch den Weltagrarhandel ordneten sich die Monopole unter. Kauf und Verkauf landwirtschaftlicher Rohstoffe wurden in der Hand der drei bis sechs größten internationalen Konzerne konzentriert.

## Tabelle 56:
## Marktmacht multinationaler Konzerne im Agrarbereich

**Konzentration des Weltagrarhandels** (Anteile von drei bis sechs der größten internationalen Konzerne an Produkten im weltweiten Agrarhandel)

| Produkt | Anteil am Weltagrarexport in Prozent | Produkt | Anteil am Weltagrarexport in Prozent |
|---|---|---|---|
| Weizen | 85–90 | Bananen | 70–75 |
| Mais | 85–90 | Holz | 90 |
| Zucker | 60 | Baumwolle | 85–90 |
| Kaffee | 85–90 | Felle und Häute | 25 |
| Reis | 70 | Tabak | 85–90 |
| Kakaobohnen | 85 | Naturkautschuk | 70–75 |
| Tee | 80 | Jute und Juteprodukte | 85–90 |

Quelle: Schlussbericht der Enquete-Kommission »Globalisierung der Weltwirtschaft – Herausforderungen und Antworten«

Die neoliberale Politik organisierte den **Übergang von der indirekten zur direkten Kontrolle der Rohstoffe durch die internationalen Monopole**. Sie begnügten sich nicht mehr damit, die Märkte zu kontrollieren, sondern nahmen Rohstoffgewinnung und Rohstoffhandel in die eigene Hand. Das bedeutete in gewisser Weise eine **Rückkehr zur alten Methode des Kolonialismus – aber auf neuer Grundlage**. Die Verfügungsgewalt über Rohstoffquellen und Produktionsstätten liegt **direkt in den Händen der imperialistischen Mächte und ihrer Monopole**. Neu ist nur, dass die Neokolonien politische Unabhängigkeit besitzen, wenigstens formal. Nach außen tragen die Regierungen die politische Verantwortung, hinter dieser Fassade aber herrschen die internationalen Monopole. Das Neue ist also **ein umfassendes System des Betrugs und der Manipulation**. Dass in Wirklichkeit die internationalen Monopole die Politik der neokolonialen Länder bestimmen, wird verdeckt, um einer offenen Konfrontation mit der Arbeiterklasse und den breiten Massen auszuweichen und den antiimperialistischen Befreiungskampf aufzuhalten.

Je mehr die Massen dieses System des Betrugs und der Manipulation durchschauen und das imperialistische Wesen der neuen Ausbeutungsverhältnisse erkennen, desto mehr wird sich der Klassenkampf in den neokolonialen Ländern und der Kampf um nationale und soziale Befreiung direkt gegen die Organe des internationalen Finanzkapitals richten. Dann werden diese Massen unter Führung der internationalen Arbeiterklasse für die Überwindung des imperialistischen Weltsystems kämpfen.

**Die Expansion des Welthandels und die internationale Einführung von Monopolpreisen**

Die internationalen Monopole ließen die aufgekauften Produktionsstätten in den neokolonialen Ländern hauptsächlich für den Export produzieren. Umgekehrt wurde der erzwungene Abbau von Handelsbarrieren dazu genutzt, die Märkte mit importierten Waren zu überschwemmen. Handelsmonopole wie Wal-Mart zerstörten die nationalen Lebensmittelmärkte und monopolisierten die Lebensmittelversorgung der Bevölkerung – anfangs mit Dumpingpreisen, nach der Ausschaltung der Konkurrenten mit **Monopolpreisen**. Willi Dickhut schrieb dazu:

*»Eine für jeden spürbare Folge des Monopolpreises ist der ungeheure Preisauftrieb, der das Wirtschaftsleben sämtlicher hochentwickelter kapitalistischer Länder kennzeichnet. Bereits Lenin erwähnte ›die mit dem Wachstum der kapitalistischen Monopole verbundene Teuerung‹. (Lenin Werke Bd. 24, S. 459)«* (»Wirtschaftsentwicklung und Klassenkampf«, II. Teil, S. 14)

Die Lebenshaltungskosten stiegen vor allem in den Staaten, in die bei der Neuorganisation der internationalen Produktion am meisten Kapital floss. In Brasilien kletterte der Preisindex zwischen 1992 und 2001 auf das 1741-fache. In Argentinien stieg er zwischen 1990 und 1995 auf das Vierfache, in Mexiko zwischen 1990 und 2001 um das 5,7-fache, in Südkorea um über zwei Drittel, in Chile und Südafrika um das 1,5-fache. In Indonesien vervierfachte sich der Preisindex in dieser Zeit fast, auf den Philippinen erhöhte er sich auf das 2,5-fache. In Peru stieg er sogar auf das 25,8-fache an. Diese **gewaltige Steigerung der Lebenshaltungskosten** war nicht etwa nur eine hässliche Nebenerscheinung der Neuorganisation der internationalen Produktion, sondern eine bewusst verfolgte Politik, um die Märkte insbesondere der industriell entwickelteren Entwicklungsländer für Kapitalanlagen der internationalen Monopole attraktiv zu machen. Den Massen wurde eine oft dramatische Einschränkung ihrer Kaufkraft aufgezwungen, vielfach verbunden mit einer völligen Veränderung ihrer bisherigen Lebensverhältnisse.

## Tabelle 57:
## Preisindex für die Lebenshaltung

Preisindex für die Lebenshaltung in Staaten, in die im Zug der Neuorganisation der internationalen Produktion das meiste Kapital floss (Index 1995 = 100)

| Land | 1990 | 1995 | 1996 | 1997 | 1998 | 1999 | 2000 | 2001 |
|---|---|---|---|---|---|---|---|---|
| Brasilien | 0,1[1] | 100 | 111,1 | 119,9 | 124,5 | 138,6 | 157,7 | 174,1 |
| Argentinien | 24,7 | 100 | 100,2 | 100,7 | 101,6 | 100,4 | 99,5 | 98,4 |
| Mexiko | 44,5 | 100 | 134,4 | 162,1 | 187,9 | 219,1 | 239,9 | 255,1 |
| Chile | 52,2 | 100 | 107,4 | 113,9 | 119,8 | 123,8 | 128,5 | 133,1 |
| Peru | 5,5 | 100 | 111,0 | 121,2 | 129,8 | 134,3 | 139,4 | 142,1 |
| Südkorea | 74,0 | 100 | 105,0 | 109,6 | 117,9 | 118,8 | 121,5 | 126,5 |
| Indonesien | 65,3 | 100 | 107,9 | 114,6 | 181,6 | 218,8 | 217,7 | 253,0 |
| Malaysia | – | 100 | 103,5 | 106,3 | 111,9 | 115,0 | 116,7 | – |
| Thailand | 79,0 | 100 | 105,8 | 111,4 | 120,1 | 120,6 | 122,4 | 124,4 |
| Philippinen | 58,2 | 100 | 108,3 | 115,4 | 126,6 | 135,1 | 140,9 | 149,5 |
| Taiwan | 81,9 | 100 | 103,1 | 104,2 | 106,1 | 106,4 | 107,8 | 107,8 |
| Indien | 60,7 | 100 | 109,0 | 116,8 | 132,3 | 138,4 | 144,0 | 149,4 |
| Tschechien | 91,7[2] | 100 | 108,9 | 118,1 | 130,7 | 133,5 | 138,7 | 145,2 |
| Ungarn | 32,3 | 100 | 123,6 | 146,2 | 167,2 | 183,9 | 201,9 | 220,2 |
| Polen | – | 100 | 119,9 | 137,7 | 153,7 | 164,9 | 181,6 | 191,5 |
| Südafrika | 58,6 | 100 | 107,4 | 116,6 | 124,6 | 131,1 | 138,1 | 146,0 |
| Ägypten | 56,0 | 100 | 107,2 | 112,1 | 116,1 | 122,2 | 125,6 | – |

[1] Wert von 1992
[2] Wert von 1994
Quellen: Statistisches Jahrbuch für das Ausland; OECD

Monopolpreise können nur erzielt werden, wenn die Monopole den Binnenmarkt tatsächlich beherrschen, das heißt die Konkurrenz ausgeschaltet ist. Die **Monopolpreise in den Entwicklungsländern** sind ein sicheres Anzeichen, dass internationale Monopole ihre Herrschaft über die nationalen Märkte errichtet haben. Willi Dickhut schrieb:

»*Solange er sein Monopol aufrechterhalten, d. h. solange er die ›Einwanderung‹ fremden Kapitals in seinem Bereich verhindern kann, kann er mittels eines hohen **Monopolpreises** einen Profit erzielen, der über den Durchschnittsprofit hinausgeht, kurz gesagt, den **Monopolprofit**. Das gleiche ist aber auch der Fall, wenn mehrere Kapitalisten gemeinsam Maßnahmen ergreifen, um die Konkurrenz fernzuhalten ...*

*Der Monopolpreis ist darum ein **Raubpreis**, der nicht durch ökonomische Gesetze, sondern durch die Raubgier der Monopolisten bestimmt wird. Die Monopolkapitalisten nützen ihr Monopol aus, die Preise über jedes Maß nach Möglichkeit zu erhöhen und die Abnehmer, die von ihnen abhängen, nach Belieben auszusaugen.*« (»Wirtschaftsentwicklung und Klassenkampf«, II. Teil, S. 14/15)

Um Monopolpreise durchzusetzen, wurde in einzelnen Ländern wie Peru, Argentinien oder auch in Thailand, Südkorea und auf den Philippinen die nationale Währung direkt an die imperialistische Währung des Dollar oder auch des Euro gebunden. Im März 2000 ersetzte Ecuador seine bisherige Landeswährung Sucre durch den Dollar. Als Begründung wurde das geschwundene Vertrauen in die Landeswährung angeführt, die anhaltend hohe Inflation und die Hoffnung auf leichteren Zugang zu internationaler Technologie und internationalem Know-how. In einer Sendung des Deutschlandfunks am 28. April 2002 wurden die tatsächlichen Nutznießer der »Dollarisierung« in Ecuador anschaulich verdeutlicht:

»*Die ecuadorianische Geldpolitik wird nun in den USA gemacht ... Positiv ist die Dollarisierung wahrscheinlich für diejenigen Unternehmen, die hier selbst investieren. Sprich, die hier einen Dollar für Maschinen und dergleichen mehr investieren. Die haben jetzt natürlich kein Risiko mehr, dass auf Grund der*

Inflation dieser Dollar verloren geht. Tatsächlich haben ausländische Firmen in Ecuador seit der Dollarisierung mehr investiert. Allerdings auf einem niedrigen Niveau und vor allem in die ökologisch umstrittene Schwerölpipeline OCP.« (Kerstin Fischer/Johannes Beck, »Aus Argentinien nichts gelernt? Dollarisierung in Ecuador«, Manuskript der Sendung, S. 3/4)

## Vorboten künftiger Zusammenbrüche des Neokolonialismus

Die **Asienkrise 1997/1998** wurde wesentlich durch das Verhalten europäischer und japanischer Großbanken ausgelöst. Am schwersten traf sie die Länder Indonesien, Südkorea, Malaysia, die Philippinen und Thailand. Da attraktivere Kreditgeschäfte in Europa und Japan nicht zu finden waren, hatten die Banken diese fünf Länder mit Krediten geradezu überschwemmt. Ihre Summe stieg von 6,1 Milliarden Dollar 1993 auf 40,6 Milliarden Dollar 1997, also auf mehr als das Sechsfache. Dazu schrieb der Wirtschaftswissenschaftler Jörg Huffschmid:

*»Hohe Profitaussichten, stabile Wechselkurse und ungehinderter Kapitalverkehr – dies waren die Konstellationen, die in den asiatischen Ländern teils durch eigene Entwicklung entstanden, teils durch äußeres Drängen hergestellt worden waren und diese Länder zum geradezu idealen Zufluchtgebiet für frustriertes Kapital aus den Metropolen machten ... Die vom IWF kritisierte Schwäche des asiatischen Finanzsektors bestand allenfalls darin, daß er sich darauf eingelassen und diese Kredite genommen hatte – und sie dann im Lande irgendwie weiter verwenden mußte. Da solide Investitionsprojekte nicht in ausreichendem Maße zur Verfügung standen, gingen die Mittel eben in unsolide Projekte, ein erheblicher Teil rotierte im Finanzsektor. Die Folge war ein rasanter Anstieg der Aktienkurse.«* (»Politische Ökonomie der Finanzmärkte«, S. 181)

Die Spekulation beschleunigte auch den Preisanstieg. Die asiatischen Waren wurden teurer und konnten deshalb auf dem Weltmarkt schlechter abgesetzt werden. Die Exporte sanken im Verhältnis zu den Importen. Die Exporterlöse reichten nicht mehr aus, die Kredite zu tilgen. Hinzu kam die Anbindung der Währungen Thailands, Malaysias, Südkoreas, der Philippinen und Indonesiens an den US-Dollar. Als der Dollarkurs Mitte 1995 gegenüber den meisten anderen Währungen anstieg, stiegen entsprechend auch die Wechselkurse der an den Dollar gebundenen asiatischen Währungen. Damit wurden die Waren dieser Länder auf dem Weltmarkt zusätzlich verteuert.

Anfang 1997 gelangten die internationalen Banken und Währungshändler zu der Überzeugung, dass die betroffenen asiatischen Währungen überbewertet seien. Deshalb müsste die Bindung an den US-Dollar aufgegeben und müssten die Währungen abgewertet werden. Die nationalen Regierungen wehrten sich zunächst mit Devisenverkäufen gegen eine Abwertung, denn sie wussten, dass dies die Tilgung der in US-Dollar aufgenommenen Kredite erheblich erschweren und dass viele Firmen daran zugrunde gehen würden. Aber die Devisenreserven waren begrenzt. Anfang Juli 1997 musste die thailändische Regierung den Kampf aufgeben und ihre Währung vom Dollar abkoppeln. Knapp zwei Wochen später folgte Malaysia und nach einem Monat Indonesien. Viele Banken und Unternehmen gerieten in Gefahr und die Kurse der Aktien aus diesen Ländern gingen auf eine rapide Talfahrt.

Nach der Rückkehr zu flexiblen Wechselkursen verloren die ostasiatischen Währungen bis zum Frühjahr 1998 stark an Wert. Die Abwertung gegenüber dem US-Dollar betrug in Thailand, Malaysia, Südkorea und auf den Philippinen im Durchschnitt etwa 50 Prozent, in Indonesien sogar 84 Prozent.

Das rief die internationale Währungsspekulation auf den Plan, die auf eine Abwertung der asiatischen Währungen gesetzt hatte. Internationale Banken zogen schlagartig 32,3 Milliarden US-Dollar an Krediten ab – und die Volkswirtschaften der betroffenen Länder brachen plötzlich zusammen. Jörg Huffschmid schrieb dazu treffend:

*»... der über Jahre mühsam erarbeitete Wohlstand ist in wenigen Wochen dahin. Genaugenommen ist er nicht vernichtet, sondern er hat sich in Schulden verwandelt: gegenüber dem IWF, westlichen Regierungen und Unternehmen.«* (ebenda, S. 182)

Durch diese Abwertung wurde **ein großer Teil des Vermögens ganzer Länder enteignet**, und zwar in einem Ausmaß, wie es bis dahin noch nicht bekannt war. Hauptleidtragende der Folgen dieser Finanzspekulation waren die breiten Massen. Ihr erarbeitetes und erspartes Geld wurde schlagartig weniger wert. Der IWF schätzte, dass sich infolge der Krise die Armut in Indonesien verdoppelte und in Thailand und Südkorea um 75 Prozent anstieg. Allein in diesen drei Ländern wurden mindestens 22 Millionen Menschen ins Elend gestürzt, litten Hunger, wurden obdachlos und waren in ihrer ganzen Existenz bedroht.

Die internationalen Monopole nutzten die Situation, um Unternehmen aus diesen Ländern zu Schleuderpreisen aufzukaufen und so ihre Politik der Neuorganisation der internationalen Produktion auf Kosten dieser Länder noch aggressiver fortzusetzen.

1998 griff die Krise auf Russland, 1998/1999 auf den ganzen Mercosur (Brasilien, Argentinien, Uruguay und Paraguay) über und richtete auch dort Millionen Menschen zu Grunde. Brasilien gelang es zunächst, die Auswirkungen der Wirtschaftskrise auf Paraguay, Uruguay und Argentinien abzuwälzen. Durch die Abwertung der brasilianischen Währung verbilligte sich die Exportproduktion Brasiliens und die Nachbarländer verloren schlagartig ihre Konkurrenzfähigkeit. Das stürzte sie in tiefe Wirtschaftskrisen. Das war für Brasilien aber nur ein zeitweiliger Aufschub, bis es auch von einer tiefen Wirtschaftskrise heimgesucht wurde.

## Argentiniens Weg in den Staatsbankrott

Der Zusammenbruch Argentiniens war ein Lehrstück für künftige Entwicklungen des Neokolonialismus. Das internationale Finanzkapital unterwarf sich das industriell mit am weitesten entwickelte Land in Lateinamerika schnell und umfassend. Der Bestand an ausländischen Direktinvestitionen erhöhte sich von 6,6 Milliarden US-Dollar im Jahr 1985 auf 73,1 Milliarden im Jahr 2000. Damit stand Argentinien hinter Brasilien, Mexiko und Singapur an der Spitze der neokolonial abhängigen Länder.

Die meisten der 20 größten Monopolgruppen Argentiniens befinden sich im Besitz oder stehen unter der Kontrolle internationaler Monopole aus anderen Ländern. Im Jahr 2000 waren das nach Untersuchungen des argentinischen marxistisch-leninistischen Wissenschaftlers Carlos Echagüe:

- Repsol YPF, Erdöl: Spanien
- Techint, Stahl: formal Argentinien, aber in Wirklichkeit Italien
- Telefónica, Telefon, Fernsehsender: Spanien
- Carrefour, Supermärkte: Frankreich
- Telecom: Italien und Frankreich
- Disco/Americanos, Supermärkte: Niederlande/Argentinien
- Péres Companc, Lebensmittel: Argentinien
- ENDESA, Elektrizität: Spanien
- SHELL, Öl: Niederlande/Großbritannien
- Clarin, Massenmedien: Russland/Argentinien
- Cargill, Landwirtschaft: USA
- Ford, Automobile: USA
- Philip Morris, Tabak/Lebensmittel: USA
- Macri, Mischkonzern: Argentinien

- Esso, Öl: USA
- Fiat, Automobile: Italien
- Coca Cola, Lebensmittel: USA
- Renault, Automobile: Frankreich
- VW, Automobile: Deutschland
- Arcor, Lebensmittel: Argentinien.

Die chemische und petrochemische Industrie sowie die Erdölraffinerien in Argentinien sind offiziell zu 80 Prozent – in Wirklichkeit zu fast 100 Prozent – in ausländischer Hand. Die Lebensmittelindustrie gehört zu 60 Prozent und die Automobilindustrie zu 100 Prozent ausländischen Konzernen. Selbst die Eisen- und Stahlindustrie, die als vollständig national gilt, wird in Wirklichkeit von russischem und italienischem Kapital beherrscht.

### Trügerische Hoffnungen auf die Privatisierungspolitik

Der Ausverkauf der argentinischen Wirtschaft an ausländische Monopole stieß nicht sofort auf den Widerstand der Massen, obwohl er von Anfang an mit Bankrotten und massiver Arbeitsplatzvernichtung verbunden war. Das hatte seinen Grund darin, dass die Privatisierungserlöse vorübergehend den Staatshaushalt entlasteten. Für kurze Zeit schien es, als ob die Verschuldung in den Griff zu bekommen wäre. Auch die Löhne stiegen zeitweilig an. In dem Buch »Argentinien – Leben, Sehnsucht und Kampf am Rio de la Plata« hieß es dazu:

*»Große Hoffnungen hatten viele argentinische Werktätige in Menem gesetzt. Tatsächlich stiegen nach der Regierungsübernahme Menems die durchschnittlichen Monatslöhne an. 1989 lagen sie noch bei 175 Dollar. Im 1. Vierteljahr 1990 stiegen sie auf 190 Dollar, im 2. Vierteljahr auf 271 Dollar, im 3. Vierteljahr auf 349 Dollar und im November/Dezember 1990 sogar auf 490 Dollar.*

*Natürlich ging diese Lohnsteigerung mit einer Entwertung des Dollar einher. Aber immerhin, die Reallöhne stiegen.*« (Stefan Engel, »Argentinien – Leben, Sehnsucht und Kampf am Rio de la Plata«, S. 100)

Tatsächlich konnte die wachsende Verschuldung Argentiniens zwischen 1990 und 1993 gebremst werden. 1993 ging sie sogar zeitweilig etwas zurück, stieg allerdings nach 1994 wieder stark an und erreichte bald neue Dimensionen. Zwischen 1993 und 2000 verfünffachte sich nahezu die Summe, die für den jährlichen Schuldendienst aufzubringen war: von 5,9 Milliarden US-Dollar auf das Rekordniveau von 27,3 Milliarden US-Dollar. Trotzdem stieg die Gesamtverschuldung

**Schaubild 22:**
**Entwicklung von Privatisierungserlösen, Schuldendienst, Verschuldung und Anteil der Staatsbetriebe in Argentinien (in Millionen US-Dollar)**

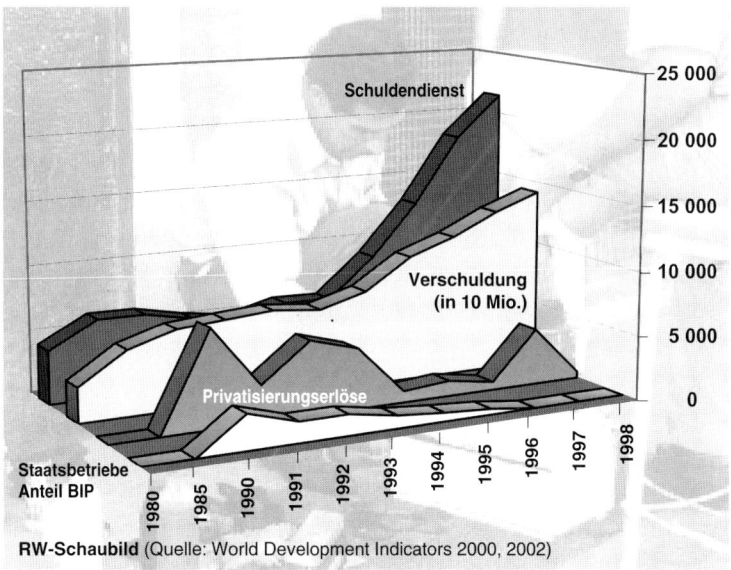

RW-Schaubild (Quelle: World Development Indicators 2000, 2002)

um mehr als das Doppelte, von 64,7 Milliarden US-Dollar auf 146,2 Milliarden US-Dollar.

Die trügerische Hoffnung auf Wohlstand durch den Ausverkauf des nationalen Reichtums an die internationalen Monopole zerbrach schon nach wenigen Jahren. Für die Kredite von IWF und Weltbank mussten Zinsen und Tilgung gezahlt werden, aber nach dem Verkauf der Staatsbetriebe fehlten zugleich wesentliche Einnahmequellen. Die internationalen Monopole stellten immer höhere Forderungen an die Infrastruktur, verlangten staatliche Investitionen, dachten aber nicht daran, in Argentinien Steuern zu zahlen und so den Staat zu stärken. Die Staatskasse wurde im Gegenteil zunehmend geplündert.

Auch die Anbindung des argentinischen Peso an den US-Dollar konnte das Land nicht retten. 1991 hatte Wirtschaftsminister Domingo Cavallo vollmundig behauptet, damit werde sein Land *»mindestens sechs Jahrzehnte«* Stabilität erhalten. Doch mit der Wirtschaftskrise wuchsen Argentiniens Probleme, die Kredite zu tilgen. Daraufhin stoppte der IWF im Dezember 2001 die Auszahlung bereits zugesagter Kredite. An den internationalen Kapitalmärkten gab es zwar noch Kredite, aber dort musste Argentinien 40 Prozent Risikozuschlag zahlen. Als die Regierung durchsickern ließ, dass sie die Anbindung des Peso an den US-Dollar aufgeben wollte, kam es am 30. November 2001 zu einem Massenansturm auf die Banken. Die Sparer fürchteten zu Recht eine drastische Entwertung ihres angesparten Vermögens. Allein an diesem Tag wurden über 2 Milliarden US-Dollar von den Konten abgehoben.

Am 1. Dezember 2001 schränkte die Regierung das Recht der Sparer ein, über ihre Bankeinlagen zu verfügen, was wütende Proteste vor allem der kleinbürgerlichen Zwischenschichten nach sich zog. Am 5. Dezember gab der IWF bekannt, dass Argentinien keine weiteren Kredite zu erwarten hätte und dass auch der bereits vereinbarte Kredit von 1,26 Milliarden US-

Dollar nicht ausgezahlt würde. Damit sollte die Regierung gezwungen werden, den Staatshaushalt um 4 Milliarden Dollar zu kürzen, aber das verschärfte natürlich die Proteste. Es kam zu einem neuen Generalstreik, der am 19. Dezember 2001 in den nationalen Volksaufstand »Argentinazo« mündete.

Am 20. Dezember 2001 musste Präsident De la Rua zurücktreten. Am 1. Januar 2002 wurde Eduardo Duhalde zum Präsidenten ernannt. Die US-Regierung forderte von der neuen Regierung ein glaubwürdiges Wirtschaftsprogramm, erst dann würden wieder US-Gelder nach Argentinien fließen. Also wurde als erste Maßnahme die Bindung des Peso an den Dollar tatsächlich aufgehoben und der Regierung wurden umfassende Vollmachten zur Bekämpfung der Wirtschaftskrise eingeräumt. Aber auch das half nichts. Im Mai 2002 musste der Peso um 70 Prozent abgewertet werden. Das heizte die Inflation an und schränkte das Einkommen der Massen weiter ein.

Dabei zeigte sich eine enge **Wechselwirkung zwischen Verschuldungskrise und Wirtschaftskrise**. Beide Krisen vertieften sich und als die imperialistischen Länder ihre wirtschaftlichen Probleme mit Hilfe des IWF auf Argentinien abwälzten, kam es dort zu einer ausweglosen Situation. Bis zum Juni stieg die Massenarbeitslosigkeit auf offiziell 30 Prozent und die Lebensmittelpreise erhöhten sich um 50 Prozent.

### Rückwirkungen auf das internationale Finanzkapital

Im ersten Quartal 2002 brach die Güterproduktion in Argentinien um −20,1 Prozent ein, der Bausektor um −46,1 Prozent. Jeder zehnte Beschäftigte verlor 2001 seinen Arbeitsplatz. Der private Konsum ging um −21 Prozent zurück. Argentinien erlebte die tiefste Wirtschaftskrise seiner Geschichte. Von den 36 Millionen Einwohnern Argentiniens mussten fast 15 Millionen unter der Armutsgrenze leben.

Das hatte Auswirkungen auf die internationalen Monopole. In den ersten sieben Monaten des Jahres 2001 fuhr die Automobilindustrie ihre Produktion um 45 Prozent zurück. 80 Prozent der argentinischen Produktion wurden früher exportiert, vor allem nach Mexiko und Brasilien. Die Abwertung des Peso begünstigte zwar den Export, doch infolge der Weltwirtschaftskrise hatten sich auch die internationalen Absatzmärkte verengt.

1998 beschäftigten VW, DaimlerChrysler, Ford, GM, Renault, Peugeot-Citroën, Fiat und Toyota noch 27 000 Arbeiter und Angestellte in Argentinien, im August 2002 waren es nur noch knapp 15 000 – und davon waren mehr als 5 000 auf Zeit von der Arbeit freigestellt.

Auch andere Bereiche waren stark betroffen. Das Erdölunternehmen Repsol YPF musste Verluste von etwa einer Milliarde US-Dollar hinnehmen. France Telecom und die spanische Telefónica, die beide an Telecom Argentina beteiligt waren, mussten in ihren Jahresbilanzen Verluste von 318 bzw. 328 Millionen US-Dollar ausweisen.

Einen massiven Einbruch erlebten Banken und Kreditinstitute mit Verlusten aus der »Pesofizierung«, dem Wertverfall der Staatsanleihen und als Folge der Zahlungsunfähigkeit durch Massenarbeitslosigkeit und Verelendung. Ausländische Banken hatten 2000 in Argentinien einen Marktanteil von 73 Prozent; 1994 waren es erst 15 Prozent. Ihre »Bewältigung« der Krise bestand im Abschreiben der Verluste und damit in Kapitalvernichtung.

Der IWF fordert von Argentinien die Privatisierung der letzten staatlichen Banken, einschließlich der Nationalbank. So bekämen die internationalen Monopole unmittelbaren Zugriff auf 20 Millionen Hektar Land, für das diese Banken Hypothekendarlehen vergeben haben.

## Tabelle 58:
### Abschreibungen und Wertberichtigungen internationaler Banken auf Verluste in Argentinien (in Millionen US-Dollar)

| Bank | 2001 |
|---|---|
| Citigroup/USA | 2200 |
| Banco Santander Central Hispano/Spanien | 1200 |
| Fleet Boston Financial Corporation/USA | 1100 |
| Banco Bilbao/Spanien | 947 |
| Crédit Agricole/Frankreich | 934 |
| Intesa BCI/Italien | 661 |

Quelle: »Die Welt« vom 26. April 2002 und vom 31. Januar 2003

Ende 2002, ein Jahr nach Einstellung des Schuldendienstes, gab es noch keine neue Vereinbarung zwischen der argentinischen Regierung und dem IWF, lediglich die Stundung fälliger Zahlungen war zugestanden worden. Die vom IWF geforderten Maßnahmen, die auf noch schärfere Ausplünderung der argentinischen Werktätigen hinausliefen, ließen sich zu diesem Zeitpunkt nicht durchsetzen, so sehr hatte der Massenwiderstand den Staatsapparat erschüttert.

## Das Desaster der neoliberalen Politik macht die Entwicklungsländer zu einem Brennpunkt des internationalen Klassenkampfs

Der Neoliberalismus trat mit dem Anspruch an, die Krise des Neokolonialismus zu lösen. Aber zehn Jahre neoliberale Politik hinterließen eine verheerende Bilanz. Die Haushalts- und Verschuldungskrisen konnten nur zeitweilig gedämpft werden, brachen dann erneut und umso heftiger aus. Zwar gab es kurzfristige Initiativen für Firmengründungen und zur Schaffung von Arbeitsplätzen, aber die vollständige Unterwerfung der Wirtschaft der abhängigen Länder unter die internationalen Monopole zerstörte die nationalen Industrien und endete in katastrophaler Massenarbeitslosigkeit und Massenarmut. Auch neue Präsidenten konnten die Hoffnungen der Massen nur kurzzeitig beleben, dann erwiesen sie sich als treue Vasallen der Imperialisten, unterwarfen ihr Land dem Diktat von IWF und Weltbank und gaben jeden Rest nationaler Selbstständigkeit und Souveränität auf.

Der **Neokolonialismus geriet in eine neue Krise, die tiefer und umfassender war als die Anfang der 1980er Jahre**. Diese Krise wirkt auf der Basis der Neuorganisation der internationalen Produktion; wirkt vor allem allseitig auf das ganze System der Weltwirtschaft bis in die imperialistischen Zentren.

Gerade an den zentralen Punkten neoliberaler Politik entwickeln sich Massenkämpfe. Die bürgerliche Wochenzeitung »Die Zeit« berichtete über Kämpfe um Wasser in Südafrika, Argentinien, Ghana, Paraguay, Indien, Kanada und Bolivien, die die internationalen Energiemonopole erfolgreich ins Visier nahmen:

*»Schon lange warnen die UN, in Zukunft würden Kriege nicht mehr um knappes Öl, sondern um knappes Wasser geführt; in Porto Alegre trifft man Menschen, die solche Kriege schon heute ausfechten. Sie kommen aus Bolivien und Argentinien, aus Ghana und Indien, aus den USA und Paraguay. Sie kämpfen gegen die Privatisierung der Wasserversorgung in ihren Ländern und Kommunen ...*

*In Cochabamba, der drittgrößten Stadt Boliviens, wurde im Frühjahr 2000 das städtische Wasserunternehmen an den US-Konzern Bechtel verkauft. Auch hier stiegen die Preise drastisch. Auch hier formierte sich Widerstand. Es kam zu Massenprotesten, die Polizei antwortete mit Tränengas, Gummigeschossen und schließlich scharfer Munition. Die Regierung verhängte den Ausnahmezustand, Gewerkschafter und Gemeindesprecher wurden verhaftet und verbannt. Fünf Menschen starben nach*

*Angaben von amnesty international bei diesem mehrwöchigen Krieg um Wasser. Am Ende gewann die ›Koordination zur Verteidigung des Wassers und des Lebens‹«.* (Toralf Staud, »Wichtiger als Erdöl«, in: »Die Zeit« vom 3. Februar 2002)

Eine für die Zukunft wichtige Auswirkung der neoliberalen Politik ist die extreme Schwächung der Staatsapparate in den neokolonial abhängigen und unterdrückten Ländern. Die Klassenwidersprüche verschärfen sich, in den lateinamerikanischen Ländern entwickelt sich **eine länderübergreifende revolutionäre Gärung**, aber die Staats- und Militärapparate sind kaum mehr in der Lage, gegen diese Bewegung vorzugehen. Ein bolivianischer Marxist-Leninist zog dieses Resümee aus dem »Wasseraufstand«:

*»Der Erfolg dieses Kampfes war eine enorme Ermutigung für die Massen in ganz Bolivien. Es wurde deutlich: der Neoliberalismus ist nicht übermächtig! ... die Massen beginnen, sich von der Niederlage der letzten Jahre zu erholen, sie haben die Angst vor der Regierung verloren. Das fürchten die internationalen Monopole.«* (»Rote Fahne« Nr. 45/2000)

Die Stärke der Massenbewegungen und die Schwäche der neokolonialen Staaten erklärt auch die **zunehmende Militarisierung der Beziehungen** zwischen Entwicklungsländern und imperialistischen Ländern. Die Imperialisten sehen sich immer öfter gezwungen, militärisch in den neokolonialen und halbkolonialen Ländern präsent zu sein, um die Macht- und Ausbeutungsverhältnisse aufrechtzuerhalten. Diese Tendenz ist Ausdruck der verschärften Krise des Neokolonialismus. Die Krise des Neoliberalismus machte den **Klassenkampf in den neokolonial ausgebeuteten und unterdrückten Ländern** zu einem **Brennpunkt des internationalen Klassenkampfs**.

# III. Die Neuorganisation der internationalen Produktion verschärft die Krise des imperialistischen Weltsystems

## 1. Die internationale Strukturkrise auf Basis der Neuorganisation der internationalen Produktion

Mit der Neuorganisation der internationalen Produktion beschleunigte sich die Akkumulation des Kapitals im internationalen Maßstab. Im Ergebnis verschärften sich die Widersprüche im internationalen Reproduktionsprozess des Kapitals. Das ist auf die Wirkung des von Karl Marx aufgedeckten **Gesetzes des tendenziellen Falls der Profitrate** zurückzuführen, über das er im dritten Band des »Kapital« ausführte:

*»Fall der Profitrate und beschleunigte Akkumulation sind insofern nur verschiedne Ausdrücke desselben Prozesses, als beide die Entwicklung der Produktivkraft ausdrücken. Die Akkumulation ihrerseits beschleunigt den Fall der Profitrate, sofern mit ihr die Konzentration der Arbeiten auf großer Stufenleiter und damit eine höhere Zusammensetzung des Kapitals gegeben ist. Andrerseits beschleunigt der Fall der Profitrate wieder die Konzentration des Kapitals und seine Zentralisation durch die Enteignung der kleinern Kapitalisten, durch die Expropriation* (Enteignung – Verf.) *des letzten Rests der unmittelbaren Produzenten, bei denen noch etwas zu expropriieren ist. Dadurch wird andrerseits die Akkumulation, der Masse nach,*

*beschleunigt, obgleich mit der Profitrate die Rate der Akkumulation fällt.*

*Andrerseits, soweit die Rate der Verwertung des Gesamtkapitals, die Profitrate, der Stachel der kapitalistischen Produktion ist (wie die Verwertung des Kapitals ihr einziger Zweck), verlangsamt ihr Fall die Bildung neuer selbständiger Kapitale und erscheint so als bedrohlich für die Entwicklung des kapitalistischen Produktionsprozesses;* **er befördert Überproduktion, Spekulation, Krisen, überflüssiges Kapital neben überflüssiger Bevölkerung.**« (Marx/Engels, Werke, Bd. 25, S. 251/252 – Hervorhebung Verf.)

Nach diesem Gesetz sinkt die Profitrate im selben Verhältnis, wie der Kapitalaufwand steigt und sich die Ausgaben für die Entlohnung der Arbeiter im Verhältnis zum Gesamtkapitalaufwand verringern. Das beruht auf der fundamentalen Tatsache, dass nicht Maschinen Mehrwert schaffen, sondern nur die menschliche Arbeitskraft. Deshalb führt die zunehmende Ersetzung lebendiger Arbeit durch Maschinen zwar auf der einen Seite zu Einsparungen bei den Löhnen und auch zu gesteigerter Leistung der Arbeiter, auf der anderen Seite aber zu einem schlechteren Verhältnis von eingesetztem Kapital und erzieltem Profit. Der Prozess der kapitalistischen Produktion und Reproduktion kann nur ungestört aufrechterhalten werden, solange **das Wachstum der Profitmasse das Sinken der Profitrate übersteigt**, solange also wenigstens die Profitmasse noch absolut wächst.

Je höher der Konzentrationsgrad der Monopole, desto eher können sie den Fall der Profitrate durch das Steigen der Profitmasse kompensieren, »... *weil jenseits gewisser Grenzen großes Kapital mit kleiner Profitrate rascher akkumuliert als kleines mit großer.*« (ebenda, S. 261)

Um dem Fall der Profitrate entgegenzuwirken, treffen die Kapitalisten **allgemein** eine Reihe von Maßnahmen:

- **Steigerung der Ausbeutung der Arbeiterklasse** durch Ausdehnung des Normalarbeitstags und allgemeinen Lohnabbau, also Verringerung des Aufwands für das variable Kapital,
- Verbilligung des konstanten Kapitals (Maschinen, Rohstoffe, Energie usw.) durch **Preisverfall für Investitionen** insbesondere in neuen Technologien, durch **Senkung der Erzeugerpreise** in der Landwirtschaft oder durch **Herabdrücken der Rohstoff- und Energiepreise**,
- Ausnutzen der Massenarbeitslosigkeit, um flexibel über **billige Arbeitskräfte** verfügen zu können,
- **Verbilligung der Waren** durch auswärtigen Handel,
- **Übernahme eines wachsenden Teils der Investitionskosten durch den Staat** zu Lasten der übrigen Gesellschaft,
- **Ausdehnung des Kapitals durch Aufnahme von Krediten**,
- **Ausdehnung des Aktienkapitals**.

In der zweiten Hälfte der 1990er Jahre ergaben sich neue Möglichkeiten einer außerordentlichen Steigerung der Profite. Die Revolutionierung der Informationstechnologie führte zum raschen Aufstieg der Telekommunikation und der Internetbranche und zur Liberalisierung der Telefonmärkte. Das löste eine regelrechte Goldgräberstimmung aus, einen Run auf neue Maximalprofit versprechende Anlagemöglichkeiten für das Kapital im Bereich der Datenübertragung und Telefondienste.

Von 1998 bis 2001 verfünffachte sich weltweit die Länge verlegter Glasfaserkabel. Im gleichen Zeitraum wurde durch technische Weiterentwicklungen die Leistung je Kabelstrang verhundertfacht, sodass sich die Übertragungskapazität auf das 500-fache erhöhte. Die gewaltigen Summen, die für diese Investitionen erforderlich waren, bewirkten eine sprunghafte

Verschuldung der Übermonopole. Aufgrund des weltweiten Konkurrenzkampfs um Maximalprofite bauten mehrere Monopole ihre nationalen Netze (in den USA über ein Dutzend) nebeneinander auf, was **enorme Überkapazitäten** hervorbrachte.

Dahinter stand die Erwartung, dass sich die Zahl der Internetnutzer alle 100 Tage verdoppeln und die Zahl der Verbindungen (»cross-connections«) sogar im Quadrat erhöhen würden. Die europäischen Telekomfirmen setzten voraus, dass dem Anstieg der Festnetznachfrage eine mindestens ähnliche Steigerung der Mobilnetznachfrage folgen würde. Deshalb zahlten sie insgesamt 100 Milliarden Euro (davon allein rund 50 Milliarden Euro in Deutschland) für UMTS-Lizenzen, die technische Grundlage der dritten Handy-Generation. Das waren Investitionen in ein neues Geschäftsfeld, für das die Infrastruktur erst noch aufgebaut und die Kunden erst noch gefunden werden mussten.

Die Zahl der Internetnutzer wuchs zwar in den Jahren 1995 und 1996 schnell an, erreichte aber seit 1997 nur noch eine Verdoppelung pro Jahr. Sobald der **Widerspruch zwischen den aufgebauten Kapazitäten und der Nachfrage** erkennbar wurde, verschärfte sich der Konkurrenzkampf. Er wurde in einem verzweifelten **Preiskrieg** ausgetragen. Das drückte Umsätze und Gewinne nicht nur der Netzbetreiber, sondern auch der Telekom-Ausrüster, die große Probleme bekamen, ihre immense Verschuldung abzubauen.

Die gewaltige Konzentration und Zentralisation des Kapitals musste dazu führen, dass sich **überschüssiges, das heißt nicht Maximalprofit bringendes Kapital** in solchen Mengen anhäufte, dass es zu einer Störung des internationalen Produktions- und Reproduktionsprozesses kam. Um dem tendenziellen Fall der Profitrate entgegenzuwirken und einer Überproduktionskrise vorzubeugen, trafen Monopole und Staat im

Prozess der Neuorganisation der internationalen Produktion eine **ganze Reihe neuer, vermeintlich krisenhemmender Maßnahmen:**

- Die tendenzielle Auflösung der nationalstaatlichen Organisation der Produktion und die Verwandlung der Nationalstaaten in Dienstleister für die internationalen Monopole führten zu einer **Vergesellschaftung der Investitionen im internationalen Maßstab** und senkten die Investitionskosten.

- Die **grenzüberschreitende Konzentration und Zentralisation** in Kernbereichen der Produktion und die Organisation des Prozesses von Produktion und Reproduktion im internationalen Maßstab **verlangsamten das Wachstum des konstanten Kapitals bei den internationalen Monopolen**.

- Die allgemeine Einführung von Lean Production in Verbindung mit umfassender Flexibilisierung der Arbeitszeit bewirkte eine **sprunghafte Steigerung der Arbeitsintensität und eine effektivere Nutzung der Anlagen**.

- Die **umfassende Privatisierung staatlicher Betriebe und Einrichtungen** eröffnete den internationalen Monopolen neue Anlagemöglichkeiten in Bereichen mit höherer Profitrate. **Dadurch wuchs die Zahl der von ihnen ausgebeuteten Arbeiter** und die Masse des angeeigneten Mehrwerts.

- Die beherrschende Stellung auf dem Weltmarkt diente der **Durchsetzung von Monopolpreisen** beim Absatz der Waren im internationalen Maßstab und so der Verwirklichung von Maximalprofiten.

Während die 500 größten Monopole der Welt 1995 mit 32 136,55 Milliarden US-Dollar eingesetztem Kapital noch 323,34 Milliarden US-Dollar Profit machten, erzielten sie im

Jahr 2000 mit 45 807,62 Milliarden US-Dollar Kapitaleinsatz 667,21 Milliarden US-Dollar Profit. Während also das eingesetzte Kapital nur um 42,5 Prozent wuchs, stieg die Profitmasse sogar um 106,4 Prozent. Es war den Übermonopolen also gelungen, die Profitrate wenigstens zeitweilig von 1 Prozent auf 1,5 Prozent zu erhöhen.

Das funktionierte allerdings nur durch die permanente Vernichtung von Kapital und Arbeitsplätzen zu Lasten der übrigen Gesellschaft, auch der nicht monopolisierten Bourgeoisie. So entstand eine **neue Strukturkrise** im Reproduktionsprozess **auf der Basis der Neuorganisation der internationalen Produktion**. Sie begann nach der Weltwirtschaftskrise 1991 bis 1993 und vertiefte sich im weiteren Verlauf. Dabei wurde eine ganze Reihe von Methoden angewendet, **um das überschüssige Kapital kontrolliert zu vernichten**.

### Kapitalvernichtung durch Abschreibungen

Ein großer Teil des Kapitals wurde abgeschrieben. In den Weltwirtschaftskrisen von 1981 bis 1983 und von 1991 bis 1993 schnellte der Anteil der Abschreibungen[1] an den Bruttoinvestitionen auf 67,3 bzw. 64,8 Prozent hoch.

Aber zwischen den Weltwirtschaftskrisen ging die Quote der Abschreibungen nicht wesentlich zurück, sondern pendelte auf einem hohen Niveau. Zwischen 1994 und 2001 lag sie mit 64 bis 75 Prozent sogar höher als in der Weltwirtschaftskrise 1991 bis 1993. Der hohe Anteil von Abschreibungen an den Brutto-

---

[1] Abgeschrieben wird der Wertanteil der Maschinen, Anlagen usw. (d. h. des konstanten Kapitals) pro Jahr, der bei der Produktion durch deren Verschleiß auf die Produkte übertragen wird. In je kürzeren Abständen das angelegte Kapital noch vor seinem physischen Verschleiß durch Neuanlage ersetzt wird, umso höher ist der jährliche Wert der Abschreibungen und desto größer ist der Wertanteil des außer Betrieb gesetzten Kapitals im Verhältnis zum Wert der Neuinvestitionen.

**Schaubild 23:**
**Bruttoinvestitionen und die Vernichtung von Kapital durch Abschreibungen in Deutschland von 1970 bis 2001 (in Milliarden Euro)**

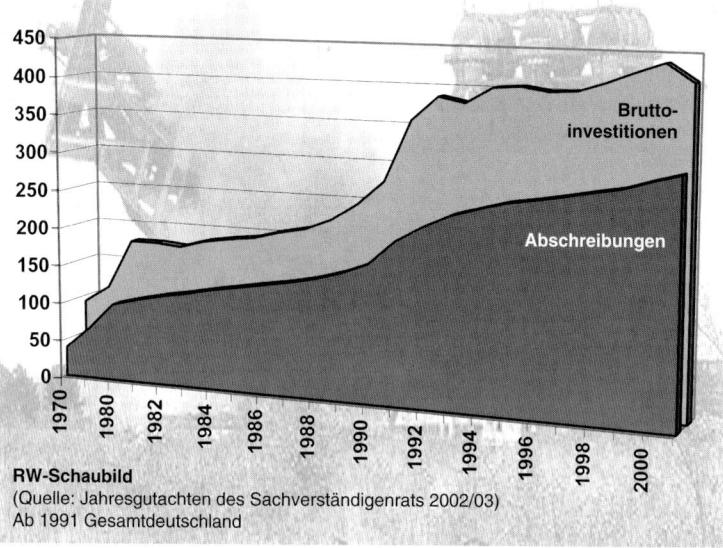

RW-Schaubild
(Quelle: Jahresgutachten des Sachverständigenrats 2002/03)
Ab 1991 Gesamtdeutschland

investitionen verweist auf den **gesetzmäßigen Zwang zur ständigen Kapitalvernichtung**.

Im staatsmonopolistischen Kapitalismus wird ein großer Teil dieser Abschreibungen zum Beispiel über Steuernachlässe vom Staat übernommen und so auf die ganze Gesellschaft übertragen. Die **Vergesellschaftung der Kapitalvernichtung** ist ein wesentlicher Faktor, damit die Strukturkrise relativ kontrolliert verlaufen kann.

### Anwachsen der Zahl von Insolvenzen

Die chronische Überproduktion von Kapital und der Zwang zu permanenter Kapitalvernichtung kommt auch im sprunghaften Anwachsen der Insolvenzen, insbesondere im Bereich der nicht monopolisierten Bourgeoisie, zum Ausdruck. So stieg die Zahl der Insolvenzen seit 1980 schrittweise bis auf 49 326 im Jahr 2001.

**Schaubild 24:
Insolvenzen in Deutschland**

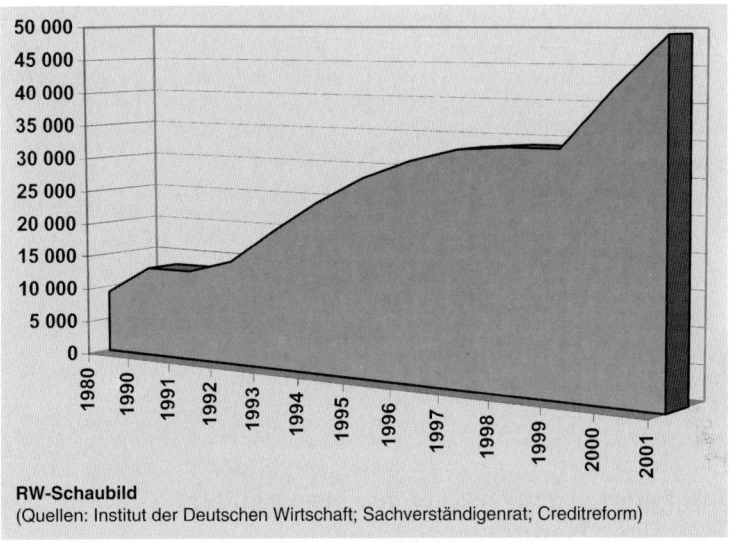

RW-Schaubild
(Quellen: Institut der Deutschen Wirtschaft; Sachverständigenrat; Creditreform)

Am 1. Januar 1999 trat eine **neue Insolvenzordnung in Deutschland** in Kraft, die ein verfeinertes Instrumentarium des Staats im Verein mit dem Finanzkapital darstellt, die Krisenlasten auf die nicht monopolisierte Bourgeoisie abzuwälzen und die Probleme einzelner Unternehmer gegebenenfalls zu nutzen, um den Prozess der Neuorganisation der internationalen Produktion voranzutreiben. Das neue Gesetz übernahm wesentliche Elemente des US-amerikanischen Insolvenzrechts, insbesondere dessen Regelungen für grenzüberschreitende Insolvenzen. Neu war dabei, dass Gläubiger oder

Schuldner einen Insolvenzantrag bereits stellen können, wenn die Zahlungsunfähigkeit eines Unternehmens droht oder der Gläubiger fürchtet, dass der Schuldner überschuldet ist. Damit bekamen insbesondere die Banken ein sehr weitreichendes Instrument in die Hand. Dies gilt umso mehr, als es heute kaum noch Unternehmen geben dürfte, die nicht hoch verschuldet sind. Ob ein Unternehmen überschuldet ist oder nicht, obliegt demnach der willkürlichen Einschätzung der Banken, die über das Insolvenzrecht in der Lage sind, administrativ in das Geschehen der Unternehmensentwicklung einzugreifen.

Interessanterweise sieht der Paragraph 1 vor, dass bei Insolvenzverfahren *»in einem Insolvenzplan eine ... Regelung insbesondere zum Erhalt des Unternehmens getroffen wird«*. Auch das deutet darauf hin, dass das Insolvenzrecht in erster Linie als Steuerungsmittel eingesetzt werden soll, um zum Beispiel einen Betrieb im Sinn des Finanzkapitals umzustrukturieren. Das Insolvenzrecht ist zudem eine Methode, um ein insolventes Unternehmen auf Kosten der Arbeiter und Angestellten zu sanieren oder stillzulegen, wenn kein Maximalprofit mehr zu erzielen ist. So werden nicht mehr wie früher die Forderungen der »gesicherten Gläubiger« (Löhne und Gehälter der Arbeiter und Angestellten, Sozialversicherungsbeiträge, Steuern oder auch Kredite der Banken) aus der Insolvenzmasse herausgerechnet, sondern sie werden in das Verfahren einbezogen und können für die Sanierung verbraucht werden. Damit wurde eine Sanierung auf Kosten der Beschäftigten gesetzlich festgeschrieben.

Der Kern des neuen Insolvenzverfahrens ist ein Insolvenzplan, der es ermöglicht, *»Insolvenzen flexibel und wirtschaftlich effektiv, abweichend von den Vorschriften der Insolvenzordnung, abzuwickeln«*. Mit Hilfe des Insolvenzplans können Bedingungen festgelegt werden, unter denen der Betrieb weiterarbeiten soll. Mit dem Paragraphen 113 und den folgenden wird für die Zeit des Insolvenzverfahrens ein Sonderarbeitsrecht vorgeschrieben, das die Rechte der Arbeiter und Angestellten weitgehend einschränkt. In der Regel wird das genutzt, um massiv in die Lohn- und Arbeitsbedingungen der Beschäftigten einzugreifen. Das führte bereits zur unentgeltlichen Arbeitszeitverlängerung, dem Abbau betrieblicher sozialer Leistungen, auch der Kürzung übertariflicher oder sogar tariflicher Leistungen. Das alles soll natürlich mit der Absicht geschehen, das »Sanierungsziel zu erfüllen«. In der Regel werden mit der scheinheiligen Begründung der »Rettung der restlichen Arbeitsplätze« massiv Arbeitsplätze abgebaut. Damit soll der nötige harte Kampf um jeden Arbeitsplatz unterlaufen werden. Dies geschieht nicht selten mit Duldung oder aktiver Mitwirkung der rechten Gewerkschaftsführung.

Bei der Insolvenz von Babcock Oberhausen im Jahr 2002 verfolgten die Gläubiger-Banken das Ziel einer weitergehenden Neuorganisation des gesamten deutschen Maschinenbaus und dazu vor allem die Herausbildung eines internationalen marktbeherrschenden Monopols. So war das Insolvenzrecht letztlich ein Produkt und Mittel der Neuorganisation der internationalen Produktion zu Lasten der Masse der Arbeiter und Angestellten.

**Grenzüberschreitende Fusionen und Übernahmen**

Die Strukturkrise erhöhte den Zwang, **grenzüberschreitende Fusionen** zu forcieren. Das Besondere dieser Kapitalvernichtung war ihr **weltumspannender Charakter**. Die grenzüberschreitenden Fusionen und Übernahmen nahmen eine Dimension an, die bis zur **gegenseitigen Vernichtungsschlacht** internationaler Monopole ging. Das war eine **charakteristische Besonderheit** der neuen Strukturkrise auf der Grundlage der Neuorganisation der internationalen Produktion. Das wird an einigen großen Fusionen deutscher Monopole deutlich.

## Übernahme von Hoesch durch Krupp und Fusion Krupp/Thyssen

1992 übernahm Krupp den Hoesch-Konzern, der 1989 Rang 26 der umsatzstärksten deutschen Industrieunternehmen innehatte. Beide zusammen beschäftigten Ende 1991 fast 100 000 Arbeiter und Angestellte. Ein Drittel ihrer Arbeitsplätze verschwand bis 1994. Die Bilanzsumme von Krupp verdoppelte sich fast von 1991 auf 1992, als Hoesch übernommen wurde; das Anlagevermögen wuchs sogar auf mehr als das Doppelte. Bis 1994 verminderte es sich dann wieder um 1,6 Milliarden DM. Das entsprach einer Kapitalvernichtung von 15 Prozent. Zum 1. April 1997 legten Thyssen und Krupp ihre Stahltöchter zusammen. Im selben Jahr schrumpften die Belegschaften um 11 670 Beschäftigte bei Krupp und um 3 485 bei Thyssen. In diesem Fall vollzog sich die Kapital- und Arbeitsplatzvernichtung schon vor der Fusion der Mutterkonzerne, die zum 1. Oktober 1998 in Kraft trat.

## Fusion von VEBA und VIAG zu E.on

VIAG und VEBA kauften im Verlauf der 1990er Jahre jeder für sich verschiedene große Unternehmen auf. Das Anlagevermögen beider Konzerne, zusammengerechnet, wuchs in den 1990er Jahren auf mehr als das Dreifache, das Gesamtkapital verdreifachte sich fast. Die Bilanzsumme für das Jahr 2000, in dem die Fusion zu E.on vollzogen wurde, war um 20 Milliarden Euro höher als die addierten Bilanzsummen für VIAG und VEBA für das Jahr 1999.[1] Im Jahr 2001 sank das Gesamtkapital wieder um 9,4 Prozent, da E.on einen Teil seiner Anteile an VIAG Intercom, Orange Communications, Bewag,

---

[1] Die Ursache des hohen Zuwachses im Gesamtkapital kann darin liegen, dass der Kaufpreis von VIAG als übernommenem Konzern höher lag als das Reinvermögen. Auch ein Kauf, der mit Krediten finanziert wird, erhöht das Gesamtkapital.

VEAG/Laubag verkaufte. 2002 wurden dann im Zusammenhang mit der damals bereits geplanten Übernahme der Ruhrgas die Aral und die Veba Oel an BP verkauft. Die Zahl der Beschäftigten bei E.on sank von 1999 bis 2001 um 61 458, das sind −28,8 Prozent.

## *Fusion von Daimler-Benz und Chrysler zu DaimlerChrysler*

Auch bei DaimlerChrysler lag das Gesamtkapital nach der Fusion höher als das Kapital beider Unternehmen zusammen im Jahr davor. Auch die Zahl der Arbeitsplätze stieg zunächst an. Die neue DaimlerChrysler Corporation, Auburn Hills, USA kam zum Beispiel 1998 auf einen Höchststand von 130 329 Arbeitsplätzen. Drei Jahre nach der Fusion waren es jedoch schon 23 000 Arbeitsplätze weniger, das sind −18 Prozent. Da Daimler-Benz in den 1990er Jahren einige Unternehmen aufgekauft hatte, ging die Zahl der Beschäftigten nicht nur durch Vernichtung von Arbeitsplätzen zurück, sondern auch dadurch, dass solche Konzernteile (AEG, Fokker) liquidiert oder wieder verkauft wurden.

## Die Strukturkrise als Schrittmacher einer neuen Weltwirtschaftskrise

Die internationale Strukturkrise wurde zum Schrittmacher der beschleunigten Akkumulation des Kapitals und damit zum entscheidenden Wegbereiter einer neuen Weltwirtschaftskrise. Hauptfolgen dieser internationalen Strukturkrise waren ein schneller Anstieg der **Massenarbeitslosigkeit** in Verbindung mit einer zunehmenden **Unterbeschäftigung als Dauererscheinung**, allgemeiner Lohnabbau, Kürzung von Sozialleistungen und immer höhere Steuern für die Massen. Weltweit stieg die offizielle Zahl der Arbeitslosen von 1990 bis zum Ende des Jahrzehnts um 60 Prozent: von 100 Millionen auf 160 Millionen Menschen. Dabei sind in einer ganzen Reihe von Ländern die Millionen von Arbeitslosen in ländlichen Gebieten überhaupt nicht berücksichtigt. Weltweit sind allein nach offiziellen Angaben fast 300 Millionen unterbeschäftigt, weitere 530 Millionen zählen zu den »working poor« – das sind Arbeiter, die ihren Lebensunterhalt für sich und ihre Familien mit ihrer Arbeit nicht bestreiten können. Insgesamt ist rund ein Drittel der drei Milliarden Arbeitskräfte auf der Welt arbeitslos, unterbeschäftigt oder hat kein ausreichendes Einkommen.

Der rasche Anstieg der Massenarbeitslosigkeit und die Ruinierung der nicht monopolisierte Bourgeoisie verstärkten die tendenzielle Einengung des Weltmarkts. Die Investitionen in neue Anlagen wuchsen besonders in Europa nur langsam. In einzelnen Ländern kam es sogar zu absoluten Einbrüchen. Wegen der hohen Staatsverschuldung mussten zudem die staatlichen Investitionen zurückgefahren werden und konnten keinen Ausgleich schaffen.

Durch die Wechselwirkung dieser Faktoren führte die internationale Strukturkrise auf der Grundlage der Neuorganisation der internationalen Produktion zu **neuen Erscheinungen im konkreten Verlauf des Krisenzyklus** im staatsmonopolistischen Kapitalismus. Diese Veränderung charakterisierte der »Politische Bericht des Zentralkomitees der MLPD« 1998 so:

*»Aufgrund der internationalen Strukturkrise flacht die Belebungsphase nach der Krise immer mehr ab. Auch die Phasen rückläufiger Produktion im Rahmen der schwankenden Stagnation fallen länger aus und werden allenfalls durch leichte Aufwärtstendenzen unterbrochen, die durch im wesentlichen kurzfristige Erfolge im internationalen Konkurrenzkampf erzielt werden. Wir haben es mit einer **allgemeinen Labilität des Wirtschaftssystems** zu tun, die einen ständigen Nährboden für die Entfaltung der Klassenwidersprüche darstellt.«* (S. 46)

Der **Boom an den Aktienmärkten**, der bis März 2000 anhielt, ermöglichte teure Firmenkäufe durch Aktientausch und die damit verbundene Kapitalvernichtung. Dadurch wurde der Ausbruch einer weltweiten **Überproduktionskrise zeitweilig hinausgezögert.**

**Tabelle 59:**
**Entwicklung der Börsenspekulation in den USA, Deutschland und Japan (Index 1995 = 100)**

|  | 1995 | 1996 | 1997 | 1998 | 1999 | 2000 | 2001 |
|---|---|---|---|---|---|---|---|
| **USA** | | | | | | | |
| Nasdaq Composite | 100 | 122,7 | 149,2 | 208,4 | 386,7 | 234,8 | 185,4 |
| Dow Jones | 100 | 126,0 | 154,5 | 179,4 | 224,7 | 210,8 | 195,8 |
| Industrieproduktion | 100 | 104,4 | 112,0 | 118,3 | 123,3 | 129,1 | 124,6 |
| Bruttoinlandsprodukt | 100 | 103,6 | 108,2 | 112,8 | 117,4 | 122,2 | 123,7 |
| **Deutschland** | | | | | | | |
| Nemax 50 | – | – | 100,0 | 324,6 | 509,0 | 286,9 | 115,0 |
| Dax | 100 | 127,4 | 186,9 | 221,5 | 307,8 | 284,6 | 228,3 |
| Industrieproduktion | 100 | 100,6 | 104,5 | 108,8 | 110,4 | 117,2 | 117,8 |
| Bruttoinlandsprodukt | 100 | 100,8 | 102,2 | 104,3 | 106,2 | 109,4 | 110,0 |
| **Japan** | | | | | | | |
| Nikkei | 100 | 97,4 | 76,8 | 69,7 | 95,3 | 69,4 | 53,0 |
| Industrieproduktion | 100 | 102,3 | 106,0 | 99,0 | 99,8 | 105,4 | 97,8 |
| Bruttoinlandsprodukt | 100 | 103,4 | 105,3 | 104,1 | 104,8 | 107,3 | 106,7 |

USA Industrieproduktion: Der neuere Index 1997 = 100 wurde umgerechnet auf 1995 = 100.
Quellen: OECD, Main Economic Indicators; www.onvista.de; eigene Berechnungen

Damit entstand aber ein neuer Widerspruch, der die Labilität und Destabilisierung der staatsmonopolistischen Wirtschaft noch verschärfte: **Die Spekulation an der Börse verflocht sich mit dem Reproduktionsprozess des Kapitals.** Das überschüssige Kapital, das nicht mehr Maximalprofit bringend in der Produktion eingesetzt werden konnte, überschwemmte die Aktienmärkte. In den USA und Europa stiegen die Börsenkurse in schwindelnde Höhen und entfernten sich immer weiter von der realen Wirtschaftsentwicklung. Als sich Anfang 2000 abzeichnete, dass die Wachstums- und Gewinnerwartungen in der Telekommunikations- und Internetbranche völlig überzogen waren, musste die Spekulationsblase unweigerlich platzen. Doch im Unterschied zu den Börsencrashs Ende der 1980er und in der ersten Hälfte der 1990er Jahre hatte diese Krise direkte Auswirkungen auf den Produktionsprozess. **Der Prozess der grenzüberschreitenden Fusionen und Übernahmen kam ins Stocken** und damit auch die relativ kontrollierte Kapitalvernichtung im Rahmen der Strukturkrise. Der Wert der grenzüberschreitenden Fusionen und Übernahmen stürzte von 1 144 Milliarden Dollar im Jahr 2000 auf 594 Milliarden Dollar 2001 ab, sank also um 48 Prozent. Das entsprach einem Rückfall nahezu auf den Stand von 1998. Dies wurde zum **konkreten Auslöser** der neuen Weltwirtschaftskrise.

## 2. Neue Erscheinungen bei der ersten Weltwirtschaftskrise im neuen Jahrtausend

Ende 2000 brach, ausgehend vom größten imperialistischen Land, den USA, **eine neue Weltwirtschaftskrise** aus. Im Lauf des Jahres 2001 breitete sie sich auf die beiden anderen imperialistischen Zentren EU und Japan aus. Willi Dickhut schrieb in dem Buch »Der staatsmonopolistische Kapitalismus in der BRD« über das gesetzmäßige Auftreten von Wirtschaftskrisen:

*»Der periodische Ausbruch von Wirtschaftskrisen ist eine gesetzmäßige Erscheinung des Kapitalismus, die auf dem Widerspruch zwischen der gesellschaftlichen Produktion und*

der kapitalistischen Aneignung beruht. In der Krise kommt dieser Widerspruch zur gewaltsamen Auslösung. ›Die ökonomische Kollision hat ihren Höhepunkt erreicht: **Die Produktionsweise rebelliert gegen die Austauschweise.**‹ (Engels)

*Durch die Krise werden vorübergehend die Widersprüche der kapitalistischen Reproduktion gelöst, indem die Überproduktion an Kapital beseitigt wird, um der Bildung von Neukapital Platz zu machen.«* (Bd. I, S. 224)

Von einer Wirtschaftskrise muss man sprechen, wenn ein **absoluter Rückgang der Produktion auf ein Niveau von vor Jahren** eintritt. Vom dritten Quartal 2001 an waren 20 der 30 OECD-Staaten von Produktionseinbrüchen erfasst, darunter alle großen imperialistischen Länder.

**Tabelle 60:**
**Entwicklung der Industrieproduktion**
**(4. Quartal 2000 = Index 100)**

| Land | IV/00 | I/01 | II/01 | III/01 | IV/01 | I/02 | II/02 | III/02 | IV/02 |
|---|---|---|---|---|---|---|---|---|---|
| USA | 100 | 98 | 97 | 96 | 94 | 94 | 96 | 97 | 93 |
| Japan | 100 | 97 | 90 | 89 | 88 | 87 | 87 | 92 | 94 |
| BRD | 100 | 97 | 96 | 94 | 96 | 93 | 95 | 94 | 97 |
| Italien | 100 | 98 | 99 | 83 | 94 | 95 | 96 | 81 | 95 |
| Frankreich | 100 | 97 | 94 | 86 | 98 | 95 | 94 | 85 | 100 |
| Großbritannien | 100 | 100 | 94 | 91 | 95 | 93 | 90 | 89 | 97 |
| Polen | 100 | 92 | 93 | 95 | 99 | 91 | 93 | 99 | 103 |
| Mexiko | 100 | 97 | 98 | 98 | 96 | 92 | 100 | 99 | 96 |
| Südkorea | 100 | 93 | 95 | 95 | 102 | 97 | 102 | 102 | 111 |
| Russland | 100 | 96 | 97 | 104 | 105 | 99 | 101 | 110 | 109 |
| Brasilien | 100 | 94 | 99 | 102 | 96 | 92 | 101 | 105 | 106 |

Die Werte für das 4. Quartal 2002 sind aus den Oktoberwerten 2002 im Vergleich zum Oktober 2000 errechnet, bei Polen und Russland Oktober und November 2002 zu Oktober und November 2000

Quelle: OECD Main Economic Indicators

## Die internationalen Monopole standen im Brennpunkt der Weltwirtschaftskrise

Das sprunghafte Umsatzwachstum der 500 größten Monopole von jeweils 10,8 Prozent in den Jahren 1999 und 2000 wurde abrupt gestoppt und im Krisenjahr 2001 von einem Rückgang um −0,4 Prozent abgelöst. Hinter diesen Gesamtzahlen verbargen sich jedoch **äußerst unterschiedliche Entwicklungen der einzelnen Monopole**, was in dieser Form zweifellos neu war. Die Spannweite der Umsatzentwicklung reichte 2001 von −56,6 bis +347,3 Prozent. Im Krisenjahr 2001 waren 239 Monopole (47,8 Prozent der 500 größten) von Einbrüchen um −1 Prozent und mehr betroffen, bei 112 dieser Monopole übertraf der Rückgang sogar −10 Prozent. Demgegenüber hatten nur 216 Monopole (43,2 Prozent) einen Umsatzzuwachs von +1 Prozent und mehr. 113 kamen auf ein sprunghaftes Wachstum von +10 Prozent und mehr. Der Rest stagnierte zwischen −0,9 und + 0,9 Prozent (bei sieben Monopolen fehlten die Angaben). Im Jahr 2000 dominierten noch die Umsatzzuwächse (358 Monopole = 71,6 Prozent) über die Rückgänge (101 Monopole = 20,2 Prozent).

In allen Ländern und Regionen, die in der Liste der 500 größten Monopole der Welt vertreten sind, gab es sowohl Monopole mit Umsatzeinbrüchen als auch solche mit starken Zuwächsen.

Seit 2001 hatten führende Monopole aller großen Branchen Umsatzeinbrüche zu verzeichnen. Besonders stark betroffen waren jedoch die Grundstoff- und Investitionsgüterindustrien: Metallerzeugung, Computer- und Büroausstattung, Elektroindustrie, Elektronik, Netzwerke und Kommunikationsausrüstungen, Chemie, Mineralöl. In der Automobilindustrie war die Entwicklung 2001 und im ersten Halbjahr 2002 von verschärftem Konkurrenzkampf und von Umsatzeinbrüchen bei über 50 Prozent der Monopole gekennzeichnet. Im Oktober

## Tabelle 61:
## Umsatz der 500 größten Monopole der Welt nach Ländern/Regionen

| Land/ Region | Anzahl der Übermonopole | | | Umsatzanteil in % | | | Anteil der Übermonopole (2001) in % mit | | |
|---|---|---|---|---|---|---|---|---|---|
| | 1999 | 2000 | 2001 | 1999 | 2000 | 2001 | Rückgang | Stagnation | Wachstum |
| USA | 179 | 186 | 198 | 36,9 | 39,3 | 42,1 | 39,4 | 6,1 | 52,5 |
| EU | 148 | 140 | 143 | 30,5 | 29,3 | 30,0 | 38,5 | 13,3 | 47,6 |
| Deutschland | 37 | 34 | 35 | 9,6 | 8,4 | 8,6 | 28,6 | 22,9 | 48,6 |
| Frankreich | 37 | 37 | 38 | 7,3 | 7,2 | 7,3 | 31,6 | 10,5 | 57,9 |
| Großbritannien | 38 | 33 | 34 | 6,0 | 6,2 | 6,5 | 50,0 | 8,8 | 38,2 |
| Japan | 107 | 104 | 88 | 23,1 | 20,9 | 17,5 | 83,0 | 3,4 | 11,4 |
| China | 10 | 12 | 11 | 1,6 | 1,9 | 1,9 | 45,5 | 9,1 | 45,5 |
| Russland | 2 | 2 | 2 | 0,2 | 0,2 | 0,2 | 50,0 | 0,0 | 50,0 |
| asiatische Länder[1] | 15 | 14 | 17 | 2,2 | 2,4 | 2,5 | 58,8 | 5,9 | 35,3 |
| lateinamerikanische Länder[2] | 6 | 6 | 7 | 0,9 | 1,2 | 1,1 | 71,4 | 0,0 | 28,6 |
| sonstige Länder[3] | 33 | 36 | 34 | 4,6 | 4,9 | 4,6 | 35,3 | 5,9 | 58,8 |
| Welt | 500 | 500 | 500 | 100 | 100 | 100 | 47,8 | 7,6 | 43,2 |

[1] Südkorea, Malaysia, Singapur, Taiwan, Indien
[2] Brasilien, Mexiko, Venezuela
[3] Kanada, Australien, Schweiz, Norwegen, Südafrika

Quelle: eigene Berechnungen auf Grundlage der Fortune Global 500-Listen für die Jahre 1999, 2000 und 2001. Aufgrund fehlender Angaben liegt der Weltanteil in den letzten drei Spalten unter 100 Prozent.

2002 verschärften sich die Rückgänge insbesondere auf dem US-Automobilmarkt dramatisch. 2002 wurden auch in anderen Branchen Monopole von der Krise erfasst, die 2001 noch Umsatzsteigerungen hatten. So war der Bereich Computerservice und Software im Jahr 2001 noch im Aufwind. Im ersten

Halbjahr 2002 gingen jedoch bei 50 Prozent der Unternehmen die Zuwachsraten zurück; Oracle verzeichnete sogar einen Umsatzeinbruch von 15,3 Prozent.

Die ungleichmäßige Entwicklung der Übermonopole, aber auch der einzelnen Branchen, **verschärfte die ungleichmäßige Entwicklung in verschiedenen Ländern und Regionen.** Vor allem japanische Monopole wurden auf dem Weltmarkt durch US-Monopole verdrängt. 2001 ging die Zahl japanischer Monopole unter den 500 größten um 16 zurück, während die Zahl der US-Übermonopole um 12 stieg. Der Umsatzanteil der japanischen Übermonopole sank auf 17,5 Prozent, während die US-Übermonopole ihren Anteil auf 42,1 Prozent erhöhen konnten. Der Anteil der EU stagnierte. Die asiatischen Länder konnten nach ihrer schweren Krise 1998 wieder etwas aufholen.

Die Hauptformen der **Kapitalvernichtung** in der Weltwirtschaftskrise zeigten sich in gigantischen Firmenzusammenbrüchen und riesigen Abschreibungen. Die Insolvenz von Enron (weltgrößtes Energiemonopol) am 2. Dezember 2001 wirkte wie ein Paukenschlag.

**Enron** begann 1985 mit dem Kauf von vier Gasfirmen und expandierte in ungeheurem Tempo, bis es schließlich die Spitze der Weltkonzerne erreichte. Im Jahr 2000 gehörten Enron 2 500 Unternehmen in aller Welt: Betreibergesellschaften von Kraftwerken, Pipelines und Förderanlagen, Energieversorger, aber auch Kommunikationsfirmen und Risikofinanzierungsgesellschaften. Vor seinem Zusammenbruch wickelte der Konzern etwa ein Viertel des Gas- und Strommarkts in den USA ab. 1999 stieß Enron sämtliche Öl- und Gasreserven sowie die Stromerzeugung ab, um sich auf neue Geschäftsfelder zu verlegen, die noch höheren Profit versprachen. Enron war vor seinem Konkurs der weltgrößte Online-Händler auf den verschiedensten Märkten des E-Commerce, machte Geschäfte im

## Tabelle 62:
## Die größten Insolvenzen seit Beginn der Weltwirtschaftskrise

| Name | Branche | Land | Umsatz- Mio $ | Gesamt kapital Mio $ | Beschäftigte | Jahr | Datum der Insolvenz | Rang 500 Größte global |
|---|---|---|---|---|---|---|---|---|
| Enron | Energie | USA | 138 718 | 65 503 | 15 388 | 2001 | 2.12.2001 | 6 |
| Kmart | Einzelhandel | USA | 36 151 | 14 298 | 234 000 | 2001 | 22.1.2002 | 104 |
| Worldcom | Telekommunikation | USA | 35 179 | 103 914 | 85 000 | 2001 | 21.7.2002 | 109 |
| United Airlines | Fluggesellschaft | USA | 16 138 | 25 197 | 84 000 | 2001 | 9.12.2002 | 315 |
| Mycal | Einzelhandel | Japan | 15 759 | 15 693 | 61 441 | 2000 | 14.9.2001 | 317 |
| Swissair | Fluggesellschaft | Schweiz | 9 857 | – | 72 000 | 2001 | 31.3.2002 | – |
| Holzmann | Bau | Deutschland | 5 821 | – | 22 900 | 2001 | 21.3.2002 | – |
| Babcock Borsig | Anlagenbau | Deutschland | 3 889 | 3 441 | 27 000 | 2001 | 4.7.2002 | – |
| Railtrack | Eisenbahn | Großbritannien | 2 732 | – | 11 530 | 2001 | 7.10.2001 | – |
| Kirch Media | Medien | Deutschland | >3 500 | – | 5 500 | 2001 | 8.4.2002 | – |
| Global Crossing | Telekommunikation | USA | 3 789 | 30 185 | 17 000 | 2000 | 28.1.2002 | – |
| NTL | Kabelnetzbetreiber | USA | 3 755 | 27 627 | 23 880 | 2001 | 8.5.2002 | – |
| Adelphia Communications | Kabelnetzbetreiber | USA | 3 435 | 24 410 | 11 740 | 2001 | 25.6.2002 | – |
| Moulinex | Elektrogeräte | Frankreich | 2 329 | – | 21 000 | 2001 | September 1991 | – |
| Sabena | Fluggesellschaft | Belgien | 1 873 | – | 7 845 | 2001 | 1.7.2000 | – |

Quellen: Tagespresse; Fortune; Insolvenzen in Europa 2001/2002: www.creditreform.de
Aktien – Insolvenzen Ausland

Energiegroßhandel, mit Abfall und Papier, Verschmutzungslizenzen, Rohölprodukten, Energie- und Wetterderivaten (einer Art Versicherung gegen Auswirkungen des Wetters auf den Umsatz). Enron bot die verschiedensten Terminkontrakte und Beratungsdienste gegen Risiken auf dem Weltmarkt an, hatte aber auch ein eigenes Kabelnetz aufgebaut und handelte mit Übertragungskapazitäten in Glasfasernetzen.

Die neuen Geschäftsfelder brachten auf Grund der Weltwirtschaftskrise jedoch nicht das erwartete stürmische Wachstum. Im Dezember 2001 beliefen sich die Schulden des Konzerns auf offiziell 13,1 Milliarden US-Dollar, dazu kamen aber 18 Milliarden Dollar bei Tochterunternehmen und mindestens 20 Milliarden US-Dollar, die außerhalb der Bilanzen bei irgendwelchen Personengesellschaften versteckt waren. Als diese Bilanzmanipulation aufflog, brach das ganze Gebäude zusammen. Enron musste Insolvenz anmelden. Danach fiel der Aktienkurs, der bei seinem Höchststand 91 US-Dollar betragen hatte, auf das Allzeittief von 6 US-Cent. Diese Entwertung der Enron-Aktie auf weniger als ein Tausendstel ihres Höchstwerts traf auch die Masse der Beschäftigten des Konzerns, deren Altersversorgung auf Enron-Aktienpaketen aufbaute.

**Worldcom** begann 1983 unter dem Namen »Long Distance Discount Services«. Durch die Übernahme von über 70 Unternehmen und Fusionen mit MFS Communications, Compuserve sowie dem fünfmal größeren Telekom-Riesen MCI wurde Worldcom mit 494 Tochterfirmen auf der ganzen Welt die Nummer 2 der Telekommunikationsunternehmen hinter AT&T. Als globales Monopol mit eigenen Glasfasernetzen fügte Worldcom Sprache, Daten und Internet erstmals zu einem integrierten Angebot zusammen und versprach sich von diesen umfangreichen neuen Dienstleistungen sprunghafte Umsatz- und Profitsteigerungen. Aber auch diese hochgesteckten Erwartungen in die »New Economy« zerschellten an der Weltwirtschaftskrise. Worldcom konnte Zinsen und Tilgung für seine 41 Milliarden US-Dollar Schulden nicht mehr aufbringen. Am 1. Juli 2002 fiel die Worldcom-Aktie auf 6 Cent. Der Höchststand der Aktie hatte einmal 64 US-Dollar betragen. Gemessen am Gesamtkapital handelt es sich um den bisher größten Konkurs in der Geschichte der USA.

**Holzmann:** Im Zug der Wiedervereinigung wurden in der deutschen Bauindustrie hohe Überkapazitäten aufgebaut. Sie führten zu einer seit 1996 anhaltenden Krise im Baugewerbe, der Holzmann geopfert werden sollte. Dabei spielten die Interessen konkurrierender Großbanken und Baukonzerne eine bedeutende Rolle. Die »Frankfurter Rundschau« schrieb 2002:

*»Dabei ging es diesmal um wesentlich weniger Geld als anno 1999: Damals waren es 4,3 Milliarden Mark. Diesmal hätte eine Finanzlücke von 250 Millionen Euro, also gerade mal einer halben Milliarde Mark, gestopft werden müssen ... Die Dresdner macht offiziell ebenfalls geltend, dass sie Holzmann nicht länger unterstützt, weil sie das Sanierungskonzept für wenig aussichtsreich hält ... Die Dresdner gehört inzwischen zum Versicherungsriesen Allianz. Und der ist an dem Holzmann-Konkurrenten Bilfinger Berger zu einem Viertel beteiligt. Das Mannheimer Unternehmen hat kürzlich Interesse gezeigt, Holzmann eventuell zu übernehmen – wenn auch nicht ganz. Eine Insolvenz erspart dem Konzern eine Zerschlagung – das übernimmt der Verwalter. Bilfinger könnte sich die Filetstücke herausschneiden und diese dann ziemlich günstig bekommen.«*
(»Frankfurter Rundschau« vom 22. März 2002)

**Babcock Borsig:** Der Auftragsbestand war am Ende des letzten Geschäftsjahrs 2001 (30. September 2001) mit 10,7 Milliarden Euro zweieinhalb Mal so hoch wie der Umsatz von 4,34 Milliarden Euro. Der Auslandsanteil beim Umsatz lag bei 67 Prozent. Entscheidend trug dazu die Beteiligung von 50 Prozent an der Werft HDW bei. HDW hatte einen Weltmarktanteil von 50 Prozent bei nicht atomar getriebenen U-Booten. Die staatliche Vorfinanzierung im Marineschiffbau war für Babcock eine Art »Hausbank«. Im März 2002 wurden jedoch 25 Prozent der HDW-Anteile, die Babcock Borsig hielt, zusammen mit einem 50-Prozent-Anteil, der bei der Preussag lag, an die US-Gesellschaft Bank One Corporation verkauft. Der Babcock-Chef verließ rechtzeitig das sinkende Schiff und wurde Chef bei HDW. Das leitete den Absturz von Babcock Borsig ein. Die Staatsanwaltschaft ermittelte gegen den ehemaligen Babcock-Chef wegen des Verdachts auf Untreue und Insolvenzverschleppung. Vor dem Insolvenzantrag wurden die Beschäftigten erpresst, mit Lohnverzicht in Höhe von 50 Millionen Euro und einer Stunde Arbeitszeitverkürzung ohne Lohnausgleich einen »Sanierungsbeitrag« zu leisten. Von 27 000 Arbeitsplätzen wurde über die Hälfte vernichtet.

Die **Kirch-Gruppe** hatte sich durch milliardenschwere Zukäufe im Filmverleih und den Kauf der Rechte von Fußball- und der Formel-1-Übertragungen hoch verschuldet. Dann gingen die Einnahmen aus dem Werbefernsehen zurück. Schnell beliefen sich die Schulden auf zusammen 6,5 Milliarden Euro. Konkurrenten und Banken machten sich ausstehende Kredite und Rückkaufoptionen in Milliardenhöhe zunutze, um Kirch in die Zange zu nehmen und die profitabelsten Sparten des Konzerns untereinander aufzuteilen. Zur Kirch-Gruppe gehörten rund 65 Unternehmen. Als die Kirch-Media in den Besitz des Heinrich Bauer Verlags und der HypoVereinsbank überging, war dem Bauer-Verlag der Einstieg in den Bereich der modernen Massenmedien gelungen.

Durch die Neuorganisation der internationalen Produktion wurden große Teile der nicht monopolisierten Bourgeoisie in eine **chronische Krise** gedrückt. Dazu gehörten zum Beispiel das Textil- und Bekleidungsgewerbe, wo der Anteil von Riesenbetrieben mit mehr als 1 000 Beschäftigten unter 1 Prozent lag.

Die Masse der Kleinbetriebe konnte immer schlechter mit den Billigimporten der internationalen Monopole aus den so genannten Exportproduktionszonen konkurrieren. Seit der Weltwirtschaftskrise 1991 bis 1993 befand sich der Umsatz dieser Branchen in einem anhaltenden Niedergang. Im Jahr 2000 lag er um 28 Prozent (Bekleidung) bzw. um 30 Prozent (Textil) unter dem Stand von 1991. Auch im Einzelhandel und im Baugewerbe war die Umsatzentwicklung seit 1996 rückläufig. Aufgrund der sinkenden Massenkaufkraft lagen die Einzelhandelsumsätze bereits 1999 um 8,6 Prozent unter dem Stand von 1991. Mit der Weltwirtschaftskrise 2001/2002 wurde diese chronische Krise **akut verschärft**. Der deutsche Einzelhandel hatte die tiefsten Einbrüche der Nachkriegszeit zu verkraften. Unter den 3 800 Insolvenzen der Branche im Jahr 2001 befanden sich fast ausschließlich kleine und mittelgroße Geschäfte. Auch die Umsatzeinbrüche im Baugewerbe und in der Textil- und Bekleidungsindustrie beschleunigten sich 2001 und besonders 2002 weiter.

Zusammenfassend kann man sagen, dass die neue Weltwirtschaftskrise auf der Basis der Neuorganisation der internationalen Produktion eine **Reihe charakteristischer Merkmale** hervorbrachte:

- Aufgrund der engen internationalen Wechselwirkungen wurden die **imperialistischen Metropolen relativ gleichzeitig von der Krise erfasst**, während 1991 bis 1993 die Produktionseinbrüche in den USA, Japan und der EU zeitlich deutlich versetzt waren.

- Die Folge war ein **tieferer Rückfall der Industrieproduktion** im Vergleich zur vorangegangenen Krise, ausgehend von den beiden großen Ländern USA und Japan.

- Besonders stark betroffen war die **nicht monopolisierte Bourgeoisie**, was sich in einer sprunghaft **steigenden Zahl von Insolvenzen** niederschlug.

- Die Überproduktionskrise **durchdrang sich mit der internationalen Strukturkrise** auf der Basis der Neuorganisation der internationalen Produktion. Das führte zu einem gewaltigen Schub in der Vernichtung von Kapital und Arbeitsplätzen.
- Die Weltwirtschaftskrise stand in **Wechselwirkung mit verschiedenen Börsenkrisen**, die die Vermögen der Besitzer von Wertpapieren in gigantischem Ausmaß vernichteten.
- Die **staatliche Krisenregulierung wurde desorganisiert**. Die nationalstaatlichen Maßnahmen verpufften angesichts der internationalen Dimensionen der Krise weitgehend wirkungslos. Es fehlte an einem vergleichbaren internationalen Instrumentarium, um krisendämpfend auf die Weltwirtschaft einzuwirken.
- Die Widersprüche in der Weltwirtschaft entfalteten sich relativ unkontrolliert. Es tobte eine **ungezügelte Vernichtungsschlacht** unter den internationalen Monopolen, die zu **gigantischen Firmenzusammenbrüchen** führte.
- Die **internationalen Monopole selbst waren Ausgangspunkt** der Weltwirtschaftskrise.
- Die Wechselwirkung von Strukturkrise, Überproduktionskrise und Börsenkrise löste eine **internationale Bankenkrise** aus, in die auch einige internationale Monopolbanken, also Machtzentren des internationalen Finanzkapitals, verstrickt waren. Das rief Erschütterungen im gesamten Finanzgefüge der imperialistischen Länder hervor und verschärfte die weltweite Börsenkrise.
- Die Staatshaushalte nicht nur der neokolonialen Länder, sondern auch der imperialistischen Länder waren in erheblichem Maß von der Weltwirtschaftskrise betroffen. Es häuften sich **Haushaltskrisen, Staatsbankrotte und staat-**

liches **Krisenmanagement**; rigoros wurden die Krisenlasten auf die Masse der Bevölkerung abgeladen.

Das alles verschärfte die **latenten oder offenen politischen Krisen**, in denen die Zunahme von Klassenauseinandersetzungen zum Ausdruck kam.

## 3. Wechselwirkung zwischen Überproduktionskrise, Börsenkrise und Bankenkrise

Willi Dickhut wies in seinem Buch »Krisen und Klassenkampf« auf folgenden Zusammenhang hin:

»*Die Industriekrisen werden vielfach begleitet von Geld- und Kreditkrisen, Spekulations- und Börsenkrisen, Bank- und Finanzkrisen, Währungs- und Valuta-(Inflations-)krisen sowie Handelskrisen. Alle diese Krisen sind jedoch nicht die Ursache der Überproduktionskrisen und nicht ihre wesentliche Seite. Sie sind **Begleiterscheinungen** der Überproduktionskrisen, die sie dann mehr oder weniger vertiefen und verschärfen.*« (S. 35)

### Börsenkrisen und ihre Auswirkungen auf die Wirtschaftsentwicklung

Die grundsätzliche Aussage, dass Börsenkrisen nicht die Ursache der Überproduktionskrisen sind, gilt unverändert. Aufgrund der stark gewachsenen Bedeutung von Aktien auch für Kleinanleger, für Versicherungen und Pensionskassen haben solche Krisen jedoch stärkere Auswirkungen auf die Wirtschaftsentwicklung als früher. Börsenkrisen engen die Absatzmärkte zusätzlich ein und bringen die Neuorganisation der internationalen Produktion ins Stocken:

- Sie ruinieren kleinbürgerliche Existenzen, schränken die verfügbaren Einkommen der Arbeiter, Angestellten und Rentner ein und **dämpfen so die Konsumnachfrage** der Massen.

- Sie versperren kleineren Unternehmen den Zugang zu neuem Kapital und **vermindern so die Nachfrage nach Investitionsgütern**.

- Sie **erschweren die Finanzierung von großen Fusionen oder Übernahmen** durch Aktientausch **und den Schuldenabbau** durch Verkauf von Beteiligungen oder Kapitalerhöhungen.

- Sie **schränken die Kapitalbasis der Banken ein**, die nach wie vor große Aktienpakete halten, und veranlassen sie, Kredite vorsichtiger zu vergeben.

Zwischen Frühjahr 2000 und Ende 2002 gab es **drei Börsenkrisen**. Die **erste Börsenkrise** begann im März 2000 und dauerte mit einer kurzen Unterbrechung im Juli/August 2000 bis März 2001. Sie nahm ihren Ausgang an den Technologiebörsen und breitete sich schnell auf die Leitbörsen in allen Zentren der Weltwirtschaft aus.

Die Börsenkrise brach aus, als sich abzeichnete, dass die **Erwartungen überschäumender Maximalprofite in der Informations- und Kommunikationstechnologie übertrieben und die Aktien überbewertet** waren. Sie beschleunigte den Übergang in die Überproduktionskrise in den USA, Kanada und Mexiko Ende des Jahrs 2000.

Zwischen März 2000 und März 2001 verloren die Aktien an der US-amerikanischen Technologiebörse Nasdaq 59,8 Prozent ihres Werts. Der Topix 30 (Index von 30 Werten in Japan) fiel um −36,3 Prozent und der Dax (Index von 30 Werten in Deutschland) um −23,3 Prozent. Am besten hielt sich noch der Dow Jones (Index von 30 Industriewerten in den USA) mit

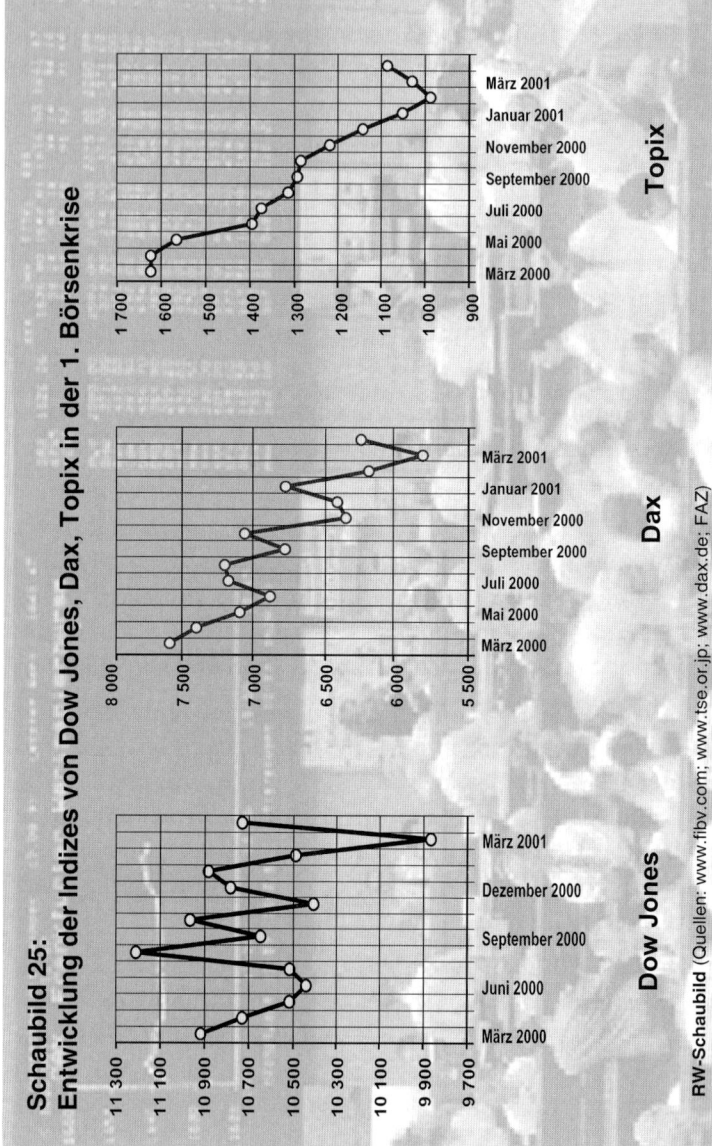

−9,5 Prozent. Zu Beginn dieser Börsenkrise gab es noch keine Weltwirtschaftskrise. Selbst die führenden Monopole in den Branchen Computer, Elektroindustrie, Elektronik, Halbleiter, Netzwerke, Kommunikationsausrüstung und Telekommunikation hatten bis auf einzelne Ausnahmen noch steigende Umsätze. Die Aktienkurse richten sich jedoch nicht nach dem aktuellen und realen Wert der Unternehmen, sondern spiegeln die Erwartungen der Anleger wider, ihre Vermutungen über künftige Maximalprofite.

Nach einer kurzen Erholungsphase von April bis Juni 2001, in der die vorherigen Kurseinbrüche aber nicht vollständig aufgeholt werden konnten, kam es zur **zweiten Börsenkrise** mit dem Tiefpunkt Ende September 2001.

In dieser Krise stürzten der Nasdaq um −30,7, der Dax um −29,6, der Topix um −27,0 und der Dow Jones um −18,9 Prozent ab. Ausgangspunkt dieser zweiten Krise war die **Ausbreitung der Überproduktionskrise auf Japan und ganz Westeuropa**. Nachdem sich die erste Aufregung um den Anschlag vom 11. September gelegt hatte, erholte sich die Börse wieder von Oktober 2001 bis ins Frühjahr 2002.

Im März 2002 begann die **dritte Börsenkrise**.

Schon zu Beginn des Jahrs 2002 sollten die Wirtschaft der USA und die Weltwirtschaft nach den Vorstellungen der bürgerlichen Analysten in einen »sich selbst tragenden Aufschwung« übergehen. Bundesfinanzminister Eichel verkündete im Geleitwort zum Jahreswirtschaftsbericht der Bundesregierung für 2002 stolz:

*»Der diesjährige Jahreswirtschaftsbericht trägt den Titel ›Vor einem neuen Aufschwung – Verlässliche Wirtschafts- und Finanzpolitik fortsetzen‹. Damit werden zwei zentrale Botschaften des Berichts plakativ zum Ausdruck gebracht: Zum einen, dass im Laufe dieses Jahres wieder mit einer deutlichen Belebung der wirtschaftlichen Aktivitäten zu rechnen ist; zum*

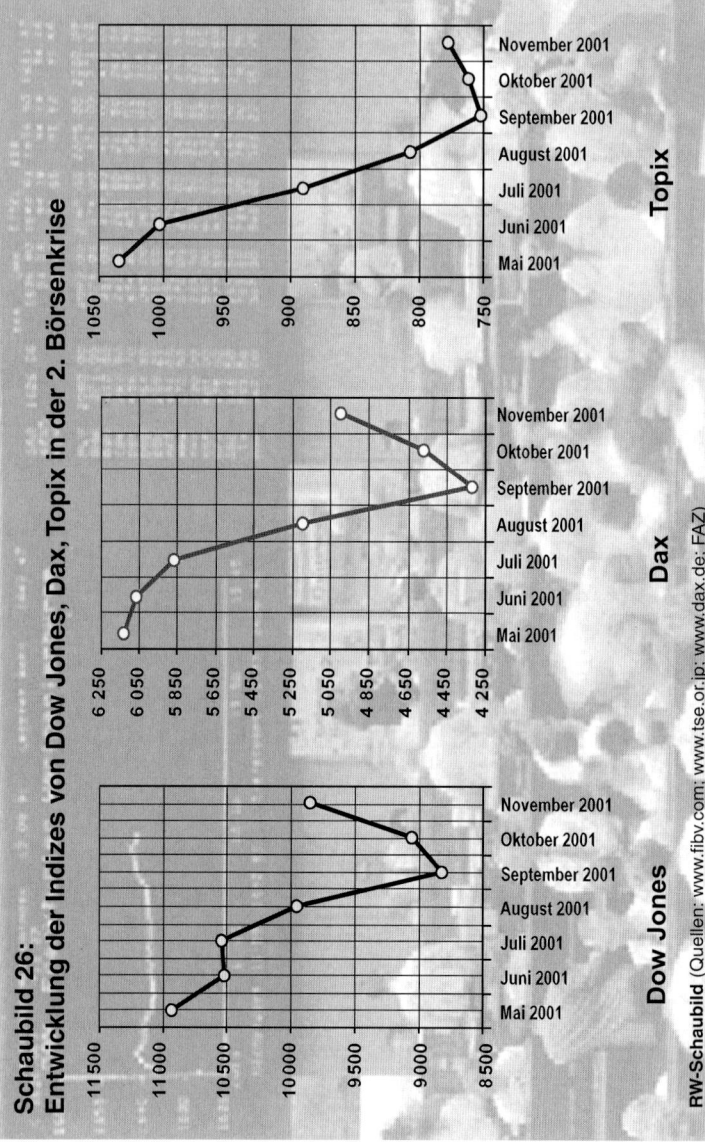

Schaubild 26:
Entwicklung der Indizes von Dow Jones, Dax, Topix in der 2. Börsenkrise

RW-Schaubild (Quellen: www.fibv.com; www.tse.or.jp; www.dax.de; FAZ)

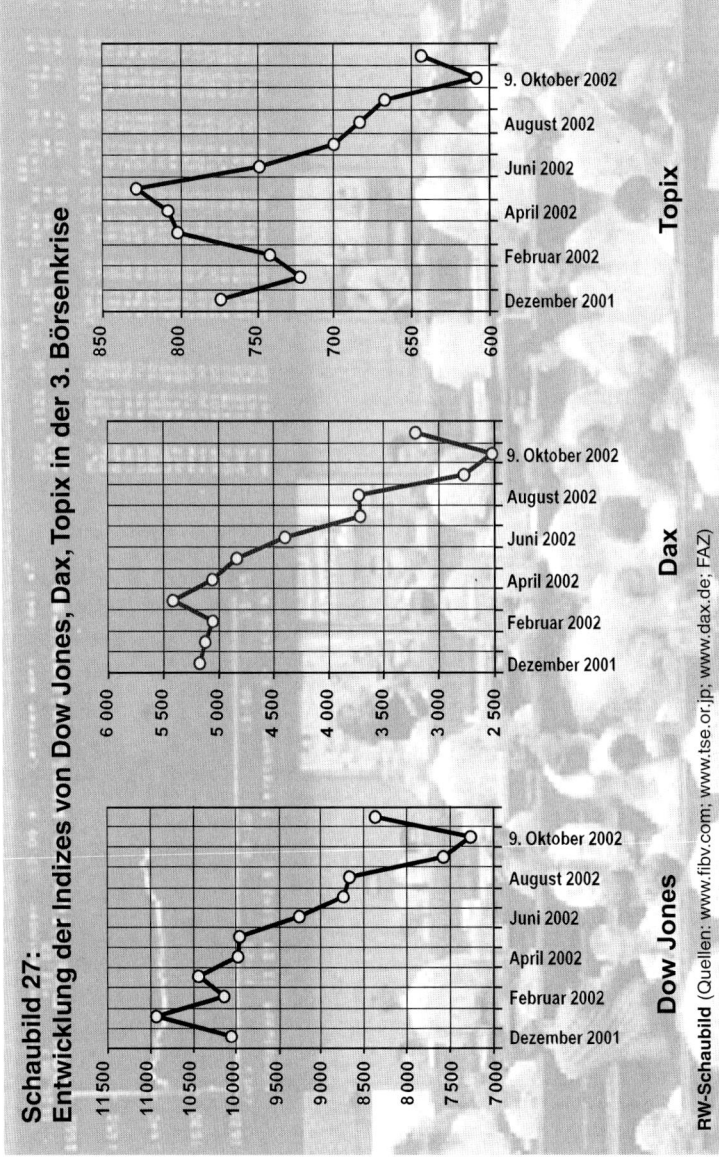

Schaubild 27:
Entwicklung der Indizes von Dow Jones, Dax, Topix in der 3. Börsenkrise

RW-Schaubild (Quellen: www.fibv.com; www.tse.or.jp; www.dax.de; FAZ)

*anderen, dass sich unsere auf Nachhaltigkeit und Berechenbarkeit ausgerichtete wirtschafts- und finanzpolitische Konzeption bewährt hat und deshalb konsequent fortgesetzt wird.«* (Jahreswirtschaftsbericht der Bundesregierung, 2002).

Welch grandiose Fehleinschätzung! Das ist auch kein Wunder, wenn man die von Marx aufgedeckten Gesetzmäßigkeiten der politischen Ökonomie des Kapitalismus permanent verleugnet und stattdessen von einem krisenfreien Kapitalismus träumt. Tatsächlich brachen im Frühjahr 2002 Produktions- und Wachstumsraten erneut ein und der Staatshaushalt taumelte in seine schwerste Krise. Die Seifenblasen der bürgerlichen Propaganda zerplatzten an der rauen Wirklichkeit der sich vertiefenden Weltwirtschaftskrise. Das schockierte die bürgerliche Finanzwelt und führte zur bis dahin tiefsten, dritten Börsenkrise, die im zweiten Halbjahr 2002 in eine Bankenkrise überging. Diese Börsenkrise wurde also ausgelöst von **enttäuschten Erwartungen auf eine baldige Erholung der Weltwirtschaft**.

In der Zeit von März 2000 bis Anfang Oktober 2002 betrug der Einbruch beim Nasdaq −75,7 Prozent, beim Dax −66,8 Prozent, beim Topix −62,7 Prozent und beim Dow Jones −33,3 Prozent. Ihren Tiefpunkt erreichte die Börsenkrise am 9. Oktober 2002, als der Dax auf 2 519 Punkte, der Topix auf 610 Punkte (am 10. Oktober) und der Dow Jones auf 7 286 Punkte absackten. Vom 10. Oktober an begannen sich die Kurse wieder zu erholen, denn die ersten Quartalsberichte großer Monopolgesellschaften wiesen trotz weiterer Umsatzrückgänge Milliardengewinne aus und die akute Gefahr einer Eskalation der weltpolitischen Lage – durch eine Aggression der USA und Großbritanniens gegen den Irak – entschärfte sich zeitweilig.

Vom Höchststand im März 2000 bis zum Tiefpunkt am 9. Oktober 2002 sank der Wert des Aktienkapitals an der New Yorker Börse NYSE um 2 184 Milliarden US-Dollar, an der

Technologiebörse Nasdaq um 4 280 Milliarden US-Dollar, beim CDax (790 Werte) um 771,4 Milliarden US-Dollar und an der Börse in Tokio (Topix 1 484 Werte) um 2 401 Milliarden US-Dollar. Diese Zahlen spiegeln das ungeheure Ausmaß der Kapitalvernichtung wider, wenn auch ein Teil der Wertverluste durch Umschichtungen in andere Anlageformen zustande kam. Schaubild 28 zeigt die **enge Wechselwirkung** von Auftragseingängen und Börsenentwicklung. Dabei sind die Ausschläge bei den Aktienkursen heftiger und gehen denen bei den Auftragseingängen zeitlich voraus. Die Einbrüche bei der Industrieproduktion folgen zeitlich versetzt. Seit April 2002 war ein **Auseinanderdriften von Börsenentwicklung und Industrieproduktion** zu beobachten. Darin spiegelte sich die

**Schaubild 28:**
**Entwicklung von Industrieproduktion, Auftragseingängen und Aktienkursen in den USA zwischen März 2000 und Oktober 2002 (Veränderungen in Prozent zum Vorjahr)**

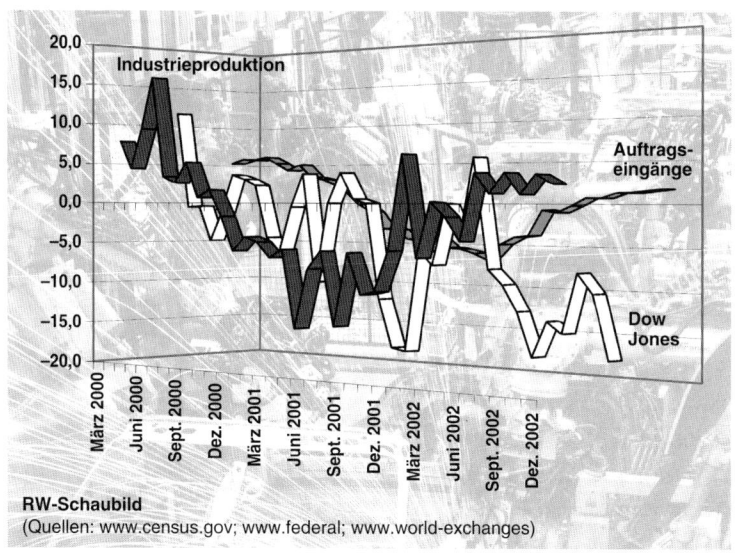

RW-Schaubild
(Quellen: www.census.gov; www.federal; www.world-exchanges)

allgemeine Verunsicherung der Anleger über die wirtschaftliche und politische Entwicklung wider. Hinzu kamen die Bilanzskandale bei Worldcom und Enron, die bei den Anlegern eine regelrechte **Krise des Vertrauens in die Börsen** auslöste. Von der gigantischen Kapitalvernichtung durch die Börsenkrisen waren mit Ausnahme der Hersteller von Konsumgütern für den täglichen Bedarf **alle Branchen betroffen**. Das galt auch für die Monopole, die in der jeweiligen Branche den Spitzenplatz einnahmen. Bei ihnen lag die Kapitalvernichtung zum Teil sogar höher als der Branchendurchschnitt: General Electric –47,3 Prozent, Du Pont –30,5 Prozent, Enron –65,8 Prozent. Die IT-Branche verlor 4 741 Milliarden Dollar, das waren 75,9 Prozent, und riss damit auch den Gesamtwert aller Aktien in den Keller.

Das enorme Ausmaß dieser Veränderungen wird daran sichtbar, dass der Anteil des IT-Bereichs an der gesamten Börsen-

**Tabelle 63:**
**Kapitalvernichtung in den USA (in Milliarden US-Dollar)**

|  | Börsenwert am 24.3.2000 | 18.7.2002 | Differenz | |
|---|---|---|---|---|
|  | Absolut | Absolut | Absolut | % |
| **Gesamtwert** | 17 250 | 10 030 | –7 220 | –41,9 |
| **Informationstechnologie** | 6 246 | 1 506 | –4 741 | –75,9 |
| **Telekommunikation** | 1 301 | 364 | –937 | –72,0 |
| **Konsumgüter 1 (dauerhaft)** | 2 156 | 1 460 | –696 | –32,3 |
| **Verarb. Gewerbe und Transport** | 1 542 | 1 131 | –411 | –26,6 |
| **Versorgung** | 395 | 298 | –97 | –24,6 |
| **Grundstoffe** | 393 | 311 | –82 | –21,0 |
| **Energie** | 683 | 596 | –87 | –12,8 |
| **Gesundheitswesen** | 1 489 | 1 309 | –180 | –12,1 |
| **Kredit- und Versicherungswesen** | 2 286 | 2 206 | –80 | –3,5 |
| **Konsumgüter 2 (täglicher Bedarf)** | 757 | 850 | 92 | 12,2 |

Quellen: New York Times 21. Juli 2002; eigene Berechnungen

kapitalisierung von 36,2 Prozent auf 15 Prozent absank. Der IT-Bereich gab damit seine Spitzenposition an den Bereich Kredit- und Versicherungswesen ab. Der Bereich Telekommunikation fiel vom sechsten auf den achten Platz.

Auch führende deutsche Monopole mussten empfindliche Kapitalverluste hinnehmen. Die folgende Tabelle zeigt die Entwicklung von Juli 2001 bis 9. Oktober 2002:

**Tabelle 64:**
**Börsenkapitalisierung deutscher Monopole**
**(in Milliarden Euro)**

|  | 3. 7. 2001 | 9. 10. 2002 | Differenz in % | Differenz absolut |
|---|---|---|---|---|
| Commerzbank | 16,4 | 2,9 | −82,3 | −13,5 |
| HypoVereinsbank | 30,3 | 5,9 | −80,5 | −24,4 |
| Infineon | 17,8 | 3,7 | −79,2 | −14,1 |
| Allianz | 84,2 | 20,2 | −76,0 | −64,0 |
| SAP | 52,0 | 14,7 | −71,7 | −37,3 |
| Münchner Rück | 60,1 | 17,2 | −71,4 | −42,9 |
| Deutsche Telekom | 115,7 | 36,7 | −68,3 | −79,0 |
| Metro | 14,5 | 5,2 | −64,1 | −9,3 |
| Bayer | 34,1 | 12,7 | −62,8 | −21,4 |
| Deutsche Bank | 52,8 | 22,4 | −57,6 | −30,4 |
| Siemens | 64,9 | 27,9 | −57,0 | −37,0 |
| Deutsche Post | 21,1 | 9,2 | −56,4 | −11,9 |
| RWE | 26,5 | 16,7 | −37,0 | −9,8 |
| T-Online | 12,1 | 7,6 | −37,2 | −4,5 |
| Volkswagen | 23,4 | 13,6 | −41,9 | −9,8 |
| E.on | 46,6 | 31,6 | −32,2 | −15,0 |
| DaimlerChrysler | 57,1 | 31,1 | −45,5 | −26,0 |
| BASF | 28,4 | 19,3 | −32,0 | −9,1 |
| Schering | 12,5 | 9,6 | −23,2 | −2,9 |
| BMW | 26,5 | 19,6 | −26,0 | −6,9 |
| Henkel | 10,0 | 9,6 | −4,0 | −0,4 |

Quelle: »Frankfurter Allgemeine Zeitung« vom 3. Juli 2001 und 10. Oktober 2002

Besonders gebeutelt wurden die so genannten »Wachstumsmärkte«. Im September 2002 teilte die Deutsche Börse mit, dass der »Neue Markt« geschlossen würde. Dazu schrieb die »Financial Times Deutschland«:

*»Der Neue Markt war vor fünf Jahren als Handelssegment für Wachstumsunternehmen gegründet worden. Zu Boomzeiten der ›New Economy‹ lag der Nemax 50 im März 2000 bei 9665 Punkten. Am Donnerstag notierte er lediglich 349 Stellen. Damit hat er mehr als 95 Prozent seines Wertes verloren. Zuletzt hatten diverse Skandale unter anderem um gefälschte Bilanzen den Bedeutungsverfall des Segmentes beschleunigt.«* (26. September 2002)

68 Unternehmen schieden freiwillig aus der Technologiebörse aus, 33 gingen Pleite. Die Anleger zogen sich zurück. Unter den größten Verlierern in Bezug auf die Börsenkapitalisierung waren die Bank- und Finanzunternehmen Allianz, Deutsche Bank, Münchner Rück, HypoVereinsbank und Commerzbank. Die internationalen Monopolbanken waren die Hauptbetroffenen, als sich die dritte Börsenkrise mit der Weltwirtschaftskrise verband. Es ist damit zu rechnen, dass es während der Weltwirtschaftskrise oder in Verbindung mit tiefgreifenden politischen Krisen oder Kriegen zu weiteren Börseneinbrüchen kommen wird. Das deutete sich schon an, als zum Jahresende 2002 ein massiver Truppenaufmarsch der USA und Großbritanniens am Golf begann und die Börsenkurse erneut weltweit auf Talfahrt schickte.

### Die Bankenkrise in Japan von 1990

Eine neue Dimension hatte die **Bankenkrise von 1990 in Japan**. Bankenkrisen blieben vorher immer auf einzelne Institute oder Sektoren beschränkt, wie es etwa der Zusammenbruch der Bausparkassen in den USA Ende der 1980er Jahre gezeigt hatte. Die Krise in Japan erfasste jedoch den gesamten Finanzapparat. Wie konnte es dazu kommen?

Die Regierung in Tokio hatte Ende der 1980er Jahre die Trennung zwischen Hypotheken- und anderen Bankgeschäften aufgehoben. Das heizte die Immobilienspekulation mit großen schuldenfinanzierten Bauprojekten an. Die Immobilienpreise stiegen in schwindelnde Höhen, allein die Bodenpreise in Tokio von 1985 bis 1990 auf das Doppelte. Gleichzeitig entwickelte sich ein spekulativer Aktienboom. Die japanischen Banken hatten mit wenig Eigenkapital umfangreiche Kredite gegen Hinterlegung von Wertpapieren und Immobilienzertifikaten vergeben. Um die Spekulation abzukühlen, erhöhte die japanische Zentralbank die Leitzinsen. Dadurch wurden die Zinsen, die einzelne Banken bei der Zentralbank zahlen müssen, angehoben. Diese Kosten gaben die Banken an die Kreditnehmer weiter, Kredite wurden teurer, der Geldumlauf gedämpft und das Wachstum des Spekulationskapitals gebremst. Der »IFO-Schnelldienst« schrieb über die dramatischen Folgen:

*»Die ab Mitte 1989 wieder restriktive Geldpolitik brachte die Blase schließlich zum Platzen. Als Resultat büßten die Aktienkurse in einem ›**Crash auf Raten**‹ fast zwei Drittel ihres Höchstwertes ein. Die Wertverluste im Grundstücks- und Immobiliensektor verliefen zwar deutlich langsamer, sie waren und sind aber kaum weniger dramatisch. Die vernichteten Vermögenswerte entsprechen bis dato schätzungsweise dem Zweifachen des Wertes des japanischen Bruttoinlandsprodukts. Im Jahr 1992 griff die Krise auf die reale Wirtschaft über. Infolge der Wertverluste und der gestiegenen Finanzierungskosten brachen Investitionen und Konsum ein. Damals stand die gewerbliche Wirtschaft erstmals unter dem Druck des Kapazitätsabbaus. Die Banken saßen infolge des doppelten Preisverfalls an der Aktienbörse und an den Grundstücks- und Immobilien-*

*märkten auf einem **riesigen Berg notleidend gewordener Kredite und Bürgschaften**.«* (8/1999, S. 27 – Hervorhebungen Verf.)

Zahlreiche große Banken brachen zusammen, darunter das führende Wertpapierhaus Yamaichi Securities. Durch die Bankenkrise wurde die japanische Wirtschaft tiefer als die anderen imperialistischen Länder in den Strudel der Weltwirtschaftskrise 1991 bis 1993 hineingerissen und hatte bis Ende des Jahrzehnts erhebliche Probleme, sich wieder zu erholen.

**Die internationale Bankenkrise**

1977 stellte Willi Dickhut in dem Buch »Der staatsmonopolistische Kapitalismus in der BRD« fest:

*»Keine wirtschaftlichen Schwierigkeiten im Inland und keine Krisenerscheinungen auf dem Weltmarkt konnten den ständigen Aufstieg der Großbanken, besonders der Deutschen Bank, hemmen. Im Gegenteil, die Deutsche Bank verbuchte die höchsten Wachstumsraten gerade 1975, im Jahr des Einbruchs im Wachstum der Produktion und des Umsatzes ... die Dresdner Bank und Commerzbank hatten ... einen ähnlichen Aufschwung zu verzeichnen.«* (Bd. I, S. 319/320)

In den Weltwirtschaftskrisen von 1981 bis 1983 und von 1991 bis 1993 wiesen die deutschen Großbanken in einzelnen Jahren zwar Verluste aus, ihre Bilanzsummen stiegen jedoch weiter an. Aber die Weltwirtschaftskrise 2001/2002 dauerte länger an, verband sich mit verschiedenen Börsenkrisen und mündete erstmals in eine **internationale Bankenkrise**, die dann wieder die Weltwirtschaftskrise vertiefte. Die **Hauptmerkmale** dieser internationalen Bankenkrise waren:

- Die **weltweite sprunghafte Zunahme von Insolvenzverfahren, gigantische Firmenzusammenbrüche und**

**Staatsbankrotte** (wie in Argentinien) bescherten den Großbanken eine Häufung »fauler Kredite«[1], die von den Schuldnern nicht mehr zurückgezahlt werden konnten. Im Jahr 2002 könnten sich die **Kreditverluste** nordamerikanischer und europäischer Banken auf bis zu 130 Milliarden US-Dollar summieren, schätzte die Beratungsgesellschaft Oliver Wyman & Company. Im Vorjahr waren es bereits 110 Milliarden US-Dollar gewesen.

- Diese Entwicklung zwang die internationalen Monopolbanken, die Mittel für die **Risikovorsorge** deutlich zu erhöhen. Die vier deutschen Großbanken Deutsche Bank, HypoVereinsbank, Commerzbank und Dresdner Bank wendeten dafür allein im dritten Quartal 2002 zusammen 3,2 Milliarden Euro auf.

- Das weltweite **Investmentbankgeschäft** brach, nach einer Branchenstudie der Boston Consulting (BCG), von Anfang 2000 bis Mitte 2002 auf weniger als die Hälfte zusammen.

- Nach Angaben des Bundesverbands Deutscher Banken kam es bereits 2001 zu einem **Gewinneinbruch** von durchschnittlich 30 Prozent bei den tausend größten Banken weltweit. Trotz radikaler »Sparprogramme« vor allem auf Kosten der Bankbeschäftigten wiesen alle vier deutschen Großbanken im dritten Quartal 2002 **Verluste** in dreistelliger Millionenhöhe aus.

- Das drückte den **Aktienkurs der Großbanken massiv in den Keller**.

- Zugleich bekamen die Versicherungen **Probleme mit ihrer Liquidität**, da sich diese aus dem Verkauf von Aktien speist.

---

[1] Als »faule Kredite« werden von den Banken solche Kredite eingestuft, für die der Schuldner den so genannten Schuldendienst (Zahlung von Zinsen und Tilgung) eingestellt hat und mit deren Rückzahlung nicht mehr gerechnet werden kann. Sie müssen als Verluste abgeschrieben werden.

Nach dem Absinken der Aktienkurse mussten sie ein Vielfaches an Aktien auf den Markt werfen, um die notwendige Zahlungsfähigkeit abzusichern. Das drückte wiederum die Aktienkurse und vertiefte die Börsenkrise.

- Die Börsenkrise verursachte auch hohe **Abschreibungen auf den Beteiligungsbesitz**. Dadurch schmolzen **die stillen Reserven** der deutschen Großbanken mehr oder minder stark ab.
- Bei kleineren deutschen Kreditinstituten kam es zu einer **Auszehrung der Eigenkapitalbasis**. Von 2000 bis 2002 mussten mehr als 100 Banken Insolvenz anmelden oder kamen in eine finanzielle Schieflage.

*»Wir haben ein Ertrags- und Kostenproblem, aber keineswegs ein Liquiditäts- oder gar Solvenzproblem«*, erklärte Rolf Breuer, Präsident des Bundesverbandes deutscher Banken und Aufsichtsratschef der Deutschen Bank. Das so genannte »Ertrags- und Kostenproblem« trug jedoch wesentlich dazu bei, dass die Zahl der Insolvenzen in der Weltwirtschaftskrise sprunghaft anwuchs. Die Banken waren in der Krise bestrebt, verliehenes Geld eiligst zurückzuerhalten, sie erhöhten die Zinsraten, wurden vorsichtiger bei der Kreditvergabe und verlangten höhere Sicherheiten. Von dem **Kreditmangel** war der Mittelstand, die nicht monopolisierte Bourgeoisie, besonders stark betroffen. Aufgrund ihres geringeren Kapitals war sie in der Krise darauf angewiesen, Kredite aufzunehmen, um ihre Produktion weiterzuführen.

Um den Verwaltungsaufwand zu verringern, schlossen die Bankmonopole eine große Zahl ihrer Filialen. An der New Yorker Wall Street verloren seit Herbst 2001 in einem Jahr mehr als 50 000 Banker ihren Job. In London waren es 25 000. In der EU kündigten die Banken im Oktober 2002 58 000 Stellenstreichungen an, nachdem schon im September 30 000 Arbeitsplätze abgebaut worden waren.

Selbst die verbohrteste Hartnäckigkeit, mit der die bürgerliche politische Ökonomie Wirtschaftskrisen zu leugnen oder zu beschönigen versucht, kann diese nicht aus der Welt schaffen. Alle Beschwörungsformeln, die die technologische Umwälzung rund ums Internet als Beginn einer neuen Ära ständiger Wohlstandsvermehrung ausgaben, mussten scheitern. Stalin schrieb bereits zur gesetzmäßigen Grundlage dieser Tatsachen:

*»Könnte der Kapitalismus die Produktion nicht der Erzielung eines Maximums von Profit, sondern einer systematischen Verbesserung der materiellen Lage der Volksmassen anpassen, könnte er den Profit verwenden nicht zur Befriedigung der Launen parasitärer Klassen, nicht zur Vervollkommnung der Ausbeutungsmethoden, nicht zur Kapitalausfuhr, sondern zur systematischen Hebung der materiellen Lage der Arbeiter und Bauern, dann gäbe es keine Krisen. Aber dann wäre auch der Kapitalismus kein Kapitalismus. Um die Krisen abzuschaffen, muß man den Kapitalismus abschaffen.«* (»Politischer Rechenschaftsbericht des Zentralkomitees an den XVI. Parteitag der KPdSU(B)«, Stalin, Werke, Bd. 12, S. 215)

## 4. Die Krise der staatlichen Regulierung

Willi Dickhut arbeitete 1977 die große Bedeutung des Staats als Regulator der staatsmonopolistischen Wirtschaft heraus:

*»Die vollständige Unterordnung des Staatsapparates unter die Herrschaft des Monopolkapitals ermöglicht es den Monopolen, die staatliche Regulierung der Wirtschaft für ihre Profitinteressen einzuschalten und die aufkommenden Krisenerscheinungen zu bremsen bzw. auf die nichtmonopolisierte Industrie abzulenken.«* (»Der staatsmonopolistische Kapitalismus in der BRD«, Bd. I, S. 279)

Wesentliche Instrumente der staatlichen Regulierungsmaßnahmen sind:

- der **Diskontsatz**, den die Europäische Zentralbank senken kann, um Kredite zu verbilligen und so Verbrauch und Investitionen anzukurbeln,
- **staatliche Sachinvestitionen** (zum Beispiel durch Rüstungsaufträge),
- **direkte Finanzhilfen** an Konzerne, um Investitionen und Konsum zu fördern,
- **Senkung von Steuern und Abgaben**, um Investitionen und Konsum zu beschleunigen.

Unter dem betrügerischen Schlagwort *»die Investitionen von heute sind die Arbeitsplätze von morgen«* startete die Bundesregierung 1978 das bis dahin größte *»einmalige und zeitlich begrenzte«* staatliche Konjunkturprogramm. Die 20 Milliarden DM *»Zukunftsinvestitionen«* konnten dennoch nicht verhindern, dass die Weltwirtschaftskrise von 1981 bis 1983 auch auf die BRD übergriff. Dennoch wurden die staatlichen Konjunkturprogramme seitdem verstetigt; zeitweise liefen mehrere mit einem gigantischen Volumen von Hunderten Milliarden Euro parallel – und ohne die erwünschten Wirkungen. Bereits Marx klärte grundsätzlich, wie die Bourgeoisie versucht, zyklische Überproduktionskrisen zu überwinden:

*»Wodurch überwindet die Bourgeoisie die Krisen? Einerseits durch die erzwungene Vernichtung einer Masse von Produktivkräften; anderseits durch die Eroberung neuer Märkte und die gründlichere Ausbeutung der alten Märkte. Wodurch also? Dadurch, daß sie allseitigere und gewaltigere Krisen vorbereitet und die Mittel, den Krisen vorzubeugen, vermindert.«*
(»Manifest der Kommunistischen Partei«, Marx/Engels, Werke, Bd. 4, S. 468)

Auf dem heutigen Stand der Neuorganisation der internationalen Produktion ist die Überwindung von Krisen wesentlich schwieriger als früher. Die Erschließung neuer Märkte im Ausland ist beschränkt, da sich die internationalen Monopole den **Weltmarkt bereits weitgehend unterworfen** haben. Die gründlichere Ausbeutung alter Märkte würde bedeuten, dass Konkurrenten nicht nur übertroffen, sondern vernichtet werden müssten, um die **Märkte neu aufzuteilen.**

Durch die Wechselwirkung der Überproduktionskrise mit der internationalen Strukturkrise wurde in gewaltigem Ausmaß Kapital vernichtet und die **Neuorganisation der internationalen Produktion** mächtig angeschoben. Die staatliche Krisenregulierung förderte die Neuorganisation der internationalen Produktion: durch Gewinnung internationaler Monopole für die Ansiedlung am nationalen Standort unter der Flagge der »*Verbesserung der Rahmenbedingungen für Kapitalinvestitionen*«, durch Privatisierung und zügigen Verkauf profitträchtiger Staatsunternehmen und -beteiligungen sowie durch Förderung des Kapitalexports, vor allem durch steuerliche Begünstigung grenzüberschreitender Fusionen und Übernahmen.

Die staatlichen Maßnahmen konnten aber nur einen Prozess fördern, der in der Realität längst ablief. Die Weltwirtschaftskrise hatte die Neuorganisation der internationalen Produktion zeitweilig gestoppt. Daran konnte keine staatliche Maßnahme etwas ändern. Ein **neuer Schub in der Neuorganisation der internationalen Produktion**, der eine relative Belebung in Gang setzen könnte, ist an eine Erholung der Börsen gebunden. Umgekehrt können sich ohne relative Belebung der Wirtschaft die Aktienkurse nicht nachhaltig erholen. Diese neue Situation sprengt die heutigen Möglichkeiten staatlicher Krisenregulierung. Darüber hinaus ist eine Überwindung der Überproduktionskrise nur um den Preis der

**Verschärfung der internationalen Strukturkrise** möglich. Das verunsichert bürgerliche Ökonomen, die allenthalben »*japanische Verhältnisse*« befürchten.

**Japan** konnte den Einbruch der Industrieproduktion von 1992/93 ebenso wie Deutschland und Frankreich erst 1997 überwinden. Bereits 1998 folgte jedoch in Japan die nächste Überproduktionskrise, deren Einbruch im Jahr 2000 gerade wieder aufgeholt war, als es 2001 zur dritten Überproduktionskrise innerhalb von zehn Jahren kam. 2001 lag die Industrieproduktion Japans um 7,9 Prozent unter dem Stand von 1991. Diese enorme Schwäche der japanischen Wirtschaft stand in engem Zusammenhang mit der anhaltenden Bankenkrise. Das japanische Finanzsystem schleppte einen Berg »fauler Kredite« mit sich herum, deren Gesamtsumme 2001 auf 50 bis 100 Billionen Yen geschätzt wurde (460 bis 920 Milliarden Euro).

In zehn Jahren legte die japanische Regierung zehn Konjunkturprogramme auf mit einem Gesamtumfang von 1200 Milliarden Euro. Die japanische Zentralbank führte eine Zinssenkungsrunde nach der anderen durch, bis sie schließlich bei einer »Nullzinspolitik« angelangt war. Mit diesen bisher beispiellosen staatlichen Maßnahmen sollten die Konsumenten bewogen werden, ihr Geld auszugeben, statt es auf die hohe Kante zu legen. Ebenso sollten Investitionen angeregt werden. Doch wider Erwarten kam es nicht zur Belebung der Wirtschaft, ganz zu schweigen von einem wirtschaftlichen Aufschwung. Angesichts der riesigen Kapitalvernichtung **konnten die staatlichen Programme lediglich die Widersprüche in Spannung halten und den totalen finanziellen Kollaps der japanischen Wirtschaft abwenden**. Ihre Kehrseite war jedoch eine Rekord-Staatsverschuldung von 140 Prozent des Bruttoinlandsprodukts. Da es nicht gelang, eine länger anhaltende relative Belebung herbeizuführen, schlugen die staatlichen Maßnahmen in ihr Gegenteil um und beschleunigten den weiteren wirtschaftlichen Niedergang. Die Wochenzeitung »Die Zeit« beklagte die Sackgasse, in die sich die staatliche Krisenregulierung hineinmanövriert hatte:

*»Null Prozent Zinsen, das gibt's doch gar nicht? Doch, in Japan. Dort verlangt die Notenbank seit Frühjahr 1999 keine Zinsen mehr – ohne Erfolg. Die Wirtschaft schrumpft, und es herrscht Deflation. Die Ohnmacht der Geldpolitik ist es, die die Gilde der modernen Ökonomen schreckt ...«* (»Der Fluch des vielen Geldes«, »Die Zeit«, Nr. 47/2001)

Im Unterschied zur **Inflation**, die Geld im Verhältnis zu Waren entwertet, entwertet die **Deflation** Waren im Verhältnis zum Geld. Die Deflation ist **Ausdruck der gesetzmäßigen Tendenz der Vernichtung überschüssigen Kapitals**. Im Kapitalismus der freien Konkurrenz war der Fall der Warenpreise eine gesetzmäßige Erscheinung der Krisenphase. Dazu schrieb Willi Dickhut in »Krisen und Klassenkampf«:

*»Frühere Überproduktionskrisen waren stets begleitet von starkem Fallen der Warenpreise. Das ist seit den siebziger Jahren* (des 20. Jahrhunderts – Verf.) *nicht mehr der Fall. Auch in Krisenjahren stiegen die Verbraucherpreise ... Das ist eine wesentliche* **Veränderung im Krisenmechanismus** *gegenüber früher.«* (S. 142/143)

Die Inflation als Dauererscheinung beruht auf den staatsmonopolistischen Maßnahmen zur Umverteilung des Nationaleinkommens an die Monopole und auf der Wirkung der Monopolpreise. Die Deflation ist eine Folge der Vernichtungsschlacht der internationalen Monopole, die sich besonders in der Überproduktionskrise verschärfte. Marx machte bereits auf die verheerenden Folgen eines allgemeinen Preisverfalls aufmerksam: Er bringt den Produktionsprozess des Kapitals ins Stocken, der auf bestimmten Preisverhältnissen beruht, unterbricht die Kette der Zahlungsverpflichtungen und zerstört die Funktion des Gelds als Zahlungsmittel. Der Zusammenbruch des Kreditsystems verschärft wiederum die Krise im Reproduktionsprozess. In der »Frankfurter Rundschau« hieß es dazu:

»*Inzwischen weiß man um die Gefahren, die eine Deflation heraufbeschwört. Da erstens die nominalen Zinsen nicht unter Null sinken können, bedeuten fallende Lebenshaltungskosten, dass die realen, also preisbereinigten Zinsen steigen. Dies wiederum bremst die Investitionen mit der Folge, dass die Beschäftigung und die Wirtschaftsleistung zurückgehen.*« (»Frankfurter Rundschau« vom 26. Oktober 2002)

Steigende reale Zinsen erhöhen die Lasten verschuldeter Betriebe und Haushalte. Das kann zu vergrößerten Kreditausfällen der Banken führen. Nachdem alle herkömmlichen Maßnahmen ausgereizt waren, blieb der japanischen Notenbank nur die Möglichkeit, unbegrenzt entwertete Aktien, Anleihen und Immobilien der Monopole aufzukaufen, um so die gesamte Kapitalvernichtung zu verstaatlichen und auf die Massen abzuwälzen.

Auch in den **USA** erzielte die staatliche Krisenregulierung nicht die von bürgerlichen Ökonomen erwarteten Wirkungen. Allein im Jahr 2001 senkte die Notenbank elf Mal die Leitzinsen für Tagesgeld; sie sanken von 6,5 auf 1,75 Prozent, das niedrigste Zinsniveau seit über 40 Jahren. Im Jahr 2002 folgte eine weitere Absenkung auf 1,25 Prozent. Die Zinsen wurden bewusst unter die Inflationsrate gedrückt, sodass ein negativer Realzins herauskam. Damit wurden gezielt Ersparnisse entwertet, was Kaufimpulse auslösen sollte.

Die US-Regierung beschloss darüber hinaus ein Steuersenkungsprogramm im Umfang von 1,2 Billionen US-Dollar bis zum Jahr 2010 und vergab – im Zusammenhang mit der Vorbereitung eines neuen Kriegs gegen den Irak – umfangreiche Rüstungsaufträge. Doch auch diese Maßnahmen bewirkten kein schnelles Ende der Überproduktionskrise. Das billige Geld wurde vielfach für Umschuldungen verwendet und nicht ausgegeben.

Anfang 2003 verkündete US-Präsident Bush ein umfangreiches Wirtschaftsförderungsprogramm (»Wachstums- und Beschäftigungspaket«). Damit sollten in den nächsten zehn Jahren 670 Milliarden US-Dollar, davon allein 98 Milliarden im Jahr 2003, in die Privatwirtschaft gepumpt werden. Kern des Programms war ein völliger Verzicht auf die Besteuerung von Aktiengewinnen. Es zielte offenbar auf die Überwindung der krisenhaften Entwicklung der US-Börsen und war ein üppiges Geschenk an die Reichen und Superreichen. Laut Berechnungen des *Tax Policy Center* (Urban Institute, Brookings Institution) in Washington hatten im Jahr 2003 die nach Einkommen unteren 60 Prozent der Steuerzahler 5 Prozent geringere Steuern zu erwarten, die oberen 20 Prozent der Steuerzahler dagegen 84 Prozent. Bei der um zwei Jahre vorgezogenen Senkung der Lohn- und Einkommensteuer, mit der Konsum und Investitionen angekurbelt werden sollten, durften die unteren 60 Prozent der Steuerzahler auf weniger als 1 Prozent der Steuererleichterungen hoffen, die oberen 20 Prozent hingegen auf fast 94 Prozent. Das oberste Prozent der Steuerzahler strich 54 Prozent der Steuersenkungen ein.

Dass dieses Programm die US-amerikanische Wirtschaft wieder aus der Krise holt, bezweifelten selbst bürgerliche Ökonomen. Denn zum Anstieg des Konsums führt in der Regel eine Erhöhung der unteren und mittleren Einkommen, während die Spitzeneinkommen, die die Hauptprofiteure dieses Konjunkturprogramms waren, eher nach profitablen Kapitalanlagen suchen. Außerdem war fraglich, ob sich der von der Bush-Regierung erwartete Anstieg der Aktienkurse um mehr als 10 Prozent einstellen würde. Dagegen stand schon fest, dass die Staatsverschuldung im Jahr 2003 – auch ohne die Kosten für einen Irak-Krieg – auf 300 Milliarden US-Dollar anwachsen würde. Die Tilgung solcher Schulden geschieht bekanntlich zu Lasten der breiten Massen. Wenn in den USA die nachhaltige wirtschaftliche Belebung ausbleibt, droht eine ähnliche Entwicklung wie in Japan – mit noch weiter reichenden Folgen für die gesamte Weltwirtschaft.

Ein **gemeinsames, international koordiniertes Vorgehen der drei ökonomischen Hauptmächte USA, Japan und EU scheiterte bislang** an der imperialistischen Konkurrenz. Am 20. März 2002 verhängte die US-Regierung Zölle von bis zu 30 Prozent auf Stahlimporte. Die Antwort der EU-Kommission folgte prompt innerhalb einer Woche. Um ihren eigenen Stahlmarkt vor der »Umleitung« internationaler Stahlimporte zu schützen, beschloss sie die Einführung von Mengenbeschränkungen und zusätzliche Zölle auf 15 Stahlsorten. Da die verarbeitende Industrie in den USA auf bestimmte Stahlqualitäten aus Europa dringend angewiesen war, versuchte sie, die neuen Zölle mit Anträgen auf »Ausnahmegenehmigungen« zu unterhöhlen. EU-Länder strengten ein Schlichtungsverfahren bei der Welthandelsorganisation (WTO) an und versuchten, die US-Maßnahmen gänzlich rückgängig zu machen. Zusätzlichen Druck wollten sie mit einer Liste von »Gegenmaßnahmen« ausüben, die gezielt gegen führende US-Unternehmen gerichtet waren und bekannte Markenprodukte treffen sollten, etwa »Levi's« oder »Harley-Davidson«. Ein regelrechter Handelskrieg stand vor der Tür.

Die **Europäische Zentralbank** und die europäischen Regierungen der Euro-Zone verfolgten den Kurs, die Staatsdefizite zu begrenzen und den Kurs des Euro gegenüber dem Dollar zu stärken. Die Europäische Zentralbank beschränkte sich darauf, den Leitzins viermal zu senken: von 4,5 Prozent auf 3,25 Prozent im November 2001. 1999 hatte der Zinssatz noch bei 2,5 Prozent gelegen. Am 5. Dezember 2002 senkte die

Europäische Zentralbank die Leitzinsen weiter auf 2,75 Prozent. Das lag deutlich über dem Niveau in den USA und erst recht über dem in Japan und führte zu einer tendenziellen Aufwertung des Euro gegenüber dem US-Dollar und dem japanischen Yen. Die so beabsichtigte Steigerung der Kapitalimporte verteuerte zugleich die europäischen Waren auf dem Weltmarkt. Das hemmte zusätzlich die krisengeschüttelte Wirtschaft Europas.

**Die deutsche Bundesregierung verzichtete 2001 und 2002 weitgehend auf schuldenfinanzierte Konjunkturprogramme.** Bundesfinanzminister Eichel leistete in einem Interview mit der Zeitschrift »Das Parlament« den Offenbarungseid staatlicher Konjunkturpolitik:

*»Wer glaubt, dass der Staat – sei es über die Steuerpolitik, sei es über die Ausgabenpolitik – in Zeiten offener Märkte Konjunktursteuerung machen könnte, der irrt.«* (»Das Parlament« vom 31. August 2001)

Die Bundesregierung setzte auf die Steuerreform und insbesondere auf die Steuerfreiheit für Gewinne aus Beteiligungsverkäufen. Bis zum Jahr 2005 dürften die Monopole mit Steuergeschenken auf Kosten der Massen im Umfang von 56 Milliarden Euro rechnen.

Die **tiefste, längste und umfassendste Weltwirtschaftskrise** seit der großen Weltwirtschaftskrise 1929 bis 1933 ist Anfang 2003 noch nicht zu Ende. Sie hatte bereits Produktivkräfte in ungeheurem Ausmaß zerstört und so die Destabilisierung der kapitalistischen Gesellschaftsordnung verschärft. Auf den Zusammenhang von Wirtschaftskrise und Verschärfung des Klassenkampfs wies Willi Dickhut in dem Buch »Krisen und Klassenkampf« hin:

*»Jede Wirtschaftskrise löst nicht nur soziale, sondern auch politische Spannungen aus, die das kapitalistische System mehr*

*oder weniger erschüttern. Politische Krisen sind Begleiterscheinungen der Krisen des kapitalistischen Reproduktionsprozesses. Es sind zwei Seiten einer dialektischen Einheit, die in Wechselwirkung miteinander stehen.*

*Je tiefer und umfassender die Wirtschaftskrise ist, desto schärfer auch die politische Krise, das heißt, die Wirtschaftskrise erschüttert die ökonomische Basis, die politische Krise den politischen Überbau. Beide wirken aufeinander ein und finden ihren Niederschlag in Kämpfen der Arbeiterklasse und anderer werktätiger Schichten und in ihrer Höherentwicklung.«* (S. 188)

Die **Desorganisation der staatlichen Krisenregulierung** verschärft die Destabilisierung der kapitalistischen Weltwirtschaft aufs Äußerste. Es wäre jedoch verfehlt, mit einer Situation zu rechnen, die absolut ausweglos für die internationalen Monopole wäre. Sie versuchen immer, die Ausbeutung der Arbeiterklasse weiter zu steigern, um aus der Krise herauszukommen. Die Neuorganisation der internationalen Produktion wird weitergehen, wenn sich die Wirtschaft wieder belebt. Die Möglichkeiten der Internettechnologie, der Telekommunikation, der Bio- und Gentechnologie sind längst nicht ausgeschöpft. Die eigentliche Gefahr für das imperialistische Weltsystem liegt in der Höherentwicklung der Klassenkämpfe und der Herausbildung einer revolutionären Krise, die einen internationalen Charakter haben wird. Willi Dickhut schrieb dazu:

*»Auf der Grundlage von tiefgreifenden wirtschaftlichen und politischen Krisen verschärfen sich die Klassenkämpfe. Zusammenstöße der kämpfenden Massen mit den Organen des Staatsapparats nehmen zu und werden immer härter. Von der Entwicklung solcher Kämpfe hängt es ab, ob sie zu zeitweiliger Niederlage oder zum revolutionären Aufschwung führen und ob dieser in die revolutionäre Krise mündet.*

Unter den heutigen Bedingungen wird eine solche revolutionäre Krise weltweiten Charakter haben, denn die verschiedenen Kämpfe im nationalen Rahmen sind Teile des revolutionären Kampfes der Volksmassen der ganzen Welt. Aufgrund der ungleichmäßigen Entwicklung der Bewegungen in den einzelnen Ländern wird der Zeitpunkt des revolutionären Aufschwungs verschieden sein. Alle diese revolutionären Kämpfe verschärfen die Allgemeine Krise des Kapitalismus derart, daß die Widersprüche im kapitalistischen System auf die Spitze getrieben werden und das Gebäude des Weltkapitalismus in allen Fugen erschüttert wird. Die revolutionäre Weltkrise wird so identisch mit der Allgemeinen Krise des Kapitalismus.« (»Krisen und Klassenkampf«, S. 198/199).

## 5. Der internationale Konkurrenzkampf des Finanzkapitals verhindert wirksame Maßnahmen gegen die globale Umweltkrise

In dem Buch »Der Neokolonialismus und die Veränderungen im nationalen Befreiungskampf« wurde geklärt:

*»Von einer **globalen Umweltkatastrophe** sprechen wir dann, wenn die Zerstörungen im natürlichen Stoffwechsel zwischen Boden, Wasser, Luft, Flora und Fauna ein solches Ausmaß angenommen haben, daß er sein Gleichgewicht verliert und die Grundlagen jeglicher menschlichen Existenz und Produktion vernichtet werden. Heute müssen wir feststellen, daß sich seit Anfang der neunziger Jahre die **Anzeichen eines beginnenden Umschlags in diese Umweltkatastrophe** mehren.«* (Klaus Arnecke/Stefan Engel, »Der Neokolonialismus und die Veränderungen im nationalen Befreiungskampf«, S. 245)

Die Hauptmerkmale dieser Entwicklung sind:
1. der unnatürliche Treibhauseffekt,
2. das »Ozonloch«,
3. die Vernichtung der tropischen Regenwälder und
4. regionale Umweltkatastrophen.

Der Klimabericht der »UN-Kommission über die Klimaveränderungen« (IPCC) von 1995 räumte erstmals die »Verantwortung des Menschen« für diese Entwicklung ein und entwickelte ein Szenario für das Jahr 2100. Danach würden weite Teile der Welt unbewohnbar, wenn die Entwicklung nicht gestoppt würde. Der Klimaforscher Hans-Joachim Schellnhuber vom Potsdam-Institut für Klimafolgenforschung meinte, es sei derzeit noch nicht abzusehen, ob bei einer weiteren Erwärmung der Erde über drei oder vier Grad nicht die

*»... ›gesamte planetarische Maschinerie‹ durcheinander geraten könne. Meeresströmungen wie Golf- oder Nordatlantikstrom, die atlantischen Wärmepumpen, könnten abreißen. Das würde das Klima in Europa trockener und kälter machen. Womöglich werde der ostasiatische Monsun modifiziert. Gleich, ob er stärker oder schwächer werde, sagt Schellnhuber, wären davon zwei Milliarden Menschen betroffen. Berücksichtige man diese Effekte, werde sich die Welt eine Erwärmung des Globus von 1,5, allenfalls zwei Grad Celsius im Mittel erlauben können.«* (»Süddeutsche Zeitung« vom 11. Juli 2001)

Die Auswirkungen einer globalen Umweltkatastrophe auf die Menschen sind auch den Herrschenden bewusst. So formulierte Bundesumweltminister Trittin in einer Regierungserklärung:

*»Die vom Menschen beeinflussten Veränderungen des Klimas treffen uns nicht erst morgen. Sie machen bereits heute Hunderttausende obdachlos. In der Klimapolitik fehlt es nicht an Erkenntnissen. Es fehlt an einem stringenten Handeln der*

*Staatengemeinschaft und insbesondere der Hauptverursacher für diese Entwicklung.«* (Regierungserklärung zur Fünften Vertragsstaatenkonferenz der Klimarahmenkonvention der Vereinten Nationen [UNFCCC] vom 25. Oktober bis 5. November 1999 in Bonn)

Wie wahr! Allerdings dachte Trittin gar nicht daran, die gescheiterte Umweltpolitik seiner eigenen Regierung zu hinterfragen. Er präsentierte sich und die Bundesregierung vielmehr als Vorkämpfer für den Schutz der natürlichen Umwelt, die eine kämpferische Umweltbewegung angeblich überflüssig machten.

Gegen die weltweite Zerstörung der natürlichen Lebensgrundlagen hatte sich in den 1970er und 1980er Jahren eine **internationale Umweltbewegung** entwickelt. Sie war zwar vor allem kleinbürgerlich geprägt, aber doch weitgehend getragen von dem ehrlichen Willen zum aktiven Widerstand gegen die fortschreitende Umweltzerstörung.

Mit dem Beginn der Neuorganisation der internationalen Produktion starteten namhafte bürgerliche Politiker eine Offensive des imperialistischen Ökologismus. Ihnen ging es darum, die kleinbürgerliche Umweltbewegung zu zersetzen bzw. sie auf die Seite des internationalen Monopolkapitals herüberzuziehen. Zum internationalen Manifest des imperialistischen Ökologismus wurde das Buch des ehemaligen US-Vizepräsidenten Al Gore »Wege zum Gleichgewicht – Ein Marshallplan für die Erde«. Darin forderte er ein abgestimmtes Vorgehen der imperialistischen Staaten zur Rettung des ökologischen Weltsystems. Unter anderem hieß es:

*»Insbesondere könnten die Vereinten Nationen, um die Entstehung weltweiter Vereinbarungen zu überwachen, die Einrichtung eines Rates in Betracht ziehen, der sich mit globalen Umweltproblemen befaßt ... Ein solches Gremium könnte immer nützlicher und sogar unentbehrlich werden, wenn die Umwelt-*

*krise in vollem Umfang ausbricht. In ähnlicher Weise wäre es auch klug, eine Tradition jährlicher Umwelt-Gipfeltreffen ins Leben zu rufen, ähnlich den heutigen Weltwirtschaftsgipfeln ...«* (Deutsche Ausgabe 1992, S. 304)

In Deutschland wurde der »ökologische Marshallplan« von Vertretern der kleinbürgerlichen Umweltbewegung freudig aufgegriffen, so zum Beispiel von Joschka Fischer, Jo Leinen und Franz Alt. In Anlehnung an Al Gore verbreiteten sie die illusionäre Forderung einer Versöhnung der kapitalistischen Ökonomie und der Ökologie durch die Einführung einer so genannten »ökologischen Marktwirtschaft«. In dem Buch »Der Kampf um die Denkweise in der Arbeiterbewegung« wurde diese »ökologische Marktwirtschaft« so bewertet:

*»Danach sollen die Kosten der Umweltzerstörung vor allem durch eine ökologische Steuerreform in die staatlichen und betrieblichen Bilanzen eingehen. Während die Lasten der Umweltzerstörung so auch finanziell auf die Massen abgewälzt werden, wird den Monopolen mit Steuererleichterungen ein Profitanreiz für Umweltinvestitionen in Aussicht gestellt.«* (Stefan Engel, »Der Kampf um die Denkweise in der Arbeiterbewegung«, S. 172)

Die ganze Aufmerksamkeit der Umweltschützer wurde auf die offiziellen UN-Umweltkonferenzen gelenkt, die mit der »UN-Konferenz Umwelt und Entwicklung« 1992 in Rio de Janeiro begannen. Ihr Hauptzweck war und ist, vom Profitstreben der Monopole als Hauptverursacher der globalen Umweltprobleme abzulenken. Dazu sollte der Eindruck vermittelt werden, dass sich die Regierungen dieses Menschheitsproblems im Interesse des Überlebens der Menschheit annehmen würden. Es gelang auf diese Weise tatsächlich, dass die kleinbürgerliche Umweltbewegung international abebbte.

Im Jahr 2002 fand in Johannesburg mit mehr als 50 000 Teilnehmern aus 191 Staaten der größte UN-Gipfel aller Zeiten statt. Er wurde auch ein Gipfel der Anbiederung der kleinbürgerlichen Umweltbewegung an die Verantwortlichen für die Umweltkatastrophen. Greenpeace legte dort, zusammen mit dem »Welt-Wirtschaftsrat für nachhaltige Entwicklung« (WBCSD), einen »gemeinsamen Aufruf zum Handeln« vor. Der WBCSD wurde 1992 von dem Schweizer Industriellen Stephan Schmidtheiny gegründet, *»um auch das ›Big Business‹ mit Nachhaltigkeit in Verbindung zu bringen«* (»Frankfurter Rundschau« vom 30. August 2002). 160 internationale Monopole wurden Mitglied im WBCSD. Dazu gehören auch solche angeblichen »Erzfeinde« von Greenpeace wie BP und Shell sowie DaimlerChrysler, General Motors, Ford, Bayer und BASF.

Was in Wirklichkeit aus den regierungsamtlichen Initiativen zur Rettung der natürlichen Umwelt wurde, macht eine Bilanz der Entwicklung der Umwelt seit der Konferenz in Rio de Janeiro deutlich.

## Der Treibhauseffekt, eine krisenhafte Veränderung der Erdatmosphäre

Im 20. Jahrhundert stiegen die Durchschnittstemperaturen weltweit um 0,6 Grad Celsius an. Selbst ein UN-Bericht (IPCC, 2001) sprach von *»neuen und stärkeren Beweisen«*, dass der überwiegende Teil der globalen Erwärmung der letzten 50 Jahre durch menschliches Verhalten verursacht wurde. Dieses wiederum ist durch die kapitalistische Produktionsweise und die kapitalistische Gesellschaft geprägt. Die Internationalisierung der Produktion, vor allem die Neuorganisierung der internationalen Produktion, hat die krisenhafte Klimaveränderung weiter beschleunigt. Die USA allein sind für ein Viertel des weltweiten Ausstoßes von Treibhausgasen verantwortlich. Insgesamt produzieren die führenden imperialistischen Staaten fast zwei Drittel aller $CO_2$-Emissionen, das ärmste Fünftel der Weltbevölkerung dagegen nur zwei Prozent. Die

1990er Jahre waren das wärmste Jahrzehnt des vergangenen Jahrtausends.

Die Zielvorgaben des Kyoto-Protokolls von 1997 zur Reduzierung der Treibhausgase beruhten von vornherein auf einer faulen Grundlage. Während Wissenschaftler forderten, die $CO_2$-Emissionen in den nächsten 100 Jahren auf Null zu reduzieren, sah das Kyoto-Protokoll nur eine Reduzierung bis 2012 auf 5,2 Prozent unter dem Niveau von 1990 vor. Nach Meinung des Klimaforschers Hans-Joachim Schellnhuber müsste es aber gelingen, die Konzentration des Treibhausgases Kohlendioxid in der Atmosphäre keinesfalls über 500 Volumenanteile pro Million (500 ppmv) ansteigen zu lassen. 2001 lag die Konzentration bei 370 ppmv:

*»Selbst wenn sich der $CO_2$-Wert stabilisieren lasse, werde es noch einen ›Rest von Klimawandel‹ geben, an den sich die ›Völker der Welt‹ anzupassen hätten. Sie müssten höhere Deiche bauen und neue Wasserressourcen erschließen. Sie müssten die Landwirtschaft umstellen und die Städte so umbauen, dass in ihnen das Leben auch unter den neuen Bedingungen erträglich sei. Es werde unter Umständen so sein, als habe sich Deutschland fünf Breitengrade nach Süden verschoben. Zusammengenommen beliefen sich die Kosten auf schätzungsweise 100 Milliarden US-Dollar pro Jahr.«* (»Süddeutsche Zeitung« vom 11. Juli 2001)

Ein Blick auf die $CO_2$-Emissionen der wichtigsten Länder zeigt, dass die meisten gar nicht daran denken, selbst diese unzureichenden Zielvorgaben einzuhalten. Gerade in führenden imperialistischen Staaten haben die Emissionen zugenommen.

Das Weltklima wurde längst zum Gegenstand des Konkurrenzkampfs der internationalen Monopole: So musste die Weltklimakonferenz von Den Haag im November 2000 wegen nicht beizulegender Gegensätze zwischen der EU und den USA

**Tabelle 65:**
**Emissionen von Treibhausgasen in Industriestaaten in 1 000 t $CO_2$-Äquivalenten**[1]

|  | 1998 | gegenüber 1990 in % | Ziel 2008–2012 in % von 1990 |
|---|---|---|---|
| USA | 6 726 997 | 11,2 | –7 |
| Japan | 1 330 555 | 9,7 | –6 |
| Deutschland | 1 019 745 | –15,6 | –21 |
| Großbritannien | 679 850 | –8,3 | –12,5 |
| Kanada | 692 230 | 13,2 | –6 |
| Frankreich | 558 726 | 0,9 | 0 |
| Australien | 484 699 | 14,5 | 8 |
| Niederlande | 236 251 | 8,4 | –6 |

[1] Emission der sechs durch das Kyoto-Protokoll erfassten Treibhausgase ohne Berücksichtigung von Wäldern und Landnutzungsänderungen
Quelle: UNO, in: Fischer Weltalmanach 2002

ergebnislos vertagt werden. Den vorläufigen Höhepunkt bildete der völlige Ausstieg der USA aus dem Kyoto-Protokoll im März 2001 – ein Ausdruck der bedingungslosen Unterordnung der US-Regierung unter die Profitinteressen der amerikanischen Energiemonopole. Entsprechend sah das Energiekonzept der Bush-Regierung den Bau von bis zu 1 900 Kohle-, Öl- und Gaskraftwerken oder Atomkraftwerken bis 2020 vor sowie die verstärkte Ausbeutung neuer Öl- und Gasvorkommen – auch in den bedeutendsten Naturschutzgebieten Alaskas.

Entgegen allen scheinheiligen Erklärungen des Bundesumweltministers Trittin sind es die Profitinteressen der internationalen Monopole, die die Umweltpolitik der Schröder/Fischer-Regierung bestimmen. So kehrte sie oft den Erfolg einer $CO_2$-Reduktion von zirka 15 Prozent in Deutschland hervor. Dabei war der größte Anteil davon auf die rigorose Demontage umweltbelastender Schwerindustrie-Anlagen der ehemaligen DDR zurückzuführen. Im Jahr 2000 stieg der $CO_2$-Ausstoß in der BRD bereits wieder auf 862,6 Millionen Jahrestonnen im Vergleich zu 853,9 Millionen Jahrestonnen 1999.

Das Image des vorbildlichen Umweltschützers nutzt die Regierung auch, um demagogisch die massiven staatlichen Subventionen für die Monopole zu rechtfertigen, die in der Umwelttechnologie tätig sind. Bei Produkten für den Umweltschutz lag Deutschland 1999 mit einem Welthandelsanteil von 17,5 Prozent auf dem zweiten Platz hinter den USA (18 Prozent) und vor Japan (13 Prozent). Über 10 000 Unternehmen bieten in Deutschland Produkte und Dienstleistungen im Bereich Umweltschutz an, Jahr für Jahr werden Waren im Wert von rund 20 Milliarden Euro exportiert. In der »Frankfurter Rundschau« war zu lesen:

*»Das Jahr 2000 wird* (in Deutschland – Verf.) *als ein Jahr der Goldgräberstimmung in die Geschichte der erneuerbaren Energien eingehen: ein ungebremster Windboom, eine Nachfrage nach Photovoltaik, die von den Herstellern kaum zu befriedigen ist, zweistellige Zuwachsraten beim Bau von Sonnenkollektoren, Erdwärme und Biomasse im Aufschwung.«* (25. Juli 2000)

In Deutschland standen schon 2002 mehr als 12 000 Windräder, so viele wie in keinem anderen Land. Mit einer Gesamtleistung von annähernd 10 000 Megawatt hatten sie ungefähr die Hälfte der Kapazität der deutschen Atomkraftwerke. Vor diesem Hintergrund konnte sich Deutschland mit einem Weltmarktanteil von etwa 34 Prozent die internationale Spitzenposition beim Bau von Windkraftanlagen erkämpfen, vor den USA mit zirka 25 Prozent und Spanien mit zirka 15 Prozent. Mit riesigen Windkraftanlagen in der Nordsee (»Offshore-Parks«) sollten nach den Vorstellungen der Energiemonopole künftig 80 bis 90 Milliarden Kilowattstunden, das sind rund 20 Prozent des deutschen Strombedarfs, erzeugt werden.

Besonderen Eifer beim Verfolgen der Interessen deutscher Monopole bewies die Bundesregierung mit dem so genannten »Atomkonsens« vom 11. Juni 2001: Er war kein Beschluss zur sofortigen Abschaltung aller Atomkraftwerke in Deutschland, sondern im Gegenteil eine Bestandsgarantie für teils längst schrottreife Atommeiler und eine Absenkung von Sicherheitsbestimmungen. Der »Atomkonsens« war außerdem der Einstieg in ein koordiniertes Atomprogramm der internationalen Energiemonopole. So sollte mit der Fusion von Siemens und dem französischen Framatome-Konzern ein weltweiter Marktführer in der Atomtechnologie entstehen.

Die deutschen Monopole sind, wenn es um ihre Profitinteressen geht, selbstverständlich bereit, diese auf Kosten der Umwelt durchzusetzen. Unter der Überschrift »*Unter dem Druck der Chemielobby wird die EU-Kommission weich*« berichtete die »Frankfurter Rundschau« am 7. November 2002 von massiven Interventionen der Chemiemonopole, deren Einspruch gegen dringend gebotene, schärfere Zulassungsverfahren für Chemikalien erfolgreich war. Zahlreiche derartige Vorkommnisse strafen das Märchen von der »umweltfreundlichen deutschen Industrie« Lügen.

Bei der Fortsetzung des Den Haag-Gipfels in Bonn vom 16. bis 27. Juli 2001 wurden wichtige Forderungen für den Umweltschutz aufgeweicht. Seitdem können imperialistische Staaten den neokolonial abhängigen Ländern nicht genutzte »Verschmutzungsrechte« abkaufen und müssen dann die vereinbarten $CO_2$-Einsparungen nicht mehr selbst vornehmen. Außerdem dürfen sie ihre Wälder und bestimmte landwirtschaftliche Flächen als »Kohlenstoffspeicher« (»$CO_2$-Senken«) auf ihre Klimaschutzziele anrechnen lassen (ein Vorteil vor allem für Japan, Kanada und Russland). Die Weltbank schätzte 2002 den Umfang des »Emissionshandels« auf etwa 100 Millionen US-Dollar, bis zum Ende des Jahrzehnts soll er jedoch ein

Volumen von 250 bis 500 Milliarden US-Dollar im Jahr erreichen. Der »Bonner Kompromiss« – offiziell als »Rettung des Kyoto-Protokolls« gefeiert – war in Wirklichkeit **eine Bankrotterklärung, eine Ablehnung der Rettung des Weltklimas durch den Imperialismus.**

### Das »Ozonloch«

Im September 1987 wurde das internationale »Montrealer Protokoll« verabschiedet. Es sollte die schrittweise Reduzierung der Produktion und Anwendung von Substanzen regeln, die die Ozonschicht zerstören. Wissenschaftliche Prognosen gingen davon aus, dass sich die Ozonschicht etwa bis zum Jahr 2050 weitgehend regenerieren könnte, wenn sämtliche Länder das Protokoll erfüllten. In der Praxis scheitern solche Vorhaben allerdings an den Monopolen, die gar nicht daran denken, ihre Profitgier zugunsten der Umwelt freiwillig einzuschränken.

Seit 1994 nahm die Gesamtmenge der ozonschädigenden Substanzen in der Atmosphäre langsam ab. Trotzdem konnte sich **die Ozonschicht nicht nennenswert regenerieren**. Das lag zum einen an der langen Verweildauer der ozonschädigenden Substanzen in der Stratosphäre. Zum anderen war aufgrund unterschiedlicher Zeitpläne für die imperialistischen und die neokolonial abhängigen Länder ein internationaler illegaler Handel mit solchen Substanzen entstanden. Er unterminierte die Wirksamkeit des Montrealer Protokolls. In abhängigen Ländern legal produzierte Chemikalien wurden nach Nordamerika und Europa exportiert, wo sie zwar nicht hergestellt werden durften, aber immer noch sehr gefragt waren, zum Beispiel für den Einsatz in Klimaanlagen, Kühlschränken und anderen Geräten. Schätzungen gingen davon aus, dass Mitte der 1990er Jahre jährlich 16 000 bis 38 000 Tonnen dieser Substanzen, das waren 15 Prozent der Weltproduktion, illegal in die imperialistischen Staaten importiert wurden.

Besonders dramatisch entwickelten sich die Verhältnisse über der Antarktis. Im Jahr 2000 erreichte das Ozonloch dort Rekordwerte. Es trat bereits im September auf und dehnte sich auf die vierfache Größe von Australien aus.

## Die Vernichtung der tropischen Regenwälder

Auch der Schutz der tropischen Regenwälder machte seit der Umweltkonferenz in Rio de Janeiro keine Fortschritte. **Eine verbindliche internationale Übereinkunft zum Schutz der globalen Wälder** steht immer noch aus. Deshalb konnte sich der Raubbau an den tropischen Regenwäldern in den 1990er Jahren nahezu unvermindert fortsetzen. Nach Angaben der FAO (Welternährungsorganisation) wurden zwischen 1990 und 1995 jedes Jahr durchschnittlich 12,9 Millionen Hektar Regenwald vernichtet; das waren 0,9 Prozent des gesamten Waldbestands und entsprach etwa der Fläche Österreichs und

**Schaubild 29:**
**Waldflächen nach Regionen, 1996 (in Millionen km²)**

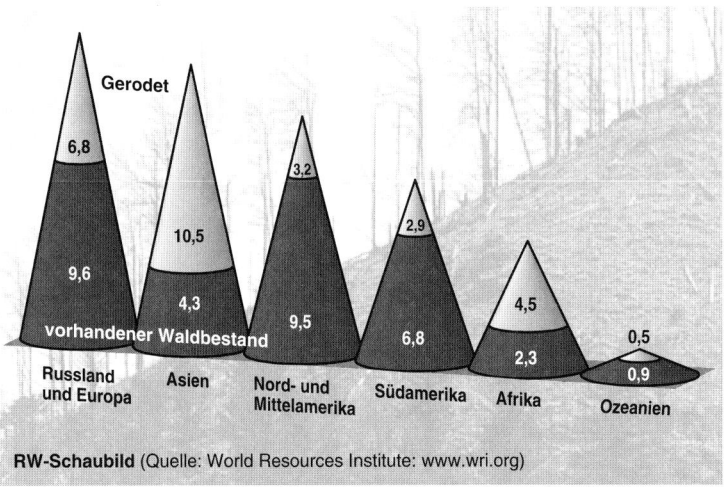

RW-Schaubild (Quelle: World Resources Institute: www.wri.org)

der Schweiz zusammen. Fast die Hälfte der Wälder, die früher einmal die Erde bedeckten, wurde bis zum Ende des 20. Jahrhunderts abgeholzt (Schaubild 29).

Der Raubbau an den tropischen Regenwäldern war vor allem auf die Profitinteressen von internationalen Monopolen und Großgrundbesitzern zurückzuführen. Brandrodungen zur Gewinnung von Acker- und Weideland, Einschlag von Tropenholz und Abbau von Bodenschätzen waren die Hauptursachen. Auch die Ausweitung des Sojabohnenanbaus auf Grund der steigenden Nachfrage nach Pflanzenölen und Eiweißfuttermitteln ging auf Kosten der Waldfläche, zum Beispiel in Brasilien.

Im Zusammenhang mit der Neuorganisation der internationalen Produktion wurden in den 1990er Jahren etliche internationale Handelsrestriktionen und Zölle für Holz gelockert, während regionale und globale Handelsabkommen ausgeweitet wurden.

Die Abhängigkeit vieler armer Länder von den internationalen Holzmonopolen war oft erdrückend. Die Investitionen der Holzkonzerne in Surinam betrugen über 500 Millionen US-Dollar und entsprachen nahezu der gesamten jährlichen Produktion dieses kleinen südamerikanischen Lands. Die Landbesitzer auf den Salomoninseln im Indischen Ozean erhielten für ihr Holz 2,70 US-Dollar pro Kubikmeter, auf dem Weltmarkt wurde es dann für 350 US-Dollar pro Kubikmeter weiterverkauft. Die Monopole diktierten den armen Ländern Bedingungen, die ihnen Maximalprofite sicherten.

Im Hinblick auf die weltweite Lage der Wälder, insbesondere des tropischen Regenwalds, kam der Bericht des Worldwatch Instituts »Zur Lage der Welt 1998« zusammenfassend zu dem Schluss: *»Seit Rio hat sich die Situation de facto verschlimmert.«* (Janet N. Abramovitz, World Watch Institute Report 1998, S. 76)

Das Scheitern der Umweltpolitik der UNO war auf die Verschärfung des Konkurrenzkampfs des internationalen Finanzkapitals und der führenden imperialistischen Staaten zurückzuführen. Nicht erst in Zukunft, sondern heute schon kann man die immer schlimmeren Auswirkungen der imperialistischen Umweltpolitik auf die menschliche Gesellschaft beobachten.

## Deutliche Zunahme regionaler Umweltkatastrophen

Die Anzahl großer Naturkatastrophen nahm in den letzten Jahrzehnten des 20. Jahrhunderts sprunghaft zu. Mit weltweit 850 Katastrophen im Jahr 2000 wurden hundert mehr als im bisherigen Rekordjahr 1999 und zweihundert mehr als im Mittel der 1990er Jahre registriert. In den 1990er Jahren beliefen sich die finanziellen Verluste auf 608 Milliarden US-Dollar. Das war mehr als das Dreifache der Schadenssumme aus den 1980er Jahren, fast das Neunfache der aus den 1960er Jahren und mehr als das Fünfzehnfache der Summe aus den 1950er Jahren. Das Buch »Globale Trends 2002« wies darauf hin:

*»In einer Detailbetrachtung zeigt sich, dass vor allem jene Katastrophen, die mit dem globalen Klimawandel in Zusammenhang gebracht werden können, zwischen 1950 und 1999 stark angestiegen sind: Hitze- und Kältewellen, aber auch Hurrikane und Fluten.«* (S. 363)

Die Zahl der Naturkatastrophen (Dürre, Fluten, Stürme usw.) stieg von 360 in den 1950er Jahren auf 2 799 in den 1990er Jahren, also um 678 Prozent.

Zwischen 1985 und 1999 starben nahezu 561 000 Menschen bei Naturkatastrophen. Überschwemmungen forderten knapp die Hälfte aller Opfer. Asien hatte zwischen 1985 und 1999 mit 45 Prozent weltweit die schwerste Last an den katastrophenbedingten volkswirtschaftlichen Verlusten zu tragen. Nordamerika war mit 33 Prozent, Europa mit 12 Prozent beteiligt.

**Schaubild 30:**
**Steigende Zahl großer Katastrophen in den letzten Jahrzehnten (Anzahl / in Milliarden US-Dollar)**

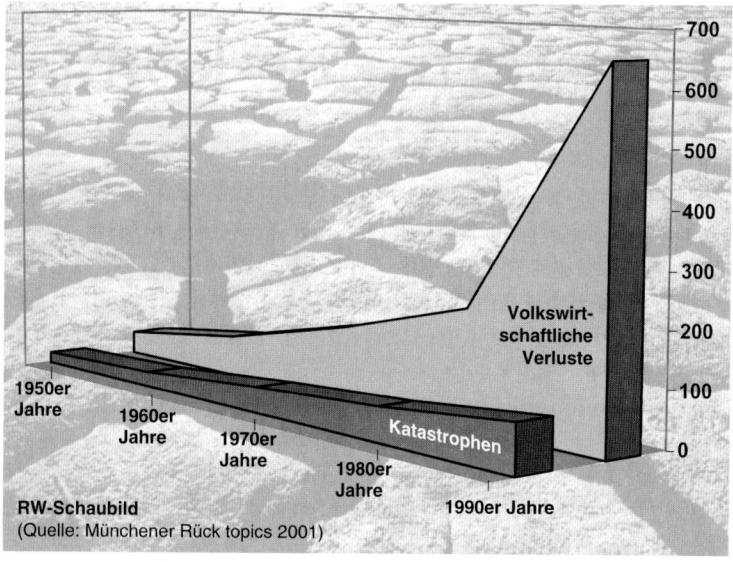

RW-Schaubild
(Quelle: Münchener Rück topics 2001)

Die volkswirtschaftlichen Verluste trafen die ärmsten der vom Imperialismus ausgebeuteten und unterdrückten Länder am härtesten. Zwar trugen die imperialistischen Staaten zwischen 1985 und 1999 57,3 Prozent der katastrophenbedingten wirtschaftlichen Kosten, das entsprach aber nur einem Anteil von 2,5 Prozent an ihrem Bruttoinlandsprodukt. Der Anteil von 24,4 Prozent der weltweiten katastrophenbedingten Kosten, der auf die ärmsten abhängigen Länder entfiel, machte dagegen 13,4 Prozent an ihrem Bruttoinlandsprodukt aus.

**Länderübergreifende neue Seuchen mit dramatischen Auswirkungen**

Alte Seuchen wie Tuberkulose und Masern bei Menschen oder Maul- und Klauenseuche bei Tieren lebten wieder auf.

Daneben traten vermehrt **neue Krankheitserscheinungen** auf, die die globale Umweltkrise verschärften und das Leben ganzer Landstriche bedrohen.

Diese Seuchen standen in engem Zusammenhang mit Klimaveränderungen. Die globale Erwärmung begünstigt die Verbreitung wärmeliebender Krankheitserreger bzw. die ihrer Überträger. Malaria oder Leishmaniose kamen früher nur in mediterranen oder tropischen Regionen vor. Einzelne Krankheitsfälle von Leishmaniose wurden aber auch in Deutschland festgestellt und ihr Überträger, die Sandmücke, konnte zwischen Freiburg und Basel nachgewiesen werden. Eine ähnliche Entwicklung steht für Malaria zu befürchten, denn eine Erhöhung der Durchschnittstemperaturen könnte die Erreger auch in Deutschland bis zum infektiösen Stadium heranreifen lassen.

Mit der Neuorganisation der internationalen Produktion ist eine Öffnung der Grenzen und intensiver globaler Handelsverkehr verbunden, was die Weiterverbreitung von Krankheiten ebenfalls begünstigt.

Auch von genmanipulierten Organismen kann Gefahr für Menschen und Lebensräume ausgehen. So kann die unkontrollierte Verbreitung von Pflanzen mit künstlichen Genen, die sie gegen Schädlinge und Krankheitserreger resistent machen sollen, zum Beispiel zur Unwirksamkeit von Antibiotika bei der Behandlung von Infektionskrankheiten führen.

Selbst die Verwendung genmanipulierter Organismen als **biologische Waffe** ist für den Imperialismus kein Tabu, wie die Serie von Anschlägen mit Milzbranderregern im September 2001 in den USA belegte. Sie stammten nachweislich aus einem Geheimlabor des US-Geheimdienstes CIA. Das Fernseh-Magazin »Monitor« enthüllte am 17. Januar 2002:

*»Denn die Ermittler in Amerika gingen von Anfang an davon aus, dass der Täter nicht bei Bin Ladens Al Qaida-Terroristen*

*zu finden ist, sondern in Amerika. Schon bald war klar: Die wahre Geschichte der Milzbrand-Briefe hatte hier in Fort Detrick begonnen. In diesen geheimen Militärlabors experimentierten jahrzehntelang Wissenschaftler mit tödlichen biologischen Waffen, darunter auch, wie man inzwischen weiß, mit genau jenem Milzbrand-Erreger, der in den USA für die Anschläge verwendet wurde.«* (Internetprotokoll der Monitorsendung Nr. 486 vom 17. Oktober 2002)

Ende 2001 waren nach Angaben der Weltgesundheitsorganisation (WHO) 40 Millionen Menschen weltweit mit dem AIDS-Virus infiziert, in der BRD 38 000 Menschen. 24,8 Millionen Menschen starben bereits an AIDS. Über 70 Prozent aller Infizierten lebten in Afrika südlich der Sahara. Die Krankheit bringt in den neokolonial abhängigen Ländern ganze Volkswirtschaften an den Rand des Zusammenbruchs, nicht zuletzt, weil AIDS die Produktion und Reproduktion des menschlichen Lebens massiv gefährdet. Ende 2001 gab es weltweit 14 Millionen AIDS-Waisen; 800 000 Kinder wurden neu infiziert, fast alle durch Mutter-Kind-Übertragung. Unter der Überschrift *»UN: Wir haben AIDS gewaltig unterschätzt«* zitierte die *»Westdeutsche Allgemeine Zeitung«* einen offiziellen UN-Bericht, der mit 68 Millionen AIDS-Toten bis 2020 rechnete und auf eine rasende Ausbreitung der Seuche in China, Indonesien, Indien und Osteuropa hinwies. (3. Juli 2002)

Die AIDS-Seuche untergräbt teilweise auch die Produktionsbasis der internationalen Monopole. Zum Beispiel sind inzwischen 23 Prozent der Arbeiter in den südafrikanischen Bergwerken infiziert. Das kann den Monopolen in Verbindung mit Kämpfen der Massen einige Zugeständnisse abnötigen, etwa Preisnachlässe für AIDS-Medikamente oder Versorgung der Arbeiter mit solchen Medikamenten. Das ändert jedoch nichts an dem grundsätzlichen Problem.

Erdrückende Indizien weisen darauf hin, dass auch das AIDS-Virus (HIV) eine im Auftrag des Pentagon hergestellte, aber missglückte Biowaffe ist. Natürlich wird von den US-Imperialisten und ihren Verbündeten in den imperialistischen Ländern alles getan, um von den wirklichen Ursachen des AIDS abzulenken. Der von den erkrankten Menschen eingeforderte Schadensersatz könnte selbst die führende Wirtschaftsmacht USA in den Bankrott treiben. Eine unwiderlegliche und allgemein anerkannte Überführung des US-Imperialismus als Verantwortlicher für Ausbruch und Verbreitung von AIDS würde ihn weltweit politisch isolieren.

Der »**Rinderwahnsinn**« entwickelte sich, ausgehend von Großbritannien in den 1990er Jahren, zu einer Seuche mit der Tendenz zur weltweiten Ausbreitung. Bis zur Jahresmitte 2002 wurden in Großbritannien offiziell mehr als 180 000 Erkrankungen bei Rindern registriert, in Deutschland 187. Kaum ein europäisches Land blieb von der Seuche verschont. Wo und wieweit BSE weltweit verbreitet ist, bleibt unbekannt, wissenschaftlich zuverlässige Erhebungen gibt es nicht. Aber der Nachweis von BSE sogar in Japan, das mit geradezu hysterischer Ängstlichkeit über seinen nationalen Fleischmarkt wacht, zerstörte alle Hoffnungen, dass BSE an den Grenzen Europas Halt machen würde.

Zu einer besonderen Bedrohung der Menschen wird BSE dadurch, dass es über die Nahrung auf andere Tierarten und auch auf Menschen übertragen werden kann. Beim Menschen ruft es eine neue Variante der Creutzfeldt-Jacob-Krankheit hervor. Weltweit wurden bis Mitte 2002 bereits 120 Todesfälle registriert, die meisten davon in Großbritannien. Das wahre Ausmaß der Infektionen ist jedoch kaum abzuschätzen, da diese Krankheit auch erst fünf bis 35 Jahre nach Übertragung der Erreger ausbrechen kann.

Der BSE-Erreger entstand nach jetzigem Wissensstand aus dem Erreger der Schafskrankheit Scrapie. Schon seit langem war es üblich geworden, verendete Tiere oder Abfälle von geschlachteten Tieren zu »Tiermehl« zu verarbeiten und dieses an andere Tiere zu verfüttern. Zu Beginn der 1980er Jahre senkten britische Futtermittelkonzerne aus Profitgründen die Verarbeitungstemperatur massiv ab, sodass Scrapie-Erreger in Schafskadavern nicht vollständig abgetötet wurden und über das Futter auf Rinder überwechseln konnten.

Der Erreger der BSE-Seuche ist nach anerkanntem Stand der Wissenschaft kein herkömmlicher Krankheitskeim (kein Bakterium, Virus oder Pilz), sondern ein krankhaft verändertes infektiöses Eiweiß (»Prion«). Das in den letzten Jahren gehäufte Auftreten derartiger Krankheiten mit degenerativen Veränderungen von Eiweißen, zu denen auch die Alzheimer-Krankheit gehört, muss als Indiz für eine **Verschärfung der Umweltkrise** gewertet werden.

### Ein Fazit

Zehn Jahre nach dem Umweltgipfel von Rio de Janeiro ist festzustellen: **Wirksame Maßnahmen gegen die globale Umweltkrise wurden nicht durchgesetzt.** Seit Beginn der 1990er Jahre ging die Neuorganisation der internationalen kapitalistischen Produktion im Gegenteil Hand in Hand mit dem Fortgang des **ungebremsten Umschlagens der Umweltkrise** in eine **globale Umweltkatastrophe**.

Das ökologische System der Welt hat sich im Lauf von Jahrtausenden entwickelt. Die letzte Eiszeit in Europa ging vor zirka 12 000 Jahren zu Ende, sie hatte 150 000 Jahre lang gedauert. Die prognostizierte weitere Erwärmung der Erde zwischen 1,4 und 5,8 Grad Celsius in den nächsten hundert Jahren entspricht ungefähr dem Temperaturunterschied zwischen dem Ende der letzten Eiszeit und heute.

Die grundsätzlich vorhandene Plastizität und Anpassungsfähigkeit des ökologischen Weltsystems ist primär an geologische Zeitabläufe gebunden. Die Veränderungen der Umwelt, die wir als aktuelle Umweltkrise erleben und die im Vergleich zur Erdgeschichte in »Sekundenschnelle« ablaufen, überfordern aber die Fähigkeit des globalen Systems zur Selbsterhaltung und Selbstregulation. Sie führen in zunehmendem Grad zur unkontrollierten Entfaltung der Widersprüche zwischen Mensch und Natur mit zum Teil katastrophalen Auswirkungen auf die Lebensbedingungen der Menschheit. Die Welt ist ein vernetztes System, jede Veränderung eines seiner Elemente (z. B. des Klimas) beeinflusst das Ganze. Schon Friedrich Engels schrieb:

*»Denn in der Natur geschieht nichts vereinzelt. Jedes wirkt aufs andre und umgekehrt, und es ist meist das Vergessen dieser allseitigen Bewegung und Wechselwirkung, das unsre Naturforscher verhindert, in den einfachsten Dingen klarzusehn.«*
(Marx/Engels, Werke, Bd. 20, S. 451)

Die zunehmende »Unordnung« im globalen Haushalt der Natur zerstört bereits jetzt die Lebensgrundlagen vieler Menschen und kann auch für den zukünftigen Aufbau des Sozialismus zu einer schweren Hypothek werden. Umso wichtiger ist es, Sofortmaßnahmen zu ergreifen, die dem weiteren Prozess des Umschlags in eine globale Umweltkatastrophe Einhalt gebieten. Bereits 1984 betonte Willi Dickhut deshalb:

*»Die notwendigen allseitigen Maßnahmen zur Verhinderung einer Umweltkatastrophe lassen sich nur im aktiven Widerstand der werktätigen Massen gegen das Profitstreben der Monopole und ihrer jeweiligen Monopolregierung durchsetzen. Dies **kann** und **muß** gelingen, soll die Einheit von Mensch und Natur nicht unwiederbringlich zerstört werden.«* (»Krisen und Klassenkampf«, S. 184)

## 6. Die internationale Tendenz zur Auflösung der bürgerlichen Familienordnung

Die Funktionsfähigkeit der kapitalistischen Gesellschaftsordnung beruht auf der Ausbeutung der Lohnarbeit und auf der bürgerlichen Staats- und Familienordnung. Im »Programm der Marxistisch-Leninistischen Partei Deutschlands« heißt es dazu:

*»Die bürgerliche Familienordnung ist das unverzichtbare Gegenstück zur kapitalistischen Ausbeutung der Lohnarbeit. Das gesellschaftliche Leben ist vollständig dem gesellschaftlichen Prozess der Maximalprofit bringenden Produktion von Waren unterworfen, während die Organisierung des unmittelbaren Lebens der privaten Einzelfamilie auferlegt ist.«* (S. 7)

Der Siegeszug des Kapitalismus über die alte feudale Ordnung war untrennbar mit der **Einführung der bürgerlichen Familienordnung** verbunden. Im Zeitalter des Kolonialismus waren es vor allem die Missionare, ihre Frauen und die Missionsschulen, die nach der Eroberung durch imperialistische Mächte die bürgerliche Familienordnung in den Kolonialländern einführten. In Japan als schnell aufstrebender Industriemacht wurde sie 1898 und 1947 in zwei Gesetzeswerken verankert und dann unter dem Druck der Besatzungsmacht USA durchgesetzt. Im Mittelpunkt stand die Einführung der bürgerlichen Kleinfamilie, des bürgerlichen Eigentums- und Erbrechts. Der Frau wurde die Verantwortung für die Hauswirtschaft und die Kindererziehung auferlegt, sie wurde zur Monogamie gezwungen und zur Unterordnung unter den Mann in der Familie.

## Die massenhafte Einbeziehung von Frauen in die internationale Produktion

Mit der Entwicklung der Produktivkräfte in den neokolonialen Ländern und dem gesteigerten Kapitalexport bekamen die multinationalen Konzerne verstärktes Interesse an weiblichen Arbeitskräften in Industrie und Handel. Die Rekrutierung zahlreicher Lohnarbeiterinnen erfolgte zeitgleich mit der beginnenden Industrialisierung der Landwirtschaft in den Entwicklungsländern. Diese zerstörte tendenziell die kleinbäuerliche, vor allem von Frauen getragene Selbstversorgungswirtschaft und rief eine massenhafte Landflucht hervor. Weltweit stieg die Erwerbstätigkeit von Frauen erheblich an. Die höchsten Zuwachsraten gab es in den Ländern und Regionen, in denen die kapitalistische Industrialisierung die kleinbäuerliche Landwirtschaft am schnellsten und gründlichsten verdrängte. Das war vor allem in Lateinamerika der Fall, wo die weibliche Erwerbstätigkeit von 1960 bis 2000 um +14 Prozentpunkte auf 34,8 Prozent am meisten zunahm.

**Tabelle 66:**
**Weltweite Entwicklung der Erwerbstätigkeit von Frauen (weibliche Erwerbspersonen in Prozent aller Erwerbspersonen)**

| Jahr | Euro-Länder[1] | Europa und Zentralasien | Ostasien und Pazifik | Südasien | USA | Lateinamerika/ Karibik | Naher Osten und Nordafrika | Afrika südlich der Sahara | Welt |
|---|---|---|---|---|---|---|---|---|---|
| 1960 | 31,2 | 45,7 | 39,5 | 33,9 | 31,7 | 20,8 | 20,7 | 42,1 | 36,5 |
| 1980 | 36,4 | 46,7 | 42,5 | 33,8 | 41,0 | 27,8 | 23,8 | 42,0 | 39,1 |
| 2000 | 41,3 | 46,3 | 44,4 | 33,4 | 46,0 | 34,8 | 27,7 | 42,0 | 40,6 |

[1] Belgien, Deutschland, Finnland, Frankreich, Irland, Italien, Luxemburg, Niederlande, Österreich, Portugal, Spanien
Quelle: World Development Indicators 2002

Von 1960 bis 1998 stieg die Zahl erwerbstätiger Frauen auf der Welt um 130 Prozent: von 501 Millionen auf 1 153 Millionen. Dies war ein überdurchschnittlicher Anstieg. Die Zahl der Erwerbstätigen insgesamt stieg im gleichen Zeitraum nur um 108 Prozent. Mit zunehmender Erwerbstätigkeit der Frauen schwand eine wesentliche materielle Grundlage für die Arbeitsteilung zwischen dem Mann als Ernährer und der Frau als Hausfrau, wie sie in der bürgerlichen Familienordnung typisch ist.

Zum Vorreiter der Ausbeutung weiblicher Arbeitskräfte in den 1980er und 1990er Jahren wurden die »Freien Exportzonen« (FEZ) oder Sonderwirtschaftszonen. 70 bis 90 Prozent der dort Beschäftigten waren Frauen. Die meisten waren zwischen 15 und 25 Jahre alt, unverheiratet und ohne Kinder. Die Arbeit zerstörte schnell ihre Kräfte bis zum körperlichen und seelischen Ruin. Fehlende Sozialversicherung, unbezahlte Überstunden, unhygienische Zustände, Prügel und sexuelle Übergriffe gehörten zum Alltag. Dazu hieß es in dem »Schwarzbuch Markenfirmen« von Klaus Werner und Hans Weiss:

*»›In der Fabrik ist es sehr heiß‹, beschreibt Julia Esmeralda Pleites die Situation beim Nike- und Adidaslieferanten Formosa. ›Die Belüftung ist schlecht. Man schwitzt und trocknet aus. Der Staub verstopft die Nase. Um Wasser zu trinken oder auf die Toilette zu gehen, braucht man eine Erlaubnis. Dort überprüfen Sicherheitskräfte den Firmenausweis, da man nicht öfter als ein- oder zweimal täglich austreten darf. Die Anlagen sind verschmutzt, es gibt kein Toilettenpapier. Auch das Trinkwasser ist nicht gereinigt. Beim Verlassen der Fabrik mussten wir entwürdigende Durchsuchungen über uns ergehen lassen. Die weiblichen Sicherheitskräfte ... fassen dich überall an.‹ ... Gewerkschaften seien bei Formosa nicht erlaubt.«* (S. 192/193)

Die Sozialwissenschaftlerin Ingeborg Wick analysierte in ihrem Aufsatz »*Frauenarbeit in Freien Exportzonen*« die Gründe dafür:

»*Diese Rekrutierungspolitik ist für die FEZ-Unternehmen in mehrfacher Hinsicht profitabel: a) im Durchschnitt verdienen Frauen nur 50 bis 70 Prozent der Löhne ihrer männlichen Kollegen ... b) als Arbeitsmarktneulinge gehören sie selten einer Gewerkschaft an; c) da sie keine Vergleichsmöglichkeiten haben, akzeptieren diese Beschäftigten ihre Arbeitsbedingungen eher als erfahrene Arbeitskräfte; d) aufgrund ihrer geschlechtsspezifisch bedingten geringeren Qualifikation haben weibliche Beschäftigte kaum Alternativen auf dem Arbeitsmarkt; e) Unternehmen nutzen die höhere Fluktuation weiblicher Beschäftigung für einen besonders intensiven Verschleiß menschlicher Arbeitskraft.*« (in: Parnreiter/Novy/Fischer [Hrsg.], »Globalisierung und Peripherie«, S. 192)

## Die imperialistische Gleichstellungspolitik stützt die Internationalisierung der kapitalistischen Produktionsweise

Seit Mitte der 1970er Jahre setzte eine von der UNO weltweit koordinierte imperialistische Gleichstellungspolitik ein. Sie zielte vor allem auf die Abschaffung der feudalen Hemmnisse und die Herausbildung gesellschaftlicher Voraussetzungen für die Ausbeutung der Frauen als Lohnarbeiterinnen. Mit vier Weltfrauenkonferenzen und insbesondere mit ihrer »*Dekade der Frauen*« von 1975 bis 1985 strebte die UNO eine internationale Vereinheitlichung der bürgerlichen Frauenpolitik an. Es ging dabei im Wesentlichen um eine Anpassung der Frauenpolitik an die Erfordernisse der Internationalisierung der kapitalistischen Produktionsweise. Diesem Ziel sollte die formale juristische Gleichstellung dienen ebenso wie elementare Bildung, Gesundheitsfürsorge und die Bemühungen um drastische Geburtensenkung in den Entwicklungsländern.

**Tabelle 67:**
**Entwicklung von Geburtenrate, Lebenserwartung und Analphabetismus bei Frauen weltweit**

|  | Geburtenrate (Geburten je Frau) | | | Lebenserwartung in Jahren | | Analphabetismus bei Frauen zwischen 15 und 24 Jahren in % | |
|---|---|---|---|---|---|---|---|
|  | 1960 | 1980 | 2000 | 1980 | 2000 | 1980 | 1998 |
| Euro-Länder[1] | 2,6 | 1,8 | 1,5 | 77,3 | 81,4 | – | – |
| Europa und Zentralasien | 2,9 | 2,5 | 1,6 | 72,2 | 73,5 | 4,0 | 1,7 |
| Ostasien und Pazifik | 4,1 | 3,0 | 2,1 | 65,8 | 70,9 | 14,6 | 3,7 |
| Südasien | 6,6 | 5,3 | 3,3 | 53,4 | 63,0 | 61,1 | 40,5 |
| USA | 3,7 | 1,8 | 2,1 | 77,5 | 80,0 | – | – |
| Lateinamerika und Karibik | 6,0 | 4,1 | 2,6 | 67,6 | 73,7 | 11,3 | 5,5 |
| Naher Osten und Nordafrika | 7,2 | 6,2 | 3,4 | 59,4 | 69,4 | 53,6 | 23,5 |
| Afrika südlich der Sahara | 6,6 | 6,6 | 5,2 | 49,4 | 47,4 | 56,0 | 26,7 |
| Welt | 4,6 | 3,7 | 2,7 | 64,6 | 68,5 | 30,3 | 18,9 |

[1] Belgien, Deutschland, Finnland, Frankreich, Irland, Italien, Luxemburg, Niederlande, Österreich, Portugal, Spanien
Quelle: World Development Indicators 2000 und 2002

In allen Regionen der Welt ging die **Geburtenrate** massiv zurück. Sie sank umso stärker, je höher die Erwerbsquote der Frauen wurde. Mit dem Rückgang der Geburtenrate stieg die durchschnittliche **Lebenserwartung**. Im Nahen Osten und in Nordafrika, wo die Erwerbstätigkeit von Frauen mit am stärksten zunahm, sank auch die Geburtenrate um –53 Prozent mit am stärksten und stieg die Lebenserwartung um durchschnittlich zehn Jahre. Nicht zuletzt konnte der **Analphabetismus** von Frauen in Wechselwirkung mit dieser

Entwicklung zurückgedrängt werden. Lesen, schreiben und rechnen zu können ist Voraussetzung für die Arbeit in der modernen Produktion.

In derselben Zeitspanne wurden in zahlreichen Ländern Gesetze erkämpft bzw. erlassen, die Mutterschutz, Maßnahmen gegen Mütter- und Säuglingssterblichkeit, Eigentums- und Erbrechte der Frauen sowie ihren Zugang zu Verhütungsmitteln regeln. Diese Gesetze blieben jedoch oftmals auf dem Papier und fanden in der gesellschaftlichen Wirklichkeit kaum Beachtung. Die imperialistische Gleichstellungspolitik verknüpfte diese Entwicklungen eng mit der weltweiten **Verbreitung des kleinbürgerlichen Feminismus**. Selbst kleine Schritte wurden groß als Maßnahmen für die Gleichberechtigung der Frau, als Verankerung ihrer »*reproduktiven Rechte*« und ihrer Selbstbestimmung gefeiert. In dem Buch »Neue Perspektiven für die Befreiung der Frau« hieß es:

»*Der **kleinbürgerliche Feminismus** wurde **als wesentlicher Bestandteil des gesellschaftlichen Systems der kleinbürgerlichen Denkweise** in das System der politischen Herrschaftsausübung integriert und diente zur Spaltung. Der kleinbürgerliche Feminismus prangert die reale gesellschaftliche Ungleichheit von Mann und Frau an, die trotz rechtlicher Gleichstellung nicht beseitigt ist – und antwortet darauf mit dem **Geschlechterkampf**.*« (Stefan Engel/Monika Gärtner-Engel,»Neue Perspektiven für die Befreiung der Frau«, S. 105)

Doch wie sollte es Selbstbestimmung der Frauen in Ländern geben, deren Entwicklung von wachsender Armut, steigender Verschuldung, Intensivierung der Ausbeutung durch die multinationalen Konzerne und zunehmenden Umweltkatastrophen geprägt ist? Vertreterinnen der kämpferischen Frauenbewegung wandten sich weltweit dagegen, dass das Ziel *der selbstbestimmten Frau* schon mit Maßnahmen wie Geburtenkontrolle erreicht werden könnte. Farida Akther, namhafte

Kritikerin der imperialistischen Gleichstellungs- und Bevölkerungspolitik aus Bangladesch, schrieb 1994:

*»Wir wollen uns keine Illusionen darüber machen, daß in den Programmen zur Bevölkerungskontrolle von Bangladesh irgendein ›Recht‹ eine Rolle spielen würde. Diese Programme werden uns aufgezwungen ... In Bangladesh sind es die armen Frauen, welche die EntvölkerungsstrategInnen ins Auge gefaßt haben. Es ist ein Witz, im Zusammenhang mit ihrem Leben über das Selbstbestimmungsrecht über den eigenen Körper zu reden ... Sie fördern und vermarkten experimentelle Verhütungsmittel und verwenden den Körper der Frauen als Versuchstiere.«* (zitiert in: Cornelia Schlebusch, »Bevölkerungspolitik als Entwicklungsstrategie«, S. 176)

Führende Vertreter des Finanzkapitals wie der US-amerikanische Bankier David Rockefeller sprechen offen über die tatsächlichen Motive des Engagements in der Frauen- und Bevölkerungspolitik. Demnach *»...untergräbt die Ressourcenknappheit, oft verschärft durch das Bevölkerungswachstum, die Lebensqualität und das Vertrauen in den Staat und droht viele Teile der Welt zu destabilisieren ... Mit Ländern, die von politischen Konflikten gebeutelt sind oder die zu arm sind,* **kann man keine Geschäfte machen.**«  (David Rockefeller, in: »Viel steht auf dem Spiel. Die Weltbevölkerung und unsere gemeinsame Zukunft«, S. 10 – Hervorhebung Verf.)

Seit Mitte der 1970er Jahre entwickelte sich aufgrund solcher Maßnahmen eine äußerst **widersprüchliche Tendenz der internationalen Angleichung der Lebensverhältnisse der Massen**: Jeder Schritt aus feudaler Rückständigkeit verkehrte sich in der imperialistischen Wirklichkeit in eine **Verschärfung der doppelten Ausbeutung und Unterdrückung der Masse der Frauen**. Bereits Karl Marx analysierte die grundlegende Widersinnigkeit in der Entwicklung des Kapitalismus, die sich in der doppelten Ausbeutung und

Unterdrückung der Masse der Frauen besonders eindrücklich manifestiert:

*»Die Arbeit produziert Wunderwerke für die Reichen, aber sie produziert Entblößung für den Arbeiter. Sie produziert Paläste, aber Höhlen für den Arbeiter. Sie produziert Schönheit, aber Verkrüppelung für den Arbeiter. Sie ersetzt die Arbeit durch Maschinen, aber sie wirft einen Teil der Arbeiter zu einer barbarischen Arbeit zurück und macht den andren Teil zur Maschine. Sie produziert Geist, aber sie produziert Blödsinn, Kretinismus für den Arbeiter.«* (Marx/Engels, Werke, Bd. 40, S. 513)

Die Neuorganisation der kapitalistischen Produktion trieb diese Entwicklung auf die Spitze. Der Reichtum der Reichen und die Armut der Armen explodierten weltweit. Das musste sogar die von bürgerlicher Frauenpolitik getragene Weltfrauenkonferenz in Peking zugeben; in ihrer 1995 verabschiedeten Aktionsplattform war zu lesen:

*»Dies hat dazu geführt, dass sich die unsägliche Armut weiter ausgebreitet hat. Über eine Milliarde Menschen leben in tiefster Armut; die überwiegende Mehrheit davon sind Frauen. Der rasche Ablauf des Wandels und der Anpassung in allen Sektoren hat auch vermehrte Arbeitslosigkeit und Unterbeschäftigung, insbesondere bei den Frauen, zur Folge gehabt.«* (Bundesministerium für Familie, Senioren, Frauen und Jugend [Hrsg.], »Dokumentation der Erklärung und Aktionsplattform der 4. Weltfrauenkonferenz 1995«, S. 15)

Die Privatisierung ehemals staatlicher Unternehmen und das Verschachern der Maximalprofit bringenden Bereiche an internationale Monopole führten zu extrem verteuerten Sozialleistungen für die Masse der Bevölkerung. Der Staat zog sich auf eine minimale und qualitativ minderwertige Grundversorgung zurück. Das war ein schreiender gesellschaftlicher Rückschritt, weil die gesellschaftlichen Aufgaben der Reproduktion des unmittelbaren Lebens, die vorher schon Stück für Stück verstaatlicht worden waren, wieder an die Familien zurückgegeben wurden. Dort waren es vor allem Frauen, die diese unbezahlte Arbeit für die Ernährung, die Gesundheit, die Bildung der Familienmitglieder zu leisten hatten. Die UNO wies nach, dass die unbezahlte Arbeit in den Familien nach wie vor hauptsächlich den Frauen aufgebürdet wurde:

*»Über die Hälfte der gesamten Arbeitszeit von Frauen wird für unbezahlte Arbeit aufgewendet ... Die Verantwortung für die Kinderbetreuung liegt hauptsächlich bei den Frauen, die mehr als doppelt so viel Zeit für die Kinderbetreuung aufwenden als Männer.«* (»Die Frauen der Welt 2000 – Trends und Statistiken«, S. 128/29)

Der Abbau sozialer Errungenschaften wurde flankiert von der weltweiten Förderung von Nichtregierungsorganisationen (Non-Governmental Organizations, NGOs), vor allem durch UNO, IWF und Weltbank. Viele wurden aus den imperialistischen Ländern finanziert und gesteuert. Sie funktionierten als kostengünstige soziale *»Selbsthilfe«* und brachten den Imperialisten zunächst den Vorteil, dass die breiten Massen sie akzeptierten und den staatlichen Institutionen und korrupten Regierungen vorzogen, die längst ihre Autorität verloren hatten. Trotzdem war es ihre wesentliche Funktion, soziale Maßnahmen zur Stabilisierung der bürgerlichen Familienordnung zu verbinden mit der Zersetzung der zunehmenden Politisierung und Revolutionierung der Frauen.

### Die Krise der bürgerlichen Familienordnung als internationale Erscheinung

Die Krise der bürgerlichen Familienordnung wurde in dem Buch »Neue Perspektiven für die Befreiung der Frau« so charakterisiert:

»*Die Krise der bürgerlichen Familienordnung kennzeichnet die* **zunehmende Unfähigkeit der kapitalistischen Gesellschaft, sich selbst zu reproduzieren**, *geschweige denn die grundlegenden Lebensbedürfnisse der Massen zu befriedigen. Sie dokumentiert das Aufbrechen antagonistischer Widersprüche in der Produktion und Reproduktion menschlichen Lebens unter kapitalistischen Bedingungen und ist* **chronisch** *geworden.*« (S. 123)

Ihre Hauptmerkmale traten in der BRD seit Mitte der 1970er Jahre auf:

- höhere Sterbe- als Geburtenraten,
- eine ständig wachsende Zahl von Ehelösungen (einschließlich Tod eines Partners) im Verhältnis zu Eheschließungen,
- sprunghaftes Anwachsen der Zahl von Ein-Personen-Haushalten und von Ein-Eltern-Familien, während die typische bürgerliche Kleinfamilie mit Vater als Ernährer, Mutter als Hausfrau und Kindern immer mehr zur Ausnahmeerscheinung wurde.

Diese Merkmale der chronischen Krise der bürgerlichen Familienordnung treffen inzwischen mehr oder weniger für alle führenden Industrienationen der Welt zu.

In allen sechs untersuchten Ländern nahm die Zahl der Geburten zwischen 1960 und 2000 absolut ab. Einen besonders tiefen Rückgang bei den Geburten hatten Deutschland (minus 495 000), Japan (minus 415 000) und Russland (minus 1 523 000) aufzuweisen. Zu einer negativen Bevölkerungsentwicklung, mit mehr Todesfällen als Geburten, kam es allerdings nur in Deutschland seit 1980 und in Russland in den 1990er Jahren. In Russland verlief die Entwicklung besonders drastisch: 958 000 mehr Todesfälle als Geburten. In den meisten Ländern außer Japan und den USA ging auch die Zahl der Eheschließungen stark zurück. Einen negativen Geburtenüberschuss hatten außer Deutschland und Russland

## Tabelle 68:
## Chronische Krise der bürgerlichen Familienordnung in sechs Industrienationen

| Land/ Jahr | Geburten | | | Geburten je 1000 Einwohner | Todesfälle in 1000 | Geburtenüberschuss in 1000 | Wanderungsüberschuss in 1000 | Eheschließungen | | | Scheidungen in 1000 |
|---|---|---|---|---|---|---|---|---|---|---|---|
| | in 1000 | Veränderung in % | Index | | | | | in 1000 | Veränderung in % | Index | |
| **Deutschland** | | | | | | | | | | | |
| 1950 | 1 117 | – | 100 | 16,3 | 748 | 369 | – | 750 | – | 100 | – |
| 1960 | 1 262 | 13,0 | 113 | 17,3 | 877 | 385 | 159 | 689 | –8,1 | 92 | 73 |
| 1970 | 1 048 | –17,0 | 94 | 13,5 | 976 | 72 | –272 | 575 | –16,5 | 77 | 104 |
| 1980 | 866 | –17,4 | 78 | 11,0 | 952 | –86 | 304 | 497 | –13,6 | 66 | 141 |
| 1990 | 906 | 4,6 | 81 | 11,4 | 921 | –15 | 656 | 516 | 3,8 | 69 | 155 |
| 2000 | 767 | –15,3 | 69 | 9,3 | 839 | –72 | 105 | 420 | –18,6 | 56 | 194 |
| **Frankreich** | | | | | | | | | | | |
| 1950 | 858 | – | 100 | 20,5 | 530 | 328 | – | 331 | – | 100 | – |
| 1960 | 816 | –4,9 | 95 | 17,9 | 521 | 295 | 144 | 320 | –3,3 | 97 | 30 |
| 1970 | 848 | 3,9 | 99 | 16,7 | 542 | 306 | 183 | 394 | 23,1 | 119 | 39 |
| 1980 | 800 | –5,7 | 93 | 14,9 | 547 | 253 | 44 | 334 | –15,2 | 101 | 81 |
| 1990 | 762 | –4,8 | 89 | 13,4 | 526 | 236 | 80 | 287 | –14,1 | 87 | 106 |
| 2000 | 779 | 2,2 | 91 | 13,1 | 538 | 241 | 55 | 304 | 5,9 | 92 | 117[2] |
| **Großbritannien**[1] | | | | | | | | | | | |
| 1950 | 697 | – | 100 | 15,8 | 514 | 183 | – | – | – | – | – |
| 1960 | 918 | 31,7 | 132 | 17,5 | 603 | 315 | 111 | 394 | – | 100 | 26 |
| 1970 | 904 | –1,5 | 130 | 16,3 | 655 | 249 | –15 | 471 | 19,5 | 120 | 63 |
| 1980 | 754 | –16,6 | 108 | 13,4 | 662 | 92 | –36 | 418 | –11,3 | 106 | 160 |
| 1990 | 799 | 6,0 | 115 | 13,9 | 642 | 157 | 68 | 375 | –10,3 | 95 | 166 |
| 2000 | 679 | –15,0 | 97 | 11,4 | 611 | 68 | 140 | 301[2] | –19,7 | 76 | 155 |

Internationale Tendenz zur Auflösung der bürgerlichen Familienordnung 495

| Land/Jahr | Geburten | | | Geburten je 1000 Einwohner | Todesfälle in 1000 | Geburtenüberschuss in 1000 | Wanderungsüberschuss in 1000 | Eheschließungen | | | Scheidungen in 1000 |
|---|---|---|---|---|---|---|---|---|---|---|---|
| | in 1000 | Veränderung in % | Index | | | | | in 1000 | Veränderung in % | Index | |
| **Japan³** | | | | | | | | | | | |
| 1950 | 2 338 | – | 100 | 28,1 | 905 | 1433 | – | 715 | – | 100 | – |
| 1960 | 1 606 | –31,3 | 69 | 17,2 | 707 | 899 | – | 866 | 21,1 | 121 | 69 |
| 1970 | 1 934 | 20,4 | 83 | 18,8 | 713 | 1221 | – | 1 029 | 18,8 | 144 | 97 |
| 1980 | 1 577 | –18,5 | 67 | 13,6 | 723 | 854 | – | 775 | –24,7 | 108 | 142 |
| 1990 | 1 222 | –22,5 | 52 | 10,0 | 820 | 402 | – | 722 | –6,8 | 101 | 158 |
| 2000 | 1 191 | –2,5 | 51 | 9,5 | 962 | 229 | – | 798 | 10,5 | 112 | 251² |
| **USA** | | | | | | | | | | | |
| 1950 | 3 770 | – | 100 | 24,3 | 1 486 | 2284 | – | 1 667 | – | 100 | – |
| 1960 | 4 258 | 12,9 | 113 | 23,7 | 1 712 | 2546 | – | 1 523 | –8,6 | 91 | 393 |
| 1970 | 3 731 | –12,4 | 99 | 18,4 | 1 921 | 1810 | – | 2 159 | 41,8 | 130 | 708 |
| 1980 | 3 612 | –3,2 | 96 | 15,9 | 1 990 | 1622 | – | 2 390 | 10,7 | 143 | 1 189 |
| 1990 | 4 158 | 15,1 | 110 | 16,7 | 2 148 | 2010 | – | 2 443 | 2,2 | 147 | 1 175 |
| 2000 | 4 059 | –2,4 | 108 | 14,7 | 2 404 | 1655 | – | 2 328 | –4,7 | 140 | 1 146² |
| **Russland** | | | | | | | | | | | |
| 1950 | – | – | – | – | – | – | – | – | – | – | – |
| 1960 | 2 782 | – | 100 | 23,4 | 886 | 1896 | – | 1 500 | – | 100 | 184 |
| 1970 | 1 904 | –31,6 | 68 | 14,6 | 1 131 | 773 | – | 1 319 | –12,1 | 88 | 397 |
| 1980 | 2 203 | 15,7 | 79 | 15,9 | 1 526 | 677 | – | 1 465 | 11,1 | 98 | 581 |
| 1990 | 1 989 | –9,7 | 71 | 13,5 | 1 656 | 333 | – | 1 320 | –9,9 | 88 | 560 |
| 2000 | 1 259 | –36,7 | 45 | 8,7 | 2 217 | –958 | – | 897 | –32,0 | 60 | 628 |

»Wanderungsüberschuss« bezeichnet die Veränderung der Bevölkerungszahl ohne die Differenz zwischen Geburten und Sterbefällen.
[1] Bis einschließlich 1960 nur England und Wales
[2] Zahl für 1999
[3] Japan: Von 1980 an nur japanische Staatsangehörige im Land
Quellen: Statistisches Jahrbuch für das Ausland 2002; eigene Berechnungen

auch Griechenland (seit 1998), Italien (seit 1995), Schweden (seit 1998), Tschechien (seit 1995) und die Ukraine (seit 1993).

Solche Statistiken erfassen natürlich nicht das ganze Ausmaß der **Tendenz der Familienlosigkeit**, mit der sich ein immer größerer Teil der Menschheit auseinander setzen muss. Zum einen lebt ein großer Teil der Massen in ärmeren Ländern gar nicht in registrierten Verhältnissen. Zum anderen sind viele formelle Verhältnisse registriert, obwohl sie real gar nicht oder nicht mehr bestehen. Der UNO-Bericht über die Lage der »Frauen der Welt 2000« fasste das Problem so zusammen:

*»Weltweit ändern sich die Lebensumstände von Frauen, Männern und Familien. Die Familien lösen sich immer mehr auf, da sich Familienmitglieder voneinander trennen. Es gibt viele Möglichkeiten der Lebensumstände von Familien: Ehegatten oder Partner leben getrennt, insbesondere wenn ein Ehegatte die Familie verlässt, um Arbeit zu suchen, Paare trennen sich und/oder lassen sich scheiden, Kinder leben getrennt von einem oder beiden Elternteilen, junge Erwachsene leben getrennt von ihren Familien und ältere Menschen leben allein anstatt zusammen mit nahen Verwandten.«* (»Die Frauen der Welt 2000 – Trends und Statistiken«, S. 40)

Die **weltweiten Migrationsbewegungen** auf Grund von Kriegen und Umweltkatastrophen oder auf Grund ökonomischen Zwangs zerreißen die Familienstrukturen. 1993 waren davon 650 Millionen Menschen betroffen, mehr als 10 Prozent der Weltbevölkerung. Bis zum Jahr 2002 wuchs die Zahl auf 1,0 bis 1,2 Milliarden oder ein Sechstel der Weltbevölkerung. Die Zahl der Menschen, die außerhalb ihres Heimatlands leben, stieg von 75 Millionen (1965) auf 165 Millionen (2000). Diese weltweiten Migrationsbewegungen wurden zu einer wesentlichen Ursache für die sprunghafte Vermehrung von Ein-Personen-Haushalten und Familien mit nur einem Elternteil.

Weibliche Haushaltsvorstände gab es Ende der 1990er Jahre in 35 Prozent aller Haushalte der Welt. Das erlegte den Frauen die alleinige, oft sehr schwere Verantwortung für das Überleben der »Familie« auf und brachte überall auf der Welt ein erhöhtes Armutsrisiko mit sich.

Das eigentliche Problem der Familienlosigkeit, insbesondere unter dem Proletariat, besteht darin, dass sie auf Grund der bürgerlichen Familienordnung zu ausgeprägt menschenunwürdigen Lebens- und Familienverhältnissen führt. Die private Verantwortung für die Produktion und Reproduktion des menschlichen Lebens im Kapitalismus macht die **Kleinfamilie** zur grundlegenden Wirtschaftseinheit. Sie wird damit auch **wichtigster sozialer Rückhalt für die breiten Massen**, insbesondere in Zeiten von Krankheit, Arbeitslosigkeit und Not. Dazu gibt es im Kapitalismus keine Alternative.

Die Zerstörung der Familienverhältnisse verschärft die Not und das Elend eines wachsenden Teils der Massen existenziell und führt eine allgemeine Zerrüttung der Lebensverhältnisse herbei. Die Afrikanerin Debby Taylor beklagte in ihrem Aufsatz *»Wenn ich regieren könnte ...«*, dass ihr Mann sie verlassen musste, um als Wanderarbeiter Geld zu verdienen:

*»Er ist für mein Dorf verloren ... Er schläft in einem Schlafsaal, einen Steinwurf weit von der Mine entfernt; oder unter Wellblech, eine Busfahrt bis zur Fabrik; oder zwischen weißen Betonplatten, eine Autofahrt bis zum Büro. Zuerst kommt er einmal im Jahr auf Besuch, schickt monatlich Geld, träumt Träume seiner Kindheit. Aber bald hat er seine Schuld dem Dorf gegenüber vergessen. Und nun bin ich allein in einem Drittel unserer Haushalte, meine Tür weit offen für einen Mann, der niemals wiederkehrt. Ich? Ich bin nur eine Frau. Eine unscheinbare Frau. Ich mache die Arbeit von beiden, von Mann und Frau.«* (zitiert in: Ekkehard Launer [Hrsg.], »Zum Beispiel Frauen Alltag«, S. 56)

Die **moderne Sklaverei** in Form von Menschenhandel und Schuldknechtschaft nimmt drastisch zu. Nach Schätzungen der Menschenrechtsorganisation »anti-slavery« leben 27 Millionen Menschen als Haus- und Arbeitssklaven, davon acht Millionen Kinder. Der Handel mit Menschen gilt als drittprofitabelste Branche nach dem Waffen- und Drogenhandel.

Insbesondere für die Kinder der Welt hat die erzwungene Familienlosigkeit der Massen weitreichende Auswirkungen. Die Zahl der »**Straßenkinder**«[1] sowie die brutale Ausbeutung der Kinderarbeit nahmen weltweit zu. UNICEF, das Kinderhilfswerk der UNO, schätzt, dass 100 bis 200 Millionen Kinder auf der Straße leben und arbeiten. Dabei ist diese Entwicklung keineswegs auf Entwicklungsländer beschränkt – auch in Deutschland gehen Schätzungen von bis zu 40 000 Straßenkindern aus, mit wachsender Tendenz.

Hunderte Millionen Straßenkinder als weltweite Erscheinung sind das Produkt sich zuspitzender Widersprüche und sich entfaltender Destruktivkräfte des Imperialismus. Um ihr Überleben zu sichern oder um zum Familieneinkommen beizutragen, arbeitet das Gros der Straßenkinder. UNICEF berichtete:

> *»Oft üben sie mehrere Jobs hintereinander aus: Am Morgen tragen sie Zeitungen aus, mittags waschen sie Autos und abends betteln sie ... Viele der Straßenkinder schlagen sich aber auch mit illegalen Tätigkeiten wie Stehlen, Drogenhandel und Prostitution durch.«* (»UNICEF Information«, www.unicef.de)

Sprunghaft stieg der Anteil der Mädchen an den Straßenkindern an. UNICEF berichtete über die Entwicklung in Äthiopien:

---

[1] Kinder, die ihren Lebensunterhalt auf der Straße verdienen, und Kinder, die ganz auf der Straße leben

*»Jedes vierte Straßenkind ist ein Mädchen. Unter ihnen wächst die Anzahl der jungen Mütter, die mit ihren kleinen Kindern unter katastrophalen Bedingungen auf der Strasse leben ... Häufig wurden die Mädchen vergewaltigt. Viele haben ihre Arbeit als Dienstmädchen verloren, weil sie schwanger wurden. Diesen sehr jungen Müttern fehlt es am Nötigsten ...«* (»UNICEF Programme – Äthiopien«, S. 1)

Straßenkinder sind extremer Ausbeutung, Rechtlosigkeit sowie staatlicher und privater Repression ausgesetzt. In den 1980er Jahren bildeten sich in lateinamerikanischen Ländern »Todesschwadronen«, die im Auftrag der Reichen und Geschäftsleute und für Prämien Straßenkinder ermordeten. Eine Studie von UNICEF berichtete:

*»Mittlerweile gelten Mord und Totschlag in Kolumbien als häufigste Todesursache für junge Menschen. Allein 1994 wurden dort mehr als 2 500 Kinder und Jugendliche ermordet.«* (»UNICEF Information«, www.unicef.de)

So zerstörerisch diese Entwicklung auf das Leben der Massen wirkt, so sehr schafft sie doch zugleich die Kräfte zu ihrer Überwindung. Die Straßenkinder kämpfen und organisieren sich, um zu überleben und um arbeiten zu können. Die doppelte Ausbeutung und Unterdrückung der Frauen der Welt verschärft sich, aber ihre zunehmende Einbeziehung in die internationale Produktion und die Höherentwicklung ihres kulturellen und politischen Niveaus schaffen eine Grundlage für die Erkenntnis, dass sie ihre Probleme nicht in der Familie, sondern nur gesellschaftlich lösen können.

Das trug wesentlich zur **Entstehung einer internationalen Frauenbewegung** bei, die inzwischen ein weltweit bedeutsamer politischer Faktor wurde. Das Buch »Neue Perspektiven für die Befreiung der Frau« fasste ihre Bedeutung für den internationalen Befreiungskampf zusammen:

»*Diese Zerstörung der Lebensgrundlagen von Hunderten Millionen Menschen führt dazu, dass Frauen zunehmend in Widerspruch zum Imperialismus geraten. Die* **internationale Frauenbewegung nahm ihren Aufschwung** *gerade als Antwort auf diese Entwicklung. In dem Maß, wie die Frauen die Wurzeln ihrer Lage in der imperialistischen Ausbeutung und Unterdrückung erkennen, bekommt ihr* **Kampf um die Befreiung der Frau einen antiimperialistischen Charakter.** *Er wird so Teil des weltweiten Kampfs um Befreiung vom Imperialismus.*« (S. 203, 205)

## 7. Eine neue Phase im Kampf um die Neuaufteilung der Welt

Seit 1945 kam es zu keinem zwischenimperialistischen Krieg mehr. Das war Anlass für eine Reihe sonderbarer Theorien, die allesamt den aggressiven Charakter des Imperialismus leugneten. So behauptete Dr. Andreas Osiander, Politikwissenschaftler an der Humboldt-Universität in Berlin, in seinem Aufsatz »Sicherheit, Frieden und Krieg«, es bewirke »*... die ausgeprägte wirtschaftliche Interdependenz der entwickelten Staaten eine starke Kriegshemmung: die Vorstellung eines Krieges gegen die eigenen Absatzmärkte erscheint absurd.*« (in: »Antimilitarismusinformation«, 5/1998, S. 27)

Die tatsächliche Entwicklung widerlegt jede Vorstellung, die ökonomische Durchdringung als Hauptmethode des Imperialismus würde Kriege überflüssig machen und es könnte einen friedlichen Imperialismus geben. Seit 1945 wurden mehr als 200 kleinere Kriege und Bürgerkriege gezählt. Seit 1996 nahm die Zahl der Kriege Jahr für Jahr zu: 25 Kriege und 21 bewaffnete Konflikte waren es 1997, 32 Kriege und 17 bewaffnete Konflikte 1998, 34 Kriege und 14 bewaffnete Konflikte 1999 und 35 Kriege und 12 bewaffnete Konflikte 2000.

Die bürgerliche Statistik unterscheidet nicht zwischen gerechten Kriegen, in denen fortschrittliche Kräfte um Befreiung kämpfen oder einen aktiven Widerstand gegen reaktionäre, kriegerische Aggressionen organisieren, und ungerechten Kriegen zur Austragung imperialistischer Rivalität oder zur Machtausdehnung auf Kosten der Freiheit anderer Länder. Bei den meisten Kriegen und Konflikten nach 1945 handelte es sich um Guerilla-Bewegungen oder um Bürgerkriege innerhalb eines Landes. Zweithäufigster Grund für Kriege und bewaffnete Konflikte war das Streben von unterdrückten Völkern bzw. Volksgruppen nach Lostrennung und staatlicher Eigenständigkeit; insbesondere nach der Auflösung der Sowjetunion und Jugoslawiens führte dieses zu heftigsten Kämpfen. Imperialistische Staaten waren an diesen Konflikten häufig indirekt beteiligt, teilweise wurde sogar direkt im Auftrag internationaler Monopole um Einflussgebiete und Rohstoffvorkommen gekämpft.

Kriege und Kriegsgefahr sind eine **Gesetzmäßigkeit des imperialistischen Weltsystems**, die ihm bis zu seinem Untergang anhaftet. Sie hat ihre materielle Grundlage in der Ungleichmäßigkeit der ökonomischen und politischen Entwicklung der verschiedenen monopolkapitalistischen Gruppierungen und imperialistischen Staaten. Dazu führte Stalin aus:

*»Worin bestehen die Grundelemente des Gesetzes der Ungleichmäßigkeit der Entwicklung unter dem Imperialismus?*

*Erstens darin, daß die Welt bereits unter den imperialistischen Gruppen aufgeteilt ist, daß es ›freie‹, unbesetzte Gebiete auf der Welt nicht mehr gibt und daß man, um neue Märkte und Rohstoffquellen besetzen, um sich ausdehnen zu können, anderen das Territorium mit Gewalt entreißen muß.*

*Zweitens darin, daß die beispiellose Entwicklung der Technik und die zunehmende Nivellierung des Entwicklungsniveaus der kapitalistischen Länder die Möglichkeit einer sprunghaften Überholung der einen Länder durch die anderen, der Verdrängung mächtigerer Länder durch weniger mächtige, aber sich rasch entwickelnde Länder geschaffen und diesen Prozeß erleichtert haben.*

*Drittens darin, daß die alte Verteilung der Einflußsphären unter den einzelnen imperialistischen Gruppen jedesmal in Konflikt gerät mit dem neuen Kräfteverhältnis auf dem Weltmarkt, daß zur Herstellung des ›Gleichgewichts‹ zwischen der alten Verteilung der Einflußsphären und dem neuen Kräfteverhältnis periodische Neuaufteilungen der Welt durch imperialistische Kriege notwendig sind.«* (»VII. erweitertes Plenum des EKKI«, Stalin, Werke, Bd. 9, S. 94)

Ein Buch mit dem Titel »Empire« wurde kürzlich zum Weltbestseller hochgejubelt, weil es den Imperialismus für überwunden erklärte. Nachdem Antonio Negri, der als »Cheftheoretiker« der kleinbürgerlichen Linken in Italien gilt, und der amerikanische Literaturprofessor Michael Hardt durchaus einige richtige Beobachtungen über neue gesellschaftliche Erscheinungen machten, forderten sie:

*»... dass es wichtig wäre festzustellen, wie das, was vormals Konflikte und Konkurrenz unterschiedlicher imperialistischer Mächte waren, in wesentlicher Hinsicht ersetzt wurde: durch eine Art einzige Macht, die alle überdeterminiert, ihnen eine gemeinsame Richtung und ein gemeinsames Recht gibt, das entschieden postkolonial und postimperialistisch ist.«* (Michael Hardt/Antonio Negri, »Empire. Die neue Weltordnung«, S. 25)

Die unbestreitbare Tatsache, dass die USA als einzige Supermacht die anderen imperialistischen Länder dominiert, kann aber weder den Neokolonialismus noch den Imperialismus dieser Länder aus der Welt reden. Noch weniger ist es gerechtfertigt, den antiimperialistischen Kampf und die internationale Revolution zum Sturz des Imperialismus für geschichtlich überholt zu erklären, wie es Negri und Hardt tun:

*»Die Geschichte der imperialistischen, interimperialistischen und antiimperialistischen Kriege ist vorüber. Das Ende dieser Geschichte kündet von der Herrschaft des Friedens. Genauer gesagt sind wir in das Zeitalter der kleinen und inneren Konflikte eingetreten.«* (ebenda, S. 201)

Für solche kühnen Thesen findet sich auf 461 Seiten auch nicht der Versuch eines Beweises. Sogar die bürgerliche »Berliner Zeitung« musste enttäuscht feststellen:

*»Keine einzige der fix dahingeworfenen Thesen wird zufriedenstellend belegt.«* (www.berlinonline.de, 17. Juni 2002)

Vom wesentlichen Gehalt unterscheiden sich die Vorstellungen der Altlinken Negri und Hardt kaum vom Originalton in der historischen Rede des ehemaligen US-Präsidenten George Bush am 29. Januar 1991, als dieser zur **Rechtfertigung der US-Aggression gegen den Irak** von einer *»neuen Weltordnung«* schwärmte, *»in der unterschiedliche Nationen in einer gemeinsamen Sache zusammenstehen, um die universellen Hoffnungen der Menschheit zu verwirklichen: Frieden und Sicherheit, Freiheit und Rechtsstaatlichkeit«.* (»Archiv der Gegenwart«, 29. Januar 1991)

**Zbigniew Brzezinski**[1], ehemaliger Berater von US-Präsidenten, schrieb in seinem Buch mit dem bezeichnenden Titel

---

[1] 2002 arbeitete er als Professor für amerikanische Außenpolitik an der Universität in Baltimore und als Berater am »Zentrum für Strategische und Internationale Studien« (CSIS) in Washington D.C.

»Die einzige Weltmacht – Amerikas Strategie der Vorherrschaft« über die Problematik der »*neuen Weltordnung*«:

*»Machtstreben verträgt sich im Grunde ebensowenig mit demokratischer Gesinnung wie die zu seiner Ausübung notwendigen wirtschaftlichen Kosten und menschlichen Opfer. Eine demokratische Gesellschaft läßt sich nicht so leicht für imperialistische Zwecke einspannen.«* (S. 300)

Um keine Missverständnisse aufkommen zu lassen: Brzezinski kritisierte nicht etwa die imperialistische Machtpolitik oder das monopolistische Profitstreben. Vielmehr suchte er nach einer Lösung, wie die Massen in den USA für die *»weitere Ausübung imperialer Macht«* gewonnen werden könnten:

*»Diese Ausübung erfordert ein hohes Maß an weltanschaulicher Motivation, intellektuellem Einsatz und patriotischer Begeisterung. Doch das kulturelle Leben steht mehr und mehr im Zeichen der Massenunterhaltung, in der persönlicher Hedonismus*[1] *und gesellschaftlicher Eskapismus*[2] *die Themen bestimmen. Aus all diesen Gründen wird es immer schwieriger, den notwendigen politischen Konsens über eine andauernde und gelegentlich auch kostspielige Führungsrolle der USA im Ausland herzustellen.«* (ebenda, S. 301/302)

Wenn die Massen der imperialistischen Machtpolitik kritisch gegenüberstehen, dann ist das für Brzezinski gleichbedeutend mit Genusssucht und Ausweichen vor gesellschaftlicher Verantwortung. Unterstützen sie dagegen das imperialistische Machtstreben, stellen sie Patriotismus und Intelligenz unter Beweis. Besser hätte Brzezinski die hohe Kunst der *»weltanschaulichen Motivation«* für die *»neue Weltordnung«* nicht auf den Punkt bringen können.

---

[1] Genusssucht

[2] individuelles Ausbrechen aus dem gesellschaftlichen Leben

Nur im Ausbau der nationalstaatlichen Machtapparate mindestens für die »*nächsten Jahrzehnte*« sah er eine Chance, gemeinsam mit den imperialistischen Verbündeten den weltweiten revolutionären Kräften entgegenzutreten:

»*Die verheerenden Folgen der Bevölkerungsexplosion, Armutsmigration, sich rasant beschleunigender Urbanisierung, ethnischer und religiöser Feindseligkeiten und der Verbreitung von Massenvernichtungswaffen wären nicht zu bewältigen, sollte auch noch das bestehende, auf Nationalstaaten basierende Grundgerüst rudimentärer geopolitischer Stabilität zu Bruch gehen. Ohne ein abhaltendes und gezieltes Engagement Amerikas könnten bald* **die Kräfte weltweiter Unordnung** *die internationale Bühne beherrschen. Angesichts der geopolitischen Spannungen, nicht nur im heutigen Eurasien, sondern überall auf der Welt, ist ein solches Szenario durchaus denkbar.*« (ebenda, S. 279 – Hervorhebung Verf.)

Ehrlicherweise verlor Brzezinski kein Wort über die Beseitigung der Ursachen von Massenarmut oder Krisen. Was ihn interessierte war die Gefahr, die von »*Kräften weltweiter Unordnung*« für die neue Weltordnung des US-Imperialismus ausgeht. Aber die Unordnung, aus der die von Brzezinski gefürchteten Kräfte emporwachsen, erzeugt das imperialistische System selbst: unaufhörlich, tagtäglich und mit gesetzmäßiger Konsequenz. Wie der US-Imperialismus gegen die »*Kräfte weltweiter Unordnung*« vorgeht, enthüllte der bekannte US-amerikanische »Globalisierungs-Kritiker« Chalmers Johnson am Beispiel Indonesiens:

»*Als die Finanzkrise von 1997 Indonesien erfasste und abzusehen war, dass der sechsundsiebzigjährige Suharto nach den Reformen, die der Internationale Währungsfonds zur Bedingung für sein Hilfsprogramm machte, für die USA wohl nicht mehr von Nutzen sein würde, blieb das Hauptziel der amerikanischen Politik, durch die Unterstützung der 465 000 Mann* *starken ABRI[1] die Situation in Indonesien unter Kontrolle zu behalten. Indonesien hat keine äußeren Feinde. Die einzige Aufgabe seiner Streitkräfte ist die Aufrechterhaltung der ›inneren Sicherheit‹. Während nahezu der gesamten Regierungszeit Suhartos schulten die Vereinigten Staaten ABRI-Sondereinheiten in allen möglichen ›speziellen Methoden der Kriegführung und der Bekämpfung von Aufständen‹, wie die **New York Times** es nannte. Die CIA und die DIA* (Defense Intelligence Agency – Geheimdienst der US-Streitkräfte – Verf.) *haben schon seit langem enge Kontakte zu den ABRI, die häufig in Folterungen, Entführungen und Morde verwickelt waren.«* (»Ein Imperium verfällt. Wann endet das Amerikanische Jahrhundert?«, S. 108–109)

Die Phrase von der »neuen Weltordnung«, von den Herrschenden in den USA gern als höchste Form demokratischer Weltverbundenheit deklariert, ist nichts als der nackte **Weltherrschaftsanspruch der USA.**

Die ökonomische Grundlage dieser politischen Ordnung wurde mit der Neuorganisation der internationalen Produktion gelegt. Diese setzte als wesentliche politische Bedingung einen »**freien Welthandel**« sowie **freien Zugang des internationalen Finanzkapitals zu allen nationalen Volkswirtschaften** voraus. Ideologisch und politisch sollte dieser Weg durch den **Neoliberalismus** gebahnt werden. Der Neoliberalismus stieß aber in einer Reihe von Ländern auf erbitterten Widerstand. Das waren unter anderem die sieben so genannten »Schurkenstaaten«, wie sie die US-Regierung bezeichnete, um sie zu dämonisieren. Kuba, Iran, Irak, Libyen, Nordkorea, Sudan und Syrien wurde vorgeworfen, den Terrorismus von Staats wegen zu fördern. Das hauptsächliche Vergehen dieser Länder war jedoch – in den Augen der Imperialisten –,

---

[1] Abkürzung für die indonesischen Streitkräfte

dass sie nicht Mitglied der WTO sind und dass sie Artikel VIII, 2a, 3 und 4 des IWF nicht anerkennen. Dieser Artikel verpflichtet nämlich jedes Mitgliedsland,

*»... Beschränkungen des internationalen Zahlungsverkehrs und der Übertragungen im Rahmen laufender internationaler Transaktionen zu vermeiden. Ohne Zustimmung des Fonds darf es sich auch nicht auf diskriminierende Währungsregelungen oder auf multiple Währungspraktiken einlassen.«* (»Der Internationale Währungsfonds«, Beilage zum »Survey«, September 1992, S. 27)

Im Grunde genommen wurde hier festgeschrieben, dass dem internationalen Finanzkapital die uneingeschränkte Freiheit einzuräumen ist, sich in jeder nationalen Wirtschaft beliebig auszubreiten. Die Imperialisten schrecken nicht davor zurück, alle Länder, die sich diesen Forderungen widersetzen, politisch anzugreifen, sie mit ökonomischen Sanktionen zu belegen und letztlich militärisch gegen sie vorzugehen.

## Die hauptsächlichen imperialistischen Kriege der 1990er Jahre

Seit Beginn der 1990er Jahre richtete sich die **offene, kriegerische Aggression der imperialistischen Länder** insbesondere gegen den Irak, gegen Somalia, Jugoslawien und Afghanistan.

Der **Krieg gegen den Irak 1990/91** begann, nachdem der Irak Kuwait annektiert hatte. Das nahmen die Imperialisten, insbesondere die US-Imperialisten, zum Anlass, unterstützt von 28 alliierten Ländern, den Irak anzugreifen und seine regionale Machtpolitik in die Schranken zu weisen. Dazu wurden 464 000 US-Soldaten und 276 330 alliierte Soldaten aufgeboten. Die USA nutzten den Krieg auch zur Vernichtung vorhandenen Kriegsgeräts und als Konjunkturprogramm für ihre krisengeschüttelte Wirtschaft. Die Verbündeten hatten dafür 53,9 Milliarden US-Dollar zu zahlen. Der Krieg endete mit der Kapitulation des

Irak und dem Rückzug seiner Truppen aus Kuwait. Dem besiegten Land wurden weitgehende Sanktionen auferlegt; der Süden und Norden wurden unter dauerhafte militärische Kontrolle der USA und Großbritanniens gestellt. Der Irak unter der Regierung Saddam Husseins blieb aber ein ungelöstes Problem in den Weltherrschaftsplänen des US-Imperialismus.

Unter dem Deckmantel einer »UNO-Friedenstruppe« landeten am 9. Dezember 1992 US-Marineverbände an der Küste Somalias. Insgesamt wurden 24 000 US-Soldaten und 13 000 Soldaten aus anderen Staaten in **Somalia** eingesetzt. Die USA verfolgten das Ziel, den Rebellenführer Aidid zu stürzen und eine ihnen hörige Regierung zu installieren, um die **strategisch wichtige Region am Horn von Afrika zu kontrollieren**. Der Einsatz von US-Spezialtruppen unter dem direkten Befehl des US-Präsidenten, die hohen Verluste der »Blauhelme« und die Proteste der Somalier gegen das Eingreifen der USA führten zu wachsender internationaler Kritik an den USA. Am 7. Oktober 1993 verkündete US-Präsident Clinton den Rückzug aus Somalia.

Am 24. März 1999 begann der Krieg gegen **Jugoslawien**. Unter den Vorwand »humanitärer Hilfe« griffen Luft-, See- und Landstreitkräfte der NATO das Land an. Mit Billigung aller 19 NATO-Länder beteiligten sich 13 direkt am Krieg: Belgien, Dänemark, Deutschland, Frankreich, Großbritannien, Italien, Kanada, die Niederlande, Norwegen, Portugal, Spanien, die Türkei und die USA. Auf Seiten der Angreifer waren 30 000 bis 40 000 NATO-Soldaten beteiligt sowie 15 000 bis 17 000 Kräfte der UÇK (Ushtria Çlirimtare e Kosovës – Befreiungsarmee des Kosovo), auf Seiten Jugoslawiens 110 000. In dem 79 Tage dauernden Luftkrieg »Allied Force« wurden anfangs 430 und zum Schluss über 900 Flugzeuge eingesetzt. Sie flogen insgesamt 37 465 Einsätze, am Ende des Kriegs fast 800 am Tag. Dabei wurden neben unzähligen zivilen Zielen sämtliche

Raffinerien des Lands zerstört sowie Fabriken zur Herstellung von Munition, Panzern, Flugzeugteilen und Reparaturwerkstätten, außerdem 70 Prozent der Straßenbrücken und 50 Prozent der Eisenbahnbrücken entlang der Donau.

Die militärische Unterwerfung des Milosevic-Regimes verfolgte das Ziel, den »Unruheherd Balkan« zu beseitigen, der die Internationalisierung der kapitalistischen Produktion in Europa störte. Dem Krieg ging eine hartnäckige Weigerung der Regierung Milosevic voraus, die jugoslawische Volkswirtschaft beliebig für westliches Kapital zu öffnen. 1996 scheiterte die mit Weltbank-Krediten finanzierte »Southeast European Cooperative Initiative (SECI)«, mit der »*die Integration aller Donauanrainer unter marktwirtschaftlichen Bedingungen*« durchgesetzt werden sollte. Nachdem die USA und die EU mehrfach versucht hatten, ihre Wirtschaftsprogramme mittels Sanktionen durchzusetzen, provozierte schließlich die NATO einen Kriegsgrund und griff Jugoslawien an. Den Vorwand lieferte die von der UÇK provozierte Eskalation der ethnischen Widersprüche unter der Bevölkerung im Kosovo. Die UÇK war keine wirkliche Befreiungsarmee des albanischen Volks, sondern eine nachweislich von der CIA aufgebaute und bewaffnete Soldateska. Nur aufgrund der ethnischen Unterdrückung der Kosovo-Albaner durch das Milosevic-Regime konnte sie Einfluss und Stärke gewinnen. Die Imperialisten nutzten das reaktionäre Wesen des Milosevic-Regimes weidlich aus, um **den imperialistischen Charakter ihrer Aggression zu bemänteln**. Vor den Augen der Massen sollte die imperialistische Intervention als humanitärer Akt erscheinen, als »Befreiung« unterdrückter Volksgruppen vom Diktator Milosevic.

Am 7. Oktober 2001 begann die US-Regierung zusammen mit Großbritannien den **Krieg gegen Afghanistan,** der zum Sturz der Taliban-Regierung und zur Einsetzung einer US-hörigen Regierung führte. Die Propaganda der USA wollte den

Afghanistan-Feldzug als Reaktion auf den Terroranschlag vom 11. September 2001 auf das World Trade Center in New York und das Pentagon in Washington darstellen. Aber es ließ sich nicht auf Dauer verbergen, dass er in Wahrheit schon Monate vorher detailliert geplant worden war. Das enthüllte der US-Fernsehsender NBC am 16. Mai 2002:

*»Der Plan habe sogar ein Ultimatum an die Taliban zur Auslieferung von Al-Qaeda-Chef Osama bin Laden vorgesehen. Bei einer Weigerung wäre mit einem Militärschlag gedroht worden, berichtete der Sender. Weil die Pläne detailliert vorlagen, hätten die USA nach den Anschlägen so prompt reagieren können, hieß es.«* (»Frankfurter Rundschau« vom 18. Mai 2002)

Das Zentralkomitee der MLPD nahm am 8. Oktober 2001 Stellung zu diesem Krieg:

*»**Die Militärschläge gegen Afghanistan haben jedoch nichts mit der Vergeltung der reaktionären Terroranschläge vom 11. September zu tun.** Noch kurz vor Beginn der US-Invasion wurden sämtliche Bedingungen der afghanischen Regierung zur Auslieferung bin Ladens von Washington kategorisch abgelehnt. Daran war die US-Regierung überhaupt nicht interessiert und ließ verlauten: ›Die Zeit ist abgelaufen.‹ **Welche Ziele verfolgt sie in Wirklichkeit?** Die US-Invasion dient der **Besetzung einer wirtschaftlich und strategisch wichtigen Region** im Mittleren Osten und Zentralasien. In der Region um Afghanistan und den anliegenden Ländern lagern zirka 75 Prozent der Weltölreserven und 33 Prozent der Erdgasreserven. Die MLPD verurteilt es entschieden, wenn junge Männer und Frauen in einen reaktionären Krieg getrieben werden, der für die Profitinteressen der internationalen Monopole geführt wird. Dabei geht es um nichts anderes als die Neuverteilung der imperialistischen Macht- und Einflusssphären.«*
(Erklärung des Zentralkomitees der MLPD gegen die US-Invasion in Afghanistan, 8. Oktober 2001)

Der Krieg gegen Afghanistan machte offenbar, wie sehr die US-Politik gescheitert war. Die ursprüngliche Förderung reaktionär-fundamentalistischer Kräfte sollte einen Damm gegen den Befreiungskampf der Völker und gegen einen neuen Aufschwung des Kampfs für den echten Sozialismus errichten. Die reaktionären Taliban in Afghanistan waren ebenso Zöglinge der CIA wie der berüchtigte General Noriega in Panama, der Diktator Saddam Hussein im Irak, Abu Sayyaf auf den Philippinen oder der Massenmörder Pinochet in Chile. In seiner Erklärung vom 12. Oktober 2001 nahm das Zentralkomitee der MLPD dazu Stellung:

»*Die MLPD **verurteilt** entschieden den **reaktionär-faschistoiden Terrorismus** von Kräften wie bin Laden. Sie tritt entschieden für die Bestrafung von faschistischen Terroristen genauso wie für das Verbot aller faschistischen Organisationen ein. Entschieden wendet sie sich auch **gegen den Staatsterror**, wie er uns im Moment eindringlich vom US-Imperialismus vorgeführt wird. **Sie ist aber auch der Meinung: Ein Volk muss sich auch wehren dürfen gegen militärische Überfälle und imperialistischen Krieg.** Deshalb lehnt sie auch entschieden den mit dem vermeintlichen Kampf gegen den Terrorismus massiv betriebenen Abbau bürgerlich-demokratischer Rechte und Freiheiten ab. Die Ausgebeuteten und Unterdrückten dieser Welt haben das Recht auf den Kampf um ihre Befreiung.*« (»Rote Fahne« Nr. 42/2001)

Obwohl die USA mit diesem Krieg unmittelbar die russischen Einflusssphären und auch die Interessen anderer Imperialisten berührten, gelang es unter dem Vorwand des Kampfs gegen den »*internationalen Terrorismus*«, eine so genannte »*Anti-Terror-Koalition*« zusammenzuschließen. Der vom US-Präsidenten George W. Bush verkündete »New War«, dessen erster Abschnitt der Afghanistan-Krieg sein sollte, wurde ausdrücklich als ganze Serie von kriegerischen Auseinandersetzungen in den kommenden fünfzehn bis zwanzig Jahren konzipiert. Hinter der vorgeblichen Absicht, den »internationalen Sumpf des Terrorismus« trocken zu legen, verbargen sich strategische Ziele, die mit dem Kampf gegen den Terrorismus nur wenig zu tun hatten. Mit Bushs »New War« wurde mehr oder weniger **der ganzen Welt ein lang anhaltender Krieg erklärt.** Das Anwachsen der allgemeinen Kriegsgefahr macht einen über Ländergrenzen hinweggehenden aktiven Widerstand zur dringlichen Aufgabe im Kampf um soziale und nationale Befreiung und um die Befreiung vom Imperialismus.

Die hauptsächliche Veränderung der imperialistischen Politik im Rahmen der Neuorganisierung der internationalen Produktion lässt sich in folgenden Merkmalen zusammenfassen:

- **In gemeinsamer Aktion setzen imperialistische Länder kriegerische Mittel ein**, um politische Bedingungen für den freien Zugang des internationalen Finanzkapitals zu allen regionalen und nationalen Märkten zu erreichen.

- **Die Beziehungen zwischen den imperialistischen Ländern und den vom Imperialismus abhängigen, ausgebeuteten und unterdrückten Ländern werden immer mehr militarisiert.** Nach Ansicht von Lothar Rühl (CDU), von 1982 bis 1989 Staatssekretär im Bundesministerium der Verteidigung,

»*... ist seit dem Ende des Ost-West-Gegensatzes auch in Europa **zur Regel geworden**: die militärische Intervention in Krisengebieten und die Führung unerklärter Kriege als Mittel der Politik mit den Kennworten ›Krisenbewältigung‹ und ›Friedenssicherung‹.*« (»Aus Politik und Zeitgeschichte«, Nr. 24/2002, S. 5 – Hervorhebung Verf.)

Zur Vorbereitung der geplanten amerikanischen Freihandelszone (FTAA) verabschiedete die Organisation Amerikanischer Staaten (OAS) auf einer außerordentlichen Tagung im September 2001 die Charta einer neuen »Sicherheitsar-

*chitektur für den amerikanischen Kontinent«.* Sie sieht Eingriffe in die nationale Souveränität vor, getarnt als *»Beistand zur Erhaltung der Demokratie«.* Nach Ansicht des Friedensnobelpreisträgers Adolfo Pérez Esquivel betreiben die USA eine *»Remilitarisierung Lateinamerikas«,* da sie *»im Hinblick auf die Ausweitung der Freihandelsabkommen eine Zunahme der sozialen Konflikte auf dem Kontinent erwarten«.* (»Le Monde diplomatique«, Nr. 2/2002, S. 18)

- Diese Kriege werden in der Regel mit **humanitären Rechtfertigungen** wie *»Friedenssicherung«* und *»Wahrung demokratischer Grundwerte«* begleitet. Das kennzeichnet eine Schwäche der Imperialisten, die für ihre Aggressionen die Zustimmung ihrer Bevölkerung regelrecht erschleichen müssen, um offenen Widerstand zu vermeiden.

- Die **NATO stellt den Kern des Militärapparats**, der die gemeinsamen imperialistischen Interessen gegen »unbotmäßige« oder »abtrünnige« Länder durchsetzen soll.

- Die **machtpolitische Initiative für die Neuaufteilung der Welt liegt bei den USA** und ihren Verbündeten. Die USA beanspruchen bei all diesen kriegerischen Aktionen die Führungsrolle und üben sie auch aus. Das unterstreicht die Rolle des **US-Imperialismus als einziger Supermacht**.

- In der Regel werden die **gemeinsamen imperialistischen Aktionen durch UN-Mandat** »rechtlich« **abgesichert**. Die UNO erweist sich als **gemeinsames Instrument der Imperialisten**, das die politischen Bedingungen für die Neuorganisation der internationalen Produktion vereinheitlichen und in der ganzen Welt hoffähig machen soll. Deshalb muss die UNO immer dann scheitern, wenn die Gegensätze zwischen den imperialistischen Mächten in den Vordergrund treten.

## Zunehmende zwischenimperialistische Widersprüche

Das gemeinsame imperialistische Interesse, politische Bedingungen für die Neuorganisation der internationalen Produktion im Interesse des internationalen Finanzkapitals zu schaffen, führte zu gemeinsamen Aktivitäten der Imperialisten und der UNO. Der verschärfte internationale Konkurrenzkampf, insbesondere beim Übergang zur Weltwirtschaftskrise Anfang des dritten Jahrtausends, ließ jedoch die **zwischenimperialistischen Widersprüche** deutlich zunehmen.

### *Kampf um die Neuaufteilung der Rohstoffgebiete*

In den 1990er Jahren entwickelte sich insbesondere ein Wettlauf um die **Neuaufteilung der Energiereserven der Welt**. Wichtigste Methode der führenden Ölkonzerne war die **Beteiligung an internationalen Konsortien**. Die neokolonial abhängigen Förderländer mussten sich mit Minderheitsbeteiligungen begnügen. In der erdöl- und erdgasreichen Region des Kaspischen Meers besitzen US-Konzerne in den meisten Konsortien die Mehrheit der Anteile. Meist sind sie mit mehreren Gesellschaften vertreten: Exxon, Chevron, Mobil, Texaco, Unocal, Pennzoil sowie BP-Amoco (ein anglo-amerikanischer Konzern). Doch auch die meisten übrigen Imperialisten sind beteiligt: aus Westeuropa Großbritannien mit BritishGas und Ramco, Frankreich mit Total Elf Fina, Italien mit Agip und Norwegen mit Statoil. Aus dem Nahen Osten sind die Türkei (TPAO), der Iran (OIEC) und Saudi-Arabien (Delta Nimir) dabei und aus Asien Russland (Lukoil) und Japan (Itochu). Um bedeutendere Anteile zu erlangen, als es allein möglich wäre, gründeten ein russischer und ein italienischer Konzern das Joint Venture LukAgip. Deutsche Konzerne wie E.on, Wintershall, Preussag und RWE-DEA verfügen bisher erst über kleinere Anteile.

Die internationalen Konsortien können ihre Anteile an der Ölförderung nur verwerten, wenn sie auch die **Pipelines** für den Transport des Öls kontrollieren. Um die bisherige alleinige Kontrolle Russlands zu umgehen, vereinbarten Aserbaidschan, Georgien, die Türkei und die USA im Interesse der Konzerne BP-Amoco, Chevron, Shell und Mobil am 19. November 1999 den Bau einer neuen Pipeline von Baku durch Georgien zum türkischen Mittelmeerhafen Ceyhan. Im Jahr 2004 soll sie fertig sein. Damit würde eine Abhängigkeit sowohl vom Iran vermieden (dieser hätte den kürzesten Weg geboten) als auch von Russland.

1998 wurde unter direkter Mitwirkung der USA das **GUUAM-Bündnis** (Georgien, Usbekistan, Ukraine, Aserbaidschan, Moldawien) gegründet. Es hat die Funktion, einen Korridor von Europa durch den Kaukasus bis nach Afghanistan (TRACECA) zu schaffen und ihn militärisch zu kontrollieren. Dem Krieg in Afghanistan ging die Weigerung der fundamental-islamistischen Taliban-Regierung voraus, eine Pipeline durch Afghanistan bauen und von internationalen US-Monopolen kontrollieren zu lassen. Auch diese Tatsache war ein wichtiger Kriegsgrund für die USA.

## *Veränderte imperialistische Strategien*

Ausdruck verschärfter zwischenimperialistischer Widersprüche insbesondere zwischen den NATO-Ländern und imperialistischen Mächten außerhalb der NATO war die **neue NATO-Strategie vom 23. April 1999**. Das Bündnis beschränkte sich nicht mehr auf den *»euro-atlantischen Raum«*, sondern sah nun sein Einsatzgebiet im *»globalen Kontext«*. Ausdrücklich wollte es sich nun weder durch ein UN-Mandat eingrenzen noch auf einen Verteidigungsfall beschränken lassen, sondern dann aktiv werden, wenn *»Sicherheitsinteressen«* der NATO berührt seien. Es ist zu erwarten, dass diese *»Sicherheitsinteressen«* immer dann berührt sein werden, wenn irgendeine Macht irgendwo auf der Welt die Vorherrschaft der

NATO-Imperialisten in Frage stellt. Im Grunde **beansprucht die NATO die ganze Welt als ihr Hoheitsgebiet**; damit fordert sie natürlich alle imperialistischen Mächte und Staaten heraus, die nicht in der NATO vertreten sind.

Als zweitgrößter Machtblock auf der Welt hat sich **die EU zum Hauptkonkurrenten der USA entwickelt**. Um ihre Ansprüche weltweit durchzusetzen, muss sie auch das entsprechende militärische Potential in die Waagschale werfen können. Die 1954 als »*europäischer Pfeiler*« der NATO gegründete Westeuropäische Union (WEU) wurde in den 1990er Jahren schrittweise in die EU integriert. 1992 übertrug die EU der WEU in der »Petersberg-Erklärung« militärische Aufgaben: von »*humanitären*« Einsätzen bis zu Kampfeinsätzen in »*Krisengebieten*«. Für die WEU-Mitglieder, die nicht auch EU-Mitglieder sind, bleibt künftig als besondere Funktion lediglich die Beistandsverpflichtung im Fall eines Angriffs von außen.

Die führenden europäischen Imperialisten haben begonnen, **feste gemeinsame Strukturen des militärisch-industriellen Komplexes** zu schaffen. Frankreich, Großbritannien, Deutschland und Italien gründeten 1996 die OCCAR (Organisation Conjointe de Coopération en Matière d'Armement), die Rüstungsaufträge koordinieren und im Namen der Mitgliedstaaten selbständig Verträge mit Rüstungsunternehmen schließen soll.

Die in Europa in der Rüstungsproduktion führenden internationalen Monopole bestimmen die militärpolitischen Entscheidungen der EU. So verfasste ein Beratergremium der EU-Kommission das Grundlagendokument »STAR 21« (»Strategic Aerospace Review for the 21$^{st}$ century«). Darin forderte die **europäische Rüstungsindustrie einen abgesicherten europäischen Rüstungsmarkt** und ein Ende aller Maßnahmen, die effizientes Arbeiten der europäischen Rüstungsindustrie behindern.

Zwischen den führenden europäischen Imperialisten findet ein **Kampf um die Vorherrschaft im militärisch-industriellen Komplex** statt. So forderten die Außenminister Deutschlands und Frankreichs, Fischer und de Villepin, ein »*verteidigungspolitisches Kerneuropa*« unter ihrer Führung. Diesem »Kerneuropa« sollten sich die kleineren EU-Staaten unterordnen.

Um die militärische Schlagkraft der EU abzusichern, wurden auch **umfassende Maßnahmen zum Ausbau des Gewaltapparats** getroffen:

- Die Vereinigung mehrerer Unternehmen zum **europäischen Rüstungskonzern EADS** war ein Markstein auf dem Weg zu einer europäischen Rüstungsproduktion, die mit den USA konkurrieren kann. EADS baut das Militärflugzeug A400M und den Eurofighter. MBDA ist ein seit 2001 in Angriff genommenes Gemeinschaftsunternehmen für den Bau europäischer Raketen, an dem EADS, BAE Systems aus Großbritannien, Finmeccanica aus Italien und weitere, deutsche Unternehmen beteiligt sind. Ein Ziel ist, weltweit die Nummer 2 bei der Produktion von Raketen zu werden, nach dem US-Konzern Raytheon.

- Der Aufbau eines zirka 60 000 Mann starken **EU-Eingreifkorps** bis 2003 mit einer Kommandozentrale in Brüssel. Die im November 2002 von der NATO – auf Vorschlag der US-Regierung – beschlossene Aufstellung einer 21 000 Mann starken Eingreiftruppe lässt die Konkurrenz zwischen der Supermacht USA und der EU deutlich werden, auch wenn die EU bisher nicht offen die Vormachtstellung des US-Imperialismus in Frage stellt.

- **Umfangreiche Rüstungsprojekte** wie neue Flugzeuge für den Lufttransport (A400M) und neue Waffensysteme (Meteor-Raketen, Tiger-Hubschrauber, NH90-Hubschrauber). Die EU hat sich auch für ein eigenes **Satelliten-Naviga-**

tionssystem **Galileo** entschieden, das von 2008 an dem bereits bestehenden GPS-System der USA Konkurrenz machen soll. Das Ziel ist die **selbständige Wahrnehmung imperialistischer Ziele mit militärischen Mitteln** – auch in Konkurrenz zu den USA.

Dennoch bleibt die Rüstungs- und militärische Überlegenheit der USA bestehen. Die vielfältigen Abhängigkeiten schließen auf absehbare Zeit Alleingänge der EU aus. Das Strategiepapier der US-Regierung lässt keinen Zweifel, dass die USA nicht hinnehmen werden, »*daß sich rein europäische Sicherheitssysteme herausbilden, die die NATO unterminieren könnten*«. Damit sind vorerst unmissverständlich die Grenzen der EU abgesteckt: Der Weltherrschaftsanspruch des US-Imperialismus darf in keiner Weise in Frage gestellt werden.

Eine gemeinsame »Verteidigungs- und Sicherheitspolitik« der EU wird auch dadurch erschwert, dass mehrere EU-Staaten nicht in der NATO sind (Finnland, Irland, Österreich, Schweden) und andererseits NATO-Staaten nicht Mitglied der EU (Norwegen, Türkei).

Der **deutsche Imperialismus** hat seit 1990 schrittweise die letzten historisch bedingten Beschränkungen abgeworfen, denen internationale Einsätze der Bundeswehr noch unterlagen. In einem Grundsatzurteil erklärte das Bundesverfassungsgericht 1994 Bundeswehreinsätze auch außerhalb des NATO-Gebiets für verfassungskonform. Seit 1990 nahm die Bundeswehr an Einsätzen in der Türkei, im Persischen Golf, in Kambodscha, im Irak, in verschiedenen Teilen Ex-Jugoslawiens, in Somalia, Ruanda, Georgien, im Sudan, im Kosovo, in Mazedonien und zuletzt – auch mit eigenen »Krisenreaktionskräften« – in Afghanistan teil.

Wie in allen imperialistischen Ländern wird auch in Deutschland die Umwandlung der Bundeswehr in »*Streitkräfte im Einsatz*« von einer umfassenden Armeereform begleitet:

»*Die Fähigkeit, im kompletten Einsatzspektrum bis hin zu Konflikten mit hoher Intensität handeln zu können, muss künftig über große Entfernungen glaubhaft und dauerhaft sichergestellt werden.*« (Kommission »Gemeinsame Sicherheit und Zukunft der Bundeswehr«, in: »Frankfurter Allgemeine Zeitung« vom 24. Mai 2000)

Das hat mit den offiziellen Zielen der Landesverteidigung nicht mehr viel zu tun. Die Bundeswehr wurde zum machtpolitischen Instrument, das die Interessen des deutschen Imperialismus auf der ganzen Welt durchsetzen soll. Das neue Konzept der Bundeswehr sieht eine Verringerung der Streitkräfte von 340 000 im Jahr 2001 auf 280 000 Soldaten vor. Dabei werden die schnell verfügbaren Einsatzkräfte von 37 000 im Jahr 2001 auf 150 000 im Jahr 2005 ausgebaut.

Seit dem 7. Oktober 2001 ist die Bundeswehr am ersten offiziell erklärten imperialistischen Aggressionskrieg der NATO beteiligt: in Afghanistan. Außerdem hat sie zur Entlastung der USA das NATO-Kommando in Mazedonien übernommen. Am 16. November 2001 billigte der Deutsche Bundestag die Entsendung weiterer 3 900 Soldaten in die Einsatzgebiete Arabische Halbinsel, Mittel- und Zentralasien und Nord-Ost-Afrika samt der angrenzenden Seegebiete. Im März 2002 waren Bundeswehreinheiten in 14 Ländern im Einsatz.

Seine neuen Ansprüche unterstreicht der deutsche Imperialismus mit der Forderung nach einem **ständigen Sitz im UN-Sicherheitsrat**. Vor der 55. Generalversammlung der UNO begründete Außenminister Fischer am 14. September 2000 den deutschen Antrag, indem er in das Gewand eines Fürsprechers der Entwicklungsländer schlüpfte:

»*Der Sicherheitsrat reflektiert nicht mehr die politische Realität zu Beginn des neuen Milleniums. Wir teilen die Auffassung des Generalsekretärs, dass dieses zentrale Steuerungsorgan der Weltgemeinschaft unter Berücksichtigung auch der*

*Entwicklungsländer repräsentativer, legitimer und effektiver werden muss. Bundeskanzler Schröder hat in der vergangenen Woche bekräftigt, dass Deutschland bereit ist, in diesem Zusammenhang mehr Verantwortung zu übernehmen.«* (Deutsche Gesellschaft für Auswärtige Politik, Internationale Politik, www.dgap.org, 20. Februar 2003)

Dass sich die deutsche Regierung im Sommer 2002 offen gegen die Pläne der USA stellte, einen neuen Krieg gegen den Irak zu führen, ist Ausdruck ihres gewachsenen Anspruchs auf eine führende Rolle in der Welt.

Der davon ausgehende und öffentlich ausgetragene verbale Schlagabtausch zwischen der US-Regierung und der deutschen Bundesregierung brachte die wachsenden zwischenimperialistischen Widersprüche im Kampf um die Neuaufteilung der Welt zum Ausdruck und hinterließ tiefe Risse im NATO-Bündnis, in der EU und im Sicherheitsrat der UNO.

Als Antwort auf die veränderte NATO-Strategie hat der **russische Imperialismus** im Jahr 2000 ein nationales Sicherheitskonzept verabschiedet, das die eigenen Interessen formuliert. Unverhohlen wird die *»Festigung der Position Russlands als Großmacht«* gefordert und die *»Notwendigkeit der militärischen Präsenz Russlands in einigen strategisch wichtigen Regionen der Welt«* betont. (»Internationale Politik« 5/2000, S. 82 und 92)

Zwar ist die militärische Macht Russlands nicht mehr so groß wie die der sozialimperialistischen Sowjetunion, dennoch darf das militärische Potential Russlands nicht unterschätzt werden. Durch die umfassende Ausrüstung mit Atomwaffen **bleibt Russland ein potentieller Rivale der USA und der europäischen Imperialisten**. Im nationalen Sicherheitskonzept Russlands wird unmissverständlich unterstrichen:

*»Die Russische Föderation muss über Nuklearwaffen verfügen, welche in der Lage sind zu garantieren, jedem Aggressorland oder einer Koalition von Staaten einen vorgegebenen Schaden unter beliebigen Umständen zuzufügen.«* (ebenda, S. 92)

Anlässlich des Beitritts Polens, Ungarns und Tschechiens zur NATO 1999 warnte der stellvertretende russische Außenminister Gusarow noch vor einer möglichen Aufnahme ehemaliger Sowjetrepubliken:

*»Wenn die NATO diese rote Linie überschreitet, dann verändert sich unser Verhältnis zur NATO grundsätzlich.«* (»Frankfurter Allgemeine Zeitung« vom 8. Februar 1999)

Aufgrund des Interesses der EU an einer engeren Zusammenarbeit mit Russland und nach der guten Zusammenarbeit in der »Anti-Terror-Koalition« fiel es der NATO-Frühjahrstagung im Mai 2002 nicht schwer, Russland eine gleichberechtigte Mitsprache im NATO-Kooperations-Rat zu gewähren, sogar ein Stimmrecht bei einzelnen Themen. Im Gegenzug schwächte Russland seinen Protest gegen die NATO-Osterweiterung ab. Die politische Einbindung Russlands in den NATO-Rat kann die Widersprüche zwischen dem russischen Imperialismus und den übrigen NATO-Staaten zwar dämpfen, aber nicht aus der Welt schaffen. Sehr schnell kann sich eine weltpolitische Lage herausbilden, in der die gegensätzlichen Interessen, zum Beispiel zwischen den USA und Russland, in den Vordergrund treten. Eine solche Situation gab es bereits 1999 bei der NATO-Aggression gegen Jugoslawien. Auch als 2002 ein neuer Krieg gegen den Irak geplant wurde, trat Russland aufgrund eigener imperialistischer Interessen als entschiedener Gegner der USA und Großbritanniens auf.

Ihren rasanten Aufstieg zu einer neuen sozialimperialistischen Großmacht unterstrich die **Volksrepublik China** durch enorme Anstrengungen, auch militärisch gegenüber den

USA und Russland aufzuholen. Mit 2,6 Millionen Soldaten besaß China im Jahr 2000 die weltweit größten Streitkräfte. Das Land betreibt eine beschleunigte Aufrüstung und Modernisierung seiner Armee mit seit 1989 zweistellig steigenden Rüstungsausgaben. Ein Ziel ist der Aufbau einer »Blau-Wasser-Flotte«, gemeint sind Seestreitkräfte mit einer Reichweite von 430 Meilen, sodass China zu einer »Zwei-Ozean-Seemacht« werden und die Kontrolle über das südchinesische Meer gegen den »*Hegemonismus*« der USA behaupten kann. China verfügt schon seit längerem über nuklear getriebene U-Boote und auch über 300 strategische und 150 taktische Nuklearsprengköpfe, deren Zahl künftig auf 600 bis 900 steigen soll.

Immer häufiger geraten die Herrschenden in Probleme, weil die Massen ihre Rüstungsprogramme und Kriege ablehnen. Offene Aufrüstung und Kriegsvorbereitung beschleunigen nur die Loslösung der Massen von den bürgerlichen Parteien, dem bürgerlichen Parlamentarismus und seinen Institutionen. Deshalb bedienen sich die Imperialisten – weitgehend vor der Öffentlichkeit verborgen – zunehmend **privater Militäragenturen, privater Sicherheitsfirmen und Söldnertruppen**. Die so genannten privaten Militäragenturen (PMAs) erleben seit den 1990er Jahren einen wahren Boom. Allein in Afrika agieren mehr als 90. In Kolumbien übt die Defense Systems Limited (DSL) in Zusammenarbeit mit der Armee die Kontrolle über die Erdölanlagen von BP aus. Weltweit agierende Sicherheitsunternehmen – wie die Marktführer Wackenhut, Securior, Securitas, Group 4 und DSL – hatten von 1995 bis 2000 einen Umsatzzuwachs von 8 Prozent. Der Autor Herbert Wulf plauderte in der Zeitschrift »Vereinte Nationen« freimütig über die Motive der Privatisierung militärischer Einheiten:

*»Während die Regierung gegenüber dem Parlament rechenschaftspflichtig ist, sind private Firmen dies nur gegenüber ihren Aktionären oder Besitzern. Genau aus diesem Grunde ist die US-*

*Regierung durchaus daran interessiert, die Dienste privater Firmen in Anspruch zu nehmen, da die Kontrollen des Kongresses bei Rüstungsexporten, Militärhilfe und in der Drogenbekämpfung der Regierung weniger Handlungsspielraum erlauben. Auch gegenüber der Öffentlichkeit muß sich die Regierung bei möglichen Verwicklungen (oder wenn es zu Toten oder Verletzten bei den Einsätzen kommt) nicht verantworten, da es sich ja nicht um Angehörige der Streitkräfte handelt.«* (Herbert Wulf, »Privatisierung der Sicherheit«, in: »Vereinte Nationen« 4/2002, S. 147)

## George W. Bushs offener Weltherrschaftsanspruch

Einen vorläufigen Höhepunkt imperialistischer Machtansprüche bildete die **neue Militärstrategie der G. W. Bush-Regierung**, die am 20. September 2002 dem US-Kongress vorgestellt wurde. Die Supermacht USA beansprucht das **Recht auf »*Präventivschläge*«**, auch wenn keine unmittelbare militärische Bedrohung des eigenen Lands gegeben ist. Die »Präventivschläge« schließen ausdrücklich den **Einsatz chemischer, biologischer und atomarer Waffen** ein. Das bedeutet eine klare Absage an das bisher im Völkerrecht geltende Prinzip der Verhältnismäßigkeit der militärischen Mittel:

*»Rechtswissenschaftler und Juristen des Völkerrechts banden die Legitimität von Prävention häufig an die Existenz einer unmittelbaren Gefahr – zumeist eine sichtbare Mobilisierung von Land-, See- und Luftstreitkräften, die sich auf einen Angriff vorbereiten ... Die Vereinigten Staaten haben sich seit langem die Option präventiver Handlungen offen gehalten ... selbst wenn Unsicherheit darüber besteht, wann und wo der Feind angreifen wird.«* (»The National Security Strategy of the United States of America, September 2002«, in: »Frankfurter Rundschau« vom 28. September 2002)

Die US-Regierung erklärt der ganzen Welt, dass sie in Zukunft allein und willkürlich über Angriffe auf andere Länder entscheiden wird. Diese Drohgebärde soll den **uneingeschränkten Machtanspruch des US-Imperialismus** unterstreichen. Entsprechend fühlen sich die **USA künftig an keine internationalen Verträge mehr gebunden**, wenn diese die Durchsetzung ihrer Interessen behindern:

*»Die amerikanische Nationale Sicherheitsstrategie wird sich auf einen ausgeprägten amerikanischen Internationalismus gründen, der die Wertegemeinschaft und unsere nationalen Interessen widerspiegelt ... wir werden nicht zögern, notfalls allein zu handeln und unser Recht auf Selbstverteidigung wahrzunehmen, indem wir präventiv gegen die Terroristen vorgehen.«* (ebenda)

Unmittelbar nach seinem Amtsantritt forcierte US-Präsident Bush das National Missile Defense (NMD) genannte Konzept der Aufrüstung im Weltraum. Es soll den USA die Fähigkeit sichern, andere Länder mit atomaren Waffen anzugreifen, ohne einen Gegenschlag fürchten zu müssen, weil feindliche Raketen schon beim Anflug im Weltraum zerstört werden. Auch nach den Rüstungskontrollabkommen mit Russland behalten die USA 2 200 strategische Atomwaffen in den aktiven Streitkräften sowie 2 400 schnell reaktivierbare Reservesprengköpfe. Eric Chauvistré, Lehrbeauftragter an der Freien Universität Berlin, kam in seinem Buch »Das atomare Dilemma. Die Raketenabwehrpläne der USA«, zu der Beurteilung:

*»Mit einer Abkehr von der ›atomaren Abschreckung‹ haben die US-Pläne also nichts zu tun. Ganz im Gegenteil: Es ist der Zusammenhang zwischen Raketenabwehr und Interventionsstreitkräften, der NMD so brisant macht.«* (zitiert in: »taz« vom 29. März 2001)

Die neue US-Strategie machte ausdrücklich kleinere Atomsprengköpfe zum gleichrangigen Bestandteil offensiver Waffensysteme. Die Entscheidung, **taktische Atomwaffen auch** gegen Gegner einzusetzen, **die selbst keine derartigen Waffen besitzen** oder einsetzen, war eine ungeheure Provokation. Sie **senkt allgemein die Hemmschwelle für den Einsatz atomarer Waffen** und hat unvorhersehbare Auswirkungen auf künftige regionale oder globale Kriege.

Unter dem Deckmantel des Kampfs gegen den Terrorismus **beanspruchen die USA das Recht, in beliebigen Ländern militärisch zu intervenieren**. Es entspricht der Logik des **US-Imperialismus**, dass diese einzige **Supermacht** sämtliche Ressourcen der Menschheit für sich beansprucht. Durch politischen Druck und, wenn es sein muss, auch mit militärischer Gewalt will sie sicherstellen, dass die US-amerikanischen Monopole über alle Rohstoffreserven, die sie interessieren, verfügen können.

Ein Paradebeispiel dafür war der im Oktober 1999 von der Clinton-Regierung ausgearbeitete **Plan Colombia**. In diesem Sechsjahresplan wurde unter dem Vorwand der Drogenbekämpfung die Aufrüstung der kolumbianischen Armee vorangetrieben. 80 Prozent des Hilfsprogramms wurden für militärische Aufgaben verwendet, davon 480 Millionen US-Dollar für direkte Rüstungslieferungen wie Radarstationen, Aufklärungsflugzeuge oder Kampfhubschrauber. Ende 2002 beschloss die US-Regierung die Stationierung von Spezialeinheiten der »Green Berets« zum Schutz der Ölförderanlagen Cana Limon im Süden Kolumbiens.

In **Lateinamerika** begann Anfang des 21. Jahrhunderts ein **Prozess der länderübergreifenden revolutionären Gärung**, der den Kontinent zu einem Brennpunkt der Vorbereitung der internationalen Revolution machte. Ende August 2001 fand in Salta in Argentinien, im Zentrum der Piquetero[1]-

---

[1] Piqueteros nannten sich die Aktivisten der Straßenblockaden in Argentinien.

Bewegung, ein Manöver statt, an dem 1 300 Soldaten aus neun amerikanischen Ländern teilnahmen: Brasilien, Chile, Peru, Ecuador, Paraguay, Uruguay, Bolivien, Argentinien und die USA; Kolumbien war mit Beobachtern vertreten. Im Juni 2000 gestand die brasilianische Regierung den USA das Recht zu, Militärstützpunkte in Brasilien zu benutzen. In Manta/Ecuador befindet sich einer der größten US-Militärstützpunkte überhaupt. In Mexiko wurden Anti-Terror-Spezialeinheiten aufgestellt.

Bereits Anfang 2002 eröffneten die USA auf den Philippinen eine »*zweite Front im Kampf gegen den weltweiten Terror*«. 1991 hatten sie ihre Militärbasen räumen müssen, nun wurde ihnen in neuen Abkommen wieder das Recht auf dauerhafte Truppenpräsenz gewährt. Die US-Regierung und ihre Marionetten in der Regierung der Philippinen erklärten dem Freiheitskampf, den das philippinische Volk unter Führung der CPP (Kommunistische Partei der Philippinen) und der NPA (Neue Volksarmee) führt, den »*totalen Krieg*«.

Der US-Imperialismus hatte schon am Ende des 20. Jahrhunderts eine Armee von 1,4 Millionen Berufssoldaten, die auf der ganzen Welt stationiert waren. Aber das war nicht genug. Die Stationierungen in Europa und Nordostasien sollten beibehalten, aber zusätzliche Stützpunkte sollten im Mittleren Osten und anderen Teilen Asiens errichtet werden.

**Die USA beanspruchen die wirtschaftliche, politische und militärische Vorherrschaft über die Welt.** Mit allen Mitteln wollen sie verhindern, dass irgendein unabhängiges Land oder irgendein imperialistischer Rivale eine für ihre Ziele bedrohliche Stärke erreicht bzw. sich ihnen in den Weg stellt. In der neuen Militärstrategie heißt es dazu:

»*Unsere Streitkräfte werden stark genug sein, um jeden möglichen Gegner davon abzuhalten, eine militärische Aufrüstung in der Hoffnung zu verfolgen, die Macht der Vereinigten Staaten zu erreichen oder zu überbieten.«* (zitiert in: »Neue Zürcher Zeitung« vom 21./22. September 2002).

Auch in der neuen *»friedlichen Weltordnung«* schrecken die USA vor keinem Krieg zurück, den sie für notwendig erachten, um ihre Weltherrschaftspläne zu verwirklichen. Dieser Kampf um die Weltherrschaft provoziert einen neuen Rüstungswettlauf der imperialistischen Großmächte.

Hohe Beamte des Pentagon bezeichneten die Staaten China, Russland, Nordkorea, Irak, Iran, Libyen und Syrien in provokativer Offenheit als potentielle Gegner der neuen Militärstrategie (»Nuclear Posture Review Report« vom 8. Januar 2002, S. 16).

Als erste **Probe der neuen US-Militärstrategie** muss der **geplante Überfall auf den Irak im Jahr 2003** betrachtet werden. Die angebliche Bedrohung durch Massenvernichtungswaffen, für deren Existenz im Irak es keinerlei Beweise gibt, wird als Vorwand für einen Krieg genommen.

Im Zusammenhang mit den Vorbereitungen eines Kriegs gegen den Irak legten die USA das **größte Rüstungsprogramm** der Geschichte auf. Für das Haushaltsjahr 2002 verlangte die US-Regierung ein Militärbudget von 329 Milliarden US-Dollar, für 2003 eine Erhöhung auf 396 und bis 2007 auf 469 Milliarden US-Dollar. Um sich eine Vorstellung von diesen ungeheuren Summen zu machen, kann ein Vergleich hilfreich sein:

*»Allein die von Präsident Bush beantragte Erhöhung des amerikanischen Verteidigungshaushaltes um 48 Milliarden Dollar ist mehr als doppelt so groß wie der deutsche Militäretat insgesamt. Rechnet man diesen Betrag zu dem laufenden US-Militärhaushalt von 329 Milliarden Dollar hinzu, so geben die USA für ihre Streitkräfte jährlich mehr Geld aus als die weltweit nächstgrößten neun nationalen Verteidigungshaushalte*

## Schaubild 31:
## Wo US-Truppen stationiert sind (Stand: Juni 2002)

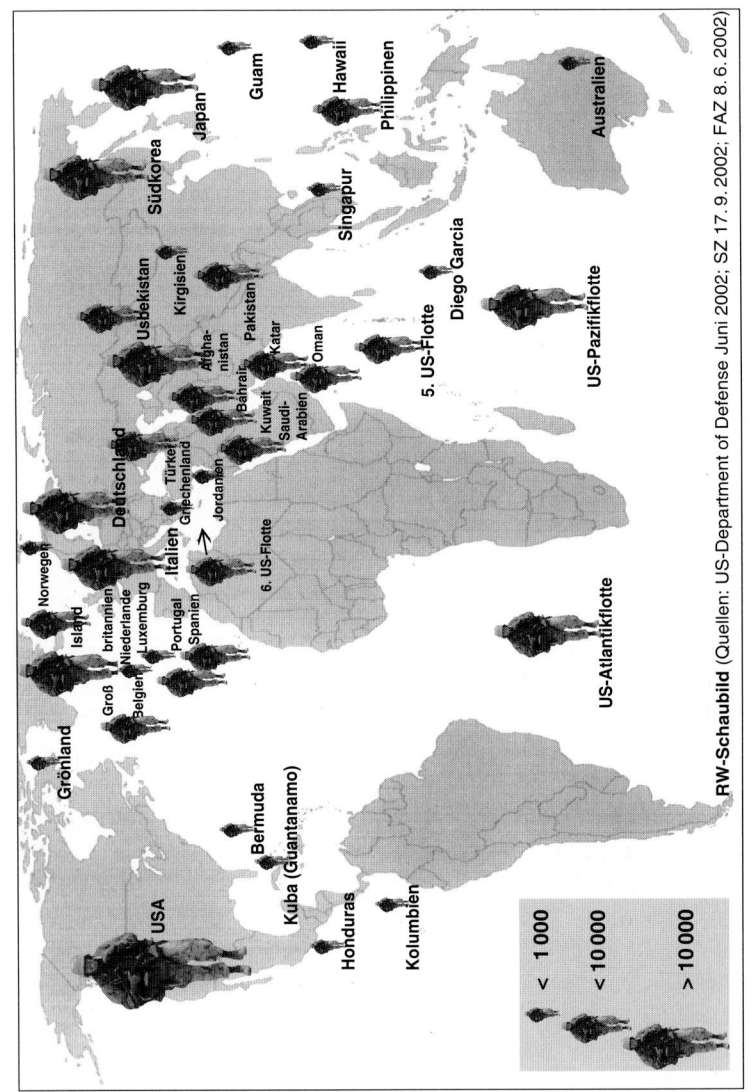

*zusammen.«* (Karl-Heinz Kamp, »Die Fortsetzung der NATO-Osterweiterung«, in: »Aus Politik und Zeitgeschichte« 24/2002, S. 38)

Mit der beschleunigten Vorbereitung eines Irak-Kriegs verschärfen sich die zwischenimperialistischen Widersprüche rasant. Denn die Interessen der Imperialisten sind unterschiedlich und auch die Methoden, wie sie Einfluss auf den Irak und die Golfregion erlangen wollen. Russland ist der größte Handelspartner des Irak und kontrolliert über seine Energieunternehmen ein Drittel der irakischen Ölexporte. 1997 schloss Lukoil einen Vertrag im Wert von 4 Milliarden US-Dollar mit dem Irak ab und 2001 Slavneft (ein russischer Mineralölkonzern) einen Vertrag im Wert von 52 Millionen US-Dollar. Im 2. Halbjahr 2001 wurden Verträge im Wert von mehr als 1,4 Milliarden US-Dollar abgeschlossen und damit Frankreich und Ägypten übertroffen. Der Handel der BRD mit dem Irak betrug 2001 337 Millionen Euro, aber der BDI erhoffte sich eine Verdopplung im Jahr 2002. Nach Informationen des »Handelsblatts« vom 26. Juli 2002 liegen Russland, Frankreich und China mit Exporten in den Irak von jeweils 2 Milliarden Euro an der Spitze. Russland, China, Frankreich, Italien, Indien, Vietnam, Algerien und Deutschland sind deshalb an der Aufhebung der Sanktionen gegen den Irak interessiert und nicht in erster Linie an einem Sturz Saddam Husseins. Ihr Interesse liegt in der weiteren Gültigkeit ihrer Lizenzen und in Anschlussverträgen. Der US-Imperialismus und der britische Imperialismus dagegen haben den Sturz Saddam Husseins zum Ziel, weil sie nur mit einer neuen, von ihnen eingesetzten Regierung den Irak unter Kontrolle bekommen können. Offen schrieb dazu die »New York Times«:

*»Nach unserem Sieg im zweiten Golfkrieg werden Großbritannien und die USA Frankreich und die europäischen Länder als die wichtigsten Abnehmer von irakischem Öl und Liefe-*

ranten von Ausrüstungsgütern ersetzen.« (zitiert in: »Junge Welt« vom 4. Januar 2003)

Die Neuorganisation der internationalen Produktion bringt eine neue Phase des **Kampfs der internationalen Monopole und der imperialistischen Staaten um die Neuaufteilung der Welt** mit sich. Das verschärft die **allgemeine Kriegsgefahr**. Lenin betonte in »Über das ›Friedensprogramm‹«:

*»Rufen wir uns die Grundbegriffe der sozialistischen Lehre ins Gedächtnis zurück, die von den Kautskyanern entstellt werden. Der Krieg ist die Fortsetzung der Politik, die die herrschenden Klassen der kriegführenden Mächte lange vor dem Krieg getrieben haben, mit Mitteln der Gewalt. Der Frieden ist die Fortsetzung der **gleichen** Politik, unter **Berücksichtigung** jener Veränderungen im Kräfteverhältnis der Gegner, die durch die Kriegshandlungen eingetreten sind. Der Krieg ändert an sich nicht die Richtung, in der sich die Politik vor dem Krieg entwickelt hat, er **beschleunigt** nur diese Entwicklung ...*

*Wie durch die Phrasen von der ›Vaterlandsverteidigung‹ die verlogene Ideologie des nationalen Befreiungskrieges in die Massen getragen wird, so wird durch die Phrasen vom demokratischen Frieden **auf Umwegen** dieselbe bürgerliche Lüge eingeschmuggelt!«* (Lenin, Werke, Bd. 22, S. 166/167)

In der Politik der USA, mit dem »New War« der ganzen Welt auf unbestimmte Dauer den Krieg zu erklären, kommt die **grundlegende Schwäche der imperialistischen Herrschaft** zum Ausdruck. Je mehr der US-Imperialismus zur Methode der weltweiten direkten militärischen Kontrolle und Unterdrückung greift, umso größer wird die Zahl der Fronten, an denen er sich gegen den revolutionären Ansturm der Arbeiterklasse und der Volksmassen wehren und aufreiben muss.

Schon die akute Kriegsgefahr bei der Vorbereitung einer Aggression der USA und Großbritanniens gegen den Irak hat die weltweit größte Friedensbewegung nach dem II. Weltkrieg auf den Plan gerufen. Allein am 15. Februar 2003 demonstrierten in mindestens 53 Ländern und in 660 Städten schätzungsweise 17 Millionen Menschen gegen die bevorstehende militärische Aggression gegen den Irak.

Der **Hauptstoß im Kampf um die Erhaltung des Weltfriedens** muss heute eindeutig **gegen den US-Imperialismus** gerichtet werden. Diese Supermacht ist der Feind aller Völker, weil sie bereit ist, ihren Machtanspruch mit aller erdenklichen militärischen Gewalt durchzusetzen.

**Hauptfeind der Arbeiterklasse und der Volksmassen in Deutschland bleibt der deutsche Imperialismus.** Im Rahmen der Neuorganisierung der internationalen Produktion verstärkt er seine Rolle in der Weltpolitik und mischt sich immer öfter auch militärisch ein. Mit der unmittelbaren Beteiligung an Kriegshandlungen hat er bewiesen, dass er wieder bereit ist, seine imperialistischen Interessen auch mit militärischer Gewalt durchzusetzen.

## 8. Die chronische politische Krise und die Bekämpfung des »internationalen Terrorismus«

Über die dialektische Einheit von Wirtschaftskrisen und Krisen schrieb Willi Dickhut 1984 in dem Buch »Krisen und Klassenkampf«:

*»Jede Wirtschaftskrise löst nicht nur soziale, sondern auch politische Spannungen aus, die das kapitalistische System mehr oder weniger erschüttern. Politische Krisen sind Begleit-*

*erscheinungen der Krisen des kapitalistischen Reproduktionsprozesses. Es sind zwei Seiten einer dialektischen Einheit, die in Wechselwirkung miteinander stehen.«* (S. 188)

Politische Krisen sind keine zeitweiligen Erscheinungen, die nur in Zusammenhang mit Überproduktionskrisen offen auftreten. Sie sind auch **latente Begleiterscheinungen der Strukturkrisen im Reproduktionsprozess** geworden. Die internationale Strukturkrise auf der Basis der Neuorganisation der internationalen Produktion hat die Übergänge zwischen latenter politischer Krise und ihrem offenen Ausbruch fließender gemacht. Politische Krisen brechen öfter und in kürzer werdenden Abständen offen aus. Auf der Grundlage der allseitigen Verschärfung der Widersprüche des imperialistischen Weltsystems in der 5. Phase der Allgemeinen Krise des Kapitalismus nahm die politische Krise einen **chronischen Charakter** an.

## Das erwachende Klassenbewusstsein der Arbeiterklasse

Seit den Massenkämpfen 1996 zur Verteidigung der Lohnfortzahlung im Krankheitsfall erleben wir in Deutschland **ein erwachendes Klassenbewusstsein der Arbeiterklasse auf breiter Front**. Diese Stufe des Klassenbewusstseins hat sich inzwischen in den meisten imperialistischen Ländern durchgesetzt. Das bedeutet einen Übergang vom Tiefstand der revolutionären Bewegung zum allmählichen Ausreifen einer revolutionären Krise. Dieser Übergang des Klassenbewusstseins ist gekennzeichnet durch **gewachsenen Kampfwillen**, ein **höheres Bedürfnis nach Bewusstheit** und **zunehmende Bereitschaft zur Organisation auf der Grundlage des Kampfs**.

Bei aller Labilität entwickelte sich das Klassenbewusstsein der Arbeiterklasse seitdem weiter. Wichtige Merkmale dafür waren die Ablehnung der Klassenzusammenarbeit im »Bündnis für Arbeit«, das von den kämpferischen Metallern in der Metalltarifrunde 2002 endgültig zum Scheitern gebracht wurde. Außerdem hat sich eine allgemeine **Tendenz der Loslösung der Massen von den bürgerlichen Parteien, dem bürgerlichen Parlamentarismus und seinen Institutionen** herausgebildet. Die bürgerlichen Parteien mussten zwischen 1991 und 2000 einen Mitgliederverlust von rund einer halben Million hinnehmen. Je mehr die bürgerlichen Krisenmanager in die Lebensverhältnisse der breiten Massen eingreifen und je mehr ihre krisenregulierenden Maßnahmen versagen, desto mehr Widersprüche zur Regierung als Geschäftsführung der internationalen Monopole entwickeln die Massen. Das zwingt die Monopole zu immer neuen Anstrengungen, die schmaler werdende Massenbasis aller Berliner Parteien in die Durchsetzung der Krisenprogramme einzubinden. Das schränkt den Spielraum ein, die Massen an eine »parlamentarische Opposition« zu binden. Im Ergebnis kommt es zu einer empfindlichen Störung des parlamentarischen Wechselspiels zwischen bürgerlicher Regierung und bürgerlicher Opposition. Darin liegt die eigentliche Ursache der Parteienkrisen quer durch das bürgerliche Parteienspektrum, auch wenn es oft Korruptionsaffären sind, die sie aktuell auslösen. Die Folgen sind zum Teil erdrutschartige Wahlniederlagen der Monopolparteien bei Kommunal- und Landtagswahlen und vor allem eine allgemein schwindende Wahlbeteiligung.

Das Vertrauen der Arbeiter und Angestellten in die Sozialdemokratische Partei schwindet immer mehr. Sie bezweifeln aufgrund ihrer gegensätzlichen Erfahrungen zunehmend die Lebenslügen des staatsmonopolistischen Kapitalismus von der »freiheitlich-demokratischen Grundordnung«, der »sozialen Marktwirtschaft«, dem »Sozialstaat«, der »friedlichen Außenpolitik« und der »Gleichberechtigung der Frauen«. Unter dem

Eindruck der wachsenden Unfähigkeit des Kapitalismus und seiner Repräsentanten, auch nur eines der drängendsten Probleme der Massen zu lösen, suchen immer mehr Menschen nach einer gesellschaftlichen Alternative.

Diese Merkmale der latenten oder offenen politischen Krise haben **internationalen Charakter**. Auf dem Boden dieser Krisen beleben sich die Klassenauseinandersetzungen und es bilden sich Ansätze zum Übergang in die Arbeiteroffensive heraus. In zahlreichen Ländern mehren sich selbständige Streiks, Massendemonstrationen und Generalstreiks mit ökonomischen und politischen Forderungen gegen die Regierung. 1980 bis 1989 streikten in der BRD nach offiziellen Zahlen[1] durchschnittlich 125 740 Arbeiter im Jahr; 1990 bis 1999 hat sich diese Zahl auf 216 293 um 72 Prozent erhöht. In ganz Westeuropa glichen sich die Kämpfe der Arbeiter, ihre Forderungen und ihre Organisationsformen tendenziell an. Auf der ganzen Welt nehmen die Kämpfe gegen die Privatisierung staatlicher Unternehmen zu.

Die Aufgeschlossenheit für eine gesellschaftliche Alternative zum Kapitalismus und gegenüber marxistisch-leninistischen Parteien wächst in vielen Ländern; immer mehr Kämpfe weisen eine **Tendenz des Übergangs zur revolutionären Gärung** auf. Doch auch in einer politischen Krise kann sich ein revolutionärer Prozess nur entfalten, wenn die Arbeiterklasse die Rolle des Staats als Herrschaftsinstrument der Monopole zur Niederhaltung der ausgebeuteten und unterdrückten Massen durchschaut. Dazu muss sie die Illusionen vom Staat als Gemeinwesen überwinden und **bewusst** mit den Lebenslügen des staatsmonopolistischen Kapitalismus brechen.

---

[1] Die bürgerliche Statistik in Deutschland erfasst ausschließlich gewerkschaftliche Streiks.

## Die Neuausrichtung des Staats

Betrug und Gewalt sind die beiden Herrschaftsmethoden, mit denen die Monopole im staatsmonopolistischen Kapitalismus ihre Diktatur über die gesamte Gesellschaft ausüben. Lenin schrieb dazu:

»*Die erste Methode ist die Methode der Gewalt, die Methode der Verweigerung jeglicher Zugeständnisse an die Arbeiterbewegung, die Methode der Aufrechterhaltung aller alten und überlebten Institutionen, die Methode der unnachgiebigen Ablehnung von Reformen ...*

*Die zweite Methode ist die Methode des ›Liberalismus‹, der Schritte in der Richtung auf die Entfaltung politischer Rechte, in der Richtung auf Reformen, Zugeständnisse usw.*« (»Die Differenzen in der europäischen Arbeiterbewegung«, Lenin, Werke, Bd. 16, S. 356)

Aus Angst vor einer unkontrollierbaren Entfaltung der Klassenwidersprüche vermeiden Monopole und Regierungen möglichst die Anwendung offener Gewalt. Zu diesem Zweck entwickeln sie Methoden zur Manipulierung der Massen, deren höchste Form das gesellschaftliche System der kleinbürgerlichen Denkweise ist.

Aber die Neuorganisation der internationalen Produktion, die Krisenprogramme der Regierungen und die anwachsenden Kämpfe untergraben zunehmend ihre Fähigkeit zur Dämpfung der Widersprüche.

Die Rolle des bürgerlichen Staats verändert sich, er wird zum Dienstleister der internationalen Monopole. Deshalb geht seine unmittelbare wirtschaftliche Betätigung zurück, während seine Rolle als Instrument zur Aufrechterhaltung der Herrschaft insbesondere der internationalen Monopole wächst. In seinem Jahresbericht 1998 mit der programmatischen Überschrift »Der entscheidungsfähige schlanke Staat« formulierte der BDI offen die neue Zielvorgabe:

*»Der Staat konzentriert sich auf seine hoheitlichen Aufgaben: Recht, Sicherheit, Ordnung.«* (S. 80)

Gerade im Bereich »Öffentliche Sicherheit und Ordnung« wuchs die Beschäftigtenzahl in Deutschland von 312 400 Vollzeitbeschäftigten im Jahr 1990 auf 410 283 Vollzeit- und 32 287 Teilzeitbeschäftigte im Jahr 1998, also um 41,7 Prozent. Allein im Bereich »Justiz« wurde sie von 145 100 im Jahr 1990 auf 196 802 im Jahr 1998 aufgestockt.

## Die neue Lebenslüge des Imperialismus vom »Kampf gegen den internationalen Terrorismus«

Mit dem Verschleiß der Lebenslügen des staatsmonopolistischen Kapitalismus und dem Erwachen des Klassenbewusstseins der Abeiterklasse verliert das gesellschaftliche System der kleinbürgerlichen Denkweise **keineswegs** seine Funktion als tragende Säule der staatsmonopolistischen Herrschaft. Aber seine Aufgabe ändert sich, es muss nun auch den Abbau sozialer Errungenschaften, Verschlechterungen in der Lage der Massen und insbesondere den Ausbau und Einsatz des staatlichen Gewaltapparats legitimieren.

Noch am 11. September 2001 verkündete US-Präsident Bush unter dem Vorwand des Kampfs gegen den *»Terrorismus«* den Beginn eines *»New War«*. Eine **imperialistische** »**Allianz gegen den Terrorismus**« wurde gebildet und die Haltung zu ihr wurde zum neuen Kriterium der internationalen Zusammenarbeit:

*»Die Welt hat sich zusammengeschlossen, um einen **neuen und andersartigen Krieg zu führen** ... Einen Krieg gegen alle, die den Terrorismus exportieren wollen, einen Krieg gegen alle Regierungen, die Terroristen unterstützen oder ihnen Zuflucht gewähren.«* (George W. Bush, Rede vom 11. Oktober 2001, nach: www.usembassy.de/terrornet, 1. Dezember 2002)

Der Sicherheitsrat der UNO beschloss am 28. September 2001 einstimmig die Resolution 1373, die alle Staaten verpflichtete, es zu unterlassen, »*Institutionen oder Personen, die an terroristischen Handlungen beteiligt sind, in irgendeiner Form aktiv oder passiv zu unterstützen*«.

Erstmals einigten sich alle imperialistischen Staaten auf eine gemeinsame »*Weltinnenpolitik*«. Dies war aber in Wirklichkeit keine Reaktion auf den Anschlag vom 11. September, sondern eine von langer Hand vorbereitete Strategie zur **Organisierung der internationalen Konterrevolution** gegen alle Bestrebungen zur Befreiung von Ausbeutung und Unterdrückung. Die Massen sollen die offene Anwendung staatlicher Gewalt mittragen oder zumindest akzeptieren. Dazu werden der Abbau bürgerlich-demokratischer Rechte und Freiheiten, die Faschisierung des Staatsapparats und die offene Repression als legitime Verteidigung gegen den »*internationalen Terrorismus*« ausgegeben. Nach dem Beschluss des Rats der EU vom 27. Dezember 2001 ist jede politische Handlung als »*Terrorismus*« zu bezeichnen,

»*... wenn sie mit dem Ziel begangen wird ... eine Regierung oder eine internationale Organisation unberechtigterweise zu einem Tun oder Unterlassen zu zwingen oder die politischen, verfassungsrechtlichen, wirtschaftlichen oder sozialen Grundstrukturen eines Landes oder einer internationalen Organisation ernsthaft zu destabilisieren oder zu zerstören.*« (»Amtsblatt der Europäischen Gemeinschaften«, 28. Dezember 2001, L 344, S. 93)

Nach dieser Definition kann jeder Kampf für soziale und nationale Befreiung und gegen die bestehende Ordnung als »*Terrorismus*« eingestuft werden. Die Gleichsetzung revolutionärer Kämpfe mit dem reaktionären Terrorismus des islamischen Fundamentalismus, der eine Rückkehr zu finstersten feudalen Verhältnissen anstrebt und sich dabei offen faschistischer Methoden bedient, ist reine Demagogie. Sie soll die Massen gegen grundsätzliche gesellschaftliche Veränderungen und gegen revolutionäre Kräfte aufbringen. Die Massen müssen mit dieser Demagogie fertig werden.

### Ausrichtung des Staatsapparats auf die Bekämpfung des »internationalen Terrorismus«

Seit der Bildung der »internationalen Anti-Terror-Koalition« wird der Gewaltapparat in Deutschland systematisch auf seine neuen Aufgaben umgerüstet. Diese lassen sich als **Aufstandsbekämpfung im In- und Ausland** zusammenfassen.

Lothar Rühl, Militärstratege und Verteidigungsstaatssekretär in der Kohl-Regierung, schrieb, dass »*nach amerikanischer Annahme in den Konflikten der Zukunft Truppen in besiedelten Gebieten, vor allem in mehr oder weniger aufgelockerten Stadtregionen eingesetzt werden müssten*« (»Frankfurter Allgemeine Zeitung« vom 18. April 2000). Entsprechend sind sich alle bürgerlichen Parteien einig, dass nur eine **Armee von Berufssoldaten** das nötige Ausbildungsniveau und die weltanschauliche Zuverlässigkeit für die Niederschlagung der internationalen Revolution gewährleisten kann.

Dem entspricht bereits heute die Personalplanung der Bundeswehr: 178 000 Berufs- und Zeitsoldaten stehen 77 000 Wehrpflichtigen gegenüber. Zwar wird noch eine Scheindiskussion um die Beibehaltung der (Rest-)Wehrpflicht geführt, doch in Frage steht nur, wieweit sie geeignet ist, die Bevölkerung ideologisch an die Bundeswehr und ihren neuen Auftrag zu binden.

Der Bekämpfung von Aufständen sollen auch der **Ausbau und die engere Zusammenarbeit der Geheimdienste** dienen (Bundesnachrichtendienst BND, Verfassungsschutz in Bund und Ländern, Militärischer Abschirmdienst MAD). Aktuelle Legitimation der Spitzeltätigkeit der Geheimdienste ist die reaktionäre Theorie vom »ideologischen Terrorismus«. Dieser äußert sich schon in der »*Forderung nach revolutionärer Veränderung von politischen und sozialen Strukturen auf Basis einer entgegengesetzten Gesellschaftsideologie*«. (Wissenschaftlicher Dienst des Deutschen Bundestags, »Der aktuelle Begriff«, Nr. 29/2001, www.bundestag.de/aktuell, 12. November 2001) Damit wird jede grundsätzliche Kritik am Kapitalismus in die Nähe des Terrorismus gerückt. Die Kriminalisierung revolutionärer Ideen bereitet ihre staatliche Verfolgung vor und rechtfertigt diese demagogisch.

Über eine so genannte »Anti-Terror-Liste« werden fortschrittliche, revolutionäre und marxistisch-leninistische Organisationen ins Visier genommen. Am 27. Dezember 2001 beschloss der Rat der EU eine »*Liste ... über spezifische, gegen bestimmte Personen und Organisationen gerichtete restriktive Maßnahmen*«. (»Amtsblatt der Europäischen Gemeinschaften«, 28. Dezember 2001, L 344, S. 83)

Auf dieser EU-Liste stehen auch Befreiungsbewegungen und revolutionäre Organisationen. Gegen sie sollen dieselben umfassenden Maßnahmen ergriffen werden wie gegen reaktionäre terroristische Organisationen: Strafbarkeit von Geldsammlungen, Einfrieren von Vermögen, Verfolgung jeder Form der aktiven oder passiven Unterstützung. Mitglieder solcher Organisationen dürfen nicht in das Gebiet der Europäischen Union einreisen und alle Staaten werden verpflichtet, den Personen auf der Liste keinen sicheren Zufluchtsort zu gewähren und »*Personen, die an der Finanzierung, Planung, Vorbereitung oder Begehung terroristischer Handlungen oder an deren Unterstützung mitwirken*«, vor Gericht zu stellen. Bevor einem politischen Flüchtling Asyl gewährt wird, ist »*sicherzustellen, dass der betreffende Asylbewerber keine terroristischen Handlungen geplant, erleichtert oder sich daran beteiligt hat*«, und selbst anerkannte politische Flüchtlinge sollen andernfalls an ihre reaktionären Herkunftsländer ausgeliefert werden. (ebenda, S. 90/91)

Im August 2002 stuften die USA die Communist Party of the Philippines (CPP) und die New People's Army (NPA) der Philippinen als »*ausländische terroristische Organisationen*« ein. Sofort griff die niederländische Regierung die internationale Hetzkampagne auf und ging massiv gegen den Gründungsvorsitzenden der CPP, José Maria Sison, und seine Familie im niederländischen Exil vor. Am 28. Oktober 2002 wurden José Maria Sison und die NPA auf die »Anti-Terror-Liste« der EU gesetzt. Ziel solcher Maßnahmen ist nicht nur die Unterdrückung revolutionärer Bewegungen, sondern auch die Einschüchterung fortschrittlicher Menschen und die Einschränkung ihrer politischen Betätigung, insbesondere, wenn es sich um Marxisten-Leninisten handelt. Kein Demokrat kann diese Entwicklung gutheißen, denn von ihr geht eine **reaktionäre Verschärfung des politischen Klimas** aus. Mit regelrechten Hetzkampagnen gegen jedes demokratische Gedankengut ist zu rechnen.

Für die **Verfolgung revolutionärer Ideen** erhalten die Geheimdienste neue Befugnisse. Sie können einfacher mehr Daten erheben und weitergeben, die Telekommunikation überwachen und sie werden aufs Engste mit den anderen Organen des staatlichen Gewaltapparats verzahnt. Die BRD ist inzwischen weltweit führend bei Telefonüberwachungen. Das Telekommunikationsmagazin »Connect« berichtete, dass sich die Zahl der »Lauschangriffe« seit 1995 mehr als verfünffacht hat und dass Millionen unbeteiligter Menschen betroffen waren.

Nach den Erfahrungen mit der Gestapo, dem Geheimdienst des Hitlerfaschismus, entschied sich die BRD bewusst für eine Trennung von Polizei und Geheimdiensten; diese besteht jedoch nur noch formal. Die Polizei, insbesondere das Bundeskriminalamt (BKA) und die Landeskriminalämter, setzt längst geheimdienstliche Methoden ein: V-Leute, Telefonüberwachung, Ortung von Mobiltelefonen, Lausch- und Videoüberwachung von Wohnungen. Das **Bundeskriminalamt** wurde zur Zentrale für politische Strafverfahren.

Die Aufgaben des **Bundesgrenzschutzes (BGS)** wurden systematisch erweitert, vor allem durch die Eingliederung der Bahnpolizei und durch die Einsätze als bewaffnete Flugbegleiter. Im Koalitionsvertrag zwischen SPD und Grünen vom 16. Oktober 2002 hieß es entsprechend:

*»Der Bundesgrenzschutz ist die Polizei des Bundes. Dies muss zukünftig auch in der Namensgebung deutlich werden.«* (S. 66)

Mit der Verkündung des *»NATO-Bündnisfalls«* am 2. Oktober 2001 wurde die BRD erstmals zur offiziellen Kriegspartei. Dass dieser »NATO-Bündnisfall«, mit dem die **erste Stufe der Notstandsgesetze** in Kraft trat, seitdem immer noch anhält, ist Ausdruck der Militarisierung von Staat und Gesellschaft. Martin Kutscha, Professor für Staats- und Verwaltungsrecht in Berlin, kam zu dem Ergebnis:

*»Der Staat füllt beizeiten seine ... Waffenkammern, um bei sozialen Unruhen möglichst frühzeitig und effizient intervenieren zu können.«* (»Blätter für deutsche und internationale Politik«, 2/2001, S. 219)

Rechtsanwalt R. Gössner, ein Sachverständiger für Sicherheitsfragen, fällte ein vernichtendes Urteil:

*»Es handelt sich um die umfangreichsten Sicherheitsgesetze in der bundesdeutschen Rechtsgeschichte, in der es wahrlich nicht an freiheitsbeschränkenden Gesetzeswerken fehlt.«* (»Widerspruch«, 22. Jg./1. Halbjahr 2002, Ausgabe 42, S. 51)

Die Bereiche Innere Sicherheit, Rechtspolitik, Justiz und Migrations- und Asylpolitik werden in der EU ganz ähnlich wie in Deutschland ausgebaut. Aufenthalt und Einbürgerung von politischen Flüchtlingen sollen nur mit Zustimmung des

Verfassungsschutzes erfolgen und werden, unter dem Stichwort der »*Integration*«, an die Anerkennung der kapitalistischen Ausbeutungsordnung, der »*freiheitlich-demokratischen Grundordnung*«, geknüpft. Bis 2004 sollen einheitliche »*EU-Mindeststandards*« geschaffen werden, die eine weitere Einschränkung des Asylrechts und verschärfte Kontrollen an den Außengrenzen zum Inhalt haben sowie einheitliche Bedingungen für den Zuzug von Arbeitskräften im Interesse der internationalen Monopole.

Die BRD fordert eine **EU-Grenzpolizei** mit hoheitlichen Befugnissen, für die im Koalitionsvertrag vom 16. Oktober 2002 ein »*Zieldatum*« festgelegt werden soll. Schon auf dem EU-Sondergipfel in Tampere/Finnland am 15. und 16. Oktober 1999 wurden weitreichende Beschlüsse gefasst. Dazu gehörte der dann im Sommer 2002 beschlossene EU-Haftbefehl, der alle Länder verpflichtet, Gesuchte sofort auszuliefern, ohne ihnen die Möglichkeit zu geben, Rechtsmittel einzulegen. Der Aufbau einer »europäischen Staatsanwaltschaft« EUROJUST wurde vereinbart; die europäische Polizeibehörde EUROPOL, deren Ermittler strafrechtliche Immunität genießen, wurde EU-weit mit operativen Befugnissen ausgestattet. Sie ist unter maßgeblichem Druck der BRD entstanden, die nicht nur ihren Leiter stellt, sondern auch 25,9 Prozent der Schlüsselpositionen besetzt.

Wesentliches Ziel internationaler Vereinbarungen ebenso wie der nationalen Gesetzgebung ist die Sicherung der internationalen Produktion. Die Monopole brauchen die Sicherheit des weltweiten Datenflusses und der Warentransporte. Mit einem Grundsatzurteil verpflichtete deshalb der Europäische Gerichtshof unmittelbar nach einem Fernfahrerstreik in Frankreich die Regierungen, die »*Grundfreiheit*« des internationalen Güteraustauschs notfalls mit Gewalt durchzusetzen.

Es ist ein Kernproblem des Imperialismus, dass er für seine reaktionäre Politik auf die Unterstützung der Massen angewiesen ist. Bushs »New War« spitzt weltweit alle Widersprüche zu und wird gegen den Willen seiner Urheber den Boden für eine künftige revolutionäre Weltkrise bereiten. Willi Dickhut schrieb dazu:

> »*Der Marxismus-Leninismus lehrt, daß sich gesellschaftliche Widersprüche, die antagonistisch sind, nur in einer **revolutionären Krise** lösen. Nicht so, daß sich mit wachsender Stärke der Arbeiterklasse und ihrer Verbündeten die Macht der Monopole und ihres Staates allmählich vermindert, sondern so, daß der Widerspruch schärfer wird, die Kämpfe härter werden, bis schließlich die Revolution oder die Konterrevolution siegt.*« (»Die dialektische Einheit von Theorie und Praxis«, S. 192)

## 9. Die Krise der bürgerlichen und kleinbürgerlichen Globalisierungstheorien

Die Neuorganisierung der internationalen Produktion leitete eine **neue Phase der Entwicklung des imperialistischen Weltsystems** ein. Die internationalen Monopole haben eine beispiellose Macht errungen. Sie sichert ihnen nicht nur die Herrschaft über die Weltwirtschaft – über die imperialistischen Staaten und ihre jeweiligen Regierungen nehmen sie auch entscheidenden Einfluss auf die Weltpolitik. Aber das kapitalistische Gesellschaftssystem kann immer weniger ohne Mitwirkung oder wenigstens Duldung der Massen funktionieren. Das macht die »neue Weltordnung« äußerst anfällig für den Klassenkampf der Arbeiterklasse und für den Kampf um nationale und soziale Befreiung in den vom Imperialismus unterdrückten und ausgebeuteten Ländern.

Vor diesem Hintergrund entstand die bürgerliche Theorie der Globalisierung. Der bewusst vage Begriff »*Globalisierung*« soll den Klassencharakter dieses Prozesses verschleiern. Es handelt sich nämlich nicht um eine Globalisierung der menschlichen Gesellschaft, sondern um die Neuorganisation der kapitalistischen Produktion. Der Kapitalismus lässt sich nicht »globalisieren«, ohne dass sich alle Widersprüche, die diesem Prozess innewohnen, bis aufs Äußerste zuspitzen.

Die Globalisierungstheorie ist Ausdruck der bürgerlichen Ideologie. Je nach Situation tritt sie heuchlerisch für Entwicklung und »Menschenrechte« ein, oder sie greift zu offener Lüge und Hetze, oder sie kombiniert beide Methoden. Ihr Kern ist der moderne Antikommunismus, denn die Herrschenden sind gezwungen, auf die immer schneller voranschreitende materielle Vorbereitung des Sozialismus zu reagieren.

### Die Krise der bürgerlichen Globalisierungstheorie

Seit dem Jahr 2000 richtete der Bundesverband der Deutschen Industrie (BDI), der politische Interessenverband der deutschen Monopole, seine Mitgliedsfirmen darauf aus, dem Thema »Globalisierung« erste Priorität zu geben (BDI, Jahresbericht 2000). Wie die Zeitschrift »Das Parlament« berichtete, ging dies maßgeblich auf eine Initiative des damaligen Vorstandssprechers der Deutschen Bank, Rolf-E. Breuer, zurück:

*»Da Globalisierung bisher vor allem mit Begriffen wie Angst und Verlust in Verbindung gebracht wird, forderte der Vorstandssprecher der Deutschen Bank, Rolf-E. Breuer, zu einer ›Debatte über die Chancen der Globalisierung‹ auf.«* (»Aus Politik und Zeitgeschichte«, 9/2001, Beilage zur Wochenzeitung »Das Parlament« vom 23. Februar 2001, S. 14)

Diese Forderung war an die Regierung, an Verbände und Medien gerichtet, wobei ihnen bis zu einem gewissen Grad auch Kritik erlaubt sein sollte:

»*Sie müssen durch ›bürgerorientierte‹ Informationspolitik und sachliche Aufklärung auch über die Chancen der Globalisierung informieren, ohne die damit verbundenen Probleme schönzureden.*« (ebenda)

Diese Aufforderung verhallte nicht ungehört. Positive und in Grenzen auch kritische Würdigungen der Globalisierung ziehen sich seitdem nicht nur durch zahllose Reden bürgerlicher Politiker, durch Leitartikel, Nachrichtensendungen, Hochglanzbroschüren und eine eigens zu diesem Zweck geschaffene Literatur. Das Thema »Globalisierung« wurde auch Bestandteil der Lehrinhalte an Schulen und Universitäten.

Auch von den Kirchen wird ein »*Umdenkungsprozess*« propagiert. Die Synode der Evangelischen Kirche in Deutschland (EKD) fasste sogar einen Beschluss, wonach man »*in ausländischen Investitionen nicht mehr die Ursache der Armut, sondern ein Mittel zu deren Überwindung*« sehen müsse (zitiert in: »Westdeutsche Allgemeine Zeitung« vom 6. November 2001). Zusammenfassend hieß es:

»*Auch Kirchen müssen klarstellen, dass sie die transnationalen Konzerne, den Welthandelsfonds und die Weltbank nicht als Widersacher, sondern als Partner betrachten, die der kritischen Begleitung bedürfen.*« (ebenda)

Bei aller in Teilfragen zugelassenen Kritik soll als eigentliches Wesen der Globalisierung die »Armutsüberwindung« in den Blick rücken. Dem dient die Theorie der »*wirtschaftlichen und politischen Integration*«. Dieser Theorie zufolge nützte die »*Globalisierung*« allen Menschen in armen wie reichen Ländern gleichermaßen und es sei gerade das Heraushalten aus der Globalisierung, was Länder in wirtschaftlichen Rückstand bis hin zum Bankrott treibe. Im Jahresbericht 2000 des BDI las sich das so:

»*Arme Länder, die sich in die internationale Arbeitsteilung hineinbegeben, wachsen schneller als solche, die es nicht tun.*« (S. 8)

Natürlich gibt es in den Ländern, die sich dem Prozess der Neuorganisation der internationalen Produktion öffnen, allein durch den sprunghaft steigenden Kapitalexport auch eine wachsende Kapitalakkumulation. Das ist jedoch nur die eine Seite. Auf der anderen Seite steigern sich gesetzmäßig, oft geradezu explosionsartig Ausbeutung, Massenarmut und neokoloniale Abhängigkeit und Unterdrückung. Karl Marx wies auf diese elementare Widersprüchlichkeit in der Entwicklung des Kapitalismus hin:

»*In unsern Tagen scheint jedes Ding mit seinem Gegenteil schwanger zu gehen. Wir sehen, daß die Maschinerie, die mit der wundervollen Kraft begabt ist, die menschliche Arbeit zu verringern und fruchtbarer zu machen, sie verkümmern läßt und bis zur Erschöpfung auszehrt. Die neuen Quellen des Reichtums verwandeln sich durch einen seltsamen Zauberbann zu Quellen der Not ... Dieser Antagonismus zwischen moderner Industrie und Wissenschaft auf der einen Seite und modernem Elend und Verfall auf der andern Seite, dieser Antagonismus zwischen den Produktivkräften und den gesellschaftlichen Beziehungen unserer Epoche ist eine handgreifliche, überwältigende und unbestreitbare Tatsache.*« (Marx/Engels, Werke, Bd. 12, S. 3/4)

Um nicht vollends unglaubwürdig zu werden, musste die bürgerliche Globalisierungsideologie die verheerende Bilanz der Neuorganisation der internationalen Produktion eingestehen. Sie tat dabei so, als handelte es sich lediglich um bedauerliche, aber verhinderbare »Fehlentwicklungen«. Prominenter

Vorkämpfer dieser Richtung war Klaus Schwab, Gründer und Präsident des internationalen World Economic Forum in Genf, das alljährlich Tagungen der internationalen Finanzwelt in Davos abhält:

*»Globalisierung bedeutet für mich ein Prozess, der unvermeidbar ist, der aber besser, das heißt humaner und sozialer gestaltet werden muss. Wir müssen die Globalisierung in den Griff bekommen und so steuern, dass sie nicht nur einzelnen Gruppen nützt, sondern den Menschen allgemein dient.«* (»Süddeutsche Zeitung« vom 1./2. September 2001)

Die *»Globalisierung in den Griff bekommen«* – immer wieder dreht sich alles um diesen Kern! Damit geben die bürgerlichen Ideologen im Grunde selbst zu, dass sie und ihre Auftraggeber in den Vorstandsetagen der Konzerne die Entwicklung eben *nicht* im Griff haben.

Die Diskreditierung des Sozialismus und aller revolutionären Bestrebungen gehört zu den Wesenszügen der bürgerlichen Globalisierungsideologie. Einer der eifrigsten Bannerträger in dieser Hinsicht ist der FDP-Ehrenvorsitzende Otto Graf Lambsdorff. Seine Spezialität liegt darin, alle negativen Folgen der internationalen Neuorganisation der Produktion, insbesondere in Entwicklungsländern, dem »Sozialismus« in die Schuhe zu schieben:

*»Was die Verschärfung der Situation durch die Verschuldung vieler Drittweltländer angeht, so sollte* (man) *... doch nicht vergessen, daß diese meist das Produkt irrwitziger sozialistischer und staatswirtschaftlicher Experimente früherer Jahrzehnte ist ... Die meisten dieser Länder kranken nicht an der Marktwirtschaft, sondern an den Nachwirkungen der Planwirtschaft. Die Rezepte der Globalisierungsgegner sind in Wirklichkeit die langfristigen Ursachen für die Krankheit, die sie zu bekämpfen vorgeben.«* (»Frankfurter Allgemeine Zeitung« vom 19. Juni 2001)

Man muss kein Marxist-Leninist sein, um den dürftigen Versuch Lambsdorffs zu durchschauen, von den gesellschaftlichen Ursachen des chronischen wirtschaftlichen Niedergangs in den meisten neokolonialen Ländern abzulenken. Was haben die größten Schuldnerländer Argentinien, Brasilien, Mexiko, die Türkei usw. mit sozialistischer Planwirtschaft zu tun? Sind sie nicht vielmehr Produkte und konsequenteste Vertreter des Neoliberalismus, dessen gründliches Scheitern die gegenwärtige Weltwirtschaftskrise und die Krise des Neokolonialismus beweisen? Hätten diese Länder wirklich sozialistische Ziele verfolgt, dann hätten sie die Prinzipien der finanziellen Unabhängigkeit, der Schuldenfreiheit, des ausgeglichenen Verhältnisses von Einnahmen und Ausgaben hochgehalten und darauf geachtet, Geschäfte mit den Imperialisten nur zum gegenseitigen Nutzen zuzulassen.

Ein großes Dilemma des Antikommunismus und seiner modernen Varianten liegt darin, dass sie einerseits behaupten, der Sozialismus sei Anfang der 1990er Jahre, mit dem Niedergang der sozialimperialistischen Sowjetunion, zu Ende gegangen, dass sie ihn aber andererseits immer noch als Hauptfeind brauchen. Die bürgerliche Ideologie kämpft natürlich nicht gegen ein Gespenst aus der Vergangenheit, sondern gegen die aktuelle Gefahr eines neuen Aufschwungs des Kampfs für den echten Sozialismus. Ein solcher Aufschwung entsteht in den Massenkämpfen, die überall auf der Welt zunehmen und die immer mehr die Organe des internationalen Finanzkapitals ins Visier nehmen. Entsprechend richtete sich der BDI demagogisch gegen die Globalisierungskritiker:

*»Viele der armen Länder sind von Konflikten und Unruhen geschüttelt und von unfähigen Regierungen gebeutelt ... Dafür und für die häufig mit wirtschaftlichem Dirigismus einhergehenden katastrophalen gesellschaftlichen Verhältnisse kann man nicht die Globalisierung verantwortlich machen. Gerade*

*diejenigen, denen das Wohl der Menschen in solchen Ländern am Herzen liegt, sollten das einsehen und einen Teil ihrer Kraft auf die Verbesserung der politischen Verhältnisse dort konzentrieren. Aber das ist viel schwerer, als in Seattle, Prag oder Davos zu demonstrieren.«* (BDI, Jahresbericht 2000, S. 8)

Die Argumentationsarmut der herrschenden Ideologen hat grundsätzliche Ursachen. Dazu fragte »Die Welt« den bürgerlichen Geschichtsprofessor in Oxford und Autor mehrerer Bücher, Niall Ferguson, in einem Interview:

*»Die Meinung, der westliche Kapitalismus sei ohne Alternative, wurde als Abschied von den Ideologien gefeiert. Zeigt sich nicht jetzt, dass diese Entideologisierung zur Verarmung der politischen Theorie geführt hat und wir kein Modell besitzen, um die Schwächen und Ungerechtigkeiten unseres Systems zu erklären?«* (»Die Welt« vom 19. Juli 2001)

Fergusons Vorschläge, wie aus diesem Dilemma herauszukommen sei, können die grundlegenden Schwächen der bürgerlichen Globalisierungsideologie allerdings nicht beheben:

*»Ich glaube, dass wir auf eine Reihe von äußerst hilfreichen Modellen zurückgreifen können – ich denke da an die Werke von Ökonomen wie Amartya Sen, Mancur Olsen und Douglass North –, die schlagende Argumente liefern, warum demokratische Institutionen in der Regel besser funktionieren als undemokratische. Das Problem ist nur, dass ihre Arbeiten nicht so demagogisch sind wie der gute alte Marxismus, der ökonomische Simplifizierung mit revolutionärer Rhetorik verband. Für derlei Theorien wird immer eine Nachfrage bestehen; in vieler Hinsicht ist ja die ›Anti-Globalisierung‹ nichts als ein unverdauter Marxismus«.* (ebenda)

Dass die bürgerliche Globalisierungsideologie mit ihren Tausenden von Büchern, Artikeln und Referaten das Bedürfnis der Massen nach Bewusstheit über die neuen gesellschaftlichen

Entwicklungen und Zusammenhänge nicht befriedigen konnte, lag weniger an mangelnder »*ökonomischer Simplifizierung*« und »*revolutionärer Rhetorik*«, sondern daran, dass diese Theorien mit der Wirklichkeit kaum etwas gemein hatten. Der Marxismus-Leninismus dagegen zielt darauf ab, die Wirklichkeit zu begreifen, die Gesetzmäßigkeiten der gesellschaftlichen Entwicklung allseitig aufzudecken und daraus Schlussfolgerungen für die notwendigen gesellschaftlichen Veränderungen zu ziehen.

Die Krise der bürgerlichen Globalisierungsideologie ist ein wesentlicher Ausgangspunkt für die **neue Anziehungskraft der marxistisch-leninistischen Kritik an der bürgerlichen Ökonomie**. Ihre Überlegenheit über die bürgerliche Globalisierungstheorie ist auch darin begründet, dass sie konsequent von den Interessen der Arbeiterklasse und der breiten Massen ausgeht, sowohl in den imperialistischen Ländern als auch in den vom Imperialismus unterdrückten und ausgebeuteten Ländern.

### Kleinbürgerliche Globalisierungskritik und die Bewegung ATTAC

Als scheinbarer Gegenspieler zur bürgerlichen Globalisierungsideologie und als Antwort auf ihre offene Krise trat Ende der 1990er Jahre auch eine Vielzahl kleinbürgerlicher Globalisierungskritiken ins Rampenlicht. Sie bildeten die **theoretische Grundlage einer kleinbürgerlichen Antiglobalisierungsbewegung** mit internationalem Charakter. Mit Forderungen wie der nach Schuldenstreichung für die Entwicklungsländer oder gegen die Privatisierung der Alterssicherung und des Gesundheitswesens nahm sie sich durchaus berechtigter Anliegen an. Vielfach brachte sie auch Kritik an den gravierendsten massenfeindlichen Auswirkungen der Neuorganisation der internationalen kapitalistischen Produktionsweise erfolgreich ins öffentliche Bewusstsein. Die Proteste anlässlich von Gipfeltreffen des IWF, der Weltbank, der EU usw. mit Beteiligung aus mehreren Ländern gehören zu ihren hauptsächlichen Kampfformen. Ihr Inhalt sind Appelle an die bürgerlichen Politiker und Institutionen, verbunden mit der Vision einer »*anderen Welt*«. Mit dem Lebensgefühl und den Vorstellungen, die in dieser Bewegung vorherrschen, beschäftigte sich »Der Spiegel« in einer Reportage über die Demonstrationen im Juli 2001 in Genua:

*»Nicht die globale Verschmelzung ruft den Protest hervor, sondern deren einseitige Gestaltung zu Gunsten der Stärkeren. Nicht die globale Freiheit des Kapitals, sondern die globale Unfreiheit der Opfer dieses Prozesses erzürnt die neuen Protestler.«* (»Der Spiegel« 30/2001, S. 34)

Tatsächlich tut die kleinbürgerliche Globalisierungskritik so, als könnte es die Freiheit des Kapitals geben ohne die Unfreiheit der Ausgebeuteten und Unterdrückten. Diese Illusion ist Ausdruck der bürgerlichen Ideologie. Ihrer Wirkung konnten sich auch die kleinbürgerlichen Globalisierungskritiker im Wesentlichen nicht entziehen. Auf sie trifft zu, was die MLPD in ihrem Programm über das System und die Rolle der kleinbürgerlichen Denkweise in der Gesellschaft schrieb:

*»Die kleinbürgerliche Denkweise nimmt scheinbar eine kritische Haltung zu den gesellschaftlichen Verhältnissen ein, während sie den Kapitalismus zugleich gegen jede gesellschaftliche Alternative verteidigt.«* (S. 25)

Organisatorischen Ausdruck finden die vielfältigen Spielarten der kleinbürgerlichen Globalisierungskritik in der internationalen Organisation **ATTAC**. Sie erhält inzwischen auch in Deutschland große Aufmerksamkeit in den Medien und nutzt diese Popularität, um Kräfte aus einem breiten gesellschaftlichen Spektrum zu sammeln: kritische SPD-Anhänger oder ehemalige SPD-Mitglieder, reformistische Gewerkschaftsfunktionäre, Mitglieder und Sympathisanten der Grünen, der PDS oder trotzkistischer und revisionistischer Organisationen, aber auch zahlreiche Menschen, die bisher nicht politisch aktiv waren, insbesondere Jugendliche.

Anziehungskraft entfalten nicht allein die Demonstrationen und spektakulären Aktionen, die ATTAC organisiert, sondern auch eine Vielzahl von Bildungsangeboten mit dem Schwerpunkt des Aufbaus von ATTAC-Gruppen an den Universitäten. Die ATTAC vertritt dabei eine Reihe unterstützenswerter Forderungen und Losungen, zum Beispiel gegen Bushs Kriegspolitik des »New War«, gegen die fortschreitende Umweltzerstörung oder gegen die verschärfte Ausbeutung und Unterdrückung der neokolonialen Länder. Wer ATTAC richtig beurteilen will, muss aber sehen, dass diese Organisation die Illusion vermittelt, über einzelne Reformforderungen sei der Imperialismus zu »*demokratisieren*«. Diese Grundrichtung verfolgt ATTAC seit der Gründung 1998 in Frankreich. Sie ging zurück auf einen Aufruf des Chefredakteurs der Zeitung »Le Monde diplomatique« Ende 1997:

*»In seinem leidenschaftlichen Aufruf formulierte Ramonet das Problem der Epoche als ein globales, und er forderte eine globale Lösung. Er gab dem Unbehagen über die Globalisierungsfolgen* **ein** *Ziel – die demokratische Kontrolle über das Finanzkapital der Spekulanten und Fondsgesellschaften – ohne die ›Abschaffung des Kapitalismus‹ zu fordern oder zu letzten Gefechten aufzurufen.«* (Grefe/Greffrath/Schumann, »attac – Was wollen die Globalisierungskritiker?«, S. 104)

Zentrale Forderung von ATTAC ist seit dieser Zeit die Einführung einer Steuer auf internationale Finanztransaktionen, der so genannten »Tobin-Steuer«. Daher kommt auch der französische Name der Organisation. Übersetzt bedeutet die militant klingende Abkürzung ATTAC: *»Vereinigung zur Besteuerung von Finanztransaktionen im Interesse der Bürger«.*

Der Name »Tobin-Steuer« geht dabei auf den Nobelpreisträger James Tobin zurück. Mit einer solchen Steuer sollen Devisentransaktionen bei jedem Grenzübertritt mit 0,5 Prozent besteuert werden. Das würde vor allem den Großteil kurzfristiger Devisengeschäfte unrentabel machen, während längerfristige Handelsgeschäfte und Investitionen kaum belastet würden:

*»Von den 1,5 Billionen Dollar, die pro Börsentag zwischen den Finanzzentren hin- und hergeschoben werden, sind 80 Prozent solche kurzfristigen Anlagen mit einer Laufzeit von weniger als zwei Monaten, häufig sogar nur von Stunden.«* (Peter Wahl, »Besteuert die ›fünfte Gewalt‹!«, www.attac-Netzwerk.de, 24. September 2001)

Die »Tobin-Steuer« soll Einnahmen von etwa 90 Milliarden US-Dollar im Jahr erbringen – vorausgesetzt, sie würde weltweit eingeführt. Dieses Geld soll nach dem Plan von ATTAC für *»sinnvolle Ausgaben«* eingesetzt werden: *»in der Klimapolitik, für soziale Zwecke oder in der Entwicklungspolitik«*.

Nur scheinbar ist die »Tobin-Steuer« eine Forderung auf Kosten der Profite. Tatsächlich ist sie auf der Basis des staatsmonopolistischen Kapitalismus mit den Profitinteressen der internationalen Monopole durchaus vereinbar. Deswegen gehört sie inzwischen auch zum Repertoire einer wachsenden Zahl bürgerlicher Politiker unter anderem in Frankreich und Deutschland, vor allem aus dem reformistischen Lager. Natürlich sind politische Forderungen nach einer drastischen progressiven Besteuerung von Großverdienern und Großunternehmen zu unterstützen. Die Forderung nach einer Tobin-Steuer, als Maßnahme zur Zähmung imperialistischer Politik, ist aber nicht nur **illusionär**, sondern in ihrem Kern sogar **reaktionär**:

- **Erstens** werden Devisenspekulanten nach wie vor spekulieren, wenn sie Gewinne erwarten können, die höher sind als die Verluste durch die Besteuerung. Das gibt ATTAC selbst zu: »*Spekulative Attacken, bei denen Profite von 10, 20 oder, wie bei der Asienkrise, von 40 bis 60 Prozent winken, sind damit nicht zu verhindern. Die Tobin-Steuer ... wirkt nur gegen die ›normale‹ Alltagsspekulation.*« (ebenda)

- **Zweitens** kann die Spekulation mit Wertpapieren von internationalen Monopolen dadurch nicht unterbunden werden. Um eine Aktie von DaimlerChrysler oder der Deutschen Bank zu kaufen, muss ein amerikanischer Börsenspekulant überhaupt keine Grenzen mehr überschreiten. Für das internationale Monopolkapital wäre es leicht möglich, die Wirkung der »Tobin-Steuer« einzuschränken oder ganz auszuschalten, indem die Aktiengeschäfte über nationale Börsen abgewickelt werden.

- **Drittens** sind die riesigen Mengen spekulativen Kapitals Ergebnis der Überakkumulation von Kapital. Sie können nicht mehr Maximalprofit bringend im Reproduktionsprozess eingesetzt werden und suchen deshalb nach Anlagen jeglicher Art. Die Überakkumulation von Kapital würde von der »Tobin-Steuer« überhaupt nicht beeinflusst. Es ist eine Illusion, durch eine Steuer auf diesen gesetzmäßigen Prozess der kapitalistischen Produktionsweise einwirken zu wollen, das spekulative Kapital sozusagen wieder in den kapitalistischen Reproduktionsprozess zurückzuführen.

- **Viertens** – und das ist der springende Punkt – gehen die Anhänger der »Tobin-Steuer« wie selbstverständlich davon aus, dass die Regierungen der bürgerlichen Staaten die mit der »Tobin-Steuer« eingenommenen Mittel tatsächlich für soziale und ökologische Zwecke ausgeben würden. Diese Regierungen sind aber vollständig den Interessen der Monopole untergeordnet und mit ihnen verschmolzen. Deshalb streichen in mehr oder weniger allen Ländern die Regierungen rigoros die staatlichen Ausgaben für soziale und ökologische Zwecke zusammen, um mit umfassenden Steuergeschenken und Subventionen die Maximalprofite der internationalen Monopole zu sichern und zu steigern.

- **Fünftens** kämen die Einnahmen einer »Tobin-Steuer« in erster Linie den imperialistischen Staaten zugute, weil sie natürlich den größten Teil dieser Steuer erhalten würden. So würden diese Finanzmittel am Ende wieder den großen internationalen Monopolen zugeführt. Eine gleiche Kapitaltransfersteuer für imperialistische und abhängige Länder verstärkt letztlich nur die Ungleichheit.

- **Sechstens** ist kaum anzunehmen, dass eine solche Steuer die internationalen Monopole in irgendeiner Weise belasten würde. Sie könnten sie einfach über ihre Monopolpreise weitergeben. Eine Erschwernis wäre sie allerdings für nicht monopolistische Exporteure und für kapitalschwache neokolonial abhängige Länder; ihren Geschäften würde eine neue Hürde in den Weg gestellt.

Die Tobin-Steuer, die als scheinbar berechtigte Forderung nach Besteuerung des Finanzkapitals zu den Glaubenssätzen von ATTAC gehört, erweist sich somit ökonomisch als Maßnahme zur Stärkung der internationalen Monopole und ideologisch-politisch als Quelle von Illusionen in die Reformierbarkeit des Imperialismus.

Große Wachsamkeit ist gegenüber den Organisationsstrukturen und -methoden von ATTAC angebracht. Gegründet wurde ATTAC von einem »Gründerkolleg«. Dieses setzte sich zusammen aus zehn prominenten Gründungsmitgliedern, unter anderem Viviane Forrester, und weiteren 47 Vertretern von Nichtregierungsorganisationen und politischen Gruppen. Dieses »Gründerkolleg« behält das Recht, 18 der 30 Mitglieder des Verwaltungsrats zu wählen. Nur dieser bestimmt die politischen Richtlinien von ATTAC. Auch der Präsident wird von diesen 18 Mitgliedern – sie bilden die »ständige Mehrheit« – gewählt. In autokratischer Manier haben sich die Gründer somit vorbehalten, jederzeit über den Kurs von ATTAC zu entscheiden. Nach offizieller Lesart soll dadurch einer »Unterwanderung« vorgebeugt werden. In Wirklichkeit wird damit der **bürgerliche und kleinbürgerliche Führungsanspruch der ATTAC-Gründer organisatorisch untermauert** und jede demokratische Mehrheitsentscheidung, die nicht auf der Linie der »Gründerväter« liegt, ausgeschlossen.

In Deutschland gab es seit dem ersten ATTAC-Kongress im Oktober 2001 in Berlin eine Auseinandersetzung über das Selbstverständnis der Organisation. Dazu wurden in Berlin acht Thesen vorgestellt und gleich zu Beginn wurde der »weltanschauliche Pluralismus« betont:

*»Wer bei ATTAC mitmacht, kann christliche oder andere religiöse Motive haben, Atheist, Humanist, Marxist sein oder anderen Philosophien anhängen. ATTAC hat keine verbindliche theoretische, weltanschauliche, religiöse oder ideologische Basis und braucht eine solche nicht. Vielfalt ist eine Stärke.«* (»Zwischen Netzwerk, NGO und Bewegung – Das Selbstverständnis von ATTAC«, Oktober 2001)

Diese Betonung weltanschaulicher Offenheit ist zum einen ein Zugeständnis an die breite, viele Richtungen umfassende Massenbewegung der Globalisierungskritiker. Tatsächlich wird sie aber nur zum Schein gewährt. Während die Beteiligung von marxistischen Kräften verbal befürwortet wird, werden zugleich Illusionen wie die *»demokratische Kontrolle der internationalen Finanzmärkte«* als Grundpositionen von ATTAC verbreitet. Das sind aber reformistische und revisionistische Maximalpositionen, die mit einem revolutionären und marxistisch-leninistischen Standpunkt unvereinbar sind. Neben dem berechtigten Ausschluss von Neofaschisten findet sich in den Mitgliedsbedingungen auch diese Festlegung:

*»Ebenso wenig dürfen Personen oder Gruppen mitarbeiten, die Gewalt als politisches Mittel akzeptieren.«* (Grefe/Greffrath/ Schumann, »attac – Was wollen die Globalisierungskritiker?«, S. 137/138)

Auch das diskriminiert von vornherein Positionen des gerechten nationalen und sozialen Befreiungskampfs von imperialistischer Ausbeutung und Unterdrückung und verlangt nicht mehr und nicht weniger als die Entwaffnung des Proletariats im revolutionären Klassenkampf gegen das imperialistische Weltsystem.

Willkommen sind selbstverständlich Pseudomarxisten aller Art, vorausgesetzt sie orientieren sich statt an Marx und Lenin an deren reformistischer, revisionistischer oder trotzkistischer Verzerrung. Dafür stehen Gruppen wie PDS, DKP und »Linksruck«, die jeweils mit einzelnen Vertretern im ATTAC-Koordinierungsrat sitzen. Mit dieser Sorte von »gezähmten Marxisten« können sich auch solche ATTAC-Mitglieder ohne größere Probleme arrangieren, die wie der ehemalige SPD-Finanzminister Lafontaine als »Prominente« von vornherein eine Führungsrolle beanspruchen. Den Verdacht des Antikapitalismus von Seiten seiner früheren Kollegen auf der Berliner Regierungsbank will er dabei aber nicht auf sich sitzen lassen:

*»Joschka Fischer wirft den Globalisierungskritikern ›abgestandenen linksradikalen Antikapitalismus‹ vor. Sie kämpfen aber für etwas ganz anderes: die Rettung der Demokratie.«* (aus dem Aufruf »Unterstützt Attac!« von Oskar Lafontaine, in: Beilage zur »taz« vom 28. September 2001)

Die Floskel von der *»Rettung der Demokratie«*, die möglich sein soll, ohne die Macht des internationalen Finanzkapitals und das imperialistische Weltsystem in Frage zu stellen, ist eine einzige Heuchelei. Schon Lenin wies darauf hin, dass sich die Herrschaft des Monopolkapitals und demokratische Verhältnisse ausschließen:

*»Der politische Überbau über der neuen Ökonomik, über dem monopolistischen Kapitalismus ... ist die Wendung **von** der Demokratie **zur** politischen Reaktion. Der freien Konkurrenz entspricht die Demokratie. Dem Monopol entspricht die politische Reaktion. ›Das Finanzkapital will nicht Freiheit, sondern Herrschaft‹ ... In diesem Sinne ist unbestreitbar, daß der Imperialismus ›Negation‹ der **Demokratie überhaupt**, der **ganzen Demokratie** ist ...«* (Lenin, Werke, Bd. 23, S. 34)

Lafontaine ist mit seinen reformistischen Konzepten bereits in der Regierung Schröder offen gescheitert. Mit seinem vom Finanzkapital forcierten Rücktritt im März 1999 machte er den Weg frei für eine Steuerreform, die die internationalen Monopole erst mehr und mehr von Steuerzahlungen befreite und ihnen dann Steuerrückzahlungen in Milliardenhöhe zuschob. Dennoch wärmt Lafontaine die Illusion auf, es wäre möglich, die Konzernherren mit Maßnahmen des bürgerlichen Staatsapparats sozial zu kontrollieren.

ATTACs Kritik an den Folgen der Neuorganisation der internationalen Produktion ist zum Teil durchaus berechtigt und viele Aktionen sind eindrucksvoll. Trotzdem bleibt ATTAC letzten Endes eine Gefangene des Systems. Im Endeffekt ist ihre Globalisierungskritik nicht mehr als eine »Krittelei« an verschiedenen Erscheinungsformen des Imperialismus, ohne jedoch sein Wesen wirklich anzugreifen.

### Die Blindheit der kleinbürgerlichen Globalisierungskritik

Bei der Neuorganisation der internationalen Produktion kam es zu einem qualitativen Sprung in der materiellen Vorbereitung des Sozialismus. Die kleinbürgerliche Globalisierungskritik versteht nicht im entferntesten diese Dialektik der Geschichte – für sie existieren nur noch verschiedene Varianten des Kapitalismus. Denis MacShane, Abgeordneter der britischen Labour-Partei und Funktionär des Internationalen Metallarbeiterverbandes, brachte dies in geradezu klassischer Form zum Ausdruck:

*»Die Linke kann sich heute nicht mehr aussuchen, was für einen Sozialismus sie will, sondern nur noch, welche Art von Kapitalismus sie unterstützt.«* (in: William Greider, »Endstation Globalisierung«, S. 60)

Die kleinbürgerlichen Globalisierungskritiker verstehen das widersprüchliche Wesen der Neuorganisation der internationalen Produktion nicht: Weil sie einseitig die Destruktivkräfte des Kapitalismus in den Mittelpunkt rücken, sprechen sie nahezu übereinstimmend vom *»Terror der Ökonomie«*. Die Ökonomie ist aber nur dann *»Terror«* gegen die Massen, wenn sie vom Streben nach Maximalprofit beherrscht wird und im Dienst des Kapitalismus bzw. des internationalen Finanzkapitals steht. Die Arbeiterklasse geht davon aus, dass es auch eine Ökonomie gibt, die die Befriedigung der stets wachsenden materiellen und kulturellen Bedürfnisse der breiten Massen in den Mittelpunkt stellt:

*»Der Sozialismus ist die Zusammenfassung der fortgeschrittensten Ideen und Errungenschaften der Menschheit. Er ist kein ausgedachtes Schema und schon gar keine Gleichmacherei, sondern erwächst aus dem vielfältigen Leben und Kampf der Massen. Er ist der nächste gesellschaftliche Schritt vorwärts, in dem der revolutionäre Fortschritt der Produktivkräfte zum Nutzen der ganzen Gesellschaft angewandt wird.«* (»Programm der MLPD«, S. 49)

Da sich die Kleinbürger nichts anderes vorstellen können als einen reformierten Kapitalismus, verlegen sie sich auf die mehr oder weniger fantasiereiche Ausarbeitung von »Modellen«, wie die kapitalistischen Destruktivkräfte durch ein »konstruktives« Regulativ von außen und durch politische »Gegensteuerung« gezügelt werden könnten.

## Kleinbürgerliche Imperialismuskritik

Ein international bekannter Globalisierungskritiker ist Chalmers Johnson, ehemaliger Professor an der Universität von Kalifornien in Berkeley. Er kritisierte die »*imperiale Überdehnung*« der USA (»Ein Imperium verfällt. Wann endet das Amerikanische Jahrhundert?«, S. 212). Um die von ihm favorisierte »Alternative« einer kapitalistischen, aber eben nicht imperialistischen Entwicklungsrichtung der USA zu begründen, mühte sich Johnson, dem Marxismus-Leninismus einen grundlegenden Irrtum nachzuweisen:

»*Marx und Lenin irrten sich in ihren Aussagen über die Natur des Imperialismus. Es sind nicht die inneren Widersprüche des Kapitalismus, die zum Imperialismus führen, sondern es ist der Imperialismus, der einige der zentralen Widersprüchlichkeiten des Kapitalismus gebiert. Spitzen sich – was unvermeidlich ist – diese Widersprüche zu, erzeugen sie verheerende wirtschaftliche Krisen.*« (ebenda, S. 291)

Nach Johnson müsste lediglich die »fehlerhafte« Entwicklung zum Imperialismus vermieden werden, dann wäre eine krisenfreie Entwicklung des Kapitalismus möglich. Woher kam aber der Imperialismus? Johnson mogelte sich um die historische Wahrheit herum, dass die Monopole und der Imperialismus nur die gesetzmäßige Folge der freien Konkurrenz waren. Diese trieb Konzentration und Zentralisation des Kapitals voran, bis sich schließlich das Finanzkapital herausbildete und sein Drang nach Weltherrschaft. Würde Johnson das aber eingestehen, müsste er dem Übel des Imperialismus an die kapitalistische Wurzel gehen, statt sich lediglich über dessen »imperiale Überdehnung« zu ereifern.

## Die Illusion vom »kontrollierten« Kapitalismus

Großer Beliebtheit erfreut sich unter Globalisierungsgegnern die **Kritik am »*unkontrollierten*« Kapitalismus**. Einer ihrer bekanntesten Vertreter ist der US-Amerikaner Edward Luttwak, der ein Buch über den so genannten »*Turbokapitalismus*« schrieb. Nach Luttwak unterscheidet sich der heutige »*Turbokapitalismus*« »*fundamental von dem streng kontrollierten Kapitalismus, der in der Zeit vom Ende des Zweiten Weltkrieges bis Mitte der achtziger Jahre herrschte und der den USA, Westeuropa, Japan und allen anderen Ländern, die diesem Beispiel folgten, zum ersten Mal allgemeinen Wohlstand bescherte.*« (Edward Luttwak, »Turbokapitalismus. Gewinner und Verlierer der Globalisierung«, S. 63)

Nach Luttwak bescherte der Kapitalismus nach dem II. Weltkrieg bis in die 1980er Jahre der Menschheit nur allgemeinen Wohlstand, weil er einer »*strengen Kontrolle des Staats*« unterworfen war. Bei dieser Fata Morgana musste Luttwak allerdings vergessen machen, dass der Kapitalismus auch in dieser Zeit Hunderte von Millionen Menschen auf der Welt in Arbeitslosigkeit, Elend und faschistischer Unterdrückung darben ließ. Offenbar verstand Luttwak unter dem allgemeinen Wohlstand nur den Wohlstand der Bourgeoisie, aus deren Klasse er stammt:

»*Als Sohn eines einfallsreichen kapitalistischen Fabrikanten und als Unternehmer bin ich zwar von den Vorteilen des Kapitalismus überzeugt, denke aber auch, daß dieses System ein gewisses Maß an Kontrolle benötigt.*« (ebenda, S. 11)

Derart eindeutig motiviert kritisierte Luttwak die »*ungelenkte Gewalt des heutigen Turbokapitalismus*« (ebenda, S. 19), die er jedoch als Auswuchs des ansonsten »guten Kapitalismus« abtat. Tatsächlich tritt die Gesetzmäßigkeit der Anarchie des Markts, die der kapitalistischen Produktionsweise regelmäßig verheerende wirtschaftliche und politische Krisen beschert, heute international in Erscheinung.

## Der »zivilisierte« oder »gezähmte« Kapitalismus

Für einen »*Vierten Weg*« plädieren in einem viel diskutierten Beitrag zur »*Zukunftsdebatte*« der Gewerkschaften Hartmut Tölle (Landesvorsitzender des DGB in Niedersachsen), Wolfgang Räschke (Kassierer der Verwaltungsstelle Salzgitter) und Klaus Dera (stellvertretender Leiter der Heimvolkshochschule Hustedt). Unter dem »Vierten Weg« verstehen die drei Autoren – und auch der IG-Metall-Vorsitzende Zwickel (»metall«, 9/2001) – staatliche Maßnahmen zur weitgehenden Regulierung der Wirtschaft, und dabei sehen sie sich ausgerechnet mit dem Finanzkapital in völligem Einklang:

*»Selbst Teile der Wirtschaft und der Finanzoligarchie fordern nach den internationalen Krisen der letzten Jahre eine staatlich geplante ›Finanzarchitektur‹, um den Weltmarkt wieder regulieren zu können.«* (»Der Vierte Weg. Gewerkschaften zwischen Marktwirtschaft und sozialer Verantwortung«, S. 13)

So als gäbe es eine über den Klassen stehende Ökonomie, propagieren sie als Kernthese ihres *»Vierten Wegs«*:

*»Ökonomie ist gestaltbar, und eine globale Ökonomie ist nur im internationalen Maßstab gestaltbar. Aber sie kann – und sie muss sogar – durch eine koordinierende und regulierende Politik in die richtigen Bahnen gelenkt werden.«* (ebenda)

Mit keinem Wort wird der Kapitalismus grundsätzlich angegriffen. Stattdessen tischen die Vertreter des *»Vierten Wegs«* die bürgerliche Schulbuch-»Theorie« auf, dass die Wirtschaft »nur« funktionieren müsse, damit es den Massen gut gehe. Den Ideen des *»Vierten Wegs«* zufolge leben wir nicht mehr in einer Klassengesellschaft – denn eine *»unterdrückte Klasse«* existiere in den *»entwickelten Industrienationen so nicht mehr«* –, sondern in einer *»Zivilgesellschaft«*. Ebenso einfach wie weltfremd ist das für die reformistischen Gewerkschaftstheoretiker. Für einige Gewerkschaftsfunktionäre reicht es schon, sie über einige Sitze in den Aufsichtsräten an den Unternehmensentscheidungen mitwirken zu lassen, um die Diktatur der Monopole über die gesamte Gesellschaft verschwinden zu lassen.

Der Bremer Professor Jörg Huffschmid, der der revisionistischen PDS nahe steht und einige wichtige Beiträge in der Aufdeckung der schädlichen Wirkung der Neuorganisation der internationalen Produktion geleistet hat, sieht in der heutigen Entwicklungsstufe der kapitalistischen Ökonomie schlicht die *»Rückkehr zu einem Kapitalismus, der **nicht nur in der Hauptsache, sondern ausschließlich** durch die Interessen der Eigentümer gesteuert wird. Insofern ist er ein neues Programm und in der Tat eine Kampfansage an einen reformpolitisch gezähmten Kapitalismus.«* (»Megafusionen«, in: »Junge Welt« vom 6. Juli 2000 – Hervorhebung Verf.)

Nach dieser Logik lebten wir bisher offenbar in einem System, das nur in der *»Hauptsache«* von den Kapitalinteressen bestimmt war. Die Theorie vom *»reformpolitisch gezähmten Kapitalismus«* ist eine vollständige Verzerrung des tatsächlichen Verlaufs der gesellschaftlichen Entwicklung. Zum Ende des II. Weltkriegs hatte sich der staatsmonopolistische Kapitalismus in allen imperialistischen Ländern vollständig durchgesetzt. Dies bedeutete weder, dass die Monopole von irgendjemandem *»gezähmt«* noch dass sie *»zivilisiert«* wurden. Im Gegenteil, sie errichteten ihre allseitige Herrschaft über die gesamte Gesellschaft.

Die »Artenvielfalt« der kleinbürgerlichen Globalisierungskritik ist beträchtlich, aber alle Exemplare durchzieht wie ein roter Faden die **Trennung der Ökonomie des Imperialismus von seiner Politik**. Lenin charakterisierte diese Methode als typisch für die opportunistische Kritik am Imperialismus, wie sie seinerzeit von dem Sozialdemokraten Karl Kautsky repräsentiert wurde:

*»Wesentlich ist, daß Kautsky die Politik des Imperialismus von seiner Ökonomik trennt, indem er von Annexionen als der vom Finanzkapital ›bevorzugten‹ Politik spricht und ihr eine angeblich mögliche andere bürgerliche Politik auf derselben Basis des Finanzkapitals entgegenstellt. Es kommt so heraus, als ob die Monopole in der Wirtschaft vereinbar wären mit einem nicht monopolistischen, nicht gewalttätigen, nicht annexionistischen Vorgehen in der Politik ... Das Resultat ist eine Vertuschung, eine Abstumpfung der fundamentalsten Widersprüche des jüngsten Stadiums des Kapitalismus statt einer Enthüllung ihrer Tiefe, das Resultat ist bürgerlicher Reformismus statt Marxismus.«* (Lenin, Werke, Bd. 22, S. 274)

## Vergesellschaftung der Produktion im internationalen Maßstab

Die Internationalisierung der kapitalistischen Produktion erreichte mit der Neuorganisierung der internationalen Produktion eine neue Qualität. Das **Wesen des staatsmonopolistischen Kapitalismus** wird durch diese Entwicklung jedoch **nicht verändert**. Nach wie vor haben sich die Monopole den Staat vollkommen untergeordnet, sind seine Organe mit den Organen der Monopole verschmolzen. Die Monopole haben ihre allseitige Diktatur über die gesamte Gesellschaft errichtet. Allerdings hat sich der Kreis der herrschenden Monopole erheblich verändert und er wird tendenziell immer mehr auf die Übermonopole eingeengt.

Es ist gerade die Konkurrenz, die die Übermonopole und die imperialistischen Staaten zwingt, gemeinsame Regelungen zu treffen und Vereinbarungen abzuschließen. Hinter geschlossenen Türen werden bei den Verhandlungen alle Register gezogen, um entsprechend den jeweiligen Kräfteverhältnissen die eigenen imperialistischen Interessen maximal durchzusetzen. Eine Fülle neuer internationaler Kommissionen, Institutionen und Organisationen entsteht, die die getroffenen Vereinbarungen umsetzen und ihre Einhaltung kontrollieren sollen. Natürlich handelt es sich bei diesen neuen internationalen Strukturen, in denen die internationale Produktion und Verteilung organisiert wird, noch nicht um ein einheitliches Staatsgebilde. Selbst wenn es gelingen sollte, einen festeren Verbund zum Beispiel der Vereinigten Staaten von Europa zu schaffen – ein politischer Überbau über die internationale Produktion, etwa in Form eines Weltstaats, ist im Imperialismus nicht verwirklichbar. Es sei denn, es gelänge einer imperialistischen Macht, sich die ganze Welt so weit zu unterwerfen, dass sämtliche eigenständigen Nationalstaaten verschwinden bzw. unterjocht werden. Eine solche Annahme entbehrt jedoch jeder realistischen Grundlage.

Die Neuorganisation der internationalen Produktion geht in einer Welt vor sich, die bisher in erster Linie durch die nationalstaatliche Organisation der Produktion bestimmt war. Sie trifft auf unterschiedliche Produktionsnormen, Ausbildungsstandards, Tarifgefüge, Steuergesetze, Währungen usw., kurz: auf Rahmenbedingungen für die Kapitalverwertung, die nicht mit dem internationalen Charakter der Produktivkräfte übereinstimmen. Das führt zum **unausweichlichen Zwang**, die für diese internationalisierte kapitalistische Produktionsweise notwendigen, weltweit relativ einheitlichen Standards, Normen und Bedingungen zu schaffen. Karl Marx verallgemeinerte den gesetzmäßigen Zusammenhang zwischen der Entwicklung der Produktivkräfte und der Produktionsverhältnisse:

*»Auf einer gewissen Stufe ihrer Entwicklung geraten die materiellen Produktivkräfte der Gesellschaft in Widerspruch mit den vorhandenen Produktionsverhältnissen oder, was nur ein juristischer Ausdruck dafür ist, mit den Eigentumsver-*

*hältnissen, innerhalb deren sie sich bisher bewegt hatten. Aus Entwicklungsformen der Produktivkräfte schlagen diese Verhältnisse in Fesseln derselben um. Es tritt dann eine Epoche sozialer Revolution ein. Mit der Veränderung der ökonomischen Grundlage wälzt sich der ganze ungeheure Überbau langsamer oder rascher um.«* (Marx/Engels, Werke, Bd. 13, S. 9*)*

Zwar hat sich die nationalstaatlich organisierte Produktion des Imperialismus bereits in dessen Anfängen mit dem Weltmarkt verflochten, insbesondere durch die Kontrolle der Rohstoffquellen und die Eroberung von Märkten zum Verkauf der Waren, das heißt zur Realisierung des Profits. Aber die Produktion selbst blieb **hauptsächlich ein Prozess im nationalen Rahmen**. Seit der Neuorganisation der Produktion ist es aber nicht mehr die staatsmonopolistische Organisation der Produktion in den einzelnen Ländern, von der alles abhängt, sondern **in erster Linie die Stellung einer Branche auf dem Weltmarkt**.

Die heutige Stufe der Entwicklung, in der die modernen Produktivkräfte internationalen Charakter angenommen haben, bedeutet eine **Infragestellung des staatsmonopolistischen Kapitalismus**. Er repräsentiert die bisher weitestgehende und höchste Form der Anpassung der Produktionsverhältnisse an den gesellschaftlichen Charakter der Produktivkräfte, die im Rahmen der kapitalistischen Gesellschaftsordnung überhaupt möglich ist. Friedrich Engels beschrieb die drei hauptsächlichen Entwicklungsstufen der Vergesellschaftung der Produktivkräfte im Kapitalismus:

*»Aneignung der großen Produktions- und Verkehrsorganismen, erst durch **Aktiengesellschaften**, später durch Trusts, sodann durch den **Staat**.«* (Marx/Engels, Werke, Bd. 19, S. 228)

Die Neuorganisation der internationalen Produktion hat **eine neue Stufe der Vergesellschaftung** hervorgebracht: die

**internationalen Monopole einschließlich ihres weltweiten Verbunds von Produktion und Verteilung.**

Die internationalisierten Produktivkräfte rebellieren heute gegen den engen Rahmen der nationalstaatlichen Produktion und fordern neue Produktionsverhältnisse, in denen sie sich frei über Grenzen hinweg in jedem Land entfalten können. Entsprechend wird die ökonomische Rolle des bürgerlichen Nationalstaats mehr und mehr durch eine Art **internationales Kartell des Finanzkapitals und der führenden imperialistischen Staaten** ersetzt. In diesem Rahmen findet ein erbitterter Kampf um die Vorherrschaft zwischen den internationalen Monopolen statt. All das bringt eine **neue Phase des Kampfs um die Neuaufteilung der Welt unter den internationalen Monopolen** hervor, verschärft den internationalen Konkurrenzkampf bis zu Vernichtungsschlachten und erhöht die allgemeine Kriegsgefahr.

Der Prozess der Neuorganisation der internationalen Produktion, mit dem die internationalen Monopole die Produktionsverhältnisse dem internationalen Charakter der Produktivkräfte anzupassen suchen, **kann unter den kapitalistischen Eigentumsverhältnissen nicht vollendet werden.** Auch die internationalen Monopole benötigen weiterhin den bürgerlichen Nationalstaat als ihr Macht- und Herrschaftsinstrument, quasi als nationales Basislager ihrer internationalen Aktivitäten. Es ist gerade dieser Widerspruch, der die neue Phase in der Entwicklung des Imperialismus charakterisiert, die als Beginn einer neuen historischen Umbruchphase bezeichnet werden muss.

Lenin machte darauf aufmerksam, dass unter den Bedingungen des Imperialismus die Internationalisierung der Produktion **Grenzen** unterliegt, die der Kapitalismus nicht überschreiten kann, ohne daran zu Grunde zu gehen:

*»Es unterliegt keinem Zweifel, daß die Entwicklung in der* **Richtung** *auf einen einzigen, ausnahmslos alle Unternehmungen und ausnahmslos alle Staaten verschlingenden Welttrust verläuft. Doch diese Entwicklung erfolgt unter solchen Umständen, in einem solchen Tempo, unter solchen Widersprüchen, Konflikten und Erschütterungen – keineswegs nur ökonomischen, sondern auch politischen, nationalen usw. usf. –, daß notwendigerweise,* **bevor** *es zu einem einzigen Welttrust, zu einer ›ultraimperialistischen‹ Weltvereinigung der nationalen Finanzkapitale kommt, der Imperialismus unweigerlich bersten muß, daß der Kapitalismus in sein Gegenteil umschlagen wird.«* (Lenin, Werke, Bd. 22, S. 106)

Die **internationalisierte Produktion ist objektiv fortschrittlich**, weil sie die Produktivkräfte auf dem fortgeschrittensten Niveau nutzt, nämlich weltweit koordiniert, mit **ausgeprägter Planmäßigkeit und Effektivität** innerhalb der weltweit agierenden Konzerne und ihrer nunmehr internationalen Produktionsverbünde, und weil auch die **gesellschaftliche Akkumulation internationalisiert** ist. Dem stehen aber verheerende **Destruktivkräfte** gegenüber, die **im reaktionären Wesen des Imperialismus** begründet liegen: Sie beruhen auf der privaten Aneignung der Früchte dieser entwickelten internationalen Produktion durch eine Handvoll internationaler Monopole, die sich gegenseitig die beherrschende Stellung auf dem Weltmarkt streitig machen.

Dass der Imperialismus zwar die Neuorganisation der Produktion einleiten, aber aufgrund seiner unlösbaren inneren Widersprüche nie einen Weltstaat schaffen kann, offenbart, **dass der Imperialismus an eine relative Grenze seiner historischen Entwicklung stößt**. Die modernen Produktivkräfte verlangen nach Produktionsverhältnissen, die ihrem internationalen Charakter entsprechen, aber diese sind nur in vereinigten sozialistischen Staaten der Welt zu verwirklichen.

In dem Buch »Der Neokolonialismus und die Veränderungen im nationalen Befreiungskampf« wurde dazu ausgeführt:

*»Wenn die Arbeiterklasse siegt und in immer mehr Ländern beginnt, den Sozialismus aufzubauen, dann wird die vereint wirkende internationale Arbeiterbewegung auch in der Lage sein, die global ausgerichteten Produktionsstätten, die modernen Transport- und Kommunikationsmittel, die Rohstofflager überall auf der Welt im Interesse ausnahmslos aller Völker einzusetzen. Dann wird eine Arbeitsteilung zum gegenseitigen Vorteil der Völker möglich werden, bei der die wissenschaftlich-technischen Errungenschaften und Kulturschätze, die natürlichen Reichtümer und die besonderen Fertigkeiten der **einen** auch den **anderen** zugute kommen.«* (Klaus Arnecke, Stefan Engel, »Der Neokolonialismus und die Veränderungen im nationalen Befreiungskampf«, S. 300)

Mit ihrer kleinbürgerlichen Denkweise können die kleinbürgerlichen Globalisierungskritiker nicht begreifen, dass die ökonomische Basis der neuen sozialistischen Gesellschaftsordnung bereits in der alten vorbereitet ist. Im »Programm der MLPD« wird dazu ausgeführt:

*»Ausgehend von der Entwicklung der modernen Technik wurde die Vergesellschaftung der Produktion im internationalen Maßstab bewirkt und auf die Spitze getrieben. Dies erfordert eine stets wachsende Großproduktion, in der der Produktionszusammenhang immer planmäßiger gestaltet werden muss, ohne das Ausbeutungsverhältnis zu berühren. Die Produktivkräfte sind heute bereits so weit entwickelt, dass menschenwürdige Lebensbedingungen und ein hohes kulturelles Niveau für die gesamte Menschheit möglich wären. So hat der staatsmonopolistische Kapitalismus alle erforderlichen materiellen Voraussetzungen des Sozialismus geschaffen, während die Monopolherrschaft zum entscheidenden Hemmnis jeden gesellschaftlichen Fortschritts geworden ist.«* (S. 35)

Die Imperialisten werden mit allen Mitteln des Betrugs und der Gewalt versuchen, die kapitalistischen Produktionsverhältnisse aufrechtzuerhalten. Für die Arbeiterklasse und die Volksmassen aber gilt es, sich für den Kampf um den echten Sozialismus zu entscheiden.

## Die Perspektive einer befreiten sozialistischen Weltproduktion

Nur sozialistische Gesellschaften werden alle Vorteile der im internationalen Maßstab vergesellschafteten Produktion im gesellschaftlichen Interesse nutzen können. Sie werden gleichberechtigt und zum gegenseitigen Nutzen mit anderen Völkern und Nationen zusammenarbeiten. Lenin schrieb dazu:

*»Die **Vereinigten Staaten der Welt** (nicht aber Europas) sind jene staatliche Form der Vereinigung und der Freiheit der Nationen, die wir mit dem Sozialismus verknüpfen – solange nicht der vollständige Sieg des Kommunismus zum endgültigen Verschwinden eines jeden, darunter auch des demokratischen, Staates geführt haben wird.«* (Lenin, Werke, Bd. 21, S. 345 – Hervorhebung Verf.)

In der sozialistischen Wirtschaft wird nicht mehr ein Teil der Bevölkerung überarbeitet, ein anderer unterbeschäftigt oder auf Dauer arbeitslos sein, wie es für die heutige kapitalistische Wirtschaft typisch ist. Erst unter sozialistischen Macht- und Produktionsverhältnissen werden die Arbeitenden die moderne Technik so nutzen können, dass jeder seine allseitigen Bedürfnisse befriedigen und seine individuellen Fähigkeiten in Politik, Gesellschaft und Kultur entfalten kann.

In der kommunistischen Gesellschaft, die aus den vereinigten sozialistischen Staaten der Welt erwächst, werden auch die Staaten verschwinden. Friedrich Engels schrieb über die Abschaffung der Klassen und des Staats im Kommunismus:

*»Wir nähern uns jetzt mit raschen Schritten einer Entwicklungsstufe der Produktion, auf der das Dasein dieser Klassen nicht nur aufgehört hat, eine Notwendigkeit zu sein, sondern ein positives Hindernis der Produktion wird. Sie werden fallen, ebenso unvermeidlich, wie sie früher entstanden sind. Mit ihnen fällt unvermeidlich der Staat. Die Gesellschaft, die die Produktion auf Grundlage freier und gleicher Assoziation der Produzenten neu organisiert, versetzt die ganze Staatsmaschine dahin, wohin sie dann gehören wird: ins Museum der Altertümer, neben das Spinnrad und die bronzene Axt.«* (Marx/Engels, Werke, Bd. 21, S. 168)

Wie sehr aufgrund der heutigen Stufe der Vergesellschaftung der Produktion die Voraussetzungen in der Entwicklung der Produktivkräfte zur Lösung wesentlicher Menschheitsprobleme gediehen sind, zeigte sehr konkret und anschaulich die Ausstellung »Erde 2.0 – Technologien für morgen«, die im Sommer 2002 in Stuttgart stattfand und von zirka 100 000 Menschen besucht wurde. Sie stand unter der Verantwortung der Landesregierung Baden-Württembergs und dokumentierte das Entwicklungspotential neuer Technologien auf den verschiedensten Gebieten:

## Präzisionslandwirtschaft zur Überwindung von Hunger und Unterernährung

So hieß es zur landwirtschaftlichen Gütererzeugung im Ausstellungskatalog:

*»Neue Technologien ermöglichen es, hochwertige Nahrungsmittel im großen Maßstab auf umweltverträgliche Weise zu erzeugen. Mittels satellitengestützter Fernerkundung werden zahlreiche Eigenschaften der Erdoberfläche und der oberflächennahen Bodenzone erfasst. Die gemessenen Daten geben Aufschluss über Wachstum und Gesundheit bzw. Schädlingsbefall der Anbaukulturen. Die Auswertung dieser Informationen*

ermöglicht der so genannten Präzisionslandwirtschaft (Precision Farming) die orts- und pflanzenspezifisch exakte Ermittlung der Bedürfnisse unterschiedlicher Anbaukulturen. Bei der Feldbearbeitung werden diese Informationen durch ebenfalls satellitengestützte Ortsbestimmung flächengenau berücksichtigt. Auf diese Weise lässt sich mit geringerem Produktionsaufwand ein hoher Ertrag erwirtschaften. Zugleich wird eine Belastung des Grundwassers durch Überdüngung vermieden und somit die Umwelt geschont.«* (»Erde 2.0 – Technologien für morgen«, S. 124/125)

### *Automatisierte Fertigungsprozesse zur Produktion entsprechend den Bedürfnissen der Massen*

Zum Bereich der industriellen Fertigung wurde ausgeführt:

*»Die Integration von Sensoren und Aktoren auf einem Chip ermöglicht auch im Miniaturbereich die kostengünstige Automatisierung zahlreicher Arbeitsschritte. Hochpräzise automatische Fertigungsprozesse werden dadurch auch bei miniaturisierten Produkten möglich, die bei kleinen Stückzahlen bisher nicht automatisiert gefertigt werden konnten. Die Produktion kann sich damit individuellen Kundenwünschen sofort anpassen.«* (ebenda, S. 100)

Was das heißt, wurde am Beispiel der Textilindustrie konkretisiert:

*»Schon bald könnten ... Kleidungsstücke den individuellen Kundenwünschen und -maßen entsprechend hergestellt werden. Maßkleidung wäre dann bezahlbar. Das hätte den großen Vorteil, dass nur noch auf Nachfrage produziert wird. Nicht verkaufbare Überschussmengen aus der Produktion könnten der Vergangenheit angehören. Diese Technik verknüpft die Vorteile einer rationellen Fertigung von Massengütern mit der genau auf den Kunden abgestimmten individuellen Maßanfertigung (Fachbegriff: Mass Customization). Textilien könnten in*

Zukunft also wesentlich ressourcenschonender und gleichzeitig kundenorientierter produziert werden.« (ebenda, S. 122/123)

## Regenerative Energiequellen zur Herstellung der Einheit von Ökonomie und Ökologie

Über Energietechnik war zu lesen:

»*Neue, intelligente Technologien weisen den Weg in eine Zukunft, die langfristig ohne fossile Energieträger auskommt. Verschiedene Möglichkeiten einer schadstofffreien Energieversorgung und -nutzung sind in der praktischen Erprobung.*« (ebenda, S. 42)

Angewendet wurde dies zum Beispiel in Bezug auf die Brennstoffzellentechnik und ihre Nutzung im öffentlichen Nahverkehr:

»*Die Brennstoffzelle für Fahrzeuge ist eine Technologie für die Zukunft. Linienbusse könnten die ersten Serienfahrzeuge sein, die von einer Brennstoffzelle angetrieben werden. Da mit Wasserstoff betriebene Fahrzeuge keine schadstoffhaltigen Abgase verursachen, wird damit das Null-Emissions-Fahrzeug Wirklichkeit. Dies ist aufgrund der Luftverunreinigung in den Städten für Busse und andere Stadtfahrzeuge von besonderer Bedeutung. Weiterer Vorteil: Linienbusse, die in den Innenstädten verkehren, können leicht ein Netz von Wasserstoff-Tankstellen anfahren.*« (ebenda, S. 178)

## Moderne Informations- und Kommunikationstechnik zur allseitigen gesellschaftlichen Planung und Organisation

Am tiefgreifendsten sind zweifellos die Veränderungen auf dem Gebiet der Kommunikationstechnologie, mit deren Hilfe einzelne Menschen oder Gruppen von Menschen, Produktionsteams, Haushalte, Lebensgemeinschaften usw. allseitig in die Planung und Organisation der gesellschaftlichen Produktion und Reproduktion des unmittelbaren Lebens einbezogen werden können. Hier entstehen umfassende Möglichkeiten:

»*Intelligente Häuser und internetfähige Haushaltsgeräte sind nicht mehr visionäre Konzepte einer fernen Zukunft. Mit der Vernetzung verschiedener haustechnischer Systeme wie z. B. Heizung, Alarmanlage, Kühlschrank, TV-Gerät oder Wetter- und Anwesenheitssensoren gehört der vernetzte, teilweise automatisierte und ferngesteuerte Haushalt zu den großen Innovationsfeldern dieses Jahrzehnts. Man spricht zu Recht von einem intelligenten Haus, wenn die einzelnen Komponenten durch moderne Informations- und Kommunikationstechnik zu einem Gesamtsystem vernetzt und koordiniert betrieben werden.*« (ebenda, S. 86/87)

Betrachtet man diese und weitere technologische Fortschritte, dann drängt sich sofort die Frage auf, warum dies nicht umgehend, weltweit und in großem Umfang verwirklicht wird. Die entscheidende Ursache dafür ist die allseitige Monopolherrschaft, die sich der Nutzung des gesellschaftlichen Fortschritts im Interesse der Massen entgegenstellt. Während bald alle Daten der Welt über Internet bis in die entlegensten Winkel der Erde gelangen können und praktisch jeder per Mausklick an der Weltwirtschaft, Weltpolitik, Kultur und Freizeit, an allen Seiten des gesellschaftlichen Lebens teilnehmen könnte, entscheidet eine immer kleiner werdende Zahl von Finanzoligarchen und ihren Monopolpolitikern über das gesellschaftliche Leben auf der ganzen Welt. Diese kleine Minderheit hält die Macht in Händen, während in Wirklichkeit Hunderte von Millionen Menschen die internationalisierte Produktion tragen und das gesellschaftliche Leben gewährleisten.

Dieser Widerspruch zwischen den entwickelten Produktivkräften und den überkommenen Produktions- und Machtverhältnissen kann nur durch die sozialistische Weltrevolution gelöst werden. Sie ist keine Utopie, sondern eine Aufgabe, deren Lösung heute mehr denn je herangereift ist. In bestechend aktuellen Worten formulierte Marx 1867 am Schluss des ersten Bandes von »Das Kapital«:

*»Hand in Hand mit dieser Zentralisation oder der Expropriation vieler Kapitalisten durch wenige entwickelt sich die kooperative Form des Arbeitsprozesses auf stets wachsender Stufenleiter, die bewußte technische Anwendung der Wissenschaft, die planmäßige Ausbeutung der Erde, die Verwandlung der Arbeitsmittel in nur gemeinsam verwendbare Arbeitsmittel, die Ökonomisierung aller Produktionsmittel durch ihren Gebrauch als Produktionsmittel kombinierter, gesellschaftlicher Arbeit, die Verschlingung aller Völker in das Netz des Weltmarkts und damit der **internationale Charakter des kapitalistischen Regimes**. Mit der beständig abnehmenden Zahl der Kapitalmagnaten, welche alle Vorteile dieses Umwandlungsprozesses usurpieren und monopolisieren, wächst die Masse des Elends, des Drucks, der Knechtschaft, der Entartung, der Ausbeutung, aber auch die Empörung der stets anschwellenden und durch den Mechanismus des kapitalistischen Produktionsprozesses selbst geschulten, vereinten und organisierten Arbeiterklasse. Das Kapitalmonopol wird zur Fessel der Produktionsweise, die mit und unter ihm aufgeblüht ist. Die Zentralisation der Produktionsmittel und die Vergesellschaftung der Arbeit erreichen einen Punkt, wo sie unverträglich werden mit ihrer kapitalistischen Hülle. Sie wird gesprengt. Die Stunde des kapitalistischen Privateigentums schlägt. Die Expropriateurs werden expropriiert.«* (Marx/Engels, Werke, Bd. 23, S. 790/791 – Hervorhebung Verf.)

1991 führte Willi Dickhut aus:

*»Der Übergang von der einen zur anderen Gesellschaftsform ist eine historische Umbruchphase ... Sie kann entstehen durch eine Revolution oder Veränderung der Produktivkräfte. Man muss das Gewoge von Kämpfen, die die Existenz des Imperia-*

*lismus immer schwieriger machen, untersuchen. Es dreht sich heute um die Strukturkrise mit all ihren sozialen Folgen. Diese neue Produktionsweise kann auf die Dauer nicht mehr durch die Imperialisten selbst aufrechterhalten werden. Die Konzerne brauchen viele Menschen zur Aufrechterhaltung ihrer Produktion, sie müssen die breiten Massen einbeziehen, um ihre Probleme zu lösen ... Die historische Umbruchphase ist der Übergang vom Kapitalismus zum Sozialismus. Diese Umbruchphase ist jetzt noch nicht vorhanden, die Faktoren scheinen sich aber zu entwickeln.«* (Gespräche vom 7. und 17. Oktober 1991)

Die Neuorganisation der internationalen Produktion mit all ihren den Imperialismus sprengenden Kräften hat eine **historische Umbruchphase eingeleitet**. Der Imperialismus stößt an eine relative historische Grenze, die er nicht überwinden kann. Das Rad der Geschichte kann weder aufgehalten noch zurückgedreht werden, wie die kleinbürgerlichen Globalisierungskritiker hoffen. In ihren reaktionären Träumen von einem »zivilisierten« oder »gezähmten« Kapitalismus und in ihrer Sehnsucht nach einer für sie akzeptablen Nische innerhalb dieser Gesellschaft kommt ihre Angst vor revolutionären Veränderungen zum Ausdruck.

Was vor mehr als zehn Jahren erst im Ansatz zu erkennen war, zeigt sich heute im unwiderstehlichen Drang der revolutionären Produktivkräfte, den Imperialismus zu sprengen. Tiefe, unlösbare Krisen haben den Imperialismus erfasst. Das Erwachen des Klassenbewusstseins auf breiter Front wurde eine internationale Erscheinung. Der Aufschwung von Befreiungskämpfen, Massenaufstände, Streiks sowie ein internationaler Massenkampf für den Weltfrieden sind untrügliche Zeichen sich anbahnender gesellschaftlicher Veränderungen.

Der Weg der Befreiung von Ausbeutung und Unterdrückung und schließlich von Klassen und Klassenherrschaft erfolgt in den ökonomisch fortgeschrittenen und imperialistischen Ländern jeweils auf einem anderen Weg als in der Masse der neokolonial ausgebeuteten und unterdrückten Länder. Doch die Internationalisierung der kapitalistischen Produktion hat ein alle Völker der Welt verbindendes, internationales Industrieproletariat geschaffen, das über den nationalen Rahmen hinaus in der Lage ist, die Kämpfe in den verschiedenen Nationen zu koordinieren und den Kampf zum Sturz des imperialistischen Weltsystems höher zu entwickeln. Im »Programm der MLPD« heißt es:

*»Unter den Bedingungen der ausgereiften Internationalisierung der Produktion wird die sozialistische Revolution internationalen Charakter annehmen ... Deshalb muss die proletarische Strategie und Taktik in jedem einzelnen Land künftig wesentlich als Vorbereitung der internationalen Revolution begriffen werden.«* (S. 54/55)

Als die Bataillone des internationalen Finanzkapitals auszogen, die Produktion, die Verteilung und schließlich die Welt in ihrem Interesse neu zu ordnen, da ahnten sie nicht, dass dieser Feldzug ihren allgemeinen Niedergang nur beschleunigen würde. Trunken von ihrer eigenen Propaganda über das »Ende der Geschichte« ahnten sie auch nicht, dass sie mit der Entfesselung der internationalen Produktivkräfte dem revolutionären Drang der Menschheit nach einer neuen Gesellschaftsordnung ohne Ausbeutung, Unterdrückung und Krieg neue Kraft und Perspektive verleihen würden. Die Götterdämmerung des internationalen Finanzkapitals ist angebrochen. Sie ist der Vorabend einer wirklich neuen Weltordnung – der vereinigten sozialistischen Staaten der Welt.

# Literaturverzeichnis

Abelshauser, Werner
Der Ruhrkohlenbergbau seit 1945
C.H. Beck-Verlag, München 1984

Alfred Herrhausen Gesellschaft für internationalen Dialog, Hrsg.
Der Kapitalismus im 21. Jahrhundert
Piper Verlag, München 1999

Baethge, Martin / Wilkens, Ingrid, Hrsg.
Die große Hoffnung für das 21. Jahrhundert?
Perspektiven und Strategien für die Entwicklung der
Dienstleistungsbeschäftigung
Leske+Budrich-Verlag, Opladen 2001

Bourdieu, Pierre / Eppler, Erhard / Ohr, Renate / Zwickel, Klaus u. a.
Neue Wege der Regulierung. Vom Terror der Ökonomie zum Primat
der Politik
VSA Verlag, Hamburg 2001

Brzezinski, Zbigniew
Die einzige Weltmacht. Amerikas Strategie der Vorherrschaft
Fischer Verlag, Frankfurt/M. 2002

Bundesministerium der Finanzen, Hrsg.
Jahresbericht der Bundesregierung zur Wirtschafts- und Finanzpolitik
Jahreswirtschaftsbericht 2002

Bundesministerium für Familie, Senioren, Frauen und Jugend, Hrsg.
Die Frauen der Welt 2000. Trends und Statistiken
Vereinte Nationen, New York 2000

Bundesministerium für Verbraucherschutz, Ernährung und
Landwirtschaft, Hrsg.
Ernährungs- und agrarpolitischer Bericht der Bundesregierung
Berlin, jährlich, verschiedene Jahrgänge

Bundesverband der Deutschen Industrie, BDI, Hrsg.
Für ein attraktives Deutschland in einem weltoffenen Europa
Köln 1998

Deutsche Stiftung Weltbevölkerung, Hrsg.
Viel steht auf dem Spiel. Die Weltbevölkerung und unsere
gemeinsame Zukunft
Bericht der Rockefeller Stiftung, New York 1998

Dickhut, Willi
Buchveröffentlichungen der Reihe REVOLUTIONÄRER WEG
Verlag Neuer Weg, Stuttgart Essen
- Die Restauration des Kapitalismus in der Sowjetunion (1972), Neuauflage 1988
- Wirtschaftsentwicklung und Klassenkampf, 2 Bände, 1974
- Der staatsmonopolistische Kapitalismus in der BRD, 2 Bände, 1979
- Krieg und Frieden und die sozialistische Revolution, 1983
- Krisen und Klassenkampf, 1985
- Die dialektische Einheit von Theorie und Praxis, 1988

Dickhut, Willi
Sozialismus am Ende?
Verlag Neuer Weg, Essen 1992

Dietz, Wolfgang A. und Fabian, Barbara
Das Räderwerk der europäischen Kommission
Economica Verlag, 3. völlig neubearbeitete Auflage, Bonn 1999

Engel, Stefan
Argentinien – Leben, Sehnsucht und Kampf am Rio de la Plata
Verlang Neuer Weg, Essen 1993

Arnecke, Klaus / Engel, Stefan
Der Neokolonialismus und die Veränderungen im nationalen Befreiungskampf
Verlag Neuer Weg, Essen 1993

Engel, Stefan
Der Kampf um die Denkweise in der Arbeiterbewegung
Verlag Neuer Weg, Essen 1995

Engel, Stefan/ Gärtner-Engel, Monika
Neue Perspektiven für die Befreiung der Frau
Verlag Neuer Weg, Essen 2000

Fischer Weltalmanach, jährlich
Fischer Taschenbuchverlag, Frankfurt/M, verschiedene Jahrgänge

Fokken, Ulrike
Die Welt AG. Internationale Unternehmen im Fusionsfieber
Heyne Verlag, München 1999

Forrester, Viviane
Der Terror der Ökonomie
Paul Zsolnay Verlag, Wien 1997

Forrester, Viviane
Die Diktatur des Profits
Carl Hanser Verlag, München Wien 2001

Gabler Wirtschaftslexikon
12. Auflage, Gabler Verlag, Wiesbaden 1988

Gore, Al
Wege zum Gleichgewicht. Ein Marshallplan für die Erde
S. Fischer Verlag, Frankfurt am Main 1992

Grefe, Christiane / Greffrath, Mathias/ Schumann, Harald
attac – Was wollen die Globalisierungskritiker?
Rowohlt Verlag, Berlin 2002

Greider, William
Endstation Globalisierung. Neue Wege in eine Welt ohne Grenzen
Heyne Verlag, München 1997

Grupp, Claus D.
Europa 2000, Der Weg der Europäischen Union
Omnia Verlag 1998

Hardt, Michael / Negri, Antonio
Empire. Die neue Weltordnung
Campus Verlag, Frankfurt/New York 2002

Hauchler, Ingomar / Messner, Dirk / Nuscheler, Franz, Hrsg.
Globale Trends 2002. Fakten – Analysen – Prognosen
Fischer Taschenbuch Verlag, Frankfurt am Main 2001

Hickel, Rudolf
Die Risikospirale. Was bleibt von der New Economy?
Eichborn Verlag, Frankfurt am Main 2001

Huffschmid, Jörg
Politische Ökonomie der Finanzmärkte
VSA-Verlag, Hamburg 2002

Ilius, Dieter
Perestroika und Glasnost – Sozialismus?
Verlag Neuer Weg, Essen 1989

Internationaler Metallgewerkschaftsbund, Automobilabteilung, Hrsg.
IMB Auto Bericht
Genf, verschiedene Jahrgänge

»Internationale Pressekorrespondenz«, 9. Jahrgang, Nr. 12/1929

Johnson, Chalmers
Ein Imperium verfällt. Wann endet das Amerikanische Jahrhundert?
Blessing Verlag, München 2000

Kalmbach, Ralf G., Hrsg.
Management im Umbruch. Wege aus der Krise
Gabler Verlag, Wiesbaden 1994

Kapital, Crash, Krise ... Kein Ausweg in Sicht?
Fragen an Sahra Wagenknecht
Pahl-Rugenstein Verlag, Bonn 1999

Kommunistischer Arbeiterbund Deutschlands, Hrsg.
Von der Restauration des Kapitalismus zum Sozialimperialismus
in China, China aktuell Nr. 7
Verlag Neuer Weg, Stuttgart 1981

Kotteder, Franz / Bauer, Martin
Das Who is Who der internationalen Großkonzerne
Die 100 größten Unternehmen der Welt
Heyne Verlag, München 2000

Krägenau, Henry
Internationale Direktinvestitionen 1950-1973
Verlag Weltarchiv, Hamburg 1975

Krägenau, Henry
Internationale Direktinvestitionen
Nomos Verlagsgesellschaft, Baden-Baden 1995

Kuhnke, Hans-Helmut
Die Ruhrkohle AG
Glückauf Verlag, Essen 1969

Lafontaine, Oskar
Die Wut wächst. Politik braucht Prinzipien
Econ Verlag, München 2002

Launer, Ekkehard / Wilke-Launer, Renate, Hrsg.
Zum Beispiel Frauen Alltag
Lamuv Verlag, Bornheim 1987

Lenin, Wladimir Iljitsch
Gesammelte Werke
Dietz Verlag, Berlin

– Die Entwicklung des Kapitalismus in Rußland, 1899, Werke Band 3

- Die Differenzen in der europäischen Arbeiterbewegung, 1910, Werke Band 16
- Kritische Bemerkungen zur nationalen Frage, 1913, Werke Band 20
- Über das Selbstbestimmungsrecht der Nationen, 1914, Werke Band 20
- Karl Marx, 1914, Band 21
- Über die Losung der Vereinigten Staaten von Europa, 1915, Werke Band 21
- Unter fremder Flagge, 1915, Werke Band 21
- Vorwort zu N. Bucharins Broschüre »Weltwirtschaft und Imperialismus«, 1915, Werke Band 22
- Über das Friedensprogramm, 1916; Werke Band 22
- Die sozialistische Revolution und das Selbstbestimmungsrecht der Nationen; Werke Band 22
- Der Imperialismus als höchstes Stadium des Kapitalismus, 1916, Werke Band 22
- Über eine Karikatur auf den Marxismus und über den »imperialistischen Ökonomismus«, 1916, Werke Band 23
- Der Imperialismus und die Spaltung des Sozialismus, 1916, Werke Band 23
- Staat und Revolution, 1917, Werke Band 25
- Die proletarische Revolution und der Renegat Kautsky, 1918, Werke Band 28

Liedtke, Rüdiger
Wem gehört die Republik?
Eichborn Verlag, Frankfurt am Main, 2002

Lüthje, Boy / Schumm, Wilhelm / Sproll, Martina
Contract Manufacturing. Transnationale Produktion und Industriearbeit in der IT-Branche
Campus Verlag, Frankfurt/New York 2002

Luttwak, Edward
Turbokapitalismus – Gewinner und Verlierer der Globalisierung
Europa Verlag, Hamburg Wien 1999

Mangold, Klaus, Hrsg.
Dienstleistungen im Zeitalter globaler Märkte.
Strategien für eine vernetzte Welt
Gabler Verlag, Wiesbaden 2000

Mao Tsetung
Ausgewählte Werke in 5 Bänden
Verlag für Fremdsprachige Literatur, Peking (1968–1978)

Martin, Hans-Peter/ Schumann, Harald
Die Globalisierungsfalle
Rowohlt Verlag, Hamburg 2000

Marx/Engels, Gesammelte Werke
Dietz Verlag, Berlin

- Manifest der Kommunistischen Partei, 1848, Werke Band 4

Friedrich Engels

- Die Entwicklung des Sozialismus von der Utopie zur Wissenschaft, 1892, Werke Band 19
- Dialektik der Natur, 1883, Werke Band 20
- Der Ursprung der Familie, des Privateigentums und des Staats, 1884, Werke Band 21

Karl Marx

- Lohnarbeit und Kapital, 1849, Werke Band 6
- Rede auf der Jahresfeier des »People's Paper«, 1856, Werke Band 12
- Zur Kritik der Politischen Ökonomie, 1859, Werke Band 13
- Lohn, Preis und Profit, 1865, Werke Band 16
- Das Kapital
  Band 1, 1867, Werke Band 23
  Band 2, 1885, Werke Band 24
  Band 3, 1894, Werke Band 25
- Theorien über den Mehrwert, 1862–1863, Werke Band 26.1
- Ökonomisch-Philosophische Manuskripte 1844, Werke Band 40

Marxistisch-Leninistische Partei Deutschlands, Hrsg.

- Dokumente des Gelsenkirchener Parteitags der MLPD
  Verlag Neuer Weg, Essen 2000
- Programm der Marxistisch-Leninistischen Partei MLPD
  Verlag Neuer Weg, Essen 2000

Ministerium für Umwelt und Verkehr Baden-Württemberg, Hrsg.
Erde 2.0 – Baden-Württemberg zeigt Technologien für Morgen,
Ausstellungskatalog
Stuttgart 2002

Nölting, Andreas
Die neue Supermacht Börse. Wie Fondsmanager unsere Welt verändern
Rowohlt Verlag, Hamburg 2000

OECD, Hrsg.
Labor Force Statistics 1980–2000
Paris 2002

Ogger, Günter
Der Börsenschwindel. Wie Aktionäre und Anleger für dumm verkauft werden
Bertelsmann Verlag, München 2001

Parnreiter, Christof u. a., Hrsg
Globalisierung und Peripherie: Umstrukturierung in Lateinamerika, Afrika und Asien
Brandes & Apsel, Frankfurt/M 1999

Protokoll des VI. Weltkongresses der Kommunistischen Internationale
Nachdruck Karl-Liebknecht-Verlag,
Erlangen 1972

Reich, Robert B.
Die neue Weltwirtschaft. Das Ende der nationalen Ökonomie
Büchergilde Gutenberg, Frankfurt und Wien1991

Reiter, Erich, Hrsg.
Der Krieg um das Kosovo 1998/99
v.Hase&Koehler Verlag, Mainz 2000

Rich, Bruce
Die Verpfändung der Erde
Schmetterling Verlag, Stuttgart 1998

Rifkin, Jeremy
Das Ende der Arbeit und ihre Zukunft
Fischer Taschenbuch Verlag, Frankfurt am Main 2001

Ruhrkohle AG, Hrsg.
Rückblicke – Einblicke – Ausblicke
Verlag Glückauf, Essen 1996

Schlebusch, Cornelia
Bevölkerungspolitik als Entwicklungsstrategie
IKO Verlag, Frankfurt am Main 1994

Schlussbericht der Enquete-Kommission »Globalisierung der Weltwirtschaft – Herausforderungen und Antworten«
Drucksache des deutschen Bundestags 14/9200, 12.6.2002

Seitz, Konrad
China – Eine Weltmacht kehrt zurück
Siedler Verlag, Berlin 2001

Soros, George
Die Krise des globalen Kapitalismus
Alexander Fest Verlag, Berlin 1998

Springer, Roland
Rückkehr zum Taylorismus? Arbeitspolitik in der Automobilindustrie
am Scheideweg
Campus Verlag, Frankfurt/New York 1999

Stalin, Josef W.
Geschichte der Kommunistischen Partei der Sowjetunion (Bolschewiki)
Kurzer Lehrgang
Moskau 1938, Reprint Verlag Neuer Weg, Stuttgart 1974

Stalin, Josef W.
Werke
Verlag Roter Morgen, Dortmund 1976

– VII. erweitertes Plenum des EKKI, Werke Band 9

– Politischer Rechenschaftsbericht des Zentralkomitees an den
  XVI. Parteitag, Werke Band 12

Statistisches Bundesamt, Hrsg.
Statistisches Jahrbuch für die Bundesrepublik Deutschland
Wiesbaden, jährlich

Statistisches Bundesamt, Hrsg.
Statistisches Jahrbuch für das Ausland
Wiesbaden, jährlich

Stiglitz, Joseph
Die Schatten der Globalisierung
Siedler-Verlag, Berlin 2002

Stockholm International Peace Research Institute, Hrsg.
SIPRI Yearbook – Armaments, Disarmament and International Security
Oxford University Press, New York, jährlich

Stöhr, Rudolf
»Agribusiness 2010«, in: »Agribusiness-Forschung Nr. 2«
Institut für Agribusiness, Hrsg., Leipzig 1997

United Nations, Hrsg.
New York, Genf

– Statistical Yearbook, jährlich, verschiedene Jahrgänge

– UNCTAD Handbook of Statistics, verschiedene Jahrgänge

– UNCTAD International Financial Statistics Yearbook,
verschiedene Jahrgänge

– UNCTAD World Investment Report, jährlich

– UNDIESA World Urbanization Prospects

Verband der Automobilindustrie e.V. (VDA)
Auto – Jahresbericht 2001
Frankfurt am Main 2001

Weltbank, Hrsg.
Weltentwicklungsbericht
UNO Verlag, Bonn, jährlich

Weltbank, Hrsg.
World Development Indicators. CD-Rom
Washington DC, jährlich

Werner, Klaus / Weiss, Hans
Schwarzbuch Markenfirmen. Die Machenschaften der Weltkonzerne
Franz Deuticke Verlagsgesellschaft, Wien/Frankfurt/M 2001

Wolf, Winfried
Fusionsfieber. Oder: Das große Fressen
PapyRossa-Verlag, Köln 2000

Worldwatch Institute, Hrsg.
Zur Lage der Welt 2002
S. Fischer Verlag, Frankfurt am Main 2002

## Liste der Tabellen

| Kap. | Seite | Nr. | Inhalt |
|---|---|---|---|
| I.2 | 43 | 1 | Die zehn größten internationalen Monopole der Automobilindustrie |
| I.2 | 47 | 2 | Die größten internationalen Versicherungen |
| I.2 | 48 | 3 | Führende internationale Monopole in der Elektro-, Elektronik- und Computerindustrie |
| I.2 | 51 | 4 | Führende internationale Monopole der Telekommunikation |
| I.2 | 53 | 5 | Internationale Monopole der Chemieindustrie |
| I.2 | 54 | 6 | Die größten internationalen Monopole der Pharmaindustrie |
| I.2 | 56 | 7 | Führende internationale Einzelhandelsmonopole |
| I.2 | 58 | 8 | Führende Monopole der Mineralölindustrie |
| I.3 | 61 | 9 | EU-Agrarproduktion und EU-Agrarausgaben |
| I.3 | 63 | 10 | Entwicklung der Exporte von Nahrungsmitteln |
| I.4 | 91 | 11 | Umsatz je Beschäftigtem in Konzernbetrieben des In- und Auslands |
| I.4 | 93 | 12 | Umsatz je Beschäftigtem in der Automobilindustrie |
| I.4 | 95 | 13 | Beschäftigtenentwicklung in der Automobilindustrie |
| I.4 | 101 | 14 | Internationaler Vergleich der durchschnittlichen Netto-Stundenlöhne in der Metallindustrie – Kaufkraftparitäten |
| I.5 | 107 | 15 | Zahl der Betriebe und ihrer Beschäftigten 1992 und 2000 in Deutschland nach Beschäftigtengrößenklassen |
| I.5 | 113 | 16 | Erwerbspersonen in imperialistischen Ländern |
| I.5 | 116/117 | 17 | Erwerbspersonen in Entwicklungsländern |
| I.5 | 121 | 18 | Anteil der Beschäftigten des verarbeitenden Gewerbes in Betrieben ausländischer Konzerne |
| I.6 | 136 | 19 | Weltweit führende Geschäftsbanken und Versicherungen |
| I.6 | 139 | 20 | Weltweit bei Fusionen und Übernahmen führende Investmentbanken |
| I.7 | 155 | 21 | Die größten Fonds der Welt und das von ihnen verwaltete Geldvermögen |
| I.8 | 162–167 | 22 | Ökonomische Macht der imperialistischen Länder |
| I.8 | 169 | 23 | Die größten »gemeinsamen Märkte« im Vergleich zu China und Japan |
| I.8 | 176 | 24 | Direktinvestitionen im Ausland der 20 wichtigsten Kapitalexportländer |

## Tabellen

| Kap. | Seite | Nr. | Inhalt |
|---|---|---|---|
| I.8 | 179 | 25 | Entwicklung von Binnennachfrage und Exporten |
| I.8 | 182/183 | 26 | Entwicklung des Bruttoinlandsprodukts in ausgewählten Ländern |
| I.8 | 185 | 27 | Industrielle Nettoproduktion |
| I.8 | 187 | 28 | Grenzüberschreitende Fusionen und Übernahmen in einigen imperialistischen Ländern |
| I.8 | 188 | 29 | Empfänger der weltweiten Direktinvestitionen |
| I.8 | 190 | 30 | Anteil der ausländischen Direktinvestitionen an den Bruttoanlageinvestitionen |
| I.8 | 192 | 31 | Grenzüberschreitende Fusionen und Übernahmen in 16 Entwicklungsländern |
| I.9 | 195 | 32 | Ausländische Direktinvestitionen in China |
| I.9 | 200 | 33 | Bestand der chinesischen Direktinvestitionen im Ausland |
| II.1 | 213 | 34 | Entwicklung der Exporte Osteuropas |
| II.1 | 216 | 35 | Handelsbilanz und Verschuldung des RGW |
| II.1 | 225 | 36 | Wirtschaftswachstum in Mittel- und Osteuropa |
| II.1 | 226 | 37 | Ausländische Direktinvestitionen in den ehemaligen RGW-Ländern Ost- und Mitteleuropas |
| II.1 | 228 | 38 | Entwicklung des Handels der EU mit Drittländern |
| II.2 | 236 | 39 | Steigerung der Arbeitsproduktivität in Deutschland in den verschiedenen Investitionsperioden |
| II.3 | 241 | 40 | Anteil der Löhne und Gehälter am Umsatz der Automobilindustrie |
| II.3 | 242 | 41 | Zunahme des Anteils der Teilzeitbeschäftigten an der Gesamtbeschäftigtenzahl in einigen Industrieländern |
| II.4 | 277 | 42 | Vom Imperialismus abhängige Länder mit der höchsten Verschuldung |
| II.6 | 304/305 | 43 | Privatisierungen von Bundesunternehmen |
| II.6 | 308 | 44 | Anteile von E.on an ehemals kommunalen Versorgungsbetrieben der Energie- und Wasserversorgung |
| II.7 | 320 | 45 | Durchschnittliche jährliche Wachstumsrate der Industrieproduktion |
| II.7 | 321 | 46 | Öffentliche Verschuldung der BRD |
| II.7 | 323 | 47 | Entwicklung der wichtigsten Steuern der Werktätigen und der Unternehmen in Deutschland |

| Kap. | Seite | Nr. | Inhalt |
|---|---|---|---|
| II.7 | 327 | 48 | Besteuerung von Kapitalgesellschaften in Europa |
| II.9 | 352 | 49 | Die größten Nettoeinzahler der EU und ihr Anteil an den gesamten Nettoeinzahlungen |
| II.9 | 357 | 50 | EU nach Bevölkerung, Stimmenzahl und Bruttoinlandsprodukt |
| II.10 | 364/365 | 51 | Mitgliedschaft in UNO, WTO, IWF |
| II.10 | 368 | 52 | Anzahl der NGOs, UN-Weltkonferenzen |
| II.10 | 378 | 53 | Anteil der IWF-Kredite am Bruttoinlandsprodukt ausgewählter Länder |
| II.11 | 393 | 54 | Investitionen in Infrastrukturbereichen mit privater Beteiligung |
| II.11 | 397 | 55 | Weltmarktanteile bei Metallerzen |
| II.11 | 397 | 56 | Marktmacht multinationaler Konzerne im Agrarbereich |
| II.11 | 400 | 57 | Preisindex für die Lebenshaltung |
| II.11 | 411 | 58 | Abschreibungen und Wertberichtigungen internationaler Banken auf Verluste in Argentinien |
| III.1 | 428 | 59 | Entwicklung der Börsenspekulation in den USA, Deutschland und Japan |
| III.2 | 430 | 60 | Entwicklung der Industrieproduktion |
| III.2 | 432 | 61 | Umsatz der 500 größten Monopole der Welt |
| III.2 | 434 | 62 | Die größten Insolvenzen seit Beginn der Weltwirtschaftskrise |
| III.3 | 448 | 63 | Kapitalvernichtung in den USA |
| III.3 | 449 | 64 | Börsenkapitalisierung deutscher Monopole |
| III.5 | 471 | 65 | Emissionen von Treibhausgasen in Industriestaaten |
| III.6 | 485 | 66 | Weltweite Entwicklung der Erwerbstätigkeit von Frauen |
| III.6 | 488 | 67 | Entwicklung von Geburtenrate, Lebenserwartung und Analphabetismus bei Frauen weltweit |
| III.6 | 494/495 | 68 | Chronische Krise der bürgerlichen Familienordnung in sechs Industrienationen |

## Liste der Schaubilder

| Kap. | Seite | Nr. | Inhalt |
|---|---|---|---|
| I.1 | 31 | 1 | Umsatz und Produktion bei der BASF im In- und Ausland |
| I.1 | 32 | 2 | Umsatz und Produktion bei Bayer im In- und Ausland |
| I.1 | 33 | 3 | Umsatz und Produktion bei Siemens im In- und Ausland |
| I.1 | 34 | 4 | Umsatz und Produktion bei DaimlerChrysler im In- und Ausland |
| I.1 | 35 | 5 | Umsatz und Produktion bei VW im In- und Ausland |
| I.1 | 36 | 6 | Umsatz und Produktion bei ThyssenKrupp im In- und Ausland |
| I.1 | 37 | 7 | Entwicklung des Auslandsumsatzes bei der Telekom |
| I.1 | 37 | 8 | Entwicklung des Auslandsumsatzes bei der Metro |
| I.2 | 44 | 9 | Weltmarktanteile der Automobilgruppen |
| I.3 | 65 | 10 | Entwicklung der Flächenanteile der Klein-, Mittel- und Großbauern sowie Großagrarier in den alten Bundesländern |
| I.5 | 127 | 11 | Städtische Bevölkerung 1950–1998 |
| I.5 | 130 | 12 | Die 30 größten Stadtregionen der Welt |
| I.8 | 178 | 13 | Industrieproduktion 1970 bis 2000 |
| I.9 | 197 | 14 | Chinas Außenhandel |
| II.1 | 210 | 15 | Wachstumsraten der sowjetischen Wirtschaft |
| II.1 | 224 | 16 | Unternehmensverkäufe der Staaten Mittel- und Osteuropas |
| II.2 | 234 | 17 | Massenarbeitslosigkeit und Unterbeschäftigung in der BRD |
| II.2 | 238 | 18 | Entwicklung der grenzüberschreitenden Fusionen und Übernahmen im Verhältnis zum jährlichen Kapitalexport |
| II.3 | 245 | 19 | Neue Arbeitsformen in Deutschland |
| II.7 | 322 | 20 | Entwicklung der wichtigsten Steuern der Werktätigen und der Unternehmen in Deutschland |
| II.11 | 391 | 21 | Ausländische Direktinvestitionen in verschiedenen Wirtschaftsregionen |
| II.11 | 407 | 22 | Entwicklung von Privatisierungserlösen, Schuldendienst, Verschuldung und Anteil der Staatsbetriebe in Argentinien |
| III.1 | 421 | 23 | Bruttoinvestitionen und die Vernichtung von Kapital durch Abschreibungen in Deutschland |
| III.1 | 422 | 24 | Insolvenzen in Deutschland |

| Kap. | Seite | Nr. | Inhalt |
|---|---|---|---|
| III.3 | 442 | 25 | Entwicklung der Indizes von Dow Jones, Dax, Topix in der 1. Börsenkrise |
| III.3 | 444 | 26 | Entwicklung der Indizes von Dow Jones, Dax, Topix in der 2. Börsenkrise |
| III.3 | 445 | 27 | Entwicklung der Indizes von Dow Jones, Dax, Topix in der 3. Börsenkrise |
| III.3 | 447 | 28 | Entwicklung von Industrieproduktion, Auftragseingängen und Aktienkursen in den USA |
| III.5 | 475 | 29 | Waldflächen nach Regionen |
| III.5 | 478 | 30 | Steigende Zahl großer Katastrophen in den letzten Jahrzehnten |
| III.7 | 528 | 31 | Wo US-Truppen stationiert sind |

# Bücher im Verlag Neuer Weg

Klaus Arnecke/Stefan Engel,
»Der Neokolonialismus
und die Veränderungen
im nationalen Befreiungskampf«

Der Neokolonialismus ist in eine Krise geraten. Es entwickeln sich neue Perspektiven des nationalen Befreiungskampfes der Völker als Teil des internationalen Kampfes der Arbeiterklasse für den Sozialismus.

335 Seiten,
viele Abbildungen und
Tabellen, ISBN: 3-88021-234-1
auch in Englisch
(ISBN: 3-88021-314-3)
und Spanisch erhältlich

Stefan Engel,
»Der Kampf um die Denkweise
in der Arbeiterbewegung«

Nie zuvor in der Geschichte der Menschheit hat es ausgereiftere materielle Grundlagen gegeben für eine Gesellschaftsordnung ohne Ausbeutung und Unterdrückung, für ein friedliches und gleichberechtigtes Zusammenleben, für den wirtschaftlichen und kulturellen Austausch zum gegenseitigen Nutzen der Völker. Wie kann es zu einem neuen Aufschwung des Kampfes für den Sozialismus kommen? Der Autor belegt, dass dafür in der heutigen Zeit die Frage des Kampfes um die Denkweise ausschlaggebend ist.

Das Buch ist auch in Englisch
(ISBN: 3-88021-268-6) und Türkisch
(ISBN: 3-88021-318-6) erhältlich

292 Seiten, ISBN: 3-88021-265-1
auch als CD erhältlich
(ISBN: 3-88021-272-4)

**Stefan Engel/Monika Gärtner-Engel,
»Neue Perspektiven
für die Befreiung der Frau
– Eine Streitschrift«**

Die bürgerliche Familienordnung steckt in einer chronischen Krise. Die formale Gleichberechtigung der Frauen hat nicht verhindern können, dass die Krisenlasten auf die Masse der Frauen abgewälzt werden. Das hat den Kampf um die Befreiung der Frauen wieder verstärkt ins öffentliche Bewusstsein gerückt. Mit ihrer Streitschrift wollen die Autoren einen Beitrag zu dieser gesellschaftlichen Diskussion leisten. Sie ergreifen dabei konsequent Partei für die Befreiung der Frau in einer von Ausbeutung und Unterdrückung befreiten Gesellschaft.

in Englisch in 2 Bänden
(ISBN: 3-88021-279-1 und
ISBN: 3-88021-287-2)

337 Seiten, ISBN: 3-88021-284-8
auch als CD-Rom erhältlich
(ISBN: 3-88021-285-6)

**Willi Dickhut,
»Der staatsmonopolistische
Kapitalismus in der BRD«**

Das »schwer zu durchdringende Dickicht der staatsmonopolistischen Klassenherrschaft« und seine Labilität wird aufgedeckt. Diese umfassende Analyse des Gesellschaftssystems der BRD ist eine unentbehrliche Hilfe für die Arbeiterbewegung und für einen neuen Aufschwung im Kampf für den echten Sozialismus.

2 Bände, 892 Seiten
viele Abbildungen und Dokumente
ISBN: 3-88021-041-1
auch in Englisch erhältlich
(ISBN: 3-88021-304-6)

**Willi Dickhut,
»Die Restauration des Kapitalismus in der Sowjetunion«**

Die Untersuchung von Willi Dickhut beweist anhand zahlreicher Originalquellen, dass die Sowjetunion bereits 1956 den sozialistischen Weg verlassen hat und zu einem bürokratischen Monopolkapitalismus neuen Typs degeneriert ist. Statt in Resignation zu verfallen, dass der Sozialismus nur eine Illusion sei, zieht der Autor grundlegende Konsequenzen, wie eine Restauration des Kapitalismus in einer sozialistischen Gesellschaft verhindert werden kann.

565 Seiten
ISBN: 3-88021-166-3

auch in Englisch (ISBN: 3-88021-249-X), Türkisch (ISBN: 3-88021-317-8) und Spanisch (ISBN: 950-9553-13-1). Die russische Ausgabe ist in Vorbereitung.

Sonderausgabe anlässlich des 10. Todestages Willi Dickhuts:

**Willi-Dickhut-Gesamtausgabe**

27 Bücher und 12 Broschüren – komplett in einer kaschierten, mit Fotos gestalteten Schmuck-Box.

Das Gesamtwerk des Solinger Arbeiterschriftstellers, Widerstandskämpfers gegen den Hitler-Faschismus, Marxisten-Leninisten und lebendigen Vorbilds für den echten Sozialismus. Sein Motto: »Ich habe mein Leben lang gekämpft«.

Die Box kann auch mit einer individuellen Auswahl der Bücher von Willi Dickhut bestellt werden.

**Willi Dickhut,
»Krieg und Frieden und
die sozialistische Revolution«**

Warum verschärft sich der Kampf der imperialistischen Staaten um die Neuaufteilung der Welt? Dieses Handbuch über das Wesen der Kriege, ihre Ursachen, die Gefahren eines III. Weltkrieges gibt allen friedliebenden Menschen eine Orientierung für den Kampf um die Erhaltung des Weltfriedens und die Abschaffung von Kriegen überhaupt.

317 Seiten, viele Abbildungen und Dokumente
ISBN: 3-88021-059-4

**Stefan Engel,
»Argentinien – Leben, Sehnsucht und
Kampf am Rio de la Plata«**

Dieser Reisebericht ist das einzige Buch auf dem Markt, das aus erster Hand über Geschichte und Hintergründe der Entwicklung in Argentinien informiert.
Ein Land mit einzigartigen weiten Landschaften, mit reicher und vielfältiger Kultur, fast achtmal so groß wie Deutschland.
Ein Land – noch Mitte des 20. Jahrhunderts eines der zehn reichsten Länder der Erde, heute ein Brennpunkt aller zur Lösung drängenden Widersprüche Lateinamerikas.

Ein Leser: *»Es ist erstaunlich, wie ein Buch von 1993 zum Schlüssel für das Verständnis der Situation heute wird.«*

325 Seiten, viele Fotos
ISBN: 3-88021-223-6

VNW – Verlag Neuer Weg
Alte Bottroper Straße 42
45356 Essen
Tel.: 0201-2 59 15
Fax: 0201-61 444 62
E-Mail: neuerweg@neuerweg.de